中国历史
2000 问

任中原 主编

中国华侨出版社
北京

图书在版编目（CIP）数据

中国历史2000问 / 任中原主编. —北京：中国华侨出版社，2014.4（2020.1重印）

ISBN 978-7-5113-4582-0

Ⅰ.①中… Ⅱ.①任… Ⅲ.①中国历史—通俗读物 Ⅳ.①K209

中国版本图书馆CIP数据核字（2014）第081793号

中国历史2000问

主　　编：任中原

责任编辑：元　涛

封面设计：韩立强

文字编辑：朱立春

美术编辑：潘　松

经　　销：新华书店

开　　本：720mm×1020mm　　1/16　　印张：27.5　　字数：636千字

印　　刷：鑫海达（天津）印务有限公司

版　　次：2014年9月第1版　　2020年1月第4次印刷

书　　号：ISBN 978-7-5113-4582-0

定　　价：68.00元

中国华侨出版社　北京市朝阳区西坝河东里77号楼底商5号　邮编：100028

法律顾问：陈鹰律师事务所

发 行 部：（010）58815874　　　传　　真：（010）58815857

网　　址：www.oveaschin.com　　　E-mail：oveaschin@sina.com

如果发现印装质量问题，影响阅读，请与印刷厂联系调换。

前　言

　　对于中国人，特别是对于年青一代的中国人来说，了解绵延不绝的五千年中国历史中的文化、思想精髓，认识中国历史中历朝历代的名人志士，挖掘已经消失在历史尘埃中的种种过往，感悟中华民族伟大先辈们的生存智慧，是一件十分有意义的事，也是每个中国人义不容辞的责任。学习和掌握中国历史知识，有助于人们开阔视野、启发智慧，为走向成功的人生打下坚实的基础。一个中国人如果不能很好地认知中国历史，就不能很好地认识自我。一个时代的发展，必须要有自己的历史文化作为支撑，所以我们要以中国历史文化赋予我们的品格和精神，在这个全球化的舞台上保持自己的从容与独立。

　　中华民族有"三十万年的民族根系，一万年的文明史，五千年的国家史"，五千年的风雨变化、朝代变迁，使中国封建社会共经历了秦、汉、晋、隋、唐、宋、元、明、清九大王朝，除此之外，还出现过三国鼎立、十六国等多个政权并存的局面。随着封建王朝走到末路，民主革命在中国风起云涌，中国历史随之进入了一个全新的时期。在漫长的历史进程中，出现了众多的风云人物、重大的历史政治事件，有着深远影响的儒道家思想以及凝集着古代劳动人民勤劳与智慧的种种发明创造，这一切都在一定程度上影响了中华民族历史发展的进程。

　　为了帮助读者更方便、更轻松、更快捷地了解和掌握必要的中国历史知识，我们对历史资料进行了适当的取舍，选取了最具代表性、读者最感兴趣的内容，采用一问一答的方式，将浩如烟海的历史知识浓缩到近 2000 个问答中。全书分为中国历史概览、春秋战国、秦汉时期、三国两晋南北朝时期、隋唐、五代十国和宋元、明清时期等 8 个篇章，以历史时间为顺序，讲解了民俗传统、历史传承、科技发明、文化奇葩、传统艺术、天文历法等方面的知识。一个个妙趣横生的历史故事，描绘出一幅幅波澜壮阔的历史画卷，勾勒出一个个栩栩如生的历史人物。

　　巴尔扎克曾说过，历史有两部：一部是官方的骗人的历史，是做教科书用的，给王太子念的；另一部是秘密的历史，可以看出国家大事的真正原因，那是一部可耻的历史。无论哪一种，都不利于我们根据真实的历史对现实及未来做出客观判断。故而，我们还精心为您准备了诸如未解之谜、历史探秘之类的内容，历史玄机、离奇巧合、古墓丽影充斥其间，意在传史之真，证史之实，辨史之误，在真实性、趣味性和启发性等方面达到一个全新的高度，给你一双穿过重重迷雾看透历史的慧眼，引导你亲身体味历史。

你最想知道的、最需要知道的、最应该知道的中国历史知识，尽在《中国历史2000问》。一书在手，让你尽览中国历史全貌；一卷在手，让你轻松掌握史学精华。

"一切历史都是当代史"，以史为镜，能够让我们更好地前进。希望每一位读者都能够通过本书更好、更深地了解我们的民族历史文化，从而体会到身为炎黄子孙的那份骄傲与自豪，然后做一个优秀的中国人。

目 录

第一篇
泱泱中华，悠悠历史——中国历史概览

第二篇

礼乐文明，中华源头——远古、夏、商、西周

第三篇

群雄逐鹿，中原争霸——春秋、战国

🐉 第四篇 🐉
巍巍帝国，九州一统——秦、汉帝国

第五篇

沧桑分合,离析与交融——三国、两晋、南北朝

第六篇

盛世欢歌，乾坤变幻——隋、唐帝国

第七篇

国脉如缕，王朝更迭——五代十国和宋元

❧ 第八篇 ❧

日月云烟，落日余晖——明、清帝国

第一篇

泱泱中华，悠悠历史
——中国历史概览

民俗传统——丰富多彩的魅力中国

"龙"之传说是怎样的？

中华儿女被称为"龙的传人""龙的子孙"，那么历史上真的有龙吗？可以说，龙是中国文化最古老的谜。

经过许多专家和学者多年来的研究和考证，得到了一种比较一致的结论：龙起源于原始氏族社会，是古老的炎黄子孙的图腾。1982年兴隆洼文化查海遗址的挖掘中，考古人员发现的一条长约 20 米，用红褐色石块堆砌、摆放的龙，被看作中国目前发现的最早的龙形图案。事实证明，龙的崇拜在我国至少有 8000年的历史。《左传》说龙是一种水物，《韩非子》则说龙是虫，当它温柔欢狎时，人们可以骑它，但一旦触动它喉下的逆鳞，它就会杀人。汉代学者许慎在《说文解字》中说："龙，鳞虫之长，能幽能明，能细能巨，能短能长。春分而登天，秋分而潜渊。"《本草纲目》则称"龙有九似"，为兼备各种动物之所长的异类。

现代考古学家对龙的起源持有不同观点：有人说最早的龙有角，它是一种对爬行动物的原始宗教崇拜的延续和发展；有人说龙身来源于蛇，龙头则来自马头和牛头；还有人说，除了龙身和蛇有关外，"龙"形象的形成可能与人类日常生活关系最密切的动物有关。

关于龙的起源众说纷纭，莫衷一是。时至今日，学术界对"龙究竟来自何处"这个话题依然争论不休。而鉴于"龙"对于中华民族的重要意义，这种争论在考古学有决定性的发现之前想必是不会停止的。

为什么称中国为九州？

相传大禹治水成功之后，声望一时无两，于公元前 2070 年在阳城继承舜的王位。为了使各部落进一步融合，禹又去位于今安徽怀远境内的涂山巡视，召集天下诸侯拜会，场面宏大。经过两次大会，禹的权威遍及四海。为了便于控制诸侯和巩固夏朝的统治，夏禹把天下分为九个区域，供后人居住，于是就有了"九州"之名。这就是《左传》中所说的"芒芒禹迹，划为九州，经启九道，民有寝庙，兽有茂草，各有攸处"。后来，《尚书·禹贡》《周礼·职方》《吕氏春秋》《尔雅·释地》中均有"九州"的记载。以《尚书·禹贡》为例，"九州"的划分情况是这样的：

冀州，今山西、河北、辽宁。山有壶口（山西吉县西北、陕西宜川县东北）、梁山（陕西韩城）、岐山（陕西岐山县东北）；川有漳河、恒河（唐河）、卫河。

兖州，今河北、河南、山东交界部分，济水、黄河之间。川有九河、沮水等。

青州，今山东东部，渤海与泰山之间。川有潍水、淄水、汶水。

徐州，今山东南部，江苏、安徽北部，黄海、泰山、淮河之间。山有蒙山、羽山；川有淮水、沂水。

扬州，今江苏、安徽南部，江西东部，淮河以南东至海。川有彭蠡（鄱阳湖）、震泽（太湖）。

荆州，今两湖及江西西部。山有荆山、衡阳，川有江汉（嘉陵江）、沱水、潜水（汉水支流）。

豫州，今河南、湖北北部，荆山（湖北南漳县）与黄河之间。川有伊、洛、湛涧等。

梁州，今陕西南部和四川，华阳与黑水

之间。山有岷山、山番山、西倾山、蔡山、蒙山；川有沱水、潜水。

雍州，今陕西北部、中部和甘肃及其以西的地方，秦岭以北，东至黄河，西达甘肃以西。山有岐山、荆山、终南山、鸟鼠山、三危山；川有弱水、泾水、渭水、漆水、沮水、沣水。

春节是怎么来的？

春节，是农历的岁首，也是我国古老的传统节日。

传说早在新石器时期尧舜时就有过"春节"的风俗。古代过"年"不是在腊月二十九日或三十日，而是在"腊日"，即后来的"腊八"。南北朝以后，把"腊祭"移至岁末。到了民国时，改用阳历，才把阴历年叫"春节"，因为春节一般都在"立春"前后。

关于"春节"的起源，有一种传说是：中国古时候有一种叫"年"的兽。"年"，头长触角，凶猛异常。"年"长年深居海底，每到特定的一天（就是现在的除夕）才爬上岸，吞食牲畜，伤害人命。有一年除夕，从村外来了个乞讨的老人，村东头一位老婆婆劝他快上山躲避"年"，那老人笑道："婆婆若让我在家待一夜，我一定把'年'赶走。"老婆婆不相信那位老人的话，撇下他逃到山上去了。

半夜时分，"年"闯进村。它看到村东头老婆婆家，门贴大红纸，屋内烛火通明。"年"浑身一抖，怪叫了一声。近门口时，又听到院内突然传来"噼里啪啦"的炸响声，"年"浑身战栗，再不敢往前凑了。原来，"年"最怕红色、火光和炸响。这时，婆婆的家门打开，只见院内一位身披红袍的老人在哈哈大笑。"年"大惊失色，狼狈逃窜了。

第二天是正月初一，避难回来的人们见村里安然无恙，不禁十分惊奇。老婆婆才恍然大悟，告诉乡民原因，并想感谢那位老人，却发现老人已不知所踪。后来人们都知道了驱赶"年"的办法。从此每年除夕，家家贴红对联、燃放爆竹；户户烛火通明、守更待岁。初一一

大早，还要走亲串友道喜问好。这风俗广泛流传，成了中国民间最隆重的传统节日。

对联文化何时产生？

对联也叫门对、春贴、春联、对子、桃符等，它以工整、对偶、简洁、精巧的文字描绘时代背景，抒发美好愿望。春联源于"桃符"，桃符即在桃木板上刻字，古时的人们挂在门上用来辟邪驱鬼。《后汉书·礼仪志》中记载："桃符长六寸，宽三寸，桃木板上书'神荼'、'郁垒'二神。正月一日，造桃符著户，名仙木，百鬼所畏。"清代《燕京时岁记》上写着："春联者，即桃符也。"

直到五代时期，书写神名的桃符有了春联的雏形。史书中记载，公元964年的除夕之夜，后蜀的君主孟昶在桃木板上题写"新年纳余庆，佳节号长春"，这被认为是中国最早的一副春联。宋朝时春联仍然叫作桃符，著名诗人王安石就有诗作："千门万户曈曈日，总把新桃换旧符。"此后，写春联被人们看作是文雅之事，逐渐在文人当中流传开来，春联甚至被当作一种礼品来相赠，而人们也从桃木板上写春联演变为在纸上书写，即"春联纸"。因为桃木是红色的，红色是一种吉祥的象征，能够避邪，因此过年时的春联大多写在红色的纸上。

春联真正在民间盛行起来是在明朝，桃符在此时才被称为"春联"。明太祖朱元璋十分喜爱春联，他在位时，大力提倡春联，使得贴春联逐渐成为一种习俗。到了清朝，春联已经成为一种文学艺术的形式。春联还随着对外文化的交流，流传到国外，一些国家也像中国一样，有了贴对联的习俗。

"福"字为何要倒贴？

春节贴"福"字是我国由来已久的风俗。为什么大多数人都喜欢把"福"字倒贴呢？有人说，倒贴"福"字意味着"福到"，是谐音的祝福法。这个说法得到大多数人的认同，该说法也有一个有趣的来源。

一次，朱元璋在京城街头微服私访，正逢过节，他来到城南一处集市上，见不少人在围观一幅年画，年画上画着一个赤着大脚的女子，怀抱西瓜。该图本来是表示农民丰收的喜悦年画，但朱元璋却暗道这不是百姓耻笑自己的皇后大脚吗？因为马皇后是淮西人，淮西与"怀西"谐音。

朱元璋十分生气，回宫之后叫人打听是谁画的这幅年画，并将围观的人一一纠察。而至于那些没去围观的民众，朱元璋命人在他们的门上贴一个"福"字，然后命令军士就到没贴"福"字的人家去抓人。马皇后听闻此事，偷偷下令叫全城家家户户都贴上"福"字，这样士兵就无从下手了。但其中有户人家不识字，把"福"字倒贴。皇帝大怒，下令要把这家人满门抄斩。马皇后急中生智，说："这家人知道您今日来访，故意把'福'字贴倒了，这不是'福到'的意思吗？"朱元璋一听乐了，知道马皇后是在为那家人开脱，不过取义不错，便免了那家人的死罪。

有关清明节的来历有何说法？

清明节这一传统节日究竟从何而来呢？民俗研究者们持有不同看法。

第一，"清明"因节气而起。清明，是我国农历二十四节气之一。西汉刘安所著《淮南子·天文训》记载："春分后十五日，斗指己，为清明。"每年阳历四月五日（农历三月）前后；太阳到达黄经150°，开始的一天为清明节。

第二，"清明"是节气的俗演。清明节包含两层意思，一是指节气，二是指节日。节气是时序的标志，节日则包含某种风俗和纪念的意义。清明能演变成节日主要源于春秋时代的介子推。《荆楚岁时记》记载："晋文公与介子推俱亡，子推割股以啖文公。文公复国，子推独无得，子推作龙蛇之歌而隐。文公求之，不肯出，乃燔左右木，子推抱木而死。文公哀之，令人五月五日，不得举火。"从此就有了"寒食节"。到了清朝，寒食节

与清明节相近，就统一称为清明节，寒食节渐渐被人忽视了。

第三，清明，经历了相当长的历史演变后才形成了清明节。相传大禹治水后，就用"清明"庆贺天下太平。周朝在制定历律，确定二十四节气时，将三月节命名为"清明"，以标志天地清朗明净。秦汉两代每逢初一、十五以及二十四节气等日子都要去陵墓祭奠。到了唐朝，开元二十年唐明皇公布了一道命令，《旧唐书》说："寒食上墓，礼无经文。近代相传，寝以成俗。"因寒食与清明相近，所以寒食、清明统一称为清明节。"清明"从古至今经历了几千年的演变，才正式成为中华民族的传统节日。

清明节在我国民间有着悠久的历史，但关于它的来历，学术界至今也没有一个统一的认识。

有关端午节来历的说法有哪些？

每年农历五月初五是传统的端午节。有关端午节的来历说法很多。

第一，源于纪念屈原。相传战国时期，楚怀王不采纳屈原的忠言，反而继续宠信奸佞，将屈原流放，而楚国被秦国灭亡。忠贞的屈原看到这一切，心如刀割，于公元前278年农历五月五日投汨罗江自尽。渔夫们纷纷将食物倒入江中，说是让鱼龙虾蟹吃饱了不再伤害屈原的尸身。

第二，龙的节日。近代著名学者闻一多在《端午的历史教育》一文中，对端午节做了详细而精辟的考证。他认为，"端午节"是古代吴越民族举行图腾祭祀的节日。近些年出土的大量文物和考古研究证明，闻一多的说法是比较科学的。现在学术界大都沿用此说法。

第三，源于恶日。《风俗通义》《论衡》《后汉书》上均有"不举五月子"的记载，即不能将五月里出生的孩子抚养成人。战国时的孟尝君田文五月初五日生，其父田婴不让家

放逐图 明 朱约佶
该图描写屈原遭谗被长期流放时的悲愤情景。

人养之，说明那时五月初五日已成为俗忌。

第四，源于夏至。这是近来学术界提出的关于端午节起源的一种新说法。其依据是在《后汉书·礼仪志》中所记载的汉代五月五日用"朱索、五色印为门户饰"的做法，是兼用夏、商、周三代有关夏至的一些习俗。

四种说法中，在民间流传最广的是纪念屈原说，它表达了人民群众对我国古代伟大诗人屈原的爱戴和怀念。

中秋节是怎么形成的？

中秋佳节是我国人民的传统节日。中秋节是怎么形成的，研究者们说法不一。

第一，"时令节气"说。"中秋"一词，最早见于《周礼》："中春昼，鼓击士鼓吹幽雅以迎暑；中秋夜，迎寒亦如云。"据欧阳詹《长安玩月诗序）说："秋之于时，后夏先冬；八月于秋，季始孟终；十五于夜，又月云中。稽于天道，则寒暑均，取于月数，则蟾魄圆，故曰中秋。"意思说，农历八月十五，是秋季的中间，所以称为中秋。

第二，"唐明皇游月宫"说。《唐逸史》记载有"唐明皇游月宫"的有趣故事。唐《开元遗事》也载有："中秋夕，上与贵妃临太液池望月。"官民仿效，形成了中秋赏月的习俗。

第三，"嫦娥奔月"说。后羿射下九个太阳后，娶了嫦娥做妻子。有一天，一个道士送给后羿一包仙药，说吃后可成仙升天。后羿舍不得贤妻和众乡亲，就让嫦娥将此药藏了起来。这一年八月十五，后羿有个叫逢蒙的徒弟，趁后羿不在，想抢那包仙药。嫦娥不得已，将仙药吞下，立刻身轻如燕，直上云天，嫦娥因一心恋着丈夫，就飞到离地面最近的月亮上，在那里安了身。后羿无奈，只得同乡亲们在院中摆上供桌，供放上嫦娥平时爱吃的水果，遥祭嫦娥。

"唐明皇游月宫"和"嫦娥奔月"，虽然只是两个美丽的神话，但千百年来却给人们的节日增添了无穷的趣味。

重阳登高的习俗是怎样来的？

重阳节最重要的节日活动之一即是登高，故重阳节又称"登高节"。

重阳登高，最早见于梁代吴均《续齐谐记》一书。书中记载，东汉时，汝南汝河一带瘟魔危害一方，疫病流行，百姓深受其苦。有一个叫桓景的人历经艰辛，到山中拜费长房为师，以求消灾救人之法。一天，费长房对桓景说："九月九日瘟魔又要害人，你快回去搭救你的父老乡亲们吧。"并告诉他："那天登高，要用红布袋装上茱萸，扎在胳膊上，同时要喝菊花酒，如此便能消灭瘟魔，免除灾害。"

桓景回去后，遍告乡亲。九月九日那天，汝河汹涌澎湃，云雾弥漫，瘟魔来到山前，因菊花酒气味刺鼻，茱萸异香熏呛，被桓景杀死于山下。

从此，重阳登高的风俗，就世代流传了下来。

关于腊八节的传说有哪些？

腊月最重大的节日，是农历十二月初八，古代称为"腊日"，俗称"腊八节"。从先秦起，就开始在腊八祭祀祖先和神灵，祈求丰收和吉祥。腊八节除祭祖敬神的活动外，人们还要逐疫。腊八节的由来有四种说法。

传说一：腊八节是农历腊月（十二月）初八，起源于元末明初，据说当年朱元璋落难在牢监里受苦时，又冷又饿的朱元璋竟然从监牢的老鼠洞刨找出一些红豆、大米、红枣等七八种五谷杂粮。朱元璋便把这些东西熬成了粥，因那天正是腊月初八，朱元璋便美其名曰腊八粥。后来朱元璋做了皇帝，为了纪念在监牢中那个特殊的日子，于是把这一天定为腊八节，把自己那天吃的杂粮粥正式命名为腊八粥。

传说二：据说腊八粥传自印度。佛教的创始者释迦牟尼本是古印度北部迦毗罗卫国（今尼泊尔境内）净饭王的儿子，他见众生受生、老、病、死等痛苦的折磨，又不满当时婆罗门的神权统治，舍弃王位，出家修道。经六年苦行，于腊月八日，在菩提树下悟道成佛。在这六年苦行中，每日仅食一麻一米。后人不忘他所受的苦难，于每年腊月初八吃粥以做纪念。"腊八"就成了"佛祖成道纪念日"。

传说三：腊八节来自"赤豆打鬼"的风俗。传说上古五帝之一的颛顼氏，三个儿子死后变成恶鬼，专门出来吓孩子。这些恶鬼天不怕地不怕，单怕赤（红）豆，故有"赤豆打鬼"的说法。所以，在腊月初八这一天以红小豆、赤小豆熬粥，可以祛疫迎祥。

传说四：腊八节出于人们对忠臣岳飞的怀念。当年，岳飞率部抗金于朱仙镇，正值数九严冬，岳家军衣食不济、挨饿受冻，众百姓相继送粥，岳家军饱餐了一顿百姓送的"千家粥"，结果大胜而归。这天正是腊月初八。

腊八粥也叫"七宝五味粥"。我国喝腊八粥的历史，已有一千多年。最早开始于宋代。每逢腊八这一天，不论是朝廷、官府、寺院还是黎民百姓家都要做腊八粥。到了清朝，喝腊八粥的风俗更是盛行。

古代门前为何用狮子把门？

东汉年间，狮子被作为礼物送给中国的皇帝。

随着佛教传入中国，被佛教推崇的狮子在人们心目中变得高贵，和麒麟一起成为中国的灵兽。狮子随之开始出现在重要建筑物的正门两侧。按照传统习俗，成对的狮子是左雄右雌，还可以从狮子所踩之物来辨别，蹄下为球，象征统一寰宇和无上权力，必为雄狮；脚下踩着幼狮，象征子孙绵延，是雌狮。

十二生肖的由来有着怎样的说法？

十二生肖，就是指人们的所生年份对应的十二属相，它由十二种动物同十二地支相互搭配，作为一种纪年方法，十二生肖如何创立？何时开始？为什么用十二生肖与地支配合呢？纵观古籍文献与考古发现，就生肖起源问题历史学家持有三种说法。

第一种说法：华夏民族在原始社会图腾崇拜的影响下，以部分动物名称配合抽象的十二地支，创造出了十二属相。

第二种说法：汉代以前我国中原地区的华夏族仅有十二地支纪年法，而北部、西部从事游牧的少数民族则长期使用动物纪年。到了匈奴单于呼韩邪（即昭君出塞时的匈奴首领）归汉后，民族文化融合，产生了十二属相。

第三种说法：中国的十二属相是从印度传来的。在现行属相中，只有第三个和第十个两者有所不同：第三个属相，印度是狮，中国是虎；第十个属相，印度是金翅鸟，中国是鸡。其余的都相同，而且排序也一样。

究竟哪种说法正确，至今没有形成统一的定论。虽然我们一直使用这种纪年方法，但是十二生肖之谜还未被破译。

凤凰起源于何时？

凤凰的起源约在新石器时代，原始社会彩陶上的很多鸟纹是凤凰的雏形，距今约6700年的浙江余姚河姆渡文化出土的象牙骨器上就有双鸟纹的雕刻形象，这双鸟纹应是古代凤凰的最早记载。

根据神话传说，凤是从东方殷族的鸟图腾演化而成。《山海经·大荒西经》提到有一种五彩鸟，有三种名称，叫皇鸟、鸾鸟及凤鸟。《山海经·南次三经》记载一种鸟，样子像鸡，有五彩的花纹，叫凤凰，说明凤凰的形象一开始便是很美丽的。《诗·大雅·卷阿》说它非梧桐不栖息，非竹实不吃。以后，它也跟龙的形象一样，越往后越复杂，有了鸿头、麟臀、蛇颈、鱼尾、龙纹、龟躯、燕子的下巴、鸡的嘴。后来凤凰就成了中华民族文化中的重要组成部分。

"姓名"从何而来？

在我国古代，并非一开始就存在"姓名"，而是先有姓与氏，后有名、字。经过漫长的历史演变，它们才发展成今天人们所惯用的"姓名"。

第一，"姓"的由来。

姓的起源可以追溯到人类原始社会的母系氏族时期。姓是作为区分氏族的特点标志符号。据考古资料表明，西周铜器铭文中，可以明确考定的姓不到30个，但大多都从女旁。

第二，"氏"的由来。

随着人口不断增长，某个氏族发展到一定程度就会发生分解。于是，由"姓"衍生出一系列分支，这就是"氏"。到了汉代，姓和氏完全没有区别。

第三，"名"的由来。

《礼记·檀弓》中记载："幼名，冠字。"

第四，"字"的由来。

古代时期，人们在祭祀神灵和祖先时，为了表示恭敬，不敢直接称呼祖先的名，于是，"字"产生了。可以说，"字"具有双重作用：一出于避讳，二尊敬长辈。

为什么《百家姓》以赵姓开头？

赵姓为什么能成为《百家姓》中的第一姓呢？对于这个问题一直以来有两种说法。

第一，因为《百家姓》是宋朝初年编订的，而宋朝是宋太祖赵匡胤创立的，既然"率土之滨，莫非王臣"，赵姓居《百家姓》中的首位也就是理所当然的。

第二，根据《姓纂》记载，赵姓的由来是这样的："帝颛顼伯益嬴姓之后，益十三代至造父，善御，事周穆王，受封赵城，因以为氏。"由此可见，最初以赵为姓的人，是颛顼帝的子孙造父，他善于驾御，在周穆王的时候，得到了赵城这个地方为封地，就以封地的名称作为自己家族之姓，而世代相传。这是赵姓的由来。而这个家族，从一开始便十分显赫，在春秋时代，自从赵衰辅佐晋文公定霸，赵氏子孙就世代为晋国的大夫，权倾当朝。到了春秋末期，也就是周威烈王的时候，赵家的权势更大，进一步与同为大夫的韩家和魏家瓜分了晋国，而分别自立为一个诸侯，这就是历史上所谓的"三家分晋"。后来，赵国的国势越来越强，成为战国七雄之一。其都城设在晋阳，也就是现在山西省太原市的北面。由此可见，现在所有姓赵的人，最早都是山西人，后来才逐渐移居他处，在历史上，姓赵的人也是名人辈出。

由此看来，赵姓成为《百家姓》中的第一姓，是跟赵姓家族在历史上的显赫地位分不开的。

中国古代典当业是如何发展起来的？

中国典当业源远流长，在世界典当业发展史中起源最早。有些人认为我国典当业始于汉代，另一种观点认为典当业发源于南朝，这是大多数学者的意见，而且也是有史可证的。

《后汉书》卷七十三《刘虞传》记载：公孙瓒奉命讨伐乌桓，受幽州刺史刘虞节度，在一次战斗中，刘虞把朝廷赏赐之物"典当胡夷"，被公孙瓒夺回。但"典当"一词出现在后世，不可能在后汉就已经使用。写《后汉书》的范晔是南朝时期的人，他是否用当时的词语表述东汉的事情，但仔细查询南朝也没有"典当"一词，而普遍称典当为"质"。

另外，《西京杂记》中有"以衣裘贳酒"的记载，即用衣服为抵押，赊账买酒，属于私人之间的一种抵押行为。这些蛛丝马迹，既不能否定东汉有典当行为，也不足以断定中国的典当业发源于东汉。因为东汉即使有此类事情也属个别现象，没有普遍意义，况且当时也没有典当机构，没法称为典当业。由此可知，我国典当业的源头不是西周，也不是春秋战国时期，东汉时期也只能说是古代典当业的萌芽阶段。这表明我国典当行为的萌芽在东汉已经出现，距今约 1800 多年。

图腾崇拜是怎么回事？

"图腾"一词系美洲印第安语，其最早的写法是 ototemam，意思是"他的亲族"。1791 年，一位英国商人将"ototemam"译为"Totem"（图腾），后又派生出"totemism"（图腾崇拜），成为国际间通用的术语。图腾是标志或象征某一群体或个人的一种动物、植物或其他物件。在原始社会，人们对自身及自然界的认识十分有限，不了解人类与自然界的关系，他们认为每个氏族与某种动物、植物、无生物或自然现象有着神秘的亲缘和其他特殊关系，并相信这些"神物"就是他们的祖先、保护神，他们这个氏族就是由这种神物衍生出

来的。因此，每个氏族都以某一种崇拜物作为本氏族供奉的神物与标志，此即"图腾"。

关于图腾崇拜，《简明不列颠百科全书》的解释是："相信人与某一图腾有亲缘关系；或相信一群体或个人与某一图腾有神秘关系的信仰，称为图腾崇拜。"图腾崇拜有如下特点：第一，认为图腾是伴侣、亲人、保护者、祖先或帮手，有超人的能力，人们尊敬、崇拜乃至畏惧图腾；第二，用特殊的名称和徽号代表图腾；第三，崇拜者在一定程度上与图腾合而为一，或者用象征的方法表示与图腾同化；第四，规定不得屠宰、食用或接触图腾甚至还规定回避图腾；第五，举行图腾崇拜的特殊仪式。

和氏璧终归何处？

关于和氏璧的由来，《韩非子·和氏》中记载：一个叫作卞和的楚国人，他某日在荆山中找到一块未经加工的玉石，欣喜若狂。于是捧着宝贝向厉王献上，并说这是一块宝玉。楚厉王叫鉴定玉石的人观察以后，鉴宝人说这只是一块石头。厉王于是大发雷霆，让人将卞和的左脚砍去，以罚其欺君之罪。后来武王继位之后，卞和又跛着脚去把玉石献给楚武王。武王的玉工看后也说这是石头，于是卞和的右脚也被砍掉。等到文王继位之后，卞和仍旧不甘心一块传世之玉就此被埋没。他抱着玉石在山下哭了整整三天三夜，甚至眼泪都流成了血。楚文王听到后便派人去问缘由，以为卞和是因为失去双脚而哭泣。后来卞和说他是因为无人识玉而痛苦万分。楚文王听后万分感动，于是命令鉴定玉石的专家仔细检测，终于得出结论：这是一块宝玉。因卞和所发掘，于是便命名此玉为和氏璧。

和氏璧是怎样失踪的呢？楚威王将和氏璧作为奖赏赐予昭阳丞相。后来丞相府失窃，致使和氏璧不知去向。后来和氏璧归了赵惠文王。秦王听说后也想得到和氏璧，便派人

拿十五座城池与赵王交换。虽然也有蔺相如完璧归赵之说，但是秦王借着自己国家强大的势力，最终还是将宝物据为己有。

传国玉玺历经千年为何神秘失踪？

秦王政统一中国，称始皇帝，改定制度。选用和氏璧，命廷尉李斯制作皇帝御玺，玺文"受命于天，既寿永昌"八字，由李斯篆书。秦始皇想让这块玉玺代代相传，因此称为"传国玺"。然而，它在流传1000多年后，却神秘地失踪了。

自公元前207年10月，刘邦兵入咸阳，传国玺落入刘邦手中，一直到公元589年，为隋朝所有。隋朝灭亡后，传国玺为唐朝所得。朱温灭唐，玺为后梁所有。后梁灭亡后，传国玺落入唐庄宗李存勖之手，经后唐明宗李嗣源、闵帝李从厚，归于明宗养子后唐废帝李从珂。公元936年，后唐河东节度使石敬瑭勾结契丹，举兵叛乱，进围洛阳，后唐兵败，李从珂与其家人登楼纵火自焚，后唐灭亡。令人可惜的是，传国玺自此失踪。

自五代时期传国玉玺失踪，这块国宝真假难辨。真正的传国玺到底在哪里？无人能回答。也许有朝一日能够重见天日。

缠足始于何时？

缠足，是我国封建社会残害妇女的一种恶俗。那么缠足究竟始于什么时代，说者各持己见。

一说始于汉。持此看法者的根据是《丹铅总录》引《杂事秘辛》汉保林吴姁奏言："乘氏忠侯梁商女足长八寸，胫跗丰妍，底平趾敛，约缣迫袜，收束微如禁中。"

二说始于六朝。据《南史》载，齐东昏侯为潘贵妃凿金为莲花以贴地，令妃行其上，曰此步步生莲花。六朝乐府双行缠说："新罗绣行缠，足跌如春研；他人不言好，独我知可怜！"所以，持此说法者认为六朝时期是缠足的开始。

三说始于唐。《群谈采余》中有咏杨贵妃罗袜诗一首："仙子凌波去不还，独留尘袜马嵬山；可怜一掬无三寸，踏尽中原万里翻。"在唐代文人笔下，也有对女人小脚的描写，如白居易《上阳人》中的"小头鞋履窄衣裳……天宝末年时世妆"。

四说始于五代。据陶宗仪《南村辍耕录》记载，南唐李后主有一宫嫔叫窈娘，身段纤小，能歌善舞。"后主作金莲，高六尺"，令窈娘以帛缠足，屈上为新月状，穿着白袜在莲花中翩翩起舞，回旋飞转，就像凌云踏雾般。张邦基《墨庄漫录》也称弓足起于南唐李后主，是为缠足之始，出现后时人效之，以纤小为妙，自此缠足之风泛起。

妇女缠足作为一种民间习俗，受到封建统治者的认可和文人墨客的欣赏。然而，有关这方面的记载，在历代正史中却很少见到。因此，要弄清古代女子缠足的起始时间，看来并非是一件容易的事。

历代帝王追求的甘露是什么？

甘露是一种植物，学名甘露子，多年生草本，可供药用。后来演变为中华传统文化中的一种神物，"神灵之精，仁瑞之泽"，并且把它和龙、凤、龟、麟等瑞征并列，"天下升平则甘露降"。传说，甘露还是延年益寿的圣药，"其凝如脂，其甘如饴"，吃了这种天酒、神浆，可使人"长寿者800岁"。

汉宣帝刘询、吴国归命侯孙皓、西晋前秦苻坚等，都直接以甘露为年号。东吴甘露元年（公元265年）在镇江北固山所建的甘露寺，更因为刘备曾在此招亲而闻名遐迩。梦想吃到甘露的皇帝就更多了，汉武帝曾在建章宫内建造了一座高达7米的铜仙承露盘，乾隆也一心要求得甘露，也曾在北海公园琼岛西北半山之上建有同样的铜仙承露盘。

其实，甘露确是有的，就是一种蚜虫的排泄物。这蚜虫也并不是太有名，而是游蚁、地蚤、母虱、油虫，等等，总之是一类毫不起眼的小东西随机走过而排泄的尿，或者说，是很多种这种小虫集体排泄的尿。甘露的秘密早在明代就被学者杜镐揭穿了："此多虫之所，叶下必多露，味甘，及是虫之尿也。"

汗血宝马之名由何而来？

《史记》中记载，张骞出使西域，归来说："西域多善马，马汗血。"故在中国，两千年来这种马一直被神秘地称为"汗血宝马"。

外国专家曾对汗血马的"汗血"现象进行过考察，认为"汗血"现象是受到寄生虫的影响。"汗血宝马"，本名阿哈尔捷金马，此马产于土库曼斯坦科佩特山脉和卡拉库姆沙漠间的阿哈尔绿洲，是经过三千多年培育而成的世界上最古老的马种之一。阿哈尔捷金马头细颈高，四肢修长，皮薄毛细，步伐轻盈，力量大、速度快、耐力强。目前，汗血宝马的最快速度记录为 84 天跑完 4300 公里。德、俄、英等国的名马大都有阿哈尔捷金马的血统。中国对"汗血马"的最早记录是在 2100 年前的西汉，汉初白登之战时，汉高祖刘邦率 30 万大军被匈奴骑兵所困，凶悍勇猛的匈奴骑兵给汉高祖留下了极深的印象，而当时，汗血宝马正是匈奴骑兵的重要坐骑。

张骞出使西域图 初唐
此为敦煌壁画图，表现的是汉武帝群臣到长安城外，为出使西域的张骞送行的情景。

血滴子是何物？

在民间小说中，雍正经常被刻画得精通武艺、神通广大，他豢养了一批侠客力士，操持着一种名曰"血滴子"的杀人利器，能取敌人的首级于千里之外。

传说"血滴子"是雍正皇帝特务系统所使用的一种武器，这种武器杀人的方式，是专门把人的首级从脖子上取下来。可以使人头和脖子分开的武器很多，大刀砍、利斧挥都可以达到目的。而这个血滴子却不是寻常的武器，它在使用的时候，是"放出去"的。它会把目标的头罩住，然后割下目标的头，再收回来。虽然传说"血滴子"的使用过程是如此，可是它的具体形状如何，又如何一下子把人脑袋割下来，还是没人知道。

还有一种说法认为，雍正秘制的"血滴子"其实是一种毒药。传说雍正为皇子时，就准备要夺取王位。而雍正用来铲锄异己的暗器中，就有一种名为"血滴子"的毒药。其物是一革囊，将活人放到里面，很快人就化成一摊血水。这种毒药是用毒蛇的毒液混合一种毒树的汁液炼成，一滴就可以使人通身溃烂而死，故称"血滴子"。还说雍正曾密谕广西巡抚，要他暗中寻访这种毒药，并研究熬炼和解毒的秘方，所以说雍正炼制血滴子，是有相当根据的。

"血滴子"最早出自何处，已经难以考证。而"血滴子"究竟是何物，我们也难以判断，但是可以肯定的是，它与雍正的统治有着密切的关系。

船棺悬葬有着怎样的奥秘？

船棺悬葬是我国古代一种非常奇特的葬俗，其葬法是在悬崖上插入木桩，把棺木放在木桩上，有的将棺木放在天然或人工凿成的岩洞中。葬地都在面临江河的绝壁悬崖上。船棺形体像一只小船。据考古学者测定，此葬俗最早可追溯到春秋时期。武夷山西北侧的江西贵溪是船棺的发源地。

有研究者认为，船棺是死者生前生活方式的再现。我国古代的东南地区，曾住着一个叫百越的民族，百越人以打渔作为主要生活来源，船是他们的主要交通工具。所以，船便成了死者的棺柩。还有的研究者认为，船棺是古人为让死者的灵魂返回故乡。灵魂要返回故乡，就必然离不开船，船可以帮助死者找到灵魂的归宿。船棺放进崖壁的山洞，有学者说是出于对先辈的崇拜和尊敬。将死者安葬在绝壁之间，不仅可以防止人兽的侵扰和破坏，而且希望死者的灵魂保佑、降福于他们。

那么，古代百越人是采用什么方式将重达数百斤的棺木安放在崖壁上的呢？研究者们认为有几种可能。第一，垂降式，在山顶就地打造船棺，将死者放于其中，然后从崖顶架设辘轳，把船棺吊悬垂下，放到葬位。第二，栈升式，在崖壁上架设栈道或云梯，借助它们在悬崖上凿洞架木，然后把船棺放到葬位。第三，提升式，在崖底或其他地方，采用绞车或用人力，借助滑轮装置向上提升船棺，再由人在崖壁上配合，将船棺安放到位。

船棺悬葬由于文献史料记载不多，加上出土的随葬品不丰富，葬品也无文字可考，所以对船棺悬葬的研究一直比较艰难，以上说法是否站得住脚，还有待进一步研究。

金缕玉衣是何物？

玉衣也称"玉匣""玉押"，是汉代（公元前206年~公元220年）皇帝和高级贵族死后穿用的殓服，外观与人体形状相同。玉衣是穿戴者身份等级的象征，皇帝及部分近臣的玉衣以金线缕结，称为"金缕玉衣"，其他贵族则使用银线、铜线编造，称为"银缕玉衣""铜缕玉衣"。1968年满城汉墓出土的两套金缕玉衣，保存完整，形状如人体，各由两千多块玉片并用金丝编缀而成，每块玉片的大小和形状都经过严密设计和精细加工，可见当时高超的手工艺水平。

金缕玉衣大致出现在西汉文景时期。据《西京杂志》记载，汉代帝王下葬都用"珠襦玉匣"，形如铠甲，用金丝连接。这种玉匣就是人们日常说的金缕玉衣。当时人们十分迷信玉能够保持尸骨不朽，更把玉作为一

种高贵的礼器和身份的象征。玉衣的起源，可以追溯到东周时的"缀玉面幕""缀玉衣服"，到三国时曹丕下诏禁用玉衣，共流行了四百年。到目前为止，全国共发现玉衣二十余件，中山靖王刘胜及其妻窦绾墓中出土的两件金缕玉衣是其中年代最早、做工最精美的。

为什么马王堆古尸千年不腐？

马王堆辛追1号墓的女尸经病理解剖表明，虽然经历了2100年，其身体各部位和内脏器官的外形仍相当完整，并且结缔组织、肌肉组织和软骨等细微结构也保存较好，这在世界尸体保存记录中是十分罕见的。

女尸身着丝绵袍和麻布单衣，足登青丝履，面盖酱色锦帕，并且用丝带将两臂和两脚系缚起来。然后包裹18层丝、麻衣衾，捆扎9道组带，又覆盖两件丝绵袍。女尸出土时，浸泡在约80公升的无色透明棺液之中（出土不久变成棕黄色）。这种棺液经多种科学分析判明不是防腐剂，而是土壤中的水分通过白膏泥和木炭层渗入墓室，经长时间的凝结而积聚棺内，具有微弱的抑菌、杀菌作用，但不是尸体得以保存的根本原因。

根据科学判断，棺内有40公升液体，并不是从棺外渗入，是女尸的尸水，因为六层棺都没有水渗入情况。并且六层棺外有5000公斤的木炭和白膏泥包裹导致水不能渗入，这也是尸体在无菌无氧的情况下得以保存的原因。

为何立春不处决犯人？

我国古代讲究"秋冬行刑，立春时不处决犯人"，即凡被判有死罪的人，除谋反大逆等"决不待时"以外，其他的都必须等到秋后才能处决。

秋冬行刑制度最早起源于周朝。《周礼·秋官》中记载刑杀必须选择适合的日期。而《礼记·月令》中就确定了最理想的刑杀时间：孟秋、仲秋、季秋三月。这三个月即是农历的七、八、九月，是秋天的三个阶段。

古时候，由于科学文化水平的落后，人

们还不能够正确合理地解释自然界和人类社会的某些联系，于是人们便认为在人类和自然界万事万物之外存在着一个能支配万物的造世主。灾害、瘟疫、祥瑞、丰年都是上天赐予的，所以人们的一切行为都必须符合天意。设官、立制不仅要与天意相和谐，刑杀、赦免也不能与天意相违背。四季之中，春夏是万物滋育生长的季节，秋冬是肃杀蛰藏的季节，这是宇宙的秩序和法则，因此人间的司法也应当适应天意，顺乎四时。同时，秋季对应五行中的"金"，金的本性冰冷，从五行中讲这时生命沉寂，生命力最低，而且金代表用于砍伐的工具，是破坏的代表。还有就是秋冬断狱、行刑，不会耽误农时。

汉代的时候，儒学大师董仲舒发明了一套"天人感应"理论，他认为"天有四时，王有四政，庆赏刑罚与春夏秋冬以类相应"。以此，他认为帝王应该在春夏季节行赏，在秋冬季节行刑。如果违反天意，会招致灾祸，受到上天惩罚。所以，"秋冬行刑"这一习俗就被载入典籍，成为一项法令而一直延续到封建社会灭亡。"秋冬行刑"的政治实质是统治者用来巩固其统治的一种手段。他们借天意之名，让百姓深信他们的这种刑杀手段是上天所赋予的，不能违背天意，进而也不能违背天子的旨意。因此，统治者就可以以天之名，来行使他们的刑杀权力，巩固统治。

为何要在午时三刻行刑？

古人迷信，认为杀人是"阴事"，即无论被杀的人是否罪有应得，他的鬼魂总是会来纠缠判决的法官、监斩的官员、行刑的刽子手以及和他被处死有关联的人员。而午时三刻这个时间，差不多是中午的十二点，这在当时人看来是一天当中"阳气"最盛的时候。所以在阳气最盛的时候行刑，可以抑制鬼魂的出现。这应该是习惯上"午时三刻"行刑的最主要原因。

十恶不赦包括哪十恶？

人们在形容一个人罪大恶极、不可饶恕时经常使用"十恶不赦"这个词。

我国古代的封建刑法制度中的"十恶"之名是在西汉的"大逆不道不敬"罪的基础上发展起来的。北齐河清三年（564 年），尚书令、赵郡王等奏上《齐律》十二篇，"列重罪十条：一曰反逆，二曰大逆，三曰叛，四曰降，五曰恶逆，六曰不道，七曰不敬，八曰不孝，九曰不义，十曰内乱。其犯此十者，不在八议论赎之限"。

到了隋开皇初年，随着佛教的兴盛，封建统治者遂将佛教之中的"十恶"之名引入律法，以之代替了《齐律》中的"重罪十条"，"十恶"之罪名遂正式出现。那么"十恶"罪具体指什么呢？

第一，谋反：企图推翻朝政。这历来都被视为十恶之首。

第二，谋大逆：毁坏皇室的宗庙、陵墓和宫殿。

第三，谋叛：背叛朝廷。

第四，恶逆：殴打和谋杀祖父母、父母、伯叔等尊长。

第五，不道：杀戮无辜。

第六，大不敬：冒犯帝室尊严。

第七，不孝：不孝敬祖父母、父母，或在守孝期间结婚、作乐等。

第八，不睦：谋杀某些亲属，或女子殴打、控告丈夫等。

第九，不义：官吏之间互相杀害，士卒杀长官，学生杀老师，女子闻丈夫死而不举哀或立即改嫁等。

第十，内乱，亲属之间通奸或强奸等。

由于"十恶"之罪直接危害封建专制制度的核心——君权、父权、神权和夫权，所以自隋代在《开皇律》中首次确立"十恶"之罪以后，经历宋、元、明、清各代，都规定犯了"十恶"罪不能赦免。

不同年龄的人有何称谓？

中国古代对不同年龄的人有着不同的称谓，现详细介绍如下：

人初生叫婴儿，不满周岁称襁褓，两三岁时称孩提。

童龀，往往是指人的儿童少年时期。女孩7岁称始龀、髫年；男孩8岁称始龀、韶年。这是因为根据生理状况，男孩8岁、女孩7岁开始换牙，脱去乳齿，长出恒牙，这时叫"龀"，因此有"韶年"或"髫年"之说。

"总角"是幼年的泛称。古代幼童把垂发扎成两结于头顶。把头发扎成髻，形状如角，因此代指人的幼童阶段，借指幼年。所谓的总角之交，就指幼年就相识的好朋友。

垂髫之年，泛指儿童。因为古代小孩头发下垂，由此引申指未成年的人。黄口，指10岁以下的儿童。

幼学，指10岁的儿童。女孩12岁称金钗之年。女孩13岁称豆蔻年华。舞勺之年指青少年13～15岁。

"及笄"即指女子年满15岁。笄，原指古代束发用的簪子。古时女子一般到15岁以后就把头发盘起来，并用簪子绾住，表示已经成年。

志学是指15岁。女孩16岁称碧玉年华。20岁称桃李年华。24岁称花信年华。

舞象之年指青少年15～20岁。

弱冠指20岁。语出《礼记·曲礼上》："二十曰弱冠。"也有"加冠"一说，是因古时男子20岁行加冠礼，表示已成年。

《论语》中子曰："吾十有五而志于学，三十而立，四十而不惑，五十而知天命，六十而耳顺，七十而从心所欲，不逾矩。"而立之年指30岁，多指男子30岁，其中"立"是立身、立志之意。

不惑之年是指40岁。不惑，是"不迷惑、不疑惑"之意。

天命指50岁，也称"知非之年"。

耳顺、花甲之年指60岁。花甲：我国古代用干支记时间。所谓干支，是天干地支的简称。天干有十，地支十二，十天干和十二地支按照顺序搭配成六十个单位，通常就叫作"六十花甲子"，也称"花甲"。

古稀指70岁。语出杜甫《曲江二首》："酒债寻常行处有，人生七十古来稀。"

80岁称杖朝之年，也称伞寿。因"伞"字的草体形似"八十"，故称"伞寿"。

耄耋指八九十岁。语出《礼记·曲礼》："八十九十曰耄。"人们根据这解释，把"耄耋"两字连用代称八九十岁。90岁称为上寿。

白寿指99岁，百少一为九十九，故借指99岁。

期颐指百岁之人。据朱熹讲，期是"周匝之义"，即转过一圈了；颐，是"谓当养而已"，即生活起居由人养护。"期颐"是人寿至"百岁"的特称。

古代对人的尊称和敬辞有哪些？

古人在彼此称呼时，往往用尊称，不同的人、不同的身份，对方不同时称呼也不同，主要有以下几种：

"公"：是古时比较普遍的对某人的尊称。

"子"："子"的称呼，古代也很多见，如春秋时孔子、孟子、庄子、老子等都是尊称，后代则多以"子"来表达学生对老师的敬意。

"令"：有"美好"的意思，用在名词或形容词前表示对别人亲属的尊敬。比如我们经常用的"令尊、令堂"，表示对对方父母的尊称；"令兄、令妹"，表示对对方兄妹的敬称；"令郎、令爱"，表示对对方儿女的敬称；"令亲"，表示对对方亲人的尊称。

除此外还有："高足"，尊称别人的学生；"贤弟、贤侄"，为对弟、侄的尊称；"家父、家母"，对别人称自己的父亲、母亲。在古代官场中，还有一些专用的尊称。如君称臣为"卿""爱卿"，臣称君为"陛下""圣上"等。

古人对人的敬辞也很有学问，常用的主要有以下一些：

赐复：请别人给自己回信、回函。

赐膳：指别人用饭食招待自己。

赐教：指别人对自己的指教。

惠允：指对方允许自己做某事。

惠存：请对方保存自己的礼物。

惠临：指对方到自己这里来。

惠赠：指对方赠予的财物。

高见、高论：指别人的见解、言论。

高寿：用于问老人的年纪。

高龄：用于称老人的年龄。

垂念：指别人想念自己。

垂问、垂询：指对方询问自己，多指长辈或上级对自己的询问。

垂爱：称别人（多指长辈或上级）对自己的爱护，多用于书信。

华翰：称别人的书信。

托福：客套话，依赖别人的富气使自己幸运。

驾临：称对方到来。亦有"大驾光临"一说。

卫冕：指竞赛中保住上次获得的冠军称号。

古人对自己的称呼有哪些？

古人在人际交往的自称方面形成了一套颇为严格的规矩。一般说来，在相互的交往或言谈中，都要用谦称或卑称，最常见的有：

拙：用于对别人展示自己的东西或看法。如"拙见"，谦称自己的见解；"拙荆"，称自己的妻子。

愚：单独用"愚"谦称自己，表示自己不聪明。常用的有愚见，称自己的见解；对比自己年轻的人称自己为愚兄。

仆：谦称自己是对方的仆人，使用它含有为对方效劳之意。

敝人：谦称自己身份低微。还有如"敝姓"，谦称自己的姓；"敝处"，谦称自己的房屋、处所等。

鄙人：本意是指居于郊野的"野人"（古有国、野之分），引申为无地位、无文化之人，即所谓鄙俗之人，古人常用来表示自己地位不高，见识短浅。

小可：是有一定身份的人的自谦，意思是自己很平常、不足挂齿。

小人：指地位低的人自称。"小"字也可能称与自己有关的人或事物，如"小弟"，男性在朋友或熟人之间的谦称自己；"小儿"，谦称自己的儿子；"小女"，谦称自己的女儿；"小子"，子弟晚辈对父兄尊长的自称。

还有一些自谦词如"不才""不佞""不肖"等表示自己没有才智、没有出息、才能平庸等。

古代的名、字、别号有什么区别？

所谓"名"，是社会上个人的特称。古代贵族取名时都有一定的礼仪，要符合规矩，而底层的百姓起名一般都很随意。

"字"往往是"名"的解释和补充，所以古人的字多与名含义相近或相辅。如诸葛亮，字孔明，"亮"与"孔明"的义相近。一般来说，"字"是男女成年后才加取的，表示他们已经开始受到人们的尊重。但下层人往往没有这么多的讲究。

"号"是指称号，即人的别称。别号则是使用者本人起的，并不受家族、行辈的制约，可以更自由地寄托或标榜自己的某种情操，一般文人往往有自己的别号，如唐代李白号青莲居士、陆游号放翁、王安石号半山，等等。

笼统地讲，名、字、号其实都是人的名称，但在用法上很有讲究。在人际交往中，名一般用于谦称、卑称，或上对下、长对少的称呼。在尊称、下对上称呼时则称字、号。上流社会在交际应酬中爱以别号相称以表示尊重，直呼其名，是很不礼貌的，有时还要因此受到惩罚。

殿下、阁下、麾下、节下分别指代什么？

殿下："殿下"和"陛下"起初是一个意思，表现臣子对君王的敬称。随着历史的发展，汉代以后，因"殿"的地位比"宫"略低，故将"殿下"演变为对太子、亲王的尊称。唐代以后，殿下一般多用于称呼皇太子，也用以称呼皇太后和皇后。

阁下：旧时对人的尊称。最初只用于对中央宰执之臣和地方郡守一类高官的敬称，后来逐渐演变为对挚友亲朋间尊称的敬辞。不管是各级官吏还是普通百姓，都可以用此称呼。

在下：旧时人们用作自称的谦辞。古时坐席，尊长者在上，所以自称"在下"。

麾下："麾"，是旌旗的意思，也有"指挥""招手"之意。麾下，通常是指在将帅旗之一下，慢慢演变成对将帅的敬称。后世也用麾下指部下。

节下：主要使用于魏晋时期。"节"是军中权力的象征，大将常有"持节""假节"之衔，高级武将被尊称为节下。后世对使节及地方疆吏也称"节下"。

为何称岳父为"泰山"？

在我国的传统文化中，有一种"代称"的情况，比如老百姓使用得最多的是用"泰山"代称岳父，用"东床"代称女婿。那么这两个奇怪的称呼是怎么来的呢？

古代帝王常临名山绝顶，设坛祭天地山川，晋封公侯百官，史称"封禅"。唐玄宗李隆基一次"封禅"泰山，中书令张说做"封禅使"。张说借此机会把女婿郑镒由九品官提到了五品官。后来玄宗问起此事，郑镒支支吾吾，无言以对。在旁边的大臣黄幡绰讥讽道："此乃泰山之力也。"玄宗才知张说徇私，没过多久，便把郑镒降回原九品。后来，人们根据此事，就把妻父称"泰山"。又因泰山乃五岳之首，因此又称为"岳父"，而妻母自然成为"岳母"了。

而把女婿称作"东床"，则源于东晋书法家王羲之的一个典故。

王羲之年轻的时候，有一次，当朝最有权势的太尉郗鉴派门生到王羲之的叔叔王导家选女婿，王导带他们到东厢"遍观子弟"，那天王家的子侄全都精神百倍，表现得大方得体。这位太尉门生看了一会儿就回去了，对太尉说："王家的各位子侄少爷都是不可多得的佳弟子，但可能是听说太尉来选女婿，都在那里矜持作态，唯有一个人在东床露着肚子吃东西，对此事毫不在意。"

郗鉴一听大喜，认为此人天性率直，不为外物所动，正是"高素质、高水平"的表现，后来才知道那个在东床上露着肚子吃东西的人就是王羲之。最后王羲之真的成了太尉的女婿。从此以后，人们就称女婿为"东床快婿"，有时也简称为"东床"了。

古代对女子的称呼有哪些？

"女子"：早在先秦，已经有称呼年轻姑娘为女子的叫法。陕西的方言还沿袭着这种叫法，至今普遍使用"女子"的称呼。

"女郎"：含有"女中之郎"的壮志之意，是对年轻女子的代称。

"淑女"：指温和善良美好的女子，文学作品中常见此称谓。早在《诗经》中就出现过此称谓，如"关关雎鸠，在河之州。窈窕淑女，君子好逑"。

"姑子"：也有未婚女子的意思。《古乐府·欢好曲》："淑女总角时，唤作小姑子。"

"巾帼"：原是指古代妇女头上的装饰物，后借以代表女性。

"女士"：《诗经·大雅·既醉》有诗句说："釐尔女士。"据唐代孔颖达的解释，女士就是具有士人行径的女子。后来，也逐渐成为有知识、有修养女子的尊称，比喻女子有男子般的作为和才华。

"闺女"：即闺阁女子。唐诗中已用"闺女"一词称呼年轻女子，明清小说中仍有此用法，这种称谓至今流行于北方农村。

"小姐"：在宋元时期，"小姐"是对地位低下女子的称呼。"小姐"一词在宋代才见于典籍，最早是指富婢，后来亦指妓女，是贱者之称，为大家闺秀所忌。后来，姬妾也常被称为"小姐"。宋代以后，豪门大户家的女儿皆称"小姐"，隐含尊贵之意，尤其多见于官宦家庭。到了明代之后，"小姐"一词才日渐增多，逐步为世俗所接受。

"娘子"：古代经常用此称呼年轻女子，不仅仅限于丈夫对妻子的爱称，还是未嫁或已嫁女子的通称。宋代时，凡是闺阁女子都可称作小娘子。"娘"字本指少女，元《韵会》曾有说："娘字，本少女之称。"

"千金"：把少女称作千金或千金小姐，最早见于元代剧作家张国宾所写的杂剧《薛仁贵》："你乃是官宦人家的千金小姐，请自稳便。"到了明清时期，"千金"一词使用广泛，称富家女孩或敬称别人家的女孩为"千金"的随处可见。

"女流"：这是古时对女人的泛称。

"姑娘"：是称呼年轻女子的常用词语，在明清时期这种称法较多。

"裙衩"：古代妇女的衣着装饰，泛指女性。在戏剧、小说中多出现此词。

此外，对美丽的女子还有"玉人""尤物""佼人""玉女""丽人""璧人""娇娃"等称呼。而女子对自己的谦称还有"奴家""妾""贱妾""奴婢"等，年老的妇女会自称为"老身"。

"三姑六婆"指的都是什么人？

在古时，"三姑六婆"是对底层社会中的一批特殊人物的称呼。

关于"三姑六婆"的来历，最早见于明代一名叫陶宗仪的学者，其笔记中记载的"三姑六婆"的身份："三姑"分别为佛教的尼姑、道教的道姑和专门以占卜和算命为业的卦姑。"六婆"则是指：牙婆、媒婆、虔婆、师婆、药婆、稳婆。其中，牙婆是介绍人口买卖的人口贩子，专为人买卖奴婢、妾侍；媒婆是以说合婚姻为业的妇女；虔婆是指贱婆或妓院内的鸨母；师婆也称巫婆，以画符施咒、请神问命为业；药婆是专门卖安胎药、堕胎药之类药品的女人；稳婆是以接生为业的接生婆，她们有时还会负责验查女尸是否被人先奸后杀。

因"三姑六婆"除尼姑、道姑外所从事的行业多被人们所不齿，因此世人往往"谨而远之，如避蛇蝎"，尤其是大户人家的女子绝不允许与三姑六婆有任何来往。但随着时代的发展，现代汉语中的"三姑六婆"也有了新的意思，常指社会上各式市井女性。

历史传承——五彩缤纷的中国古代文化

汉字起源于何时?

以安阳甲骨文为代表的殷墟的发现,曾被认为是 20 世纪最重要的考古发现。殷墟甲骨文也被认为是中国发现的最早的文字,并且使中国与以纸草、泥板、石板为文字载体的古埃及、古巴比伦和古印度并列为世界文明古国。那么,甲骨文真是我国最早的文字?在甲骨文以前,我国还有没有文字?

从史书记载来看,《荀子》《吕氏春秋》《韩非子》《世本》都记载有仓颉造字的传说。许慎的《说文》序把《系辞传》的说法和仓颉的传说结合起来,说:“及神农氏结绳为治而统其事,庶业其繁,饰伪萌生。”从考古资料来看,在甲骨文以前,我国境内已有很多尚未成熟的文字符号出现。

在中国山东省昌乐县发现的一种神秘骨刻图案引起考古界的关注,经过有关专家研究表明,这种文字可能要比殷墟甲骨文早

甲骨文

1000 年左右。虽然目前尚不能破译“昌乐骨刻文”,但这足以证明中国早在 4000 多年前就有了作为文明标志的文字,把现有认知的中华民族文字史提早了 1000 年左右,对于中国文明史有重大意义。同时,“昌乐骨刻文”将是中国发现的最早的文字形式之一。所以说,甲骨文只能说是我国最古老的比较成熟的文字,不能说是我国最早的文字。

中国历史上出现了多少汉字?

汉字是中华文明中不可缺少的一部分,它不但承载了我们几千年的历史,而且也是从古到今人们进行沟通的重要手段。从古代的象形文字发展到今天的汉字,汉字经过多次变化和改革,但是历代的改革几乎都是兼收并蓄的,以致使汉字越积越多。

关于汉字的数量,根据古代的字书和词书的记载,可以看出其发展情况。

秦代的《仓颉》《博学》《爰历》三篇共有 3300 字,汉代扬雄作《训纂篇》,有 5340 字,到许慎作《说文解字》就有 9353 字了,晋宋以后,文字又日渐增繁。据唐代封演《闻见记·文字篇》所记晋吕忱作《字林》,有 12824 字;后魏杨承庆作《字统》,有 13734 字;梁顾野王作《玉篇》,有 16917 字。唐代孙强增字本《玉篇》,有 22561 字。到宋代司马光修《类篇》多至 31319 字,到清代《康熙字典》就有 47000 多字了。1915 年欧阳博存等的《中华大字典》,有 48000 多字。1959 年日本诸桥辙次的《大汉和辞典》,收字 49964 个。1971 年张其昀主编的《中文大辞典》,有 49888 字。

随着时代的推移,字典中所收的字数越

来越多。1990年徐仲舒主编的《汉语大字典》，收字数为54678个。1994年出版的《中华字海》有87019个汉字（其中重复字320个）。根据北京国安资讯设备公司汉字库公布，共收录有出处的汉字91251个。尚不包括杂书野史和各地地方志、名人笔记等自造汉字，还有正、草、隶、篆不同写法的异体字、同义字等。单据《说文解字》中就有别体字147个。有人估计实际汉字约有10万个以上，也有人估计在12万个以上。我国究竟有多少汉字至今尚没有定论。

中国古代帝王有哪些称谓？

中国古代历史中君主的称谓在不同时期各有不同。在古代文献中，原始氏族部落的首领有"三皇五帝"的叫法。"皇"的本义是君主，"帝"则指天神。伟大的中华文明就发端于神秘朦胧的"三皇五帝"时期。

王，"三皇五帝"之后的夏、商、周三朝君主在位时皆称"王"。

皇帝，公元前221年，秦始皇吞并六国统一天下，自此王的称呼也改变了。《资治通鉴·秦记》中记述：第一，秦始皇自以为功德高于三皇五帝，所以从此君主称之为皇帝。第二，"普天之下，莫非王土，率土之滨，莫非王臣"，对百官的命令，今后称之为"制"。对百姓万民的命令，今后称之为"诏"，皇帝自称为"朕"。"朕"本义原为"我""我的"，并无贵贱之分，自此为皇帝专用。第三，为维护皇权的延续，秦始皇称"始皇帝"，以后继承者按顺序称"二世""三世"，幻想至"万世"。此后两千多年的封建君主都被称为皇帝。

万岁，皇帝被专称为"万岁"始于西汉。西汉初年，礼制未备，无君臣礼。大臣叔孙通为此制定了一套礼仪制度，以维护天子的尊严。从此"自诸侯王以下莫不震恐、肃静"，"山呼万岁"。从此"万岁"也专指皇帝。

陛下，我国古代人们的观念中，皇帝的身份被神圣化，认为君主是天帝的代表，所以也称之为"天子"。另外，"上""圣上""皇上""今上"等，也是对皇帝的尊称。其中，"陛下"一说的"陛"，指的是宫殿的台阶，陛下指的是阶下的近臣、侍卫。这一称呼与皇帝的关系，东汉蔡邕有一个解释："谓之陛下者，群臣与天子言，不敢指斥天子，故呼陛下者而言之，因卑达尊之意也，上书也如之。"也就是说，臣子有事不能直呼君主，必须让阶下的近侍传达。这种"因卑达尊"的吁请，后来演化成了对君主的一种尊称。

皇帝自称除了"朕"以外，在不同的历史时期还有"孤""寡人""余一人"等说法。

什么是谥号、庙号、年号、徽号？

谥号、庙号、年号、徽号皆为皇帝所用，现分别详细介绍如下：

谥号：是古代帝王、诸侯、高官大臣等人死后，朝廷根据他们的生平行为给予的褒贬善恶的一种称号。谥号是死者生前事迹和品德的概括。按性质分三类：

第一，表扬性的。

经天纬地曰文，威强睿德曰武，圣闻周达曰昭，行义悦民曰元，温柔好乐曰康，布义行刚曰景，柔质慈民曰惠，圣善闻周曰宣，安民宣政曰成，照临四方曰明，聪明睿智曰献，布德执义曰穆。

第二，批判性的。

乱而不损曰灵，杀戮无辜的曰后，好内远礼曰炀。

第三，表同情的。

恭仁短折曰哀，慈仁短折曰怀，在国遭忧曰愍。

庙号：庙号是指皇帝去世后，在太庙立室供奉时起的名号，专用于皇帝。例如高祖、太宗等。

年号：年号是纪年的名称，亦是皇帝用的。这种纪年方法，始于汉武帝。

尊号、徽号："尊"为尊敬，"徽"为

美好。尊号和徽号都是对尊者加上的号，以表示尊崇褒美的意思。尊号起于唐代。往往在皇帝和皇后生前就有尊号。例如，唐玄宗开元二十七年尊号为开元圣文神武皇帝，清代同治帝曾尊生母那拉氏为圣母皇太后，再加上徽号为"慈禧"。

中国封建王朝后宫制度如何形成？

自从有了君主，便有了后妃。君主的后妃有不同的等级序位。

据《礼记》所言，周朝后妃的序位是：天子有后、夫人、世妇、嫔、妻、妾。天子内廷后妃的等级建置与天子外廷的官僚机构是相对应的。天子立六官、三公、九卿、二十七大夫、八十一元士，以听天子之外治，以明章天下之男教，达到外和而国治的目的。天子后也立六宫、三夫人、九嫔、二十七世妇、八十一御妻，以听天下之内治，以明章妇顺，使天下内和而家理。

王莽新政以恢复周礼相标榜，故他的后宫之制完全采纳了《礼记》和《周礼》的说法。

秦朝灭亡六国，秦皇嫡妻称皇后，妾称夫人，夫人之下，还有美人、良人、八子、七子、长使、少使等。

西汉继秦之后，除嫡妻皇后为女主外，掖庭嫔妃增至十四等。昭仪一，婕妤二，娙娥三，容华四，美人五，八子六，充依七，七子八，良人九，长使十，少使十一，五官十二，顺常十三，无涓、共和、娱灵、保林、良使、夜者等十四。东汉认为前朝妇制莫理，故尽行旧制，后宫称号唯皇后、贵人。另外又置美人、宫人、采女三等，但无爵秩。

魏晋南北朝的后宫名号序位屡有增减。隋炀帝即位后，"后妃嫔御无鳌妇职，唯端容丽饰，陪从宴游而已"。而且，炀帝参详典故，别出心裁，给贵妃、九嫔、世妇、御女各取名号，各有品秩。贵妃有贵妃、淑妃、德妃，是为三夫人，第一品；九嫔有顺仪、顺容、顺华、修仪、修容、修华、充仪、充容、充华，第二品；世妇有婕妤十二人，第三品；

美人、才人十五人，第四品；此外御女有宝林、御女、采女等。

唐承隋制而略有改动。至唐开元时，皇后之下设惠、丽、华三妃，六仪、美人、才人等。

宋朝建立后，后妃名位序号始因五代之制，后渐于隋唐。明朝除皇后外，还有皇贵妃、贵妃、嫔、贵人、才人、选侍、淑女等级别。元清二朝各以周边民族入主中原，故在一定程度上保留了原来的习俗。清自康熙以后，逐步建立了等级分明的后妃序位，除皇贵妃、贵妃、嫔、贵人外，还有常在和答应。

中国哪个朝代的人口最多？有多少？

清朝是我国人口数量最多的一个朝代。

清朝到乾隆年间，丁赋（人头税）并入地税，以后滋生人丁不再课税，人口隐瞒少了，人口增加甚快。乾隆六年（1741年）在籍人口总数为143411559人（《清实录·高宗实录》卷157），这在中国历史上全国总人口数第一次达到1亿以上。到乾隆二十八年（1763年），人口总数为204209828人（《清实录·高家实录》卷701）。乾隆五十九年（1794年）人口总数为313281795人（《清实录·高宗实录》卷1467）。从乾隆六年到乾隆五十九年，经历53年，人口由1.43亿增加到3.13亿。乾隆时期是清朝极盛时期，五十年内人口翻一番是完全可能的。道光十四年（1834年）人口总数为401008574人（《清实录·宣宗实录》卷261），全国人口第一次增加到4亿以上。

什么是封禅？

封禅是古代祭祀天地的仪式。

封禅，封为"祭天"（多指天子登上泰山筑坛祭天），禅为"祭地"（多指在泰山下的小丘除地祭地）。即古代帝王在太平盛世或天降祥瑞之时的祭祀天地的大型典礼。封禅，最早出现于《管子·封禅篇》，后太史公在《史记·封禅书》中曾引用《管子·封禅篇》中的内容，并对其内容加以演释，唐代张守节解释《史记》时曾对"封禅"进行了释义，并指出了封禅的目的。大意是说，在泰山顶上筑圆坛以报天之功，在泰山脚下的小丘之上筑方坛以报地之功。

战国时齐鲁有些儒士认为五岳中泰山为最高，帝王应到泰山祭祀。秦始皇、汉武帝等都曾举行过封禅大典。《五经通义》云："易姓而王，致太平，必封泰山，禅梁父，天命以为王，使理群生，告太平于天，报群神之功。"所以封禅活动实质上是强调君权神授的手段。

封禅仪式在中岳嵩山和东岳泰山中都曾举行过，但以泰山的次数多且影响大而出名，自秦皇开始，至宋真宗止，共有六帝十次封禅泰山。虽然到宋朝之后不再进行封禅，但崇拜活动却进一步扩大，黎民百姓无不知神山泰山。

天坛祭天是怎么进行的?

据史料记载，明清两朝每年冬至日的圜丘祭天，是古代郊祀最主要的形式之一，礼仪极其隆重与繁复。

祭典程序简介如下：

迎帝神。皇帝从昭享门（南门）外东南侧具服台更换祭服后，便从左门进入圜丘坛，至中层平台拜位。此时燔柴炉，迎帝神，乐奏"始平之章"。皇帝至上层皇天上帝神牌主位前跪拜，上香，然后到列祖列宗配位前上香，叩拜。回拜位，对诸神行三跪九拜礼。

奠玉帛。皇帝到主位、配位前奠玉帛，乐奏"景平之章"，回拜位。

进俎。皇帝到主位、配位前进俎，乐奏"咸平之章"，回拜位。

行初献礼。皇帝到主位前跪献爵，回拜位，乐奏"奉平之章"，舞"干戚之舞"。然后司祝跪读祝文，乐暂止。读毕乐起，皇帝行三跪九拜礼，并到配位前献爵。

行亚献礼。皇帝为诸神位献爵，奏"嘉平之章"，舞"羽龠之舞"。回拜位。

行终献礼。皇帝为诸神位依次献爵，奏"永平之章"舞"羽龠之舞"。光禄寺卿奉福胙，

进至上帝位前拱举。皇帝至饮福受胙拜位，跪受福、受胙、三拜、回拜位，行三跪九拜礼。

撤馔。奏"熙平之章"。

送帝神。皇帝行三跪九拜礼，奏"清平之章"。祭品送燎炉焚烧，皇帝至望燎位，奏"太平之章"。

望燎。皇帝观看焚烧祭品，奏"佑平之章"，起驾返宫，大典结束。

古人是如何处置遗体的?

古人认为人死后，魂气升于天，而形魄归于地。死不过是生命的又一个轮回，因而古人尤其重视尸体的防腐工作。为了达到这一目的，人们绞尽脑汁，想出了尸体防腐的八大秘籍。

1. 死后即时沐浴消毒。马王堆女尸用此法炮制千年不腐。

为了保持尸体的完好，古人死后入殓之前首先要进行沐浴，先要用香汤沐浴尸体，再用酒擦洗。这种习俗起源很早，早在东周时期就已经存在了。

2. 使用多层纺品缠裹。刘胜用金缕玉衣裹尸致尸骨无存。

尸体的腐败，细菌的分解是主要原因。而细菌又分为需氧菌和厌氧菌，抑制需氧菌的活动除了要实现杀菌消毒外，必须严密封尸体以防止空气进入。里三层、外三层，严严实实地将尸体包裹起来，最大限度地避免尸体暴露于充满细菌的空气之中。

3. 运用冰块降低温度。阿尔卑斯山发现 5300 年前的古尸。

尸体的保存，除了上面两种方式之外，用冰块冷冻也是一个不错的方法。冰的防腐作用，主要表现在降温方面，这对于降低腐败菌的活跃程度，延缓尸体腐败有积极作用。

4. 尸体摘脏脱水风干。古埃及木乃伊缘此历经千年不腐。

人死后尸体会很快腐烂，主要是由内脏及软器官腐烂引起其他部位腐烂所致。如果将内脏及软器官及时摘除并辅助以其他措

施，能够相对容易地较长时间保存尸体。

5. 利用葬玉保存尸体。蝉形玉琀保证不了尸骨千年不腐。

在今天看来，这种方式应该属于最无效的一种，但是却被古人相当看重，大概跟他们的信念有关系。

6. 棺内放置花椒香料。刘表子琮尸体香气十里之外可闻。

香料可以保持空气清新，也可以使人体散发迷人香气。同时，由于它本身还具有防腐杀菌的性能，早在几千年前就被涂抹在尸体上用来防腐了。

7. 优质材料制作棺椁。西汉"黄肠题凑"用木 15880 根。

8. 选择高地进行埋葬。

防腐技术有多种，除了上面的几种形式外，对于墓地的选择也有很深的学问。千年悬棺"飞"上千仞绝壁。高地埋葬其原因在于，一是对"形胜吉地"的选择，二是它能够比较有效地防止尸体腐烂。

古代丧礼的过程主要由哪几部分组成？

古代葬礼是非常隆重的，尤其是皇室贵族的葬礼，现简单叙述一下古代葬礼的过程：

初终，病危之人一定要居于适寝，亦即正寝、正室。

复，这是为死者招魂的仪式。招魂时由复者拿着死者的衣服，一手执领，一手执腰，面向幽冥世界所在的北方，拉长声音高呼死者的名字。

殓，复后把死者遗体安放在正寝南窗下的床上，用角柶插入死者上下齿之间，把口撑开，以便日后饭含，叫作楔齿。

命赴，派人向死者的上级、亲属和朋友报丧。

吊唁，致襚亲友接到讣告后即来吊丧，并慰问死者家属，叫作唁。

铭旌，在堂前西阶用竹竿挑起明旌，上书"某某之柩"。

沐浴，先在堂前西阶西面的墙下掘坎为灶，把洗米水烧热，为死者洁身，又要为死者栉发，修剪指甲、趾甲，栉下的乱发，剪下的指甲、趾甲和楔齿用的角柶等也埋在坎中。沐浴，以示洁净反本。浴罢把水倒在坎中。

饭含、袭、设冒，饭含是把珠、玉、米、贝等物放在死者口中。

设重、设燎重，是一块木牌，置于堂前庭中，大小也以死者身份而分等级，其作用是暂时代替神主牌位，以象征死者的亡灵。

以上各项仪节一般都要在初终后一天之内完成。

小殓一般在人死亡后第二天，要正式穿着入棺的寿衣，称小殓。

大殓，又过一天，举行入棺仪式，称大殓。

成服，既殡之后，死者家属分别按血缘关系的远近穿着不同等级的丧服，叫成服。

朝夕哭、奠，成服后到下葬前，每天一早一晚要在殡所哭奠，称朝夕哭、朝夕奠。遇宾客来吊唁致奠，主人也要答拜迎送，哭踊如仪。

筮宅、卜日，即请人占卦选择墓地葬所和下葬日期。

既夕哭，在下葬前两天的晚上，在殡所对灵柩作葬前最后一次哭奠，称既夕哭。

迁柩下葬前一天，先把灵柩（或有椁，或无椁）用灵车迁入祖庙停放。

发引，即下葬之日柩车启行，前往墓地。

下葬，在墓地上先已掘好墓圹，并铺垫石灰、木炭，树碑圹前。如有墓室，亦已先成。灵车到达墓地，抬下灵柩，又有祭奠。

我国古代对天文有着怎样的记载？

1280 年，郭守敬编订《授时历》，这是我国古人对天文研究成就的重要运用。除此之外，古人对我们今天所熟悉的彗星、太阳黑子、流星雨等天文学现象或元素，都有着令今人难以置信的研究成就。

彗星：1973 年，在我国的考古发现中，湖南长沙马王堆的一座汉朝古墓出土了一幅精致的彗星图，其上除绘有彗星，还绘有云、

仰仪（元代）

现存于河南登封观星台。外形似平放的锅，又称碗晷，郭守敬利用针孔成像原理发明制造。用以测定日食发生的时刻、方位角和日食全过程，还能测定月球的位置和月食。

气、月掩星和恒星，天文史学家称这幅古图为《天文气象杂占》，并且认为这是世界上迄今发现的最为古老的彗星图。公元前240年，我国便有了被认为是世界上最早的哈雷彗星记录。我国被世界天文史学界公认为是对哈雷彗星观测记录最为久远和详尽的国家。

太阳黑子：除在 3000 多年前的甲骨文中便有了关于太阳黑子的记载外，一直到明朝末年，我国共有百次以上翔实可靠的太阳黑子记录，不仅有关于黑子活动的确切日期，而且对于其形状、大小、位置，以至其分裂、变化等，都有非常详细的描述。

流星雨：我国古代对著名的流星雨也有明确的记录，如天琴座、英仙座、狮子座 10 次，英仙座的至少也有 12 次。从公元前 7 世纪算起，我国古代至少有 180 次以上的这类流星雨记录。

中国的天文历法理论几千年前后相继，充分显示出中华民族的聪明才智。

历法是如何产生的？都有哪些年节？

历法，简单说来，就是人们为了社会生产实践的需要而创立的长时间的纪时系统。具体说，就是年月日时的安排。时间的计量单位也和长度、重量等计量单位一样，是人为规定的。但是，实践告诉我们，利用和生产实践密切相关的自然现象的变化规律作为天然计量时间的尺度，这对人们计量时间的工作，将带来极大方便。于是，反映季节变化规律的"归年"、反映月貌变化规律的"朔望月"和反映昼夜变化规律的"太阳日"，便组成三个大小合适的时间计量单位。这三种计量单位并用的历法，人们称作阴阳历（例如农历）；只考虑回归年变化的称作阳历（例如现行的公历）；固定十二个朔望月作为一年的称作阴历。

我国古代历法的起源是很早的。有原始的农牧业就应该有原始的历法。成文的历法从周末到汉初的《古四分历》开始，经过多次的历法改革，在改革和斗争中不断进步和完善。二十四节气是我国劳动人民的独创，从这点也可看出我国古代的生产和科学的发展水平是很高的。世界上也有很多国家使用过阴阳历，但是他们最多也只知道有二分二至。这是我国古代历法优越的地方。我国古代的历法所使用的数据都是很精密的，太阳月和阳历年之间关系的调节也达到了比较好的程度，我国古代的历法成就是巨大的，是值得进行总结和发扬的。

中国历代服饰各有什么特点？

中国历代王朝的服饰各有不同，都有着自己独特的一面。

夏商周前服饰：左衽交领长衫。

夏商周与春秋战国服饰特色：深衣，式样为上衣下裳连属在一起，右衽，上衣长二尺二寸，长不至拖地，短不至露肤，腰部的裁制保暖性强，又不妨碍移步。袍和裘，直裾，曲裾袍在领、袖下齐处均以沿边装饰。履，男革履，护足防刺伤、摩擦，形似船，用皮制成。

秦汉服饰特点：腰系带钩，宽二寸，用以系蔽膝，侧面系绶，宽度四寸，用以束腰，之下垂者曰绅。禅衣，即用单层布帛制作的长衣，又曰单衣，头戴斗笠，衣短襦，短衣为襦，自膝以上，式样属深衣制，前裾覆足，后裾拖地形如狐尾。

魏晋南北朝服饰特点：着小冠，褒衣博带，右衽长袍，足著高齿屐；大口裤，双髻甜美衣。

隋唐五代服饰特点：簪花帔帛，下着裙，足着如意履。

袖衫，头戴软角巾头，身穿圆领长袍。头戴乌纱帽，黄袍，窄袖，革靴。此为隋唐五代时期，皇帝与太子特定的服装。头戴软角巾头，身穿翻领的胡服。唐代的胡服包括西域地区的少数民族服饰和印度、波斯等外国服饰。隋唐盛行的女子服装：窄袖衫襦，长裙，肩披帔帛，背子无袖，领口宽大，胸有结带者。唐代女子的背子为宫中礼服。

宋代服饰特点：头戴卷梁通天冠，宋式方心曲领，长袍和裹巾头，圆领缺胯袍侍从。上着窄衫襦，花裙，肩披帔肩。宋代衫多半以刺绣为饰。高髻，金花细饰，上襦，下裙披帛，结玉环绶宫女。

辽金元时期：士庶男子穿交领，圆领袍，侍女头戴宋式巾，左衽袄，下着长裙，辽、金女子，汉族女子都穿裙。

明代服饰特点：头戴乌纱帽，盘领袍，背有补子装饰，旁有插摆，即袍上挂全幅缯角，唐时谓之燕尾，明代则曰插摆，戴臣兔儿，领饰扣，穿比甲妇女，领饰扣，披云肩，长裙腰系大带，此为明代贵族妇女，地主家中奴婢们所穿便服，以履前头饰，"福"字装饰命名的履式从式样上看，肥阔端正，古朴吉祥。

清代服饰特点：夏朝服，披领及袖俱用石青色加片金沿，两肩前后正龙各一，腰帷行龙四，中有襞，裳行龙爪，披领行龙二，袖端正龙各一，下幅八宝平水，头戴翎冠，颈饰朝珠，内着蟒袍，外加衫服，开衩内露的是衬衫，镶滚边长袄，低领袄衫多为圆领，右对襟、琵琶襟、衽大襟、扣襻系结，高髻、花钿，身穿对襟外衣，或水田衣，长裙的上层妇女。

总之，朝代不同，装束也不同。服饰的演变也体现着社会的变革和发展。

古代鞋有哪些种类？

古代，鞋被称为"足衣"。上古时常以兽皮制鞋，因此鞋的称呼多以"革"字为部首。古代的鞋有许多名称，如履、屐、靴、屣、屦等字均为鞋的别称。

周朝末期靴的使用来自北方胡人的鞋式，多穿有筒之靴。汉代做鞋的材料与款式都大大丰富了。南朝时期盛行木屐，上至天子，下至文人、士庶都可穿着，草鞋是一般士人或百姓所着之鞋。唐代靴制袭北朝魏、周时的六合靴，后改长靿靴为短靿靴，并加以毡。宋代的鞋式初期沿袭前代制度，在朝会时穿靴，后改成履。一般人士所穿的鞋有草鞋、布鞋等，按所用的材料取名。南方人多着木屐。明代的服制中，对鞋式的规定很严格，无论官职大小，都必须遵守服制。在何种场合得穿着何种鞋式，如儒士生员等准许穿靴；校尉力士在上值时准许穿靴，外出时不许穿；其他人如庶民、商贾等都不许穿靴。清朝鞋制沿明代制式，文武各官及士庶可着靴，而平民、伶人、仆从等不能穿靴。清代的靴多为尖头式。靴底均厚，因嫌底重，采用通草做底。后改为薄底，成为"军机跑"。百姓有草鞋、棕鞋、芦花鞋等，拖鞋也在各等人士中流行开来。南方雨天穿着钉鞋，北方冬天则出现冰鞋。

书籍是怎样演进变化的？

书籍的历史和文字、语言、文学、艺术、技术和科学的发展有着紧密的联系。它最早可追溯于石、木、陶器、青铜、棕榈树叶、骨、白桦树皮等物上的铭刻。将纸莎草用于写字，对书籍的发展起了巨大的推动作用。约在公元前30世纪，埃及纸草书卷的出现，是最早的埃及书籍雏形。

中国最早的正式书籍，是在公元前8世

纪前后出现的简策。西晋杜预在《春秋经传集解序》中说："大事书之于策，小事简牍而已。"这种用竹木做书写材料的"简策"或"简牍"，在纸发明以前，是中国书籍的主要形式。将竹木削制成狭长的竹片或木片，统称为简，稍宽长方形木片叫"方"。若干简编缀在一起叫"策"（册）又称为"简策"。编缀用的皮条或绳子叫"编"。后来，人们用缣帛来书写，称之为帛书。《墨子》有"书于帛，镂于金石"的记载。帛书是用特制的丝织品，叫"缯"或"缣"，故"帛书"又称"缣书"。

公元前 2 世纪，中国已出现用植物纤维制成的纸，如 1957 年在西安出土的灞桥纸。东汉蔡伦在总结前人经验，加以改进制成蔡侯纸（105 年）之后，纸张便成为书籍的主要材料，纸的卷轴逐渐代替了竹木书、帛书（缣书）。在印刷术发明以前，中国书籍的形式主要是卷轴。10 世纪，中国出现册页形式的书籍，并且逐步代替卷轴，成为目前世界各国书籍的共同形式。

封建王朝的职官制度是怎样形成的？

当部落结为联盟，逐渐形成凌驾于社会之上的权力时，国家就从原始社会中脱胎而出了。至商代，在中央的职官大概有四类：一是国家政务官员，二是宗教事务官，三是事务官，四是王家服务官员，并且逐渐形成一定的体制和分工，从"两寮""六大"到文武分职的中央行政管理体制。

西周早期是由"卿事寮"和"太史寮"执掌国家各项政务，分辖司土（徒）、司马、司工（空）、太史、太祝、太卜等"六大"，以管理各项具体政务。但这种分工是很不明确的，职事划分也还没有严格规定。经过春秋战国时期的发展，文武分职才逐渐明朗，国家管理制度趋于系统严密化。三公九卿制形成于战国，确立于秦汉时期。秦汉以丞相、太尉、御史大夫为三公，东汉以太尉、司徒、司空为三公，辅助皇帝处理政务。九卿是奉常、郎中令等中央各行政机关。

公省监台卿卫行政管理体制：魏晋南北朝时期形成了以二相、八公、诸省、诸监、诸台、诸卿、诸卫等为顺序的中央行政组织。这个时期的禁省官、宫中官、外廷官的区分更为明晰，并因此形成尚书省、中书省、门下（侍中）省对峙和三省交互辅政的局面，以三省六部为核心的行政管理体制。唐代行政法典——《唐六典》以三师三公为首，以下按省、台、寺、监、卫、东宫官为序，但在实际上是以三省（尚书、中书、门下）六部（吏、户、礼、兵、刑、工）为中央行政管理的核心。

古代"高考"是怎样进行的？

隋文帝时期，正式废魏晋时期的"九品中正制"。公元 605 年，隋炀帝设置进士科，标志着科举制正式创立。隋朝的时候，科举主要考时务策，就是有关国家政治生活方面的政治论文，叫试策。最初的时候，国家并没有统一的法度，但是读书、应考和做官的基本框架已经确立起来。

唐朝时，科举制度进一步完善。唐代科举考试科目分常科和制科两类。每年分期举行的考试称常科，由皇帝下诏临时举行的考试称制科。武则天时期还开设了武举，由兵部主考。唐朝还诞生了一位文武双科状元：823 年，郑冠高中文科状元，828 年，郑冠又中武举状元。宋代的科举大体同唐代一样，进士科的重要性则更为突出。宋代确立了三年一次的三级考试制度，这时的科举开始实行糊名和誊录，把考生考卷上的姓名、籍贯等密封起来，防止徇私舞弊。明王朝建立，科举制进入了它的鼎盛时期，科举考试的严密也超过了以往历代。明代科举主要考八股文。科举制发展到清代，日趋没落，最终消亡。

中国历史上一共出现过多少状元？

据史籍记载，唐代共有状元 139 人，五代十国的后梁、后唐、后晋、后汉、后周沿唐制，有状元 11 人。宋代有状元 118 人。元代的蒙古、汉状元共 32 人。明朝有状元 90 人。

清代至光绪三十一年（1905年）废科举制时，其间有状元114人。总计由唐初到清末，共有状元504人。太平天国开创科举女科，中国才有了女状元，傅善祥是第一个也是中国科举史上唯一的女状元。

历史上都有谁连中"三元"？

历代状元中，有据可考的最早在科举考试中连中"三元"的状元，是唐建中二年（781年）辛酉科状元崔元翰。他先后考中京兆府解头（解元）、进士状头（状元）、博学鸿词科敕头、制科三等敕头。历代科举考试中，考中"三元"人数最多的是北宋，共有孙何、王曾、宋庠、杨寘、冯京、王岩叟6人。

现存唯一的状元试卷是谁的？

现存唯一的状元试卷为明万历二十六年（1598年）状元、山东青州人赵秉忠的试卷。册页纸本，底面装绫，卷首为其姓名和上三代简历，正文前有万历皇帝朱批"第一甲第一名"，并钤"礼部之印""弥封关防之印"各一方。正文共15折，每折6行，小楷文章计2460字。正文之后有读卷官9人的职衔姓名。状元卷在赵家收藏了十四代三百余年，后其家族将此卷献给国家，是我国现存唯一的一份状元试卷，属国家一级文物。

中国古代的最高学府有哪些？

太学和国子监是中国古代的最高学府。汉魏设太学，西晋改称国子学，隋又称国子监，从此国子监与太学互称，都是最高学府，兼有教育行政机构的职能。历代太学、国子监都注重考试，但考试形式和方法不尽相同。汉初定岁试，后实行二岁一试。考试分口试、策试和设科射策。东汉桓帝永寿二年（156年），更定课试之法，每两年考一次，不限录取名额，以通经多寡授以不同的官职。这种注重课试、以试取士的做法，打破了世卿世禄、任人唯亲的制度，对于选拔封建贤德之才，具有积极的意义。

太学和国子监是封建王朝培养人才的主要场所，在办学育人、繁荣学术、发展科举取士等方面，都积累了许多宝贵的经验，在中国和世界教育史上占有重要的地位。

宗人府的作用是什么？

宗人府是古代封建社会管理皇室宗族的谱牒、爵禄、赏罚、祭祀等项事务的机构，职掌收发文件，管理宗室内部诸事，登记黄册和红册，圈禁及教育宗室子弟。

中国古代有贵族学校吗？

东汉的四姓小侯学，唐朝的弘文馆，宋朝的宗学、诸王宫学及内小学，明朝的宗学，清朝的旗学、宗学，等等，都属于以贵族子弟为教育对象的贵族学校。学校明确规定只有某一类贵族子弟才可以入学。

古代的"短期学校"是指哪类学校？

在封建社会中央官学系统中，有少数学校，既不是高等学府，又不属于专科学校，更不是贵族学校，而是君王或执政大臣暂时开设时间短促无制度系统的学校，故称为短期学校。如宋代的外学（又名辟雍）、广文馆、四门学等都属这类短期学校。

"中央官学教育"是如何发展演变的？

中央官学的产生、发展和衰落，是同中国封建社会的政治经济的发展变化相适应并为其服务的。虽有西周"学在官府"之说，但由朝廷设立中央官学正式创始于汉朝。魏晋南北朝时期政局纷乱，官学时兴时废。及至唐朝，中央官学繁盛，制度完备，发展到顶峰。另外，宋朝中央政府在京都设立的普通国立小学，也属于中央官学教育的范围之内。南宋以后官学逐渐走下坡路。封建社会后期，中央官学逐渐衰败，实际上成了科举制的附庸，名存实亡。清末，中国古代官学完全被西方的学堂和学校教育所取代。

"地方官学"始于何时?

中国古代的地方官学自西汉景帝时文翁在蜀郡设学宫开始。汉武帝对文翁设学宫甚为赞许,并诏令天下郡国皆设学宫。从此以后,有些郡开设学宫,至汉平帝元年(3 年)始建立了地方学制度。按制度规定,郡曰学,县道邑侯国曰校,乡曰庠,聚曰序。学校名称由此而来。东汉出现了"学校如林,庠序盈门"的局面。魏晋南北朝地方官学衰废,"空有建学之名,而无弘道之实"。

古代各朝名称是怎么来的?

我国历史悠久,朝代更是零星纷繁。每朝的创建者首要办的第一件事就是确立国号(朝代名称)。朝代的名称是由什么决定呢?大致有五个来由:由部族、部落联盟的名称而来;来自创建者原有封号、爵位;源于创建者原始所在政权统治的区域;源于宗族关系;寓意吉祥。具体来说:

夏:据传禹曾受封于夏伯,因而称其政权为"夏"。另有历史学家说,禹的儿子启西迁大夏(山西南部汾浍一带)后,才称"夏"。

商:相传商(今河南商丘南)的始祖契曾帮助禹治水有功而受封于商,以后就以"商"来称其部落(或部族)。

周:周部落到古公亶父时,迁居于周原(今陕西岐山)。武王灭殷以后,就以"周"为朝代名。

秦:《史记》记载,本为古部落,其首领非子为周孝王养马有成绩,被周孝王赐姓为"嬴",并赐给了一小块土地(今甘肃天水附近,另说是陇西谷县)。

汉:项羽封刘邦为汉王,以后刘邦击败项羽,统一中国,国号称"汉"。

魏:汉献帝曾封曹操为"魏公""魏王"爵位,曹丕代汉后便称"魏"。

蜀:刘备以四川为活动地区,蜀指四川,其政权称"蜀"。

吴:孙权活动于长江下游一带,历史上曾建吴国,曹魏曾封孙权为"吴王",故史称"孙吴";又以地位在东,也称"东吴"。

晋:司马昭逼魏帝封他为"晋公",灭蜀后晋爵为晋王。

隋:隋文帝杨坚之父杨忠,曾被北周封为"随国公"。隋文帝后袭用此封爵,称为"随朝"。他认为随有走的意思,恐不祥改为"隋"。

唐:唐高祖李渊的祖父李虎,佐周有功,被追封为"唐国公",爵位传至李渊。

辽:辽原称"契丹",改"辽"是因居于辽河上游之故。

宋:后周恭帝继位后,命赵匡胤为归德节度使,归德军驻宋州(今河南商丘),赵匡胤为宋州节度使。故陈桥兵变后,发迹在宋州,国号曰"宋"。

西夏:拓拔思恭占据夏州(今陕西靖边北白城子),建国时以夏州得名,称"大夏"。因其在西方,宋人称"西夏"。

金:金都城上京会宁(今黑龙江阿城南),位于按出虎水(今阿什河),相传其水产金,女真族语"金"为"按出虎"。

元:《元史》记载,"元"的命名,是元世祖忽必烈定的,是取《易经》上"大哉乾元"句中的"元",有大、首等意思。

明:朱元璋是元末起义军之一,白莲教的首领韩山童称"明王",朱元璋不仅曾经信仰白莲教,而且承认自己是白莲教起义军的一支。朱元璋取得政权后,国号称"明"。

清:满族是女真族的一支。女真族在北宋时建立金国。明末女真势力复强,重建金国(后金)。后金为了向外扩展,割断了同明朝的臣属关系,清太宗皇太极把"女真"改为"满洲",把"金"改为"清"。

古代历代官衔职称有哪些?

中国古代官衔名目繁多,各朝代不同,官衔名称也有变化,即使名称相同,权力也有区别,现分别介绍如下:

1. 爵:即爵位、爵号,是古代皇帝对贵戚功臣的封赐。旧说周代有公、侯、伯、子、男五种爵位，后代爵位制度往往因时而异。

2. 丞相：是封建官僚机构中的最高官职，是秉承君主旨意总理全国政务的人。有时称相国，常与宰相通。

3. 太师：指两种官职，其一，古代称太师、太傅、太保为"三公"。其二，古代又称太子太师、太子太傅、太子太保为"东宫三师"，都是太子的老师。

4. 太傅：古代"三公"之一。又指"东宫三师"之一。

5. 少保：指两种官职，其一，古代称少师、少傅、少保为"三孤"，后逐渐成为虚衔；其二，古代称太子少师、太子少傅、太子少保为"东宫三少"，后也逐渐成为虚衔。

6. 尚书：最初是掌管文书奏章的官员。隋代始设六部，唐代确定六部为吏、户、礼、兵、刑、工，各部以尚书、侍郎为正副长官。

7. 学士：魏晋时是掌管典礼、编撰诸事的官职。唐以后指翰林学士，成为皇帝的秘书、顾问，参与机要，因而有"内相"之称。

8. 上卿：周代官制，天子及诸侯皆有卿，分上、中、下三等，最尊贵者谓"上卿"。

9. 大将军：先秦、西汉时是将军的最高称号。

10. 军机大臣：军机处是清代辅佐皇帝的政务机构，其设官为军机大臣，被视为宰相。

11. 御史：本为史官，秦以后置御史大夫，职位仅次于丞相，主管弹劾、纠察官员过失诸事。

12. 枢密使：枢密院的长官。唐时由宦官担任，宋以后改由大臣担任，枢密院是管理军国要政的最高国务机构之一，枢密使的权力与宰相相当，清代军机大臣往往被尊称为"枢密"。

13. 左徒：战国时楚国的官名，与后世左右拾遗相当。主要职责是规谏皇帝、举荐人才。

14. 太尉：元代以前的官职名称。是辅佐皇帝的最高武官，汉代称大司马。宋代定为最高一级武官，上大夫。

15. 大夫：各个朝代所指的内容不尽相同，有时可指中央机关的要职，如御史大夫、谏议大夫等。

16. 士大夫：旧时指官吏或较有声望、地位的知识分子。

17. 长史：秦时为丞相属官，如李斯曾任长史，相当于丞相的秘书长，两汉以后成为将军属官，是幕僚之长。

18. 侍郎：初为宫廷近侍。东汉以后成为尚书的属官。唐代始以侍郎为三省（中书、门下、尚书）各部长官（尚书）的副职。

19. 侍中：原为正规官职外的加官之一。因侍从皇帝左右，地位渐高，等级超过侍郎。

20. 郎中：旧中国时为宫廷侍卫。自唐至清成为尚书、侍郎以下的高级官员，分掌各司事务。

21. 参军："参谋军务"的简称，最初是丞相的军事参谋。

22. 都尉：职位次于将军的武官。

23. 同卿：太仆寺卿的别称，掌管皇帝车马、牲畜之事。

24. 节度使：唐代总揽数州军政事务的总管，原只设在边境诸州，后内地也遍设，造成割据局面，因此世称"藩镇"。

25. 经略使：也简称"经略"。唐宋时期为边防军事长官，与都督并置。

26. 刺史：原为巡察官名，东汉以后成为州郡最高军政长官，有时称为太守。

27. 太守：又称"郡守"，州郡最高行政长官。

28. 都督：军事长官或领兵将帅的官名，有的朝代地方最高长官亦称"都督"，相当于节度使或州郡刺史。

29. 巡抚：明初指京官巡察地方。清代正式成为省级地方长官，地位略次于总督。

30. 抚军：又称作"抚臣"。

31. 校尉：两汉时期次于将军的官职。

32. 教头：宋代军中教练武艺的军官。

33. 提辖：宋代州郡武官的官名，主管训练军队、督捕盗贼等事务。

34. 从事：中央或地方长官自己任用的僚属，又称"从事员"。

35. 知府：即"太守"，又称"知州"。

36. 县令：一县的行政长官，又称"知县"。

37. 里正：古代的乡官，即一里之长。

38. 令尹：战国时楚国执掌军政大权的长官，相当于丞相。明清时指县长。

39. 里胥：管理乡里事务的公差。

40. 三省六部：三省为中书省、门下省、尚书省。尚书省下辖六部：吏部（管官吏的任免与考核等）、户部（管土地户口、赋税财政等）、礼部（管典礼、科举、学校等）、兵部（管军事）、刑部（管司法刑狱）、工部（管工程营造、屯田水利等）。各部长官称尚书，副职称侍郎，下有郎中、员外郎、主事等官职。六部制从隋唐开始实行，一直延续到清末。

中国历史上一共出现了多少种钱币？

我国钱币的历史渊源已久，从一开始夏商时期的贝类货币，发展到晚清纸币，大概有以下几种：

天然海贝：公元前 21 世纪至公元前 2 世纪，主要使用于中原地区，后逐步被金属货币取代，单位为"朋"，每拾枚币为"一朋"。

人工贝类（石贝）：公元前 16 世纪至公元前 2 世纪商周时期，商品经济不断发展，货币的需求量不断增大，为弥补自然货币流通不足而仿制的玉贝、骨贝、陶贝、石贝等，被统称为人工贝类货币。

包金贝：公元前 11 世纪，商代中晚期，随着社会的发展，人类掌握了冶炼技术，于是便出现了金属贝类货币，形仿天然海贝。用青铜浇铸的无文铜贝，是我国最早出现的金属铸币。

先秦货币：平肩弧足空首布、尖足平首布、三孔布、锐锋刀、截首刀、直刀、圆孔圜钱、方孔圜钱。

秦汉货币：秦半两，公元前 336 年至公元前 221 年。秦灭六国后，以秦币为全国货币，秦半两成为与上币黄金对称的下

币，铸行全国。

两汉货币：榆荚半两、三铢、武帝五铢、一刀平五千、契刀五百、东汉前期五铢、剪边五铢、董卓五铢。

晚清纸币：清代晚期，交通畅达，商业繁荣，民间资本活跃。除官钱局发行钱票投入流通外，民间各大钱庄和商号也纷纷发行钞票，当时称之为"花票"。

中国历史上赋税制度是如何演变的？

中国赋税制度起源甚早，公元前 216 年，秦始皇统一全国后，颁布"使黔首自实田"的法令，令地主和有地农民自报占有土地数，按定制缴纳赋税。秦田律规定"顷入刍三石，稿二石"，即每顷土地应向国家缴纳饲草三石，禾秆二石。此外，秦王朝还征收"户赋"和"口赋"（即人头税）。

汉王朝建立后，承袭秦制，"既收田租，又出口赋"（《汉书·食货志》）。

魏武帝初兴，实行计亩而税、计户而征的赋税法令：每亩粟四升，户绢二匹、绵二斤，余皆不得擅兴。

晋武帝（265～290 年）统一后，于 280 年颁布《占田令》，但这个《占田令》并没有得到长久实施。北魏实行均田制。

唐初颁布的均田令规定：丁男（21 岁为丁男）和 18 岁以上的中男，各受田一百亩，其中八十亩为口分田，二十亩为永业田。受田丁男，承担缴纳赋税和服徭役的义务。武德七年（624 年）颁布"租庸调法"。

宋朝王安石变法。其中，与赋税制度有关的法令，有方田均税法、募役法。

明代行一条鞭法，清初继续施行，部分丁银摊入田亩征收，部分丁银按人丁征收。

清朝政府将历代相沿的丁银并入田赋征收的一种赋税制度，即摊丁入亩，是中国封建社会后期赋役制度的一次重要改革。始于康熙、雍正、乾隆年间，后世普遍实行。其主要内容为废除人头税，此后中国人口迅速增长，客观上是对最底层农民人身控制的放松。

智慧之光——中国历史上耀眼的技术与发明

火药是什么时候发明的？

火药是用硝石、硫黄和木炭这三种物质混合制成的，而早先人们都把这三种东西作为治病的药物，所以取名"火药"，意思是"着火的药"。

自秦汉以后，炼丹家用硫黄、硝石等物炼丹，从偶然发生爆炸的现象中得到启示，再经过多次实践，找到了火药的配方。三国时魏国有个聪明的技师马钧，用纸包火药的方法做出了娱乐用的"爆仗"，开创了火药应用的先河。

活字印刷术是谁发明的？

印刷术是中国古代的四大发明之一。我国古代劳动人民经过长期实践和研究才发明的。北宋庆历间（1041～1048年），毕昇（？～约1051）发明的泥活字标志活字印刷术的诞生。他是世界上第一个发明活字印刷术的人，比德国 J .谷登堡活字印书早约400年。

北宋平民发明家毕昇发明了活字印刷术，改进雕版印刷的缺点。毕昇是北宋中期的一个普通平民知识分子，当时人称布衣。他总结了历代雕版印刷的丰富的实践经验，经过反复试验，制成

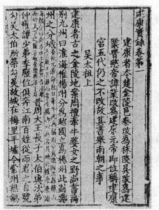

泥活字版印刷的《建康实录》北宋

了胶泥活字，完成了印刷史上一项重大的革命。活字印刷的方法是先制成单字的阳文反文字模，然后按照稿件把单字挑选出来，排列在字盘内，涂墨印刷，印完后再将字模拆出，留待下次排印时再次使用。

活字印刷术的发明是印刷史上一次伟大的技术革命。

指南针是如何发明的？

指南针是利用磁铁在地球磁场中的南北指极性而制成的一种指向仪器，是我国古代科学技术的四大发明之一。然而,关于它的"身世"，却存在着不解之谜。

我国是最早发现磁铁指极性的国家。早在战国时期，就利用磁铁的指极性发明了指南仪器——司南。东汉的王充，在他的《论衡·是应篇》中曾说："司南之勺，投之于地，其指南。"由此可见，司南是最早的磁性指南仪器，被视为指南针的祖先。然而，有学者认为，指南鱼是指南针的前身。因为目前发现的关于磁性指南仪器的最早明确记载是北宋曾公亮著的《武经总要》中的"指南鱼"。指南鱼本是作为陆战中指示士兵在夜战中辨别方向的简单仪器，经改制成指南针后在11世纪用于航海。

上述两种观点各有其理，但无论是司南还是指南鱼都只是指南针的前身。目前关于指南针的早期文字记载，主要有以下几条：北宋仁宗庆历元年（1041年）《莹原总录》卷一中有"丙午针"的记载。虽然没有明确指出是什么针，但从上下文的字里行间可以断定是磁针无疑，说明当时已把磁针与罗经盘配套，作为定向仪器。《梦溪笔谈》卷

二十四中也明确指出指南针是一方姓人家（风水先生）首先发明和使用的，并且详细记述了水浮、置指甲上、趾腕唇上和悬丝等四种指南针的装置方法，以及各种方法的长处和缺陷，使人们对当时的指南针有一清晰的认识。

从上述资料可知，指南针在 11 世纪时已是常用的定向仪器，有多种装置方法。指南针究竟何时发明，其前身又为何物，还有待进一步考证和研究。

造纸术的渊源是怎样的？

关于造纸术的起源，当今有两种不同意见。

第一种意见认为，纸是东汉的宦官蔡伦于 105 年发明的。其根据是 6 世纪的历史学家范晔所著的《后汉书·蔡伦传》，书中记载："（蔡）伦乃造意用树肤、麻头及敝布、渔网以为纸，元兴元年（105 年），奉上之。帝善其能，自是莫不从用焉，故天下咸称'蔡侯纸'。"其中"造意"一词，即为创造、创意之意。

第二种意见认为西汉初已用纸代简，蔡伦只是造纸术革新者。早在蔡伦二百年前的西汉（公元前 206 ~ 公元 25 年）初就已有了用废旧麻绳头和破布为原料制成的麻类植物纤维纸。1933 年，新疆罗布淖尔汉烽燧遗址中出土了公元前 1 世纪的西汉麻纸，比蔡伦早了一个多世纪。经反复检验，其主要原料为大麻，夹杂少量苎麻。这些被认为是世界上现存最早的植物纤维纸，并以此推断当时发明了造纸术，而蔡伦不过是将造纸术加以改进和推广。

此外，比《后汉书》成书更早的东汉官修国史《东观汉记·蔡伦传》中，也没有关于纸是蔡伦发明的明确记载。蔡伦的贡献是组织并推广了高级麻纸的生产和精工细作，促进了造纸术发展，特别是在皮纸生产上，作为技术革新者和组织推广者的历史地位应予以肯定。

火炮最早出现于何时？

火炮最早源于中国。然而，对于火炮产生的时间，中外学者却众说纷纭，存在几种说法：

第一，火炮产生于公元前 618 年。1857 年，恩格斯在《美国新百科全书·炮兵》条目中写道："据帕拉韦先生在 1850 年法国科学院的一个报告中所引证的中国某些编年史的资料来看，在公元前 618 年就有了火炮。"

第二，火炮产生于唐。宋路振在《九国志》中说，唐哀帝天祐初（904 年），郑璠攻豫章（今江西南昌）时，"发机飞火"，把龙杀门烧了。什么是"飞火"？五代末北宋初许洞解说就是火炮。

第三，火炮产生于北宋。周纬在《中国兵器史稿》中认为："北宋时代，中国制造火药已有成法，所制火炮已能应敌有效。"这一点，可以从北宋曾公亮等人撰修的《武经总要》中得到证实，该书记载了我国制成的世界上第一批火球类火器，也就是火炮。

第四，火炮产生于元。元代，我国出现了用铜或铁铸成的筒式大炮。它是已经发现的世界上最早的铜炮。

综合上述观点可以看出，由于人们对古代火炮概念的理解不同，因此针对火炮发明的时间提出了不同的看法，从而使火炮起源成为难解之谜。

我国古代有心算吗？

我国古代是数学发展最快最早的国家之一。

春秋晚期大哲学家老子总结说："善计不用筹策"（《老子》第二十三章）、"善数不用筹策"（《老子》第二十七章）。在春秋晚期，计算有三大特色，第一是筹策算；第二以珠计算一系列工具算；第三是《数术记遗》称的"计数"，即"拾数术，宜从心计"，也就是古代的心算。从算具计算快捷上看，当时能演变成心算的也只能是以珠计数的一系列算具为形体。老子的"善计不用筹策"的"计"与"计数"是一个意思，就是心算。

我国古代人在儿童 6 岁时，就对他们进行数学教育，特别是计算技能教育。由于古人很重视在幼儿中开展"计数"教育，即心算教育，出现了很多心算大师。

三国时有个心算家叫赵达，其计算速度之快，非常惊人。据说他能计算出空中飞的蝗虫有多少，别人不相信，说飞虫又不能检验，怎能知道你算的是对是错。他便提出挑战，叫取出小豆数斗，撒泼满席，立即算出豆粒数有多少，别人一一数豆校验，不差一粒，满座皆惊。记述可能有些夸大，但毕竟说明他心算能力极强。

宋代有一位平民盲人心算家，他叫卫朴，江苏淮安人，心算能力尤其突出。卫朴在推算日月食的时间时，"口诵乘除，不差一算"，他的心算技术非常精湛。

古代心算从主导地位上看，已经发展为珠算式心算，从这一点上说，中国当时的心算处于世界领先的地位。

算盘兴起于何时？

算盘究竟兴于何时，历代学者却有不同的说法。

第一种说法是，最早出现"珠算"这个名词是东汉徐岳撰的《数术记遗》。书中曰："珠算控带四时，经纬三才。"北周甄鸾注："刻版为三分，其上下二分，以停游珠。中间一分，以定算位，位各五珠。上一珠与下四珠色别，其上别色之珠当五。其下各珠，珠各当一，至下四珠所领。故云控制四时。其珠游于三方，故云经纬三才也。"可以认为，有理论、用珠子计算的，就可以叫作"珠算"。故汉代已有珠算。

第二种说法是算盘出现在宋元时期。汉代的珠算只是个别隐居深山的算学家的发明，在其私塾弟子间辗转传授，少为外人所知。大约经过300多年，由于商业的发展，四则运算成了商品市场中频繁使用的科学知识，而传统的筹算法不但使用不方便，计算速度也远远不能满足需要。这时算盘才广为流传开来，成为与算筹同样重要的运算工具。

还有一种说法是算盘产生在各种口诀出现之后。持此观点的学者认为，各种乘除法歌诀的出现，特别是归除歌诀的出现，标志着算盘诞生的最后条件已经完成。

在流传至今的书籍中，比较详细地说明算盘用法并在书中绘有算盘图式的，是徐心鲁的《盘珠算法》（1573年）一书。此后，明代柯尚迁的《数学通轨》（1578年）、朱载的《算学新说》（1584年）等书中，也都有关于珠算算法的叙述。在这些与珠算有关的著作中，要以程大位所著的《直指算法统宗》（1592年）最为著名。

上述各说均有其理，算盘起源仍为一谜。

度量衡是怎么来的？

"度量衡"这一名称最早见于《尚书·舜典》："协时月正日，同律度量衡。"意思是调协历法，划齐度量衡。度量衡是计量长短、容积和轻重的统称。关于度量衡究竟起源于何时，却诸说各异。

我国历史上传统的说法是度量衡起源于黄帝时代。据《家语·五帝德》记载："黄帝治五气，设五量。""五量"是制度、量、衡、亩、里。这是有关黄帝创始度量衡的最早记载。

对于黄帝始创说及其舜帝时召集四方君长把各部族的年、月、四季、时辰、音律和度量衡协同起来；夏禹治水时使用规矩准绳为测量工具等继承并整顿度量衡的历史，也有人持怀疑反对意见，如：

否认《吕氏春秋》记载，认为黄帝"设五量"的说法不可信。明代音律家朱载培和史学家吴承洛持此说法。他们认为，上古历史记载，多渺茫托词，孰曾见闻？

认为黄钟做度量衡标准是汉代所定，不是黄帝始创的办法。吴承洛在《中国度量衡史》中曾明确指出："至汉世命黄钟为度量衡之根本标准，取黍为度量衡之参验校正，致使度量衡制度始为初步之完成。"

认为律生度量衡的说法不可信。韩伯生认为："黄钟律管既然是一种乐器，以这种乐器本身，可以找到长度、面积和容积，于是就被人穿凿附会，不仅说成度量衡起源于黄钟，并且还把黄钟说成是我国最早的度量衡标准原器。"

由此看来，黄帝始创度量衡的说法还有待进一步考查。

浑仪和简仪分别指什么?

浑仪是以浑天说为理论基础制造的、由相应天球坐标系各基本圈的环规及瞄准器构成的古代天文测量天体的仪器。在古代，"浑"字含有圆球的意义。古人认为天是圆的，形状像蛋壳，出现在天上的星星是镶嵌在蛋壳上的弹丸，地球则是蛋黄，人们在这个蛋黄上测量日月星辰的位置。因此，把这种观测天体位置的仪器叫作"浑仪"。

简仪，是元代天文学家郭守敬于 1276 年创制的一种测量天体位置的仪器。因将结构繁复的唐宋浑仪加以革新简化而成，故称简仪。因为浑仪的结构比较繁杂，元朝天文学家郭守敬将浑仪化为两个独立的观测装置，安装在一个底座上，每个装置都十分简单实用，因此，古人称这种装置为"简仪"。

雕版印刷术是何时发明的?

雕版印刷术的发明时间，学术界大致有以下几种说法：

汉代说。东汉桓帝延熹八年（165 年），山阳高平县人张俭由于得罪了宦官侯览，亡命出走，朝廷"刊章讨捕"。元人王幼学释"刊章"为"印行之文，如今板榜"。于是清人郑机首倡印版始于汉代之说。可是有学者认为，刊章应该是用印章刊在封泥、帛或纸上的意思，刊章技术并不是雕版印刷。

隋朝说。隋朝费长房《历代三宝纪》载，开皇十三年（593 年）十二月八日，隋文帝下令崇佛，诏书中有"废像遗经，悉令雕撰"语，明人陆深首先提出此为"印书之始"。

唐初之说。824 年，元稹为《白居易诗集》写的序文中，说到有人拿《白居易诗集》的印本换取酒茶。还有 1900 年，在甘肃敦煌千佛洞发现一本印刷精美的《金刚经》，末尾题有"咸通九年四月十五日"等字样。唐咸通九年，就是 868 年。

五代说。《旧五代史》记载："时以诸经舛谬，（冯道）与同列李愚委学官田敏等，取西京郑覃所刻石经雕为印版，流布天下，后进赖之。"五代年间，后唐宰相冯道建议唐明宗下令刻印，用了 22 年的时间完成了儒家九经的刻印任务，这是我国历史上第一次大规模用雕版印刷术刻印书籍。冯道确实对印刷术起了很大的推动作用，但把他误认为是印刷术的发明人恐怕不妥。

看来，雕版印刷术的起源，确实还是一个尚待解开的历史之谜。

青花瓷是如何产生的?

所谓"青花"瓷，"系以浅深数种之青色，交绘成纹，而不杂以它彩"。

关于青花瓷的产生时间，学者们大多认为在元代。因为据考古发现，近几十年相继出土了不少元代居住遗址、墓葬、窖藏中的珍贵青花瓷。目前国内外有纪年可考最早的青花瓷是江西省九江市博物馆收藏的一件元延祐六年（1319 年）出土的青花牡丹塔盖瓷瓶。1975 年，在江苏扬州唐城遗址发现了一块菱形朵花图案装饰的青花釉下彩瓷枕残片。它的发现改变了人们对青花瓷起源的看法，其开创时间应该是唐代。1983 年和 1990 年，扬州唐代遗址又先后出土了一些青花瓷片，再次证实了唐代我国已生产青花瓷这一事实。

关于青花瓷是如何产生的，一直存在着不同的看法和争论。国外许多学者认为，中国的青花瓷器来源于西方（主要是波斯），无论是技法、纹饰还是用料，都是在西方影响下才出现的。然而，有关专家则认为，青花瓷器是中国陶瓷沿着自身发展规律逐步前进的产物。另外，有人提出青花瓷器使用的钴料，经牛津大学理化实验室测定，其产地来自波斯。与此相反，有学者提出我国在战国时期已经开始在制陶工艺上应用钴料了，这就为青花瓷使用钴料的工艺来源提供了更早的证据。总之，青花瓷的产生，至今仍是一个谜。

后母戊方鼎里藏着什么秘密？

后母戊方鼎又被称为后母戊大方鼎，它是迄今为止发现的最大的中国古代青铜器。1939 年初春，河南安阳武官村农民吴希增在探找文物中发现了后母戊方鼎。后母戊方鼎高 1.33 米，长 1.10 米，宽 0.78 米，重达 875 公斤。据专家估算，从炼铜的浇铸、制模到拆范，至少需要 130 多位工人同时工作。并且后母戊方鼎中铜、锡、铅的含量比例与现代所铸青铜中各成分的比例基本相同，可见几千年前商朝人的冶炼技术就已经达到了登峰造极的地步。

鼎是古代烹煮食物的用具，多厚重，通常为圆腹、两耳、三足，呈盆、盂、斗状。古代祭祀或典礼时会用鼎向天神祖先呈上烹煮的肉类，慢慢演变成了一种祭祀用具。后母戊方鼎就是一位商王为纪念其母亲所制造的。后，指皇后、太后；母，指母亲；戊，是母亲的名字。商代王室都是以干支来命名的，比如商王"武丁""盘庚"等。据甲骨文史料载，配偶为"戊"的商王共有 4 位，分别是大丁、武丁、祖甲、武乙王。专家通过分析认为，"戊"最有可能是武丁或祖甲王的妻子。后母戊方鼎的样式、化学成分与商王武丁的王后"妇好"墓中出土的"后母辛鼎"都非常相似，因而推断"戊"是武丁的另一位王后。后母戊方鼎很可能是商王武丁的儿子为纪念母亲而制造的祭祀用具。

后母戊鼎从历史、工艺上都具有重要意义，是中华文化的一种象征。2005 年，国家在后母戊鼎出土的地点建起了殷墟博物馆，将在殷墟出土的国宝级精品文物在馆中集中展列。

勾股定理最早出现于何时？

勾股定理是几何学中最重要的一条定理，用途很广，即直角三角形中夹直角两边的平方和等于直角的对边的平方。据《九章算术》记载，勾股定理是距今 3000 多年前周朝的商高发现的，后来汉朝的赵爽对此做过注释。因此，在我国，勾股定理又称"商高定理"。

炒钢最早发明于何时？

我国在西汉早期就已发明和广泛应用炒钢技术了。徐州狮子山楚王陵考古发现楚王陵保存着一处完整的西汉楚王武库，库中堆满各式成捆的实战楚汉兵器，兵器虽历时 2000 多年，依然锋利无比。楚王陵的年代下限为公元前 154 年，这表明我国在西汉早期（公元前 2 世纪中叶）已发明并使用了炒钢技术。

炒钢因在冶炼过程中要不断地搅拌，好像炒菜一样而得名。其法是将生铁加热成半液态或液态，靠鼓风或撒入精矿粉，使硅、锰、碳氧化，让含碳量降低到钢的成分。炒钢多是一种低碳钢，控制得好，也有中碳钢、高碳钢，有时也得到熟铁。炒钢技术的发明在炼钢史上是一项重大的技术突破，它进一步促进了我国古代铁器的广泛使用和社会生产力的发展，具有划时代意义。

耧作为古代的播种机最早出现于何时？

耧作为我国古代播种用的农具，是西汉武帝时赵过集中当时先进的工具而创造发明的。耧由牲畜牵引，后面有人扶着，可以同时完成开沟和下种两项工作。

耧由耧架、耧斗、耧腿等几部分组成。耧架木制，供人手扶。耧斗是盛种的木箱，分大小两格，大格放种，小格与播种调节门相通，用来匀送种子。耧腿是一只只开线沟的铁铲。耧因播种幅宽不一、行数不同，又有一腿耧、二腿耧、三腿耧之分，据传有七腿耧的，其中三腿耧为佼佼者，用它播种一次能完成开沟、播种等多项作业。

耧大大提高了播种效率。汉武帝曾经下令在全国范围内推广这种先进的播种机，还改进了其他耕耘工具，加以提倡代田法，对当时农业生产发展起了推动作用。耧的发明推动了农业技术的发展，也孕育了现代播种机。

漆器最早出现于何时？

用漆涂在各种器物的表面上所制成的日常器具及工艺品、美术品等，一般被称为"漆器"。漆器是古代人们日常生活中应用十分广泛的物品，据有关资料记载，早在 4200 多年前的夏禹时代已见使用，到战国时期，漆器制造更加发达。在汉代，漆器被作为日用器具日渐普遍。唐代的漆器实物制作也有明显的发展。宋、元、明朝之后，漆器的制作形式有 20 多种。我国自然条件优越，漆器生产面广，是世界主要生产和出口漆的国家。中国漆器工艺是中华文化宝库中一颗璀璨夺目的明珠。

养蚕业的发展是怎样的？

我国是世界上最早养蚕的国家，并且在相当长的时期内是唯一一个养蚕的国家。从古代文献中，我们可以看到关于养蚕的直接记载。如《夏小正》中的三月"妾子始蚕""执养宫事"等。"宫"字在南北朝时候的解释即指蚕室；再如《诗经·豳风·七月》写道："春日载阳，有鸣仓庚。女执懿筐，遵彼微行，爰求柔桑。"

毋庸置疑，养蚕技术起源于中国，但养蚕究竟于何时开始，说法各有不同。

一说"嫘祖始蚕"。嫘祖是传说中的北方部落首领黄帝轩辕氏的元妃。据《隋书·礼仪志》记载，北周（557～581 年）尊嫘祖为"先蚕"。《路史》则称："伏羲化蚕，西陵氏始养蚕，故《淮南蚕经》云'西陵氏劝蚕稼，亲蚕始此'。"许多中外文献都赞同此观点，但也有人认为如此伟大的发明，只能是广大劳动人民不断积累经验的结果，单靠一个人的力量是不可能的。

二说养蚕始于六七千年前。1926 年，考古工作者在山西夏县西阴村新石器时代遗址中，发现过一个被切割过的蚕茧，据分析是家茧的蚕茧。如果成立的话，这应当是我国目前发现的最早的家茧蚕茧。

三说养蚕始于四五千年前。1958 年，考古工作者在浙江吴兴钱山漾新石器时代的遗址中，发现了一批盛在竹篮里的丝织品。这说明当时已经有了比较发达的蚕桑丝织生产。

总之，关于养蚕技术的起源，至今仍是一个不解之谜。

耕犁的演变是怎样的？

我国是世界上农业起源最早的国家之一。在耕作技术方面，商代就已发明了牛耕，但在战国以前一直没有得到多少发展。"耦耕"是西周、春秋战国时期农业生产中的一种主要耕作方式。到汉武帝时期，时任搜粟都尉的赵过在全国推广"用耦犁，二牛三人"的耕作方法，使铁犁和牛耕法逐渐普及，为后世耕犁技术的发展奠定了基础。

盛唐时期，耕地的主要工具——犁的结构已经相当完备。唐代文学家陆龟蒙著《耒耜经》中所记唐后期的江东犁，竟是由 11 个部件构成，用其耕地，欲深欲浅均可，运用自如。它的出现是我国耕地用的铁农具已经成熟定型的重要标志。

从我国农业耕作技术的发展和生产工具的演进，我们不仅揭开了传统农业的耕犁之谜，而且进一步领略了古代劳动人民超人的智慧。

古代人计算时间的方法有哪些？

许多古典小说中在形容时间上都曾提到"一炷香的工夫"，可见，以燃香来计时是古人最常用的计时方法之一。

据说，这个概念起源于僧人打坐，这种计时方法很方便，不受白天黑夜的限制，而且香制作方法简单，携带方便，还能营造气氛。古时的香多为手工制作，但并不是可以随便做的，也有一定的标准，一炷香燃尽约为半个时辰，即现在的一小时。

在文学作品中，我们还常见到古人喜欢说一袋烟的工夫、一杯茶的工夫，它们所指的时间一袋烟 5 ~ 10 分钟，一杯茶 15 ~ 20 分钟，这些计算时间的方法所表示的都是约数。

在周代时，漏壶计时器已问世。仪器上面是一个漏水壶，下置盛水箱，插着竹箭，箭杆上刻有时辰刻度。因漏壶中的水定量均匀地往下滴漏，水箱中水位逐渐升高，水面所对的刻度就表示着时间。我们现在所说的"铜壶滴漏"就是这种计时工具。汉代的日晷，隋代的钟车、漏车、鼓车，唐代的"水运浑天铜仪"都是可以移动的报时器。

元代科学家郭守敬所制"大明殿灯漏"更为复杂，自动化程度更高。到清朝时，西方以发条为动力的机械钟表制造法传入中国，原来的计时工具就相继被取代了。

十二个时辰的名称分别是什么？

古代人把一昼夜分为十二等份，每一等份称为一个时辰，共是十二个时辰，其名称与对应的现代时间简介如下：

夜半：又名子夜、中夜等，相当于 23 时至凌晨 1 时。

鸡鸣：又名荒鸡，相当于凌晨 1 时至 3 时。

平旦：又称黎明、早晨、日旦等，即凌晨 3 时到 5 时。

日出：又名日始、破晓、旭日等，相当于 5 时至 7 时。

食时：又名早食，相当于 7 时至 9 时。

隅中：又名日禺，相当于上午 9 时至 11 时。

日中：又名日正、中午、正午等，相当于 11 时至 13 时。

日昳：又名日跌、日央等，相当于 13 时至 15 时。

晡时：又名日晡、夕食，相当于 15 时至 17 时。

日入：又名日落、日沉、傍晚。相当于 17 时至 19 时。

黄昏：又名日夕、日暮、日晚。相当于 19 时至 21 时。

人定：又名定昏。相当于 21 时至 23 时。

古时候表示时间的词语有哪些？

古代表示时间的词有很多，大致有：

表示"年"的词。岁：年；期年：整一年，满一年；积年：好几年；迩年：近年；是年：这一年。

表示一天中的若干时辰的词。质明：天亮了；旦、夙：早晨；亭午：正午；暮：傍晚；暝：天黑；宵：晚上；子时：子夜；夜阑：夜深；夜分、中夜：半夜。

表示"过去""以后"的词。向：从前；曩：从前；尝：曾经；翌日：明天，第二天；异日：以后，将来；既：已经；失时：过时。

表示时间很短的词。旋、遽：立刻，马上；亟：急切，赶快；猝：突然；倏尔：忽然；适：刚才；奄：突然。

表示频率的词。日：一天天；旦旦：天天；素：一向；辄：常常。

表示时间较长的词。良久：很久，很长时间；久之：很久；迩来：从那时以来。

表示时间不长的词。未几：没多久；已而：不久；寻：不久；食顷：一顿饭工夫；顷刻、顷之、俄顷、须臾、俄尔、少顷、斯臾、斯须：一会儿；瞬息：一眨眼；几、垂：将近；初：刚开始；逾时：过了一会儿。

悬丝诊脉真的可以看病吗？

在《西游记》中，孙悟空为朱紫国国王看病，把三根丝线系在国王手腕附近，隔着帘子，进行悬丝诊脉。那么，历史上是否真的有悬丝诊脉之事？悬丝脉诊真的可以看病吗？

古时宫廷尊卑有序、男女有别，御医为

后宫女眷看病，不能直接望、闻、问、切，所以诊断时的确是用"悬丝诊脉"的方法。具体方法是：后妃和太医各居一室，由太监或宫女将一根红丝线拴在后妃的手腕上，线的另一端交给太医把按，通过丝线辨别病情。

经考证，"悬丝诊脉"亦真亦假："真"是说真有这回事；"假"是说这纯属一种形式，御医们并不是依靠"悬丝诊脉"来确定病情的。旧时，为了获得真实而详尽的情况，御医常常给娘娘、公主们贴身的太监送礼，以便得到真实的病情状况，之后御医也就胸有成竹了。

"中医四诊法"是指什么？

"中医四诊法"是指望、闻、问、切。

望诊是对病人的神、色、形、态、舌象等进行有目的的观察，以测知病情。

闻诊包括听声音和嗅气味两个方面。例如，可以通过听患者语言气息的高低、强弱、清浊、缓急等变化，以分辨病情的虚实寒热，可以通过闻口腔中异常的味道来判断身体状况。

问诊是通过询问患者或其陪诊者获知病情，问诊的内容主要有问寒热、汗、睡眠、二便，以及有关疾病发生的时间、原因、经过、既往病史、患者的病痛所在。

切诊包括脉诊和按诊两部分，是医者运用指端之触觉，在病者的一定部位进行触、摸、按、压，以了解病情的方法。

地雷发明于何时？

地雷是现代战争中最常用的一种武器。而这些战场"神兵"，最早发明和使用它的国家就是中国。

据史料记载，1130年，宋军曾经使用"火药炮"（即铁壳地雷）给攻打陕州的金军以重大创伤。比较准确的历史记载和"地雷"一词的出现，是在明代。《兵略纂闻》上说："曾铣作地雷，穴地丈余，柜药于中，以石

满覆，更覆以沙，令于地平，伏火于下，系发机于地面，过者贼机，则火坠落发石飞坠杀，敌惊为神。"

明代《天工开物》一书中也介绍了地雷，并且还绘制了地雷的构造图样，以及制作方法和地雷爆炸时的形状。

从以上记载来看，地雷出现在战场上，最早可以追溯到宋元，最迟不晚于明代中叶。到明末时期，就已经有了"地雷炸营""炸炮""无敌地雷炮"等多种地雷武器。在使用方法上也发明了踏式和拉火式两种。可见，当时地雷已经在全军中普遍使用了。

最早的手榴弹发明于何时？

手榴弹，顾名思义，是一种用手投掷出去的弹药。手榴弹最早起源于中国。早在宋代就出现了可被看作手榴弹雏形的"火球"，它用多层纸、布等裱糊为壳体，点燃后用人力抛出，球体爆炸并生成烈焰以杀伤敌军。13世纪初，中国军队又装备了包有生铁外壳的爆炸性火器——"掏火炮"（又名"震天雷"），这是世界上最早的铁壳手抛弹药，与现代手榴弹已颇为相似。

制盐最早出现在什么时候？

古代最早发现和利用自然盐，是在洪荒时代，与动物对岩盐、盐水的舐饮一样，是出自生理本能。我国在古代称自然盐为"卤"，把经人力加工过的盐称之为"盐"。20世纪50年代在福建出土的文物中有煎盐器具，证明了最晚在仰韶时期（公元前5000年~公元前3000年），古人已学会煎煮海盐。

古籍记载，炎帝（一说即神农氏）时的诸侯宿沙氏首创用海水煮制海盐，即所谓"宿沙作煮盐"。实际上，用海水煮盐，也不可能是宿沙氏一人之所为，而是生活在海边的古代先民经过长期摸索和实践创造了海盐制作工艺。在当前尚无更新的考古发现和典籍可资证明的情况下，"宿沙作煮盐"可视为

中国海盐业的开端，宿沙氏可视为我国海盐的创始人。

古代制糖业是如何发展的？

中国是世界上最早制糖的国家之一。早期制得的糖有饴糖、蔗糖，而又以饴糖为主。

饴糖是一种以米（淀粉）和麦芽经过糖化熬煮而成的糖，俗称麦芽糖。自西周创制以来，在民间流传普遍，被广泛食用。西周至汉代的史书中都有饴糖食用、制作的记载。其中，北魏贾思勰所著的《齐民要术》中记述最为详尽，书中对饴糖制作的方法、步骤、要点等都做了叙述。

我国用甘蔗制糖的历史也很悠久。自战国时代开始从甘蔗中取得蔗浆以后，种植甘蔗日益兴盛，甘蔗制糖技术逐步提高。南北朝时，蔗糖的制造技术比较成熟，已能制出结晶蔗糖了。至唐宋年间，已形成了颇具规模的作坊式甘蔗制糖业。唐宋以来，制糖技术逐步得到发展，一些新的技术、新的工艺相继出现，土法制取的白糖、冰糖等新品种也相继出现，同时也产生了一些制糖的理论著作。

首次用近代科学测绘的是什么地图？

康熙四十七年（1708年），清廷组织人才进行全国大地图的测绘工作。在测绘过程中，吸取了欧洲制图理论中考虑大地是球面的优点，进行经纬度测量，并采用了一种特殊的梯形投影法，以通过北京的经线作为中央经线，一共测定了630个经纬点，于康熙五十六年（1717年）绘制成全国大地图——《皇舆全图》。

在这次测绘活动中，有两件事在测绘史上具有非常重要的意义：第一，是尺度的规定。为了统一在测量中使用的长度单位，规定以200里合地球经线1°，每里1800尺，因此每尺的长度就等于经线的1%秒，这种以地球的形体来定尺度的方法是世界上最早的。第二，发现了经线一度长距不等。康熙四十一年（1702年）实测过中经线上由霸州到交河的直线长度，以后在康熙四十九年（1710年）又在东北地区实测北纬41°到47°间每度的直线距离。这些测量都可以得出纬度越高，每度经线的直线距离越长的结论，从而实际上在世界范围内第一次证明了地球为偏圆球形。

《皇舆全图》比我国以前绘制的地图具有更高的科学性，它的出现标志着我国地图学的一大进步。《皇舆全图》的绘制，是我国乃至世界测绘史上的一件大事。英国当代著名科学家李约瑟在他所著的《中国科学技术史》中说："这部地图不但是亚洲当时所有的地图中最好的一幅，而且比当时所有的欧洲地图都更好、更精确。"

国学常识——灿烂辉煌的中国文化奇葩

儒家思想是如何演变发展的?

儒家思想是由孔子创立,孟子和荀子加以发扬光大,经董仲舒和朱熹等人不断扩展充实,被汉以后历代统治者奉为正宗的一个学派。儒家学说的创始人孔子是春秋末期的大思想家,被后代统治者尊为"至圣先师"。

战国时期的孟子以孔子的继承人自居,被后世尊为"亚圣"。经孟子的发展,儒家学说更加完备。

经过汉代思想家的改造和完善,儒家思想发展成汉代的经学。经学的代表人物,首推西汉著名的哲学家董仲舒。他建立了一套"天人感应"的理论体系,提出了"罢黜百家,独尊儒术"的建议,使儒家哲学思想在中国思想史上因政治之势占有了正统地位。

唐代时,哲学家韩愈再倡儒学,推崇孔孟,力排佛、道,将孔孟学说发扬光大。宋代是儒家思想发展史上非常重要的时期。以宋明理学为代表的新的儒家文化重新恢复其正统地位,并使其雄踞中国思想论坛约700年。宋代后,统治者将《四书》与《五经》奉为儒家正统经典。明清之际的理学家只是推崇或注释理学的只言片语,不求发展和创造了。

孔子像

儒家思想在历史上绵延 2000 多年,产生了深远的影响,已成为中国人民宝贵的精神财富。

什么是道家思想?

道家思想的核心是"道",认为"道"是宇宙的本源,也是统治宇宙中一切运动的法则。

道家是春秋战国时期诸子百家中最重要的思想学派之一,道家思想的起源很早,传说中,轩辕黄帝就有"天人合一"的思想。一般来说,公认的第一个确立道家学说的人是春秋时期的老子,老子在他所著的《道德经》中做了详细的阐述。道家思想其他的代表人物还有战国时期的庄周、列御寇、惠施等人。道家倡导自然的世界观和方法论,尊黄帝、老子为创始人,并称他们为"黄老"。

西汉初年,汉文帝、汉景帝以道家思想治国,使人民从秦朝苛政中得以休养生息。历史称之为"文景之治"。其后,汉武帝时期提倡儒家思想,道家从此成为非主流思想,但继续在中国古代思想的发展中扮演重要角色。宋明理学更是糅合了道学的思想发展而成。

道家对中国文化的贡献与儒家同等重要,而道家在理论能力上的深厚度与辩证性,则为中国哲学思想中所有其他传统提供了创造力的源泉。

什么是墨家思想?

墨家是先秦学派之一,创始人墨翟,世称"墨子",这也是墨家之名的由来。

《淮南子·要略》载:"墨子学儒者之业,受孔子之术。"可见墨家是从儒家分出来的。墨子对儒家学说进行了批判和改造,从而树立起自己的一面旗帜。

墨家是一个纪律严密的学术团体，其首领称"巨子"，墨者必须服从巨子的领导，相传"墨者之法，杀人者死，伤人者刑"。按墨家的规定，被派往各国做官的墨者，必须推行墨家的政治主张；行不通时宁可辞职。另外，做官的墨者要向团体捐献俸禄，做到"有财相分"。当首领的要以身作则。墨家的"兼爱"思想，要求人们平等互爱，也互相援助；墨家的"尚贤"思想，对于激励人们加强自我修身、力争成为贤者有积极作用；墨家的"节俭"思想于今而言，更值得我们提倡。

墨家是一个有领袖、有学说、有组织的学派，他们有强烈的社会实践精神。墨者们吃苦耐劳、严于律己，把维护公理与道义看作是义不容辞的责任。

什么是法家思想？

法家是春秋战国时代一个以法治为核心的思想学派。这个学派否定了世袭贵族天然传承的等级制度，彻底与传统文化决裂，主张以法治国。法家主要盛行于战国时的韩、魏、赵三国，而早期的法家学派人物亦来自这三国，如商鞅来自魏国、申不害来自韩国、慎到来自赵国。法家中有三个学派：商鞅重"法"；申不害重"术"；慎到重"势"。这些学派思想由韩国人韩非子集以大成，构成法家思想的终极核心。

法家在法理学方面做出了贡献，对于法律的起源、本质、作用以及法律同社会经济、时代要求、国家政权、伦理道德、风俗习惯、自然环境以及人口、人性的关系等基本的问题都做了探讨，而且卓有成效。

儒家最经典的著作是什么？

孔子（公元前 551～前 479 年），名丘，字仲尼，春秋晚期鲁国陬邑（今山东曲阜）人，为我国古代著名的思想家和教育家，儒家学派的创始人。

《论语》是儒家学派最经典的著作，由孔子的弟子及其再传弟子编撰而成。它以语录体和对话文体为主，记录了孔子及其弟子言行，集中体现了孔子的政治主张、伦理思想、道德观念及教育原则等。与《大学》《中庸》《孟子》《诗经》《尚书》《礼记》《易经》以及《春秋》并称"四书五经"。通行本《论语》共 20 篇。

《论语》首创语录之体。汉语文章的典范性也发源于此。孔子的政治思想核心是"仁""礼"和"中庸"。《论语》的语言简洁精练，含义深刻。《论语》以记言为主，"论"是论纂的意思，"语"是话语、经典语句、箴言，"论语"即是论纂（先师孔子的）语言。

作为一部优秀的语录体散文集，它以言简意赅、含蓄隽永的语言，记述了孔子的言论，其中有许多言论至今仍被世人视为至理。

《孟子》的思想和文学价值是什么？

孟子（公元前 372～前 289 年），名轲，字子舆（待考，一说字子车或子居）。战国时期鲁国人，鲁国庆父后裔。中国古代著名思想家、教育家，战国时期儒家代表人物。著有《孟子》一书。孟子继承并发扬了孔子的思想，成为仅次于孔子的一代儒家宗师，有"亚圣"之称，与孔子合称为"孔孟"。

孟子曾仿效孔子，带领门徒游说各国，但不被当时各国所接受，于是退隐与弟子一起著书。《孟子》有七篇传世：《梁惠王》上下、《公孙丑》上下、《滕文公》上下、《离娄》上下、《万章》上下、《告子》上下、《尽心》上下。其学说出发点为"性善论"，提出"仁政""王道"，主张德治。《孟子》是四书中篇幅最大、部头最重的一本，有 3.5 万多字，一直到清末，"四书"一直是科举必考内容。

《孟子》一书是孟子的言论汇编，由孟子及其弟子共同编写而成，记录了孟子的语言、政治观点（仁政、王霸之辨、民本、格君心之非、民贵君轻）和政治行动的儒家经典著作。孟子的文章说理畅达，气势充沛并长于论辩，逻辑严密，尖锐机智，代表着传统散文写作最高峰。

《大学》的主要内容有哪些？

《大学》本是《礼记》中的一篇。

《大学》以人的修身为核心，提出："自天子以至于庶人，壹是皆以修身为本。"格物、致知、诚意、正心为修身的方法。人的修身养性不只是内省的过程，更是同外物相接触，穷究物理而获得知识，培养道德品性、完善人格的过程。修身的目的在于齐家、治国、平天下。《大学》认为，治国、平天下应以德为本。

《中庸》对古代教育有何影响？

《中庸》是《礼记》中的一篇。作者为孔子后裔子思，后经秦代学者修改整理。

《中庸》是被宋代学人提到突出地位上来的。宋、元以后，《中庸》成为学校官定的教科书和科举考试的必读书，对古代教育产生了极大的影响。中庸就是既不善也不恶的人的本性。从人性来讲，就是人性的本原，人的根本智慧本性。实质上用现代文字表述就是"临界点"，从临界点向上就是道；向下就是非道。向上就是善；向下就是恶。这就是难以把握的"中庸之道"。

中庸之道，它的主要内容并非现代人所普遍理解的中立、平庸，其主旨在于修养人性。其中包括学习的方式：博学之，审问之，慎思之，明辨之，笃行之。也包括儒家做人的规范如"五达道"（君臣也，父子也，夫妇也，兄弟也，朋友之交也）和"三达德"（智、仁、勇）等。中庸所追求的修养的最高境界是至诚或称至德。

中庸之道的主题思想是教育人们自觉地进行自我修养、自我监督、自我教育、自我完善，把自己培养成为具有理想人格，达到至善、至仁、至诚、至道、至德、至圣、合外内之道的理想人物，共创"致中和，天地位焉，万物育焉"的"太平和合"境界。《中庸》对中华文明的形成有着深远影响。

《周易》有何价值？其作者是谁？

《周易》是一部古老而又灿烂的文化瑰宝，古人用它来预测未来、决策国家大事、反映当前现象，上测天，下测地，中测人事。《周易》堪称我国文化的源头。它的内容极其丰富，对中国几千年来的政治、经济、文化等各个领域都产生了极其深刻的影响。无论孔孟之道，老庄学说，还是《孙子兵法》，抑或是《黄帝内经》《神龙易学》，无不和《易经》有着密切的联系。

《周易》在我国古代思想史上占有重要地位，然而这部皇皇巨著的作者是谁呢？这是数千年来人们争论不休的话题。

长期以来，围绕着"《周易》究竟是孔说还是非孔说"这一问题争论时间最长且十分激烈。一派认定，一部《周易》非孔子莫属；另一派则断言，《周易》与孔子毫不相干。

这种争论起源于汉代。汉武帝时，政府曾设置以《周易》为首的五经学馆，一些"五经"博士用当时通行的隶书重新整理撰写经书，使得新版《周易》在社会上广为传播。在当时"罢黜百家，独尊儒术"的政治背景下，孔门传人认定《易经》为孔圣人所著是有其特定历史条件的。这一派即是后人所称的"今文学家"。但是，以先秦时代留下的篆书书写的经本为正宗经典的"古文学家"则认为，《易经》居首的五经皆周旧典，也是先王留传下来的典章制度的汇编，孔子未出，何以作经？

近代以来，坚持孔说"今文学家"观点的学者皮锡瑞认定："一当知经为孔子所定，孔子以前不得有经；二当知汉初会古未远，以为孔子作经说必有据。"持"非孔说"的古文学家也不甘示弱，以钱玄同为旗帜，结论说："孔丘无删或制作'六经'之事。"针锋相对没有丝毫调和的余地。郭沫若则认为，孔子不但不是《周易》的作者，而且连读也没有读过《周易》。

《周易》的作者究竟是何人？至今尚未有定论。研究它的作者将会对易学的研究带来更深刻的理解。我们企盼有志于此的学者专家，通过深入的研究探讨，解谜定案。

《春秋》和《左传》是一部书吗？

《春秋》是我国历史上第一部编年体史书。

《春秋》，是鲁国的史书，记载了从鲁隐公元年（公元前722年）到鲁哀公十四年（公元前481年）的历史。《春秋》一书的史料价值很高，记载的内容基本可信，但是却不完备。

在中国上古时期，春季和秋季是诸侯朝聘王室的时节。另外，春秋在古代也代表一年四季。而史书记载的都是一年四季中发生的大事，因此"春秋"是史书的统称。而鲁国史书的正式名称就是《春秋》。以前曾认为《春秋》一书孔子曾经修订。现在则认为是鲁国的史官所作，与孔子没有关系。

《左传》原名为《左氏春秋》，汉代改称《春秋左氏传》，简称《左传》。旧时相传是春秋末年左丘明为解释孔子的《春秋》而作，它起自鲁隐公元年（公元前722年），迄于鲁悼公十四年（公元前453年）。《左传》以《春秋》为本，通过记述春秋时期的具体史实来说明《春秋》的纲目，是儒家重要经典之一。

儒家《三礼》是指什么？

中国古代讲"礼"的书可谓汗牛充栋，其中最有名的还是被列入十三经的《三礼》。

《三礼》即《周礼》《礼仪》《礼记》三部书，是中国古代讲政治制度和礼仪制度的三部儒家经典。《三礼》的名称起于东汉末年，当时，经学大师郑玄分别给《周礼》《礼仪》《礼记》作注，并写有《三礼目录》一卷，后世又盛行郑玄的注解，所以这三部书便冠上了"三礼"之名。

《三礼》中居首的是《周礼》，它是周王室官制和战国时代各国制度的汇编，为西汉前期发现的古籍。《礼仪》是中国古代记载典礼仪节的书，简称《礼》，也称《礼经》《士礼》。《礼记》是阐明礼的作用和意义的书，它是解说《礼仪》的资料汇编，多是孔子弟子及其后学所记。

研究中国古代的礼仪制度、政治制度及其他思想文化等，不可不读《三礼》。然而需要说明的是，《三礼》的学术传统是不一致的，《周礼》是古文经学所推崇，《礼仪》是今文经学的经典，《礼记》的内容共为今古文经学所推重。

哪部著作被誉为"万经之王"？

《道德经》，又称《道德真经》《老子》《五千言》《老子五千文》，是中国古代先秦诸子分家前的一部著作，为其时诸子所共仰，传说是春秋时期的老子李聃（似是作者、注释者、传抄者的集合体）所撰写，是道家哲学思想的重要来源，被誉为"万经之王"。

《道德经》分上下两篇，原文上篇《德经》、下篇《道经》，不分章，后改为《道经》在前，《德经》在后，并分为八十一章，是中国历史上首部完整的哲学著作。汉末张道陵创五斗米道，奉老子为教祖，尊称为太上老君，以《老子五千文》为教典教诲道徒，创立了道教，并作《老子想尔注》以宗教的观点解释《老子五千文》，自此成为道教的基本经典。

《道德经》常被归属为道教学说，其实哲学上的道家，和宗教上的道教，是不能混为一谈的。但《道德经》作为道教基本教义的重要构成之一，被道教视为重要经典，其作者老子也被道教视为至上的三清尊神之一道德天尊的化身，又称太上老君，所以应该说道教吸纳了道家思想，道家思想完善了道教。

最早的兵书是哪部？

我国古代的兵书，仅存留到今天的就有四五百种之多，是军事学的伟大宝库。其中，《孙子兵法》是最早的一部。春秋后期，新兴的地主阶级夺取政权的斗争，诸侯国之间的争霸和兼并战争，使当时的中国出现了"境内皆言兵"的风气，为军事理论的研究和战争经验的总结提供了有利条件。春秋末期的著名军事家、出身将门的齐国人孙武，就是在这种情况下写成了著名的兵书《孙子兵法》。

《孙子兵法》（以下简称《兵法》）共13篇，6000多字，对战争观、战略战术和治军原则等问题，都有系统精辟的论述。《兵法》以朴素的辩证观点，揭示了一些重要的战争规律，总结和提出了一套克敌制胜的战略战术，这是它在军事学史上贡献最大的方面。《兵法》还强调根据战争双方的具体形势，灵活机动地运用战略战术。《兵法》提出的这些军事理论，是对战争规律的科学认识，对后世有深远的影响。《兵法》强调以法治军，严格军纪，赏罚分明，该赏的当天就赏，该罚的立即执行，并认为只有这样才能鼓励兵士勇敢作战，获得胜利。我国历代的军事家都把《兵法》作为军事科学的经典著作，国外也有《兵法》的多种译本，日本的军事家则把它誉为"世界古代第一兵书"。《孙子兵法》不仅在我国的军事学史上占有极为重要的地位，在世界军事学史上也占有非常重要的地位。

我国第一部国别史是什么？

我国第一部国别体史书是《国语》。国别体史书，即分国记载史事的史书。《国语》共21篇，即《周语》3篇、《鲁语》2篇、《齐语》1篇、《晋语》9篇、《郑语》1篇、《楚语》2篇、《吴语》1篇、《越语》2篇，共7万余字。它记载了8个国家的史事，时间上起西周的周穆王，下迄战国初期的鲁悼公（约公元前967年~前453年），共500多年。

过去人们一直认为，《国语》的作者是春秋末期的鲁国人左丘明，实际上它不是出自一人之手，而是后人根据当时各国史官的记载整理加工而成的，它大概成书于战国初期。《国语》的一个显著特点是以记言为主，它往往通过一些人物的言论（如对话和辩论

等）来反映历史事件。像周厉王的暴虐无道和越王勾践发愤雪耻、最后打败吴国等史实，都是通过谈话方式表达出来的，说理充分，人物性格也很鲜明。《国语》和以《春秋》为纲而记载春秋时期历史的编年体史书《左传》，在内容上可以互相补充，故后人将《国语》和《左传》看作姊妹篇，称《左传》为《春秋内传》，《国语》为《春秋外传》。《国语》首创了国别史的体例，保存了比较丰富的资料，是研究春秋时期历史和上古史的重要书籍。

我国第一部通史是什么？

《史记》是我国第一部通史（通贯古今的史书），它是西汉伟大的历史学家和文学家司马迁（公元前145~前87年）于公元前104年开始，花费了十多年的心血撰写而成的。

《史记》记事始自传说中的黄帝，历经夏、商、周、秦、汉，止于汉武帝太初年间，囊括了约3000年的历史。《史记》分为十二本纪、十表、八书、三十世家、七十列传，全书共130篇，527500字。"本纪"是按年月记载的以帝王为主的大事记；"表"按年代或时期排列历史的重大事件；"书"记叙典章制度、经济、天文历象等；"世家"记载诸侯王的事迹；"列传"是官僚、士大夫、名人的传记。《史记》广阔地展现了司马迁去世前中华民族约3000年的社会历史面貌。

《史记》对古代天文、地理、政治、经

《史记》书影

济、民族、文物、历法、礼制、音乐等方面，均有详细的记载。它将 3000 年间零碎散乱的历史资料加以整理、审核，分别归类于 100 多个历史人物的传记中，又在"八书"中总述其历史背景，最后在年表中排比年代，从时间上加以补充。这样，全书体系完整，"通古今之变，成一家之言"。自从《史记》问世后，历代很多史学家都沿用这种体裁编写史书，并且把用这种体裁编写的史书称为"正史"。《史记》对我国的历史学有深远影响，在文学史上也占有很重要的地位。历代的史学家和文学家，几乎都从《史记》中汲取了丰富的营养，《史记》不愧是我国古代文化宝库中的一颗璀璨夺目的明珠。

我国第一部断代史是什么？

以朝代为断限的史书，即记述一个朝代历史的史书，叫断代史。我国第一部断代史，是东汉著名的历史学家班固编著的《汉书》（又称《前汉书》）。班固（32～92 年），字孟坚，扶风安陵（今陕西咸阳东北）人。

《汉书》记事，上起公元前 206 年（汉高祖元年），下至公元 23 年（王莽地皇四年），从政治、经济、文化、军事、民族等各个方面，比较全面地反映了西汉王朝 230 年的社会面貌。《汉书》仿照《史记》的体例，用纪传体写成，是一部纪传体断代史。《汉书》计有本纪 12 篇、表 8 篇、志 10 篇、列传 70 篇，共 100 篇，80 万字。《汉书》中对汉武帝以前史事的记载，多采用《史记》的内容，对汉武帝以后史事的记载，则参考了班彪的《史记后传》和其他许多有关的著述。

《汉书》在沿袭《史记》的本纪、列传记事方式的基础上，又有所创新，比如将"世家"并入"列传"，改"书"为"志"。《汉书》的"十志"虽然取法于《史记》的"八书"，但又增加了《艺文志》《地理志》《五行志》和《刑法志》四篇，扩大了记述历史的领域。《汉书》开创了纪传体断代史的先河。在它

之后，历代的正史都采用这种体裁，可见它对中国史学的贡献之大。《汉书》组织严密，体例完整，记事系统而详尽，内容广泛而丰富，堪称"包举一代"，是继《史记》之后又一部重要的史学巨著。《汉书》语言精练，人物描写细腻、生动，因而也是一部优秀的文学名著。后人常将《汉书》与《史记》并提，称为"史汉"。

古代最重要的科学技术著作是什么？

《梦溪笔谈》集前代科学成就之大成，是中国古代最重要的一部科学技术著作。

《梦溪笔谈》是以笔记体裁写成的综合性科技巨著，全书 30 卷，609 条，共十几万字。书中内容十分丰富，涉及政治、经济、文化、军事和科学技术等各个方面。其中关于科技的内容，占全书三分之一，包括了数学、天文历法、气象、地质、地理、物理、化学、生物、农业、水利、建筑、医学、药物学等，汇集了我国古代，主要是北宋的多种科技成就。

《梦溪笔谈》对我国科技的许多成就，都有精辟的论述。例如，论述"十二气历"按立春、惊蛰、清明、立夏等 12 个节气定月份；一年 365 天，大月 31 天，小月 30 天，大小月相间；既符合天体运行的实际，又有利于农事活动的安排。800 多年以后，欧洲才出现类似的历法。又如，论述了"隙积术"和"会圆术"问题。"隙积术"是求有空隙的堆积体的体积，即高阶等差级数的求和法，这在世界级数论的发展史上有开拓之功；"会圆术"则是我国数学史上第一个由弦和矢的长度来求弧长的近似公式。《梦溪笔谈》在中国和世界上最早提出地磁偏角的问题，它论述指南针"能指南，然常微偏东，不全南也"。而欧洲直至 400 年以后才发现这个现象。《梦溪笔谈》在中国和世界上最早记录了石油的性能和用途，并第一次使用了"石油"的名称。在地质学方面，《梦溪笔谈》提出的用流水侵蚀作用解释地貌的观点，早于欧洲 700 年。《梦溪笔谈》是一部划时代

的科技巨著,堪称"中国科学史上的里程碑",在世界科学史上也有很高的地位。

中国最大的百科全书叫什么名字?

类书,是古代百科全书式的资料汇编,因博采群书,分类编纂,故称"类书"。举世闻名的明代《永乐大典》,是我国古代最大的一部类书,也是我国历史上最大的一部百科全书。

明成祖朱棣即位后,鉴于古今事物散记于各书,不易查阅。永乐元年(1403 年)命翰林院侍读学士解缙等人,组织编纂一部便于查索的大型类书。当时规定:"自古以来的经史子集百家之书,至于天文、地志、阴阳、医卜、僧道、技艺之言,备辑为一书,毋厌浩繁!"第二年,解缙等人编出《文献大成》,朱棣认为过于简略,又于 1405 年命大臣姚广孝、刘季篪和解缙等人,组织人力重修。这次参加编纂缮写工作的官员、文士,多达 2169 人,至永乐六年(1408 年)冬全部完成,由朱棣将该书定名为《永乐大典》(以下简称《大典》)。

《大典》辑有上古至明初的图书七八千种,包括经、史、子、集、释藏、道经、医药、戏剧、平话、工技、农艺等著作,可谓旁搜博采,汇集了当时的天下群书。全书计有 22877 卷,目录 60 卷,装订成 11095 册,共约 37000 万字,是一部规模宏大、内容极为丰富的皇皇巨著。《大典》的编排体例以《洪武正韵》为纲,按韵分列单字。天文、地理、人事、名物、诗文词曲、奇闻异见,等等,都随字收载。例如天文志列在"天"字下,地理志列在"地"字下。尤其值得称道的是,当时规定所辑入的书,不准删改,必须照原著整部、整篇、整段地编入,因此《大典》保存了我国宋元以前大量的珍籍。

古代最重要的工艺百科全书叫什么?

明末杰出的科学家宋应星编写的科技名著《天工开物》,是我国古代最重要的一部工艺百科全书。它详细记述了我国古代的农业和手工业技术,其中有不少是在当时居于世界领先地位的工艺措施和科学创见。宋应星(1587 年~?),字长庚,奉新(今江西奉新)人,曾做过几任地方官。

《天工开物》分上、中、下三卷,又细分为 18 个项目。书中除了介绍农业生产经验外,还记述了纺织、染色、制盐、制糖、制砖、烧瓷、造车、造船、采煤、榨油、造纸、冶铜、炼铁、军器、火药、颜料、酒曲等许多种手工业生产技术。书中详细说明了各种农作物和工业原料的种类、产地、生产技术和工艺装备,描述了它们内部细致的专业分工,还附有 200 多幅工艺流程插图,与文字互相配合。此外,书中对生产各种产品所需要的时间、人力、产量,生产工具的规格、尺寸、效率,各种金属的比重,合金成分的比例,火器的射程和杀伤力,等等,也都用具体数据加以说明。

《天工开物》是一部非常珍贵的科技文献,在我国乃至世界科学技术史上都占有重要的地位,受到国内外科学界的高度重视。它刊行后很快传到日本,日本学者评价说:"作为展望在悠久的历史过程发展起来的中国技术全貌的书籍,是没有比它更合适的了。"1869 年它被译成法文,传到西方,以后又被译成英文,西方研究者把它誉为"中国 17 世纪的工艺百科全书"。

我国第一部诗歌总集是什么?

《诗经》是我国第一部诗歌总集,共收录自西周初年至春秋中叶 500 多年的诗歌 305 篇。《诗经》共分风(160 篇)、雅(105 篇)、颂(40 篇)三大部分。它们都得名于音乐。"风"的意义就是声调。古人所谓《秦风》《魏风》《郑风》,就如现在我们说陕西调、山西调、河南调。"雅"是"正"的意思。周代人把正声叫作雅乐,犹如清代人把昆腔叫作雅部,带有一种尊崇的意味。大雅小雅可能是根据年代先后而分的。"颂"是用于宗庙祭祀的乐歌。

中国最古老的散文总集是哪部？

《尚书》又称《书》《书经》，是一部多体裁文献汇编，是中国现存最早的史书。分为《虞书》《夏书》《商书》《周书》。战国时期总称《书》，汉代改称《尚书》，即"上古之书"。因是儒家五经之一，又称《书经》。

《尚书》作为历史典籍的同时，也被文学史家称为我国最早的散文总集，是和《诗经》并列的一个文体类别。但这散文之中，绝大部分应属于当时官府处理国家大事的公务文书，准确地讲，它应是一部体例比较完备的公文总集。《尚书》是我国最古的官方史书，是我国第一部上古历史文件和部分追述古代事迹著作的汇编，它保存了商周特别是西周初期的一些重要史料。《尚书》相传由孔子编撰而成，但有些篇目是后来儒家补充进去的。《尚书》主要记录虞夏、商、周各代一部分帝王的言行。

《尚书》最引人注目的思想倾向，是以天命观念解释历史兴亡，为现实提供借鉴。这种天命观念具有理性的内核：一是敬德，二是重民。《尚书》的文字诘屈艰深，晦涩难懂，但它标志着史官记事散文的进步：第一，有些篇章注重人物的声气口吻；第二，有些篇章注重语言的形象化以及语言表达的意趣；第三，有些篇章注重对场面的具体描写。

我国的第一部长篇历史小说叫什么？

《三国演义》是我国最早的一部长篇章回体历史小说，代表古代历史小说的最高成就，是我国古典四大名著之一。全称《三国志通俗演义》，又称《三国志》《三国志传》等，简称《三国演义》。描写了魏、蜀、吴三国之间的政治、军事、外交斗争和兴衰过程，始于黄巾起义，终于西晋统一。作者为元末明初的罗贯中，早年随张士诚起义反元，后离开并开始进行小说创作，《三国演义》为其成名作，后来其也参加过《水浒传》的创作过程。

《水浒传》是一本什么书？

《水浒传》是我国第一部以农民起义为题材的小说。又名《忠义水浒传》，一般简称《水浒》，作于元末明初，是中国历史上第一部用白话文写成的章回小说，是中国古典四大名著之一。

《水浒传》原名《江湖豪客传》，《水浒传》的题目是由罗贯中所命，在当时为禁书。《水浒传》的作者历来有争议，大致有三种说法：施耐庵作、罗贯中作和施、罗合作。现在学术界大都认为施耐庵作。施耐庵生卒不详，一般认为是元末明初人。

全书叙述北宋末年官逼民反，梁山英雄聚众起义的故事，再现了封建时代农民起义从发生、发展到失败的全过程，塑造了李逵、武松、林冲、张顺、吴用、鲁智深等英雄形象。

我国第一部浪漫主义长篇小说是什么？

我国第一部浪漫主义长篇小说是《西游记》，中国古典四大名著之一。

《西游记》取材于唐僧取经的故事。玄奘赴印度取经的史实，见于唐代慧立、彦悰的《大唐大慈恩寺三藏法师传》，在民间传说的流传过程中神异色彩日趋浓厚。南宋的"说经"话本《大唐三藏取经诗话》已初具取经故事的轮廓，中心人物已由三藏变为猴王。在宋元南戏、金院本、元杂剧等各种艺术形式中，取经故事继续有所发展。《西游记》的作者就是在前代流传的故事的基础上，吸收大量话本、戏曲材料，加上自己丰富的想象，最后创作了这部小说。《西游记》的作者，一般认为是吴承恩。

吴承恩（1501～1582年），字汝忠，号射阳山人，淮安府山阳县（今江苏淮安县）人。《西游记》成功地运用浪漫主义创作方法，使神话描写和现实批判相结合，这是《西游记》的基本艺术特征。《西游记》以神魔为主要描写对象，运用大胆的想象和高度夸张的手法，创造了一种神奇瑰丽的神话世界。既倾注了作者的丰富想象和大胆夸张，又是对现实社会的影射，充满了积极浪漫主义的创新精神。

《红楼梦》是一本什么书？

《红楼梦》又叫《石头记》《情僧录》《风月宝鉴》《金陵十二钗》。《红楼梦》是一部具有高度思想性和高度艺术性的伟大作品，可以代表古典小说的艺术的最高成就。《红楼梦》写成于清中期。作者曹雪芹，名霑，字梦阮，号雪芹，又号芹溪、芹圃。祖籍河北省丰润县（现唐山市丰润区），他本人生于南京。清初，入满洲正白旗籍。

《红楼梦》以贾、林的爱情悲剧及贾、薛的婚姻悲剧为经线，纵向剖析了造成悲剧的深刻社会根源；同时，以贾府的兴衰为纬线，通过贾、王、史、薛四大家族间卫道者与叛逆者之间的矛盾冲突，横向展示了由众多人物构成的广阔的社会生活环境，同时塑造了贾宝玉、林黛玉、薛宝钗、王熙凤等众多人物形象。它概括地、典型地、真实地反映了我国 18 世纪中期的社会生活，尤其是封建贵族的生活，所以被誉为我国"封建社会后期的社会生活的百科全书"。

《红楼梦》完全打破了传统小说的单线结构，它以贾宝玉为中心人物，以贾宝玉与林黛玉、薛宝钗的爱情、婚姻纠葛为贯穿线索，但是又把这中心人物和事件放进错综复杂的环境中，与生活环境中的各种线索齐头并进，它展现的各种情节就像生活那样，是多层次、全方位的，使读者更易完全融入其中。《红楼梦》的艺术成就以及作者展现的对烹调、医药、诗词、绘画、建筑、戏曲的丰富知识和精到见解，都得到了举世的公认。

我国第一部茶叶专著是什么？

《茶经》是中国乃至世界现存最早、最完整、最全面介绍茶的第一部专著，被誉为"茶叶百科全书"，由中国茶道的奠基人陆羽所著。

此书是一部关于茶叶生产的历史、源流、现状、生产技术以及饮茶技艺、茶道原理的综合性论著，是一部划时代的茶学专著。它不仅是一部精辟的农学著作，又是一本阐述茶文化的书，它将普通茶事升格为一种美妙的文化艺能。它是中国古代专门论述茶叶的一类重要著作，推动了中国茶文化的发展。

《茶经》分三卷十节，约 7000 字。卷上：一之源，讲茶的起源、形状、功用、名称、品质；二之具，谈采茶制茶的用具，如采茶篮、蒸茶灶、焙茶棚等；三之造，论述茶的种类和采制方法。卷中：四之器，叙述煮茶、饮茶的器皿，即 24 种饮茶用具，如风炉、茶釜、纸囊、木碾、茶碗等。卷下：五之煮，讲烹茶的方法和各地水质的品第；六之饮，讲饮茶的风俗，即陈述唐代以前的饮茶历史；七之事，叙述古今有关茶的故事、产地和药效等；八之出，将唐代全国茶区的分布归纳为山南（荆州之南）、浙南、浙西、剑南、浙东、黔中、江西、岭南等八区，并谈各地所产茶叶的优劣；九之略，分析采茶、制茶用具可依当时环境，省略某些用具；十之图，教人用绢素写茶经，陈诸座隅，目击而存。

《茶经》系统地总结了当时的茶叶采制和饮用经验，全面论述了有关茶叶起源、生产、饮用等各方面的问题，传播了茶业科学知识，促进了茶叶生产的发展，开中国茶道的先河。且《茶经》是中国古代最完备的茶书，除茶法外，凡与茶有关的各种内容，都有叙述。以后茶书皆本于此。

《唐本草》是一本什么书？

《唐本草》又称《新修本草》，是唐高宗显庆四年（659 年）由唐代李勣、苏敬等 22 人集体编纂，由官府颁行的，是国家颁定药典的创始，是我国历史上第一部药典，而外国最早的药典《纽伦堡药典》是 1546 年由纽伦堡政府刊行的，比《唐本草》晚 9 个世纪。

《唐本草》载药 850 种，新增 114 种新药，其中不少是外来药物，如由印度传入的豆蔻、丁香等，大食传入的石榴、乳香等，波斯传入的青黛等。该书有较多的基原考证。附有图经 7 卷，药图 25 卷。出现了图文鉴定的方法。为后世图文兼备的本草打下了基础。原书已散失不全，现仅存残卷。现有尚志钧辑本《唐·新修本草》。

古代第一部数学专著是什么？

《九章算术》是中国古代第一部数学专著，是算经十书中最重要的一种。《九章算术》的出现标志着中国古代数学体系的形成。

《九章算术》分为方田、粟米、衰分、少广、商功、均输、盈不足、方程和勾股九章，采用问题集的形式，收有 246 个应用问题，其中每道题有问（题目）、答（答案）、术（解题的步骤，但没有证明）；有的是一题一术，有的是多题一术或一题多术。该书内容十分丰富，系统总结了战国、秦、汉时期的数学成就。书中涉及算术、代数、几何等学科，其中有关位值制、分数运算、开平方和开立方、正负数、联立一次方程等知识都是当时居世界领先地位的成就。后世的数学家大都是从《九章算术》开始学习和研究数学知识的。唐宋两代都由国家明令规定其为教科书。1084 年由当时的北宋朝廷进行刊刻，这是世界上最早的印刷本数学书。

我国最早的一部天文学专著是什么？

《甘石星经》是世界上最早的天文学著作。在长期观测天象的基础上，战国时期楚人甘德（今属湖北）、魏人石申（今属河南开封）各写出一部天文学著作。后人把这两部著作合起来，称为《甘石星经》。《甘石星经》入选中国世界纪录协会世界最早的天文学著作。

春秋战国时期，甘德和石申各自在其本国进行天文观测，并各有著作刊行于世。甘德的著作名为《天文星占》，石申的著作名为《天文》，都是 8 卷。汉朝时，这两部著作还是各自刊行的，后人把这两部著作合并。

甘德和石申当时曾系统地观察了金、木、水、火、土五大行星的运行，初步掌握了这些行星的运行规律，记录了 800 个恒星的名字，其中测定了 121 颗恒星的方位，发现了金、木、水、火、土五大行星的运动规律。后人把甘德和石申测定恒星的记录称之为《甘石星表》（又称《甘石星经》）。《甘石星经》在宋代就失传了，在唐代的《开元占经》中还保存一些片断，南宋晁公武的《郡斋读书志》的书目中保存了它的梗概。它是世界上最早的恒星表，比希腊天文学家伊巴谷在公元前 2 世纪测编的欧洲第一个恒星表还早约 200 年。

我国最早的一部行政法典是什么？

我国最早的一部行政法典是唐代的《唐六典》。《唐六典》是记载唐代封建国家职官制度的一部重要文献。唐玄宗于开元十年（722 年）命令大臣张说、张九龄等人以当时的国家行政体制为基础，仿照西周《周官》一书依官职分类的体例编纂《唐六典》，至开元二十六年（738 年）完成。其内容主要记载了唐朝国家机构的设置，官员的编制、品级及职责，官员的选拔、任用、考核、监督、奖惩、俸禄、退休等制度和规定。六典之名出自周礼，原指治典、教典、礼典、政典、刑典、事典，后世设六部即本于此。

中国最早的一部历书是什么？

《夏小正》是我国现存最早的文献之一，也是现存采用夏时最早的历书。隋代以前，它只是西汉戴德汇编的《大戴礼记》中的一篇，以后出现了单行本，在《隋书·经籍志》中第一次被单独著录。《夏小正》由"经"和"传"两部分组成，全文共 400 多字。它的内容是按一年 12 个月，分别记载每月的物候、气象、星象和有关重大政事，特别是生产方面的大事。书中反映当时的农业生产的内容包括谷物、纤维植物、染料、园艺作物的种植，蚕桑、畜牧和采集、渔猎；蚕桑和养马颇受重视；马的阉割，染料的蓝和园艺作物的芸、桃、杏等的栽培，均为首次见于记载。

《夏小正》文句简奥不下于甲骨文，大多数是二字、三字或四字为一完整句子。其指时标志，以动植物变化为主，用以指时的标准星象都是一些比较容易看到的亮星，如辰参、织女等。缺少十一月、十二月和二月的星象记载。还没有出现四季和节气的概念。《夏小正》记载的生产事项，包括农耕、渔猎、采集、蚕桑、畜牧等，但无一字提到"百工之事"，这是社会分工还不发达的反映。所有这些，表明《夏小正》历法的原始和时代的古老。

《夏小正》为我们研究中国上古的农业和农业科学技术提供了宝贵的资料。

我国现存的第一部脉学专著叫什么？

《脉经》是中医脉学著作。西晋王叔和撰于公元 3 世纪，是我国现存最早的脉学专著。本书集汉以前脉学之大成，先取《内经》《难经》以及张仲景、华佗等有关论述分门别类，在阐明脉理的基础上联系临床实际。

全书共十卷。卷一论三部九候，寸口脉及二十四脉；卷二、三则以脉合脏腑经络，举其阴阳之虚实，形证之异同，作为治疗依据；卷四诀四时、百病死生之分，并论脉法；卷五述仲景、扁鹊脉法；卷六列述诸经病证；卷七、八讨论脉证治疗，其中卷七以伤寒、热病为主，卷八为杂病；卷九为妇产科、小儿病证；卷十论奇经八脉及右侧上下肢诸脉。原有"手检图三十一部"，今已亡佚。本书的最大贡献有二。其一，首次将脉象归纳为浮、芤、洪、滑、数、促、弦、紧、沉、伏、革、实、微、涩、细、软、弱、虚、散、缓、迟、结、代、动24种，并对每种脉象均做了具体描述。其二，本书将晋以前的诊脉方法、脉象所反映的病理变化以及脉诊的临床意义等许多重要文献资料均收集保存下来。

《脉经》在我国医学发展史上有着十分重要的位置，在国内外影响极大。该书著成后，传到我国西藏地区，后经西藏又传入印度，并辗转传入阿拉伯国家，对西欧脉学的发展也有所影响。可见《脉经》在国内外医学发展史上影响之深远。

我国第一部比较完整的历法是什么？

西汉的《太初历》是我国第一部比较完整的历法。

元封六年（公元前 105 年），经司马迁等人提议，汉武帝下令改定历法。公元前 104 年，天文学家落下闳、邓平等人制定了《太初历》。《太初历》规定一年等于 365.2502 日，一月等于 29.53086 日；将原来以十月为岁首改为以正月为岁首；开始采用有利于农时的二十四节气；以没有中气的月份为闰月，调整了太阳周天与阴历纪月不相合的矛盾。这是我国历法上一个划时代的进步。《太初历》还根据天象实测和多年来史官的记录，得出 135 个月的日食周期。《太初历》不仅是我国第一部比较完整的历法，也是当时世界上最先进的历法。

我国最早的医学著作是什么？

《黄帝内经》是我国现存的最全面的总结秦汉以前医学成就的医学著作。它是黄帝和他的大臣讨论医学而写的一本书，所以称《黄帝内经》。《黄帝内经》大约产生于战国时期，后来经过秦汉医学家的整理、补充、修改，最终形成。《黄帝内经》内容十分丰富。它总结了过去医学理论的成果，为我国传统医学的理论体系奠定了广泛的基础，成为以后中医理论的基本法则。

我国最早、最完整的农书是哪部？

《齐民要术》是一部内容非常丰富、科学价值很高的农学巨著，它系统、全面地总结了 6 世纪以前我国北方劳动人民长期积累的农业生产经验，有许多项目比世界其他先进民族的记载要早三四百年，甚至 1000 多年。《齐民要术》为我国初步建立了农业科学体系，对推动我国古代农业生产和农业科学技术的发展，产生了巨大的影响。它不但是我国，也是世界上现存最早、最完整的农书，在中国和世界农业科学发展史上，都占有重要的地位。

《齐民要术》书影

《齐民要术》的作者贾思勰，是南北朝时期北魏杰出的农业科学家。《齐民要术》的内容包括农、林、牧、副、渔各个方面，对几乎所有的农业生产活动都做了比较详细的论述。

我国第一部史学评论专著是什么？

唐代杰出的史学家刘知几著的《史通》，是我国第一部全面的史学评论专著。

刘知几（661～721年），字子玄，彭城（今江苏徐州）人。42岁时，入史馆参与修史。后因意见不合，受到史馆主管官员的无理责难和贬抑，遂私撰《史通》，以抒己见。《史通》成书于中宗景龙四年（710年），全书20卷，分内篇、外篇两部分，各为10卷，都是以专题论文的形式写成的。《史通》对唐代以前的包括《尚书》《春秋》等被奉为经典的史书，从内容到编纂方法，都进行了批判和分析。这种大胆的批判精神，在当时是十分难能可贵的。《史通》是一部价值很高的史学名著，它为我国的史学评论开辟了道路。刘知几所提出的史学方法和史学主张，给后来的许多历史学者以很大的影响，对我国的史学发展做出了重要贡献。

我国第一部编年体通史是什么？

由伟大的历史学家司马光主持编写的《资治通鉴》，是我国第一部编年体通史。它和我国第一部纪传体通史《史记》，同为古代辉煌的史学巨著，被后世并誉为"史学双璧"。

司马光（1019～1086年），字君实，陕州夏县（今山西夏县）人，北宋大臣。由于司马光感到以前的史书文字繁多，《史记》至《五代史》1500卷，读之极费时间和精力。为此，他立志编写一部扼要的通史，攫取有关国家盛衰、民生休戚，善可为法、恶可为戒的史事，为北宋统治者提供政治活动的借鉴。

1066年，司马光将自己编写的从战国到秦二世的《通志》8卷，呈献给宋英宗，受到赞许，英宗命设置书局继续编写。宋神宗继位后，又赐该书名为《资治通鉴》，意思是可以作为君王治理天下的一面历史镜子。神宗在位时，王安石实行变法，司马光强烈反对，神宗倾向王安石，于是司马光辞归洛阳，把书局迁到自己家里。在居洛阳的15年中，他专心编写《资治通鉴》。《资治通鉴》从1065年始修，至1084年成书，历时19年。全书计294卷（另有《目录》和《考异》各30卷），上起战国周威烈王二十三年（公元前403年），下迄五代周世宗显德六年（959年），共记载了12代，贯穿了1362年治乱兴衰的历史。《通鉴》一书"博而得其要，简而周于事"，它保存了古代政治、军事、经济、礼乐、历数、天文、地理、刑法等多方面丰富而珍贵的历史资料。

最早的法医学著作是哪一部？

《洗冤集录》是中国古代最早的一部法医学著作，南宋宋慈著，刊于宋淳祐七年（1247年），同时也是世界上现存第一部系统的法医学专著。

宋代，法医方面的知识有了比较迅速的进步，有无名氏的《内恕录》，1200年郑克的《折狱龟鉴》，1213年桂万荣的《棠阴比事》以及赵逸斋的《平冤录》、郑兴裔的《检验格目》等有关法医检验的著作接连问世。宋慈综合了《内恕录》等数种专书，再参以当时执法检验的现场经验，写成《洗冤集录》一书。

我国第一部字典叫什么？

《说文解字》，简称《说文》，是中国第一部按部首编排的中文字典。汉朝许慎编著。原作写于100年到121年，现已失落。传至今日的大多是宋朝版本，或者是清朝的段玉裁注释本。原文以小篆书写，逐字解释字体来源。许慎写完之后，献给汉安帝。全书共分540部首，收字9353个，另有"重文"即异体字1163个，共10516字。

历代对于《说文解字》都有许多学者研究。清朝时研究最为兴盛。尤以段玉裁的《说文解字注》、朱骏声的《说文通训定声》、桂馥的《说文解字义证》以及王筠的《说文句读》更具价值，此四人也被称为"说文四大家"。

十三经包括哪些书？

十三经是指在南宋形成的13部儒家经典，分别是《诗经》《尚书》《周礼》《仪礼》《礼记》《周易》《春秋左传》《春秋公羊传》《春秋谷梁传》《论语》《尔雅》《孝经》《孟子》。但十三经的最终确定经历了一个长期的过程。

汉朝时，以《易》《诗》《书》《礼》《春秋》为"五经"。

唐朝时，《春秋》分为"三传"，《礼经》分为"三礼"，这六部书再加上《易》《书》《诗》，并称为"九经"。

晚唐的唐文宗开成年间，除了"九经"之外，还加上了《论语》《尔雅》《孝经》。

五代十国时后蜀国主孟昶刻"十一经"，收入《孟子》，而排除《孝经》《尔雅》。

南宋时《孟子》正式成为"经"，和《论语》《尔雅》《孝经》一起，加上原来的"九经"，构成"十三经"。

传统艺术——中华大地上的永恒魅力

古筝起源于何时？

古筝是我国古老的民族乐器之一，关于它的起源和流传情况，历来众说不一。

筝作为乐器名，最早见于秦始皇的丞相李斯的《谏逐客书》"夫击瓮叩缶，弹筝搏髀，而歌呼鸣鸣快耳者，其秦之声也"，东汉刘熙在《释名·释乐器》中又称云筝是因为所发出的音声铮铮作响而得名的。从李斯等人所述可知，在战国时期筝作为民间乐器广泛流行于秦地，故有人又称之为"秦筝"。

东汉·应劭《风俗通义·声音·筝》云："谨按《永乐记》：'筝，五弦，筑身也。'今并、凉二州筝形为瑟，不知谁改作也，或曰蒙恬所造。"另据记载，东汉时期，并、凉二州确实出现过瑟形的筝，后来筝在形成和发展中受到筑和瑟的影响，甚至最后取代了瑟，但名称则始终未变。这是比较早的说法之一。

最普遍的说法是说筝为秦朝大将蒙恬所创，古筝原只有五弦，用竹制成，形状如筑，后蒙恬将其改为十弦，变形如琴瑟，以木代竹。唐代以后，古筝的弦数增至十三弦。从《隋书·乐志》到清代朱骏声《说文通训定声》都从这种说法。当然也有人认为中国的筝乃传自外国。日本的田边尚雄在他的《东洋音乐史》中就提出了筝是战国末期从西方传入秦国的观点。日本的另一学者林谦三则认为田边尚雄的论据不足。从以上讨论可知，筝的由来至今依然还是个谜，还需要我们继续探求。

琵琶的历史渊源是怎样的？

琵琶，是东亚传统弹拨乐器，已经有2000多年的历史，最早被称为"琵琶"的乐器大约在中国秦朝时期出现。"琵琶"这个名称来自所谓"推手为枇，引手为杷"（最基本的弹拨技巧）所以名为"枇杷"（琵琶）。琵琶最早见于史载的是汉代刘熙《释名·释乐器》："枇杷本出于胡中，马上所鼓也。推手前曰枇，引手却曰杷，象其鼓时，因以为名也。"意即枇杷是骑在马上弹奏的乐器，向前弹出称作枇，向后挑进称作杷；根据它演奏的特点而命名为"枇杷"。在古代，敲、击、弹、奏都称为鼓。当时的游牧人骑在马上好弹琵琶，因此为"马上所鼓也"。大约在魏晋时期，正式称为"琵琶"。

琵琶由历史上的直项琵琶及曲项琵琶演变而来，据史料记载，直项琵琶在我国出现得较早，秦、汉时期的"秦汉子"，是直柄圆形共鸣箱的直项琵琶（共鸣箱两面蒙皮），它是由秦末的弦鼗发展而来的。南北朝时，通过丝绸之路与西域进行文化交流，曲项琵琶由波斯经今新疆传入我国。曲项琵琶为四弦、四相（无柱）梨形，横抱用拨子弹奏。它盛行于北朝，并在6世纪上半叶传到南方长江流域一带。在隋唐九、十部乐中，曲项琵琶已成为主要乐器，对盛唐歌舞艺术的发展起了重要作用。从敦煌壁画和云冈石刻中，仍能见到它在当时乐队中的地位。

二胡为什么会遭禁？

二胡始于唐代，至今已有1000多年的历史。但是发展到清朝时，曾一度遭禁，差点儿就此夭折。中国古代有很多的禁忌，比如避讳，二胡的遭遇也与此有关。

清朝到了嘉庆皇帝主政时期，由于乾隆

还在世，便尊其为太上皇，这样就出现了一朝"二皇"的局面。于是凡是有关"二皇"的东西，比如戏曲的"二簧"等，甚至一些类似相关的名目都被禁止。"二簧"都有影射"二皇"之嫌，被看作对嘉庆的不敬。而二胡上的两根弦——老弦、子弦也叫作"二弦"又惹了"二皇"。更有甚者，若是在演奏二胡的过程中，无论断了哪根弦都要遭杀头的大祸。

二胡因此在很长一段时期内都被禁止。一直到晚清各种矛盾激化，朝廷无暇顾及，梨园艺人才又让二胡重见天日，流行至今。

箫的历史演变是怎样的？

箫是一种古老的民族乐器，用竹子制成，有洞箫（北箫）和南箫之分。洞箫，直径 2.2 厘米左右，长 60～80 厘米，传统上是 6 孔，也有 7 孔，现在多见的是 8 孔。顶端是吹孔，一般多是 U 型吹口，也叫凤凰箫。

箫的历史非常久远，早在汉代陶俑中已出现。其后的壁画、石刻中多有所见。汉代以前，横吹竖吹的单管乐器统称为笛或篴，所称箫的是排箫。

汉代时，箫被称为"羌笛"，羌笛原为居住在四川、甘肃一带的羌族人民的乐器，公元前 1 世纪时流传到黄河流域，经过发展，逐渐演变成 6 孔，和今天的箫非常相似。

西晋乐工列和、中书监荀勖所改革的笛为 6 孔（前五、后一），其形制与今天的箫已非常相似了。东晋的桓伊擅长音乐，他有一支蔡邕的柯亭笛（箫），是江南数第一的吹箫名手，地位和声望都已很高。

魏、晋、南北朝时，箫已用于独奏、合奏，并在乐队中使用。

唐宋时期的尺八、箫管和竖篴，则是明清时期以至现代箫的前身。为区别横吹的笛子，明代将竖吹之篴称为箫。到了清代，箫的形制与现在就完全一样了。

箫的品种很多，常见的有紫竹洞箫、玉屏箫、九节箫等许多种。

"胡琴"在历史上是如何演变的？

"胡琴"顾名思义是一种少数民族的乐器，就是胡地的琴。具体来说，"胡琴"是蒙古族一种弓拉弦鸣乐器。古称胡尔，蒙古族俗称西纳干胡尔，意为勺子琴，简称西胡。元代文献称其为胡琴。汉语直译为勺形胡琴，也称马尾胡琴。

胡琴源于唐代的奚琴。到了北宋初年，出现了用马尾弓拉弦的胡琴。这种胡琴，是当时主要的拉弦乐器。北宋元丰五年（1082 年），驻守在北部边疆的宋代军队中，就已广泛使用以马尾做弓弦的拉奏的胡琴。

到了南宋，胡琴已比较流行。元代时，由于少数民族文化与中原文化交流、融汇的增多。胡琴吸收了蒙古族弹弦乐器的特点，有了改变，形状与今天的二胡已经比较接近了。元代的胡琴不仅在宴乐中用于独奏或合奏，还广泛用于军队的演奏活动中。明代时，由于戏曲、曲艺和民间器乐合奏的兴盛和繁荣，胡琴也获得了更大的发展。

明末清初，胡琴传到藏族聚居区巴塘（今四川西部），颇受民间艺人欢迎，并就地取材做成了牛角胡琴。清代时又出现了四根弦的四胡、伴奏京剧的京胡和伴奏梆子戏的板胡等。

为满足伴奏不同的地方戏曲和演奏民间器乐的需要，形状各异的胡琴类拉弦乐器纷纷问世，如广东的粤胡、湖南的大简、河南的坠胡、蒙古族的马头琴和壮族的马骨胡等。

七弦琴有何特点？

七弦琴，亦称瑶琴、玉琴、古琴，中国最古老的弹拨乐器之一。七弦琴是在孔子时期就已盛行的乐器，到现在至少也有 3000 年以上的历史了。七弦琴是中国古代最古老的乐器之一，是中国最早的弹弦乐器，称为"国乐之父"。在古时文人心中视为高雅的代表，琴音悠远，高山流水知音流传至今。20 世纪初才被称作"古琴"。

现在的七弦琴以"仲尼式"最为多见。一般分为琴体（即共鸣箱，由琴面、琴底和琴轸、雁足等部分组成）和琴弦系统（包括琴弦七根和岳山、龙龈、琴徽等部分）。

在中国乐器中，七弦琴的声音是让人迷恋的，泛音的轻灵清越，散音的沉着浑厚，按音的或舒缓或激越或凝重。七弦琴注、猱、揉、吟的指法，让人真正体验到余韵袅袅、象外之致的味道，就好像一炷香慢慢地在空中舞蹈，且实且虚，缭绕而去，仿佛中国画中的那种水墨烟云。七弦琴的声音是特别的，不似二胡如泣如诉，却比二胡委婉缠绵，是那种回旋往复的缠绵；不如古筝响亮欢快，演奏效果立竿见影，却平和沉稳，透人心扉；也不像琵琶那么锋芒毕露，大珠小珠落玉盘式的直截了然。而七弦琴是细腻含蓄的，指法不动声色地控制着轻缓急重。这样的声音决定了它不宜做合奏乐器，而适合独奏。能与七弦琴相和的，唯有箫了，箫的幽怨迷离和琴的古雅通脱糅成林下之风，超脱现实之境，说起来这也正是七弦琴为传统文人们所偏好的原因。

唢呐何时在中国普遍流行？

唢呐是中国民族吹管乐器的一种，其音色明亮，音量大，管身木制，成圆锥形，上端装有带哨子的铜管，下端套着一个铜制的喇叭口（称作碗）。所以也称喇叭，在台湾民间称为鼓吹，广东地区亦将之称为"八音"。唢呐过去多在民间的吹歌会、秧歌会、鼓乐班和地方曲艺、戏曲的伴奏中应用。经过不断发展，丰富了演奏技巧，提高了表现力，已成为一件具有特色的独奏乐器，并用于民族乐队合奏或戏曲、歌舞伴奏。

最初的唢呐是流传于波斯、阿拉伯一带的乐器，就连"唢呐"这个名称，也是古代波斯诺的音译。唢呐大约在公元3世纪在中国出现，新疆拜城克孜尔石窟第38窟中的伎乐壁画已有吹奏唢呐形象。在700多年前的金、元时代，传到中国中原地区。

到了明代，古籍中始有唢呐的记载，明代正德年间（1506～1521年）唢呐已在中国普遍应用。

今天唢呐已成为中国各族人民使用颇广的乐器之一。中国非常重视非物质文化遗产的保护，2006年5月20日，唢呐艺术经国务院批准列入第一批国家级非物质文化遗产名录。

什么是教坊？

教坊是古代传习、管理宫廷音乐舞蹈的官署，远自唐代就有了，当时设立了较为完备的教坊。教坊负责歌唱、舞蹈、百戏的教习、排练、演出等事务；教坊所担任的业务有歌，有舞。

教坊的乐工有男有女。女乐工中间依色艺的高低分成等级，色艺最高的称"内人"或"前头人"，居于宫中宜春苑。其次为宫人，再次为挡弹家。这些被选中的美丽的民间女子要学弹奏琵琶、三弦、箜篌、筝等器乐的技术，也学习歌舞，这样的女艺人被称为"挡弹家"。

唐代教坊是当时天下音乐舞蹈精华的荟萃之地。其中名家云集，他们精湛的演技曾使当时倾国仕女们如痴如醉。其中许永新、李龟年等人，都是一时之秀，蜚声艺坛，留下了不少传诵后世的风流佳话。

宋元两代也设有教坊。明代有教坊司，隶属守礼部。沿至清代，至雍正时始废。

古乐的标准音是什么？

中国古代音乐是中国传统文化不可缺少的部分，乐器种类很多，大致有匏、土、革、木、石、金、丝、竹8类。古代也有乐队的集体演奏，但是如果没有一个标准音使之统一起来，那不但演奏不出美妙的音乐，反而会成为一种噪音。

在宫、商、角、徵、羽五音之中，宫属于中央黄钟，五音十二律由此而分。也就是说，"黄钟"是基准，其他的音律都是以此制定的。

那么"黄钟"又是怎么确定的呢?

古人根据"三分损益"的原则,取一根9寸长的竹子做标准,吹出的音调叫作"黄钟"。黄钟是十二律的首律,首律的音高就叫作"黄钟之宫",也就是现代音乐上所谓音阶的主音。标准音黄钟管确定后,其他乐器的标音都根据黄钟管所发出的音为标准来定音。

"三分损一"(去掉1/3),剩下6寸作为第二根管的长度。这样连续做4次,得到5根长度不同的管子。吹出古代常用的5个音:宫、商、角、徵、羽。

十二律指的是什么?

"音律"就是划分音高音位的规律。"十二律"就是将一个八度平分为十二个半音。与西乐音阶相对,从C至B,也就是从低到高依次为:黄钟—大吕—太簇—夹钟—姑洗—仲吕—蕤宾—林钟—夷则—南吕—无射—应钟。十二律又分为阴阳两类,凡属奇数的六种律称阳律,属偶数的六种律称阴律。另外,奇数各律称"律",偶数各律称"吕",故十二律又简称"律吕"。

早在 2000 多年前,我国关于十二律的计算已经相当精确了,《国语》中有这样的记载:周景王二十三年(公元前 522 年),周景王想铸造钟,就向他的名叫州鸠的乐官询问有关音律问题,州鸠讲了关于律和数的关系,并列举了十二律的名称。《管子》中已记载有宫、商、角、徵、羽五音名称,并说明其定位方法——三分损益法。晚些时候发展为七音(五音再分变商、变徵二音。变,即比本音降半音)及十二律。战国末期成书的《吕氏春秋》中,亦用了三分损益法,记录了十二律相生之法则。

什么叫"八音"?

"八音",中国传统器乐吹打乐的一种。原为中国历史上最早的乐器科学分类法,西周时已将当时的乐器按制作材料,分为金(钟、镈)、石(磬)、丝(琴、瑟)、竹(箫、篪)、匏(笙、竽)、土(埙、缶)、革(鼗、雷鼓)、木(柷、敔)8类。

"八音"也指民间器乐乐种。如山西五台山一带的八音会,所用乐器有管子、唢呐、海笛、笙、梅笛、箫、堂鼓、小鼓、大镲、小镲、大锣、云锣等;广西壮族的隆林八音乐队,使用的乐器共有八件,它们是:横箫(笛子)一对,高胡、二胡各一把,小三弦一把,锣、鼓、钹各一副;南宁市邕宁壮族八音则主要由大唢呐、小唢呐、五孔笛、锣、鼓、钹、壮族乐鼓等组成;海南地区流行的海南八音源于潮州音乐,因使用八类乐器而得名,即弦(二胡、椰胡)、琴(月琴、扬琴、三弦)、笛(唢呐)、管(长、短喉管)、箫(横箫、直箫、洞箫)、锣、鼓、钹等。

象棋是谁发明的?

中国古代将"琴棋书画"作为高雅的技艺,是多才多艺的象征,也是衡量读书人才华高低的一种标尺,其中的棋即指象棋或围棋。关于象棋的发源地,各国棋史界的说法不一,中国起源说被认为是比较可信的,为中国棋史界所公认。

最早的文献记录见于春秋战国时期,当时的棋艺统称"博弈","博"即是指象棋。《楚辞·招魂》中记载:"蓖蔽象棋,有六博些。"这证明两千多年前,已经有"象棋"这个名称。但当时的象棋不是现在的象棋。

象棋棋盘中双方对垒的河界,也称"楚河汉界"。相传是在刘邦与项羽楚汉相争时,韩信带兵攻打赵、齐等国,一段时间打仗,一段时间休整,在休整时韩信以下象棋教士兵行军打仗的方略,故有韩信作棋一说。南北朝时期周武帝曾著《象经》,所以又有周武帝造象棋之说。

关于象棋的演变有《续藏经》中记载的:"若神农以日月星辰为象,唐相牛僧孺用车、马、将、士、卒加炮,代之为棋矣。"根据这个记载，说明在唐以前的象棋没有炮，在牛僧孺加炮之后，基本上具备了现代象棋的雏形。到了宋代，有"广象棋"一说，共有三十二子，棋盘纵横各十一路，把两炮放在车侧，其名称和走法与现代象棋渐趋相同，至南宋时期，象棋基本成型，规格统一，当时的象棋和现在已完全相同。

总之，象棋起源并发展于中国应该是毫无疑问的，尤其是在70年代，我国考古工作者在湖北云梦睡虎地发掘出土了战国时期的古棋局，充分证明了中国是象棋的发源地，并且其发源年代不晚于春秋战国时期。

围棋起源于何时？

围棋是源于古代的一种棋戏，其发源地一般认为在中国，《大英百科全书》称围棋起源于公元前2356年前后的中国；《美国百科全书》载中国人于公元前2300年前发明了围棋；《中国大百科全书》中关于围棋的记述："传说起源于公元前2000多年前的古代中国，是世界上最古老的棋类游戏之一。"尽管上述资料中关于围棋起源时间的说法不尽相同，但都认同了中国起源说。关于围棋的起源时间，有两种看法。

第一，围棋起源于原始社会末期的尧、舜、禹时代，如战国时的文献《世本》中记有："尧造围棋，丹朱善之。"西晋张华山《博物志》中有一段话："尧造围棋，以教子丹朱。或云：舜以子商均愚，故作围棋以教之。"

第二，围棋起源于春秋战国时期。其依据是春秋战国时期一些文献记载，如《论语·阳货》有："不存博弈者乎"，《孟子·离娄》有云："博弈好饮酒，不顾父母之养，二不孝也"。尤其是《左传》中的一段记述："卫献公自夷仪使与宁喜言，宁喜许之。大叔文子闻之，曰：'……今宁子视君不如弈棋，其何以免乎？弈者举棋不定，有胜其耦，而况置君而弗定乎？发不免矣……'"此段话是指当时卫国宫廷的一场斗争，讲述者首次

用了"举棋不定"来比喻一个人拿不定主意。因此有学者认为在当时围棋已经产生并广泛流行于各诸侯国之间。

书法起源于何时？

汉字，从图画、符号到创造、定型，由古文大篆到小篆，由篆而隶、楷、行、草，各种形体逐渐形成。在书写应用汉字的过程中，逐渐产生了世界各民族文字中独一的、可以独立门类的书法艺术。

世界上各民族的文字，概括起来有三大类型，即表形文字、表意文字和表音文字。汉字则是典型的在表形文字基础上发展起来的表意文字。近代经过考证，关于中国文字起源，一般认为在距今五六千年的中国黄河中游的"仰韶文化时期"，已经创造了文字。汉字在漫长的演变发展的历史长河中，一方面起着思想交流、文化继承等重要的社会作用，另一方面它本身又形成了一种独特的造型艺术。

书法是汉字的书写艺术。它不仅是中华民族的文化瑰宝，也在世界文化艺术宝库中独放异彩。

神策军碑 唐 柳公权
此碑刻于唐会昌三年（843年），立在唐神策左军驻地，故而拓体极少，为柳公权66岁时书，书法劲健，笔画圆厚，为柳公权书法中的最佳作品，行书完整，犹如墨迹。

文房四宝是指什么？

"文房"之名，起于我国历史上南北朝时期（420～589年），专指文人书房而言，

笔、墨、纸、砚为文房所使用,是文人书房中必备的四件物品,因此被称为"文房四宝"。

"文房四宝"之名,起源于南北朝时期。历史上,"文房四宝"所指之物屡有变化。在南唐时,"文房四宝"特指诸葛笔、徽州李廷圭墨、澄心堂纸和江西婺源龙尾砚。自宋朝以来"文房四宝"则特指湖笔(浙江湖州)、徽墨(安徽徽州)、宣纸(安徽宣州)和端砚(广东肇庆,古称端州)。

中国画有什么样的历史渊源?

汉族传统绘画形式是用毛笔蘸水、墨、彩作画于绢或纸上,其所用工具和材料有毛笔、墨、国画颜料、宣纸、绢等,题材可分人物、山水、花鸟等,技法可分工笔和写意,它的精神内核是"笔墨"。

从美术史的角度讲,民国前的都统称为古画。国画在古代无确定名称,一般称之为丹青,主要指的是画在绢、宣纸、帛上并加以装裱的卷轴画。近现代以来为区别于西方的油画(又称西洋画)等外国绘画而称之为中国画,简称"国画"。它依照中华民族特有的审美趋向及由此产生的艺术手法而创作。

国画在内容和艺术创作上,反映了中华民族的民族意识和审美情趣,体现了古人对自然、社会及与之相关联的政治、哲学、宗教、道德、文艺等方面的认识。国画强调"外师造化,中得心源",融化物我,创制意境,要求"意存笔先,画尽意在",达到以形写神,形神兼备,气韵生动。

由于书画同源,两者在达意抒情上都强调骨法用笔,因此绘画同书法、篆刻相互影响,相互促进。近现代的中国画在继承传统和吸收外来技法上,有所突破和发展。

中国岩画有什么特点?

岩画是一种石刻文化,在人类社会早期发展进程中,人类祖先以石器作为工具,用粗犷、古朴、自然的方法——石刻,来描绘、记录他们的生产方式和生活内容。它是人类社会的早期文化现象,是人类先民们留给后人的珍贵文化遗产。

中国岩画的艺术风格,和国外的岩画既有许多共同之处又有不同特点。中国岩画在构思上天真淳朴,反映出人类童年时代某种幼稚的想象和美好的愿望。在造型上采用平面的造型方法,许多岩画往往是一些相互不关联的个别图像,即使是组成一幅画面的,也经常是一个个图形的重叠,而没有近大远小的透视关系,画面采用垂直投影画法,视线与对象最富特征的面保持垂直,追求物体的正面显示。岩画在塑造平面图形时,很善于抓住物象的基本形,物体的结构简化到不能再简的程度。在制作手法上大体上可分为刻、绘两种。

北方岩画大都是刻制的,其手法有三种:磨刻,线条无明显的凹陷,画面平整光洁;敲凿,用坚硬器物在岩石上敲击出许多点窝;线刻,似用金属凿头勾勒出形象轮廓,然后掏深线条。南方岩画的制作大都以红色涂绘,颜料经取样化验,证明内含较多的铁质,以赤铁矿粉调和牛血等调和料较为可能。色彩稳定,经久不变。

这种原始形态艺术的特征是,对于生活敏锐的观察力和艺术上粗犷手法浑然一体地结合在一起。这或许是许多岩画至今仍有其生命力的原因。

漆画是如何演变发展的?

漆画是以天然大漆为主要材料的绘画,除漆之外,还有金、银、铅、锡以及蛋壳、贝壳、石片、木片等。它既是艺术品,又是实用装饰品,成为壁饰、屏风和壁画等的表现形式。入漆颜料除银朱之外,还有石黄、钛白、钛青蓝、钛青绿等。漆画的技法丰富多彩,依据其技法不同,漆画又可分成刻漆、堆漆、雕漆、嵌漆、彩绘、磨漆等不同品种。

漆画有绘画和工艺的双重性。它既是艺术品,又是和人民生活密切相关的实用装饰品，成为壁饰、屏风和壁画等的表现形式。中国是世界上产漆最多、用漆最多的国家，漆画具有悠久的历史。浙江余姚河姆渡发掘的朱漆碗，已有7000年的历史。河南信阳长台关出土的漆瑟，彩绘有狩猎乐舞和神怪龙蛇等形象的漆画，也有2000余年的历史。著名的还有湖南长沙马王堆出土的汉代漆棺上的漆画、山西大同司马金龙墓漆屏风画以及明清大量的屏风漆画等。

漆画越来越走进人们日常生活中，成了室内甚至是室外的装饰品，为人们的生活增添了艺术感。

版画是什么？

版画是造型艺术之一，是用刀、笔或化学药品在木板、石板、麻胶板、锌板、铜板等各种材料制成的版面上进行刻画，涂上油墨或颜色，再拓印出来的绘画作品。版画经历了复制到创作两个发展阶段。版画种类繁多，根据版面性质和使用材料不同，可分凸版（木刻、麻胶版画）、凹版（铜版、锌版画）、平版（石版画）、综合版画、孔版画（丝网版画）等。版面具有独特的艺术效果。由于制作版画工具材料的特殊性，使版画具有精炼、概括、塑造形象鲜明强烈的特点。

早期版画刻、绘、印三者分工，刻工只按画者的画稿刻版，称作复制版画。后来版画发展成独立的画种，由画家自画自刻自印，充分发挥画家的艺术创造性，称作创作版画。

木刻是版画的最早形式，是用刀在木板上刻画，然后用纸拓印的一种图画。它以刀代笔，刻刀分三角刀、平口刀、圆口刀和斜口刀，能充分发挥出刀木特性所能达到的艺术效果。木刻版画的印刷有油印和水印两种。油印以用油性油墨为主；水印则用水性颜料来印刷。

版画还有一种体裁，即独幅版画，是用油画颜料或油墨在玻璃版、石版等平滑的底版上作画，在颜料未干时把它放在印刷机上印刷，受滚筒的压力以后，底版上的画即复印到纸上。由于这种版画每次只能印一张，所以称为独幅版画。

什么是壁画？

壁画就是装饰墙面的画，是在天然或人工墙面上（建筑物墙壁或天花板上）描绘的图画。壁画是最古老的一种绘画形式，现存的史前文明遗迹中就有不少洞窟壁画和摩崖壁画。壁画的种类有粗底壁画、装贴壁画、干壁画、湿壁画、蛋彩画、石窟壁画、寺院壁画和宫廷壁画等。

现代壁画的绘制，要求产生大面积的装饰效果，壁画设计要适应整个建筑物的布局，色彩要协调安定，建筑物的实用性与绘画的感染力达到和谐统一。随着现代科学技术的发展，壁画已突破了绘画的界限，它已和雕刻、建筑、工艺及现代工业技术相结合，成为美化环境不可缺少的艺术形式。

什么是水粉画？

水粉画是用水调和粉质颜料，在纸、布、木板和墙壁上制作完成的画，水粉具有较强的覆盖力，它不透明、不粘凝、不渗化，颜色艳丽、强烈，既能做大面积的涂绘，又能对局部精细刻画。白粉的调色作用和水分的渗透融化性能，使水粉画的色彩产生厚薄浓淡的丰富变化。

水粉画有干画法和湿画法两种技法。干画法用水少，通过色彩叠加表现出丰富的色彩层次、物象的质感和立体感；湿画法用水较多，色彩较薄，趁湿作画，可取得细腻、柔和的绘画肌理。作画时，两种画法一般都交替使用。但水粉画的颜料缺乏光泽，经不起日晒，容易褪色；水和粉的运用不好掌握；多次修改又容易出现使色调灰、暗、脏的画面，因而作画时要注意避免出现或尽可能少出现这种情况。

水粉画兼有油画的浑厚和水彩画明快的特长，表现力极强，加上它工具简单、材料便宜、容易掌握，已成为画家写生和初学绘画的人掌握色彩造型能力最常用的表现形式。它还被广泛应用于宣传画、年画、装饰画、广告设计、舞台设计、工艺美术图案设计等。

年画有何历史渊源？

年画是中国画的一种，始于古代的"门神画"。清光绪年间，正式称为年画，是中国特有的一种绘画体裁，也是中国农村老百姓喜闻乐见的艺术形式。大都用于新年时张贴，装饰环境，含有祝福新年吉祥喜庆之意，故名。

年画起源于古代的门神画，而门神画早在尧舜时期就出现。据东汉《独断》记载，汉代民间已有门上贴的"神荼""郁垒"像，到宋代演变为木版年画。后来，民间争相仿效，几经演变，形成了自己的独特风格，便是现在的年画了。中国现存最早的年画是宋版《隋朝窈窕呈倾国之芳容图》。

年画是中国民间美术中较大的一个艺术门类，它从早期的自然崇拜和神祇信仰逐渐发展为驱邪纳祥、祈福禳灾和欢乐喜庆、装饰美化环境的节日风俗活动，表达了民众的思想情感和向往美好生活的愿望。年画历史源远流长，不仅对民间美术的其他门类曾产生深远的影响，而且与其他绘画相互融合成为一种成熟的画种，具有雅俗共赏的特点。

中国玉文化有何历史渊源？

玉是远古人们在利用选择石料制造工具的长达数万年的过程中，经筛选确认的具有社会性及珍宝性的一种特殊矿石。

我国甲骨文中已有"玉"字；先秦古文献中记载孔子论"贵玉贱珉"时已指出玉有十一德；西汉刘安假托风胡子之口提出"玉兵"时代，并指出"玉为神物也"；东汉许慎撰《说文解字》注释"玉"字时说，"玉，石之美者，有五德"，首次对玉做了明确的解释，成为后世人们释玉的圭臬。

远古人在生产和生活中从大量石头里筛选出玉之后，除了用于制造生产工具之外，更多地用于装饰、祭祀、瑞符、殓葬等社会生活领域的各个方面。治玉中心与政治中心也由一致走向分离。史前时期受到生产与文化的发展水平以及玉材蕴藏量的制约，治玉中心似在东部地区，然南北两地的治玉水平已出现高低之分，它体现了各地玉文化发展的不平衡性，这种时代、地区的不平衡性贯穿玉文化发展的全过程。上述这一切也就是玉文化的基本内涵及其表现形态，也是玉、玉器演进历史的必然结晶和升华。

玉、玉器用于非生产性能社会生活的各个方面，它有着社会的等级秩序；它在审美观念、伦理道德的成长过程中都发挥了不可忽视的作用，足以构成一个独特的文化体系，这就是古老的中国玉文化，它历经了大约万年持续不断的发展演变过程。

什么是景泰蓝？

景泰蓝，我国特种工艺品之一。景泰蓝作为一种美术工艺品，其制法即于铜器表面上以各色珐琅质涂成花纹，花纹的四周嵌以铜丝或金银丝，再用高火度烧即成。这项工艺始于明代景泰年间，而且初创时只有蓝色，所以叫景泰蓝。

据说景泰为宣德之子，宣德重视铜器以及铸冶铜质，景泰在幼年期间耳濡目染，认识极详，且嗜之极深，只是对于铸炼方面，宣德已到达绝顶，没有能力再求突破，就在颜色方面另辟蹊径，以图出奇制胜，终于有景泰蓝的创制。

中国竹雕艺术的发展演变是怎样的？

我国是世界上最早使用竹制品的国家，所以竹雕在我国也由来已久。竹雕也称竹刻，是在竹制的器物上雕刻多种装饰图案和文字，或用竹根雕刻成各种陈设摆件。竹雕成为一种艺术，自六朝始，直至唐代才逐渐为人们所识，并受到喜爱。竹雕发展到明清时期大盛，雕刻技艺的精湛超越了前代，在中国工艺美术史上独树一帜。

我国的竹雕艺术源远流长，当今学术、考古界一直认为，远在纸墨笔砚发明之前，先民们已经学会用刀在柱子上刻字记事。这种最原始的竹雕，应该先于甲骨文。因为，甲骨文已经具备书法艺术的三个要素，而所谓竹刻记事，最初刻的仅仅是符号。作为一种正式的作品，竹雕在西周时已经形成。据汉代戴圣《礼记·玉藻》记载，西周君臣朝会时手中所持的笏（又称手板），有的就是竹片制成的，"凡有指画于君前，用笏。造受命于君前，则书于笏"。

战国时期，漆器盛行，漆雕艺术繁荣。漆器的器胎，有相当一部分是用竹片或积竹制成的，受漆雕艺术的影响，后来竹器本身的制作也萌生了艺术化的倾向。

汉唐时期的竹雕，目前见到较早的器物，是湖南长沙马王堆西汉墓出土的雕有龙纹的彩漆竹勺。据《南齐书明僧绍传》介绍，南北朝时期，齐高帝萧道成曾将一件用竹根雕成的如意笋箨蒟，赏赐给当时的大隐士明僧绍。

到了宋代，中国的竹雕出现了一些重大的变化，主要反映在两个方面。其一，宋代是古代历史上文化最发达的时期，已经形成一支庞大而又有文化修养的文人士大夫阶层，他们的艺术审美思想与要求，带动了包括玉雕、竹雕在内的整个雕刻工艺领域的发展。其二，竹雕出现艺术化倾向，竹雕精品和竹雕艺人被广为颂扬。

纵观中国竹雕发展的历程，我们看到宋代的竹雕业已初露头角，明清时期，竹雕艺术达到了鼎盛，出现了百花争艳的景象。明清两代，文人士大夫写竹、画竹、种竹、刻竹蔚然成风，竹雕的文化含量也迅速攀升。

中国京剧形成于何时？

一种说法是京剧有200余年历史。乾隆五十五年（1790年）秋天，扬州盐商江鹤亭为了庆祝乾隆帝八十寿辰，在安庆组织

了一个名为"三庆班"的徽戏班。接着又有四喜、和春、春台等徽班进京，人们称之为"四大徽班"。因为徽戏与以后的京剧有直接的渊源关系，所以有人就把京剧的历史从1790年徽班进京算起。

1990年出版的《中国京剧史》提出了另一种看法：京剧形成于清道光二十年以后到咸丰末年这段时间，即1840年至1860年。当初徽班风靡京华，到嘉庆、道光年间，湖北的汉调艺人纷纷进京，形成徽汉合流的局面，经过较长时间的孕育、演化终于产生了一种新的剧种，那就是京剧。

中国戏剧出版社出版的《中国京剧史》，把京剧形成的时间定于1840年前后。其理由是：在1840年前后，徽班中演的戏，在剧目、声腔、音韵、舞台演出形式等各个方面，都出现了与前不同的特点，这些特点就是京剧形成的标志。按此观点，京剧的历史并不是人云亦云的200年，而是170年前后。

何谓生、旦、净、末、丑？

生、旦、净、末、丑是我国戏曲中对于角色类型的称呼，原本是从历史上的戏剧角色演变而来的，也是我国戏曲特有的表演体制。由于"末"所表现的是中年男子的形象，京剧后来将其合并到"生"角中，于是成为"生、旦、净、丑"四种，关于其由来，有两类说法颇具代表性：

其一，综合古代戏剧评论家的说法。

关于"生"，明代祝枝山说"生即男子"。比如先生、后生、儒生等。

关于"旦"，舞台上的女性皆称"旦"。"旦"字是由"姐"字演变而来，顺序是先有"姐"字，后来由"姐"字讹为"妲"字，再后来，又由"妲"简作"旦"。

关于"净"，柯丹丘认为"净"即"靓"之讹，他解释说："敷粉墨献笑供谄者，粉白黛绿，古谓之靓装，今俗讹为净。"

关于"丑"，扮演的人物虽不全是坏人，

但大多在鼻梁上抹一块白粉，据说是唐明皇时传下的规矩。

其二，反喻说。

这种说法认为，"生、旦、净、丑"名称是用"反喻"的方法命名的。比如，"生"，即指生疏之意。过去老生是各行之首，他是整个演出的台柱，要求生角的演出老练纯熟，乃反其义取名曰"生"。"旦"，指旭日初升，也即阳气最盛之时，而旦角表演的是女性，女属阴，故名之为"旦"。

中国戏剧脸谱由于形象化地表现出"生、旦、净、丑"各个戏剧形象的性格特征，形成一门相当独特的图案艺术，在世界艺术舞台上占有重要的地位。

豫剧是如何发展的？

豫剧，是在河南梆子的基础上，不断进行继承、改革和创新发展起来的。

豫剧流行于河南、河北、山东、山西、湖北、宁夏、青海、新疆等十几个省区，是我国最有影响的戏曲之一。在豫西山区演出多依山平土为台，当地称为"靠山吼"。因为河南省简称"豫"，中华人民共和国成立后定名为豫剧，是河南省的主要剧种之一。

豫剧是我国最大的地方剧种，仅次于京剧，居各地方剧种之首，豫剧的班社最早始于何时何地，今无可考。据老艺人传说，过去的豫剧演员大多出于乾隆年间的蒋门和徐门两家的科班，而开封的"老三班"：义成班、公议班和公兴班，传说都经历了明、清两个朝代。

黄梅戏发源于何时？

黄梅戏，旧称黄梅调或采茶戏，与京剧、越剧、评剧、豫剧并称中国五大剧种。它发源于湖北、安徽、江西三省交界处黄梅多云山，与鄂东和赣东北的采茶戏同出一源，其最初形式是湖北黄梅一带的采茶歌。

黄梅戏的起源最早可追溯到唐代。据史料记载，早于唐代时期，黄梅采茶歌就很盛行，经宋代民歌的发展、元代杂剧的影响，逐渐形成民间戏曲雏形。至明清，黄梅县戏风更盛。明崇祯年间，黄梅知县曾维伦在《黄梅风教论》中就有"十月为乡戏"的记述。清道光九年，在别霁林的《问花水榭诗集》中，一首竹枝词的描述就更为生动："多云山上稻荪多，太白湖中渔出波。相约今年酬社主，村村齐唱采茶歌。"

1920 年的《宿松县志》上记载有"邑境西南，与黄梅接壤，梅俗好演采茶小戏，亦称黄梅戏"，第一次提出"黄梅戏"这个名称。

木偶戏是如何产生的？

木偶戏，即用木偶来表演故事的戏剧。表演时，演员在幕后一边操纵木偶，一边演唱，并配以音乐。根据木偶形体和操纵技术的不同，有布袋木偶、提线木偶、杖头木偶、铁线木偶等。木偶戏在中国古代又称傀儡戏。

木偶是如何产生的？迄今无定论。河南安阳殷墟出土了奴隶陶俑（商代，公元前 16 世纪初～前 11 世纪），春秋、战国（公元前 770 年～前 221 年）有了木俑（其中包括部分"乐俑"）。长沙马王堆西汉墓发掘出的乐俑、歌舞俑，工艺、种类和造型水准较前朝又有很大进步。这便是最初的木偶，它经历了一个由工艺到表演的变化过程：由祭仪而成了喜庆娱乐活动的一种方式。

中国木偶艺术是中国艺苑中一枝独秀的奇葩。历史悠久源远流长，品种繁多，技艺精湛。

关于中国木偶戏成于何时，普遍的观点是：源于汉，兴于唐。汉代（公元前 206 年～前 220 年），已有"作傀儡"的记载，北齐（550～577 年）时水动的"机关木人"制作，技艺高超，尤其出现了"傀儡子"演"郭秃"故事的木偶艺术，暗示了中国木偶戏的形成年代。依史而断，至迟在公元 550 年至公元 577 年的北齐时代，中国已正式形成了由人直接操纵，木偶装扮具体人物，当众表演简单故事的木偶戏。北齐之后，中国木偶戏始终与戏剧等姊妹艺术为伴，表演形式和内容渐丰。

相声的历史演变是怎样的？

"相声"一词，古作"像生"，原指模拟别人的言行，后发展成为"象声"。象声又称隔壁象声，明朝即已盛行。相声起源于华北地区，经清朝时期的发展直至民国初年，象声逐渐从一个人模拟口技发展成为单口笑话，名称也就随之转变为相声。后来，由单口相声的一种类型逐步发展为多种类型的单口相声、对口相声、群口相声，而经过多年的发展，对口相声最终成为最受观众喜爱的相声形式。

相声一般认为于清咸丰、同治年间形成。张三禄是目前见于文字记载最早的相声艺人。根据相关记载并推测：张三禄本是北京的八角鼓丑角艺人，后改说相声，他的艺术生涯始于清朝的道光年间。在《随缘乐》子弟书中说："学相声好似还魂张三禄，铜骡子于三胜到像活的一样。"但是一般来说，相声界把朱绍文（穷不怕）称作他们的祖师爷。

1949年后，一大批以侯宝林为代表的说相声的演员将相声的内容加以改造，使相声快速普及，成为全国性、全民性的曲艺形式。相声被称为"文艺战线上的轻骑兵"。

杂技有哪些历史渊源？

杂技，亦作"杂伎"。包括柔术（软功）、车技、口技、顶碗、走钢丝、变戏法、舞狮子等技艺。现代杂技特指演员靠自己身体技巧完成一系列高难动作的表演性节目。杂技在汉代称为"百戏"，隋唐时叫"散乐"，唐宋以后为了区别于其他歌舞、杂剧，才称为杂技。在我国古代文献中，很早就有关于杂技的文学记载了。杂技艺术在中国已经有2000多年的历史。

大约在新石器时代，中国的杂技就已经萌芽。原始人在狩猎中形成的劳动技能和自卫攻防中创造的武技与超常体能，在休息和娱乐时，在表现其猎获和胜利的欢快时，被再现为一种自娱游戏的技艺表演，这就形成了最早的杂技艺术。杂技学术界认为中国最早的杂技节目是《飞去来器》。

杂技艺术中的很多节目是生活技能和劳动技术、武术技巧的提炼和艺术化。杂技演员把猎技的《飞去来器》加以艺术加工，形成一种巧妙神奇的艺术节目，这种节目至今在舞台表演中还深受观众喜爱。由于杂技艺术来源于五花八门、缤纷多姿的现实生活，"杂"成为它的整体特征，故而"杂技"之名就在历史长河中被确定下来。

舞狮的起源有哪些说法？

舞狮，又称"狮子舞""狮灯""舞狮子"，多在年节和喜庆活动中表演。狮子在中国人心目中为瑞兽，象征着吉祥如意，所以舞狮活动中寄托着民众消灾除害、求吉纳福的美好意愿。舞狮历史久远，《汉书·礼乐志》中记载的"象人"便是舞狮的前身；唐宋诗文中多有对舞狮的生动描写。现存舞狮分为南狮、北狮两大类。

舞狮起源众说不一。其神话传说一是以前山中出现狮子，吃掉村庄内的村民，后来村民学会武功，打跑狮子，村民模仿狮子的形态而成为舞狮；另有神话版本说是如来佛把狮子引走，因此南狮中常有"大头佛"引领狮子。还有传说有村民以纸扎狮子及锣鼓驱走年兽，演化成为舞狮。

还有一种说法是：中国本身没有狮子，在中华文化中，"狮"本来是和"龙""麒麟"一样都只是神话中的动物。到了汉朝时，才首次有少量真狮子从西域传入，当时的人模仿其外貌、动作作戏，至三国时发展成舞狮；南北朝时随佛教兴起而开始盛行。到了唐朝，舞狮是大型宫廷舞蹈表演的一种。当时的"太平乐"亦称为"五方狮子舞"，出于天竺与狮子国等国。

舞狮有着悠久的历史，它是中国与西域之间文化交流的产物。

剪纸的演变是怎样的？

剪纸，又叫刻纸、窗花或剪画。在创作时，有的用剪子，有的用刻刀，虽然工具有别，但创作出来的艺术作品基本相同，统称为剪纸。剪纸是一种镂空艺术，其在视觉上给人以透空的感觉和艺术享受。

我国民间剪纸手工艺术有它自身的形成和发展过程。早在纸发明之前，人们运用薄片材料，通过镂空雕刻的技法制成工艺品，即以雕、镂、剔、刻、剪的技法在金箔、皮革、绢帛，甚至在树叶上剪刻纹样。《史记》中的剪桐封弟记述了西周初期成王用梧桐叶剪成"圭"赐其弟，封姬虞到唐为侯。战国时期就有用皮革镂花（湖北江陵望山一号楚墓出土文物之一）、银箔镂空刻花（河南辉县固围村战国遗址出土文物之一），都与剪纸同出一辙，他们的出现都为民间剪纸的形成奠定了一定的基础。而真正意义上的剪纸应该从纸的出现开始。汉代纸的发明促使了剪纸的出现、发展与普及。

我国最早的剪纸作品，是 1967 年我国考古学家在新疆吐鲁番盆地的高昌遗址附近的阿斯塔那古北朝墓群中，发现的两张团花剪纸。它们采用的是麻料纸，都是折叠型祭祀剪纸，它们的发现为我国的剪纸形成提供了实物佐证。

篆刻的历史发展是怎样的？

篆刻有广义与狭义两种解释。狭义的篆刻专指后人所谓的治印之学，广义的篆刻则泛指一切雕琢技法。

公元前 1300 年前，中国人就已经使用印章，在春秋战国之后，由于政治上急剧变化，印章更因作为政治权力的凭证用途而大量应用，后因社会经济的发展，亦具有生活联系与信用凭证的多用功能。

中国的雕刻文字，最早有殷的甲骨文和周的钟鼎文，接着是秦刻石、汉魏六朝的碑志、摩崖造像，以及无数镜铭、瓦当、砖文、陶文等，这些都可以视为广义的篆刻。

泰山刻石 秦
相传为秦丞相李斯手书，书体是标准的小篆，结构特点直接继承于石鼓文，又比之更加简化。

现今我们谈"篆刻"，仅限于"刻印"方面。至于印章起于何时已不可考，但从各种出土的遗物，可断定商周已有"印"的存在与使用，当时无论官方或民间都把印称为"钵"。秦始皇统一天下后，皇帝使用玺印的材料为"玉"，因此天子所使用的印，就由"钵"变为"玺"，士大夫及平民就以"印"代替。到了汉朝，天子之印仍称为"玺"；平民所使用的称为"印""印信""信印"。武则天当上女皇后，认为"玺"和"死"的音很相近，故改"玺"为"宝"。此时印章在民间产生剧变：印用红色印泥来盖，故称印为"朱记"，简称"记"。

宋代的印章使用广泛，常将印章盖在图书或图画上，故又把印称为"图章"。元朝时期印章又出现另一面目：常在汉字旁边加上蒙古族文。到了清朝，篆刻风气大盛，治印成为文人的一种嗜好。后来，依 1927 年所公布的《印信条例》，印信分为"国玺""印""关防""职章""图记"等五种。

印章之印面文字因具不易毁损之特质，通常保留当时之制度与文字，为研究古代历史提供了重要信息。

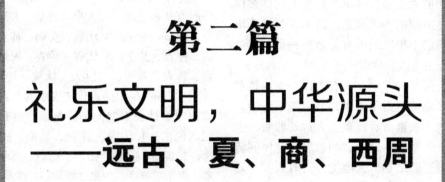

第二篇

礼乐文明，中华源头

——远古、夏、商、西周

远 古

女娲造人的传说有何文化寓意？

最初的人类来自哪里？世界上的许多民族都有这方面的古老神话，认为人是神造出来的。我们中华民族也有类似的神话，那就是女娲抟土造人的故事。

"俗说开天辟地，未有人民，女娲抟黄土做人。剧务，力不暇供，乃引绳于泥中，举以为人。故富贵者，黄土人；贫贱者，引絚（绳）人也。"这段话的意思是，民间传说，天地开辟之初，大地上并没有人类，是女娲把黄土捏成团造了人。她干得又忙又累，竭尽全力仍然赶不上供应。于是她就拿了绳子把它投入泥浆中，举起绳子一甩，泥浆洒落在地上，就变成了一个个的人。富贵的人是女娲亲手抟黄土造的，而贫贱的人只是女娲用绳沾泥浆，把泥浆洒落在地上变成的。

现在我们已然知道，人类的起源并不是源于神仙的创造。但是在古代，科学技术不发达，人的力量有限，对于那些解释不了的事或物，只能予以神创。

女娲造人的神话，并非空穴来风的纯粹杜撰，而是早期血缘时代之母系社会中女性占据人口生产主导地位的反映。众所周知，人类历史上存在母系氏族社会时期，当时妇女在生产和生活中居重要地位，子女只认得自己的母亲，不认得自己的父亲。女娲造人的神话不正含有母系社会的影子吗？而富贵、贫贱的区分则带有明显的阶级色彩。

传说中的"三皇、五帝"究竟是谁？

我国古代有把远古三个帝王和上古五个帝王合称为"三皇五帝"的传说。三皇五帝究竟是谁？说法颇多。

"三皇"是中国古代传说中的远古帝王，一般有 7 种说法：1. 天皇、地皇、人皇；2. 天皇、地皇、泰皇；3. 伏羲、女娲、神农；4. 伏羲、神农、共工；5. 伏羲、神农、祝融；6. 伏羲、神农、黄帝；7. 燧人、伏羲、神农。

"五帝"是中国古代传说中的上古帝王，实为原始社会末期的部族首领。也有 5 种不同的说法：1. 伏羲、神农、黄帝、唐尧、虞舜；2. 黄帝、颛顼、帝喾、唐尧、虞舜；3. 太皋、炎帝、黄帝、少皋、颛顼；4. 少昊（皋）、颛顼、高辛、唐尧、虞舜；5. 黄帝、少皋、帝喾、帝挚、帝尧。中国古书上，习惯把伏羲、女娲、神农称为"三皇"，把太皋、炎帝、黄帝、少皋、颛顼称为"五帝"。

神农氏和炎帝是同一个人吗？

关于神农氏和炎帝，学术界一派认为两者是同一个人，另一派认为，神农氏和炎帝分别是两个人。

《世本》云："炎帝，神农也。"《世本·帝系篇》云："炎帝即神农氏，炎帝身号，神农代号。"典籍认为炎帝是身号，神农是代号，即神农氏为当时朝代的称号，而炎帝才是具体的称呼。神农氏和炎帝属同一人，只是身份不同。

《史记·五帝本纪》记载："黄帝者，少典之子，姓公孙，名曰轩辕。生而神灵，弱而能言，幼而徇齐，长而敦敏，成而聪明。轩辕之时，神农氏世衰。诸侯相侵伐，暴虐百姓，而神农氏弗能征。于是轩辕乃习用干戈，以征不享，诸侯咸来宾从。"

"炎帝欲侵陵诸侯，诸侯咸归轩辕。轩

辕乃修德振兵，治五气，薹五种，抚万民，度四方，教熊罴貔貅貙虎，以与炎帝战于阪泉之野。三战，然后得其志。"从上面的资料可以看出，黄帝生于神农氏末期，是一个地方割据势力。而炎帝也独霸一方，他想凌驾于诸侯之上，于是和黄帝三战于阪泉，最后战败，归服于黄帝，这样形成了华夏一统的局面。因此，炎帝和神农氏不是一个人。

哪个观点能准确说明神农氏与炎帝的关系，将由历史来定夺。或许某一天，人们能在古籍中或通过考古挖掘揭晓谜底。

夸父追日的寓意是什么？

夸父追日是一个神话故事。描写的是上古时期，神人夸父追赶太阳，最后被太阳烤死的故事。

故事最早见于《山海经·海外北经》："夸父与日逐走，入日，渴欲得饮。饮于河、渭，河、渭不足；北饮大泽，未至，道渴而死。弃其杖，化为邓林。"后经列子增补，收集在《列子·汤问》中。《山海经》的记载意在说明夸父不量力，而列子《夸父追日》寓意第一句也沿用了这句话，这就使人误会这篇寓言的寓意是指，做人应量力而行。其实，列子早已体会"夸父追日"这个神话蕴含的积极意义，所以才会对原有故事进行改写、增补、提高。虽然夸父追日没有成功，但它却给人留下了渴望征服自然的雄伟气魄、奋不顾身的牺牲精神。几千年来，夸父不但不是人们批判和嘲笑的对象，而是有志之士敬仰的英雄。晋朝邓璞有诗赞曰："神哉夸父，难以理寻。倾沙逐日，遁形邓林。"

另外，关于这篇寓言的寓意，《中国文学》一书中提到，只有重视时间和太阳竞走的人，才能走得快；越是走得快的人，才越感到腹中空虚，这样才能需要并接收更多的水（不妨将水当作知识的象征）；也只有获得更多的水，才能和时间竞走，才能不落后于时间。

夸父追日的寓意到底是什么，已不重要。

重要的是人们能从不同的角度欣赏、解读这个故事，从而认识世界，收获美丽的人生。

盘古开天辟地的传说是怎样的？

世界开辟以前，天和地混混沌沌地成一团，像个鸡蛋一样，盘古就生在这当中。过了18000年，天地分开了，轻而清的阳气上升为天，重而浊的阴气下沉为地。盘古在天地中间，一天中有多次的变化，他的智慧比天还要高超，他的能力比地还要强大。天每日升高一丈，地每日增厚一丈，盘古也每日长大一丈。这样又过了18000年，天升得非常高，地沉得非常深，盘古也长得非常高大。天地开辟了以后，才出现了世间的三皇。

开天辟地时诞生的盘古，临死的时候，将自己的整个身躯化成了世间的万事万物。他呼出的气变成了清风和云朵，发出的声音变成了轰鸣的雷霆，左眼变成了太阳，右眼变成了月亮，四肢五体变成了大地的四极和五岳名山——东岳泰山，西岳华山，南岳衡山，北岳恒山，中岳嵩山，血液化成了滔滔的江河，筋脉变成了山川道路，皮肤肌肉化作了肥田沃土，头发和胡须变成了天上的星星，皮肤上的汗毛变成了草木，牙齿和骨头变成了金属和岩石，精液和骨髓变成了珍珠美玉，流下的汗水变成了润泽万物的甘露，就连寄生在身上的各种小虫，受了暖风的吹拂，也变成了生活在大地的黎民百姓。

后羿射日有什么样的传说？

后羿是一位擅长射箭的天神。传说尧当皇帝的时候，有10个太阳一起出现在天空，给人类带来了严重的旱灾。土地被烤得直冒烟，禾苗全都枯干，人民更是不好受，体内的血液仿佛在沸腾。怪禽猛兽纷纷从森林里跑出来伤害人民，弄得人民苦上加苦。天帝知道这件事后，就派后羿到凡间去解救人民。天帝赐给后羿一张红色的弓和10支白色的箭。

后羿奉了天帝的命令到了凡间，受到人民的欢迎。他弯弓搭箭，对准天上的火球，

"嗖"地一箭射去。起初没声响,过了一会儿,只见天空中流火乱飞,火球无声爆裂。接着,一团红亮亮的东西坠落在地面上。人们纷纷跑近前去探看,原来是一只三足乌鸦,颜色金黄,硕大无比,想来就是太阳精魂的化身。再一看天上的太阳少了一个,天气也似乎凉爽了一些,人们不由得齐声喝彩。这使后羿受到鼓舞,他便连连发箭,只见天空中火球一个个破裂,满天流火。站在土坛上看后羿射箭的尧,忽然想到人们不能没有太阳,急忙命人暗中从后羿的箭袋里抽出一支箭,总算剩下一个太阳没被后羿射落。

后羿在射落 9 个太阳之后,又为人民除去许多怪禽猛兽。其中有吃人的"猰貐",牙齿像凿子的"凿齿",长着九个脑袋的水火之怪"九婴",毁坏房舍的"大风",兴风作浪的洞庭巨蟒"巴蛇"和大野地猪"封豨"。

轩辕黄帝是谁?

黄帝,是中华民族传说中的祖先,姓姬,号轩辕氏、有熊氏。为少典之子,曾击败炎帝,追杀蚩尤,成为当时部落联盟的领袖。在我国陕北黄陵县修有黄帝陵。几千年来人们一直在争论着黄帝的身世,想弄清楚这位祖先的真实面目。

第一,是人还是神。

我国著名神话研究专家袁珂认为,黄帝为一神话传说中的人物,起于雷电,最初为雷神,后以雷神崛起而为中央天帝。也有学者认为黄帝即"皇帝",是上帝的观念在东周转化为人的许多化身之一,是上帝尊神的一个人化的形式。另一部分学者则认为,黄帝是实实在在存在的一位历史人物。

第二,是男人还是女人。

黄帝是男性似乎是无可置疑的,但说黄帝是女人,在历史典藏中也有依据,如《淮南子·天文训》有"轩辕者,帝妃之舍也"之说,从而有史学家断言:"轩辕里座,是上帝妃子住的地方,轩辕是上帝的妃子。"

第三,葬于何处。

位于陕西黄陵县城北一华里的桥山上的黄帝陵,是全世界炎黄子孙向往朝拜的圣地。然而《魏土记》中记载:"下洛城东南四十里有桥山,山下有温泉,泉山有祭堂,雕檐华宇被于浦上。"《水经注》《魏书》中都有历代帝王前往涿鹿桥山祭祀黄帝的记录。传说涿鹿县矾山镇西侧古城又名黄帝城,是轩辕黄帝的帝都,也即所谓的轩辕之丘。由此推论,黄帝死后没有必要也没有理由将尸体运往千里之外的陕西安葬,陕西的黄帝陵很有可能是黄帝的衣冠陵。

传说中的伏羲是什么人?

伏羲,中华民族人文始祖,所处时代约为新石器时代早期,是我国古籍中记载的最早的王,在中国古代传说的帝王世系中,太昊伏羲氏被奉为"三皇之首""百王之先",地位十分显赫。

伏羲是中国古代传说中一位对中华文明做出过卓越贡献的神话人物。有关他的传说,最具神秘色彩的便是他的出生和成婚。传说,伏羲的母亲在一个名叫雷泽的地方踩了一个巨人的脚印,12 年后伏羲出生时便是人面蛇身。这个雷泽据考证就在现今的甘肃省天水市境内。后来,一次洪水吞没了整个人类,唯有伏羲和他的妹妹女娲幸存了下来。要使人类不致灭绝,他俩就必须结为夫妻。但兄妹成婚毕竟有违天理人伦,于是他们商量由天意来决定这件事。兄妹俩各自拿了一个大磨盘分别爬上昆仑山的南北两山,然后同时往下滚磨盘,如果磨合,就说明天意让他俩成婚。结果,磨盘滚到山下合二为一,于是,他俩顺天意成婚,人类从此得以延续。

据史载,伏羲教人们织网捕鱼,从而使人类从原始的狩猎状态进入初级的畜牧业生产阶级;他确定了婚嫁制度,创造了历法,发明了乐器,教会了人们制作和食用熟食,结束了人类身披树叶、茹毛饮血的野性状态;最重要的是,伏羲始创了中国古代文化的秘密符号——八卦。这是一组代表自然界天地水火、山川雷电的象形文字，也是中国文字的起源。而其中所蕴含的博大精深的文化内涵，成为古代东方哲学的标志，并吸引国内外无数学者进行探索和研究。

河图洛书为何被称为千古奇书？

河图与洛书是中国古代流传下来的两幅神秘图案，历来被认为是河洛文化的滥觞。河图洛书是中华文化、阴阳五行术数之源，被誉为"宇宙魔方"。最早记录在《尚书》之中，其次在《易传》之中，诸子百家多有记述。太极、八卦、周易、六甲、九星、风水，等等，皆可追源至此。

由于历代皆认为它们是"龙马负之于身，神龟列之于背"，所以许多世纪以来，它们一直披着神秘的外衣，公认为是中华民族文化之源的千古之谜。

相传，上古伏羲氏时，洛阳东北孟津县境内的黄河中浮出龙马，背负"河图"，献给伏羲。伏羲依此而演成八卦，后为《周易》来源。又相传，大禹时，洛阳西洛宁县洛河中浮出神龟，背驮"洛书"，献给大禹。大禹依此治水成功，遂划天下为九州。又依此定九章大法，治理社会，流传下来收入《尚书》中，名《洪范》。《易·系辞上》说"河出图，洛出书，圣人则之"，就是指这两件事。

河图上，排列成数阵的黑点和白点，蕴藏着无穷的奥秘；洛书上，纵、横、斜三条线上的三个数字，其和皆等于15，十分奇妙。对此，中外学者进行了长期的探索研究，认为这是中国先民心灵思维的结晶，是中国古代文明的第一个里程碑。《周易》和《洪范》两书，在中华文化发展史上有着重要的地位，在哲学、政治学、军事学、伦理学、美学、文学诸领域产生了深远影响。作为中国历史文化渊源的河图洛书，功不可没。

1987年河南濮阳西水坡出土的形意墓，距今6500多年。墓中用贝壳摆绘的青龙、白虎图像栩栩如生，与近代几无差别。河图四象、二十八宿俱全。其布置形意，上合天星，下合地理，且埋葬时已知必被发掘。同年出土的安徽含山龟腹玉片，则为洛书图像，距今5000多年。可知那时人们已精通天地物理、河图、洛书之数了。据专家考证，形意墓中之星象图可上合25000年前。这说明邵庸等先哲认为河图、洛书乃上古星图，其言不虚。

伶伦是怎样创制音律的？

伶伦，中国古代传说中的音乐人物。相传为黄帝时代的乐官，是发明律吕据以制乐的始祖。《吕氏春秋·古乐》有"昔黄帝令伶伦作为律"的一段记载，说伶伦模拟自然界的凤鸟鸣声，选择内腔和腔壁生长匀称的竹管，制作了十二律，暗示着"雄鸣为六"，是6个阳律，"雌鸣亦六"，是6个阴吕。《古乐》篇还记载了伶伦制乐的传说。

当年黄帝命伶伦作乐律，伶伦取懈谷之竹，先用其中厚薄均匀的做成竹管。开始，吹出来的音调没有阴阳之分，根本不成音律。有一次黄帝正在练习骑马，刚跨上马背，忽然传来伶伦吹竹管发出的怪叫声。马听到这种怪音，吓得四蹄腾空，把黄帝从马背上摔下来，黄帝对伶伦说："你制的这个小竹管能把我的马吓惊，可见很不简单，将来一定能吹出好听的音律来。"在黄帝的鼓励下，伶伦信心倍增，整天苦练，但仍然吹不出和谐的音调来。

有一天，伶伦独自一人来到一处山坡，躺在一块石头上冥思苦想，不知不觉睡着了。当他睡得正香时，忽然被树上一阵美妙的鸟声唤醒。只见树上落着两只羽毛美丽、体形优美的鸟在鸣叫，声音婉转悠扬，十分动听，伶伦情不自禁地拿起自制的竹管，模仿鸟的叫声吹了起来。伶伦回去后把此事报告黄帝，又把他学来的半生不熟的鸟叫声，断断续续地给黄帝吹了一遍。黄帝听后高兴地说："这种鸟叫凤凰，是鸟中之王。桥国能招来凤凰，这正是吉祥之兆。"

从此，便把凤凰停息的地方叫作"凤岭"。

伶伦每天来到凤岭，专等凤凰来鸣叫。果然，凤岭树林里不断有凤凰栖落。伶伦经过长时间观察发现，在鸣叫的凤凰中，凤的鸣叫声音激情昂扬，凰的鸣叫声音柔和悠长。每对凤凰栖落后，一次各鸣六声，然后，连声合叫一遍，就飞走了。伶伦根据凤凰鸣叫的两个六声，经过长时间的揣摩、推敲，终于创制出音乐上十二音律，受到了黄帝的赞扬。在此之后，伶伦又把各种飞禽走兽的叫声都一一记录下来，不断丰富他所创制的音律。

仓颉造字是怎么回事？

仓颉，称苍颉，姓侯刚，号史皇氏，先秦传说中的造字者。《荀子·解蔽》记载："好书者众矣，而仓颉独传者壹也。"《吕氏春秋》记载："奚仲作车，仓颉作书。"《说文解字》记载，仓颉是黄帝时期造字的史官，被尊为"造字圣人"。

传说中仓颉生有双瞳四目，非常聪明。有一年，仓颉到南方巡狩，登上一座阳虚之山（现在陕西洛南县），临于玄扈洛邙之水，忽然看见一只大龟，龟背上面有许多青色花纹。仓颉看了觉得稀奇，就取来细细研究。他看来看去，发现龟背上的花纹竟是有意义可通的。他想花纹既能表示意义，如果定下一个规则，那么人人都可以用来传达心意、记载事情了。

仓颉日思夜想，到处观察，了解了天上星宿的分布情况、地上山川脉络的样子、鸟兽虫鱼的痕迹、草木器具的形状，描摹绘写，造出种种不同的符号，并且定下了每个符号所代表的意义。他按自己的心意用符号拼凑成几段，拿给人看，经他解说，倒也看得明白。仓颉把这种符号叫作"字"。

随着科考工作的开展、历史研究的深入，人们普遍认为汉字由仓颉一人创造只是传说，汉字的诞生非一人一手之功，是先民长期累积发展的结果。近代考古发现了3600多年前商朝的甲骨文、约4000年前~7000年前的陶文、约7000年前~10000年前具有文字性质的龟骨契刻符号。流传下来的仓颉造字的传说，说明仓颉应当是在汉字发展中具有特别重大贡献的人物，他可能是整理汉字的集大成者。

今天，我们所重视的不是到底是不是仓颉造的汉字，而是造字这件事本身的意义。汉字的出现，标志着中国历史走进了由文字记载的时代，这是历史长河中的一件大事，对后世也有着重要的影响。

神农氏为何尝百草？

神农氏，即炎帝，又称赤帝，三皇五帝之一，远古传说中的太阳神。传说神农人身牛首，3岁知稼穑，长成后，身高八尺七寸，龙颜大唇。神农氏既是农业的发明者，又被称为医药之祖，自古有"神农尝百草"的传说。

神农和药的关系最早见于《淮南子·修务训》："神农乃始教民，尝百草之滋味，当时一日而遇七十毒，由此医方兴焉。"说神农尝百草，有了药而医学勃兴。后又见于《史记·补三皇本纪》"神农氏以赭鞭鞭草木，始尝百草，始有医药"，既尊神农为三皇之一，又是医药的创始人。《世本》也说："神农和药济人。"那么神农为什么要尝百草呢？

传说，远古时期，百姓以采食野生瓜果、生吃动物蚌蛤为生，腥臊恶臭伤腹胃，经常有人受毒害得病死亡，寿命很短。炎帝神农氏为宣药疗疾，救夭伤人命，使百姓益寿延年，跋山涉水，行遍三湘大地，尝遍百草，了解百草之平毒寒温之药性，为民找寻治病解毒良药。他几乎嚼尝过所有植物，一日遇七十毒。神农

神农采药图

在尝百草的过程中，识别了百草，发现了具有攻毒祛病、养生保健作用的中药。由此令民有所"就"，不复为疾病，故先民封他为药神。但是，炎帝神农氏终因误尝断肠草而死，葬于长沙茶乡之尾。

共工为何要撞倒不周山？

共工，中国古代神话中的天神，为西北的洪水之神。据说共工氏姓姜，是炎帝的后代。此外还有一说，谓共工是尧的大臣，与驩兜、三苗、鲧并称"四凶"，被尧流放于幽州。

关于他的传说，几乎全与水有关，最有名的故事是，共工怒触不周山。

《淮南子·天文训》："昔者共工与颛顼争为帝，怒而触不周之山，天柱折、地维绝，天倾西北，故日月星辰移焉；地不满东南，故水潦尘埃归焉。"颛顼，黄帝之裔（《山海经·海内经》）。此战又或传为共工与高辛（《淮南子·原道》）、与神农（《雕玉集·壮力》）、与祝融（《史记·补三皇本纪》）、与女娲（《路史·太昊纪》）之争。其他如禹逐共工，禹杀共工之臣相柳等传说。

据古书记载，共工怒触不周山的原因是"争为帝"，即争夺部落首领的位置。他的怒触似乎包含有失败的愤怒与不甘心，而且，似乎还夹杂着与对方同归于尽的想法。当然也体现了共工庞大的气势。

"共工怒触不周山"是一个神话故事。它反映了远古部族间的斗争，同时涉及古代天文学上的盖天说。远古的人类显然还不能解释日月星辰运动变化的原因，对这一现象的最好解释就是借助于神话，通过大胆的想象和夸张的手法，来解释"天倾西北""地不满东南"的现象。神奇的传说中带有现实主义的色彩。

共工其实是在"三皇五帝"中"颛顼"时代存在的一个比较强大部族的首领，活动在今河南辉县一带。黄河的经常泛滥威胁到了部落的生存，共工率领大家与洪水英勇搏斗，他们采取"堵"而不是"疏"的办法来治水，未能根治洪水，但是为后人治水积累了经验。共工是我国最早的治水英雄，被后世尊为水神。共工治水表现出来的永不言败的精神，是中华民族宝贵的精神财富。

谁是传说中发明钻木取火的人？

燧人氏是传说中发明钻木取火的人，这在先秦的古籍中已有记载。据《韩非子·五蠹》记载："上古之世，人民少而禽兽众，人民不胜禽兽虫蛇……民食果蓏蚌蛤，腥臊恶臭而伤害腹胃，民多疾病。有圣人作，钻燧取火，以化腥臊，而民说（悦）之，使王天下，号之曰燧人氏。"《尸子》云："燧人上观星辰，下察五木以为火。"《拾遗记》云："遂明国有大树名遂，屈盘万顷。后有圣人，游至其国，有鸟啄树，粲然火出，圣人感焉，因用小枝钻火，号燧人氏。"

另据《古史考》记载："太古之初，人吮露精，食草木实，山居则食鸟兽，衣其羽皮，近水则食鱼鳖蚌蛤，未有火化，腥臊多，害肠胃。燧人氏钻木取火雕塑于使（是）有圣人出，以火德王，造作钻燧出火，教人熟食，铸金作刃，民人大悦，号曰燧人。"《三坟》云："燧人氏教人炮食，钻木取火，有传教之台，有结绳之政。"《汉书》亦有"教民熟食，养人利性，避臭去毒"的记载。清末著名学者尚秉和说："火自无而有者也，其发明至为难能。燧皇感森林自焚，知木实藏火，不知几经攻治，几经试验，始钻木得之。其功又进于有巢，而即以是为帝号，可见当时之诧为神圣，而利赖之深矣。"又说："或谓火化而食始于庖羲，故以为号，岂知燧人既发明出火，其智慧岂尚不知炮食？况炮者裹肉而烧之，燎其毛使熟耳。"在熟食中，燧人氏不仅发明了人工取火，而且最早教人熟食。

燧人氏钻木取火的传说反映了中国原始时代从利用自然火进化到人工取火的情况。火的使用是人类历史上一项划时代的发明。

什么是"北京人"，其特征是什么？

北京人又称北京猿人，科学命名为"北京直立人"，又称"中国猿人北京种"，是生活在更新世的直立人。其化石遗存于 1927 年在中国北京市西南的周口店龙骨山发现。关于其年代的争议较大，一般认为约在距今 50 万年前。而最近一项在英国《自然》杂志发表的应用 26Al/10Be 测年法的结果则把这一年代上推至 68 ~ 78 万年前。

这处遗址是 1921 年 8 月由瑞典的地质学家安特生和美国、奥地利的古生物学家师丹斯基发现的，1927 年开始发掘。1929 年 12 月 2 日，中国考古学者裴文中发掘出第一个完整的"北京人"头盖骨，而这个头盖骨却在 1941 年下落不明，成为历史上的一个谜团。现存的唯一真标本是根据 1966 年从该遗址顶部堆积层发现的一块北京人头盖骨残片与以前发现的同一个体的两块头盖骨残片拼合。北京人的颧骨较高，脑量平均仅 1000 多毫升。身材粗短，男性高约 156 厘米，女性约 144 厘米。前额低平，眉骨粗大，颧骨高突，鼻子宽扁，嘴巴突出，头部微微前倾。

北京人遗址是世界上出土古人类遗骨和遗址最丰富的遗址。中国考古学家认为，从以北京人为代表的直立人到现代中国人，中间没有间断，是河网状不断推进附带少量杂交而来的。因此，中国的现代人类起源于本土的早期智人。北京人作为现代中国人的直系祖先之一，被写入中国历史教科书。

什么是仰韶文化？

仰韶文化是黄河中游地区重要的新石器时代文化，于 1921 年在河南省三门峡市渑池县仰韶村被发现，所以被称为仰韶文化，它的持续时间在公元前 5000 年~前 3000 年。今天在中国已发现上千处仰韶文化的遗址，其中以陕西省最多，共计 2040 处，占全国仰韶文化遗址数量的 40%，是仰韶文化的中心。

仰韶文化主要分布于黄河中下游一带，以陕西渭河流域、河南西部和山西西南的狭长地带为中心，东至河北中部，南达汉水中上游，西及甘肃洮河流域，北抵内蒙古河套地区。

它是一个以农业为主的文化，其村落或大或小，比较大的村落的房屋有一定的布局，周围有一条围沟，村落外有墓地和窑场。村落内的房屋主要有圆形或方形两种。早期的房屋以圆形单间为多，后期以方形多间为多。房屋的墙壁是泥做的，有用草混在里面的，也有用木头做骨架的。墙的外部多被裹草之后燃烧过，以加强其坚固度和耐水性。

在已发掘出的近百处文化遗址中，出土文物均反映出较同一的文化特征。生产工具以较发达的磨制石器为主，常见的有刀、斧、锛、凿、箭头、纺织用的石纺轮等。骨器也相当精致。有较发达的农业，作物为粟和黍。饲养家畜主要是猪，并有狗。也从事狩猎、捕鱼和采集。各种水器、甑、灶、鼎、碗、杯、盆、罐、瓮等日用陶器以细泥红陶和夹砂红褐陶为主，主要呈红色，多用手制法，用泥条盘成器形，然后将器壁拍平制造。红陶器上常有彩绘的几何形图案或动物形花纹，是仰韶文化的最明显特征，故也称彩陶文化。

什么是红山文化？

红山文化是距今五六千年的一个在燕山以北、大凌河与西辽河上游流域活动的部落集团创造的农业文化。因最早发现于内蒙古自治区赤峰市郊的红山而得名。红山文化全面反映了我国北方地区新石器时代文化特征和内涵。其后，在邻近地区发现有与赤峰红山遗址相似或相同的文化特征的诸遗址，统称为"红山文化"。

红山文化以辽河流域中辽河支流西拉木伦河、老哈河、大凌河为中心，分布面积达 20 万平方公里，延续时间达 2000 年之久。红山文化的社会形态初期处于母系氏族社会的全盛时期，主要社会结构是以女性血缘群体为纽带的部落集团，晚期逐渐向父系氏族社会过渡。经济形态以农业为主，兼以牧、渔、猎。它的遗存以独具特征的彩陶与"之"字型纹陶器为主，兼有具新石器时代文化特征的细石器。

什么是龙山文化？

1928年的春天，考古学家吴金鼎在今山东省历城县龙山镇（今属山东章丘）发现了举世闻名的城子崖遗址。他在城子崖台地的西面断层上，发掘出了与石器、骨器共存的薄且带黑色光泽的陶片。这引起了当时一些研究院历史语言研究所考古组专家的高度重视。在此之后，考古学家们先后对城子崖遗址进行多次发掘，取得了一批以精美的磨光黑陶为显著特征的文化遗存。根据这些发现，考古学家把这种以黑陶为主要特征的文化遗存命名为"龙山文化"。

龙山文化距今约4000余年，分布于黄河中下游的山东、河南、山西、陕西等省。大汶口文化出现的快轮制陶技术在这一时期得到普遍采用，磨光黑陶数量更多，质量更精，烧出了薄如蛋壳的器物，表面光亮如漆，是中国制陶史上的顶峰时期。

什么是良渚文化？

良渚文化为中国新石器文化遗址之一，分布地点在长江下游的太湖地区，其中心在浙江省良渚。1936年发现的该文化遗址，于1959年依照考古惯例按发现地点——良渚命名，是为良渚文化。良渚文化存续年代约为距今5300年前~4200年前，属于新石器时代。该文化遗址最大特色是所出土的玉器。

良渚文化发展分为石器时期、玉器时期、陶器时期。玉器是良渚先民所创造的物质文化和精神文化的精髓。良渚文化玉器，达到了中国史前文化之高峰，其数量之多、品种之丰富、雕琢之精湛，在同时期中国乃至环太平洋拥有玉传统的部族中，独占鳌头。发掘自墓葬中的玉器包含有璧、琮、钺、璜、冠形玉器、三叉形玉器、玉镯、玉管、玉珠、玉坠、柱形玉器、锥形玉器、玉带及环等。而其深涵的历史文化底蕴，更给世人带来了无限的遐想。

中国历史上最早出现的人类是哪个？

在中华大地的版图上，何处能寻找到中国最早的古人类？距今170万年的元谋人一直被认为是中国历史上最早的人类，但是"巫山人"的发现改写了这一历史，距今200万年的"巫山人"要比元谋人早了30万年。

1985年，考古工作者在重庆巫山县庙宇镇龙坪村龙骨坡，发掘出一段带有2颗白齿的残破直立人左侧下颌骨化石以及一些有人工加工痕迹的骨片。1986年又发掘出3枚门齿和一段带有2个牙齿的下牙床化石。此外，遗址中还出土了包括步氏巨猿、中国乳齿象、先东方剑齿象、剑齿虎、双角犀、小种大熊猫等116种早更新世初期的哺乳动物化石。经学者研究，龙骨坡遗址出土的遗物代表了一种直立人的新亚种，后被定名为"直立人巫山亚种"，一般称之为"巫山人"，距今约201万~204万年。

"巫山人"化石是我国境内迄今发现的最早的人类化石，这一发现揭示了人类发展的进程，填补了我国早期人类化石的空白，对于研究人类的起源和三峡河谷的发育史，具有极为重要的科学价值。

元谋人生活在什么年代？

元谋人，学名元谋直立人或称元谋猿人，因发现地点在云南元谋县上那蚌村西北小山岗上而得名。

关于元谋人化石的地质时代和绝对年代，学术界存在不同看法。一种意见认为属早更新世晚期，据古地磁测定的年代（见考古年代学），在距今170万年前后；另一种意见认为，在中更新世，因为古地磁年代不应超过73万年，即可能距今50万~60万年或更晚。

但近些年，随着"网纹红土"的发现，越来越多的专家、学者更倾向于170万年这一说法。

蓝田人生活在什么年代？

蓝田人通常称作蓝田猿人，学名"直立人蓝田亚种"。生活的时代是更新世中期、旧石器时代早期。1964 年发现于陕西省蓝田县公王岭，故命名为"蓝田人"。

蓝田人的生活年代，本来认为是距今约 69 万年前~95 万年前，但是 1987 年重新测定后认为是距今 110 万年前~115 万年前。

大荔人生活在什么年代？

大荔人是我国华北地区旧石器时代的早期智人。1978 年，大荔人化石发现于陕西省大荔县段家乡解放村甜水沟附近的洛河第三阶地沙砾层中，因而得名。大荔人化石为一不足 30 岁的男性头骨。头顶低矮，前额扁平，眉脊粗壮。嘴部不甚突出，颧弓细弱，颅骨最宽处不接近颅底而在颞骨鳞部后上部。颞骨鳞部不呈三角形而呈圆鳞状，面部扁平。脑容量估计为 1120 毫升。与大荔人化石同时出土的有石制品和哺乳动物化石，时代为中更新世末期，距今年为 15 万 ~ 20 万年。

马坝人生活在什么年代？

马坝人是 1958 年在广东韶关市曲江区马坝镇西南 3 公里的狮子山石灰岩溶洞内发现的旧石器时代中期的人类化石，属早期智人。伴生的脊椎动物化石有鬣狗、大熊猫、貘、剑齿象等 19 种。被发现的马坝人头骨可能是一位中年男性，呈卵圆形，无顶骨孔，眼眶上缘为圆弧形，与尼安德特人相似，鼻骨相当宽阔，与现代人不同。

马坝人，距今 12.95 万 ~13.5 万年，是介于中国猿人和现代人之间的一种古人类型，是直立人转变为早期智人的重要代表。马坝人属于中国东南地区旧石器时代中期的人类化石，也是迄今为止发现的广东省唯一的古人类。

为什么半坡氏族是母系氏族社会的代表？

1952 年，考古学家在陕西西安一个叫半坡村的地方发现了一个氏族部落的遗址。经过发掘，找到了我国著名的母系氏族社会的代表——半坡氏族。

大约在 5 万年以前，我们的祖先从原始人群时期过渡到氏族公社时期。最早的氏族公社是以女性为中心的母系氏族社会。古书上记载：人但知其母，不知其父。

当时，男子的主要工作是打猎和捕鱼，有时很长时间都不回家。野兽和鱼不是每天都能找到，男子对食物的供给是不固定的。相反，妇女主要是在住地附近采集可以吃的植物、昆虫等。她们还要养育子女，照管家务，在家里的时间比较长，慢慢地母亲自然就成了氏族的中心。后来她们发现把植物和种子埋到土里，第二年，就会长出新的植物，于是妇女开创了原始的农业。这样，母系氏族社会就形成了。大约在 6000 年前，半坡这个地方就有原始人类居住，从考古发现的墓葬来看，有一些坟墓中有一些随葬品，而这些随葬品大多数都在女性墓中。由此可以看出妇女在当时的社会生活中占有重要的地位。

根据大量的史料来看，半坡氏族是我国比较早的母系氏族社会，它代表了黄河流域一带母系氏族公社的生活情况。

为什么龙山文化是父系氏族社会的代表？

龙山文化距今已有 4000 年左右的历史，它没有文字的记载，只能根据考古发现来分析判断它的存在。龙山文化是在 1928 年开始发掘的。它分布范围很广，主要在河南、河北、山东、山西、陕西等省。它是我国原始社会的最后一个阶段——父系氏族社会的代表。

龙山文化的人们，已经能够磨制比较精巧的石头工具，不再使用粗笨的打制石器。工具的改进使农业大大发展，地里的农活儿只需男子就行，妇女可以在家里照顾家务和孩子。另外，考古还发现大量的猪、狗、牛、羊、鸡、鸟等动物的骨骼，说明那时的人们已经大批饲养家畜了。在生产发展过程中，男子越来越多地担负起农业生产和饲养家畜的任务。他们的社会地位也越来越高，最后完全代替了妇女，成为社会和家庭的中心，女性退到了第二线。

在母系氏族社会，男孩长大成人后，要"嫁"到女方家里去，而且死后葬在各自的氏族墓地中，互不干扰。到了父系氏族社会，女子结婚后要搬到男方家里去住，死后两人要葬在一起。龙山文化遗址的这些特点和发现，充分说明龙山文化已经进入了父系氏族社会发达的阶段，所以说龙山文化是父系氏族社会的代表。

黄帝战蚩尤结果如何？

"黄帝战蚩尤"是中国上古神话的典型代表，属于上古战争神话的范畴，这场战斗十分激烈，涉及风伯、雨师等天神，而风、雨、旱、雾等气象也成了相互进攻的利器。这则神话不仅涉及古代的祈雨、止雨巫术，还涉及一些具有重要文化意义的发明，内涵较为丰富。

炎黄会合后，一次著名的大战发生在黄帝和蚩尤之间：蚩尤兴兵伐黄帝，黄帝乃令应龙攻之冀州之野。应龙蓄水。蚩尤请风伯、雨师纵大风雨。黄帝乃下天女旱魃，雨止，遂杀蚩尤。

阪泉之战是怎么回事？

阪泉之战，相传发生于黄帝时期（约公元前26世纪），说的是在黄帝征服中原各族之战中，与炎帝部落联盟在阪泉（一说今山西运城解池附近，一说今河北涿鹿东南）的一次交战。

延庆西北15里有阪山，阪山下有阪泉。延庆、怀来附近的地方，统称为"阪泉之野"。5000年前，黄帝在这里活动过。这里是中华民族发祥地，也是中华民族五千年文化的源头之一。

黄帝之前，炎帝神农氏统治着各部落，但日渐衰微，于是各部落之间争战不断。以黄帝轩辕为首领的部落，在战争中逐渐强大起来。很多小的部落都归附了轩辕。炎帝和蚩尤是黄帝最大的两个对手。炎帝和蚩尤先发生冲突，炎帝联合黄帝击败蚩尤。黄帝修整军队，经过充分的准备后在阪泉和炎帝进行决战。经过三次激烈的战斗，最终黄帝战胜了炎帝。

少昊为何被称为"鸟王"？

黄帝之时，天上有位织七彩仙丝的仙女名叫皇娥。有一次，皇娥乘桴木昼游，来到沧茫之浦，在西海边的穷桑树下遇到一位美少年，少年自称为白帝之子。两人一见钟情，从此，皇娥常跑出来嬉戏宴游，乐而忘归。经过一段浪漫的时期，皇娥怀上了身孕，生下一子，取名穷桑氏，就是黄姓与嬴姓的始祖少昊。

少昊诞生在一个诸神混战的时代，他长大后成为氏族首领，但无心与诸侯争战，便带领自己的人民远走他乡，越过大海的尽头，在所有海水流注的地方——归墟，建立起一个神秘的"少昊之国"。少昊的国家是中国古代最早确定星宿的部族，又是一个会创作乐曲的氏族。他们把国家建成一个鸟之王国，那里的一切都是以鸟命名的，比如鹁鸪掌管教育，鸷掌管军事，布谷掌管建筑，鹰掌管法律和刑罚，斑鸠掌管言论，九种扈鸟掌管农业，五种锦鸡掌管手工业。凤凰是总理，国王少昊本人则叫作"鸷"，意为鸟王。

刑天是什么人？

刑天本是炎帝神农氏的武臣，酷爱音乐，写过不少曲子来赞扬炎帝统治下幸福、安定的生活。炎帝战败后，刑天按捺不住悲愤的心情，去找黄帝决斗。他过五关，斩六将，直杀到中央天庭的南天门外，指名道姓要与黄帝单打独斗。黄帝亲自出马，舞动昆吾剑来斗刑天。两人大战三百回合，不分胜负。黄帝一时间赢不了，急中生智，朝刑天身后瞪了一眼。大声呵斥："五虎将还不上来拿下那厮？"刑天心神微散，手中的战斧略微一松，黄帝趁机将昆吾剑往他的脖子上削去，顿时，刑天硕大的头颅落地，血溅千尺。黄帝又将刑天头颅下的高山劈成两半，让头颅滚入山内，大山又合而为一，刑天再也找不着他的头颅了。

至此，刑天仍没死去。他捡起斧、盾，复挺身直立，赤裸着上身，以双乳为眼，以脐为口，手执盾牌和斧头向天挥舞，与黄帝再决雌雄，最后受到重创，轰然倒地而死。

蚩尤是谁？

蚩尤见之正史，载于《史记·五帝本纪》中的黄帝纪。他是上古时代九黎族部落酋长，中国神话中的武战神。曾与炎帝大战，把炎帝打败，于是炎帝与黄帝一起联合来战蚩尤。蚩尤被黄帝所杀，帝斩其首葬之，首级化为血枫林。后黄帝尊蚩尤为"兵主"，即战争之神。他勇猛的形象让人畏惧，黄帝把他的形象画在军旗上，用来鼓励自己的军队勇敢作战，诸侯见蚩尤像不战而降。传说中蚩尤性情豪爽、刚直不阿，打仗勇往直前，充满武将帝王阳刚之美，不愧为一代盖世豪杰。后来人们为了歌颂黄帝，便丑化蚩尤，把他附会为妖魔、邪神形象。

嫫母是什么人？

嫫母，又名丑女。5000 年前，黄帝为了制止部落抢婚事件，专门挑选了品德贤淑、性情温柔、面貌丑陋的丑女（封号嫫母）作为自己的第四位妻室。黄帝还说："重美貌不重德者，非真美也；重德轻色者，才是真贤。"嫫母是中国文学史上受褒扬的第一个丑女。

嫫母额头突出，像锤子一样大；鼻梁骨塌陷，面色黝黑如烧炭。可怜的嫫母从小就饱受世人的欺侮，可是她善良、勤俭，通晓事理，待人以诚，助人为乐。

有一次黄帝巡视，看见一群村女在采桑。忽然一个村女倒地哭叫起来，原来她的手被赤练蛇咬了。此时，一个容貌极丑的姑娘迅速指派二人去取清水，让众女四下去采草药。

接着，她从裙脚撕下一条布，把那村女的伤肢上部缠紧，又拔下一支髻针，用它挑开伤口，然后用嘴把毒液吸出来。黄帝见状急忙命人速去救治，同时发现这位丑女不但见义勇为，而且颇有组织能力，人们莫不听从她的调遣。于是黄帝做了件惊世骇俗的事，他把嫫母接回宫中，纳为次妃，令她管理后宫所有的嫔妃，嫫母居然胜任。相传，她还是镜子的发明者。

黄帝的元妃嫘祖病逝后，黄帝命嫫母指挥祀事，监护灵枢。嫫母不但有非凡的组织能力，而且因相貌极丑可以扮相貌丑恶的驱鬼神。

嫘祖始蚕有着怎样的传说？

嫘祖，一作"累祖"。传为西陵氏之女，是传说中的北方部落首领黄帝轩辕氏的元妃。她生了玄嚣、昌意二子。玄嚣之子蟜极，之孙为五帝之一的帝喾；昌意娶蜀山氏女为妻，生高阳，继承天下，是为五帝之一的"颛顼帝"。

《史记》载："黄帝居轩辕之丘，而娶于西陵之女，是为嫘祖。嫘祖为黄帝正妃。"神话传说中把她说成养蚕缫丝方法的创造者。北周以后被祀为"先蚕"（蚕神）。唐代著名韬略家、《长短经》作者、大诗人李白的老师赵蕤所题唐《嫘祖圣地》碑文称："嫘祖首创种桑养蚕之法，抽丝编绢之术，谏净黄帝，旨定农桑，法制衣裳，兴嫁娶，尚礼仪，架宫室，奠国基，统一中原，弼政之功，殁世不忘。是以尊为先蚕。"

嫘祖是我们先祖女性中的杰出代表，中华文明的奠基人。她辅佐黄帝，协和百族，统一中原，协助黄帝，确立以农桑为立国之本，首倡婚嫁，母仪天下，福祉万民。和炎黄二帝开辟鸿茫，告别蛮荒，功高日月，德被华夏，被后人奉为"先蚕"圣母，与炎帝、黄帝同为人文始祖。

有巢氏把"房子"建在了哪里？

人类出现之初，气候炎热，总是受各种

飞禽走兽的攻击，蝎子、蜈蚣、蚂蚁等小动物更是肆无忌惮地伤害人类。后来人们居住在洞里躲避野兽攻击，但洞穴往往比较阴湿，人居住在里面容易得病；洞穴里一片黑暗，行动极为不便。

某部落里有一个人发现鸟在树上筑巢的妙处：地上的野兽很少能爬到树上攻击鸟儿，在树叶的遮蔽下，雨水也淋不到鸟儿。于是，那个人便动手找来一些树枝架在树上，用泥浆把树枝固定起来，建成巢穴。住在树上的巢里非常舒服，于是人们纷纷仿效，为了感谢这个人，人们称他为"有巢氏"。人们白天拾取橡栗，夜间栖卧于木上，故称"有巢氏之民"。他们共同架造住室，共同居住。这个传说反映了原始人类与自然界做斗争的艰苦和人们的群体生活。

帝喾陵是谁的陵墓？

商丘古城南50里，有一个以帝喾王高辛氏的名字命名的小集镇——高辛镇。集镇西北不远处，有一座高大的坟茔，这就是帝喾王高辛氏墓。

传说，高辛氏原来姓姬，因其聪明多智，颛顼就请姬帮助他出点子。姬建议让其他九个敌国之间互相打起来，最后由颛顼来平叛统一。颛顼于是就派人分别到九国中挑拨他们的关系，很快使他们彼此发动战争。后来颛顼没费多大力气，就平灭了九国之乱。之后，颛顼把姬封在"辛"这个地方掌管一切。那时，辛经常闹水灾。姬又想了一个办法：带领大家把住处的地势加高，但是加高的速度却赶不上水涨的速度。夜里，姬跑到天上跟玉皇辩理，玉皇便派天神下来，一下子把"辛"这个地方的地势抬高到了水面以上，老百姓再也不用害怕洪水了。从此，辛便称为"高辛"，姬便被称为"高辛氏"。

颛顼见高辛氏的确才高智广，能给人民办好事，就把自己的皇位让给了他。从此，高辛氏代替颛顼做了天子，称号帝喾王。因为帝喾王对人民仁爱，所以人们都很敬重他。

他死后人们把他葬在高辛这片土地上，这便是帝喾陵的由来。

帝喾的四位妃子都是谁？

帝喾即位后，修身养性，解民之急。他在位70年，天下大治，人民安居乐业。帝喾有四妃，但帝喾四妃应是帝喾氏族在迁移中，不同氏族之间联姻的顺序，不是同一个帝喾拥有四妃。

帝喾元妃，有邰氏姜嫄，是一个以蝾螈为图腾的氏族，其先在陇西，后迁武功，有子名后稷，周之先祖，葬都广之野（今成都、广汉之间）。邰在今陕西武功县南，稷在这里种植莱麦五谷，后稷即弃。

帝喾次妃，有娀氏茧翟（简狄）。原为"不周山"（六盘山）北少昊威姓族裔。其中一支东迁陕西蒲城。简狄吞燕孵生子卨（又名契，商之祖先），原居陕西，后迁商丘。另一支向西直到罗布泊，传为楼兰古国之先祖。在楼兰遗址中已发现至今4000年以上的木雕简狄女祖角，以及唐代壁画，绢画上的简狄像（注：楼兰遗址除有少昊裔支文物遗存外，尚有中亚人的文物遗存）。少昊威姓是黄帝时代被迫西迁不周山一带的少昊玄鸟氏。威又称娀，因其先祖在东部称帝时发明金兵钺斧而威震天下，与蚩尤同称"灵威仰"。

陈锋氏庆都，又名陈丰氏、陈酆氏。喾之三妃酆即蜜蜂，文为蜂头，丰为蜂尾，逢为飞翔时的蜜蜂。"流黄蜂氏"为飞行的黄蜜蜂。

娵訾氏常仪邹屠氏。喾之四妃。娵訾氏是娵与訾的合婚族。娵訾氏为帝喾联姻生子挚。娵訾即邹屠，黄帝时迁蚩尤善者于邹屠之地。妃常梦吞日，经八梦，生子八人，皆精通日月星辰观测，被誉为"八才子""八翌""八神""八元"。

帝尧有什么样的传说？

帝喾94岁高龄时，他的三妃庆都说她外出时遇上一条赤龙驾着阴风从她身边过去，她立刻就感而受孕。庆都14个月之后生下一个样子十分奇怪的婴儿: 眉分八彩, 大下巴, 尖脑壳, 庆都给他取名为"放勋"。放勋长到 15 岁便辅佐他的哥哥挚执政, 后来得到一块封地, 他把封地命名为"唐"(今河南濮阳往北三百公里处)。"唐"字的甲骨文写法, 就是一个盖子压在陶罐子上, 防止沸汤翻滚出去, 因此放勋又称陶唐氏。几年后, 由于挚为人软弱, 缺乏盟主气魄, 弄得四方扰乱, 政事微弱, 便把位子传给了弟弟放勋。放勋即位, 就是后来的尧帝。

尧即位之初, 江河洪水泛滥成灾, 猛兽频繁出没。尧命令羲和掌管历法推算和日月星相的观测, 又大胆起用东夷族有虞氏的首领舜和西戎部落的首领禹治理江河, 终于将肆虐的洪水治平。接着, 尧经过不继征伐, 在舜的辅助下平定了四方少数民族的反叛, 巩固了中原氏族政权。尧帝在位 70 年, 认为儿子丹朱不成器, 便让位给有功的舜, 开创了禅让之先河。尧让位 28 年后死去。

尧为什么不传位给儿子丹朱?

帝尧有一个儿子丹朱, 其仗着父亲的权威多行不义。尧深知丹朱不肖, 说他不足以授天下。尧知道, 把帝位传给舜, 丹朱的日子不好过; 但若把帝位传给丹朱, 那天下百姓的日子就不好过。所以尧没有把王位传给丹朱, 而让位于舜。舜即位后, 丹朱甚为不满, 纠集了一些人到处说舜的坏话, 搅得满城风雨。大臣后稷在征得舜的同意后, 将丹朱流放到丹水, 靠近三苗人聚居的地区。

三苗人本来就不服华夏帝王的统治, 看到丹朱被流放到这偏远之地, 都很同情他, 便联合丹朱反叛, 进攻帝都。舜派出军队与叛军作战, 丹朱的反叛以失败而告终。他自惭不已, 投南海自尽了。

尧为什么要把帝位传给舜?

据《史记·五帝本纪》中记载, 有一天, 尧召集百官来商量禅让的事情, 他问道: "谁可以继承我的事业?"放齐说: "你的儿子

壁画中宁静的尧舜时代

《史记》载, 舜在 20 岁时就以孝闻名。30 岁时, 尧询问可用的人才, 四岳诸侯都推荐舜。经过一番长期的考察, 尧对舜很满意, 就把帝位禅让给了舜。

丹朱通达事理。"尧说: "丹朱愚顽、凶恶, 不能用。"尧又问道: "那么还有谁可以?"驩兜说: "共工广泛地聚集民众, 做出了业绩, 可以用。"尧说: "共工用心不正, 貌似恭敬, 欺骗上天, 不能用。"尧又问: "如今洪水滔天, 浩浩荡荡, 包围了高山, 漫上了丘陵, 民众万分愁苦, 谁可以派去治理呢?"大家都说"鲧可以"。尧说: "鲧违背天命, 毁败同族, 不能用。"

之后有人对尧说: "有一个单身汉, 叫虞舜。他是个盲人的儿子。他的父亲愚昧, 母亲顽固, 弟弟傲慢, 而舜却能与他们和睦相处, 尽孝悌之道, 把家治理好, 使他们不致走向邪恶。"尧说: "那我就试试他吧。"于是尧把两个女儿嫁给他, 通过两个女儿观察他的德行。舜让她们降下尊贵之心住到妫河边的家中去, 遵守为妇之道。尧认为这样做很好, 就让舜试任司徒之职, 舜谨慎地理顺父义、母慈、兄友、弟恭、子孝这五种伦理道德, 人民都遵从不违。尧又让他参与百官的事, 百官的事因此变得有条不紊。他在明堂四门接待宾客, 四门处处和睦, 从远方来的诸侯宾客都恭恭敬敬。尧又派舜进入山野丛林大川草泽, 遇上暴风雷雨, 舜也没有迷路误事。尧更认为他十分聪明, 很有道德, 把他叫来, 说道: "三年来, 你做事周密,

说了的话就能做到。现在你就登临天子位吧。"正月初一，舜在文祖庙接受了尧的禅让。文祖也就是尧的太祖。

大禹真的三过家门而不入吗？

《史记·夏本纪》载，"禹……居外十三年，过门而不入"。古时候，洪水泛滥，为了让人们能过上安定的生活，舜帝派大禹去整治洪水。大禹一去十三年，三过家门而不入。

第一次是在治水四年后的一个早晨。大禹走近家门，听见母亲的骂声和儿子的哭声，大禹想进去劝解，又怕更惹恼了母亲，唠叨起来没完，耽搁了治水的时辰，于是就悄悄地走开了。

治水六七年后，大禹第二次经过家门。那天中午，大禹刚登上家门口的小丘，就看见家里烟囱冒出的袅袅炊烟，又听见母亲与儿子的笑声，大禹便放心地离开了。

又过了三四年，一天傍晚，大禹因治水来到家的附近。突然天下起了滂沱大雨，大禹来到自己家的屋檐下避雨，只听见屋里母亲在对儿子说："你爹爹治平了洪水就回家。"大禹听了非常感动，更坚定了治水的决心，立刻又转身上路了。

这些记载都是颂扬大禹一生为公、竭尽全力治理洪水、解除民众受水患所苦的崇高行为。据说，禹妻涂山氏生启时，禹也一直在外治水。禹的这种大公无私的精神，受到了民众的赞扬，也为舜所重视。所以舜在晚年举荐禹为继承人，并把首领的位置禅让给禹。

大禹为什么怒斩防风氏？

防风氏是古越先祖，夏禹时代杭嘉湖一带的一位部落首领，治水英雄。"大禹杀防风"在《国语》中载，仲尼曰："丘闻之：昔禹致群神于会稽之山，防风氏后至，禹杀而戮之。"大禹治水有功，在会稽山召开各诸侯庆功大会，防风氏因迟到，即被大禹杀掉。

但是有一些历史资料里也有这样的记载："太湖渔民习俗，对禹敬而畏之，对防风敬而亲之。"又有"太湖发生过对夏禹统治的不满和反抗"的信息。所以有的学者认为，禹王杀防风的主要目的在于杀一儆百，借以削弱本地区部族势力，有利于夏王朝在太湖流域的统治地位。他们认为，公元前2198年，中原华夏部落军事联盟的最高首领夏禹巡视江南，在今绍兴会稽山召集各地诸侯会议。因防风氏曾劝阻并反对禹企图破坏原始民主禅让制度、传位于其子启的决定，于是禹借赴会迟到之罪杀害了防风氏，制造了我国历史上第一桩千古冤案。

许由为何被称为"隐士鼻祖"？

许由，一作许繇，字武仲，一字道开，是尧时代一位清正有节操之士。相传尧帝要把君位让给他，他推辞不受，逃于箕山下，农耕而食；尧帝又让他做九州长官，他到颍水边洗耳，表示不愿听到这些世俗浊言。后世把许由和与他同时代的隐士巢父，并称为"巢由"或"巢许"，用以指代隐居不仕者。尧、舜禅让的故事，作为民主思想的最早典范，成为千古美谈，许由也因此成为古代隐士中最早名声显赫的一位。据传，他曾做过尧、舜、禹的老师，后人因此亦称他为"三代宗师"。

许由是中国历史上有文献记载的第一位隐士，战国时代的思想家荀子就曾称赞说："许由善卷，重义轻利行显明。"许由拒绝荣禄、谦让隐退的高风亮节，对中国隐士文化乃至道家文化的形成产生了重要影响，成为中国传统文化精神的一部分。从许由开始形成的隐士之思想、志趣和情怀，如谦让为大、不慕荣利，厌恶官场、回归自然，鄙弃功名、甘于淡泊，悠游山水、忘情诗书，躬身劳作、体验艰辛，等等，受到历代知识分子的推崇和追求，形成了中国知识分子的精神品格。所以许由被誉为"隐士鼻祖"。

什么是"家天下"制度？

在禹担任部落联盟首领之后的第17个年头，舜因病逝世。公元前2200年的某一天，禹在阳城（今河南登封市）会盟各部落首领，被拥立为部落联盟的首领，号称"夏后"，这标志着中国历史上第一个王朝——夏朝的建立。

随着岁月的流逝，禹渐渐老了，他开始担心自己的王位问题。最后，他想到了一个两全其美的办法：他一面仿效尧、舜，指定曾帮他治水但体弱多病的皋陶为自己的接班人；一面让他的儿子启帮助处理国家大事，还经常让启代表自己与各部落的首领会面。不久，皋陶因病去世了，禹又指定皋陶的儿子伯益为接班人。等到禹死了之后，按理应该由伯益来继承王位，然而，大多数部落首领却拥戴启做了夏朝的第二个国王。

从此，在中国历史上出现了子承父业为特征的"家天下"制度（又叫王位世袭制）。这一制度在中国实行了 3900 多年，直到 1911 年清王朝被推翻为止。

皋陶是什么人？

皋陶是中国神话中公正的法官。清脸鸟嘴，铁面无私。生活在原始社会末期和奴隶社会初期。他在任舜的大理时，制定了五刑之法。

传说皋陶还用一种叫獬豸的怪兽来决狱。獬豸就是羊，但它只有一只角。据说它很有灵性，有分辨曲直、确认罪犯的本领。皋陶判决有疑时，便将獬豸放出来，如果那人有罪，獬豸就会顶触，无罪则否。史书上说皋陶为大理，天下无虐刑、无冤狱，那些卑鄙的小人非常畏惧，纷纷逃离，致使天下太平。相传皋陶在掌管司法时，画地为牢，成为最初监管犯罪之人的囚禁场所，我国便有了监狱。从此，"皋陶造狱，画地为牢"正式流传下来，皋陶因此又被尊为"狱神"。

皋陶，与尧、舜、禹同为"上古四圣"，被史学界和司法界公认为"司法鼻祖"，他的"法治""德治"思想，与今天的"依法治国"和"以德治国"有着很深的历史渊源。皋陶文化中的司法活动与法律思想对中国古代法律文化有着重要影响。

彭祖真活了 800 多岁？

在民间传说中，说到养生，就肯定会提到彭祖，传说他经历夏、商、周三朝，活了 800 多岁。那么，在历史上真有彭祖其人吗？他又真的活了 800 多岁吗？

彭祖，彭姓，名翦，又称为篯铿，颛顼的玄孙，父亲是吴回的长子陆终，母亲是鬼方首领之妹女嬇。彭祖因擅长烹饪野鸡汤，受帝尧的赏识，后受封于大彭，是为大彭氏国（今江苏徐州），又称彭铿，传说中是彭姓的祖先。自尧帝起，历夏、商朝，商代时为守藏史，官拜贤大夫，周代时担任柱下史；娶妻四十九，生子五十四。相传他活了 880 岁（据说这个年龄是根据 60 天为一个甲子算的，实际上按照现在 365 天为一年的话，彭祖的实际寿命为 140 多岁）。他的养生之道被后人整理成为《彭祖养性经》《彭祖摄生养性论》传世。

据《史记·楚世家》载："彭祖氏，殷之时尝为侯伯，殷之末世灭彭祖氏。""氏"在上古多用作宗族的称号。可见，彭祖实际上是以其命名的一氏族。清人孔广森在注《列子·力命篇》"彭祖之智不出尧舜之上而寿八百"之句时说："彭祖者，彭姓之祖也。彭姓诸国：大彭、豕韦、诸稽。大彭历事虞夏，于商为伯，武丁之世灭之，故曰彭祖八百岁，谓彭国八百年而亡，非实篯不死也。"明确说明了这种情况。所谓彭祖年长八百，实际上是大彭氏国存在的年限。但对于彭祖善于养生的种种传说历代并无异议，可以推想，由于彭祖这个氏族精于养生，族中长寿之人辈出，并以此而名闻于世，于是逐渐产出彭祖享寿八百岁这类的传说并流布于后世。故彭祖这个氏族可以说是上古时代一个有代表性的著名长寿家族。

四凶、四罪是什么？

四凶是指饕餮、浑敦、穷奇和梼杌。四罪是指共工、三苗、鲧和驩兜。四凶、四罪古书均有记载，且皆与五帝之中的舜有关，舜的功绩之一就是平四凶、四罪。《史记》《尚书》均有其详解，皆为人。但是在《山海经》中，四凶、四罪都被魔化或神化：

流四罪即流共工于幽州，放驩兜于崇山，迁三苗于三危，殛鲧于羽山。四凶中：浑敦，黄帝不才子；穷奇，少昊不才子；驩兜即丹朱，尧不才子；梼杌，颛顼不才子；饕餮，炎帝后裔缙云氏不才子。以上四凶加上四罪之一的驩兜在《左传·文公十八年》书中均有详细记载。

死刑最早出现在何时？

死刑是剥夺重大违法犯罪人员性命的一种刑法，是维护统治阶级政权的一种最严厉的手段，所谓"罪莫大于死"，即刑罚没有比死刑更重的。死刑在中国最早出现在哪个时代，到现在还是个谜。

有学者认为死刑起于夏代，也有学者认为死刑在五帝时代即已产生。据《中国刑法简史》记载，在原始社会向奴隶社会过渡时期，奴隶阶级不甘于被奴役，就以"盗"这种方式否定私有制；因此便有了"奸、盗"等罪名，也就是《尚书·舜典》中所谓的"奸宄"，要被处以"杀"的刑罚，即死刑。这就是我国最早确定的以死刑作为刑名。

从现存史料分析，虞舜时期的死刑有四种，其中最残酷的是"殛"，即将人的头、手、足分别捆在木制的十字架上，先割头、手、足，然后从腰部割断和诛死。到夏桀和商纣这两个暴君统治的时期，出现了"炮烙""有邦""醢""脯"等刑。"炮烙"是将人捆在烤红的金属柱上，烤得皮开肉烂，只剩下骨骼；"有邦"则是用火烤熟吃；"醢"是将人杀死制成肉酱；"脯"是将人杀后切成肉块制成脯。其后到了秦朝又有车裂、弃市等极为残酷的死刑名目，其目的也不过是威慑被统治阶级，巩固统治阶级的政权。

虽然学术界对死刑在我国的起始时间还没有一个完整和严谨的结论，但大家普遍同意："刑法的产生是在阶级、国家出现以后。国家产生后便把那些侵犯统治阶级利益的反抗行为认定为犯罪并给予惩罚，甚至剥夺其生命，并将这些规定在刑法中，死刑便由此产生了。"

天圆地方的概念是怎么来的？

"天圆地方"是阴阳学说的一种体现。中国传统文化博大精深，阴阳学说乃其核心和精髓。阴阳学说，具有朴素的辩证法色彩，是我国先哲们认识世界的思维方式，几千年的社会实践证明了它的正确性，"天圆地方"是这种学说的一种具体体现。

古人把天地未分、混沌初起之状称为太极，太极生两仪，就划出了阴阳，分出了天地。古人把由众多星体组成的茫茫宇宙称为"天"，把立足其间赖以生存的田土称为"地"，由于日月等天体都是在周而复始、永无休止地运动，好似一个闭合的圆周无始无终；而大地却静悄悄地在那里承载着我们，恰如一个方形的物体静止稳定，于是"天圆地方"的概念便由此产生。天圆地方是"天人合一"的一种注解，中国传统文化提倡"天人合一"，讲究效法自然，风水术中推崇的"天圆地方"原则，就是对这种宇宙观的一种特殊注解。

浑天是什么意思？

浑天，我国古代关于天体的一种学说。认为天地的形状浑圆如鸟卵，天包地外，就像壳裹卵黄一样。天半在地上、半在地下，其南北两极固定在天的两端，日月星辰每天绕南北两极的极轴旋转。

星宿是星星吗？

星宿不是一颗一颗的星星，而是表示临近的若干星体的集合，古人把对它们的遐想联系起来，给予一个特殊的名称，如毕、参、箕、斗等，后世又名"星宫"。提到星宿，人们常常会想到二十八宿，二十八宿又叫二十八舍或者二十八星，是古人为观测日、月、五星运行而划分的二十八个星区，用来说明日、月、五星运动所到的位置。而二十八宿又分为四组，每组有七个星座。

三垣是什么？

三垣，即紫微垣、太微垣、天市垣。它是中国古代划分星空的星官之一，与黄道带上之二十八宿合称三垣二十八宿。

作为星官，紫微垣和天市垣的名称先在《开元占经》辑录的《石氏星经》中出现，太微垣的名称晚到唐初的《玄象诗》中才见到。每垣都是一个比较大的天区，内含若干（小）星官（或称为星座）。据《清会典》所载，甘氏、石氏、巫氏（甘德、石申、巫咸）的划分互有不同。各垣都有东、西两藩的星，左右环列，其形如墙垣，故曰"垣"。在《史记·天官书》中也可见到和这三垣相当的星官，但其名称和星数则有所不同。可见三垣的形成曾有过一段演变和调整过程。在《步天歌》中，三垣成为三个天区的主体，这些天区也以三垣的名称为名称。紫微垣包括北天极附近的天区，大体相当于拱极星区；太微垣包括室女、后发、狮子等星座的一部分；天市垣包括蛇夫、武仙、巨蛇、天鹰等星座的一部分。

四象是什么？

四象（或作四相）在中国传统文化中指青龙、白虎、朱雀、玄武，分别代表东、西、南、北四个方向。在二十八宿中，四象用来划分天上的星星，也称四神、四灵。春秋易传的天文阴阳学说中，是指四季天然气象，分别称为少阳、太阳、少阴、太阴。中国传统方位是以南方在上方，和现代以北方在上方不同，所以描述四象方位，又会说左青龙（东）、右白虎（西）、前朱雀（南）、后玄武（北）来表示，并与五行学在方位（东木西金，北水南火）上相呼应。四象的概念

在古代的日本和朝鲜极度受重视，这些国家常以四圣、四圣兽称之。

值得注意的是，虽然近来受到日本流行文化的影响，而开始习惯这种说法，但事实上中国历来对此四象并没有四圣的说法，一般所指的四圣乃伏羲、文王、周公和孔子等四个圣人。四象也指风、雨、雷、电四种自然天候气象。

五纬是什么？

五纬，亦称五星，是古代中国人将太白、岁星、辰星、荧惑、填星这五颗行星合起来的称呼，五星与日、月合称七政。在中国古代星占学上，五星与五常、五方、五兽、五色、五行、五事、五严、五社、五藏等均分别一一对应。

什么是黄道？

黄道，是指地球绕太阳公转的轨道平面与天球相交的大圆。由于地球的公转运动受到其他行星和月球等天体的引力作用，黄道面在空间的位置产生不规则的连续变化。但在变化过程中，瞬时轨道平面总是通过太阳中心。这种变化可以用一种很缓慢的长期运动再叠加一些短周期变化来表示。

鉴于运动变化的复杂性，在天文学的一些工作中还需要使用黄道的严格定义：在任一瞬间，只考虑长期运动的轨道平面称为瞬时平均轨道平面，这一平面与天球相交的大圆称为黄道。从地球中心来看，黄道很接近于太阳在恒星中的视周年路径。只有用精密的天文仪器，才能察觉黄道与太阳视周年路径的差别。黄道是天球上黄道坐标系的基圈。

"分野"是什么意思？

分野，是与星次相对应的地域。古以十二星次的位置划分地面上州、国的位置与之相对应。就天文说，称作分星；就地面说，称为分野。如以"鹑首"对应"秦"，"鹑火"对应"周"，"寿星"对应"郑"，"析木"

对应"燕"，"星纪"对应"吴越"等。

"三正"是什么意思？

夏正建寅，殷正建丑，周正建子，合称三正。春秋战国时代有所谓夏历、殷历和周历，这三者最主要的区别在于岁首的不同，所以又称"三正"。周历以通常冬至所在的建子之月（即夏历的十一月）为岁首，殷历以建丑之月（即夏历的十二月），夏历以建寅之月（即后世常说的阴历正月）。周历比殷历早一月，比夏历早两个月。由于三正岁首的月建不同，四季也不同。

另一说是在历算上有：天正（农历十一月，冬至月），是太阳光照量的最少极点（冬至点）月，从这个月起，白天增长；地正（农历十二月，大寒月），是气温的寒极点，从这个月起，气候就要转暖，人正（农历的正月，雨水月），太阳光照量达到冬至和春分的一半，气温开始转暖，标志春天的开始。我们现行农历在历算上使用"天正"，在民用年上用"人正"。

禅让制是怎么中止的？

伯益佐禹治水大获成功，得到帝舜的赏识，获得了与帝舜联姻的殊荣，政治地位大为提高。禹继任舜担任部落联盟首领之后，举荐伯益之父皋陶为自己的继承人，然而皋陶未及受政而亡。《史记·夏本纪》载禹"举益，任之政"。《墨子·尚贤》："禹举益于阴方之中，授之政，九州成。"

不过此时禹由于拥有天下九州之地，已然具有了后世国王的威势，已非部落联盟时氏族合作的形势。禹开始致力于培养自己家族的势力。他一方面欣赏伯益的贤能，表示要把天下传给伯益；一方面却又注意专门选拔自己儿子启的手下充当各级官吏。结果，伯益徒拥大禹继承人的虚名，"而势重尽在启也"。一种说法是，等到禹殁后，启便"与友党攻益而夺之天下"，并将益杀死。也有记载说，益为了让启而隐居于箕山之阴。

无论如何，启最后继位成功，从此禅让制被世袭制所取代，消逝于历史舞台。

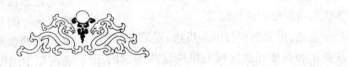

夏

为什么说夏朝是中国奴隶社会的开端?

夏朝是中国历史上的第一个朝代,也被当成中国奴隶社会的开端。为什么这么说呢?夏朝到底符合奴隶社会的哪些特征呢?

第一,生产力状况:夏代有沟洫灌溉系统和造酒业,手工业产品除陶器、玉、贝和铜器外,夏代后期已经生产出青铜,在偃师二里头已发现夏代冶铸青铜的遗址。当时,青铜的冶铸在全国各地都有一定程度的发展。

第二,生产关系与阶级构成:远在大汶口文化中晚期的父系社会后期,中国社会已产生贫富分化的现象,发展到夏代,阶级终于出现了。1. 奴隶。主要是由氏族部落之间彼此掠夺战争中得到的俘虏转化而来,也有部分是氏族公社的贫苦社员沦为奴隶的。2. 奴隶主。大多是父系社会末期的氏族贵族和部落首领转化而来。3. 平民。这是奴隶与奴隶主两大对抗阶级外的一个中间阶级,他们大多是由各级贵族疏远的宗族成员和原来的氏族公社成员形成的。

第三,国家机器初具规模:中国最早的国家机器也和世界上其他国家一样,是由部落联盟组织脱胎演化而来。

总之,世袭王权与世袭贵族、设防的城堡、常备军和其他强制性权力机构这些国家的主要特征,夏代都具备了,所以说夏代是我国第一个奴隶制国家。

夏朝的起源地在哪里?

经过很多科学家的共同努力,通过"夏商周断代工程",最终确定夏朝建立时间为公元前 2070 年,但夏朝究竟源起于何地,迄今尚未破解。《史记》有关于大禹"予娶涂山,

辛壬癸甲,生子予不子,以故能成水土之功"的记载。讲大禹治水成功后聚集诸侯,为其儿子启建立夏朝奠定了基础,涂山因此被视为夏王朝诞生的摇篮。那么只要找到涂山的所在地,也就找到了夏王朝文明的发源地。

根据资料,涂山的位置有以下四种说法。

第一,河南登封市嵩山一带的涂山。

第二,位于重庆直辖市江州的涂山,建有禹庙,相传是因禹娶涂山女而建。

第三,涂山在浙江绍兴,建有禹陵、禹祠、禹庙,相传是大禹的安葬之地。禹庙是由禹的儿子启修建的,是我国历史上最悠久的祭祀、供奉治水英雄大禹的庙宇。

第四,安徽蚌埠市怀远县涂山。首先,近年来在蚌埠周边陆续发现了大禹墟等 37 处龙山文化时期的遗存,这表明在大禹时代前后,已有大规模的原始部落群在蚌埠生活,为证实传说中的"涂山氏国"提供了重要依据;其次,记载涂山的古籍中也有蚌埠涂山说为最古老。

确定涂山的所在地具有重大意义。假如安徽蚌端口就是涂山真正的位置所在地的话,那么它不仅使中华民族大一统的历史轮廓清晰起来,而且也有力地论证了中华文化发源多元化的观点,而不是过去所认为的"只有黄河是中国母亲河"的一元论。

历史上的后羿是个怎样的人?

历史上共有两位名字带"羿"字的人:生活于帝尧时代的羿,也就是传说中射日的后羿;生活于夏朝的后羿,属有穷部落。古籍记载的是"羿弹日""大羿射日""后羿篡权"。民间传说中后羿是嫦娥的丈夫,射日的英雄。部分学者认为传说中的后羿是抽取了后羿、大

羿的特征而融合成的神话人物。

夏王朝时期的后羿，又称"夷羿"，相传是夏王朝东夷族有穷氏的首领，也善于射箭。夏启死后，其子太康即位。太康是个十分昏庸的君主，不理政事，专爱打猎。

当时的后羿是黄河下游夷族的部落首领，他野心勃勃，想夺取夏王的权力。他趁太康出去打猎，就亲自带兵守住洛水北岸。太康不敢过洛水，只能在洛水南面过着流亡生活。后羿于是另立太康的兄弟仲康当夏王，自己掌握实权。

仲康死后，仲康之子相为帝，两年后后羿罢黜相并将其放逐到斟灌（今山东曹县），夺了夏朝的王位，为夏王朝第六任君王。

后羿是怎么死的？

仲康死后，其子相即帝位。由于夏王朝的衰弱无力，后羿废弃夏后帝相，由自己登上帝位，称为"帝羿"，国号"有穷"，正式宣告取代夏王朝的政权。

后羿有一手高超的射箭技艺，在后羿篡位称帝后，他不巩固政权，却整天在田野里打猎。后羿远离贤臣，却对一个善于花言巧语、口蜜腹剑的人言听计从，这个人名叫寒浞。

寒浞原是寒国的一个奸诈子弟。他凭着一手吹拍的本领，向后羿百般献媚，最后成了有穷国的丞相。寒浞千方百计诱使帝羿在田野里作乐而忘记返回宫廷，不问朝政，然后又在宫廷中培植自己的势力，为夺取帝位、霸占帝羿的妻妾创造各种条件。

帝羿的家丁中有一个人叫逢蒙，他曾经向后羿学习射箭技术，学得非常精通。世界上只有后羿的技术能超过他，因此他常有杀后羿的念头。于是，寒浞就买通逢蒙暗杀帝羿。一天傍晚，在帝羿出外打猎回来的路上，以逢蒙为首的众家丁忽然将帝羿射死，并把他的尸体放在锅里煮熟。逢蒙还将这尸体的肉羹拿来给后羿的儿子吃。羿子不忍吃父亲的肉，也被众家丁杀死在国门。寒浞杀死帝羿后，自己登上有穷国的帝位，同时霸占了帝羿的妻室。

少康复国是怎么回事？

夏王相统治的末期，后羿废相篡夺王位。七年后寒浞杀后羿篡位，并追杀相。相死时妻子后缗正怀着孕，被迫逃回有仍氏，生下相的遗腹子少康。

少康从小就很聪明，初懂人事后，母亲就告诉他祖上失国的惨痛经过，叮嘱他日后要报仇雪耻，复兴夏朝。后来少康投奔到名为有虞氏的部落（今河南虞城东）。有虞氏首领虞思让他担任管理膳食的官，学习理财的本领，并把女儿嫁给他，还给了他一块十里方圆的名叫纶的肥沃土地和兵士五百，使少康有了根据地和军队。少康体察百姓疾苦，宣传祖先禹的功德，努力争取人民支持他复兴故国，并召集夏朝的旧臣前来和他会合。当时，有个名叫靡的人，原是相的臣下，他首先应少康之召，倾有鬲氏之兵，会合斟寻、斟灌两地的复仇之师，和少康会合，拥戴少康为夏王。

少康先派儿子季杼攻灭了寒浞的第二个儿子寒戏驻守的戈邑，以削弱敌方力量，又派将军女艾去侦察夏朝的虚实。一切准备就绪后，他从纶出兵，一路势如破竹，攻克旧都，诛杀寒浞，夺回了王位，建都阳夏。少康自幼历尽苦难，复国后勤于政事，讲究信用。在他的治理下，天下安定，文化大盛，各部落都拥戴他，夏朝再度兴盛，史称"少康中兴"。

夏启为何要讨伐有扈氏？

启继夏王位后，便以暴力胁迫各部落承认其领导地位，从而彻底打破了原始社会部落联盟的禅让制。当时，许多部族由于势单力薄，无法与夏王朝抗衡，只好臣服；但也有较大的部族对夏启以暴力夺取政权不服，起而反抗夏朝的专政，有扈氏部落冲在最前面。

有扈氏与夏同源，皆为姒姓部族。有扈氏的起兵反抗，对建立不久的夏王朝来说，是关系其生死存亡的重大事件。夏启清醒地认识到，若战争失败，夏朝奴隶制政权就有被颠覆的危险。于是夏启亲率军队前往征伐，双方大军在甘水流域的甘地展开了大决战。夏启对这次军事行动，事先做了充分的准备。由于夏启组织严密，夏朝的军队斗志旺盛、士气高昂，经过激烈的战斗，有扈氏军队被打败，有扈部落归服于夏。

夏王朝的胜利，结束了中原地区部落纷争的局面，巩固了新生奴隶制政权。夏启征伐有扈氏所进行的战争——甘地之战，是中国历史进入阶级社会后的第一次战争，具有重大的历史意义。它是原始社会禅让制的复辟与奴隶制反复辟长期斗争的继续。经过这场战争，代表新兴势力的夏王朝，巩固和发展了奴隶制政权，揭开了中国社会文明史的序幕。

妹喜是什么人？

妹喜，又作末喜，末嬉。有施氏，是夏朝末年夏桀（夏代最后一个国王）的宠妃。曾有诗称赞妹喜的美丽："有施妹喜，眉目清兮。妆霓彩衣，袅娜飞兮。晶莹雨露，人之怜兮。"妹喜创造了中国历史上诸多"第一"，如"千古第一狐狸精""中国有历史记载以来的第一个亡国皇后""中国第一位女间谍""第一个献物""第一个淫妇""第一个无辜"等等。她与妲己、褒姒、骊姬并列，被古代文人称为四大妖姬。

传说妹喜有三个癖好：一是笑看人们在规模大到可以划船的酒池里饮酒。《烈女传》："酒池可以运舟，一鼓而牛饮者三千人，其头而饮之于酒池，醉而溺死者，末喜笑之，以为乐。"

二是笑听撕裂绢帛的声音。《帝王世纪》："妹喜好闻裂缯之声而笑，桀为发缯裂之，以顺适其意。"。

三是喜欢穿戴男人的官帽。《烈女传》："女子行丈夫心，佩剑带冠。"

查证历代史书，有关妹喜的最早记载是《国语·晋语一》："昔夏桀伐有施，有施人以妹喜女焉，妹喜有宠，于是乎与伊尹比而亡夏。"并没有关于妹喜放荡、惑君、裂帛、裸游等恶行的记载。由于史料缺乏，关于妹喜的争议颇多，所以至今关于她的故事，仍然是一个谜。我们今天所能知道的，就是：她是出身于有施氏的一个美女，是夏王朝的最后一位皇后。

夏桀为何杀关龙逄？

夏桀残酷地欺压人民，老百姓把他比作天上的烈日，在耕作的时候都唱道："你这个太阳啊，什么时候才会死掉，我宁愿与你同归于尽。"

夏桀身边有一个著名的忠臣，名叫关龙逄，他冒死手捧皇图来求见桀。皇图是上古画家绘制的颂扬先王英明的巨画，专门留给后代帝王看，以鼓励他们勤政爱民。关龙逄一边给夏桀看图，一边说道："古代人君爱民节财，而国治久安；现在你挥霍钱财，视生民为草芥，杀民不止，总有一天这诛杀会落到你的头上。"夏桀哪里容得下这话，怒不可遏，令士兵对关龙逄施以酷刑，先斩去他的四肢，让他疼痛难忍，然后才一点点砍断他的脖子，死状极其悲惨。

夏桀是如何亡国的？

桀（公元前 1609~ 公元前 1577 年），发的儿子。在位 52 年，历史上有名的残暴之君，穷奢极欲，暴虐嗜杀，最终被商汤所灭，结束了长达近 500 年的夏王朝。又名癸、履癸，商汤把他谥为桀（凶猛的意思）。

夏发在位时，内政不修，外患不断，阶级矛盾日趋尖锐，各方诸侯已经不来朝贺了。至夏桀仍不思改革，骄奢自恣。据《竹书纪年》记载，他"筑倾宫、饰瑶台、作琼室、立玉门"，还日夜与妹喜及宫女饮酒作乐。民众的生活则十分困苦，每遇天灾则妻离子散。四方诸侯也多背叛，夏王朝处于内外交困的局面。

但夏桀认为他的统治永远不会灭亡。他还召集所属各部落首领开会，准备发动讨伐其他部落的战争。这时候，商部落在汤的领导下日益兴旺了起来。后来，商汤在名相伊尹的谋划下，起兵伐桀，桀渡江逃到南巢（今安徽巢湖北岸），后又被成汤追上俘获，放逐在此。长达 500 年的夏王朝结束。

二里头遗址的发现有什么意义？

河南省偃师市二里头村距离洛阳市约 18 公里，东西长约 2.5 公里。是夏代都城遗址。1959 年这里出土了大量石器、陶器、玉器等，其中小件铜器如刀、爵、铃等，是我国迄今所见最早的青铜器。第三期文化层中发现两处大型宫殿夯土台基。其中西边一处面积约 10000 平方米，在台基中北部有一座面阔 8 间、进深 3 间的宫殿基址，四周环以廊庑。

二里头遗址包括偃师二里头、圪挡头和四角楼三个自然村，总面积 400 万平方米，堆积着四期文化层。经考古发现，二里头文化遗址规模宏大，设施完备，内容丰富。宫殿、陵寝、房屋、道路、水井多有发现，并且还发现了当时的铸铜遗址，发现了原始的青铜工具，其中有武器和酒器，说明我国青铜文化的历史在夏代已经相当成熟，同时也说明洛阳是我国最早进入青铜时代的地区。二里头晚期的文化层还出土了大量的玉制品，有琮、圭、璋等礼器。陶制品则更多，有陶塑的龟、猪、羊头以及陶器上刻画的一头二身龙蛇纹、龟纹和人物形象。这些考古发现反映了夏代文化艺术的发展，同时也反映了古代洛阳人民的聪明智慧。

另外，考古工作者从二里头遗址的灰坑中发现了许多被埋葬的奴隶，体现了夏代奴隶主暴虐无道的统治。

二里头一号宫复原图
一号宫面积万余平方米，中心大殿前面有广庭，四周有回廊。南面有三座大门。图为一座"四阿重屋"式的殿堂复原。

孔甲真的养过龙吗？

据说因为孔甲天天祭祀鬼神，顺于天帝，天帝格外开恩，赐他"乘龙"。所谓"乘龙"，即驾车的龙，在黄河、汉水中各有雌雄两条。听说古代养龙，有专门的人才，国家设立有"豢龙氏"和"御龙氏"的官职。豢龙氏是专门养龙的，御龙氏是专门驾驭龙的。相传尧的本家陶唐氏有个后代叫刘累，曾经在豢龙氏那里学习过驯服龙的本领，孔甲就传令把他召来。

刘累果然名不虚传，真的会喂养龙。他造了两个大池，把从黄河、汉水中抓来的两对龙放在里面，让它们自由地游动，孔甲看了非常高兴。其实，孔甲、刘累所养的龙实际上可能是四条大鱼。孔甲一贯装神弄鬼，他把大鱼说成龙，编造说这些"龙"是天帝赐给他的，以此愚弄天下人，巩固自己的统治。但是，孔甲不问政事，专搞这些荒唐无稽的迷信活动，反而使国家越来越乱。

鸣条之战有何意义？

夏朝延续了 400 多年，到夏桀统治时，已是危机四伏。在夏朝逐渐衰落的过程中，黄河下游的商部落逐渐强盛起来。商汤继位后，将部族统治中心迁到南亳（今河南商丘市东南），并积极制订攻夏立国的计划。

约公元前 1600 年，商汤兴兵伐夏，夏桀仓促应战，西出拒汤，同商汤军队在鸣条展开决战。决战中商汤军队奋勇作战，一举击败了夏桀的主力部队，夏桀败退后归依于属国三朡（今山东菏泽市定陶区东一带）。商汤乘胜攻灭了三朡，夏桀率少数残部逃往南巢（今安徽巢湖市），后被俘获并放逐于此，不久病死。商汤于是得到三千诸侯的拥护，取得了天下之主的地位，夏朝正式宣告灭亡。

鸣条之战是中国历史上第一场以暴力形式推翻没落王朝的战争，后人将这场战争称为"汤武革命"。鸣条之战是中国古代通过"伐谋""伐交""伐兵""用间"达到战争速胜的最早的成功战例，对后世战争的发展、军事理论的构筑，都产生了深远的影响。

商

玄鸟生商的传说是怎样的？

在远古的黄河之滨，一只玄鸟唱着歌儿从空中飞来，原始部落的人们一个个对它顶礼膜拜。一个叫简狄的女人，吞服玄鸟下的蛋后，怀孕生下男孩契。契，即是阏伯，就是传说中的商之始祖。《诗经·商颂·玄鸟》曰："天命玄鸟，降而生商。"这就是"玄鸟生商"的美丽故事。

契是商部族的始祖。商族是黄河下游一个古老的部落，关于商族的起源，有数种说法，一说在北方辽河流域，一说在东方黄河下游的齐鲁地区，一说在今天中原的冀南、豫北地区的漳水流域。

商族原是东夷旁支，以鸟作为氏族的图腾。所谓"天命玄鸟，降而生商"（《诗经·商颂》），是由夷族鸟图腾崇拜推衍而来。由商代甲骨文中可以找到鸟图腾的证据，卜辞上记载了商王对高祖王亥的询问、祷告或是祭祀，甲骨文上写王亥之"亥"字，上面均加一鸟形。王亥是商人的"高祖"，因此将氏族图腾符号"玄鸟"加之在其名字旁边。《山海经·大荒东经》记载："有人曰王亥，两手操鸟，方食其头。"王亥作为商的高祖与鸟有密切关系，说明商族确以玄鸟作为氏族的图腾。

是谁领导商族灭了夏王朝？

曾自比为太阳的夏桀最终因为自己的荒淫暴政倒在了历史的滚滚车轮之下。公元前1600年，商汤用武力推翻了夏朝最后一个君主桀，建立了商朝。

夏被推翻之前，商是夏的臣属。但是，夏朝的最后一个帝王桀荒淫无道，商却走向了它的巅峰时代。趁着中央政权的腐败和无能，商汤领导下的商族开始向外扩展势力，积极进行灭夏的准备工作。商汤任用伊尹和仲虺为右相和左相，共谋伐夏。商汤先发兵消灭葛（今河南宁陵北），接着又大举兴兵，连灭韦、顾和昆吾等夏朝的属国，使夏桀失去了依靠。接着又联合另外的一些同盟部落，发动了灭夏的战争。商汤指挥大军在鸣条之战中消灭了夏朝军队的主力以后，继续追击，很快攻取了夏王朝的心腹地区，彻底将夏灭亡了。

此后，三千诸侯大会，商汤被推为天子。于是汤即天子之位，在亳（今河南商丘）正式建立了商王朝。由于商汤以武力灭夏，因而史称"商汤革命"。它打破了国王永定的说法，从此中国历代王朝皆如此更迭。

伊尹为何被称为"元圣"？

伊尹，生卒年不详。商初大臣。名伊，一说名挚。今洛阳人。生于伊洛流域古有莘国的空桑涧（今洛阳市嵩县莘乐沟），奴隶出身。因为其母亲在伊水居住，以伊为氏。尹为官名，甲骨卜辞中称他为伊，金文则称为伊小臣。

伊尹自幼聪慧，勤学上进，因父传所以烹调技术很高。他还努力钻研治国之道，之后，商汤娶有莘氏之女为妻，伊尹以陪嫁奴隶身份来到了商汤身边，很快得到商汤的信任，为其灭夏建国立下了汗马功劳。商汤死后，伊尹曾辅佐外丙、中壬、太甲等。

伊尹在政治上主张"居上克明，为下克忠"。他强调"任官惟贤才，左右惟其人"。

伊尹当了商朝几个国王的相，为商王朝能够延续近 600 年奠定了坚定的政治基础，成为我国历史上第一位贤相，后人尊他为"元圣"。

商朝的建立者是谁？

汤，姓子，又称商汤、武汤等，是中国第二个王朝商朝的建立者。

汤即位后首先将统治中心迁到亳（今河南商丘），他认为这是块风水宝地，自己要想成就一番事业也应当从此开始。

其次就是寻找人才。伊尹是陪嫁的奴隶，汤认为此人有经天纬地之才，任命他为右相。商汤当时的左相叫仲虺，又叫莱朱，是车神奚仲之后，主要从事政治工作和撰写诰书。汤爱护百姓，施行仁政。等到时机成熟，下令起兵，最终联合有缗氏，灭了夏朝。

汤灭夏后，定国号为商，定都于亳。汤建国后，对内减轻赋税、鼓励生产、安抚民心，即所谓"宽以待民"，对外以德服众、辅以军事，扩展了势力范围，使得黄河上游的少数民族纳贡臣服。

商代国家结构是怎样的？

商王以下有一套统治机构，分"内服"和"外服"，即王畿内外、中央和地方。

内服中负责政务的官叫尹，辅佐商王处理国家大事，古书中称为相，如成汤时的伊尹、仲虺，武丁时的师般、傅说等。尹以下有各种事务官，叫多尹，分别管理修建王宫、耕种王田、奉派出使等。主管各种手工业的叫司工。史官是文官，掌管祭祀、占卜、典礼、记录王事等。

外服是王畿外臣服于王朝的诸侯，其长官为侯伯，对商王朝负责边防、进贡、纳税和征伐等义务。也有商王派驻地方的督官，如管理农田种植的叫甸，管理畜牧的叫牧。

商代的军队以师为单位。师为军队的基本组织形式，为商王朝的常备军。主要兵种是步兵和车兵，作战方式普遍使用车战。商代已经有了后世所说的五刑。甲骨文中的伐，

是用戈砍头；黥，用刀在脸上刻文涂墨；劓，用刀割去鼻子；宫，用刀割去男子生殖器；刖，用锯锯去脚。幸，即手铐、脚铐；执，用幸铐双手；圉，即关人的监狱。商代的奴隶数量很多，被使用于生产和生活的各个领域。从事农业生产的叫众，用于手工业的叫工，用于畜牧的叫刍或羌刍，家内奴隶叫妾、奚、仆等。

商王朝在商王的统治下，有着整套的统治机构，有数量巨大并有相当战斗力的军队，监狱刑法俱全，广泛使用奴隶，商代社会确是一个相当发达的奴隶社会。

为什么盘庚非要迁殷？

商朝从汤开始，到纣灭亡，共传十七代三十一王，近 600 年。这其中有一个非常显著的现象，就是都城屡迁。汤最初建都于亳（今河南商丘市）。其后五迁：中丁迁都于隞（今河南荥阳北敖山南）；河甲迁都于相（今河南安阳市西），祖乙迁都于邢（今河南温县东）；南庚迁都于奄（今山东曲阜旧城东），盘庚迁都于殷（今河南安阳西北）。如此看来，商朝前期迁都是一种传统。那商朝前期为何屡次迁都呢？

关于这个问题，古今学者众说纷纭，有"水灾"说、"游牧"说、"游农"说、"去奢行俭"说和"王位纷争"说。其中，为大多数学者所认同的是最后一种——"王位纷争"说。

这个推断，可以在《尚书·盘庚》中篇里找到证据。盘庚追述先王迁都原因时说："殷降大虐，先王不怀厥攸作，视民利用迁。"这句话的意思是说，政治上的动乱和纷争，给人民带来无穷灾祸，先王并不怀恋他们创造的基业，为了人民的利益进行迁徙。那么，王位纷争所引起的社会动乱，为什么必须用迁都的办法来解决呢？在那种社会发展水平上，地利的作用格外重要。通过迁都来改变贵族地利的优势，从而消减贵族的实力，是商王的战略措施。这应是促使商都屡迁的主观原因。

盘庚迁殷几乎遭到举国上下的反对，"民咨胥怨"，但主要阻力来自贵族，可见盘庚企图通过迁都打击贵族。通过迁都，他镇压了异己，商王权威上升了。盘庚迁殷以后，商代的政治经济和文化都有了比较迅速的发展，到武丁时期便达到了商代后期的极盛时期。

"殷墟"指的是什么？

殷墟是我国奴隶社会商朝后期的都城遗址，位于河南省安阳市区西北小屯村一带，距今已有 3300 多年历史。因其出土大量的甲骨文和青铜器而驰名中外。

公元前 14 世纪，商朝第二十位国王盘庚将其都城从"奄"，即现在的山东曲阜，搬迁到风景秀丽、土地肥沃的"殷"地，即现在的安阳小屯村一带。直至商朝灭亡，作为商之首都，共经历了八代十二王，历时 273 年。后人称这段历史为殷朝，此地也被为殷都。殷都被西周废弃之后，逐渐沦为废墟，被人们冠以"殷墟"的称谓而闻名于世。

"武丁中兴"是怎么回事？

公元前 1250 年～前 1192 年，武丁是商朝的第 22 帝，是商代后期功业最盛的君主。

武丁是盘庚之弟小乙之子。武丁年少时，曾在外行役，与人们一起劳作，因而较了解稼穑之艰难。继位后，先为父守丧 3 年。亲政后，勤于政事，取得了上层人士的支持。他任用贤才，以傅说和甘盘二人"接天下之政，治天下之民"，力求巩固统治，增强国力。在其统治获得巩固的基础上，武丁对其周围的方国进行了一系列的战争。他曾用二年的时间，向西北征伐鬼方部落，还向北打败了土方等部落，向南又讨伐了荆楚一带的部族，向东与夷方部落开战，向西则向羌方人进行攻击，为商王朝形成"邦畿千里，维民所止，肇域彼四海"的广大疆域奠定了基础。武丁在位 59 年，商朝的统治、经济、文化都得到空前的发展，达到极盛时期，史称"武丁中兴"。

甲骨文是怎样被发现的？

甲骨文主要指殷墟甲骨文，又称为"殷墟文字""殷契"，是殷商时代刻在龟甲兽骨上的文字，是我国已发现的古代文字中时代最早、体系较为完整的文字。甲骨文对研究殷商时期的历史、社会、文化具有非常重大的意义，可是它的发现过程，却是十分偶然而又富于戏剧性的。

清末光绪二十五年（1899 年）秋，任国子监祭酒（相当于中央教育机构的最高长官）的王懿荣（1845 年～1900 年）无意中在一味叫作龙骨的中药上看到一些符号。对古代金石文字素有研究的王懿荣觉得这不是一般的刻痕，很像古代文字，之后他把药铺中所有的龙骨买了回来。经过仔细研究分析之后，他认为这些是几千年前的龟甲和兽骨。他从甲骨上的刻画痕迹逐渐辨识出"雨""日""月""山""水"等字，并根据资料肯定这是刻画在兽骨上的古代文字。

在甲骨文确认以前，河南省安阳市小屯村的农民在耕作时就不断在农田里挖刨出古代甲骨。据说第一次把甲骨当作药材拿到中药铺去卖的是一位叫李成的剃头匠。他因为身上得脓疮，把这些甲骨碾成粉敷到脓疮上，发现骨粉有止血的功效，之后他就把其说成是龙骨，卖到了中药铺。

占卜与甲骨文是怎样的关系？

商人尚鬼，凡事必先经占卜，询问神灵，然后才决定是否可行。

殷商人祭祀问卜的对象可分为三类：天神、地祇和人鬼。这些祭祀、祈祷活动都通过专司占卜的"贞人"来实施，他们通过某种神圣的仪式，向天帝、祖先和自然神咨询行事的吉凶祸福，他们是沟通天上和人间的桥梁。通过占卜而得到的兆相来决定行事，是商人占卜的主要目的。

殷商时期占卜所用的甲骨首选就是龟甲，其次是牛肩胛骨，当然还有肋骨、臀骨。

先前的工作全为占卜的前期准备，烫灼则是占卜活动的正式开始。将烧红的圆木在孔中旋转烫灼，由于钻孔处很薄，经高温烫灼后甲骨正面便产生开裂，出现"卜"字形裂纹，这就是所谓的"兆纹"。在灼甲骨时，占卜者要一面祝祷，一面陈说所卜之事。

兆纹开裂的方向各不相同，就表示了对所占卜之事的吉凶预兆，然后由专门的巫师解读兆纹，以此定吉凶。

一般人总认为应该先刻上需要占卜之事，然后再进行占灼，预告吉凶。实际上刻写卜辞是占卜的最后一道程式。从甲骨堆放的集中、有序来看，刻写卜辞可能是占卜资料的归档。

此外，古文献有记载云"天子龟尺二寸，诸侯八寸，大夫六寸，士民四寸"。近代考古学者在对殷墟出土的甲骨进行研究后，也认同了这个观点。

商纣真的是暴虐、淫乱的君主吗？

商纣本名子辛，是帝乙少子。

商纣真如有些史书中说得那么不堪吗？其实不然。从古至今，许多专家都认为纣王的罪名其实大多是别人对他的诬蔑。在现存的典籍记载中，孔子的大弟子子贡曾指出："纣之不善，不如是之甚也。是以君子恶居下流，天下之恶皆归焉。"

宋人罗泌在《桀纣事多失实论》中也曾指出："纣大造宫殿，建酒池肉林，宠信女色，囚禁贤人，残害忠臣等罪恶，与桀的罪恶如出一辙，凡桀的罪，就是纣的罪，桀纣不分，这些都是出于模仿。"

现代史学巨擘顾颉刚亦作《纣恶七十事发生的次第》，指出纣的罪恶在周人的《尚书》中只有六点，战国书中增加了二十七事，西汉书中增加了二十三事，东汉时增加了一事，东晋时增加了十三事，就这样商纣被积毁成了自古未有的残忍暴君。

总之，历史上的帝辛到底是不是残暴、荒淫的商纣，史学界没有统一的说法，还待后人继续考证。

妲己真是一个蛇蝎美人吗？

妲己，为中国殷商王朝最后一位君主商纣王的宠妃。传说姓苏，不过有关苏的来源有不同说法：一种说法认为其父亲乃是诸侯苏护；另外一种说法是，妲己来自一个叫苏的部落。

按《封神演义》的说法，妲己是千年狐精附体，受女娲之命来祸乱殷商的，所以纣王才变得如此乖戾，做出那些残忍的事来。当然，这是迷信的说法，不足为信。据《晋语》记载："殷辛伐有苏，有苏氏以妲己女焉。"这就是说妲己是纣王征战得胜的"战利品"。

从《尚书》里讨伐纣王的一句"听信妇言"开始，到《国语·晋语》："妲己有宠，于是乎与胶鬲比而亡殷。"再到《吕氏春秋·先识》："商王大乱，沈于酒德，妲己为政，赏罚无方。"这些史书中的记载似乎都在暗指妲己是祸国殃民的妖女。但实际上果真如此吗？

其实，纣王性情刚猛，好自用，不喜听人摆布，妲己只能算是他晚年生活的伴侣，谈不上让他言听计从，也干涉不到商朝的政治策略。而且，如果妲己在被帝辛宠幸的那些年月之中，确实具有政治权力，何以苏氏一族人却始终没有能够得势呢？另外，据现有的甲骨文献中，未有记载妲己恶行的篇章，所以妲己并不像古代史学家渲染和世人所知的那样。周要灭商，丑化妲己与丑化商纣一样只是一种政治手段。商朝的灭亡有着方方面面的原因，硬是把商朝的亡国推到一个女人身上，就常识的观点看，是很难让人苟同的。

何谓周祭之法？

为了报效祖先功德，商人盛行祭祀，但所祭对象和顺序很凌乱，没有一定之规。祖甲即位后，创造了"周祭"之法。具体方法是：从每年第一旬甲日开始，按照商王及其法定配偶世次、庙号的天干顺序，用羽、彡、咎三种主要祭法遍祀一周。

周祭以旬为单位，每旬十日，都依王、妣庙号的天干为序，致祭之日的天干必须与庙号一致。如第一旬甲日祭上甲、乙日祭报乙、丙日祭报丙，直至癸日祭示癸；第二旬乙日祭太乙（汤）、丁日祭太丁；第三旬甲日祭太甲、丙日祭外丙。如此逐旬祭祀，一直祭到祖甲之兄祖庚。用一种祭祀法遍祭上甲到祖庚的先公先王，需要九旬。祭毕，再分别用另两种祭法遍祀，直到全部祭遍为止。周祭之法，使殷人的祭祀系统臻于严密规范，因此盛行于商代后半期，并逐渐达到最高峰。祖甲创立的周祭之法是祖先崇拜和宗教制度的最好体现。在上古文明中，各大民族都有自己的祭祀体系，周祭之法和古巴比伦、古埃及的祭祀法不相同，是中国古代特有的祭祀系统。

中国第一位女将军是谁？

妇好是商王武丁第一任王后，祖庚、祖甲的母亲。死后庙号"辛"，是我国最早的女政治家和军事家，中国历史上第一位有据可查的女英雄。

1976年发掘的妇好墓中除发现了精美的骨刻刀、铜镜、骨笋、玛瑙珠等许多女性专用的饰品以外，陪葬品里还发现了大量的兵器，特别是一件重达九公斤、饰有双虎噬人纹、铭刻"妇好"文的大铜钺，格外引人注目。后经专家考证，认为这是她生前使用过的武器。钺在古代是军权和王权的象征，可以断定，她在那个时代一定是位指挥千军万马的女将军。

在现存于世的甲骨文献中，"妇好"的名字频频出现，仅在安阳殷墟 YH127 甲骨穴中出土的一万余片甲骨中，她就出现过两百多次。据卜辞考证，妇好不但能带兵打仗，而且还是国家的主要祭司，经常受命主持祭天、祭先祖、祭神泉等各类祭典，又任占卜之官。商朝是个迷信鬼神的国家，所谓"国之大事，在祀与戎"。妇好又会打仗，又掌握了祭祀与占卜的权力，可能连武丁都要怕她三分。

上甲微是怎样为父报仇的？

微，全名上甲微，据说上甲是字。上甲微是王亥的儿子。夏帝泄十二年，王亥和弟弟王恒带着牛羊和货物，去有易氏（今河北易县、徐水一带）进行贸易，有易氏的首领绵臣见财起意（一说王亥兄弟有失检点，做了不轨之事，激怒绵臣），杀害了王亥，并扣下牛羊和货物，将王恒驱逐出境。

上甲微听说后，决心为父报仇，但并未立即采取行动，而是积蓄力量等待时机。四年后，上甲微借助河伯之师，在易水之侧与有易氏军队交战，混战中绵臣被杀，有易氏彻底崩溃。上甲微在位期间，商部落势力进一步增强，其死后得到了殷人的隆重祭祀。

伊尹为什么要放逐太甲？

太甲，姓子，名至，是商朝第四位君主，其著名之处就在于先昏后明，知过能改，死后庙号为太宗，谥号为文王，与汤武王并称"商朝文武王"。汤在位时，太子太丁已死，汤死后，次子外丙得立，外丙做了两年商王就死了。他的弟弟中壬即位，四年后也死掉了，于是摄政的伊尹立太甲为王。

太甲比较任性，伊尹身为其老师，连写《伊训》《肆命》《徂后》三篇文章，试图将太甲拉入正轨。在伊尹的督导下，太甲即位后的前两年表现很好，但到了

伊尹像

第三年，他便开始恣意妄为，贪图享乐，不理朝政。伊尹便给太甲找了所好房子——桐宫。

桐宫紧邻商汤墓地，伊尹让太甲去给爷爷守墓。太甲住在桐宫，眼看到爷爷的坟墓十分简陋，又了解了很多爷爷艰苦创业和仁厚慈善的事迹，终于醒悟。他一改以往火爆的脾气和任性的性格，变得稳重而睿智。

三年后，伊尹亲自率领文武百官将太甲迎回了亳。太甲复位后，遵守祖制，勤政爱民，天下大治，商朝逐渐繁荣。太甲在位23年，商朝稳步前行，太甲因桐宫悔过的事迹被后世称为"有成之君"。

傅说是如何由奴隶成为宰相的？

傅说出身很低微，原是一名在傅岩（今山西平陆县以东的圣人涧）做苦役的奴隶，负责筑墙护路修堤防洪水。

相传，傅说长相很奇特，枯瘦、面黑、驼背，但有个人却对他十分感兴趣，这个人就是后来大名鼎鼎的武丁。武丁被父亲派到民间生活，与老百姓一同耕作，谁都不知道他是王室的人。某日，武丁来到傅岩，看到了长相很奇怪的傅说在用一种奇怪的方式筑墙，便走上前去与之攀谈，发现傅说睿智博学，于是武丁暗暗记住了傅说的相貌。

很久之后，一个当官的人来到傅岩，他召集所有人，拿着画像逐一对比，结果发现傅说和画像上画的人长得一模一样，于是就将傅说带走，去向武丁复命。武丁大喜："就是他，他就是我梦到的圣人。"

原来，武丁即位后思商复兴、求贤若渴，一直想将傅说召来辅佐自己，但是傅说是个奴隶，将其召来势必会遭到朝臣和贵族的反对，于是武丁就编了一个谎话，说自己梦到天神给自己推荐了一个圣人，他能辅佐自己治理天下。武丁找画师画出那个圣人，先象征性地在群臣中转了一圈，发现没人能对得上号，就派大臣郑达去外面找，并暗地嘱咐他去傅岩找，结果自然如愿。

武丁任命傅说为相，并赐予其"傅"姓，这就是傅姓的由来。之后武丁在傅说的辅佐下，开创了"武丁中兴"的盛世，将商朝推向了顶峰。

武乙射天是怎么回事？

一代雄主武丁死后，因为长子孝己被逼死，次子祖庚得立，然而他只在位两年就崩了，王位由武丁第三子祖甲继承。祖甲淫乱，殷商开始衰败。祖甲死后，传给儿子廪辛，廪辛死后，其弟庚丁即位，庚丁死后，传位给儿子武乙。

武乙让人缝制了一个大皮囊，灌满了兽血，挂到高耸的榆树上，对人们说，这就是上帝，看我和他比试一番。人们正在人们诧异时，只见武乙弯弓搭箭，"嗖"的一声，长箭飞出，正中皮囊，皮囊立马皮开肉裂，鲜血四溢，然后就"扑通"一声从树上掉了下来。围观的群众立刻脸色大变，惊恐万分。但是武乙却得意扬扬，又开始了自己的精彩演讲，大意是：上帝也就那么点儿本事，被我射了个大窟窿。因为上帝即是天，此事被称作武乙囊血射天。不敬天神，必遭天谴。结果，据《史记》等史书记载，武乙在黄河和渭水之间游猎的时候被雷劈死了，遭到了上帝的惩罚。

其实，武乙这么做是有原因的。因为商朝的巫史权势很大，到武乙时，神权已经压倒了王权，经常假使天意限制商王的行动，武乙于是想方设法打击神权势力。现在很多学者认为武乙不是被雷劈死的，而是死于对西方方国的战斗中。

帝乙为何传位商纣王？

帝乙，商朝第30代国王，姓子名羡，商王文丁（太丁）之子。文丁死后继位（夏商周断代工程把他的在位时期定为公元前1101年～前1076年），死后葬于殷。在位26年，死后由其子辛（即纣王）继位。帝乙在位期间，商朝国势已趋于没落。帝乙在位末年，迁都于沫（朝歌，今河南淇县），被后人称为帝乙大帝。

"殷有三仁"是什么意思？

《论语·微子》中称赞微子、箕子、比干为殷商时代的三个"仁"人。微子，名启，是殷纣王的同母兄弟；箕子，名胥馀，曾任殷代的太师，他和比干均是殷纣王的叔父。

殷纣王虽能文能武，但不守先王之道，不敬鬼神，是我国历史上有名的暴君。据史书记载他的暴虐行为主要表现在两方面：一是"好酒淫乐，嬖于妇人。爱妲己，妲己之言从"；一是"重刑辟，有炮烙之法"，诛杀忠臣，包括醢九侯，脯鄂侯，剖比干，囚箕子。

殷纣"淫乱不止"，而殷的西方，周人势力迅速发展。微子便去劝说纣王，纣不听，微子就离开了纣王，逃到民间隐藏起来。比干说："做大臣的人，不能不冒死劝谏国君。"于是态度强硬地劝谏纣。纣王发怒说："我听说圣人的心脏有七个孔穴。"便剖开比干的胸膛，取出他的心脏来观看。箕子因害怕而假装癫狂，扮成奴隶，纣还是把他关押了起来。孔子有感于微子、箕子、比干三人至诚恻怛之行，赞叹说："殷有三仁焉。"

纣王是如何亡国的？

帝辛（公元前1105年~公元前1046年），本名受德，后世称商纣王，在位30年。他是商朝最后的一个君主，都城在沫，后改沫邑为朝歌（今河南淇县）。

帝辛继位后，重视农桑，社会生产力快速发展，国力强盛。他继续对东夷用兵，阻止了东夷向中原扩张，把商朝势力扩展到江淮一带。帝辛统一东南以后，把中原先进的生产技术和文化向东南传播，推动了社会进步和经济发展，促进了民族融合。帝辛在位

后期，居功自傲，过着穷奢极欲的生活，使国库空虚。他刚愎自用，听不进正确意见，杀比干，囚箕子，失去了人心。

约公元前1046年，周武王联合西方11个小国会师孟津，乘机对商朝发起进攻。牧野之战，大批商军士兵倒戈，周兵攻下朝歌。帝辛登上鹿台，"蒙衣其珠玉，自焚于火而死"。商亡。帝辛死后，葬于淇水之滨，今墓尚存。

哪个朝代的人殉最为严重？

人殉，就是用人殉葬。殉葬本是一种古老的风俗，古代人思想迷信，认为人死后还会同生前一样生活，因而在人死后，将其生前用过的物品随葬。原始社会人们只是把工具、武器、日用品等和死者埋在一起。到了奴隶社会，奴隶主死后，不但用自己的妻妾、亲信等陪葬，更多的是将大量奴隶杀死或活埋来殉葬。让他们在"阴间"继续供主人役使。人殉的风气，在商代达到了顶峰。

商代前期人殉现象已经相当普遍；到了后期，大中型墓葬几乎都有殉人。当时人殉成了一种制度："天子杀殉，众者数百，寡者数十；将军大夫杀殉，众者数十，寡者数人。"据考察，杀殉的办法是将奴隶们十人或二十人一排，反绑着牵入墓道，东西成行地面向墓室跪着，砍下头后将尸体埋入，再填上土夯平。每夯一二层便继续杀殉一批奴隶。除了商王朝统治的中心地区外，各地奴隶主用人殉葬的情况也很惊人。如在山东益都苏埠屯发掘的一座奴隶主大墓里，有48名奴隶殉葬，而且多数是十二三岁的少年。商王和大奴隶主贵族的陵墓，成了堆积奴隶尸骨的万人坑。商代的人殉，数量之多，手段之残忍，范围之广泛，骇人听闻，充分暴露了奴隶主阶级野蛮残暴的阶级本性和奴隶社会血淋淋的阶级关系。

西 周

关于周室始祖的传说？

后稷，周的始祖，名弃，曾经被尧举为"农师"，被舜命名为后稷。

据《史记·周本纪》记载，姜嫄在野外因为踩到巨人的脚印而怀孕，生下一子屡次丢弃，但每次婴儿都得救，姜嫄觉得有神保佑，就把他养大成人，命名为弃。弃长大后很擅长种植五谷，成果丰硕，农人纷纷效法，影响很大。帝尧便封他为农师。弃"教民稼穑"，天下尽得其利，于是帝舜封弃于邰，赐号曰："后稷。"其后子孙繁衍，逐渐强大，是为周。

后稷的母亲姜嫄，出身于以羊为图腾的氏族。在母系氏族社会时期，婚姻已发展到禁止族内婚配的阶段，姜氏的女子必须与另一个图腾氏族的男子婚配，才是合法的。

而姜嫄所处的时期，诸部落多以动物为图腾，传说黄帝率六兽（熊、貔、罴、貅、貙、虎）之师讨伐炎帝，指以熊图腾为首的黄帝，率领其他五个图腾首领一起讨伐炎帝。周人姓姬，黄帝也姓姬，《国语·周语》说"黄帝以姬水成，炎帝以姜水成"。黄帝是姬姓之祖。《史记·五帝本纪》说："故黄帝为有熊氏。"姜嫄履大人之迹而生子，即踩熊迹而生子。由此可见，后稷的父亲是黄帝部落的人。

古公亶父为何要远迁岐山？

据推算，古公亶父是轩辕黄帝的第35代孙，周祖后稷的第12代孙。古公亶父在周人发展史上是一个上承后稷、公刘之伟业，下启文王、武王之盛世的关键人物，是中国上古周族领袖——周文王的祖父。亶父"积德

行义，国人皆戴之"，而戎、狄等游牧部落却常常侵逼其领导的豳国。

有一次，西北边地的戎狄进攻豳国，想掠夺财物，古公亶父给了他们许多财物。当戎狄再次进攻掠夺土地与人民时，古公亶父只带了少量的私人亲属与部属，离开豳国，越过梁山，渡过漆水河与沮水河，定居在岐山南面山下（现今陕西关中西部的岐山县东北及扶风县北部一带的周原）。古公亶父不同意人民进行反击战，他说："戎狄武装进攻，是想得到土地与人民。人民归我领导，或者归他们领导，没有什么区别。假如人民因为我个人的原因去进行战斗，用拼死的手段去达到我当君主的目的，这样的事我不会去做。"

古公亶父这次迁徙，受到本国和旁国民众的热烈拥护。不仅原来豳地民众扶老携幼跟从他，而且"旁国"民众也有很多人归附他。古公亶父新建的诸侯国，第一年有3000户，第三年便达到15000户。

文王拘而演《周易》是怎么回事？

据史书记载，商末，由于周文王姬昌广施仁德，礼贤下士，发展生产，深得人民的拥戴，由此引起商纣的猜忌和不满，昏庸残暴的纣王将姬昌囚禁于当时的国家监狱——羑里城。姬昌被囚后，殷纣王以种种野蛮手段对其进行侮辱和折磨，甚至将其长子杀害后做成肉羹逼他吞食。

姬昌在被囚禁的七年中，他将伏羲的先天八卦改造成后天八卦。八卦代表世间万物的八种基本性质，万物万事的性质可以抽象为八种，但具体的事物则是无穷无尽的，不可能有八种，故而"八卦小成"，不能反映

复杂的变化。"引而伸之，触类而长之"，"因而重之，爻在其中矣"，就是八卦每卦都可以为太极，以本气相推，与八卦相叠，遂成八八六十四卦，反映宇宙间不同的复杂变化。进而推演成六十四卦并系以卦爻辞，并提出"刚柔相对，变在其中"的富有朴素辩证法的观点，完成了《周易》这部千古不朽的著作。这便是历史上著名的"文王拘而演周易"的故事。《周易》以占筮的形式推测自然和社会的变化，内容几乎涵盖了人类社会的全部内容，被誉为"群经之首"。

为什么说周文王是仁厚之君？

周文王，姓姬，名昌。古公亶父之孙，季历之子，武王之父。商纣时为西伯，亦称西伯昌。《史记·周本纪》记载他继承先祖开创的事业，仿效祖父古公亶父和父亲季历制定的法度，实行仁政。在治岐期间，对内奉行德治，提倡"怀保小民"，大力发展农业生产，采用"九一而助"的政策，即划分田地，让农民助耕公田。对外招贤纳士，对许多外部落的人才，都以礼相待，予以任用。岐周在他的治理下，国力日渐强大。

周文王有一次生病，卧床修养到第五天，都城内出现轻微"地动"（地震）。群臣恐慌，对文王说："王病五日而都城地动，看来地动是为王而发。请王下令加高城墙、加固工事，以使地动移走。"文王说："天降灾祸是惩罚罪人，看来我有什么过错犯了天怒，大兴土木于事无益，不如施行善政、造福百姓，来使上天息怒。"文王于是严守礼节，并派使者带贵重礼物与四方诸侯交好，还给贤能之士分发封赏，让他们各尽其能来工作。不久，文王痊愈，"地动"也再未发生过。

文王派人挖土建房，从土中掘出一具尸体。手下人说："这是无主的尸体，不需理会。"文王说："我为一国之主，这尸体不就是属于我的吗，主人怎能任其裸露？"遂命人给尸体穿衣，装进棺木埋葬。听到这件事的人无不感叹文王的仁厚。

历史上姜子牙是怎样的一个人？

姜子牙，姜姓，吕氏，名望，字子牙，也称吕尚、姜尚，俗称姜子牙，商朝末年人。

当时，姜子牙听说西伯侯姬昌施行仁政，便来到了周的领地渭水之滨，寻找大展宏图的机会。

受到文王礼遇之后，姜子牙对内制定了一系列发展经济的政策，如实行"九一租税制"；对外，则实行韬光养晦的政策。

周武王姬发继位后，继续为兴周灭商而努力，拜姜子牙为国师并号称为师尚父。

待周羽翼丰满之后，姜子牙统领大军以救民伐罪为号召，联合诸侯各国出兵直取商都。经过牧野一战，大败商军。中国历史上的殷商王朝至此便宣告灭亡了，姜子牙终于完成了扶周灭商的宏图大业。由于姜子牙在兴周灭商中建有殊勋，武王姬发把姜子牙封到了齐地，成为周代齐国的始祖。

姜子牙的一生，在军事、政治、经济、思想等方面，都有卓越贡献，其中尤以军事最高，称得上兵家之鼻祖、军事之渊薮。姜太公是齐国的缔造者，周文王倾商武王克殷的首席谋主、最高军事统帅与西周的开国元勋，齐文化的创始人，亦是中国古代的一位影响久远的韬略家、军事家与政治家。历代典籍都公认他的历史地位，儒、道、法、兵、纵横诸家皆追他为本家人物，被尊为"百家宗师"。

姜太公是怎样得遇周文王的？

自古就有姜太公钓鱼——愿者上钩的说法，说的就是姜太公与周文王的故事，那么历史上他们两个到底是怎样相遇的呢？

据《史记·齐太公世家第二》记载，姜子牙年老时生活贫寒，以钓鱼维持生计。有一次，西伯在出外狩猎之前，占卜一卦，卦辞说："所得猎物非龙非螭，非虎非熊；所得乃是成就霸王之业的辅臣。"西伯于是出猎，果然在渭河北岸遇到太公，与太公谈论后西伯大喜，说："自从我国先君太公就说：'定有圣人来周，周会因此兴旺。'说的就是您吧？我们太公盼望您已经很久了。"因此称吕尚为"太公望"，二人一同乘车而归，尊为太师。

之后在姜子牙的辅佐下，周最后成功灭了商。

你知道"孟津观兵"吗？

许多人都知道"牧野之战"，周以少胜多，打败殷商。这一战也是我国历史上著名的以少胜多的战役。当然，牧野之战是周经过长达数年的计划布置的，其中，武王的"孟津观兵"就是周的一手妙棋。

据《史记·周本纪》记载，武王九年（大约公元前1059年）夏天，周军东进，到达黄河南岸的孟津。吕尚严申军法，号令将士："冲向对岸，后至者斩！"霎时间，周军将士奋勇争先，千舟竞渡，前来助战的各路诸侯以为真要过河击商，谁知周军刚渡到对岸，便马上返了回来。原来这是一次军事演习。接着，周武王在此举行了誓师仪式，发表了声讨商纣王的檄文。这就是历史上著名的"孟津观兵"（或"孟津之誓"）。这次观兵的目的，是武王和吕尚要实测一下各路诸侯的动向。孟

津之后，诸侯皆说："商纣可伐！"但武王和吕尚认为，当时商朝统治区虽成土崩之势，但内部尚无瓦解之兆，时机还不成熟。于是，周军断然班师回朝。

为什么周要劳师动众地搞这么一次军事演习呢？

武王即位时，东至嵩高（即嵩山，在今河南登封市），南及江汉，北上太原，西到巴蜀，这广大范围内的所有邦国和大部分少数民族部落，都已归附周。其他地区"殷之叛国"也越来越多。虽然如此，武王不知道当年答应他父亲共同伐纣的人还有多少人会拥护他，于是他和姜子牙走了这么一步妙棋。这次行动是周灭殷商前的一次政治、军事预演，也是对天下人心向背的一次实测。此举又吸引了更多的诸侯听命于周，为后来的牧野之战积累了更大的助力。

牧野之战有什么重要意义？

公元前1046年1月26日，周武王亲率大军东征。同年2月21日，周军抵达孟津，与庸、卢、彭、濮、蜀、羌、微、髳等部族会合，联军总数达4.5万人。27日清晨，周武王庄严誓师，历数子辛的种种暴行。28日拂晓，

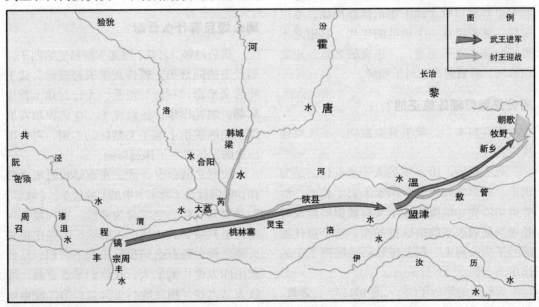

牧野之战示意图

联军进至牧野。

帝辛（商纣）惊闻周军来袭，因此时商军主力远在东南地区，无法即时征调，只好仓促武装大批奴隶、战俘，连同守卫国都的军队，开赴牧野迎战。

《逸周书·克殷》记载，周军先由吕尚率数百名精兵上前挑战，震慑商军并冲乱其阵脚，然后周武王亲率主力跟进冲杀，将对方的阵形彻底打乱。商军中的奴隶和战俘纷纷倒戈，商军迅速崩溃。帝辛见大势已去，自焚于鹿台，商朝正式灭亡。

牧野之战是中国历史上以少胜多、以弱胜强、先发制人的著名战例，也是中国古代车战初期的著名战例。它终止了 600 年的商王朝，确立了西周王朝的统治，为西周时期礼乐文明的全面兴盛开辟了道路。牧野之战中所体现的谋略和作战艺术，也对中国古代军事思想的发展具有不可估量的意义。

箕子为何远走他乡？

箕子，是文丁的儿子，帝乙的弟弟，纣王的叔父，官太师，封于箕（今山西太谷、榆社一带）。名胥馀，因为劝谏而触怒商纣，最后不得已装疯避祸。武王伐纣之后把他从监牢里释放出来。武王想留他在周朝，委以重任。箕子因在一个动乱的年代，其道之不得行，其志之不得遂，"违衰殷之运，走之朝鲜"。后被周武王封于朝鲜。

周公是如何辅佐成王的？

灭商归来后，武王身染重病，不久就病故了。

武王死后，10 多岁的太子诵继位，是为成王。武王之死使整个国家失去了重心，形势迫切需要一位既有才干又有威望的能及时处理问题的人来收拾这种局面，这个责任便落到了周公肩上。周公摄政后，发挥了王的作用。

灭殷后的第三年（公元前 1042 年），管叔、蔡叔鼓动武庚禄父一起叛周。这对刚刚建立三年多的周朝来说，是个异常沉重的打击。如果叛乱不加以克服，周王朝就会面临极大困难。周公首先稳定内部，保持团结，说服太公望和召公奭。第二年（公元前 1041 年），周公进行东征，讨伐管、蔡、武庚。经三年的艰苦作战，终于讨平了叛乱，征服了东方诸国，收降了大批商朝贵族。同时斩杀了管叔、武庚，放逐了蔡叔，巩固了周朝的统治。

平叛以后，为了加强对东方的控制，周公建议成王营建东都洛邑。在这里正式册封天下诸侯，并且宣布各种典章制度，也就是所谓"制礼作乐"。同时，周公开始实行封邦建国的方针。他先后建置 71 个封国，把武王的 15 个兄弟和 16 个功臣，封到封国去做诸侯，以作为捍卫王室的屏藩。另外在封国内普遍推行井田制，将土地统一规划，巩固和加强了周王朝的经济基础。

周公制礼作乐的第二年，也就是周公摄政的第七年，周公把王权彻底交给了成王。周公旦归政后，把主要精力用于制礼作乐，继续完善各种典章法规。年老病终前，他叮嘱说："我死之后一定葬在成周，示意天下要臣服于成王。"成王则将他葬于文王墓旁以示尊崇，并且说"这表示我不敢以周公为臣啊"。

周公姬旦有什么贡献？

周公姓姬，名旦，周文王姬昌的第四子，周武王的同母弟，辅佐武王灭掉殷纣。武王死后又平定"三监"叛乱，大行封建，营建东都，制礼作乐，还政成王，在巩固和发展周王朝的统治上起了关键性的作用，对中国历史的发展产生了深远影响。

牧野之战前夕，武王在商郊牧野集众誓师，誓词就是《尚书》中的《牧誓》。《牧誓》即是周公所作。全文分为两段。第一段痛斥商纣王只听妇人（妲己）的话，不祭祀祖先天地之神，连自己同祖兄弟都不晋用，反而重用四方逃亡的罪人，让他们暴虐百姓，导致天怒人怨，招致殷纣王灭亡；第二段申明自己是躬行天罚，宣布作战纪律，鼓励战士勇猛杀敌。周公不仅是卓越的政治家、军事家，而且还是个多才多艺的诗人、学者。

周公是怎样以赤诚感化召公的？

东征平叛后，姜太公被封到齐国，周朝"三公"只剩周公、召公两人。由于成王年幼，周公几乎代理周王的一切政事，发布各种诰命都以周王的身份、口吻，召公渐渐对这种情况不满。成王对"二公"的矛盾很头痛，最后决定让二人分区各治，陕以西由召公治理，以东则由周公治理，这样，召公就留在宗周，周公则留在成周。

周公为了消除召公对自己的误会，写了一篇很长的诰词，开诚布公地表达了自己的心意。他说："殷朝失掉了天命，周朝得到上天的护佑，但我们周室能不能永远昌盛，决定于我们能不能发扬文王的贤德。你说过，我能担当辅佐的大任，我也始终勤劳谨慎。殷是因为有众多贤臣的辅佐才经历多年，这是我们必须吸取的经验。现在天子年幼无知，我们这些有德长者怎能不兢兢业业、尽心辅佐？我绝不是为了子孙在谋求私禄，希望你消除误会、心胸宽广。正因为我二人和睦努力，才有上天的福泽。奭啊，我虽然不该说这么多话，但我实在是忧虑周的江山啊！"召公被周公的胸襟所感动，二人消除误会，更加团结。这篇诰词后来题为《君奭》，收入《尚书》。

成周、宗周分别指哪里？

周国原来的都城镐京在偏远的西部，已经不能适应统治天下的新形势。武王早已认定洛邑是天赐的福地，因此灭殷后就没有把九鼎迁到镐京，而是迁到了洛邑。周公摄政时，决定在这块"天室"之地兴建新都。

新都按照当时的都城规范建设，为四方形，边长九里。城外有郭，边长二十七里。城的四面各有三座城门，一共十二座。城内道路是棋盘式的网格，纵九经、横九纬。新都建造了将近三年，周公把新都命名为"成

周"，就是成就周室。同时，镐京改名为"宗周"，就是周室的祖先之地。

宗法制是怎么回事？

宗法制是按照血统远近以区别亲疏的制度。早在原始氏族时期宗法制就有所萌芽，但作为一种维系贵族间关系的完整制度的形成和出现，则是周朝的事情。

夏、商、周被史学家称作"三代"。据《独断》记载，三代的"一夫多妻制"情况是这样的："天子娶十二，夏制也，二十七世妇。殷人又增三九二十七，合三十九人，八十一部御女。诸侯一娶九女，象九州，一妻八妾。卿大夫一妻二妾。士一妻一妾。"众多嫔妃、妻妾所生的一大堆子女如果不划分个先后次序，那就会乱套。这个章法就是以母亲的身份和孩子出生的先后，把所有的儿子（女儿不在其中）划分为"嫡"和"庶"两类。嫡，正妻为嫡，正妻所生的儿子谓嫡生、嫡子，即正宗之意。庶，旁支也，妾所生的儿子谓庶子、庶出。嫡长子为大宗，其余嫡子及庶子为小宗。

夏、商两代的国家最高元首称"帝"。夏朝的帝位由儿子接任，偶尔也有传给兄弟接任的。商朝的帝位大多传给弟弟，最后由最年幼的弟弟再传给长兄的长子，或以行传给自己的儿子。周王朝的王位明确规定只传嫡长子，而且是"传嫡不传庶，传长不传贤"。自此宗法制度被作为立国的原则世世代代延续了下来。在宗法制度下，"天子建国，诸侯立家，卿置侧室，大夫有贰宗，士有隶子弟"（《左传·桓公二年》），形成了系统而完整的制度。宗法制的一个关键内容是严嫡庶之辨，实行嫡长子继承制。其目的在于稳固贵族阶级的内部秩序。这一制度依靠自然形成的血缘亲疏关系以划定贵族的等级地位，从而防止贵族间对权位和财产的争夺。

周朝的分封制是怎么来的？

根据宗法制，"传嫡不传庶，传长不传贤"的精神，周王朝规定：只有嫡长子才是

继承王位或爵位的唯一合法者，这就使弟统于兄、小宗统于大宗。庶子虽然不能继承王位，但他们可以得到次于王位的其他爵位。为此，周王朝依据宗法制度的基本原则，又创设了"分封制"，其具体办法是：

第一，周王朝的国王以都城镐京为中心，沿着渭水下游和黄河中游，划出一大片土地，建立由周王直接统治的中央特别行政区，此谓之"王畿"。

第二，"王畿"以外的全国所有土地，划分为大小不等数块，分封给各路诸侯。诸侯国的分封有两种情况：其一，同姓封国。凡是姬姓的周王室亲族，每人都可分到一块土地，在那里建立封国，此即同姓诸侯国。周初，先后分封了 71 个诸侯国，其中同姓诸侯国占大多数。其二，异姓诸侯。这又可分为两种情况：一是分封少数有功之臣；二是分封一些既不能征服又要防止其作乱的部落以笼络人心。

周王朝分封诸侯国之后，上古长期存在的"部落"自此逐渐消失，为封国所代替。周初封国地位平等，直属中央管辖，但国君的爵位各有高低，故封国的面积也大小不一。周王朝将封国国君的爵位分为"公、侯、伯、子、男"五级，五级以下还有第六级"附庸"。附庸国的面积更小，附属于附近较大的封国。这五级爵位的产生，系根据宗法制的大宗、小宗关系而定。

伯夷叔齐的故事是怎样的?

商朝后期，当时孤竹国（今秦皇岛）国君生了三个儿子，孤竹国君姓墨胎氏，长子名允，字公信，后来谥号为伯夷。幼子名智，字公达，后来谥号为叔齐。孤竹君生前有意立叔齐为嗣子，继承他的事业。后来孤竹国君死了，按照当时的常礼，长子应该即位。但清廉自守的伯夷却说："应该尊重父亲生前的遗愿，国君应由叔齐来做。"于是他就悄悄地离开了孤竹国。大家又推举叔齐做国君。叔齐说："我如果当了国君，于兄弟不义，

于礼制不合。"也跑到孤竹国外去了，和他的长兄一起过流亡生活。无奈之下，人们只好立中子继承了君位。

伯夷叔齐听到西方伯主周文王兴起，国内稳定，生产发展很快，于是他们相约到周国去。但是走在中途，就遇见了周武王伐纣的大军，原来这时周文王已经死去，周武王用车拉着周文王的灵柩奔袭商纣。他们二人大失所望，并认为父死不埋葬，就发动战争，是不孝；以臣子身份来讨伐君主，是不仁。伯夷叔齐认为这种做法太可耻了，发誓再不吃周朝的粮食。但是当时各地都属于周朝了，他们就相携着到首阳山上采薇菜吃，后来就饿死在首阳山之上。

他们的让国和不食周粟、以身殉道的行为，得到了儒家的大力推崇。儒家认为，人生价值不在于你能获得什么功名利禄，而在于你对社会做出了什么贡献，在后世对你的评价中来体现人生价值，这就是所谓的留名千古。

"成康之治"是怎么回事?

"成康之治"是中国西周时周成王、周康王相继在位的 40 余年间所形成的安定强盛的政治局面。

周成王及其子康王继承文王和武王的功业，务从节俭，克制多欲，以缓和阶级矛盾。又令周公制礼作乐，即王朝各种典章制度的创立和推行，大规模进行自周武王时开始的分封制。西周分封，是以宗法血缘关系为纽带，建立起周天子统辖下的地方行政系统，从而在一定时期内起到了加强周王朝统治的作用。

分封制还为维护天子、诸侯、卿、大夫、士这一等级序列的礼制的产生，提供了重要前提。成康时代的诸侯，均由中央直接控制。康王之世，周还曾命诸侯征讨淮夷、东夷，加强对异邦的控制。

成康时期，是周最为强盛的阶段。国力强盛，经济繁荣，文化昌盛，社会安定，史称四十余年未曾动用刑具。后世将这段时期

的统治誉为"成康之治"。

什么是"国人暴动"？

西周到周昭王、周穆王时期，由于贵族内部的分化现象越来越严重，许多失势的贵族和贫困的士阶层社会地位不断下降，无奈在城中与一般平民杂处，成为"国人"的组成部分。另外，在"国人"中还有百工、商贾等工商业者以及社会的下层群众。

周夷王死后，其子周厉王姬胡继位。为了改变朝廷的经济状况，周厉王任用荣夷公为卿士，实行"专利"政策，将山林湖泽改由天子直接控制，不准国人进入谋生。

周都镐京的国人因不满周厉王的政策，怨声载道。周厉王又命令卫巫监谤，禁止国人谈论国事，违者杀戮。在周厉王的高压政策下，国人不敢在公开场合议论朝政。人们在路上碰到熟人，也不敢交谈招呼，只用眼色示意一下，然后匆匆地走开，这就是"道路以目"。周厉王得知后十分满意

周厉王的高压政策，进一步激化了社会矛盾。公元前841年，因不满周厉王的暴政，镐京的"国人"集结起来，手持棍棒、农具，围攻王宫，要杀周厉王。周厉王下令调兵遣将。臣下回答说："我们周朝寓兵于国人，国人就是兵，兵就是国人。国人都暴动了，还能调集谁呢？"周厉王带领亲信逃离镐京，一直逃到彘（今山西霍州市东北），并于周共和十四年（公元前828年）病死于该地。

"国人暴动"动摇了西周王朝的统治，直接导致了周王室日趋衰微，逐步出现了分崩离析的局面。

烽火戏诸侯是怎么回事？

公元前781年周宣王去世，其子宫湼即位，是为周幽王。当时周室王畿所处之关中一带发生大地震，加以连年旱灾，社会动荡不安，国力衰竭。而周幽王不但不思挽救周朝于危亡，反而重用佞臣虢石父，盘剥百姓，

又对外攻伐西戎而大败。这引起了大臣褒珦的不满。褒珦来劝周幽王，但被周幽王一怒之下关进监狱。褒国族人听说周幽王好美色，就找到了一个美人起名为褒姒，献于幽王，替褒珦赎罪。

幽王见了褒姒，惊为天人，马上立她为妃，同时也把褒珦释放了。褒姒虽然生得艳如桃李，却冷若冰霜，自进宫以来从来没有笑过一次，幽王为了博得褒姒一笑，不惜想尽一切办法，可是褒姒终日不笑。这时虢石父替周幽王想了一个主意，提议用烽火台一试。

烽火本是古代敌寇侵犯时的紧急军事报警信号。诸侯见了烽火，知道京城告急，必须起兵勤王，赶来救驾。昏庸的周幽王采纳了虢石父的建议，马上带着褒姒，登上了骊山烽火台，命令守兵点燃烽火。一时间，狼烟四起，烽火冲天，各地诸侯一见警报，以为犬戎打过来了，果然带领本部兵马急速赶来救驾。到了骊山脚下，一看竟是周幽王和褒姒高坐台上饮酒作乐。诸侯们始知被戏弄，怀怨而回。褒姒见千军万马召之即来，挥之

烽火戏诸侯
荒淫昏庸的周幽王为博得爱妃一笑不惜假借烽火之名欺骗属国国君，使他们对其失去信任，最后亡国，可谓荒唐可笑又教训深刻。

即去，如同儿戏一般，觉得十分好玩，禁不住嫣然一笑。周幽王大喜，立刻赏赐虢石父千金。

周幽王为进一步讨褒姒欢心，又罔顾老祖宗的规矩，废黜王后申氏和太子宜臼，册封褒姒为后、褒姒生的儿子伯服为太子，并下令废去王后的父亲申侯的爵位，还准备出兵攻伐他。申侯知道后先发制人，联合西戎之兵，于公元前 771 年进攻镐京。周幽王急忙命令烽火台点燃烽火。可是诸侯们因上次受了愚弄，这次都不再理会。

西戎兵马蜂拥入城，周幽王及伯服被杀，只留下褒姒一人做了俘虏（一说被杀）。至此，西周宣告灭亡。

"井田制"的理想与实际差多少？

井田制是中国春秋以前土地公有制的表现形式。井田就是方块田。"井田"一词，最早见于《谷梁传·宣公十五年》："古者三百步为里，名曰井田。""井田者，九百亩，公田居一。"据说，夏朝曾实行过井田制。商朝、周朝的井田制因夏而来。到西周时已经发展得很充分。到春秋时期，由于铁制农具和牛耕的普及，井田制逐渐瓦解。

井田制就是把耕地划分为一定面积的方田，周围有经界，中间有水沟，阡陌纵横，像一个"井"字。一人耕种大约一百亩（约合今 70 公亩）。一百亩为一个方块，称为"一田"。甲骨文中的"田"字也是由此而来。一井分为九个方块，周围的八块田由八户耕种，谓之私田，私田收成全部归耕户所有；中间是公田，由八户共耕，收入全归封邑贵族所有。

然而，西周井田制是比较复杂的，以耕种代赋税，明显不利于贵族，因为如果收成不好，他们与农夫要共受其殃。同样，把每年收成中的十分之一上缴赋税，贵族也不会完全赞同。所以有学者认为，井田制度可能仅是一种乌托邦式的理想制度。由于实际地形地貌千差万别，这种制度可能从未得到严格的实施。著名历史学家黄现璠就曾撰文《周代无井田制》论证井田制在周朝并不存在。

什么是"六艺"？

六艺有两种说法：一种是周代所说，指古人所要学习的六种技能，即礼、乐、射、御、书、数。《周礼·保氏》："养国子以道，乃教之六艺：一曰五礼，二曰六乐，三曰五射，四曰五御，五曰六书，六曰九数。"另外一种是汉代的说法：汉儒以六经为六艺，即《易》《书》《诗》《礼》《乐》《春秋》。

"六经者，大艺也；礼、乐、射、御、书、数者，小艺也。语似分歧，实无二致。古人先识文字，后究大学之道。"（章太炎《国学讲演录》）汉代以后文献中所说的六艺多指六经。如，刘歆《六艺略》中："歆于是总群书而奏其《七略》，故有《辑略》，有《六艺略》，有《诸子略》"，章太炎《国故论衡》："总集者，本括囊别集为书，故不取六艺史传诸子，非曰别集为文，其他非文也。"显然是指作为经典的六经。

夏、商、周为何称"青铜器时代"？

青铜器时代是考古学分期法分定的一个时期，指主要以青铜为材料制造工具、用具、武器的人类物质文化发展阶段，处于新石器时代和铁器时代之间。

青铜是铜和锡的合金，它硬度强，熔点低，制造的器具要比纯铜坚硬耐用得多。这种铜锡的合金发青绿色，所以又叫"青铜"。中国从夏代开始就有青铜冶铸业，相传大禹曾用青铜铸造了九个大鼎，象征他统治下的九个州。目前发现的夏朝青铜器还不多，但商周时代的青铜器却陆陆续续地大量出土，这些青铜器精美的造型、巨大的规模，在世界青铜文化中都是不可多得的珍品。青铜器的品种十分丰富，有礼器、兵器、生产工具、生活用品等。夏、商、西周以及春秋都属于制造并使用青铜器这个历史阶段，所以又称为"青铜器时代"。

周朝为什么分为西周和东周？

周武王讨伐商纣王成功后，建立了周朝，定都镐京。后来周公东征，平息了东边的叛乱之后，考虑到镐京地处西部，对东部各诸侯难以控制，于是周公下令在洛邑建东都。公元前771年，西戎兵占领了镐京并杀死了周幽王，这样继位的平王只好将都城迁到洛邑。从此周王室威信扫地，各诸侯国纷纷起来称霸天下。就这样，周朝变成了强弱截然不同的两个阶段，因为这两个阶段的都城一个在西边，一个在东边。所以，历史上将周朝分为了西周和东周。

贤士商容为何不愿为官？

传说，殷纣时期，主管祭祀宴会的乐官叫商容，因为严格遵循礼仪制度，妨碍殷纣恣意寻欢作乐，被商纣罢官驱逐。商容罢官后流落民间，受到人民的爱戴，他想积聚力量讨伐纣王，但力量不足，就到太行山躲了起来。

牧野之战胜利之后，周武王进入朝歌，听说了商容的义举，就在商容住过的街巷树立旌旗，以示表彰。还想任用商容做三公，商容推辞说：“我不能规劝暴君，而只能躲避，是缺乏勇气；仇恨暴行又不能讨伐，这是愚蠢，一个无勇的蠢人怎么能当三公呢？”武王感叹说：“商容真是一位贤人啊！”尽管这件事的真实性值得商榷，但是商容的这种高风亮节、自我审视的态度仍然值得后人学习。

文丁为何杀功臣季历？

季历是周太王古公亶父幼子，武乙时继位为周侯国。武乙曾授季历以征伐之权。季历率兵西灭程（今陕西咸阳）、北伐义渠（今宁夏固原），生擒义渠首领。季历又征伐西落鬼戎（即鬼方），俘获大小头目二十。文丁为商王时，季历又率兵征伐余吾戎（今山西长治市西北），迫使其服于周。文丁任命

季历为殷牧师，执掌商朝西部地区之征伐。

其后，季历又征伐始呼戎、翳徒戎，声威大振。文丁为此而感到恐惧，决心抑止周的发展。季历到殷都献俘报捷，文丁赐以圭瓒、秬鬯，作为犒赏，加封季历为西伯，使季历毫无戒备之心。当季历准备返周时，文丁突然下令囚禁季历。不久，季历死于殷都。

熊绎封楚的目的是什么？

周公平定四方叛乱，分封诸侯镇守边疆时，对南方叛乱无常的楚族特别关注。他经过反复思考，决定代表成王把鬻熊的曾孙、熊丽的孙子熊绎封到荆山西南今湖北秭归县的长江边上。周公定熊绎封国的爵级为“子”，分以方五十里的土地，在那里建立楚国，因此其国君称“楚子”。熊绎果然没有辜负周公的期望，他建立楚国后，经常跋涉山川，远道来朝见成王，并贡献上那里的土特产。

不过，熊绎对周王室的依顺，是暂时的权宜之计。熊绎后期，就把都城从秭归县东迁了二三百里到今枝江市。楚人迁来后，由于经济发展的先进，自然就成了那里土著蛮族的首领，周围的蛮族都顺服于楚，楚国很快发展壮大起来。

周王室封熊绎至荆山南端建立楚国，本想利用熊绎使楚族顺服，又利用楚族制服南方的蛮族，把楚国作为周朝在南方的屏障。不料楚国利用优越的自然条件和地理环境，征服周围的蛮族部落，经过成王、康王二代积蓄力量，到昭王时就开始反叛周朝了。

昭王南征结局如何？

姬瑕，即周昭王，中国周朝第四代王，周康王之子。昭王欲继承成康事业，继续扩大周的疆域，从昭王十六年（公元前980年）开始，亲率大军南征荆楚，经由唐（今湖北随州西北）、厉（今湖北随州北）、曾（今湖北随州）、夔（今湖北秭归东），直至江汉地区，大获财宝，铸器铭功。

昭王十九年（公元前977年），昭王率

大臣祭公等，以戍卫宗周（镐京）的西六师再攻荆楚。在此期间，昭王进军十分顺利，沿途未遇到像样的抵抗。然而，当回师汉水时，周军却遭到了荆楚部队的强烈抵抗，同时又遭遇了异常的天气。相传昭王抵达汉水边，强迫当地船夫运送周军渡河。汉水边的土著人痛恨周人的骚扰便暗中破坏，给了昭王一艘用胶粘合的大船，结果船行至河心时解体，昭王不识水性，淹死了。荆楚军队趁势出击，全歼群龙无首、陷入混乱的西六师于汉水中。这就是历史上著名的"昭王丧六师于汉水"。

南征的失败，不仅是周王朝由盛到衰的转折点，也是楚国强大到足以与周王朝抗衡的一个标志。后来楚国成为春秋五霸之一，雄踞南方，问鼎周疆。

穆王西游有什么经历？

周穆王，名姬满，是周昭王的长子。在周昭王被淹死后继位为王。穆王励精图治，勤修德政，逐渐恢复了国家的元气。

周穆王十三年（公元前 964 年），穆王以造父为车夫、伯夭做向导，驾着八骏马，带着七队精选的勇士，携带着大量珍宝，选了个好日子，从镐京集合完毕，就出发了。他们首先浩浩荡荡地沿着渭水向东前进，到了孟津，渡过黄河，然后沿太行山西麓向北挺进，直达阴山脚下，转而向西行进，到达"飞鸟之所解羽"的昆仑山，观"黄帝之宫"。之后，他们又向西走了很远，到达了一个风景秀丽的国家，即"西王母之国"。

后来，周朝发生了徐偃王叛乱，穆王听说后，决定动身返回。临别时，周穆王和西王母约定三年后再来，但是穆王没有履行承诺，一去不复返。穆天子西游时，与沿途民族进行了频繁的物资交流，受到了当地人民的热情接待，促进了对外交流，这是中国与西域进行交流的最早记录，有着重大的历史和地理意义。

什么是共和行政？

周夷王在位 8 年去世，其子姬胡即位，就是历史上有名的周厉王。厉王本人不但好大喜功，而且贪财好利，为人又十分残暴。他在登位 30 年时，宠幸荣夷公，并采纳了他的"专利"政策，垄断山林川泽的收益，不准人们利用这些天然资源谋生，同时进一步增加赋税，勒索财物，虐待人民。

公元前 841 年，北方遭遇大旱，百姓流离失所。国人终于忍无可忍，举行了一次大规模的暴动。厉王逃奔到了周朝边境彘（今山西霍县东北）地。厉王逃跑后，国内无君。于是众大臣们经过商议，推举了召穆公和周定公主持贵族会议，暂时代替周天子行使职权。召穆公是召公奭的后代，而周定公是周公旦的后代。

召公和周公共理朝政，号称共和，这一年被称作共和元年，即公元前 841 年。中国在此之前的历史大多属于传说，大多是通过文物考古证实的，缺少文献依据，但从这一年起，史官开始做编年体记录，进而有了明确而不间断的纪年，意义非常重大。同时，"共和"一词也由此诞生。共和十四年，周厉王死于彘，此时太子静已经长大成人，召公和周公于是扶立姬静即位为王，是为周宣王。

宣王中兴是怎么回事？

周宣王即位后，任用召穆公、周定公、尹吉甫等大臣，整顿朝政，使已衰落的周朝一时复兴。

宣王的主要功业，是讨伐侵扰周朝的戎狄和淮夷。宣王四年（公元前 824 年），秦仲为大夫，攻西戎，被杀。宣王又命其子秦庄公兄弟五人伐戎，得胜。五年（公元前 823 年），宣王与尹吉甫一起伐猃狁（即西戎）于鼓衙（今陕西澄城西北）。尹吉甫在征猃狁战争中起了重要作用，率师直攻至太原（今甘肃镇原一带），迫使猃狁向西北退走。对于侵犯江汉地区的淮夷，宣王命召穆公及卿士南仲、大师皇父、大司马程伯休父等率军讨伐，沿淮水东行，使当地大小方国中最强大的徐国服从，向周朝见。宣王十八年（公元前810年），南仲派驹父、高父前往淮夷地域，各方国都迎接王命，并进献贡物。这一时期，宣王还曾命方叔率师征伐荆蛮（即楚国）。

宣王的一系列作为使周朝再次稳定昌盛，但为时短暂。宣王连年对外征战，耗费了大量人力、物力、财力，虽然使西周疆域扩大不少，但是从一定程度上加速了西周的灭亡。

吴国是谁创建的？

古公亶父有三个儿子，分别是太伯、仲雍和季历。季历的儿子昌出生时，天现吉兆，古公亶父高兴地说："看来光大我族的希望在这个小儿啊。"太伯和仲雍听出父亲有传位给季历的意思，为了不让父亲为难，二人悄悄远走。他们一路跋涉到长江南岸（今江苏境内），定居下来。当地人见二人宽袍大袖、举止有礼，又热心传授技术，就举太伯为首领。太伯听当地人自称地方为"句吴"，就定国名为"吴"。土人读"句"为"勾"，而"吴"即"鱼"字，是当地图腾。太伯治理的吴国富裕强盛，远近都来归附。到太伯死后仲雍即位时，仲雍按照当地风俗断发文身，使人民更衷心依附。

太伯、仲雍走后，古公亶父深悔失言，想找回太伯即位，但很久没有音讯，就传位给季历。季历又传位给姬昌，即周文王。到周武王时，打听到两位伯祖父建立了吴国，就封当时的吴王仲雍的后代周章为诸侯。

西周有没有军一级编制？

历来兵家学者都将《周礼》记载的军，作为西周有军一级编制的重要依据。据《周礼·夏官》记载："凡军制，万有二千五百人为军，王六军，大国三军，次国二军，小国一军，军将皆命卿。二千五百人为师，师帅皆中大夫。五百人为旅，旅帅皆下大夫。百人为卒，卒长皆上士。二十五人为两，两司马皆中士。五人为伍，伍皆有长。"

《周礼》称西周已开始实行征兵制度，在此前后成书的一些史籍，也都有西周存在军一级编制的记载。例如，《国语·齐语》有"五乡为帅，故万人为一军"；《左传·襄公十四年》有"周为六军，诸侯之大者三军也"的叙述。唐、宋、明编纂的《通典》《通志》《太平御览》《永乐大典》，均转载了《周礼》中关于"军、师、旅、卒、两、伍"编制的文字，却未见与此相悖的论述。历代军事史学家，也深信西周有军一级编制存在。

中国古代的自首制度产生于何时？

犯罪后因自首而减免刑罚，是我国自古就有的刑罚裁量制度，也是中国古代刑律的重要内容。关于自首制度，最早可考的文字记载为西周时期的《尚书·康诰》："……乃有大罪，非终，乃惟眚灾，适尔，既道极厥辜，时乃不可杀。"意思是虽然犯有大罪，但如果犯罪人已经把犯罪事实全部述说出来，亦不可杀。这就形成了中国古代自首制度的雏形。

从战国到唐代，自首制度经历了由概括性的粗疏的规定到详尽而完备立法的演变过程，逐渐形成为一种法律制度。唐代的自首制度堪称中国古代自首制度的典范。《唐律疏议·名例》规定："诸犯罪未发而自首者，原其罪。"这里的"未发"就是犯罪尚未被人发现的意思，也就是说，只要犯罪还未被发现，自首者就可以免罪。

唐之后的宋、明、清等朝代在承袭唐代自首制度的基础上略做补充，并没有重大的突破。

我国古代的自首制度对当时的封建司法体制具有重大意义：一是大大节省了官府查清案件事实的时间和精力，提高统治效率；二是为尚有知罪之心、有悔罪改过可能性的犯罪人提供了改过自新的机会，有效地缓解了阶级矛盾；另外，该制度还成为古代司法者解决疑难案件的捷径，正如清代江南名幕汪辉祖在其《学治臆说》一书中所表示的，正是法律中自首这一条为疑难案件开了无数的"救生活门"。

夏商周时期的社会生活是怎样的?

夏商时期城市是王朝和各方国的政治中心和军事堡垒。城市设有防御设施,或修筑高峻的城墙,或挖掘巨大的壕沟,或利用天然屏障。城市内的居民都是聚族而居,聚族而葬,体现了宗族社会结构的特点。城市内还有手工业作坊,分工细致。

夏商时期婚制的主流是一夫一妻制,但贵族中一夫多妻现象非常普遍。

夏商时期的饮食用器有炊器、饮器、食器三大类。当时人们主要的进食方式是抓食,匕、勺、箸是比较常见的餐具。商代的食物中,谷物有粟、黍、麦、稻等。肉类食物有两类,一类是家畜,一类是野生动物。饮酒盛行是殷商社会生活的显著特点。夏人和商人特别崇拜天神,他们把现实世界称为"下"的世界,而把神的世界称为"上"的世界。

西周时期的国家形态表现为周王朝与诸侯国的不平等联盟。城市依然是周王朝与诸侯国的政治、军事、文化中心。由于周王朝与诸侯国的纵向关系以及诸侯国之间的横向关系比较密切,西周时期的城市建置相对统一,等级比较明显。

西周的婚姻形态与夏商时期没有本质区别。所不同的是,西周的婚姻已在礼制的规范下运作,形成了一系列约定俗成的礼仪。西周的服饰通过质地、形状、尺寸、颜色、花纹来表现等级贵贱之别。周代饮食也体现出浓厚的礼仪特征,对各种场合的饮食行为都有详细具体的规定。在饮酒方面,周人比较节制,周初曾制定严厉的禁酒措施,强制戒酒。但西周中期以后,酒禁放宽,饮酒风气渐浓。

先秦的饮食是怎样的?

商朝时期,畜牧业已经很发达,在祭祀时常常屠宰大量牛、羊、猪作为祭品。商代

的酿酒业也很发达,出土的商代青铜器中,酒器的数量和品种非常多,而且制作精美。

根据屈原《楚辞·招魂》,周朝的时候,人们的物质生活已经比较丰富。人们的饮食,有粮食类的麦、稻、小米、黄粱、豆、麻等,有菜蔬类的芹菜、甜瓜、葫芦、韭等,有肉类的野猪、羔羊、甲鱼、天鹅、鸡、鸭等,还有饮料类的酒、蜜汁、酸梅汤和调味类的甜酱、酸浆、盐、饴糖等。

先秦的贵族们不仅吃的是珍肴美馔,还讲究吃的礼仪。贵族们宴饮时,必须有相当数量、种类的肉食。这些肉食由厨师做好后,要装入鼎中抬到宴饮的庭院中,依次排列整齐,故有"列鼎而食"之说。那时没有桌子,每个人的面前铺着一张席子,食物摆放在席上,后世所谓"筵席""酒席",就是由此产生的。贵族们吃饭特别是宴乐的时候,旁边还要有人奏乐,其中青铜的编钟是主要的乐器,故而有"钟鸣鼎食"之说。

先秦时期的乐舞是怎样的?

中国的音乐舞蹈艺术起源很早,据文献记载和地下文物的发现,至少在新石器时代就已经产生了。古书中有"击石拊(拍)石,百兽率舞"的记载,这作为舞蹈节拍而击拍的石,最初可能是一般的石块,后来逐渐被专门的石制乐器所取代,这种石制乐器就是石磬。山西省襄汾县的陶寺新石器时代遗址中,曾出土过一件石磬,联系"击石拊石"的记载,可以推知当时已有舞蹈艺术产生了。只有唱歌无法从考古和文献中确知其产生于何时,但类似秦地拍着大腿、"歌呼呜呜"的最简单的歌唱,在乐器出现之前就已经有了。周朝时,还有一种在驱逐疫鬼的傩祭仪式中跳的舞蹈,称为傩舞。

据《周礼·大司乐》记载,这时人们已经有了"十二律"和"五声"的知识。"十二律"相当于今天音乐中的音阶,代表十二个不同的高低标准音;宫、商、角、徵、羽为"五声",相当于今天的乐调。

第三篇

群雄逐鹿，中原争霸
——春秋、战国

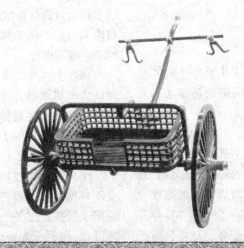

春 秋

郑国为什么与周王室交恶？

郑武公、郑庄公父子先后担任周平王的卿士，权力很大。周平王因此大为不满，于是就暗暗把一部分权力托给虢公。郑庄公发现了这个事情，就埋怨周平王。于是周、郑交换人质。王子狐在郑国作为人质，郑国的公子忽在周朝作为人质。

公元前 720 年，周平王去世了。在郑国为人质的太子王子狐还没有回到洛邑继位也去世了，王子狐的儿子姬林登基，是为周桓王。周桓王继位后便开始暗中谋划，准备把辅政大权交给虢公。这件事情引起了郑庄公的不满，四月，郑国的祭足领兵抢掠周王室温地（今河南温县南）的麦子。秋天，又割取了成周（今河南洛阳市东）的谷子。这些公然的挑衅行为使郑国和周王室的关系全面恶化。

公元前 707 年，郑国和周王室的长年积怨终于爆发为战争。大国争霸的时代正式开始。

"繻葛之战"有何影响？

"繻葛之战"是周桓王十三年（公元前707年）郑国在繻葛（今河南长葛市北）大败周室联军的一次反击作战。

郑庄公姬寤生继位后，凭借国力强盛、身为周室权臣的条件，竭力扩充领地，侵伐诸侯，成就了"春秋小霸"的局面。随着政治、军事实力的增长，郑庄公对周王室的态度变得倨傲不羁，无视天子权威。公元前 707 年，周桓王免去郑庄公左卿士职务，郑庄公遂拒绝朝觐周桓王。同年秋，周桓王为维护王室尊严，亲率王师并征调陈、蔡、卫三国之军联合攻郑，郑庄公则率军迎战周联军于繻葛。

战争开始后，郑庄公命中军将"旗动而鼓，击鼓而进"，号令左、右两军同时出击，向周军两翼配属的陈、蔡、卫军发起猛攻。陈军一触即溃，蔡、卫军迅速败退，两翼周军为溃兵所扰，阵势大乱，纷纷溃败。

繻葛之战使周天子威信扫地，"礼乐征伐自天子出"的传统从此消失。继郑国之后，齐、晋、楚、秦等大国先后兴起。诸侯争霸，周王室无力征讨，天子之位，形同虚设。

郑庄公为何掘地见母？

《左传·隐公元年》记载，郑庄公弟兄二人，母亲武姜因生庄公时难产，因此对他心生厌恶，取名"寤生"，相反对其弟弟叔段却百般宠爱。寤生是老大，按照古制，顺理成章地继承了王位，成为郑国君主。母亲武姜更加心怀不满，千方百计培养叔段的势力，以便强大后取代庄公。于是她就替叔段请求封地封到京襄城（今荥阳），庄公同意了。叔段到京后，称京城太叔，招兵买马，修筑城墙，准备谋反。

郑庄公二十二年（公元前 722 年），叔段认为时机成熟，就和母亲商量谋反日期，而郑庄公早已发现他们的阴谋，即派公孙吕率二百辆兵车包围了京襄城，叔段被迫逃到共城（今河南辉县）后自杀。

庄公怨母甚过叔段，扬言"我俩不到黄泉不再见面"，后将武姜送到颍地（今登封颍阳）居住。过了一段时间，庄公有心与母亲讲和，又碍于先前说过"不到黄泉不见面"的话而有所顾忌。这时，颍地官员颍考叔给他出了一个主意。颍考叔在京襄城很快挖成了一条地道，请庄公和母亲在那里见面。母子二人见面后抱头痛哭，从此言归于好。这即是著名的"掘地见母"故事的由来。

"大义灭亲"有何典故？

文学作品中，人们常用"大义灭亲"来形容一个人的高风亮节，那么这个词是怎么来的呢？

石碏是春秋战国时期大夫。州吁为卫庄公第三子，因是宠妾所生，以致娇宠成性，胡作非为，卫庄公不但不管，反纵他为所欲为。石碏屡次劝谏，卫庄公却充耳不闻。石碏子石厚，常与州吁并车出猎，为非作歹。

庄公死后，姬完继位，称卫桓公，石碏见他生性懦弱无为，于是告老还乡，不参与朝政。此时，州吁更加横行霸道。公元前719年，州吁听计于石厚，害桓公夺位。州吁、石厚为制服国人，立威邻国，就贿赂鲁、陈、蔡、宋等国，大征青壮年去打郑国，弄得劳民伤财。

石碏早想除掉祸根，为国为民除害。于是，他设计将州吁和石厚骗至陈国。之前，石碏啮破手指，写血书一封，派人先一步送予陈国大夫子针，恳求陈国捉拿二人。子针奏陈桓公，桓公应允，将二人抓住。后石碏急派人从邢国接加姬晋（州吁之兄）继位（卫宣公）。众臣皆说州吁罪大应杀，石厚属从犯可免死。但石碏却认为，州吁之罪皆石厚挑唆，自己绝不会徇私情、抛大义。后派家臣羊肩赴陈国将石厚诛杀。

石碏为国大义灭亲之事，史学家左丘明记之，卫民传颂至今。石碏的这种做法得到后人的赞许，后来人们称这种行为是"大义灭亲"。

齐大非偶讲的是什么事？

齐大非偶出自《左传·桓公六年》："齐侯欲以文姜妻郑大子忽，大子忽辞。人问其故，大子曰：'人各有偶，齐大，非吾偶也。'"

春秋时代，齐僖公想把自己的女儿嫁给郑国的太子忽。太子忽推辞说："每个人都有自己的配偶，齐国是个大国，不是我的配偶。"后来北戎部落入侵齐国，齐国向郑国求援，太子忽率领郑国的军队，帮助齐国打败了北戎。齐僖公又提起这件事，太子忽坚决推辞。别人问他，他说："以前没有帮齐国忙的时候，我都不敢娶齐侯的女儿。今天奉了父王之命来解救齐国之难，娶了妻子回去，这不是用郑国的军队换取自己的婚姻？郑国百姓会怎么说我！"就辞别而去。

公子突是如何夺位的？

郑国大夫祭仲获得郑庄公的宠信，被庄公封为贵族。他作为郑庄公的迎亲特使，赴邓国迎娶公主邓曼为庄公的夫人。邓曼生了太子忽。所以郑庄公死后，祭仲以此历史渊源，扶立太子忽继任郑国君主，史称郑昭公。

宋国贵族雍氏也有女儿嫁给郑庄公为妻，名叫雍姞，生下公子突。雍氏在宋国很有势力，受人敬重，且获得宋庄公的宠信。郑昭公即位后，公子突移居宋国。

雍氏即设计绑架祭仲，威胁他说："不立公子突，就要你的性命！"与此同时，又劫持公子突，逼迫他签订向宋国贿款的债约。祭仲怕死，便与宋国达成秘密协定：迎公子突回国，立为国君。郑昭公见形势不利，只好出逃到卫国。公子突正式就任郑国君主，史称郑厉公。

宋襄公为人如何？

历史上的宋襄公是个颇有争议的人物，他位列春秋五霸，却常常因为自己的仁义而吃亏、上当，所以有人认为他迂腐。正所谓仁者见仁，智者见智。

周襄王十四年（公元前638年）夏，宋襄公出兵伐郑，郑文公向楚国求救，楚成王接报后，没有直接去救郑国，却统领大队人马直接杀向宋国。宋襄公只好带领宋军星夜往国内赶。待宋军在泓水边扎好营盘，楚国的兵马也来到了对岸。宋襄公认为自己是仁义之师，特意做了一面绣有"仁义"二字的大旗，要用"仁义"来战胜楚国的刀枪。

楚军开始过河时，公孙固建议宋襄公在楚军过河期间杀过去，定能取胜。但宋襄公却说那样做是不仁义的行为。等到楚军全部渡完河，在河岸上布阵时。公孙固又劝宋襄公趁其兵乱时发动攻击，可以取胜。宋襄公听到此话不由发怒，认为如此做法更是不仁义。结果等楚军列队冲过来之后，宋军大乱，宋襄公在乱军中被箭射中大腿。

周襄王十五年（公元前 637 年），晋国的公子重耳，来到宋国，宋襄公款待了重耳，虽然宋国刚战败，但仍送出了 20 车的大礼。

用现代的眼光看来，宋襄公在春秋乱世中不切实际地空谈古时君子风度，为了守迂腐的信条在政治军事斗争中处处被动。如果将礼义用到君子身上，会使君子之风发扬光大，但如果像宋襄公这样用错地方，则会自取其辱，不但误国，也会成为后世笑柄。

子鱼为何责怪宋襄公？

鲁僖公二十二年（公元前 638 年）冬，宋襄公与楚国在泓水旁展开战争。最后襄公大腿被伤，卫兵全部阵亡。宋国的国人指责宋襄公只知仁义，不知道杀敌，宋襄公却说："君子不使人受两次伤，不擒获花白头发的人。我断不能击鼓进攻不成阵势的军队。"

宋国大夫子鱼说："君主不懂战争。强敌的军队，遇到隘障而又不列战阵，正是上天帮助我们，利用险阻击鼓进军，不是正好吗？难道你还害怕取胜吗？只要获胜就要捉取他们，哪里还顾及什么头发花白不花白呢？辨明耻辱，训练战士，是要去杀敌的，打伤还没有到死，为什么不再打？如果怜惜两次受伤的人，那就应当不去伤他；怜惜花白头发的人，那就应当不打仗而劝服他。三军当在有利的形势下使用，鸣金击鼓是用以鼓动士气的，见利而用兵，利用险阻打击敌人是可行的，击鼓进攻混乱的队伍是必须的。"

齐襄公是怎么死的？

齐襄公十二年（公元前 686 年），大臣连称、管至父伙同公孙无知杀了齐襄公。

起因是：公元前 687 年，齐襄公命连、管二人率兵守葵丘（今沂源璞丘，旧属临朐），允诺甜瓜再熟时换防，一年后到期却仍不换防。连称、管至父再三要求襄公换防，襄公就是不准。连称有妹为襄公妾，因襄公只钟情于文姜而未曾受宠，于是怀恨在心，私通公孙无知等密谋叛乱。公孙无知许诺若他能当上国君就让连称之妹做自己的夫人。这一年的十二月，襄公出游姑棼，到沛丘狩猎。在狩猎过程中从车上摔了下来，回宫后发现自己丢了一只鞋，就不分青红皂白地把替他看鞋的侍从鞭打了一通。

公孙无知与连称等人听说襄公受了伤，就来袭击行宫。被打的侍从对他们说："你们先不要进去惊动昏君，一旦惊动了他就不容易杀进去了。"公孙无知等人不信，侍从让他们看了自己身上的伤，他们才相信。于是他们派这个侍从先进去，侍从进去后，把齐襄公藏了起来。公孙无知等人进去后，怎么也找不到齐襄公。后来发现门后有人行走，正是齐襄公，于是他们将齐襄公杀死。之后，公孙无知自立为齐君。

鲁国为何能取得长勺之战的胜利？

鲁庄公十年（公元前 684 年）春天，齐国军队攻打鲁国，鲁庄公准备应战。曹刿上朝去拜见鲁庄公并要求一起参战，庄公应允。

庄公同他共坐一辆战车。两国的军队在长勺作战。庄公打算击鼓命令进军。曹刿说："不行。"齐国军队敲了三次鼓。曹刿说："此时可以进攻了。"齐军大败。庄公准备驱车追去，曹刿说："不行。"接着向下观察齐军车轮留下的痕迹，又登上车前的横木远望齐军，说："可以了。"就追击齐国军队。

战胜了齐国军队后，庄公问其原因。曹刿回答说："作战是靠勇气的。第一次击鼓振作了勇气，第二次击鼓勇气低落，第三次击鼓勇气就消失了。他们的勇气消失了，我军的勇气正旺盛，所以战胜了他们。大国，是不容易估计的，怕有伏兵在那里。我看见他们的车轮痕迹混乱了，望见他们的旗帜倒下了，所以追击齐军。"

来自乡间的曹刿以出色的才智帮助弱小的鲁国在长勺打败了强大的齐国，为后世留下了"一鼓作气，再而衰，三而竭"的真知灼见。

齐桓公为何能当霸主？

齐桓公拜管仲为相，君臣同心，励精图治，对内整顿朝政、例行改革，对外尊王攘夷，存亡续绝。这一时期，他起用了包括"桓管五杰"在内的一批各有所长、尽忠职守的出色人才，从政治、军事、经济各方面进行改革，为争霸打下了坚实的基础。

公元前681年，齐桓公奉了周天子的命令，向各诸侯发出通知，约定三月初一，在齐国北杏会盟，共同来确定宋国君位。由于当时齐桓公威望不高，只有宋、陈、邾、蔡四国诸侯到会，而鲁、卫、郑、曹等国都在窥测风向。五国诸侯会见完毕后，共推齐桓公为盟主（因他手里有周天子的命令），并在会上订立了盟约。盟约规定：第一，尊重天子扶助王室；第二，共同抵御蛮、戎等部落侵入中原；第三，扶弱济困，帮助有困难的和弱小的诸侯。

会盟后，齐桓公首先率军灭掉了没来会盟的遂国，然后先后击败了鲁、郑两国，迫使

齐恒公与管仲书像砖

他们求和。公元前679年，齐桓公又约各国在鄄地会盟，这一次各诸侯国基本上承认了齐桓公的霸主地位。随后，齐桓公又征服了最后一个不服齐国的楚国，并借帮助周王室平定内乱之际，趁机在宋国葵丘会合诸侯，招待天子使臣，并又一次订立了盟约，这是齐桓公第九次，也是最后一次会合诸侯，所以历史上把齐桓公称霸的过程也称作"九合诸侯"。

"鹿之谋"征楚是怎么回事？

齐桓公为图霸业加之大臣们的纷纷请战，决定率兵攻打楚国。可是，管仲却以"因两国兵力相当，恐两败俱伤"为由劝齐桓公不要着急。

齐桓公和大臣们觉得管仲的话很有道理，于是暂时打消了对楚国发动进攻的念头，等待管仲拿出好的主意来。

那时候，楚国盛产鹿，而齐国却视鹿为珍稀动物。管仲便以此为谋，用计使楚人相信齐王好鹿，愿重金购之。于是楚人上上下下皆开始弃田捕鹿，后来连军队里的士兵也开始参与其中。一年之后，楚国的老百姓个个腰缠万贯，家里有的是铜币。但是，楚国的大片良田却荒芜了，颗粒无收。老百姓拿钱买不到粮食，这时，管仲又下令各诸侯国不得将粮食运往楚国，楚国的老百姓饿死的饿死、逃荒的逃荒，最后连军饷也没有了，楚国上下一片混乱。

这时，管仲见时机已成熟，率领大军向楚国进攻，楚国内外交困，无力招架，楚成王只好派大臣到齐国去求和。从此，楚国被齐国征服了，齐国便称霸天下。后来，人们把管仲的这种计谋称为"鹿之谋"。

齐桓公是怎么死的？

易牙，春秋时代一位著名的厨师，也有写成狄牙的。他是齐桓公宠幸的近臣，用为雍人，即专管料理齐桓公饮食的厨师。

一次，桓公对易牙说："山珍海味我都吃腻了，只是没吃过人肉，你如此会做菜，

可知道怎么烹制人肉？味道又是如何？"桓公此言本是无心的戏言，而易牙却把这话牢记在心。后来他就把儿子杀了给桓公做人肉宴。桓公在一次午膳上，吃到一盘鲜嫩无比、从未吃过的肉菜，便询问易牙："此系何肉？"易牙哭着说："乃臣子之肉，献于大王尝鲜。"桓公听后，内心很是不舒服，却被易牙杀子给自己吃的行为所感动，认为易牙爱他胜过亲骨肉，从此对他越发宠信。

后齐桓公得重病，易牙与竖刁作乱，填塞宫门，筑起高墙，内外不通。最后，将齐桓公活活饿死。

齐桓公死后为何久久未下葬？

齐桓公一生显赫，是一位有治国才干和雄图大略的统治者，也是春秋列国中的第一个霸主。但是他的晚年却有点儿悲惨，死后很长时间都没有下葬，这是何故呢？

管仲在世的时候，齐桓公把公子姜昭立为太子，并把他托付给宋国国君宋襄公照顾。管仲死后，齐桓公的儿子们钩心斗角，都想继承王位。齐桓公生病的时候，他的儿子们就开始拉帮结派争夺君位。等到齐桓公去世，更是互相攻打，闹得不可开交。因此宫中无人，齐桓公尸体也没有人敢装入棺材。结果，尸体在床上竟停放了 67 天，以致腐烂生蛆，蛆虫甚至爬出了门外。直到姜无诡登位，才将齐桓公装尸入棺，发出报丧的讣告，举行追悼仪式。就这样，由于政局混乱的缘故，齐桓公的尸体在他死后第十个月才得以安葬。

"管鲍之交"有何典故？

"管鲍"，是指公元前 7 世纪中国春秋时期的政治家管仲和鲍叔牙，二人交好。管仲比较穷，鲍叔牙比较富有，但是他们之间彼此了解、相互信任。管仲和鲍叔牙早年合伙做生意，管仲出很少的本钱，分红的时候却拿很多钱，鲍叔牙毫不计较。管仲参军作战，临阵却逃跑了，鲍叔牙也

没有嘲笑管仲怕死，他知道管仲是因为牵挂家里年老的母亲。

后来二人开始从政。当时齐国朝政很乱，王子们为了避祸，纷纷逃到别的国家等待机会。管仲辅佐在鲁国居住的公子纠，而鲍叔牙则在莒国侍奉另一个齐国公子小白。不久，齐国发生暴乱，国君被杀死。公子纠和小白听到消息，急忙动身往齐国赶，想抢夺君位。两支队伍正好在路上相遇，管仲为了让纠当上国君，就向小白射了一箭，但没有伤到小白。后来，小白当上了国君，历史上称为"齐桓公"。

齐桓公一当上国君，就让鲁国把公子纠杀死，把管仲囚禁起来。齐桓公欲拜鲍叔牙为相，而鲍叔牙则劝其拜管仲为相，后齐桓公被说服，将管仲接回齐国。管仲回到齐国，当了丞相，而鲍叔牙却甘心做管仲的助手。在管仲和鲍叔牙的合力治理下，齐国成为诸侯国中最强大的国家，齐桓公成为诸侯中的霸主。

鲍叔牙死后，管仲在他的墓前大哭不止，想起鲍叔牙对他的理解和支持，他感叹说："生我者父母，知我者鲍子也。"管仲和鲍叔牙之间深厚的友情，已成为中国代代流传的佳话。在中国，人们常常用"管鲍之交"来形容自己与好朋友之间亲密无间、彼此信任的关系。

"庆父不死，鲁难未已"是什么意思？

公元前 662 年，鲁庄公死去。在庄公同母弟弟公子友的支持下，公子般当了国君，但在位不到两个月，便被庆父派人杀死，支持公子般的公子友逃往陈国。庆父另立阂公当国君，我行我素，制造内乱，企图浑水摸鱼，把鲁国闹得很不太平。

齐桓公便派大夫仲孙湫到鲁国去了解情况。不久，仲孙湫把了解到的鲁国情况向齐桓公报告，并下结论说："庆父不死，鲁难未已！"事实果然如此。过了一年，庆父又杀死了鲁阂公。两年之内鲁国两个国君被杀，

使鲁国的局势陷入了严重的混乱之中，百姓们对庆父恨之入骨。庆父见在鲁国实在无法再待下去了，便逃往莒国。鲁僖公继位后，知道庆父如果继续存在，对鲁国是个严重的威胁，便请求莒国把庆父送回鲁国。庆父自知罪孽深重，回到鲁国没有好下场，便在途中自杀了。

息夫人为何导致两国败亡？

息夫人，春秋时期息国国君的夫人，出生于陈国（今河南淮阳县）的妫姓世家，因嫁于息国又称息妫，后楚文王以武力得之。因容颜绝代，脸似桃花，又称为"桃花夫人"。

周庄王十三年（公元前684年），息妫出嫁路过蔡国，蔡侯款待时行为轻佻，息侯闻之大怒，设计报复。先怂恿楚文王出兵假攻息国，息再向蔡国求救，诱其出兵。九月，楚兵于莘地（今汝南县境）战胜蔡国，俘虏蔡侯。蔡侯不甘心，便向楚文王称赞息妫容貌极美。楚文王假借巡方为名来至息国，见息妫美色果然人间罕见而夜不能寐。次日就以武力俘虏息侯，抢走了息妫。

息妫入楚宫三年，生了两个儿子，即堵敖和成王，但一直不愿说话。楚文王问她是什么缘故，她回答说："我一个女人，伺候两个丈夫，又有什么话可说的？"楚文王道："这都是蔡侯的过错，我当为夫人报仇。"于是又兴兵攻打蔡国。

"欲加之罪，何患无辞"有何来由？

"欲加之罪，何患无辞"由"欲加之罪，其无辞乎"演变而来，是说想要给人强加上个罪名，何愁找不到借口。那么这句话有何来由呢？

春秋时期，晋献公在位时，最宠信一个叫骊姬的妃子。骊姬想让自己的儿子奚齐当国君，于是她千方百计地陷害太子申生，最终申生自杀身亡，他的两个哥哥重耳和夷吾逃亡国外。

后来，晋献公病重，他把最信任的大夫荀息叫到床前，嘱咐他好好辅佐奚齐当国君，荀息答应了。有一个名叫里克的大夫，他原来是太子申生的副将，一心想为申生报仇。晋献公死后，奚齐登上君位不久，里克就找机会把奚齐给杀了。荀息只好又立了奚齐的弟弟卓子当国君，但里克又把卓子杀了，荀息也被逼自杀。这时候，流亡秦国的夷吾回国当上了国君，这就是晋惠公。晋惠公刚当上国君，就对里克说："你杀掉了两个国君和一个大夫，我如果不杀你，别人就不会服我。"里克冷笑着说："如果我不杀他们，能轮到你来当这个国君吗？你既然已经打定主意把罪名加到我头上，还怕找不到理由吗？"（原话是："欲加之罪，其无辞乎？"）于是他自己扑到剑上结束了自己的生命。

骊姬倾晋是怎么回事？

骊姬（？～前650年），山西人，本是骊戎首领的女儿。公元前672年，被晋献公虏入晋国成为献公的妃子，她使计离间了献公与申生、重耳、夷吾父子兄弟之间的感情，并设计杀死了太子申生，制造了"骊姬倾晋""骊姬乱晋"事件。

嫁给晋献公之后，骊姬生子奚齐。骊姬以美色取得了晋献公的专宠，同时还想废去太子申生，立奚齐为太子。

骊姬买通晋大夫梁五和嬖五，此二人建议晋献公令公子重耳、夷吾去边关要塞防守，献公中计，只留下奚齐与卓子二人在身边，以伺机废立，史称"二五害晋"。之后骊姬再次密谋，她把太子申生从曲沃送来的一块祭肉放上鸩毒，然后献给晋献公，加罪于太子，又诬重耳、夷吾也参加申生的阴谋，把两位公子也逼到狄国和梁国去了。骊姬见时机已经成熟，就逼献公立奚齐为太子。

晋献公二十六年（公元前651年），献公死，奚齐继位，但被晋大夫里克等杀死，立公子夷吾为晋惠公，公元前650年，骊姬诬害太子罪迹暴露，被杀死。

荀息为何死君难？

晋献公在位时，荀息是奚齐的师傅。晋献公病重，召见荀息，对他说："把这幼稚的孤儿托付给大夫，你会怎样对他？"荀息拱手对晋献公说："我会竭尽全身之力，加上忠贞来辅佐他。如果这样不济事，那我就用死来继续自己的辅佐之责。"

鲁僖公九年（公元前 651 年）九月，晋献公死，奚齐继位。但大夫里克想让重耳回国继承君位，于是发起动乱。等到里克快要杀奚齐的时候，就来告诉荀息，荀息说："奚齐如果死了，我也将去死。"冬季十月，里克把奚齐杀死在晋献公临下葬的时候。《春秋》写道，"杀他的国君的儿子"，意思是晋献公还未下葬而儿子就被杀。荀息将要为奚齐去死，有人建议他立卓子为国君，荀息立了卓子后才埋葬晋献公和奚齐。但一个月后，里克把公子卓子杀死在朝堂内，荀息随之自杀了。

为什么称百里奚为"五羖大夫"？

百里奚是秦穆公时的贤臣，著名的政治家。

百里奚饱读诗书，才学过人，妻子鼓励百里奚出游列国求仕。百里奚历经宋国、齐国等国家，皆未被录用。在齐国郅地，遇见蹇叔，一番高谈阔论之后，二人结为知己。此后，在蹇叔的举荐下，百里奚到虞国当了大夫。

虞国国君爱财如命，因收了晋国之厚礼而应允晋国可以借路去征讨自己的邻国虢国。百里奚对虞国国君述说唇亡齿寒的道理，未果。后晋国灭虢国后，又灭虞国，百里奚逃回楚国。

楚国国君不知百里奚胸有大略，令其为自己养牛。而刚登王位的秦穆公知百里奚才能，便欲重金买之。谋臣子絷则言不可重金买之，否则一定会让楚国国君知道百里奚是

难得一见的人才，应该贱买。最后，秦穆公用五张黑公羊皮换来了百里奚。到秦国后，秦穆公亲见百里奚，以礼相待，咨其以天下之事，拜其为上大夫。后百里奚又举荐自己的好友蹇叔当了上卿，共同辅佐秦穆公。

羖，就是黑公羊皮的意思，所以世人又称百里奚为"五羖大夫"。

弦高是怎么救郑国的？

公元前 628 年，秦穆公决定趁晋文公病死，晋国无暇他顾之时出兵讨伐郑国。他留在郑国的三个将军也送信给秦穆公说："郑国北门的防守掌握在我们手里，要是秘密派兵来偷袭，保管成功。"

秦穆公召集大臣们商量怎样攻打郑国，百里奚和蹇叔皆反对。秦穆公不听，命百里奚的儿子孟明视为大将，蹇叔的两个儿子西乞术、白乙丙为副将，率领 300 辆兵车，偷偷地去打郑国。

弦高是郑国的一个牛贩子。他赶了牛到洛邑去做买卖，正好碰到准备偷袭郑国的秦军。他看出了秦军的来意，要向郑国报告已经来不及。他急中生智，冒充郑国使臣将 4 张熟牛皮和 12 头肥牛送给了孟明视。孟明视见事已败露，便撤兵回国了。骗了孟明视之后，弦高急忙派人连夜赶回郑国向国君报告。郑国的国君接到弦高的信，急忙叫人到北门去观察秦军的动静。果然发现秦军把刀枪磨擦得雪亮，马匹喂得饱饱的，正在做打仗的准备。于是他就向秦国的三个将军下了逐客令，说："各位在郑国住得太久，我们实在供应不起。听说你们就要离开，就请便吧。"三个将军知道已经泄露了机密，眼看待不下去，只好连夜把人马带走。

主人为何称"东道主"？

"东道主"一词泛指接待或宴客的主人，在现在社会中被频频使用。那么，这个词是怎么来的呢？

鲁僖公三十年（公元前 630 年）九月

十三日，晋文公和秦穆公的联军包围了郑国国都。老臣烛之武想出了一个解围的办法，于是在当夜，郑文公趁着天黑叫人用粗绳子把烛之武从城头上吊下去，私下会见秦穆公。

烛之武巧妙地利用晋国和秦国明争暗斗的矛盾，对秦穆公说："秦晋联军攻打郑国，郑国肯定要灭亡了。但没有了郑国其实对贵国并无一点好处。因为从地理位置上讲，晋国处于秦国和郑国之间，贵国要越过晋国来控制郑国，恐怕是难于做到的吧？到头来得到好处的还是晋国。晋国的实力强大了，秦国的实力自然就弱了。"秦穆公觉得烛之武说得非常有道理，烛之武又进一步说："如果你能把郑国留下，让他作为你们东方道路上的主人。你们使者来往经过郑国，郑国一定尽心招待使者，这难道不好吗？"

最后，秦穆公被说服了，他单方面跟郑国签订了和约。晋国没有了秦国的联合，也只得退兵了。秦国在西，郑国在东，所以郑国对秦国来说自称"东道主"。后来，它泛指招待迎接客人的主人。

"退避三舍"有何典故？

春秋时候，晋献公听信谗言，杀了太子申生，又派人捉拿申生的弟弟重耳。重耳闻讯，逃出了晋国，在外流亡十几年。经过千辛万苦，重耳来到楚国。楚成王认为重耳日后必有大作为，就以国君之礼相迎，待他如上宾。

一天，楚王问重耳："你若有一天回晋国当上国君，该怎么报答我呢？"重耳说楚国盛产珍禽羽毛、象牙兽皮，而且楚王有许多美女侍从、珍宝丝绸，所以他不知道晋有什么珍奇异宝可以给楚王。但楚王却要求重耳有所表示，重耳接着说："要是我果真能回国当政，我愿与贵国交好。假如有一天，晋楚国之间发生战争，我一定命令军队先退避三舍（一舍等于三十里），如果还不能得到您的原谅，我再与您交战。"

四年后，重耳真的回到晋国当了国君，就是历史上有名的晋文公。晋国在他的治理

下日益强大。公元前 633 年，楚国和晋国的军队在作战时相遇，晋文公为了实现当初许下的诺言，下令军队后退九十里，驻扎在城濮。楚军见晋军后退，以为对方害怕了，马上追击。晋军利用楚军骄傲轻敌的弱点，集中兵力，大破楚军，取得了城濮之战的胜利。

这便是"退避三舍"的由来。

重耳为何被称为"逃亡公子"？

作为春秋五霸之一的晋文公——重耳曾有过一段辛酸、坎坷的逃亡生涯，62 岁才回国继位，因此也得到一个"逃亡公子"的名号。

公元前 666 年，晋献公派 32 岁的重耳守护蒲城。公元前 656 年，重耳遭到骊姬之乱的迫害，离开了晋国都城绛，到蒲城，他父亲晋献公派勃鞮谋杀重耳，重耳爬墙侥幸逃走。重耳的母亲是狄族，他决定向狄族人的地方逃跑。

公元前 651 年，晋献公逝世，荀息当国相，骊姬立他儿子奚齐为国君，里克杀了骊姬和奚齐，荀息自杀，里克派人迎接重耳回国即位，重耳辞谢，时年 47 岁。

公元前 650 年，重耳的弟弟夷吾登君主宝座，自立为晋惠公。公元前 644 年，晋惠公派勃鞮第二次追杀重耳，重耳决定去为齐桓公效劳，同时希望得到齐国的保护和帮助。

公元前 638 年，重耳到了宋国。宋襄公款待他，并送他装了 20 辆马车的礼物。后来重耳到了郑国，郑文公拒绝接待他。到了楚国，楚成王设宴接待他，并问他以后打算如何报答楚国。重耳回答"万一晋国和楚国之间发生了战争，我愿意命令军队撤退三舍（即九十里）"。楚国大夫子玉建议楚成王马上杀死重耳，以免给自己留下后患，但是楚成王没有采纳他的意见。最后，重耳到了秦国，秦穆公热情接待他，并把自己的亲生女儿怀嬴许配给他。

公元前 636 年，秦穆公护送重耳回晋国。重耳即位，称晋文公。他大加奖赏有功人员，

晋文公复国图卷 南宋 李唐

就连逃亡途中有仇于他的勃鞮、头须等,也被重用。晋国大治,从而成就了春秋霸业。

晋惠公因何成了秦的俘虏?

春秋时期,晋国公子夷吾为了争取秦国支持他回国做国君,答应秦国事成之后,一定割让五座城池给秦国。可是,夷吾成为晋惠公之后,并没有履行这个诺言。

后来,晋国遭受自然灾害,晋惠公希望秦国卖粮食给他,秦国很慷慨地答应了他的要求。但是,当第二年秦国也发生了饥荒并向晋国求援时,晋惠公却不想帮助秦国。晋国大夫庆郑认为晋惠公不应该这样,但另一个大臣却说:"晋国不履行割五城给秦国的这个诺言,是根本问题,如果这个根本问题

不解决,而只答应卖粮食,就好比只有毛而没有皮。既然没有皮,毛又能依附在什么地方呢?(即皮之不存,毛将焉附?)我们过去已经在割地的问题上违约了,秦国对我们早就产生了怨恨,现在即使答应卖粮,也不能平息秦国的不满,不如干脆连卖粮也不答应。"晋惠公于是拒绝了秦国买粮的要求。庆郑说:"国君这样做,将来一定会后悔的。"果然,第二年,秦晋之间发生战争,晋惠公在战场上做了秦国的俘虏。

怀嬴一生有什么经历?

怀嬴,秦穆公的女儿。她先嫁与当时在秦国当人质的太子圉,也就是后来的晋怀公,所以叫怀嬴。婚后不久,太子圉听说父亲晋

惠公将病死，他害怕失去晋国的继承权，于是，就化装成羊皮贩子，丢下怀嬴逃回了国，正好赶上父亲的葬礼，并最终当上了晋国国君。怀嬴的第一段婚姻就此结束了。

晋怀公的二叔重耳（晋文公）因回国无门流浪到秦国，秦穆公知其才略，便将包括怀嬴在内的宗室里的5个女子全部嫁给他。后来，重耳在秦国重兵护送下渡过黄河，将上台不到一年的晋怀公推翻并将他杀掉，成为继秦穆公之后第二位春秋霸主。

重耳即位后，亲自到黄河边以大礼将怀嬴迎娶回晋。后来，怀嬴在秦晋两国交好中起到了积极的作用。重耳死后，秦晋两国曾打了一场惨烈的"崤之战"。秦军大败，文嬴（即怀嬴，嫁晋文公后改称文嬴）出面才使得两国化干戈为玉帛。

介子推为何隐居不仕？

介子推一作介之推（介推），亦称介子，另有姓王名光之说。生卒年不详。

春秋时候，晋国发生内乱，重耳避难奔狄，随行贤士五人，其一便是介子推。

重耳出逃时，经常食不果腹、衣不蔽体。据《韩诗外传》记载，有一年逃到卫国，重耳无粮，为了让重耳活命，介子推到山沟里，把腿上的肉割了一块，与采摘来的野菜同煮成汤给重耳。当重耳知道那是介子推腿上的肉时，大受感动，声称有朝一日做了君王，要好好报答介子推。

19年的逃亡生涯结束后，重耳一下子由逃亡者变成了晋文公，介子推却并未邀功，而是隐居绵山，成了一名不食君禄的隐士。

邻居解张为子推不平，夜里写了封书信挂到城门上。晋文公看到后，后悔自己忘恩负义，赶紧派人召介子推受封，才知道他已隐入绵山。后晋文公亲自前往绵山寻访，却未寻得。因求人心切，便听人所言下令三面烧山。后发现介子推母子的尸骨，晋文公大悲，命人厚葬于此。

介子推功不言禄的行为是知识分子独立精神的体现，正因为如此，黄庭坚赞叹道"士甘焚死不公侯，满眼蓬蒿共一丘"。

"麻隧之战"导致了什么样的结果？

公元前578年，晋厉公亲统晋国四军，另外加上齐、宋、卫、鲁、郑、曹、邾、滕等八国联军共同进攻秦国，秦亦起兵进至泾河以东迎战。5月4日，双方在麻隧展开激战，秦军大败，残部败退。

麻隧之战的失败，使秦国数世不振，不再对晋国西部构成威胁。而晋国在取得麻隧之战的胜利后，完成了"秦、狄、齐"三强服晋的部署，中原诸国皆实为晋之属国。公元前575年，晋厉公在鄢陵之战中战胜楚国，实现了晋景公重建霸业的愿望。

"鄢陵之战"发生于何时？

"鄢陵之战"是公元前575年晋国和楚国为争夺中原霸权，在鄢陵（今河南鄢陵县）发生的战争。

公元前575年春，楚共王在武城（今河南南阳市北）遣公子成赴郑，以汝阴之田（今河南郏县、叶县间）向郑求和，郑遂投楚叛晋。晋国遂兴师伐郑。郑成公闻讯，向楚国求救。楚共王决定出兵救郑，与晋军战于郑地鄢陵。战斗从晨至暮，楚军略受挫，公子筏被俘，但双方胜负未定。楚共王决定次日再战。后楚共王得知晋军已有准备，无奈只得引军夜遁。

鄢陵之战是晋楚争霸战争中继城濮之战、邲之战后第三次也是最后一次两国主力军队的会战，标志着楚国对中原的争夺走向颓势。晋国虽然借此战重整霸业（晋悼公复霸），但其对中原诸侯的控制力却逐渐减弱。

春秋诸侯为何要召开弭兵之会？

从春秋中期开始，晋楚两国为了争夺霸权，连年厮杀，导致民不聊生。经数十年战争，晋楚两国都疲惫不堪，需要休整，各诸侯国更是普遍要求和平。在这样的形势下，宋国的华元多方奔走，约合晋楚两国，以调解两国的关系，促成晋楚和平相处。"弭兵"是停止战争的意思。

公元前 546 年，第二次弭兵之会在宋国举行。晋、楚、齐、秦、宋、鲁、郑、卫、陈、许、曹、邾、滕、蔡等 14 国参加了会议。会议决定晋国和楚国共为盟主，各国共订盟约，不再打仗；除齐、秦外，各国都要向晋楚两国同样朝贡。弭兵之会的结果是晋楚两国平分霸权。它为争霸各国提供了喘息和备战的时机，却没有也不可能真正消除战祸。弭兵之会在一定程度上带来了比较安宁的社会环境，中原地区战事减少，进入了和平时期，使得社会经济和文化渐渐发展和繁荣起来。

《春秋》记载了哪些历史？

《春秋》，又称《麟经》（《麟史》），是鲁国的编年史，经过了孔子的修订。记载了从鲁隐公元年（公元前 722 年）到鲁哀公十四年（公元前 481 年）的历史，是中国现存最早的一部编年体史书。《春秋》一书的史料价值很高，但不完备。

在中国上古时期，春季和秋季是诸侯朝觐王室的时节。另外，春秋在古代也代表一年四季。而史书记载的都是一年四季中发生的大事，因此"春秋"是史书的统称。而鲁国史书的正式名称就是《春秋》。传统上认为《春秋》是孔子的作品，也有人认为是鲁国史官的集体作品。

"染指"一词有何典故？

"染指"意为占取不应该得到的利益，也指插手某件事情。"染指"一词出自《左传·宣公四年》记载的一个故事。

公元前 605 年，郑国大夫子宋与子家一同去见郑灵公。将进宫门时子宋说其食指在动，今天会尝到新奇的美味，子家将信将疑。两人进宫，看到厨子正在把一只已经煮熟了的甲鱼切成块儿。子家与子宋相视而笑。郑灵公好奇地问他们在笑什么，子家就把刚才宫门外的情况讲了一遍，郑灵公听了，便不再说什么。

等大夫们到齐，用鼎煮熟的大甲鱼由厨子装进盆子，先给郑灵公，然后给各位大夫。郑灵公尝后大赞，示意大家一起吃。但是，子宋却呆呆地坐着。原来，他面前的桌案上什么也没有。显然，这是郑灵公安排好的。

子宋大权在握，是数一数二的大臣，他一气之下也不管郑灵公同不同意，突然站起来，走到大鼎面前，伸出指头往里蘸了一下，尝了尝味道，然后，大摇大摆地走了出去。这就是后世所称"染指"的由来。郑灵公见子宋如此无礼，要杀他。子宋竟先下手为强，把郑灵公杀了，造成郑国内乱。

"一鸣惊人"出自何处？

人们常用"一鸣惊人"来比喻那些平时没有突出的表现，却一下子做出惊人成绩的人。出自《韩非子·喻老》记载的一个故事。

楚庄王，又称荆庄王，熊氏，名旅（一作吕或侣），春秋时楚国最有作为的国君，中原五霸之一。郢都即今江陵纪南城人，楚穆王之子，公元前 614 年继位。登位三年，不发号令，终日郊游围猎，沉溺声色，并下令："有敢谏者，死无赦！"大夫伍举冒死进谏，逢庄王左抱郑姬，右抱越女，坐钟鼓之间。伍举请猜谜语："有鸟止于阜，三年不飞不鸣，是何鸟也？"庄王答："三年不飞，飞将冲天；三年不鸣，鸣将惊人！"但数月之后，庄王依然如旧，享乐更甚。大夫苏从又进谏。庄王抽出宝剑，要杀苏从。苏从无所畏惧，坚持劝谏。于是，庄王罢淫乐，亲理朝政，并举伍举、苏从担任要职。这就是"一鸣惊人"的来历，后任用孙叔敖为令尹，讲求得失，稳定政局，发展生产，从而为楚国的争霸奠定了基础。

楚庄王问鼎的目的是什么？

"问鼎"意指图谋夺取政权，这一词出自东周春秋时期。

想问鼎的人是楚国的楚庄王，楚庄王觉得楚国实力雄厚，屈身于虚有其表的周王腋下很委屈，就屯兵于周的疆界，扬言要和周分治天下。

当时周定王刚刚登上王位。周定王见楚国屯兵于边界，就派大夫王孙满去"慰问"楚庄王。

王孙满见到楚庄王，问其所为何来。楚庄王面有得色说："我听说早年大禹铸了九个鼎，已经传了三代，我此次来就是想看看鼎有多重，形状如何。"

王孙满才智非凡，当然知道楚庄王的真正意图，于是正色说："大禹铸鼎以来，已经相传三代了，这三代都是靠德得到天下，不是依靠区区几个鼎的。当年大禹铸鼎定国，到了夏桀无道，鼎就迁于商；商纣无道，鼎即迁于周，如果有德，鼎小亦重，如果无德，鼎重亦轻，周成王定鼎之时曾经占卜得传三十世，共七百年，天命犹在，您问鼎有什么用？"楚庄王一听暗自惭愧，撤兵回国，终其一生再也不敢萌发夺周天下的念头。

当时楚庄王灭周容易，得天下难，因为周天子只是一个象征，真正的对手是秦国、晋国、齐国这些诸侯。楚庄王不是被王孙满的舌头撵走，而是因为自己的幡然醒悟而退。"问鼎"典故也就一直流传到现在。想问鼎就必须有问鼎的实力，否则问了也白问，只是自取其辱。

樊姬为何被称为一代名妃？

一代名妃樊姬，以聪慧贤淑内助楚庄王霸业有成而闻名于世。据传在她的劝谏之下，楚庄王戒淫乐，励精图治，勤政于朝，罢免庸臣虞邱子，启用贤良孙叔敖，终至楚国成为称雄中原的霸主。

纵观中国几千年的文明史，有不少宫廷后妃，插手朝纲，祸国殃民。樊姬实可谓"贤内助"旷古之典范。对此，历代诗人赞誉有加。唐代诗人张说就赞称"楚国所以霸，樊姬有力焉"。张九龄在《樊姬墓》一诗中则对樊

姬的贤能及其对楚庄王产生的影响与作用给予了充分的褒扬："楚子初呈志，樊姬尝献箴。能令更择士，非直罢纵禽。"

崔杼为何要杀齐庄公？

齐庄公是一位好色的君主，稍有姿色的女子均难逃其手。崔杼妻子名棠姜，是一位远近闻名的美人，也是齐庄公的亲表妹。齐庄公一番软磨硬泡，竟然达其所愿。过分的是，齐庄公几次亲到崔家求欢，还故意拿崔杼的帽子送给别人，以此炫耀与崔妻的奸情，从而羞辱崔杼。

被齐庄公鞭打过的太监贾举心怀怨恨，暗中替崔杼窥探齐庄公的一举一动。莒国国君前来朝见齐庄公，齐庄公设宴款待，崔杼假装有病没去上朝。齐庄公于是亲到崔家，借口探问崔杼病情，实则求欢于崔妻。太监贾举将齐庄公的随从官员拦在门外，关上大门。齐庄公不知大祸临头，在大厅里等待崔妻。这时，崔杼指使家丁们拿着武器从里屋冲了出来。齐庄公吓得爬上桌子，请求和解，家丁们不同意。齐庄公知道无法说服这些家丁们，便想翻墙逃跑，不料被家丁一箭射中屁股摔下来，遭乱刀砍死。

为什么说晏子能言善辩？

晏子本名晏婴，字仲，谥平，习惯上多称平仲，夷维人（今山东莱州）。他是春秋后期一位重要的政治家、思想家和外交家。据说晏婴身材不高，其貌不扬，但是他极其善辩，后世许多外交家都对他颇为推崇，那他到底厉害到何等程度呢？

齐国大夫晏子出使楚国，楚国派身材高大的武士罗列在两旁迎候。晏子对楚国陪同说："我是为二国友好交往而来，并不是来与贵国交战的，把这些武士撤下去吧。"陪同只得尴尬地斥退武士。

宴会上，楚灵王一见到晏婴就问："齐国是不是很缺乏人才？为什么派你这样一个矮子来出使楚国？"晏子回答说："大王，

齐国人才济济。只是齐国有一个规矩，贤明之人出使贤国，不肖之人出使不肖之国，大人出使大国，小人出使小国，而今我无才无德又最不肖，只好来楚国为使，希望大王原谅。"

楚王一时无言以对，正好一对武士押一名犯人从殿前经过，楚王得知犯人是齐国人之后，便说道："晏大夫，齐国人有偷东西的毛病吗？"晏婴知道楚王是以此来取笑自己，报刚才之辱，于是从容不迫地回答说："小臣我听说，橘子种在淮水以南称为橘子，甜美无比，而将其移至淮水以北，则变成了枳树。枳树之果，小而酸涩，苦不可食，之所以会有两种截然相反的情况，实在是土地的缘故。这个齐国人在齐国是一个良民，可是为什么来到楚国，却变成了盗贼呢？这是楚国使他发生了这种变化，这于齐国又有什么关系呢？"

楚王默然，叹道："寡人本来打算让你在今日受辱，哪里想到竟被你嘲笑了，这是寡人的过错。"于是楚王善待晏婴，晏婴圆满完成了使命，回到齐国。晏婴面对倚仗国力强大而盛气凌人的楚王，毅然予以反击，昂然不屈，维护了个人的名声，也维护了齐国的声威。

"赵氏孤儿"的来龙去脉是怎样的？

赵氏孤儿名赵武，又称赵文子（公元前 598～公元前 541 年）。世人尊称赵孟，春秋时代晋国的执政大夫。赵氏为晋国世族，其祖父赵盾，作为晋国的执政大臣，历经襄公、灵公、成公三朝。其父赵朔在晋景公时，继任大夫之职。晋景公三年（公元前 597 年），担任司寇的晋国大夫屠岸贾，图谋作乱以控制晋国政权，决计首先消灭赵氏势力。于是便背着晋景公擅自发兵攻打赵氏于下宫，诛杀了赵朔、赵同、赵括、赵婴齐等，灭了赵氏全族。

赵朔有个门客叫公孙杵臼，还有一个好友叫程婴。赵朔死后，公孙杵臼质问程婴："你为什么苟且偷生？"程婴说："赵朔之妻正在怀孕，若生下来是个男孩，就把他抚养成人，报仇雪恨，若是个女孩，我就以死报答赵氏知遇之恩。"

赵朔的妻子是晋景公的妹妹，不久，生下一男孩，即为赵武。据《史记·赵世家》记载，当时，屠岸贾曾进宫搜索孤儿，赵朔妻把孤儿藏进裤子里，祝告说："赵家灭乎，若号；即不灭，若无声。"果然在搜索的过程中，孤儿就没有出声。

母子俩逃脱这次劫难后，程婴与公孙杵一起谋划要养大赵武，恰好程婴家中也有一个正在褓裸中的婴儿，程婴含泪采取了调包之计，将自己的孩子抱上，与公孙杵臼一齐逃到了永济境内的首阳山中。屠岸贾闻之，率兵来追。程婴假装叛变，带领屠岸贾找到隐匿山中的公孙杵臼和婴儿，最后眼睁睁地看着亲生儿子和好友公孙杵臼死在乱刀之下。

程婴身负"忘恩负义、出卖朋友、残害忠良"的骂名，带着赵武在盂山隐居起来。这一隐居就是 15 年。后来，程婴与赵武在朝中韩厥的帮助下，里应外合，灭掉了权臣屠岸贾。赵氏冤情大白于天下，程婴忠义大白于天下，公孙杵臼忠烈大白于天下。最后程婴自刎而死，赵武为其服孝三年。后世为纪念忠烈千秋的程婴和公孙杵臼，在藏山（位于山西盂县，原名盂山）立庙以祀，以赵武之谥号赵文子命名，曰"文子祠"。

伍子胥为何一夜白了少年头？

伍子胥是楚国人，姓伍，名员，字子胥。楚平王听信谗言，计杀了伍子胥的父亲和兄长，伍子胥携楚太子建之子胜逃奔他国，被楚兵一路追杀。不久伍子胥二人辗转到了离昭关六十里路的一座小山下，从这里出了昭关，便是径直通往吴国的水路了。然而，此关由右司马远越领兵把守，很难通过。

扁鹊的弟子东皋公就住在山中，他决定帮助伍子胥。东皋公把二人带进自己的居所，好心招待，一连七日，却不谈过关之事。伍子胥实在熬不住，急切地对东皋公说："我有大仇要报，度日如年，不能一直耽搁在此，先生还有什么办法呢？"东皋公说："我已经为你们筹划了可行的计策，只是要等一个人来才行。"

伍子胥晚上寝不能寐。他想告别东皋公而去，又担心过不了关，反而惹祸；若是不走，不知还要等多久。如此翻来覆去，其身心如在芒刺之中，不觉挨到天亮。东皋公一见他，大惊道："你怎么一夜之间，头发全白了？"伍子胥一照镜子，果然全白了头。皋公反而大笑道："几日前，我已派人请我的朋友皇甫讷来，他跟你长得像，我想让他与你换位，以蒙混过关。你今天头发白了，就更容易过关了。"

当天，皇甫讷如期到达。东皋公把皇甫讷扮成伍子胥模样，而伍子胥和公子胜装扮成仆人，四人一路前往昭关。守关吏远远看见皇甫讷，以为是伍子胥来了，传令所有官兵全力缉拿。伍子胥二人趁乱过了昭关，待官兵最后发现抓错时，伍子胥已然出关多时了。

谁是历史上最毒的掘墓者？

伍子胥是中国史书着墨比较多的人物之一，说起掘墓来，他也是重量级的。掘开了人家的陵墓不说，还要拿着皮鞭，朝尸体发泄，因此有人把他称为"最狠毒的掘墓者"。

《左传》记载，周景王二十三年（公元前522年），因遭楚太子少傅费无忌陷害，伍子胥父、兄均为楚平王所杀，伍子胥被迫出逃吴国，发誓要整垮楚国，以报仇雪恨。

公元前506年，在孙武攻破楚国城池，成全吴王"春秋五霸"地位后，伍子胥也寻得了报杀父兄之仇的机会。入楚后，伍子胥经一个侥幸逃脱的老工匠指点，顺利掘得楚平王陵，把他的尸体挖了出来，用鞭子抽打解恨，一直抽了三百下才止住，此即"鞭尸三百"的典故。另有一说，伍子胥抓到了楚平王的儿子楚昭王，对其进行严刑拷打，逼他说出了父陵的下落，方得手。

此事《史记》上亦有记载，但司马迁觉得伍子胥的行为过分了，称"怨毒之于人甚哉"。现代学术界还引发了"鞭尸""鞭坟"之争，认为伍子胥当年根本未鞭尸，仅是鞭了楚平王的陵墓。楚平王墓现在已无存，史书上对此事记载又不周全，事情的真相已是一个历史之谜。

柏举之战有何决定意义？

当吴、楚两军在汉水对峙时，沈尹戌鉴于分散在楚国各地的兵力尚未集结，易被吴军各个击破，难以阻止吴军突破汉水的防御特点，又针对吴军孤军深入、不占地利的弱点，主张充分发挥楚国兵员众多的优势，变被动为主动：由令尹子常凭借汉水之障与吴军周旋，正面牵制吴军，自己去方城（起自今河南叶县西南，沿东南走向至泌阳县东北的一条长城）调集楚国兵力，迂回至吴军侧后，然后与子常军实施前后夹击，歼灭吴军。然而武城大夫黑、大夫史皇以及子常为贪功，决意与吴军速战，改变了与沈尹戌商定的夹击吴军计划，不待沈尹戌军到达，擅自率军渡过汉水攻击吴军，结果惨败。

此战即为柏举之战。柏举之战是春秋末期一次规模宏大、影响深远的大战，史学家称它为"东周时期第一个大战争"。吴国在经过六年的"疲楚"战略后，一举战胜强敌楚国，使吴国声威大振，为吴国进一步争霸中原奠定了坚实的基础。柏举之战，孙武以3万兵力，击败楚军20万，创造了中国战争史上以少胜多的著名战例。

范蠡为何被称为"商圣"？

范蠡，字少伯，生卒年不详，春秋楚国宛（今河南南阳）人。春秋末著名的政治家、军事家和实业家，被后人尊称"商圣"。他出身贫贱，但博学多才，与楚宛令文种相识、相交甚深。因不满当时楚国政治黑暗——非贵族不得入仕，而一起投奔越国，辅佐越国勾践。

在越国被吴国灭亡时，是他提出降吴复国的计策，并随同越王勾践一同到吴国为奴，千方百计谋取勾践回国，成为辅助勾践灭吴复国的第一谋臣，官拜上将军。但当勾践复国之后，他毅然弃官而去。首先他到了齐国，改名为鸱夷子皮。齐国人知道他有很好的品德和才能，就请他当宰相。由于他退归林下的决心已下，不久又辞官而去。他到了当时的商业中心陶（即今山东菏泽的定陶区）定居，自称"朱公"，人们称他陶朱公。他在这里既经营商业，又从事农业和牧业，很快就表现出了非凡的经商才能，在 19 年内有三次赚了千金之多。他也仗义疏财，从事各种公益事业。

陶朱公很有经商的头脑。他根据市场的供求关系，判断价格的涨落，即"论其（商品）有余和不足，则知（价格）贵贱"，提出一套"积贮之理"。就是在物价便宜时，要大量收进。他说"贱取如珠玉"，即像重视珠玉那样重视降价的物品，尽量买进存储起来。"贵出如粪土"，等到涨价之后，像抛弃粪土那样毫不可惜地尽数抛出。

范蠡著有《陶朱公理财十二则》，后人又根据他的经商理念加工整理而成了《陶朱公生意经》，这两本书中提出的诸如"劝农桑，务积谷""农末兼营""务完物，无息币""平粜各物，关市不乏，治国之道也""夏则资皮，冬则资绤，旱则资舟，水则资车，以待乏也"等思想对现代的经济建设也有积极的现实意义。

祸起萧墙的"萧墙"是指什么？

"祸起萧墙"这一成语源自《论语·季氏》。孔子曾经教训他的两个学生子路和冉求："今由与求也，相夫子，远人不服而不能来也；邦分崩离析而不能守也；而谋动干戈于邦内，吾恐季孙之忧，不在颛臾，而在萧墙之内也。"

所谓萧墙，是指古代国君宫殿面对大门处设的起屏障作用的矮墙，又称"塞门""屏"。萧墙的作用在于遮挡视线，防止外人向大门内窥视。在《论语集解》中解释道："萧之

言肃也；墙犹屏也。君臣相见之礼，至屏而加肃敬焉，是以谓之萧墙。"可见，萧墙之内就是宫室，臣子进入宫室见君王首先要经过萧墙，在此需要整理仪范。萧墙也因此借指内部，而后世内部发生祸乱，就用"祸起萧墙"这个词。

历史上是否有西施其人？

西施作为中国古代四大美人之一，历代文人骚客对她毫不吝啬笔墨。历来评书、文学作品、民间传说及戏剧都把西施作为勤劳朴实、美丽动人的古代妇女形象广为传颂。特别是在把西施塑造成春秋末期吴越关系史上起过重大作用的一位女性加以渲染后，关于西施的美丽传说在民间更是世代流传不衰。

但是，近年来，有些史学工作者撰文认为，历史上实无西施其人，西施与"罗敷"一样，泛指美女。

那么在吴越交战中是否也有个"西施"呢？《史记·越王勾践世家》与《货殖列传》都提到范蠡，但没有讲起西施，更不用说她与范蠡有什么关系。到了东汉，才有勾践报仇用美人计的记载，袁康的《越绝书》云："越乃饰美女西施、郑旦，使大夫种献之于吴王……"西施身吴心越，为越国雪耻灭吴做出了卓越贡献的故事，主要是根据袁康《越绝书》的记载逐步演变而来的。用史学的眼光看，一个国家的兴亡，自有它历史的必然性，有它深刻的经济、政治、军事、外交原因，不是一两个人能左右得了的。

总之，历史上有无西施其人，以及她的结局如何，尚待史学界进一步去探索。

越王勾践到底有没有卧薪尝胆？

勾践是春秋时期吴越争霸的最终赢家。越王勾践凭借坚强不屈的毅力和忍辱负重的耐力最终获胜，并为后人留下了一个"卧薪尝胆"的典故。然而关于越王勾践是否真的曾经卧薪尝胆，却是众说纷纭。

《左传》和《国语》是现存最早的记载

越王卧薪尝胆

吴越争霸和勾践事迹的历史典籍，而且距当时的历史较近，其中记载的史实也较为可信，因而具有较高的参考价值。但在这两本史籍中，都没有讲到越王勾践卧薪尝胆的行为，这不能不让人生疑。

到了西汉，司马迁在《史记·越王勾践世家》中写有这么一段话："吴既赦越，越王勾践返国，乃苦身焦思，置胆于坐，坐卧即仰胆，饮食亦尝胆也。"司马迁的话是非常明确的，勾践确实有"尝胆"的行为。但"卧薪"呢？司马迁笔下的"苦身"是不是就是指的"卧薪"呢？司马迁并没有给出更为详细的交代。

最先把"卧薪""尝胆"这两个词连在一起用的是苏轼。他在《拟孙权答曹操书》这一带有游戏色彩的书信中，说孙权曾"卧薪尝胆"。但真正把"卧薪尝胆"用在勾践身上并使之广为流传的是众多的文学作品。明朝末年，在传奇剧本《浣纱记》中，梁辰鱼对越王勾践"卧薪""尝胆"的事情进行了大篇幅的描写。清初，吴乘权在《纲鉴易知录》中也有类似描述，正是这些文学作品让越王勾践"卧薪尝胆"的故事家喻户晓、广为流传，但其真实性还需进一步考证。

也有学者认为，东汉时期《吴越春秋》中的《勾践归国外传》中说越王勾践当时"苦身焦思，夜以继日，用蓼攻之以目卧"。蓼，清代马瑞辰解释说是"蓼薪"苦菜，由此看来，

勾践准备了许多"蓼薪"一定是用来磨炼意志的。由此可知，后人把"卧薪"说成是在硬柴上睡觉，是曲解了《吴越春秋》的意思，因为"卧薪"是眼睛遭受折磨而不是身体遭受折磨。因而，尽管后人误解了这个词语的意思，但勾践确实有过"卧薪尝胆"的行为。

事实上，研究勾践究竟有没有卧薪尝胆固然重要，但更重要的却是学习勾践坚忍不拔、百折不挠的精神。

越王剑为何千古不锈？

越王勾践剑于1965年冬天出土于湖北省荆州市附近的望山楚墓群中，通高55.7厘米，宽4.6厘米，柄长8.4厘米，重875克。在地下埋藏了2000多年，却依然锋利无比，闪烁着炫目的青光，寒气逼人！20多层的复印纸，剑从中间"唰"一声一划全破。因此它享有"天下第一剑"的美誉。越王勾践剑千年不锈的原因是什么呢？

随着越王勾践剑研究的不断深入和各种复制或仿制品的相继出现，人们普遍相信，越王勾践剑千年不锈的原因是因为剑身经过硫化处理。但据湖北省博物馆、省考古所研究员说，越王勾践剑出土至今仅做过一次质子X荧光非真空分析，从分析结果可以看出，该剑表面黑色花纹处的含硫量只有0.5%，剑格表面的含硫量比较高，达0.9%~5.9%，在剑身的其他部位都未检测出有硫存在。这就说明该剑锈蚀程度的轻重与硫的存在与否没有关系。

后德俊认为，越王勾践剑主要成分为铜，出土的墓室曾经长期被地下水浸泡，剑完全隔绝氧气是其不锈的主要原因。铜是一种不活泼的金属，在日常条件下一般不容易发生锈蚀，这是越王勾践剑不锈的原因之一。越王勾践剑处在完全隔绝氧气的外部环境下，这是越王勾践剑不锈的原因之二。

孙子吴宫教战为何斩美姬？

阖闾即位三年，即公元前512年，向西进兵征伐楚国的准备工作已经基本就绪。伍

子胥向阖闾提出，这样的长途远征，一定要有一位深通韬略的军事家筹划指挥，方能取胜。他向吴王阖闾推荐了正在隐居的孙武。

孙武把自己写的兵法书献给吴王，吴王看后啧啧称好，但忽然产生一个念头，兵法讲得头头是道，是否真适合于战争的实用呢？吴王想给孙武出个难题，便要求用宫女来小规模地演练一下。于是，吴王下令将 180 名宫中美女交给孙武去演练。孙武把 180 名宫女分为左右两队，指定吴王最为宠爱的两位美姬为左右队长，让她们带领宫女进行操练。

分派已定，孙武认真宣讲操练要领。然而尽管孙武三令五申，宫女们口中应答，内心却感到新奇、好玩，她们不听号令，捧腹大笑，队形大乱。孙武便召集军吏，斩两位队长。吴王见孙武要杀掉自己的爱姬，马上派人传命给孙武要赦免她们。孙武毫不留情地说："臣既然受命为将，将在军中，君命有所不受。"于是执意杀了两位队长。当孙武再次击鼓发令时，众宫女前后左右，进退回旋，全都合乎规矩，阵形十分齐整。

孙武对阖闾说："令行禁止，赏罚分明，这是兵家的常法，为将治军的通则。对士卒一定要威严，只有这样，他们才会听从号令，打仗才能克敌制胜。"听了孙武的一番解释，吴王阖闾便拜孙武为将军。

春秋真的无义战吗？

"春秋无义战"出自《孟子·尽心下》。

春秋时期，周天子威信渐渐降低，很多有势力的诸侯依次采用"挟天子以令诸侯"的方式来开展兼并战争。他们经常打着"勤王"的旗号，事实上是想达到自己称霸诸侯的目的，并非真正帮助周王树立天子威信。"义战"就是指正义的战争，在那个时候，就是为了维护周天子而发动的战争。"春秋无义战"指的就是假"勤王"、真争霸的意思。

"春秋无义战"，这既表达了孟子的历史观，也是其政治观的体现。因为儒家认为，"礼乐征伐自天子出"，这才是合乎义的，

而春秋时代则是"礼崩乐坏"，"礼乐征伐自诸侯出"，所以没有合乎义的战争。

孟子的思想自然是来自孔子。孔子在《论语·季氏》中已经说过："天下有道，则礼乐征伐自天子出；天下无道，则礼乐征伐自诸侯出。"礼乐征伐自天子出是西周的时代，礼乐征伐自诸侯出就是春秋时代了。战争的确是和政治紧紧联系在一起的，因此，也的确有正义的战争和非正义的战争之分。但以我们今天的观点来看，衡量正义的战争和非正义战争的标准主要是看发动战争的人目的是什么，而不是看什么人来发动战争。

"初税亩"的实行有什么历史意义？

初税亩是春秋时期鲁国在宣公十五年（公元前 594 年）实行的按亩征税的田赋制度。初，为开始的意思；税亩就是按土地亩数对土地征税。具体方法是："公田之法，十足其一；今又履其余亩，复十取一。"对公田征收其收成的十分之一作为税赋，对公田之外的份田、私田同样根据其实际亩数，收取收成的十分之一作为赋税。这种按耕地的实际亩数收取实物赋税的做法等于承认了土地的私有。

初税亩的实施使生产关系发生了变革，使其更加适应生产力的发展，是历史进步的具体表现。不仅如此，初税亩制度削弱了各采邑的实力，使诸侯国的地位更加稳固，为今后建立中央集权制的统一国家奠定了坚实的基础。初税亩在激发劳动者生产积极性方面起到了积极的作用，是当时社会条件下比较科学的选择。初税亩的实施也使社会分配方式发生了显著改变，使劳动者切实体会到了努力带来的收益，从而促使劳动者不断提高劳动效率。"初税亩"从律法的角度肯定了土地的私有制，使我国历史从奴隶社会向封建社会的发展迈出了关键的一步。

初税亩的改革之所以能够成功，是因为这一制度顺应了历史发展的潮流和方向，是在先进生产力要求下，对生产关系的一次合理调整，在某种程度上体现了劳动者的利益

要求。初税亩制度的实施给了奴隶制致命的一击，为奴隶制的彻底崩溃敲响了丧钟。

步兵最早产生于何时？

据史书记载，我国最早的步兵部队产生在春秋时期的晋国。

春秋时期，中原一带的诸侯交战主要是车战。公元前632年，晋文公重耳为了对付戎狄族的武装侵扰，建立了"三行为伍"独立于战车建制以外的步兵。但在相当长的时间内，它的主要任务是担任边防和卫戍任务，并不是军队中的主力。直到公元前541年，在太原附近发生的一次与戎狄族的交战中，步兵的作用才第一次得到充分的发挥。"步兵"一词，最先见于公元前325年的一部兵书《六韬》之中，到西汉初期，才作为正式的军事术语使用。

什么是"中华第一乐章"？

韶乐，史称舜乐，起源于5000多年前，为上古舜帝之乐，是一种集诗、乐、舞为一体的综合古典艺术。韶乐是中国宫廷音乐中等级最高、运用最久的雅乐，由它所产生的思想道德典范和文化艺术形式，一直影响着中国的古代文明，韶乐因而被誉为"中华第一乐章"。孔子在高昭子家中观赏韶乐后，由衷赞叹曰："不图为乐至于斯！学之，三月不知肉味。"

可惜经唐历宋之后，便再不见韶乐被使用或表演的记载，惜于近代为历史所湮没。

铁器是从什么时候开始使用的？

春秋早期，人们已开始使用铁器，当时数量不是很多，而且大部分都是兵器。到春秋后期或者是战国时期，人们开始使用铁器进行社会生产，很多生活用具也出现铁器，现在考古发现了很多当时人们使用过的铁锄、铁斧、铁锤等生产工具，说明当时人们已经普遍使用铁器。铁器的广泛使用，使冶铁业也迅速兴起，成为当时手工业生产的重要部门。现有资料表明，当时的冶铁工业基

地分布很广，南到现在的湖南，北到现在的北京地区。

吹箫引凤的故事是怎样的？

春秋时，秦国国君秦穆公喜得小女。因其对玉情有独钟，因此，秦穆公就为女儿起名弄玉。

弄玉长大后，通晓音律，喜好吹笙，不经乐师指点，就能自成音调。秦穆公命能工巧匠把一块美玉精心雕琢成玉笙，赐给女儿。弄玉吹起玉笙，声音清婉如同凤鸣，秦穆公更加钟爱女儿，就在宫中建造凤楼，供女儿居住，楼前还筑有高台，名曰凤台。

有一天夜里，弄玉刚入梦乡，就见一位俊美男子，骑着彩凤，自天空徐徐而降。那男子从腰间解下一支赤色的玉箫，倚栏吹奏，那只彩凤也伴随着乐声翩翩起舞，舒颈长鸣。美妙的乐曲使弄玉如痴如醉，不觉问道："何曲如此美妙？"男子回答说："此为'华山第一弄'也。"天亮后，弄玉把梦中情景告知父王，穆公就派朝臣百里孟明以公主所描述的梦中男子的形象去寻访。

百里孟明来到华山明星崖下，见一人玉貌丹唇，气度潇洒文雅。孟明得知此人名叫萧史，将其带回拜见穆公。秦穆公见后甚为欢喜，当即送至凤楼，与弄玉成婚。

有一天晚上，夫妇月下箫笙和鸣，只见有紫凤飞来落于凤台之左，赤龙飞来落于凤台之右。萧史说："我本是天上神仙，上帝看人间史籍散乱，命我下凡整理。然而天庭有命，我不能久恋尘世，今龙凤来迎，可就此离去。"于是，萧史乘龙，弄玉跨凤，翩翩而去。

秦穆公知女儿随萧史去了华山，就令人在中峰明星崖建玉女祠，以示纪念，今天玉女祠依然存在。也因为弄玉在中峰居住的缘故，华山中峰又名玉女峰。

孔子为什么要周游列国？

我们都知道"圣人"孔子周游列国的故事。据史料记载，孔子周游列国是从鲁国出

发，大致走了卫国、宋国、齐国、郑国、晋国、陈国、蔡国、楚国等地。按今名大致路线为曲阜——濮阳——长垣——商丘——夏邑——淮阳——周口——上蔡——罗山，然后原路返回。从 55 岁到 68 岁，孔子带着他的若干亲近弟子，用了十几年的时间在鲁国周边游历。

孔子周游列国的原因在于，周室已衰，周天子徒拥虚名，既不能制诸侯，列国诸侯亦常受制于有实力之贵族。列国彼此相争，各国贵族亦常作乱。于是礼制崩解，传统习俗的规范力量消失，天下遂进入无政府状态。孔子面对此一严重的时代问题，遂以重建一普遍秩序为己任。他认为留在鲁国不可能有什么作为，就领着一批学生离开鲁国到别处去推行他那套以礼治国的政治主张去了。

孔子热心政治活动。他周游列国 14 年，希望有机会推行他的政治主张。可是，那个时候大国忙着争霸的战争，小国都面临被吞并的危险，整个社会正发生变革。孔子宣传的那一套恢复周朝初年礼乐制度的主张，当然没有人接受。大家对他敬而远之，尊敬他却不重用他。他四处碰钉子，最后又回到鲁国。从此，他专心致志在家里编书和教授学生，直到 73 岁去世。

历代帝王对孔子的封号是什么？

孔子在历史上有巨大影响，因而中国自东周起历代帝王都给予孔子封号，现总结如下：

东周，周敬王四十一年（公元前 479 年），鲁哀公，尼父。

西汉，元始元年（公元元年），汉平帝，褒成宣尼公。

北魏，太和十六年（492 年），北魏孝文帝，文圣尼父。

北周，大象二年（580 年），北周静帝，邹国公。

隋朝，开皇元年（581 年），隋文帝，先师尼父。

唐朝，贞观二年（628 年），唐太宗，先圣。

唐朝，贞观十一年（637 年），唐太宗，宣父。

唐朝，乾封元年（666 年），唐高宗，太师。

武周，天授元年（690 年），武则天，隆道公。

唐朝，开元二十七年（739 年），唐玄宗，文宣王。

宋朝，大中祥符元年（1008 年），宋真宗，玄圣文宣王。

宋朝，大中祥符五年（1012 年），宋真宗，至圣文宣王。

元朝，大德十一年（1307 年），元成宗，大成至圣文宣王。

明朝，嘉靖九年（1530 年），明世宗，至圣先师。

清朝，顺治二年（1645 年），清世祖，大成至圣文宣先师。

清朝，顺治十四年（1657 年），清世祖，至圣先师。

孔子对后世影响深远，虽说他"述而不作"，但他在世时已被誉为"天纵之圣""天之木铎""千古圣人"，后世尊称他为"至圣"。

孔子有名的弟子有哪些？

孔子的弟子多达三千人，其中贤人七十二，而且有很多皆为各国高官栋梁，其中最主要的有：

颜回（公元前 521 ～公元前 481 年），春秋末鲁国人。字子渊，亦颜渊，孔子最得意的弟子。《雍也》说他"一箪食，一瓢饮，在陋巷，人不堪其忧，回也不改其乐"。他为人谦逊好学，"不迁怒，不贰过"。他异常尊重老师，对孔子无事不从，无言不悦。颜渊以德行著称，孔子称赞他"贤哉回也"，"回也，其心三月不违仁"（《雍也》）。

仲由（公元前 542 ～公元前 480 年），字子路，鲁国卞（今山东泗水县泉林镇卞桥村）人，孔子得意门生，以政事见称。为人伉直鲁莽，好勇力，事亲至孝。除学诗、礼外，还为孔子赶车，做侍卫，跟随孔子周游列国，深得器重。

端木赐（公元前 520 ~ 公元前 456 年），字子贡，卫国人（今河南浚县人），曾任鲁、卫两国之相，是孔门七十二贤中最有作为者，且列言语科之优异者。子贡是春秋时期了不起的外交家和商人，被后世奉为"儒商鼻祖"。在孔门弟子中，子贡是把学和行结合得最好的一位。

言偃（公元前 506 ~ 公元前 443 年），字子游，又称叔氏，常熟人，是春秋时孔子唯一的南方弟子。谦虚好学，擅长文学，曾任鲁国武城宰，用礼乐教化民众，境内到处有弦歌之声，深得孔子赞赏。

曾点，生卒年月不详。字子皙，亦称曾皙，春秋时期鲁国武城（今平邑县魏庄乡南武城，一说嘉祥县满硐乡南武村）人。曾参之父，孔门弟子七十二贤之一。

曾参（约公元前 505 ~ 公元前 436 年），字子舆，春秋末鲁国南武城（今平邑）人。人们尊称为曾子。曾点之子，乐道养亲，曾仕为小吏，以孝著称。认为"忠恕"是孔子"一以贯之"的思想，提出"吾日三省吾身"的修养方法，主张"慎终"（慎重地办理父母的丧事），追远（虔诚地追念祖先），"民德归厚"，"犯而不校（计较）"，矢志不渝地实践孔子学说。

澹台灭明是什么人？

澹台灭明，字子羽，鲁国人。长相额低口窄，鼻梁低矮，不具大器形貌。为孔子弟子。孔子以貌取人，故嫌弃之。受冷遇的澹台灭明退出孔子弟子行列，此后更加发奋求学，严谨修行。

澹台灭明游历楚国各地后来到豫章（今江西南昌），选择在百花洲（今南昌市东湖一带）结草为堂，开办学校，聚徒友教传学，从学弟子三百多人。澹台灭明德行高尚，学识渊博，仍以孔子为宗师，崇奉孔子学说，专释春秋大义及修身、齐家、治国、平天下的道理。在教学中提倡"学而不厌""发奋忘食"的学风，"诲人不倦""有教无类"的教学态度，"不耻下问"的学习精神，"温故而知新""学而时习之"的学习方法，培养了一批学有造诣、人品端正的学生，因而贤名远扬，其才干和品德传遍了各诸侯国。

澹台灭明死后，南昌人民为他立祠立墓祭祀，并设立澹台门以表纪念，进贤县也因他南游至此而名。

最早实行私人办学的教育家是谁？

我国最早实行私人办学的教育家是孔子。

孔子的先祖原是宋国贵族，因家道衰落，迁居鲁国。孔子中年以后开始授徒讲学，五十岁担任鲁国的中都宰（地方官），继之升任司寇（主管司法的官），因与鲁国当权者政见不合离开鲁国，率领弟子周游卫、陈、宋、蔡、楚等国，晚年又回到鲁国，继续讲学。孔子的一生大部分时间从事教育活动。他开办私学，主张"有教无类"，凡送十条干肉作为学费的，他都收为弟子。这样就破除了等级、地域等界线，扩大了教育范围。

孔子开办私学，广收门徒，使更多的人获得了受教育的机会。他的学生中有奴隶主贵族的子弟，也有当时被称为"残人""野人"和"鄙人"的下层人民，而且各个诸侯国的人都有。这样，就打破了过去"学在官府"的那种贵族垄断教育的局面，对当时的社会发展起了积极作用。孔子首创的私学，对古代教育起了深远影响。从此私学（以后称私塾）和官学并存，而且不断得到发展，为传播我国古代文化起了非常重要的作用。

孔子是否删过《诗经》？

《诗经》是我国第一部诗歌总集，收入自西周初年至春秋中期 500 多年的诗歌 305 篇，又称《诗三百》。先秦称为《诗》，或取其整数称《诗三百》，其在文学发展史上有着突出的地位。但这部伟大的著作，由于年代久远，缺乏可靠材料，至今在许多方面众说纷纭，无法做出定论。孔子是否删过《诗》

就是其中的一个悬案。

《史记·孔子世家》说，诗原来有 3000 多篇，经过孔子的删选，才成为后世所见的 300 余篇的定本。这一记载遭到普遍的怀疑。一则先秦文献所引用的诗句，大体都在现存《诗经》的范围内，这以外的所谓"逸诗"，数量极少；再则在《论语》中，孔子已经反复提到"《诗》三百"。

汉代时，司马迁通过对《诗经》及孔子的研究，提出了孔子删诗的观点。后来有史学家也主张这种说法，他们的理由如下：

第一，汉代距离春秋、战国不远，司马迁所依据的材料自然比后人要多，也更加可靠。

第二，古代大小国家有 1800 多个，一国献一诗，也有 1800 多篇。而现存的《国风》，有的经历十个二十个国君才采录一首，可见古诗本来是很多的，根本不止三千。孔子从前人已收录的 3000 多篇诗中选取 305 篇编为集子，作为教科书，是可能的。

第三，所谓删诗并不一定全篇都删掉，我们对照书传中所引的，《诗经》中有全篇未录的，也有录而章句不用的，可见这种情况是与删《诗》相吻合的。

持不同意见的人则针锋相对地提出孔子没有删过《诗》的理由。其主要理由有：

第一，《左传·襄公二十九年》记载吴公子季札到鲁国观周乐，演奏十五国风和雅颂各部分，其编排顺序与今天的《诗经》大体相同。而据现存的资料看，孔子当时只有八岁，根本不可能删《诗》。

第二，孔子自己只是说"正乐"，并没有说删《诗》。

第三，《诗经》中有不少"淫诗"，这些不符合孔子礼乐仁政思想的诗，为什么没有被删掉？

第四，先秦各种史籍所引的诗，大多数见于今天的《诗经》，不过 50 首，这说明《诗》在当时只有 300 余篇。

此问题并不会如此简单，还需要做进一步的研究，弄清楚这个问题对研究《诗经》，尤其是研究孔子的思想都会有很大帮助。

《孙子兵法》是不是孙武所著？

《孙子兵法》通称《孙子》，又称《吴孙子兵法》，被中外举为兵书之鼻祖，相传为春秋时期吴将孙武所撰。然而，《孙子》的作者到底是不是孙武却一直有争论。

《商君书》《韩非子》等书中都提到过"孙吴之书"，指的是《孙子兵法》和《吴子兵法》，但未说明作者即是孙武。汉代司马迁所著的《史记·孙武列传》才正式记录了孙武的事迹。但是，《孙子》真是孙武撰著的吗？历史上是否真有孙武其人呢？

宋人陈振孙、叶适，清人姚际恒定《孙子》为伪书。他们认为：

第一，《史记》记载了孙武协助吴王阖闾伐楚事，但《左传》记阖闾事时，并无一句提及孙武之名。

第二，《孙子》中记载有一些不应当是孙武所处时代可能出现的名词、事件和状况，如：

1. 春秋时期仅称大夫为"主"，而《孙子》中屡称国君为"主"；

2. 春秋时期，战争规模不大，几次著名战役中使用的战车不过几百辆，而《孙子》屡屡提到的"驰车千驷，带甲十万"，这样规模的战争，到战国时才开始出现。

孙五（武）子演阵教美人战 版画
图中孙武着道士装，举旗于城上教宫女演习战术，吴王坐于对面的台上，俯视两队演武的阵容。

3.吴越相恶攻战是阖闾伐楚以后的事，孙武初见阖闾即提到吴越相斗，说"越人兵之虽多，亦奚以为"恐怕是不大可能的。

4.《孙子》中有"矢弩"之称，而弩却是战国时才发明的兵器。

第三，《史记》同时记载了齐将孙膑的事迹并有兵法理论，但并未专门说明有《孙膑兵法》。但是，也有很多学者不同意该怀疑论，如明代宋濂等人认为太史公严肃治史，本传所叙孙武、孙膑之事明明白白。《左传》本身也偶有遗漏，不能仅以此即断定《史记》有谬误。

1972年，山东临沂银雀山汉墓出土的竹简本《孙子兵法》和《孙膑兵法》，为解决这番争论提供了一些重要的资料。基本上可以证明：1.《孙膑兵法》确有其书；2.孙武、孙膑确是两人。但竹简本还不能直接证明《孙子》就是孙武所作，也不能证明《孙子》的具体成书时间等。总之，要彻底解开《孙子》的作者之谜，还有待今后进一步的考古和研究。

"无为而治"是一种消极思想吗？

无为而治是道家的基本思想，也是其修行的基本方法。无为而治的思想方法首先是由老子提出来的。老子认为天地万物都是由道化生的，而且天地万物的运动变化也遵循道的规律。那么道的规律又是什么呢？老子说："人法地，地法天，天法道，道法自然。"可见，道的最根本规律就是自然，即自然而然、本然。既然道以自然为本，那么对待事物就应该顺其自然，无为而治，让事物按照自身的必然性自由发展，使其处于符合道的自然状态，不对它横加干涉，不以有为去影响事物的自然进程。只有这样，事物才能正常存在，健康发展。所以在道家看来，为人处世，修心炼性，都应以自然无为为本，避免有为妄作。

老子认为统治者的一切作为都会破坏自然秩序，扰乱天下，祸害百姓。要求统治者无所作为，效法自然，让百姓自由发展。"无为而治"的理论根据是"道"，现实依据是变

"乱"为"治"；"无为而治"的主要内容是"为无为"和"无为而无不为"，具体措施是"劝统治者少干涉"和"使民众无知无欲"。

当然，无为而治的"无为"，绝不是一无所为，不是什么都不做。无为而治的"无为"是不妄为，不随意而为，不违道而为。相反，对于那种符合道的事情，则必须以有为为之。但所为之为，都应是出自事物之自然，无为之为发自自然，顺乎自然，是自然而为，而不是人为而为。所以这种为不仅不会破坏事物的自然进程和自然秩序，而且有利于事物的自然发展和成长。

老子出关后去了哪里？

老子（约公元前570～公元前471年），姓李名耳，字伯阳，又称老聃，中国古代伟大的哲学家和思想家，道家学派的创始人。老子曾在周国都洛邑任藏室史（相当于现在的国家图书馆馆长），博学多才。历史记载，老子晚年乘青牛云游天下，传讲道家学说以经国济世、开化西域。西行途中老子在函谷关（在今河南灵宝）被关令尹喜挽留著书，写下了中国思想史上的千古名篇《道德经》。关于老子此后的行踪，有诸多说法。

一种说法是老子点化了尹喜，尹喜托病辞官，随老子一路西行至盩厔（今陕西周至县）。老子观盩厔依山傍水、风景异常优美，遂在此驻足，并结草为楼修行说经，遗址即今存的楼观台。老子羽化后葬于距楼观台八公里的西楼观，故有学者将此地定为道教的发源地。

另一种说法是老子出关后骑着大青牛继续西行，再往后就音信全无。有人说老子出散关，经流沙奔印度去了。还有人说晚年的老子在甘肃临洮落脚，为归隐的老者教炼内丹、养生修道，得道后在临洮超然台"飞升"。

第三种说法认为，老子不是西去，而是东归。《庄子·天道篇》中有一段记载，叙说了老子从周王朝离职后便"归居"了。老子的故乡，位于今天的河南省鹿邑县，故称"东归"。老子东归的事在《庄子》《韩非子》

《吕氏春秋》，及儒家著作《礼记·曾子问》中都有记载。

以目前所掌握的史料来看，只有老子退隐后东归的说法有文献根据，其他的说法，还有待学术界提供新证据。

什么叫"诸子百家"？

诸子百家是对春秋战国时期各种学术派别的总称。"百家"按照"百家姓"的"姓"以"子"为尊称，称呼那些各个流派的代表思想家。

春秋时代王室衰微，诸侯争霸，学者们便周游列国，为诸侯出谋划策，到战国时代形成了"百家争鸣"的局面。传统上关于百家的划分，最早源于司马迁的父亲司马谈。他在《论六家要旨》中，将百家首次划分为"阴阳、儒、墨、名、法、道"等六家。后来，刘歆在《七略》中，又在司马谈划分的基础上，增"纵横、杂、农、小说"等为十家。班固在《汉书·艺文志》中沿袭刘歆的说法，并认为："诸子十家，其可观者九家而已。"后来，人们去"小说家"，将剩下的九家称为"九流"。

自此，中国古代学术界都依从班固，百家就成了"九流"。吕思勉在《先秦学术概论》一书中再增"兵、医"，认为："故论先秦学术，实可分为阴阳、儒、墨、名、法、道、纵横、杂、农、小说、兵、医十二家也。"其中以儒、墨、道、法四家影响最大。

儒家：代表人物有孔子、孟子、荀子。作品有《论语》《孟子》《荀子》。

道家：代表人物有老子、庄子、列子。作品有《道德经》《庄子》《列子》。

阴阳家：代表人物有邹衍。

法家：代表人物有韩非、李斯、商鞅。作品有《韩非子》。

名家：代表人物有邓析、惠施、公孙龙和桓团。作品有《公孙龙子》。

墨家：代表人物有墨子。作品有《墨子》。

杂家：代表人物有吕不韦。作品有《吕氏春秋》。

农家：《吕氏春秋》中的《上农》《任地》《辩土》《审时》等篇。

纵横家：代表人物有苏秦、张仪。创始人为鬼谷子。主要言论传于《战国策》。

兵家：主要代表人物，春秋末有孙武、司马穰苴；战国有孙膑、吴起、尉缭、魏无忌、白起等。今存兵家著作有《黄帝阴符经》《六韬》《三略》《孙子兵法》《司马法》《孙膑兵法》《吴子》《尉缭子》等。

医家：代表人物有扁鹊。相传《难经》为扁鹊所作。

何谓"三军"？

所谓"三军"最早源于春秋后期。春秋时，大国通常都设三军，如晋、齐、鲁、楚等国，但各国称谓有所区别，如晋国称中军、上军、下军；楚国称中军、左军、右军；齐国、鲁国和吴国都称上、中、下三军。三军各设将、佐等军衔，其中中军的地位较高，也更为骁勇善战。

后来，随着时代的演进，上、中、下军渐渐被前军、中军、后军所代替。到了唐、宋以后，这已经成为军队的一种固定建制。不过，这时候的"三军"与春秋时候又不同，主要在于"三军"各军是担任不同作战任务的各种部队。三军的前军是先锋部队；中军是主将统率的部队，也是主力；后军主要担任掩护和警戒任务。今天，前军、中军、后军编制已完全消亡，而被现代的陆、海、空三军所替代。

战 国

"田氏代齐"是怎么回事？

田氏代齐，指中国战国初年齐国田氏取代姜姓成为齐侯的事件。

公元前545年，田完四世孙田桓子，联合鲍氏以及大族栾氏、高氏合力在齐灭了当国的庆氏。之后田氏、鲍氏又共灭栾、高二氏。

至齐景公时，公室腐败，剥削沉重。田桓子之子田乞，即田僖子，采取了一些争取民心的有效措施。他用大斗借出，小斗回收，于是"齐之民归之如流水"，田氏借此增强了势力。当时国、高二氏当权，田氏在表面上尽职于齐国公族，暗地里却组织力量，准备推翻国、高二氏。公元前490年，齐景公死，国、高二氏立公子荼为国君。田乞发动政变，赶走国、高二氏，另立公子阳生为国君。田乞自立为相，掌握了齐国的政权。

田乞死后，其子田恒（田常）代立为齐相，是为田成子。公元前481年，田成子发动武装政变，杀了齐简公，另立齐平公，进一步把持政权。公元前391年，国相田和将齐国国君齐康公放逐到海上，只留一城之地作为他的食邑，田和成了齐国实际上的国君。

公元前386年，周王室册命田和为齐侯，正式将他列为诸侯。过了几年齐康公病逝，齐国全部为田氏所统治，史称"田氏代齐"，因为仅国君易姓，国名并未改变，故战国时代的齐国往往被称为"田齐"。

"侯马盟书"的发现有何重大意义？

1965年山西侯马晋国遗址出土了大量盟誓辞文玉石片，称为"侯马盟书"，又称"载书"。盟书笔锋清丽，为毛笔所写，多为朱书，少为墨书。其书法犀利简率，提按有致，舒展而有韵律。它见证了春秋末期晋国赵鞅参与晋国内部由六卿内争至四卿并立的一场激烈政治斗争，正是这场政治斗争，拉开了作为标志战国时代开端的"三家分晋"这一重大事件的序幕。"侯马盟书"是1949年以来中国考古发现的十大成果之一，也是山西博物院馆藏的十大国宝之一。盟书的发现，对研究中国古代盟誓制度和文字，研究晋国历史，以及中国由奴隶社会向封建社会过渡的情况有重大意义。

智瑶是怎样被灭的？

智瑶即知襄子，又称知瑶，后世多称知伯（智伯）、知伯瑶（智伯瑶）。由于智氏出于荀氏，故《左传》又称之荀瑶。中国春秋时期晋国卿大夫，智氏家族领主。

公元前485年，新兴地主阶级韩氏、赵氏、魏氏、智氏四家最大的卿大夫家族把持了晋国的朝政。这四家中，又以智家的势力最大，晋国的政事都是智瑶说了算。

狂妄的智瑶想侵占其他三家的土地，便先联合韩、魏两家一起发兵攻打赵襄子的据点晋阳。公元前453年，智瑶引晋水淹晋阳城，并且得意扬扬地说道："我现在才知道水也可以使人亡国的呀。"韩康子与魏桓子暗暗害怕，原来魏家的封邑安邑（今山西夏县西北）、韩家的封邑平阳（今山西临汾县西南）旁边各有一条河。

此时有家臣提醒智瑶说韩、魏两家肯定会反叛，但智瑶却不以为然，于是家臣请求让自己出使齐国，避大祸去了。晋阳危在旦夕之时，赵襄子手下一大臣深夜用一根绳子从城墙上溜下来，然后潜入韩、魏两家军营，他对韩康子与魏桓子说："唇亡齿寒，赵灭亡之后，接下来就轮到你们了。"于是韩、魏两家背弃智瑶，与赵襄子联合。

一天半夜，赵、韩、魏三军联合，击杀智军，灭掉了智氏一族，韩、赵、魏三家平分了智氏的土地和户口，各自建立了独立的政权。史称"三家分晋"。

豫让为什么要坚持刺杀赵襄子？

"士为知己者死，女为悦己者容。"这句流传几千年的名言，出自春秋后期晋国的刺客豫让之口。豫让，姬姓，毕氏。春秋战国时期晋国人。在他身为范氏、中行氏家臣时，一直默默无闻。直到他做了智伯的家臣以后，才受到重用，而且主臣之间关系很密切，智伯对他很尊重。后智伯向赵襄子进攻，赵襄子和韩、魏合谋将智伯灭掉了。

豫让逃到山里，思念智伯的好处，发誓要为智伯报仇，行刺赵襄子。

于是，他更名改姓，伪装成受过刑的人，进入赵襄子宫中修整厕所。他怀揣匕首，伺机行刺赵襄子，但被赵襄子发现，豫让直言不讳地说："欲为智伯报仇！"侍卫要杀掉他。赵襄子说："他是义士，我谨慎小心地回避就是了。"最后将其放走。

豫让行刺赵襄子之心未死，一次行刺时又被捉。赵襄子虽感他为主报仇之忠义之心，但又觉不能再次放走他。豫让也知自己难逃一死，于是恳求赵襄子能让他用刀刺几下身上穿的衣服，也算报答了智伯的知遇之恩。赵襄子感其忠心，遂其愿。豫让用剑刺了赵襄子的衣服后，伏剑自刎。

豫让行刺赵襄子，舍生忘死，备尝艰辛，虽未成功，却用生命报答了智伯的知遇之恩，他为知己献身的精神令人感佩。他为智伯报仇，是因为智伯重视他、尊重他，给了他尊严，所以，他要舍命为智伯复仇，用生命捍卫智伯的尊严。他是一个未能成功的刺客，但这个失败的过程却成就了他的人格。

孙膑是怎样打败庞涓的？

据史书记载，孙膑和庞涓曾同在鬼谷子门下学习兵法。虽师出同门，但庞涓的才能赶不上孙膑。后来，庞涓在魏国做了大将，设计将孙膑骗到了魏国，还剜掉了他的两块膝盖骨，使他成了残废。孙膑在齐人的帮助下逃到齐国，并担任了军队的将领。

公元前341年，魏国再次派兵攻打韩国。韩国向齐国求救。孙膑故技重施，不去救韩，却直接去攻魏。魏国只得回击齐军，庞涓察看齐军扎过营的地方，发现齐军的炉灶足够十万人吃饭用。

第二天，庞涓带领大军赶到齐国军队第二回扎营的地方，数了数炉灶，只剩供五万人用的了。第三天，他们追到齐国军队第三回扎营的地方，炉灶只剩了两万人用的了。庞涓于是彻底放松了戒备。他认为齐十万大军到了魏国，才三天工夫，就逃散了一大半，于是武断地认定齐军斗志涣散。他决定只带着一部分轻装精锐骑兵，昼夜兼程追赶齐军，一直追到马陵（在今河北大名）。庞涓吩咐大军摸黑往前赶去，忽然前面的兵士回来报告说前方道路被木头堵住。

庞涓上前一看，果然见道旁的树全被砍倒了，只留下一棵最大的没砍，那棵树的一面被刮去了树皮，上面影影绰绰写着几个大字，庞涓叫兵士拿火来照。趁着火光一瞧，那树瓢上面写的是："庞涓死于此树下。"

庞涓大吃一惊，连忙吩咐将士撤退，可是为时已晚，四周不知道有多少箭，像飞蝗似的冲魏军射来。一时间，马陵道路两旁杀声震天，到处都是齐国的兵士。庞涓走投无路，只得拔剑自杀。齐军乘胜追击，前后歼敌 10 万余人，并俘虏了魏军主帅太子申。从此，魏国逐渐失去了中原的霸权，而齐国力量迅速发展，成了当时数一数二的强大国家。

为什么燕昭王要筑黄金台？

燕昭王是战国时期燕国的一位贤明君主，

他即位的时候，正值燕国内乱。齐国趁机大举侵犯燕国之后，燕国国力空虚，百废待兴。为了报仇雪耻，救亡图存，使燕国强大起来，他决定广招治国人才，振兴燕国。

当时，燕国有一位名叫郭隗的人，很有才能。燕昭王便亲自登门向他求教。郭隗对燕昭王讲了一个用五百金买千里马尸骨的故事。古时候有个国君喜爱千里马。他出一千金派人到处寻找。后来，有个侍臣打听到很远的地方有匹千里马，便带了一千金去买马，没想到等他到了那里，千里马已害病死了，于是他就用五百金买回了千里马的尸骨。国君见了千里马的尸骨大怒，认为死马无用，但侍臣回答说："国君肯出重金买回千里马的尸骨，还怕没人把活的千里马送来吗？"果然不出一年，就有人送来了好几匹千里马。

郭隗讲完故事对燕昭王说："大王如果真心要招揽人才，不妨从我开始。人们看到像我这样的人都受你的重用，那些比我贤能的人，自然会来的。"燕昭王听了郭隗的建议，把郭隗请到宫中，并委以重任。燕昭王还专门为郭隗修建了一座华丽舒适的宫殿，请他住在里边。并且在宫殿里堆放了许多黄金，供郭隗和那些招来的贤才们使用。后来，人们就把这个地方叫作"黄金台"。

燕昭王筑黄金台招纳人才的事很快就传开了，魏国的名将乐毅、齐国的邹衍、赵国的剧辛和东周洛阳人苏秦等，都会集到燕国来了，成为燕国复兴大业的骨干。后来，"黄金台"就成为礼贤下士、尊重人才的代名词。

战国时代为什么盛行养士之风？

春秋时期虽列国纷争，但表面上还维系着等级有序的一统局面，有极分明的公私观念。所谓"私"就是一切以下害上的言行，是为社会所不齿的。收养私属、私卒、私士，是被社会舆论所不容的。在当时的历史记载中，养士者往往被描绘成野心家，如公子光、白公胜等。

然而，到了公开兼并与竞争的战国时代，养士已成为上层社会竞相标榜的一种时髦风气。只要是有实力、有抱负的国君、权臣，无不以尽可能多地收养门客为荣。从战国初期的赵襄子、魏文侯，到以后的赵惠文王、燕昭王、"战国四公子"、秦相吕不韦、燕太子丹，门下都收养着数千人以上的门客，其养士之规模是春秋时期的人所不能企及的。由于通过养士的方式可以大量集中人才，既能迅速抬高自己的政治声誉，以号召天下，又能壮大自己的政治力量，以称霸诸侯，所以上层权贵争相礼贤下士，不拘一格地网罗人才，形成了"士无常君，国无定臣"的人才流动和人才竞争的大好局面。

鬼谷子何许人也？

鬼谷子，先秦诸子之一。姓王名诩，又名王禅，春秋时卫国朝歌人。常入云梦山采药修道。因隐居周阳城清溪之鬼谷，故自称鬼谷先生。"王禅老祖"是后人对鬼谷子的称呼。

苏秦与张仪为鬼谷子最杰出的两个弟子，另有孙膑与庞涓亦为其弟子之说（见《孙庞演义》）。他通天彻地，兼顾数家学问，人不能及。一是神学：日星象纬，占卜八卦，预算世故，十分精确；二是兵学：六韬三略，变化无穷，布阵行军，鬼神莫测；三是游学：广记多闻，明理审势，出口成章，万人难当；四是出世学：修身养性，祛病延寿，学究精深。鬼谷子是春秋战国时期纵横派的鼻祖。

《鬼谷子》是什么书？

《鬼谷子》为鬼谷子的主要著作之一。共有十四篇，其中第十三、十四篇已失传。《鬼谷子》的版本，常见者有道藏本及嘉庆十年江都秦氏刊本。《本经阴符七术》之前三篇说明如何充实意志，涵养精神。后四篇讨论如何将内在的精神运用于外，如何以内在的心神去处理外在的事物。

《鬼谷子》一书，从主要内容来看，是针对谈判游说活动而言的，但是由于其中涉及大量的谋略问题，与军事问题触类旁通，也被称为兵书。书以功利主义思想，认为一切合理手段都可以运用。它讲述了作为弱者的一无所有的纵横家们，运用谋略口才如何进行游说，进而控制作为强者、握有一国政治、经济、军事大权的诸侯国君主。此书是一部研究社会政治斗争谋略权术的书，弱者的谋略宝典，因此可以说，《鬼谷子》的智慧也就是一部"治人兵法"。

庞涓指挥过"马陵之战"吗？

马陵之战，载在《史记·孙子吴起列传》中，它充分显示了齐国军师孙膑的足智多谋和魏军统帅庞涓的莽撞无能。但有些史学家却认为这段史实是有问题的。

据 1972 年在山东临沂银雀山出土的汉简《孙膑兵法》，魏将庞涓早在马陵之战前 11 年（公元前 353 年）的桂陵之战中，已被齐军生擒。该竹简的"擒庞涓篇"记：当时魏军将攻赵都邯郸，使将军庞涓带甲八万出击。齐国为救援赵国之难，亦派将军田忌、军师孙膑率甲兵八万击魏。孙膑为迷惑魏军，先派"不识事"的齐城、高唐二大夫进攻守备森严、"人众甲兵盛"的平陵。结果齐二大夫未进入平陵城郊，在路上就遭到魏军的袭击，大败而被杀。这样，魏国对齐的来犯，开始麻痹而轻敌。接着，孙膑派遣轻快的战车西驰魏都大梁之郊，"以怒其气"；并分别用少量的士卒跟在战车后面，以"示之寡"，显现出齐军的弱小。经过这样一番布置、欺骗之后，在全力攻赵的魏军统帅庞涓"果弃其辎重"而率其轻骑锐卒昼夜兼程，回师救大梁之危而来与齐军决战。于是，"孙子（膑）弗息而击之桂陵（今河南长垣县西南），而擒庞涓"。《孙膑兵法》对于在桂陵之战中生擒庞涓的事实是叙述得很清楚的，它是孙膑弟子在当时所记，不容有什么怀疑，既然庞涓在桂陵之战时已经当了齐军的俘虏，如何能在马陵之战中再任魏国的将军指挥作战？既然庞涓已在桂陵之战时中了孙膑的伏

兵狙击之计，他怎么会不吸取教训，在马陵之战时再次上当？

查《战国策·魏策第二·齐魏战于马陵》章云："齐、魏战于马陵，齐大胜魏，杀太子申，覆十万之军。"同章又记齐张丑曰："今战胜魏，覆十万之军，而禽（擒）太子申。"这里记马陵之战，都没有提到庞涓为将指挥魏军以及他的下场，似乎庞涓未曾参与这次战役。有的学者认为，庞涓在桂陵之战被齐生擒后，可能不久就获释放，因此到马陵之战时能又任魏将，与孙膑再次交锋。

魏将庞涓是否参加马陵之战，是司马迁误解《国策》，错记入史，还是被俘又释，再次上阵指挥？探究历史事实的真相，当进一步认真地辨析。

韩非是怎么死的？

韩非，战国后期重要的思想家，先秦"法""术""势"学说的集大成者，其学说以政治哲学最为突出，他鼓吹的封建君主专制主义理论，对以后 2000 多年的中国政治产生了极其深远的影响。公元前 233 年，韩非死于秦国。有关他的死因，从西汉起就有不同的说法，至今学术界仍无定论。

据《史记·老子韩非列传》记载：韩非在秦国遭李斯陷害，服毒自杀。

但是，西汉刘向编写的《战国策》中，却有另一种说法。《秦策第五·四国为一特以攻秦》中讲：楚、燕、代等国想联合起来对付秦国，秦王命大臣商议，姚贾自愿出使四国，姚贾的出使制止了四国的联合行动，回秦后得到重赏。韩非对此颇为不满，就到秦王面前说姚贾的坏话。但秦王信任姚贾而杀了韩非，从这里看，韩非似又是咎由自取，妒忌别人而终害了自己。

目前，学术界对韩非的死因，持《史记》说的居多，但也有不同看法的，大致归纳为下列几种意见：

一种意见认为：韩非之死固然与李斯、姚贾有关，但关键因素则在于秦王的多疑。《史

记》和《战国策》的记载实际不矛盾，前者讲政治原因，后者谈个人原因，决定者则是秦王。

另一种意见则以为，韩非的死因与当时秦韩两国政治斗争有关，并非李斯的嫉妒陷害。

更有人认为，韩非和李斯都是战国时代的纵横游说之士，换言之就是政客。韩非到秦国去是与李斯争权夺利，要说嫉妒之心两人皆有，两人钩心斗角的结局则是李胜韩败罢了。

李斯是怎样中伤韩非的？

韩非是韩国的贵族，生活在战国末期。韩非与秦相李斯同为儒学大师荀子座下弟子。但韩非口吃，不善言谈，于是，他发奋写作，《孤愤》《说难》《五蠹》等千古奇文都出自他的笔下，后来秦王嬴政读到这些文章，非常赞赏，为了得到韩非就发兵攻韩。韩王遂派韩非出使秦国。

韩非到秦之后，深受秦王喜爱，他不仅给秦王讲解自己的理论，还劝秦王攻打赵国保存韩国。他以韩国弱小并对秦友好，赵国强大且对秦怀有不测之心为据，说服了秦王。

李斯、姚贾嫉妒韩非的才能，唯恐韩非受到秦王的重用，把自己排挤下去，于是他们就寻找机会，在秦王面前说韩非的坏话，中伤韩非。一次，李斯对秦王说："韩非虽然有才，但他终究是韩国的公子，总是处处为韩国着想。他不让大王攻韩国，就是袒护韩国，这也是人之常情。我担心韩非最终会回到韩国去，帮助韩国来对付我们秦国，那么大王要称霸天下就困难了。"秦王听信了李斯的话，命人把韩非抓了起来，投进牢狱。

李斯见秦王没有杀韩非的意思，担心秦王悔悟过来，把韩非放了，就心生毒计，派人送给韩非一包毒药，并传话给韩非："你作为一个韩国的贵族公子，跑到秦国来帮助秦国灭韩，是韩国的罪人。你用谎言骗说秦王，被秦王识破，投进牢狱，不久就会被斩首示众，你活着还有什么意思？不如自行了断，还能落个囫囵尸首。"

韩非想到自己空有满腹才学却无法施展，如今身陷囹圄而难见天日，顿时产生一种绝望感。他对天长叹一声，然后服毒自杀了。可怜一代奇才，就这样冤死狱中！

李斯是怎样说服秦王收回逐客令的？

客卿是秦国政治中的新锐势力，为秦的大业立下了不世功勋，百里奚、商鞅、张仪、范雎、李斯均位其列，但他们势力的膨胀，严重地威胁了秦国宗室大臣的权势。宗室大臣便纷纷向秦王上书，先是列陈前时的实例，说韩国间谍郑国为秦修建水渠，其目的是阻挠秦的东征进程；然后，他们又提出，别的国家的人来秦，目的也都跟郑国差不多，大抵都是代他们的主子向秦王游说，或是做间谍，反正有百害无一利。秦王听了他们的话，下命令，驱逐在秦国的一切别国客卿。

当时，李斯就在被驱逐的人当中。逐客令一出，他大为着急，于是，他连夜给秦王写了一封信，劝谏他收回逐客令，这就是著名的《谏逐客书》。

在书中，他举出大量实例，说明秦国的强盛有赖于客卿的功劳。有虞的百里奚、宋的蹇叔，晋的丕豹、公孙枝，戎的由余五人对秦穆公的贡献；有商鞅变法在孝公时的成就；有张仪的计策对惠王的帮助；有范雎对昭襄王成帝业的决定之举，内容翔实，说理透辟。之后，他又用了大量类比、比喻来说

李斯书法 秦

明逐客的不当。在篇末,他指出,秦若想强盛,必须博采他国之长,包括宝物、美女,更要包括人才。"夫物不产于秦,可宝者多;士不产于秦,而愿忠者众。"(不产于秦的东西,有很多都是宝物;不产于秦的人才,也有很多对秦王忠心耿耿。)其中,"泰山不让土壤,故能成其大;河海不择细流,故能就其深",成为被人们千古传诵的名联佳句。

李斯这封辞采丰富、说服力强的信到了秦王案头,秦王读后,立即心悦诚服,下令收回逐客令。从此各国人才都能在秦施展才华,使秦的事业生机勃勃。尤其是李斯,更是被秦王大加赏识,在秦王统一中国的事业中发挥了重大作用,后来还做了秦的丞相。

秦国的客卿制度是怎样的?

秦有客卿之官。请其他诸侯国的人来秦国做官,其位为卿,而以客礼待之,故称客卿。

战国中后期很多秦国人也在别国担任客卿,主要是执行对抗诸侯的战争以及进行外交事务,这些人即可称客卿,也可称上卿或卿相,是仅次于相国的职务。当时七国都有客卿,而秦为最盛。

秦地处西方,虽不在当时的中原文明国家之列,但秦国的野心很大,时刻想要向东方扩展势力。为此,秦广泛搜罗六国优秀人才,甚至不惜动用武力,比如秦王为了得到韩非便出兵攻打韩国。因此,六国的游说之士,都看准了这个有利时机,纷纷来到秦国。而这些人在秦国做官一般有两种情况:

一种是受到秦王的赏识,直接授以高官主持国政。如商鞅就是在宦官景监的推荐下,直接由秦孝公授以左庶长之爵,从而得以主持变法的。另一种则是先拜为客卿,然后再升迁为正卿或相。由客卿拜为正卿或相,必须统兵参加过征战,并立有军功才可以。张仪、蔡泽、李斯等人就都是由客卿而拜相的。这就是秦国的客卿制度。这一制度极大地提高了秦的政治、经济和军事实力。秦最终得以一统天下,客

卿制度无疑是一个重要因素。

春秋战国为什么会有质子现象?

质子制度是春秋战国时期处理诸侯国之间关系的重要方式。当时,无论是大国还是小国,是媾和还是乞援,是加深友好关系还是消除芥蒂猜忌,抑或是为了进行攻势外交还是守势外交,通过交质活动来实现目的的情况比比皆是。《左传》《国语》《战国策》以及《史记》对交质之事多有记述,一些先秦诸子如荀子、韩非子也曾论及此事,足见质子制度在当时的重要地位及深远影响。

春秋战国时期是中国社会经济政治巨变、诸侯力征的时期,各诸侯都以耕战为立国的基础,以实力为解决彼此间争端的凭据。虽然他们也曾受过前代讲信修睦之风的影响,但诸侯们在处理相互关系时,首先顾及的是自己的切身利益。因此,质子制度逐渐变成各诸侯权衡利弊的一个筹码,成为诸侯们尔虞我诈的一种方法,质子制度所带有的和平色彩也就变成了虚伪的外衣。

战国初期天下的形势是怎样的?

早在吴、越征战时期,楚国在受到吴国的沉重打击之后未能一下子得到恢复,而北方的大国晋和齐,则被内部的政治倾轧所困扰。在晋国,韩、赵、魏、智、范、中行等六大家族最有势力,但范和中行氏被击垮,余下四家,智氏最强。

公元前 453 年,韩、赵、魏三家不堪智氏的贪求,联合消灭了智氏。到了公元前403 年,周威烈王承认三家为诸侯,晋国宣告灭亡。随后,在公元前 386 年,齐国的田氏终于正式把姜姓的齐公赶下台,建立了新的齐国。与此同时,最北方的燕国逐渐强大起来,而楚国也在秦国的扶持下恢复了元气。至此,天下的政治格局终于形成了秦、齐、楚、燕、韩、赵、魏七国争雄的局面,其余中原诸国,只有苟延残喘,等待灭亡了。

"战国七雄"是指哪几个？

战国七雄是历史上东周战国时期七个最强的诸侯国的统称。春秋时期无数次战争使诸侯国的数量大大减少，到战国时期实力最强的七个诸侯国分别是齐、楚、燕、韩、赵、魏和秦，这七个国家被史家称为"战国七雄"。七个诸侯国之中，除秦国在崤山以西之外，其余六国均在其东。因此该六国又称"山东六国"。

为什么说鲁班是木匠的祖师？

鲁班（约公元前507～公元前444年），姬姓，公输氏，名般。鲁国公族之后。又称公输子、公输盘、班输、鲁般，因是鲁国（都城为今山东曲阜）人，取鲁姓，另说滕州人。鲁班生活在春秋末期到战国初期，出身于世代工匠的家庭，从小就跟随家里人参加过许多土木建筑工程劳动，逐渐掌握了生产劳动的技能，积累了丰富的实践经验。

鲁班很注意对客观事物的观察、研究，他受自然现象的启发，致力于创造发明。一次攀山时，手指被一棵小草划破，他仔细察看那些小草，发现草叶两边全是排列均匀的小齿，于是就模仿草叶制成伐木的锯。他看到各种小鸟在天空自由自在地飞翔，就用竹木削成飞鹊，借助风力在空中试飞。开始飞的时间较短，经过反复研究，不断改进，竟能在空中飞行很长时间，他一生注重实践，善于动脑，在建筑、机械等方面做出了很大贡献。他能建造"宫室台榭"；曾制作出攻城用的"云梯"，舟战用的"勾强"；创制了"机关备制"的木马车；发明了曲尺、墨斗、刨子、凿子等各种木作工具，还发明了磨、碾、锁等。由于成就突出，因此建筑工匠一直把他尊为"祖师"。

孟母为什么三次搬家？

孟母三迁的故事出自西汉刘向编纂的《烈女传·卷一·母仪》："孟子生有淑质，幼被慈母三迁之教。"

孟子很小的时候父亲就死了。一开始，母子住在墓地旁边。孟子就和邻居的小孩一起学着大人跪拜、哭号的样子，玩起办理丧事的游戏。孟子的妈妈看到了，就皱起眉头："不行！我不能让我的孩子住在这里！"孟子的妈妈就带着孟子搬到市集，靠近屠宰牲畜的地方去住。到了市集，孟子又和邻居的小孩，学起商人做生意和屠宰牲畜的事。孟子的妈妈知道了，又皱皱眉头："这个地方也不适合我的孩子居住！"于是，他们又搬家了。这一次，他们搬到了学校附近。每月夏历初一，官员到文庙，行礼跪拜，互相礼貌相待，孟子见了一一都学习记住。孟子的妈妈很满意地点着头说："这才是我儿子应该住的地方呀！"后来，大家就用"孟母三迁"来表示人应该要接近好的人、事、物，才能学习到好的习惯。

孟母教子的影响颇为深远，南宋时的启蒙课本《三字经》引证的第一个典故就是"昔孟母，择邻处，子不学，断机杼"。随着孟母故事的广泛流传，封建统治者也竭力将其塑造成符合其需要的偶像，封建皇帝对其屡加封谥，乾隆二年（1737年）加封孟母为"邾国端范宣献夫人"。

李悝变法的内容是什么？

李悝（公元前455～前395年），嬴姓，李氏，名悝，一作克。战国初期魏国著名政治家、法学家。濮阳人。曾任魏文侯相，主持变法。李悝变法的内容主要有以下几个方面：

第一，提出了"选贤任能，赏罚分明"的国策，主张改变旧的世卿世禄制。对于那些对国家没有贡献，完全依靠父祖辈的爵禄享有特权的人，剥夺其官职和俸禄，把这些官职和俸禄授予那些对国家做出贡献的人。此举改善了吏治，同时也大大削弱了旧贵族的特权。

第二，编制了中国历史上第一部比较系

统完整的封建法典——《法经》，分为盗、贼、囚、捕、杂、具六篇，其目的主要是为了保护统治阶级的利益，但在维护社会秩序、稳定政局等方面确实起了重要的作用。

第三，提出了"尽地力"的农业政策，革除旧有的阡陌封疆，鼓励自由开垦土地，提倡在一块土地上杂种各种粮食作物，要求农户在住宅周围栽树种桑，充分利用空闲地扩大农户农副业生产。增产者赏，减产者罚。事实上破坏了井田制。

第四，实行"平籴法"。在年成好的时候，政府以平价收购余粮作为储备，使粮价不至于暴跌；荒年时再以平价出售，保证粮价不至于暴涨。用这种方法限制商人的投机活动，保护农民利益。

第五，任用吴起改革军制，精选武士。创建了一支强大的军队——"武卒"，使得"秦兵不敢东向"。

李悝变法有效地打击了旧制度，使魏国经济得以迅速发展，国力日益强大，成为战国初期的一个强盛的国家。变法同时开启了战国大变法运动的序幕，各国纷纷变法强国，最终汇成了一股时代潮流，这是中国古代规模最大、历时最长、成效最显著的一场变法运动。

吴起变法为什么会失败？

吴起（约公元前 440 ~ 前 381 年），是战国初期著名的政治改革家，卓越的军事家、统帅和军事改革家。卫国左氏。战国初期，楚国民不聊生，饿殍遍野，楚声王竟至为"盗"所杀。而此时北方三晋正在兴起，国力强大，对楚步步紧逼。在内忧外困之时，公元前382 年，楚悼王任命吴起为令尹，主持变法。吴起变法，从打击大贵族入手，其内容有：

第一，均爵平禄。楚国爵禄是世袭的，即先辈如有功受爵禄，后代子孙虽无功，亦可承袭享有爵禄；而后来一些在战争中立有大功者却无爵禄，极大地打击了将士的积极性。

第二，废除无用的官职、罢免无能的官员，剥夺王室贵族的特权，使他们不能徇私情、因私废公。

第三，春秋至战国时期，楚国用武力灭掉许多国家，开濮地、伐杨越等，得到了广大领土，但都未开发。吴起责令楚国一些与王室关系疏远的贵族到僻远的地方去开发。

吴起变法，旨在富国强兵。变法的内容是消灭世卿世禄制，任用贤能，因此这又是一次打击世袭贵族政治经济特权的运动。吴起变法打击了楚国大贵族既得的政治经济利益，遭到大贵族的激烈反对。楚国官员皆楚王室宗支，决不许异姓插足。吴起作为一个外诸侯国的异姓人，跻身于楚上层贵族之间，依靠楚悼王的信任，打击大贵族特权和利益，所遇到的阻力之大，反对之烈，是可以想见的。楚悼王死后，在楚悼王的灵堂上，楚国贵戚大臣作乱而共攻吴起。变法也因楚悼王和吴起的死而遭遇失败。

吴起为何被乱箭射死？

吴起身处群雄争霸的战国初期，出生于常受强邻欺凌的弱邦卫国，家境又由富庶走向败落，这一环境造就他求强争功却又狭偏易狂的心理。他成年后为出仕而送礼活动耗尽家财，结果一官未得反受同乡讥笑。吴起由此狂怒，竟杀非议自己的三十邻人后逃往鲁国。此后，他求学于儒家大师曾子，又因母丧不归，被注重孝道的老师逐出。求官若渴的吴起便横心在乱世走从军之途，在齐军来攻伐时谒见鲁君献策请缨。他因岳父家是齐国名门且有恩于己，不受鲁国信任，便不顾亲情道义斩下妻子首级，换来鲁君封他为将统军抗齐，由此也留下千古骂名。

战场上的吴起的确是个军事天才，弱小的鲁军在他的训练统领下，竟一战击败在春秋战国时素来强大的齐国，引得天下震惊。不过鲁人不齿吴起之德行，不久便下了辞退书。功利欲极强的吴起转投魏国，被正在开始变法求强的魏文侯起用。他在魏二十六年，"曾与诸侯大战七十六，全胜六十四"，其余也打成平局,同时又"辟土四面,拓地千里",魏国变成战国头号强国。

魏武侯即位后,吴起因不受信任又投奔楚国被楚悼王任用为相,仅一年便创造了"南平百越,北并陈蔡,却三晋,西伐秦"的显赫成就。这个外来户一步登天和提出种种变法措施,招致楚国众多贵族嫉恨。悼王刚死,前去致祭的吴起便被众多手执弓箭者追逐。尽管他临危仍显智谋,趴在按礼教神圣不可侵犯的故王遗体上,但最终还是死于射来的乱箭之下。

商鞅立竿与信赏必罚的经过是怎样的?

战国时期,卫国有一个叫公孙鞅的人,他在秦孝公时被封在商地,所以也叫商鞅。公元前361年,秦国秦孝公继承王位,为了治理好国家,他下决心发愤图强,网罗天下人才,就发布了一道命令,任何国家的人只要能想办法使秦国富强起来,就委以重任。在卫国未得到重用的商鞅到了秦国,秦孝公任命他为左庶长,命他制定变法的命令。

命令制定好以后尚未公布,商鞅怕老百姓对新法不相信,就叫人在国都的南门外竖立了三丈高的一根木头,布告老百姓说:有谁能把这根木头移到北门去,就赏给他十金。老百姓大都不相信钱会这么好赚,所以没有一个来搬。商鞅见无人愿搬,又说:"能够搬移的,奖给他五十金。"这时人群中有一个人抱着试试看的心理,把木头搬到了北门,商鞅马上赏给这个人五十金,以表示不欺骗老百姓,取信于民。在取得群众的信任之后,商鞅便把新法公布了。

商鞅取消了贵族刑不上大夫的特权,不论平民、贵族,有功则赏,有罪则罚,当时很多人都不相信。有一次,秦国的太子反对新法,触犯法规,商鞅并未姑息,他说,太子犯法,他的师傅应当受罚。于是,商鞅拿太子的师傅公子虔和公孙贾开刀,一个被割掉了鼻子,一个在脸上被刺字。正因为商鞅坚决推行新法,信赏必罚,一些贵族、大臣都不敢反对新法了。因此,在他颁布变法措施后,秦人皆予以执行。

为什么说商鞅是作法自毙?

商鞅变法,首先取消了贵族的特权,规定重新按军功大小给予爵位。贵族由此失去了无功受禄的特权,所以普遍对商鞅十分不满。但商鞅有秦孝公支持,贵族虽怀恨在心,仍然毫无办法。

孝公死了之后,太子嗣位,史称惠文王。贵族们知道惠文王痛恨商鞅,便纷纷制造流言蜚语,甚至诬陷商鞅谋反。惠文王十分清楚商鞅没有谋反的动机,更没有谋反的可能,他只是为了出气,下令逮捕商鞅。商鞅自孝公死后,自知失去靠山,不敢久居京城,返回自己的封地。当他风闻有人诬告他谋反的消息后,情知早晚必罹杀身之祸,便只身逃出家中,打算潜往他国。商鞅急于逃离秦境,匆匆赶路,来到关下,不想被守关军士拦住,声称:"商君有令,黄昏后非公事不得出城。"商鞅这才意识到必须投宿住店。他来到一家旅店,要求住宿,老板走出来说:"既是客人我们当然欢迎,请问您是谁,弄不清身份,我会被杀头的。这是商君的法令,违背不得呀!"商鞅当然不敢承认自己的身份,走出旅店,仰天长叹:"我这是作法自毙呀!"商鞅被捕后,惨遭"车裂"而死。

齐威王是如何整顿吏治的?

齐威王在位初期,齐国面临的是昔日强国魏国和商鞅变法中的秦国所形成的双重压力。齐威王虽然任用颇有头脑的邹忌为相,但中下层官吏积弊已久,政令很难从上到下得到有效的贯彻执行。所以,为振国威,齐威王决定先从整顿吏治入手。

在古代,"官"和"吏"是不同的。官是主持大局的决策者,吏则是具体的执法者。乍看上去,吏是奉官之命行事,但在具体执法方面,比如掌握法令的尺度、执法的急缓轻重等,吏的作用比官更大。

齐威王先把即墨大夫召来表扬了一番，在他的治理下，即墨地区平和安宁，老百姓丰衣足食。更难能可贵的是，即墨没有贿赂大王身边的人为他说好话。于是齐威王大大奖励了即墨大夫，给了他很多田地。即墨大夫勤政为民的作风，成了官员们的榜样。

随后，齐威王又把阿大夫召来，斥责他没有保护好自己的属地，城邦都被别国侵占，还贿赂大王近臣，为其说好话欺骗自己。之后，齐威王让人支起了一口大锅，熬了一锅"阿大夫肉汤"。

此事过后，齐国的大臣们都恪尽职守，那种文过饰非的事情据说再也没有发生。

看来，齐威王是真的懂得治大国如烹小鲜的道理。

赵武灵王为什么要胡服骑射？

"胡服骑射"这一成语大家都知道，它最早见于《战国策·赵策二》："今吾（赵武灵王）将胡服骑射以教百姓。"在那个注重服饰礼仪的年代去学夷狄（胡人）的穿着，是非常不可思议的，当时就有人称这一做法为"变古之教，易古之道，逆人之心"。那么赵武灵王为什么不顾礼法，不尊祖训，不顾大家的反对，坚持这一做法呢？

赵国地处北边，经常与林胡、楼烦、东胡等北方游牧民族接触。赵武灵王看到胡人在军事服饰方面有一些特别的长处：穿窄袖短袄，生活起居和狩猎作战都比较方便；作战时用骑兵、弓箭，与中原的兵车、长矛相比，具有更大的灵活机动性。所以，为了富国强兵，赵武灵王提出"着胡服""习骑射"的主张，决心取胡人之长补中原之短。

在赵武灵王的亲自教习下，国民的生产能力和军事能力大大提高，在与北方民族及中原诸侯的抗争中起了很大的作用。从胡服骑射的第二年起，赵国的国力就逐渐强大起来。后来，不但打败了经常侵扰赵国的中山国，而且夺取林胡、楼烦之地，向北方开辟了上千里的疆域，并设置云中、雁门、代郡行政

赵武灵王胡服骑射图

区，管辖范围达到今河套地区。赵武灵王"胡服骑射"是我国古代军事史上的一次大变革，被历代史学家传为佳话。

西门豹如何治邺？

魏文侯时，西门豹任邺县令。他到邺县，通过询问当地一些年纪大的人，了解了这个地方"河伯娶媳妇"是最让老百姓痛苦的事情。因为为了给河伯娶媳妇，导致民穷财尽，邺县的三老、廷掾每年都要向老百姓征收几百万钱，他们只用其中的二三十万为河伯娶媳妇，然后和祝巫一同把剩余的钱拿回家去。那些有漂亮女子的住户也因此搬迁到别的地方去生活了。于是西门豹决定首先处理这件事情。

到了为河伯娶媳妇的日子，西门豹到河边与长老相会。西门豹以河伯的媳妇不漂亮为由，要求大巫婆去河里禀报河伯，过几日再重新给他找个漂亮女子，令差役们抱起大巫婆，把她抛到河中。过了一会儿西门豹又把大巫婆的一个弟子抛入河中，令其催巫婆"上岸"，之后又抛了一个弟子。

后来，西门豹认为女人不能把事情禀报清楚，就把三老抛入河中，这样一来，其他人都吓得在地上叩头，把头都叩破了，脸色像死灰一样。西门豹的做法让邺县的官吏都非常惊恐，从此以后，都不敢再提起为河伯娶媳妇的事了。接着，西门豹就征发老百姓

开挖了十二条渠道，把黄河水引来灌溉农田，田地都得到灌溉。在他的治理下，邺县的百姓逐渐安居乐业了。

谁发起"五国相王"联合抗秦？

周显王四十六年（公元前323年），魏、韩、赵、燕及中山国为联合抗秦，采取了"五国相王"的行动。

从周显王中期开始，秦国由于商鞅变法国势日益强盛，又采纳张仪的建议，实行"连横"策略，使秦国对于东方诸国呈现出咄咄逼人的形势。这个时期的魏国自从马陵之战惨败于齐之后，国势已从鼎盛趋于衰落。从地理位置上看，魏国首当其冲，是秦东侵的主要目标。为了对付强秦的威胁，魏惠王采取十分积极的态度，展开频繁的外交活动以拉拢邻国。周显王四十四年（公元前325年），魏惠王与韩宣惠王在巫沙相会。同年，魏惠王与韩宣惠王携太子入朝于赵。次年，魏惠王、韩宣惠王在平阳会见齐威王，卑躬屈节，以求齐的支援。秦国也积极展开外交活动，秦相张仪和齐、楚之相会见，目的是拉拢齐、楚。

这时，公孙衍为魏将，他采取"合纵"的策略与"连横"对抗，同年，公孙衍发起"五国相王"即五国国君相互承认其王号，以此表示相互联合。公孙衍原拟拉拢齐国，但齐国认为中山国小，不屑于与之同列，因此不承认中山有称王的资格。齐欲联合魏、赵、燕三国迫使中山废除王号，却没有成功。所以"相王"的五国，实为赵、韩、燕和中山四国。

公叔痤是什么人？

公叔痤（？～公元前361年），战国时期魏国大臣。

魏武侯九年（公元前387年），公叔痤担任相国。当时，吴起在魏国任西河守，威望很高。公叔痤很担心吴起和他争夺相位，因而设法使魏武侯与吴起互相猜忌生疑，致使吴起离开魏国，投奔了楚国。从此，公叔痤稳居相位，多年执掌魏国权柄。

后来公叔痤患病，魏惠王亲自到他家中看望，并问及身后之事。公叔痤把自己的家臣公孙鞅（即商鞅）推荐给惠王，惠王没同意。公叔痤又说，如果不用他，就要把他杀掉，不让他为别国所用。因为他预感到，像公孙鞅这样的人才，若被别国起用，对魏国绝不会有好处。惠王走后，公叔痤马上派人找来公孙鞅，将事情的原委告诉他，让他赶快逃命。后公孙鞅逃到秦国。

公叔痤做到公私兼顾，既为魏国利益着想，又顾及私人友情，再次表现出圆通老练的政治家作风。联系公叔痤一生的主要事迹看，他确实有知人之明，能够识别杰出人物，也知道这些人的价值。但是，他为国家利益考虑得相对少一些，为自身的利益考虑得多一些。假如从人才流失的角度来论魏国的成败，公叔痤是应负一定责任的。

廉颇为什么要负荆请罪？

秦昭襄王听说赵惠文王得到了举世无双的和氏璧，非常高兴，他想将和氏璧占为己有，就声称愿用15座城池换璧，实际上这不过是个诱饵而已。赵王慑于秦国强大的国势，惧怕战争，只得派蔺相如带璧前去咸阳与秦王相见。在咸阳宫里，蔺相如机智灵活，既打击了秦王的嚣张气焰，又揭穿了秦王夺宝的阴谋，完璧归赵。赵惠文王感激蔺相如为国立了大功，封他为相国。

廉颇是赵国的一员猛将，战功赫赫。他觉得自己为国家身经百战，而出身卑微的蔺相如的地位高过了自己，心中不服，就一直想当众羞辱蔺相如。蔺相如知道后处处回避，廉颇以为蔺相如胆怯，就更加瞧不起他了。蔺相如的部下不服，去问蔺相如："相国为什么如此害怕廉将军？"蔺相如笑着问他们："你们说，廉颇将军厉害还是秦王厉害？"手下人都说秦王厉害。蔺相如又说："秦王我都不怕，我怎么会怕廉颇。今天秦国不敢侵犯我国，是因为有我和廉颇在，一旦我们不和，就会削弱内部力量，秦国就会乘机入侵。

所以我不与廉颇争高低，为的是国家稳定。"

廉颇知道后，惭愧得无地自容，他脱去上衣，背了一根荆条，亲自到蔺相如家里请罪。从此，廉颇和蔺相如结成刎颈之交的好朋友，将相和睦，共同抗敌，秦国就更不敢贸然攻打赵国了。

"邯郸之战"中秦为何失败？

"邯郸之战"又称邯郸保卫战，是周赧王五十六年（公元前 259 年）至周赧王五十八年（公元前 257 年）秦国与赵、魏、楚联军在赵国首都邯郸（今河北邯郸市）进行的一次城池攻守作战。

公元前 259 年，长平之战后，白起想乘胜进围赵都邯郸，攻灭赵国。应侯范雎妒忌白起功劳，以秦军疲劳应休整为由，建议韩国割让垣雍（今河南原阳县）、赵国割让六城请和，秦昭襄王同意。赵孝成王准备按和约割让六城时，大臣虞卿建议以六城贿赂齐国，联齐抗秦。

秦昭襄王见赵违约不割六城，反而与东方诸国合纵对付秦国，遂于公元前 259 年九月，令五大夫王陵率军 60 万兵分三路攻赵。赵上卿廉颇率赵国军民 40 万顽强抵抗，战至第二年秦军仍未取胜。后邯郸城内粮食耗尽，赵孝成王被迫向魏、楚两国求救。楚国出兵 10 万救赵。魏安釐王也派晋鄙率军 10 万救赵。公元前 257 年十二月，魏、楚两国军队先后进抵邯郸城郊，屡败秦军。在三国军队内外夹击之下，秦军大败，邯郸之围遂解。

"邯郸之战"严重地消耗了秦国的实力，造成秦国军队近 30 万人的伤亡，推迟了秦国统一六国的步伐。"邯郸之战"是战国时期东方诸侯国合纵抗秦取得的第一次大胜，导致了秦国对六国实行全面打击政策的破产。

屈原为什么投江？

屈平（约公元前 340 ~ 前 278 年），字原，通常称为屈原，又自云名正则，字灵均，汉族，战国末期楚国丹阳（今湖北秭归）人，

楚武王熊通之子屈瑕的后代。屈原虽忠侍楚怀王，却屡遭排挤。公元前 278 年，秦国攻破了郢都，当年五月五日，屈原在绝望和悲愤之下怀抱大石投汨罗江而死。屈原是中国最伟大的浪漫主义诗人之一，也是我国已知最早的著名诗人、世界文化名人。他创立了"楚辞"这种文体，也开创了"香草美人"的传统。代表作品有《离骚》《九歌》等。屈原投水自尽的原因有下面几个方面：

第一，他是楚国的贵族。先秦采用分封采邑制，有血缘关系的亲戚就亲疏有别地分封到不同地方当诸侯，屈原和楚王同姓，所以他对楚王和楚国，不仅有一份大臣对国家的忠诚，也有一份难以割断的血脉亲情。

第二，楚国人对于个人生死和荣誉之间的独特观念。楚国人把荣誉看得比生死更为重要，自尊心很强，所以也才会有"楚虽三户，亡秦必楚"的信念。楚国的灭亡虽然不是屈原的责任，但屈原断不会以楚国贵族的身份做秦国的降臣。

第三，屈原自己对于"美"的喜爱。屈原写《离骚》时，楚国只是危险，却还没有亡国，诗中用满目鲜花和香草来比喻美好的事物。等到他写《哀郢》时，楚怀王已经在秦国的羁留中死去，继位的楚顷襄王把屈原流放到江南。诗人被流放的痛苦和对祖国危亡的忧虑，在这首诗中得到异常深刻的反映。

屈原在江南的流放地听到国家灭亡的消息后，眼前浩瀚缥缈的江河让他感到孤独和绝望，虽然世界混浊，没人理解，但还有死亡可以安慰自己。

为何称孟子为"亚圣"？

作为自古至今最伟大的思想大师，孔子被称作"圣人"。那孟子为什么被称为"亚圣"呢？

孟子继承和发展了孔子的德治思想，发展为仁政学说，成为其政治思想的核心。他把"亲亲""长长"的原则运用于政治，以缓和阶级矛盾，维护封建统治阶级的长远利

益。他还把伦理和政治紧密结合起来，强调道德修养是搞好政治的根本。后来《大学》提出的"修身齐家治国平天下"就是根据孟子的这种思想发展而来的。孟子还把道德规范概括为四种，即仁、义、礼、智，同时把人伦关系概括为五种，即"父子有亲，君臣有义，夫妇有别，长幼有序，朋友有信"。

孟子哲学思想的最高范畴是天。孟子继承了孔子的天命思想，剔除了其中残留的人格神的含义，把天想象成为具有道德属性的精神实体。他说："诚者，天之道也。"孟子把诚这个道德概念规定为天的本质属性，认为天是人性固有的道德观念的本原。

在孟子生活的时代，百家争鸣，"杨朱、墨翟之言盈天下"。孟子站在儒家立场加以激烈抨击。孟子继承和发展了孔子的思想，提出一套完整的思想体系，对后世产生了极大的影响，所以被尊奉为仅次于孔子的"亚圣"。

触龙是如何说服赵太后的?

触龙，也叫触詟。战国时赵国大臣。官拜左师。公元前265年，赵惠文王卒，其子孝成王新立，由太后掌实权。秦乘机攻赵，连拔三城，赵形势告急。赵国向齐国求救，齐国要求用长安君作为人质，才肯出兵，赵太后不同意。大臣极力劝谏，但是太后坚决不答应。

左师触龙说希望谒见太后，太后怒容满面地等待他。触龙进来后慢步走向太后，并不直接劝谏赵太后，而是先说了一些关心赵太后日常生活起居的事情，稍微消除了赵太后的怒气。

接下来，触龙以特爱自己的小儿子舒祺为由，想让他进入侍卫队保护王宫。赵太后没有想到做父亲的也爱怜小儿子。触龙趁机说道："老臣认为老太后爱女儿燕后，要胜过长安君。"太后摇了摇头，说自己更爱长安君。触龙说："父母爱子女，就要为他们考虑得深远一点。从现在往上数三世，到赵

氏建立赵国的时候，赵国君主的子孙凡被封侯的，他们的后代没有能再继承爵位的。"触龙继续说道："现在老太后给长安君以高位，把富裕肥沃的地方封给他，又赐予他大量珍宝，却不曾想到目前使他对国家做出功绩。有朝一日太后百年了，长安君在赵国凭什么使自己安身立足呢? 老臣认为老太后为长安君考虑得太短浅了，所以我以为你爱他不如爱燕后。"太后终于明白了，说："行啊，任凭你派遣他到什么地方去。"于是长安君到齐国去做人质，齐国就此出兵。

触龙在太后盛怒、坚决拒谏的情况下，先避开矛盾，然后委婉地指出太后对幼子的爱其实并不是真正的爱。由于说理透彻，使赵太后改变了原来的固执态度。

为什么田单能够复齐?

公元前284年，齐湣王内被人民所怨，外被秦国仇视其强大（当时齐国强大到令很多准备臣服秦国的国家转变态度，臣服于它），于是五国发兵攻齐，于济西大破齐军。燕国将领乐毅出兵攻占齐都临淄（今山东淄博东北），再于半年内接连攻下齐国70余座城，灭了齐国，仅剩莒（今山东莒县）和即墨（今山东平度市东南）两座孤城未能攻克。田单率族人以铁皮护车轴逃至即墨，被推举为城守。即墨全城军民由田单率领抵抗，双方交战五年。乐毅强攻不克，只好包围城市。

燕昭王死后太子即位，就是燕惠王。田单暗中派人到燕国去散布流言，说乐毅本来早就当上齐王了。为了讨先王（燕昭王）的好，才没接受称号。如今新王即位，乐毅就要留在齐国做王了。燕惠王本来就跟乐毅有矛盾，听了这个谣言，便决定派大将骑劫到齐国去代替乐毅。

骑劫下令围攻即墨，可是城里的田单早已把决战的步骤准备好了。

过了几天，燕国兵将听到附近老百姓在谈论。有的说："以前乐将军太好了，抓了

俘虏还好好对待，城里人当然用不着怕。要是燕国人把俘虏的鼻子都削去，齐国人还敢打仗吗？"有的说："我的祖坟都在城外，要是燕国军队真的刨起坟来，可怎么办呢？"这些议论传到骑劫耳朵里。骑劫就真的把齐国俘虏的鼻子都削去，又叫兵士把齐国城外的坟都刨了。即墨城里的人听说燕国的军队这样虐待俘虏，全都气愤极了。他们还在城头上瞧见燕国的兵士刨他们的祖坟，恨得咬牙切齿，纷纷向田单请求，要跟燕国人拼个死活。

田单挑选了一千多头牛，牛角上捆着两把尖刀，尾巴上系着一捆浸透了油的苇束。一天午夜，田单下令凿开十几处城墙，把牛队赶到城外，在牛尾巴上点上了火，一千多头牛被烧得牛性子发作起来，朝着燕军兵营方向猛冲过去。

燕将骑劫在乱军中被杀死，齐军乘胜反攻。那些被燕国占领地方的将士百姓，都纷纷起兵，杀了燕国的守将，迎接田单。不到几个月工夫就收复了被燕国和秦、赵、韩、魏四国占领的70多座城。田单把齐襄王从莒城迎回临淄，齐国才从几乎亡国的境地中恢复过来。

远交近攻之策是怎么回事？

范雎（？~公元前255年），战国时魏国人，著名政治家、军事谋略家。他同商鞅、张仪、李斯先后任秦国丞相，对秦的强大和统一天下起了重大作用。

公元前266年范雎出任秦相，辅佐秦昭襄王。他上承孝公、商鞅变法图强之志，下开秦皇、李斯统一帝业，是秦国历史上继往开来的一代名相，也是我国古代在政治、外交等方面极有建树的谋略家。李斯在《谏逐客书》中曾高度评价范雎对秦国的建树和贡献："昭（襄）王得范雎……强公室，杜私门，蚕食诸侯，使秦成帝业。"

对外，为达到兼并六国，范雎提出了"远交近攻"的战略思想，对齐、楚等距秦较远

的国家先行交好，稳住他们不干预秦攻打邻近诸国之事。魏、韩两国地处中原，有如天下之枢纽，离秦又近，应首先攻打，以除心腹之患。魏、韩臣服，则北可慑赵、南能伐楚，最后再攻齐。这样由近及远，得一城是一城，逐步向外扩张，好比蚕食桑叶一样，必能统一天下。昭襄王三十九年（公元前268年），昭襄王用范雎的计谋，派兵伐魏，攻占怀（今河南武陟西南）。两年后又攻占邢丘（今河南温县东）。昭襄王四十二年（公元前265年），范雎又为昭襄王谋划攻打韩国，首先攻占地处韩国咽喉的荥阳，将韩断为三截，致使韩处于危亡之中，不得不听命于秦。后又经过一系列征战，秦国势越来越强，为平六国、统一天下奠定了基础。

白起为何被称为"战神"？

白起（？~公元前257年），白氏，名起，为白公胜之后，故又称公孙起，战国时期秦国名将。白起号称"人屠"，又有人称之为"战神"。战国四大名将之一（其他三人分别是王翦、廉颇、李牧），是中国历史上自孙武、吴起之后又一个杰出的军事家、统帅。

白起是中国历史上战功最辉煌的将军，前后征战沙场37年，而且堪称奇迹的是，他一生领兵百战百胜，从未败过，而且经常以少胜多。六国军队只要听说是他带兵来战皆闻风而栗。他为秦国的统一大业立下了不世之功，他的战绩创造了中国兵法的最高实战典范。

长平之战后，秦又发兵攻赵邯郸。因白起有病在身，秦王派大夫王陵攻赵，未果。待二年正月，白起病愈，秦昭襄王欲以其为将攻赵，但白起却以"国内空虚、远征有险、诸侯相应"等原因拒绝应战。昭襄王又派范雎去请，白起始终称病不起。

昭襄王攻赵决心已下，于是便派王龁为大将，但被楚魏联军打败。白起知道后，背地里埋怨秦昭襄王当初不听他的话。昭襄王听后大怒，强令白起出兵，白起却仍称病不

起。昭襄王便免去了白起的官职，降为士兵，令其不得留于咸阳，迁居阴密（今甘肃灵台县西）。白起因病未能及时成行，后昭襄王怕白起被贬心有怨言，恐对己不利，便与范雎等人密谋将他处死。接着，昭襄王派使者给白起送去宝剑，命他自裁。白起死后，六国闻讯，诸侯皆酌酒相贺。

一代良将，就此含恨而死。

吕不韦是怎样进行政治投资的？

吕不韦（约公元前290年~前235年），姜姓，吕氏，名不韦。战国末年著名商人、政治家、思想家，后为秦国丞相，卫国濮阳（今河南濮阳滑县）人。吕不韦原是阳翟（今河南禹州市）的大商人。秦时，商人地位低下，即使再富有，在高官贵族、文人学者眼里也是不屑一顾、难登大雅之堂的。吕不韦为了改变自己的地位，决定弃商从政，以期成为贵族。

此时正值战国末年，子楚是秦孝文王的儿子，被作为人质送到了赵国。他在当地的生活并不宽裕，不方便乘车，居所也很狭小，住着很不舒服。当时吕不韦正在邯郸做生意，见到子楚后，就打起了他的主意，认为子楚是一个可以囤积起来、留待日后发财的宝贝。于是他就前去拜见子楚，并对他说："秦王已经年迈体衰了，安国君被封为太子。我听说安国君十分宠爱华阳夫人，而华阳夫人自己没有生育。所以，将来决定立谁为王室继承人的大权就握在华阳夫人手中。现在你们兄弟有二十多个人，你排行在中间，并不怎么受到宠爱，平时还长时间地作为人质被送到别的国家。所以等到秦王去世，你根本没有资本与长子和其他那些整日围绕在安国君身旁的兄弟们竞争，被立为太子的机会很小。"子楚也深感自己的处境不利，吕不韦趁机说道："我虽然不是很富有，但仍愿资助你一笔财产，以供你回到秦国讨得安国君和华阳夫人的欢心。这样你就有机会被立为太子了。"

在大商人吕不韦的帮助下，子楚后来终于即位为王，即秦庄襄王，也就是秦始皇的父亲。当然，吕不韦的"生意"就做得更大了。子楚当上秦国国君后，他受封为文信侯，担任秦国的相国。

王翦置田是怎么回事？

王翦（生卒年不详），是战国末期秦国著名战将，与其子王贲一并成为秦始皇兼并六国的最大功臣。后世人评战国四大名将，王翦便是其中之一。王翦不光会打仗，还懂为臣之道，他对"韬光养晦"这四个字深有研究。在伐楚之时，他就曾用请求赏赐田地的方法来消除秦王的疑心，并成为一个典故，"王翦置田"由此而来，自那之后"王翦置田"也就成了明哲保身的代名词。这到底是怎么回事呢？

战国末期，秦王欲灭楚，倾心于年少壮勇的秦将李信，认为他贤能果敢。秦王曾问李信欲破楚，需多少人马？李信表示二十万即可。秦王又问王翦，王翦道："非六十万不可。"秦王说："王将军老矣，何怯也！李将军果势壮勇，其言是也。"于是派李信及蒙武将兵二十万南伐楚。王翦因秦王不用其言，就托病辞官，归频阳养老。最终李信军队被楚军大败。

秦王闻秦军失败，大怒。他知道王翦确有远见，于是亲自到频阳向王翦谢罪，说："我没有听从将军的话，李信终使秦军受辱，如今楚军逐日西进，将军虽有病在身，怎能忍心背弃寡人？"王翦辞谢说："老臣疲弱多病，狂暴悖乱，希望大王另择良将。"秦王坚持要王翦领兵，王翦说："若非要用老臣，必给我六十万大军。"秦王允诺。于是王翦率六十万秦军伐楚，秦王亲自送将军至灞上。王翦行前多求良田屋宅园地，秦王说："将军既已出兵，何患贫穷？"王翦说："为大王部将，虽立战功却终不得封侯，所以趁大王亲近臣下之时，多求良田屋宅园地，为子孙置业。"秦王大笑。王翦的军队行至关口后，又五度派使者回朝求良田。有人认为将军求赏太过分，王翦却说："秦王粗暴又不信任人，如今倾尽全国兵力，交付给我，我只有以多请田宅作为子孙基业的方法来稳固自家，打消秦王对我的怀疑。"

秦王政二十三年（公元前 224 年），王翦领兵伐楚，一年就平定了楚国城邑，俘虏楚王负刍，楚地终成秦的一个郡县。王翦于是又率兵南征百越，取得胜利。后因功著而晋封武成侯。

为什么会形成百家争鸣的局面？

春秋战国时期是思想和文化辉煌灿烂、群星闪烁的时代。这一时期出现了诸子百家彼此诘难、相互争鸣的盛况空前的学术局面，这一局面出现的原因有以下几个方面：

第一，政治因素。当时处于社会大变革时期，社会动荡不安，各诸侯国林立纷争。各诸侯国的国君为了在争斗中取得霸主地位，竞相招贤纳士，运用不同思想学说以使自己的国家富足强大起来。这便给百家争鸣创造了一个宽松的学术氛围。

第二，经济因素。当时经济有了极大发展，这使得某些人成为有闲阶层，有时间从事自己的学术活动。

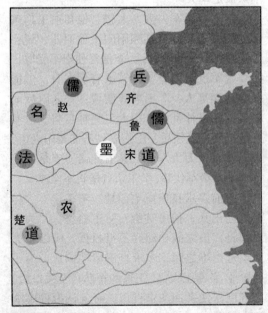

百家争鸣示意图

第三，科技因素。科学技术取得了较大进步，如天文学、数学、光学、声学、力学、医学等方面在当时均达到较高水平。这些科技成果标志着人们认识水平的提高，丰富了人的精神世界和物质生活。

第四，文化因素。当时"天子失官，学在四夷"，其结果是打破"学在官府"的局面，使原来由贵族垄断的文化学术向社会下层扩散，下移于民间（这种历史现象被称为"文化下移"），致使"私学勃兴"。

第五，学术自由因素。各学术团体于政治权势是相对于独立的。他们虽从不同的社会集团的利益出发，纷纷著书立说，议论时事，阐述哲理，各成一家之言，但是他们并非政治附庸，依附于某个政治权势集团，而是"用我则留，不用我则去"。此外，各个学派之间、同一学派的不同流派之间，既相互斗争又相互学习和借鉴。这也是促成百家争鸣的另一重要因素。

百家争鸣发端于春秋战国之际的儒墨之争，战国时期渐成气候，是中国教育思想史和学术史上空前繁荣和极为活跃的一次盛会，在中国思想发展史上占有重要的地位。

都江堰是谁修建的？

在美丽富饶的川西成都平原上，有一套完整的农田灌溉系统，这就是我国最早的规模宏大的水利工程——都江堰。其修建时间之早和收益之多，在世界上也是罕见的。2000 多年来，它一直显示着中华民族的智慧和力量。

岷江发源于成都北部的岷山，它穿越层层陡峻的高山流入成都平原时，水势突然减缓，夹带的大量泥沙和山石随即沉积下来，淤塞河道，经常造成水灾。因此，征服岷江、变水害为水利，就成为成都平原人民的共同心愿。战国时期著名的水利家李冰，公元前 251 年被秦昭襄王任命为蜀郡（今四川成都附近）守。他到任不久，便在儿子二郎的协助下，领导当地人民进行了治理岷江的工作。

都江堰按照灌溉和防洪的需要，合理控制了内、外江的江水流量，2000多年前，有这样高超的科学设计和施工安排，不能不令人赞叹。直到现在，都江堰仍然完好，继续为人民造福。人们为怀念李冰父子的功绩，在都江堰附近修建了伏龙观和二王庙。今天，古老而宏伟的水利工程都江堰，也已成为旅游胜地，它时刻敞开胸怀，迎接着中外旅游者。

秦为何要修郑国渠？

秦的基地位于关中，为达到一统全国的目的，需增强自己的经济力量，因此发展关中农田水利以达到粮食增产是当务之急。秦东邻的韩国便以善于兴修水利的郑国为间谍，派其入秦，游说秦国在泾水和洛水（北洛水，渭水支流）间，穿凿一条大型灌溉渠道。表面上说是可以发展秦国农业，真实目的是要耗竭秦国实力。

秦王本来就想发展秦国水利，于是很快采纳这一诱人的建议，并立即征集大量的人力和物力，任命郑国主持，兴建这一工程。在施工过程中，韩国"疲秦"的阴谋败露，秦王大怒，要杀郑国。郑国说："始臣为间，然渠成亦秦之利也。臣为韩延数岁之命，而为秦建万世之功。"秦王政是位很有远见卓识的政治家，认为郑国说得很有道理，加之秦国当时的水工技术还比较落后，在技术上也需要郑国，所以对郑国仍然加以重用。经过十多年的努力，全渠完工，人称郑国渠。

郑国渠的作用不仅仅在于它发挥灌溉效益的100余年，还在于首开了引泾灌溉之先河，对后世引泾灌溉有着深远的影响。

最早使用圆形方孔钱的是不是秦国？

秦始皇统一中国后，废除布、刀、贝等币，统一了全国币制，规定黄金为上币，单位是"镒"（二十两），铜钱是下币，单位是半两。铜钱是一种圆形方孔钱。自此，圆形方孔成为我国铜钱的固定形式，直到清朝末年止，沿用了2000多年。然而，在战国时期，最早使用圆形方孔钱的并不是秦国，而是中原各国。

战国时期，中原三晋地区最早出现了圆形方孔的环钱。由于环钱形小易铸，加上具有便于穿索、携带等一系列优点，因而很快为各诸侯国所接受。不仅如此，就是在刀、布流通区的币形，也出现了圆形化的趋势，如圆首圆户足布、圆首刀等，所以，环钱在战国晚期成为一种货币体系，有着广泛的社会影响和坚实的基础，表明中原各地币制趋向于圆形化。

战国中晚期，中原各国钱币的形体出现圆形化的趋势。环钱的基本形制是体圆、有孔，孔先圆后方，先无郭后有郭，不同地区各有不同的特征。到目前为止，先后发现了十多种钱文的环钱，分属于三晋、秦、齐、燕、两周公国等不同国家。其中最早的是魏国铸造的共垣、共屯赤金等圆形圆孔环钱。齐国在战国晚期铸的"六化、四化"，为最早方孔圆形环钱，也是秦以后方圆孔钱的祖型。

我国首次记载哈雷彗星是在什么时期？

中国古代对彗星的观测历史悠久，并做有详细记录。大彗星的出现，更引起古人的注意。据《春秋》载，鲁文公十四年（公元前613年），"秋七月，有星孛（彗星）入于北斗"。这是我国也是世界上最早的关于哈雷彗星的记载，比西方早670多年。此后，从秦王政七年到清宣统二年（公元前240～1910年）的两千年间，哈雷彗星29次回归，中国都做了记录（有说共记录31次）。这些不间断的记录对现代研究哈雷彗星的轨迹变化提供了宝贵资料。

我国骑兵始于战国吗？

一说骑兵，大家都会联想到号称"世界第八大奇迹"的秦始皇陵兵马俑。这种骑兵，究竟在什么时候开始出现于我国，学术界一直有争议。

一种观点认为，骑兵作为一个兵种出现

于军队中，开始于战国。主要根据是，公元前 307 年，赵武灵王的"胡服骑射"。《战国策·赵策二》中有这样的记载：赵武灵王为了继承先祖遗志，向"三胡"，即三个少数民族开拓疆土，并对付燕、韩、秦三国的入侵，提出改穿胡服，建立骑兵。《史记·赵世家》也有记载。

另一种观点认为，骑兵出现于春秋、战国之交，就是在公元前 5 世纪。由于那时骑兵数量较少，所以常常和车兵混合编组，配合作战。主要根据是，《战国策·赵策一》记载，晋出公二十年，晋卿知伯，联合了韩、魏两家准备攻击赵襄子，赵为了应付他们的联合进攻，接受了张孟谈的建议，先退于晋阳防守。于是派了延陵王将车骑先至晋阳布置。文中所说的"车骑"，是指车兵和骑兵，说明那是已有骑兵配合车兵作战。

再一种观点认为，骑兵始于春秋，约公元前 7 世纪，秦国的"畴骑"就是我国最早的骑兵部队，秦国靠近西戎，在长期与戎狄的交往中，感受到骑兵在山林险峻中的威力和作用，组建了骑兵。《韩非子·十过》中，具体记载了秦穆公使用的骑兵部队送重耳去晋国夺取王位。

还有一种观点认为，在商代，战场上就可能出现有少数武装骑手，担任一些辅助任务。这些骑手，就是骑兵的萌芽。在殷墟出土的甲骨文卜辞中，已经有骑手、"先马"的称谓。

综上所述，"先马""畴骑""车骑""骑射"，究竟哪一个是我国最早的骑兵？看来还得进一步探讨。

楚怀王为什么客死秦国？

楚怀王在位的第十六年，秦国想进攻齐国，可是楚与齐国亲善，秦惠王于是努力想打破楚齐联盟。他派说客张仪南下去拜见楚怀王。张仪用原楚国的纵横六百里地的商於地区为诱饵，劝楚怀王与齐国断绝关系。楚怀王照做之后，张仪却说给楚国的土地是六

里地，楚怀王知道自己被张仪耍了，大怒，出兵攻打秦国但大败而归。又过了一年，形势的发展使秦国想与楚国结为联盟，秦国愿意割让土地来跟楚国讲和。楚怀王说他只想得到张仪，于是张仪主动请求到了楚国。

张仪到了楚国都城，暗中勾结佞臣靳尚，靳尚替他请求怀王说："拘捕张仪，会让秦王不高兴的，各国看到楚国没有了秦国这个盟友，必定会轻视大王。"宠妃郑袖也在靳尚的鼓动下向楚怀王为张仪求情。楚怀王经不住靳尚与郑袖的劝说，与秦国结为联盟，放了张仪。

一年后，秦楚交恶，秦昭襄王耍弄欺诈的手段，挟持楚怀王到达秦国咸阳，要挟楚国向秦国割让土地。楚国大臣们为了断绝秦国的非分之想，另立新君，便是楚顷襄王。次年，楚怀王想从秦国潜逃回国，被秦国发现了，封锁了所有通往楚国的道路。楚怀王于是改从小路逃到赵国，想绕回楚国去。赵国害怕秦国，不敢接纳楚怀王。楚怀王又想经魏国，这时秦军已经追上来了，他只得跟随秦国使者又回到了秦国。楚怀王惊恐劳累，因而生了重病，死在秦国，成了天下笑柄。

李牧为什么能大败匈奴？

李牧是赵国名将，长期驻守在赵国北边的雁门郡，防备匈奴的侵犯。

他教导战士苦练骑马、射箭等作战技术，严密看守烽火台，同时派了许多谍报员，随时掌握敌情，做好迎战的准备。他还向军队发布了一条命令：绝不擅自迎战，违令者斩。因此，匈奴每次入侵，他的军队总是守在营垒里，不与他们交战。

经过几年的养精蓄锐，李牧摸清了匈奴出没的规律，也积累了一套进攻匈奴的有效作法。他看到将士、军民都群情激愤，时机和条件都已成熟。在这种情况下，李牧决定向匈奴开战。同时，他动员老百姓把所有的牲畜都赶出来放牧。

匈奴看到满山遍野的牛羊马匹，垂涎三

尺，就派出一小股部队入境抢掠。李牧这次一反惯例，出兵迎击。刚一接战，就假装战败，并故意丢弃了几千人马。匈奴单于认为赵国守军不堪一击，就率领人马大举入侵赵国。李牧诱敌深入，同时把军队分为两支，从两侧包抄匈奴兵，以迅雷不及掩耳之势，杀得十余万匈奴骑兵人仰马翻，匈奴单于也仓皇逃命。匈奴经过这一次严重挫败，十多年也不敢侵扰赵国的边境。

"战国四公子"是哪几个人？

中国战国时代末期秦国越来越强大，各诸侯国贵族为了对付秦国的入侵和挽救本国的灭亡，竭力网罗人才。他们礼贤下士，广招宾客，以扩大自己的势力，因此养"士"（包括学士、策士、方士或术士以及食客）之风盛行。当时，以养士著称的有魏国的信陵君魏无忌、齐国的孟尝君田文、赵国的平原君赵胜和楚国的春申君黄歇。因其四人都是王公贵族（一般是国家君王的后代），时人称之为"战国四公子"。

"鸡鸣狗盗"出自何处？

《史记·孟尝君列传》载，战国时候，齐国的孟尝君喜欢招纳各种人做门客，号称宾客三千。他对宾客是来者不拒，有才能的让他们各尽其能，没有才能的也提供食宿。

有一次，孟尝君率领众宾客出使秦国。秦昭王将他留下，想让他当相国。孟尝君不敢得罪秦昭襄王，只好留下来。后秦昭襄王改变了主意，把孟尝君和他的手下人软禁起来，只等找个借口杀掉。

秦昭襄王有个最受宠爱的妃子，只要妃子说一，昭襄王绝不说二。孟尝君派人去求她救助。妃子答应了，条件是拿齐国那一件天下无双的狐白裘（用白色狐腋的皮毛做成的皮衣）做报酬。孟尝君十分犯难，因为刚到秦国，他便把这件狐白裘献给了秦昭襄王。这时有一个门客说："我能把狐白裘找来。"原来这个门客最善于钻狗洞偷东西。他先摸清

情况，知道秦昭襄王爱惜那件狐白裘，把它放在了宫中的精品储藏室里，他便钻进储藏室把狐裘偷了出来。妃子见到狐白裘高兴极了，想方设法说服秦昭襄王放弃了杀孟尝君的念头，并准备过两天为他饯行，送他回齐国。

孟尝君不敢再待在这里，立即率领手下人连夜偷偷骑马向东快奔。到了函谷关（现在河南省灵宝市，当时是秦国的东大门）正是半夜。按秦国法规，函谷关每天鸡叫才开门，半夜时候，鸡怎么可能叫呢？大家正一筹莫展时，只听见几声"喔，喔，喔"的雄鸡啼鸣，接着，城关外的雄鸡都打鸣了。原来，孟尝君的另一个门客会学鸡叫，而鸡只要听到第一声啼叫就立刻会跟着鸣叫。守关的士兵虽然觉得奇怪，但也只得起来打开关门，放他们出去。就这样，孟尝君靠着鸡鸣狗盗之士逃回了齐国。

信陵君"窃符救赵"是怎么回事？

信陵君的姐姐是赵国平原君的夫人。秦兵围邯郸，赵国多次向魏国求救，魏王派将军晋鄙领兵十万救赵。在秦王"谁敢救赵，下一个就攻打谁的"威胁下，魏王令晋鄙军留邺筑壁垒，观望两国的胜败。

信陵君屡次去请求魏王，门客们也用各种办法劝说，魏王始终不听。信陵君无奈，便决定带一百多辆车骑去赵，跟秦军死拼。路过夷门，遇见侯嬴，侯嬴只说自己年老，不能跟随公子前去，就走开了。信陵君行数里后，总觉得不痛快，心想：我待侯嬴不薄，现在将去拼死，为什么他没有一言半辞送我呢？于是又回来见侯嬴。侯嬴就给信陵君出了一个主意，建议他让魏王最宠爱的如姬去魏王卧室窃出兵符，调动晋鄙的兵将，就能救赵了。信陵君帮助如姬报了杀父之仇，所以如姬很感激信陵君。信陵君依照侯嬴的办法，果然得到了兵符。

信陵君带人要去调动晋鄙的军队，侯嬴又对他说："将在外，主令有所不受。晋鄙如果不听从，就危险了。要带朱亥去，必

要时就把晋鄙打死。"公子一行到邺，要代晋鄙领兵。晋鄙合符后，表示迟疑，不想交出兵权。在这关键时刻，朱亥从袖子里抽出四十斤重的铁锥，把晋鄙打死。信陵君遂得兵八万，攻击秦军。秦军在魏军、楚军和赵军的夹攻下大败，邯郸围解。赵王及平原君亲自到邯郸郊界迎接信陵君，平原君背着箭袋为信陵君在前引路。赵王一再感谢说："自古贤人未有及公子者。"

毛遂自荐是怎么回事？

秦兵围困邯郸的时候，赵国派遣平原君请求救兵，到楚国签订"合纵"的盟约。平原君本想约同食客 20 人一同前往。但只找到19 个人，其余的人没有符合条件的。

这时候，门下有一个叫毛遂的人，向平原君自我推荐，想要跟随平原君一同前去。平原君说："先生来到我赵胜门下几年了？"毛遂说："三年。"平原君说："贤能的士人处在世界上，好比锥子处在囊中，它的尖梢立即就会显现出来。现在，你处在我赵胜的门下已经三年了，左右的人们对你没有称道，如此看来你没有什么才能。先生不能一道前往，先生请留下！"毛遂说："我不过今天才请求进到囊中罢了。如果我早处在囊中，我就会像禾穗的尖芒那样，整个锋芒都会挺露出来，不单单仅是尖梢露出来而已。"

毛遂终于与平原君一道前往楚国。平原君与楚国谈判"合纵"的盟约，反复说明"合纵"的利害关系，但是谈了一天都毫无成果。毛遂手握剑柄登阶而上，对平原君说："合纵的利害关系，两句话就可以决定。你们这么长时间都谈不定，这是为什么？"楚王对平原君说："这是何人？"平原君说："这是我的舍人。"楚王怒斥道："我是在同你的君侯说话，你算干什么的？"毛遂手握剑柄上前说道："大王你之所以敢斥责我毛遂，是因为楚国人多。但是十步之内，你不能依赖楚国人多势众了，你的性命，悬在我毛遂

的手里。况且，我听说汤以七十里的地方统一天下，文王以百里的土地使诸侯称臣，难道是由于他们的士卒众多吗？那是由于他们能够凭据他们的条件而奋发他们的威势。今天，楚国土地方圆五千里，持戟的士卒上百万，这是霸王的资业呀！白起，不过是一个小小的竖子罢了，率领几万部众，发兵来和楚国交战，一战而拿下鄢、郢，二战而烧掉夷陵，三战而侮辱大王的祖先。这是百代的仇恨，而大王却不知道羞耻。'合纵'这件事是为了楚国，并不是为了赵国。"

楚王说："是，是！确实如先生所说，谨以我们的社稷来订立'合纵'盟约。"

于是，毛遂对楚王左右的人说："取鸡、狗和马的血来。"毛遂捧着铜盘跪着献给楚王，说："大王应当歃血来签订'合纵'的盟约，其次是我的君侯，再次是我。"于是毛遂在宫殿上促使楚王签订了"合纵"盟约。

甘罗果真十二岁就拜相了吗？

甘罗（生卒年不详），战国时楚国下蔡（今安徽凤台）人，著名的少年政治家。甘罗小小年纪就投奔到秦相吕不韦的门下，做了他的才客。当时秦国企图联燕攻赵，打算派大臣张唐出使燕国，张唐却借故推辞。吕不韦无计可施时，甘罗自告奋勇，愿去劝说张唐赴任。

甘罗驱车去见张唐，说："当年武安君白起就因为不服从应侯范雎的命令去攻打赵国，被应侯撵出咸阳，死在杜邮。现在文信侯的权力比应侯大得多，你违抗他的命令，看来你的死期不远了！"一席话吓得张唐乖乖答应出使燕国。

甘罗又征得吕不韦的同意，按照秦国扩大河间郡的意图到赵国去进行游说，他针对赵王担心秦燕联盟对赵国不利的心理状态，大加攻心，说："秦燕联盟，无非是想占赵国的河间之地，您如果把河间五城割让给秦国，我可以回去劝秦王取消张唐的使命，断绝和燕国的联盟。到那时你们攻打燕国，秦

国决不干涉，赵国所得又岂止五城！"赵王大喜，忙把河间五城的地图、户籍交给甘罗。甘罗满载而归，秦国不费一兵一卒而得河间之地，秦王就封十二岁的甘罗为上卿。由于当时丞相和上卿的官阶差不多，民间因此演绎出甘罗十二岁为丞相的说法。

淳于髡是个什么样的人？

孟子曾说过："下下人有上上智。"战国时的齐国人淳于髡就是这样一个人。淳于髡其貌不扬，"长不满七尺"，又曾因犯罪而受过髡刑（古代一种剃光头发的刑罚），故名淳于髡。

然而淳于髡学识渊博，能言善辩，尤其喜欢在与人辩论时运用隐语。齐威王当政初时，"好为淫乐长夜之饮"，国政荒乱，群臣都不敢谏。淳于髡对齐威王说："国中有鸟，止王之庭，三年不飞又不鸣，不知此鸟何也？"齐威王明白他的用意，用隐语回答说："此鸟不飞则已，一飞冲天，不鸣则已，一鸣惊人。"淳于髡的讽谏收到了奇效，齐威王从此振作起来，变法图强，使齐国又强大起来。

齐宣王号召天下人举贤荐能，淳于髡在一天内就向齐宣王推荐了七名贤士。齐宣王高兴之余，又有点怀疑他荐士太滥。淳于髡对齐宣王说："人以群分、物以类聚。我淳于髡向来与贤士为伍，我的朋友个个都是德行高尚、才智非凡的人，大王您找我寻求贤士，这就像在河里舀水，在火石上取火一样，轻而易得，取之不竭，您怎么能嫌我一天之内给您举荐的贤士太多了呢？我周围的贤士多得很，今后，我还要继续向大王推荐呢！"淳于髡一番话，使齐宣王茅塞顿开，心服口服。

淳于髡还是齐国历史上杰出的外交家。他曾多次奉王命出使，都顺利地完成了任务。

古代军衔制度是如何演变的？

我国古代从春秋时期就陆续出现了元帅、将军、校尉的称号，这比西欧国家早了十几个世纪。中国古代军队的武官阶品体制，与

西欧军衔体制职能一致，但形式不同，各自独立，两者没有承袭关系。1894年，清朝政府决定依照西欧国家军队编练新军。到1904年建立了新军的阶位、品级。现在，世界上绝大多数国家的军队都实行军衔制。

元帅，唐代设有元帅、副元帅等战时最高统帅，宋有兵马大元帅，元有都元帅、元帅。

将军，春秋时晋国以卿为将军，战国时始为武官名，汉代将军名号颇多，魏晋南北朝更繁，隋唐以后历代皆设有将军官。

校，古代军队的编制单位，统带一校之官称校尉。汉武帝初置中垒、屯骑、步兵、越骑、长水、胡骑、射声、虎贲等八校尉，为专掌特种军队的将领，其地位略次于将军，后通称将佐为八校。晋武帝时设有军校，为任辅助之职的军官。清代有步军校、护军校等官职。

尉，春秋时晋国上、中、下三军皆设尉，秦汉时太尉、大尉、中尉地位颇高，以后带"尉"字的官员地位逐渐下降。唐代折冲府以300人为团，团设校尉。明清时的卫士和八九品阶官称校尉，清代七品官中有正尉、副尉。

士，夏、商、周三代，天子、诸侯皆有上士、中士、下士之官，是卿大夫以下的低级官职，秦以后间有袭用古制而以上、中、下士为官职者。

乐毅破齐是怎么回事？

齐湣王当政后，齐国国力达到了顶峰，每个诸侯国都吃过他的亏。燕国是齐国北边力量较弱的一个国家，曾经被齐军打得大败，燕昭王即位后，重用贤臣乐毅，准备联合东方其他五国共同攻打齐国。

当时各国都难以忍受齐湣王的骄横暴虐，所以迅速地和燕国联合起来。燕昭王任命乐毅为上将军，由乐毅率领燕、赵、楚、魏、韩五国大军杀奔齐国，在济水西岸一举击溃了齐军主力。其他几个诸侯国纷纷撤兵，而乐毅则指挥燕军乘胜追击，渡过济水，一直打到了齐国首都临淄。

济水大败后，齐湣王四处逃跑。由于他

十分傲慢无礼，哪个国家都不肯收留他，最后来到莒县。楚国大将淖齿率军救援齐国，趁机当了齐湣王的宰相。然而没过多久，他就杀了齐湣王，和燕国瓜分了齐国的土地和财宝。

范雎是怎样发迹的？

范雎是秦昭襄王的重要谋臣，在秦国征服六国的大业中做出重要贡献。他发迹之前，曾是魏国大夫须贾的门客，过得很是狼狈。

有一回，须贾带着范雎出使齐国。齐襄王听说范雎挺有才干，就背地里打发人去见范雎，还送给他一百金和一些牛羊做见面礼，却被范雎坚决地推辞了。但因为这件事，须贾怀疑范雎暗中串通齐国，回到魏国以后，就向丞相魏齐告发了。魏齐听了以后，非常生气，下令严刑拷问范雎，打得他肋骨断了几根，门牙也掉了几颗。范雎只好装死，看守便用席子裹起他，把他扔在厕所里。所幸范雎没有死，他化名张禄，逃出魏国，到了秦国。

一天，范雎在城中瞧见秦王的车马来了，但他故意装作不知道的样子，毫不回避。秦王身边护驾的侍从大声喊道："大王来了。"范雎冷冷地说："什么？秦国还有大王吗？"

秦王没有实权，闻听此言，觉得自己遇到了知己。于是他赶紧把范雎请到宫里单独交谈。后感于范雎的雄才大略，拜其为上卿，并按照他的谋划，把魏国、韩国作为主要的进攻目标。

不久，秦王废除太后的权力，又收回了穰侯的相印，然后拜范雎为丞相，封地在应（今河南宝丰西南），号为应侯。五年后，范雎又为秦王出谋划策，帮助白起在长平大败赵军，活捉了数十万赵国士兵。秦军又乘势包围了赵国的都城邯郸，前后持续一年之久。

老将廉颇为何不受重用？

长平之战时，赵国守将原是廉颇，他知道目前秦军气势正旺，不宜硬拼硬，便占据长平，坚守不战，以拖延时间来瓦解秦军。

秦王知道不除掉廉颇，休想攻下赵国，便派人去赵国施离间计，想使赵王撤换廉颇。

赵孝成王是一个昏庸无能的君王，他派书生赵括接替了廉颇。廉颇知道君王中了秦国的离间计，一气之下到魏国去了。虽然廉颇在魏国住着，但心里还是一直挂念着赵国。有一天，忽然从赵国来了一位使者要见他。原来，赵王特地派使者到魏国看望这位老将，如果他身体还健壮，准备再次让他统率军队。

廉颇有个仇人叫郭开。郭开怕廉颇回来对自己不利，就事先买通了使者，叫他编一套假话欺骗赵王。使者回来以后，昧着良心向赵王报告说："老将军满面红光，吃得多喝得多，看上去倒是不错。可他毕竟老了，我在那儿待了一顿饭的工夫，就看他跑了三次厕所。"

赵王听了，连连叹气摇头，以后就再也没提起过廉颇。廉颇左等右等，总不见赵王派人来召见自己，知道自己报效赵国的愿望落空了，最后带着满腔的忧国之愤，死在了楚国。

思想家告子的主张是什么？

告子，中国战国时期思想家。名不详，一说名不害。曾在孟子门下学习。他的著作没有流传下来。由于孟子在人性问题上和他有过几次辩论，所以其学说仅有一鳞片甲记录在《孟子·告子》中。

告子以主张"性无善无不善"的人性论而著称。他以木材做成器皿为比喻说："性，犹杞柳也；义，犹桮棬也。以人性为仁义，犹以杞柳为桮棬。"孟子反驳说："子能顺杞柳之性而以为桮棬乎？将戕杞柳而后以为桮棬也？如将戕杞柳而以为桮棬，则亦将戕贼人以为仁义与？率天下之人而祸仁义者，必子之言夫！"其实，孟子的反辩并不合逻辑，因为没有先论证以杞柳做器皿是违反杞柳的本性的。显然，告子并没有被驳倒。

在另一回辩论中，告子用水做比喻说："性，犹湍水（急流的水）也，决诸东方则东流，决诸西方则西流。人性之无分于善不善也，犹水之无分于东西也。"孟子反辩说："水信（诚然）无分于东西，无分于上下乎？人性之善也，犹水之就下也。人无有不善，水无有不下。今夫水，搏而跃之，可使过额，激而行之，可使在山。是岂水之性哉？其势则然也。人之可使为不善，其性亦犹是也。"孟子论证的逻辑性太差。向下流是水的性，向上跳跃或被提上山不同样也是水的性吗？这正好给告子补充了论证。总之，告子的性无善无不善的见解并没有被批倒。但除仁内之说不对外，告子也还只知道"生性"而不知"习性"。

在中国古代众多论性的善恶的思想家中，告子的性无善无不善的观点是比较正确的。

"秦人智囊"是指谁？

嬴疾（？～公元前300年），因居樗里又称樗里子，是秦惠王异母弟，母亲是韩国人。他能言善辩，足智多谋，被秦人称为"智囊"。

公元前317年，魏、赵、韩三国联军攻秦，他率军大破联军于修鱼，关东诸国大为震惊。公元前314年，领兵攻打魏国的曲沃、焦，使焦投降，曲沃成为一座空城，终于并入秦的版图。公元前313年，樗里子为将攻打赵国，俘其将赵庄，夺占赵地蔺。第二年又协助魏章攻打楚国，以离间计使楚将互不配合，大败楚军于丹阳，掳其将屈丐及裨将逢侯丑等70余将领，斩首8万人。嬴疾以战功卓著，封于严道，号为严君。秦惠王嬴驷卒，太子立（即秦武王），逐张仪、魏章，起用樗里子、甘茂为左右丞相，在樗里子等人势如猛虎的冲击下，各国谈秦色变。通过战争扩张，秦国渐渐强大起来。

韩非子是什么人？

韩非子（约公元前280~前233年），战国时韩国人，出身于贵族世家，是韩国的旁支公子。他口吃，不善言谈，而善于著述。

《韩非子》书影

韩非与李斯同是荀卿的学生，博学多能，才学超人，李斯自以为不如。

韩非子继承和发展了荀子的法术思想，同时又吸取了他以前的法家学说，成为法家的集大成者。多次上书韩王变法图强，不被采用，于是发愤著书立说，以求闻达。秦王政慕其名，写信给韩王强邀其出使秦国。在秦遭李斯、姚贾诬害，死于狱中。他比较各国变法得失，提出"以法为主"，法、术、势结合的理论，集法家思想大成。今存《韩非子》55篇。他创立的法家学说，为中国第一个统一专制的中央集权制国家的诞生提供了理论依据。韩非子还是著名的哲学家和散文家。

墨子是如何阻止楚攻宋的？

鲁班被楚惠王请去当了楚国的大夫。他替楚王设计了一种攻城的工具，比楼车还要高，叫作云梯。楚惠王一面叫公输般赶紧制造云梯，一面准备向宋国进攻。楚国制造云梯的消息一传扬出去，列国诸侯都有点担心。

当时，鲁人墨子向楚惠王进谏，反对楚国攻宋，楚王不听。

墨子见劝服不了楚惠王，就解下了身上系着的皮带，在地上围着当作城墙，再拿几块小木板当作攻城的工具，叫鲁班来演习一下，比一比本领。

鲁班采用一种方法攻城，墨子就用一种方法守城。一个用云梯攻城，一个就用火箭烧云梯；一个用撞车撞城门，一个就用滚木礌石砸撞车；一个用地道，一个用烟熏。鲁班用了九套攻法，把攻城的方法都使完了，可是墨子还有好些守城的高招没有使出来。

鲁班见状，便在心中盘算着杀掉墨子。谁知墨子早看出了他的心思，便说："我来到楚国之前，早已派了禽滑厘等三百个徒弟守住宋城，他们每一个人都学会了我的守城办法。即使把我杀了，楚国也是占不到便宜的。"楚惠王看到了墨子守城的本领，知道要打胜宋国没有希望，就决定不进攻宋国了。这样，一场战争就被墨子阻止了。

《吕氏春秋》究竟成书于何年？

《吕氏春秋》又叫《吕览》，是杂家的代表作，由秦国丞相吕不韦组织属下门客集体编撰而成。全书 26 卷，内分十二纪、八览、六论，共 160 篇。内容以儒、道思想为主，兼及名、墨、农及阴阳家言，汇合先秦各派学说，为当时秦国统一天下、治理国家提供了思想武器。

《吕氏春秋》成书于何时？吕不韦在《序意》中表明，此书成为"维秦八年"，即秦王政即位八年之时，即公元前 239 年。但司马迁首先对这个问题提出了怀疑，他在《史记·自序》指出《吕氏春秋》应该成书于"不韦迁蜀"后。而据《史记·吕不韦列传》的记载，吕不韦迁蜀是在秦王政十年（公元前 237 年）之后。这便于吕不韦《序意》中的"维秦八年"产生了分歧。

鉴于上述两种说法之间的矛盾，后人经过考证分析，又提出了《吕氏春秋》部分成于秦王政八年，部分成于秦王政十年的说法。今人陈奇猷在此基础上，进一步从《吕氏春秋》的主导思想、内容来考证分析。他认为司马迁忽略了一个事实，即《吕氏春秋》的《序意》篇置于《十二纪》之后。这说明《序意》只是《十二纪》的序，而不包括《八览》《六论》。从《序意》的内容来看，也只是《十二纪》，只字不提览与论；可见这时（秦王政八年）吕不韦为之作序的只是《十二纪》的六十篇（连《序意》篇共六十一篇），而览、论尚未完成。只有这样，吕不韦才能将《吕氏春秋》（不

含《八览》《六论》）"布咸阳市门，悬千金其上，延侯游士宾客，有能增损一字者予千金"。如果真是如司马迁所说《吕氏春秋》成于秦王政十年之后，那时吕不韦权势已大落，身不在咸阳，又怎能做出如此轰动当时、传颂后世的事？可见《十二纪》完成于秦王政八年，而《八览》《六论》完成于秦王政十年之后。

另有人认为，吕不韦在秦王政十年免相，秦王政十二年（公元前 235 年）卒，这短短的两年，是吕不韦处于死亡斗争、情绪纷乱如麻的时期，怎么可能完成《八览》《六论》共 100 篇约 9 万字的巨著呢？陈奇猷继续解释说，《吕氏春秋》是吕不韦集门客"人人著作闻集论"而成的，而不是吕不韦独自所写，众多门客，一人写一篇也足够集成此作。

综观上述三说，加上目前不断发掘的史料证明了《史记》的正确性，陈奇猷的看法颇令人信服。但这也仍然有待进一步的证实。

春秋战国时的封爵是怎样的？

战国以前，各诸侯国内部的爵实际上有卿、大夫、士三级，每级又分上、中、下三等。各国按国大小待遇不同，如《左传》中载："次国之上卿，位当大国之中，中当其下，下当其上大夫。小国之上卿，位当大国之下卿，中当其上大夫，下当其下大夫。"有不同的食封标准，如《国语》中载："大国之卿，一旅之田，上大夫，一卒之田。"《左传》中也载赵简子曾有"上大夫受县，下大夫受郡"之语。

战国时，各国的爵大致有卿、大夫等，如各国都曾有"上卿""亚卿""客卿"等，均为将相所得的高爵。大夫一级如有上大夫、中大夫、国大夫、五大夫等。战国各大国出现了侯爵，如秦有彻侯、关内侯，楚有通侯，其他各国均有侯。除侯外还有封君，侯、君封地或以县计，或以户计，但仅能食其封地的租税，无军政司法独立权，不世袭。除此以外，各国还有一些特别的爵称，如楚国的封爵还有执珪和执帛。

第四篇
巍巍帝国，九州一统
——秦、汉帝国

秦

最早的皇帝是谁？

秦始皇，嬴姓，名政，秦庄襄王之子。13 岁即王位，39 岁称帝。自公元前 230 年至前 221 年，先后灭韩、魏、楚、燕、赵、齐六国，终于建立了中国历史上第一个统一的、多民族的、专制主义中央集权制国家——秦朝。

秦王政创立了"皇帝"的尊号，自称始皇帝，宣布子孙称二世、三世，以至万世，代代承袭。随后，他在全国范围内废除分封制，代以郡县制；在皇帝的直接控制下，建立中央直至郡县的一整套官僚机构。以秦国原有的法律令为基础，吸收六国法律的某些条文，制定和颁行统一的法律。

关于秦始皇的身世有何说法？

司马迁是中国伟大的史学家，他写的《史记》被公认为是最客观、最精彩的。可是，在他笔下有关秦始皇身世的说法却出现了两个版本。《史记·秦本纪》说庄襄王子楚死的时候，王子政继位，他就是秦始皇帝。可是，在《史记·吕不韦列传》中他却记载了一段嬴政是秦相国吕不韦之子的故事：赵国商人吕不韦拥有一位能歌善舞的美女，叫赵姬。赵姬怀了吕不韦的孩子。当时，在赵国做人质的秦国王子子楚见到赵姬后为之着迷，被吕不韦看出，吕不韦便把赵姬献给了子楚。后来，赵姬生下了孩子，子楚以为是自己的儿子，取名嬴政。在吕不韦的帮助下，子楚回到了秦国，继承了王位。他死后，就把王位传给了嬴政。这两个版本，前一种认为嬴政是子楚的儿子，后一种却说是吕不韦与赵姬所生，给后人留下了层层迷雾。

明代汤聘尹对《史记》提出异议，他认为秦始皇是吕不韦之子的这种说法是当时好事者杜撰的。王世贞则更进一步提出，吕不韦为使自己长保富贵，所以才故意编造自己是秦始皇父亲的故事。而且秦灭六国后，原六国的贵族或失去他们的食邑，或家破人亡，于是，他们开始通过言论攻击来对秦朝进行报复，即说秦始皇是吕不韦的私生子，秦宗室的香火到了这里也就熄灭了。还有人从赵姬生嬴政的时间上对私生子说提出质疑。司马迁说赵姬怀孕十二个足月之后才分娩，可是按照常情，女子一般在孕后一两个月才会发现自己怀了孕。既然如此，为什么要说吕不韦在献赵姬给子楚之前就已经知道她怀孕了呢？所以《史记·吕不韦列传》所述值得怀疑。

郭沫若在《十批判书》中说，《战国策》是研究战国时期历史文化的重要史料，而秦国是战国时期最重要的国家之一，可是《战国策》对于这件有关秦朝血脉的事情只字不提，一直等到一百年后的司马迁才来记述，这又是为什么呢？《史记·吕不韦列传》记载秦始皇的母亲是邯郸的歌姬，但是记载子楚回到秦国时又说"子楚夫人，赵豪家女也"，歌姬和豪家女，这两者之间的差距实在是太大，难以自圆其说。所以郭沫若也认为，吕不韦与赵姬的故事可能是编造的，目的是为吕氏称制制造舆论。

但也有许多学者认为司马迁的记述风格严谨、慎重而不是猎奇，对吕不韦和赵姬之事的记述不可能是凭空捏造。吕不韦是一个聪明人，为了使子楚能看上舞姬——赵姬，他不仅要隐瞒赵姬已有身孕的事实，还要掩饰她的真实身份。所以，司马迁前说赵姬是舞姬，后又说她是赵国豪门女子，并不矛盾，而使赵姬身份发生变化的，只是吕不韦的说辞。

有关秦始皇身世的争论仍未取得一致看法。但不论是赵姬是否有娠而嫁，还是嬴政是否真为皇室血脉，这些争论均无法掩盖他在中国历史上的重要地位。

秦始皇为何铸造十二金人？

唐代诗人李白在其诗《扫六合》中曾这样写道："秦王扫六合，虎视何雄哉。收兵铸金人，函谷正东开……"其中"收兵铸金人"一句就是指秦始皇完成统一大业后，收缴天下兵器聚之咸阳，销毁后铸成十二个金人一事。实际上这十二个"金人"并非用纯金铸成。当时的兵器主要用铜所铸，古人又把青铜称为金，所以这些青铜人就被称为"金人"。

秦始皇为什么要铸造这十二个铜人呢？关于这个问题，至今还是众说纷纭。民间主要流传着以下两种说法。

一种说法是：有一天，秦始皇梦中遇到天象大变、昏暗无光，且鬼神作怪，遂惊恐不已。在万般无奈之际，有一道人前来指点迷津，说制十二金人，方可稳坐天下。秦始皇梦醒后，就下令将全国的兵器收缴集中于咸阳，铸成十二铜人。

另一种说法是：秦始皇在统一全国后，始终在忧虑和思考着如何长治久安、使江山传之万世的问题。而要坐稳天下、江山永固，首先要解决的一个问题就是收缴和销毁流散在民间的各种兵器。

就今天来看，应该说，秦始皇收兵器造铜人，完全是出于政治上安定的考虑。可惜的是，今人已见不到这12个铜人的踪影了。

秦始皇为什么能统一中国？

秦统一前，国家处于分裂割据状态，战争频繁，严重阻碍了各地区经济文化的发展，同时给人民的生产、生活带来灾难。秦的统一，符合历史发展的趋势，也是各地人民的共同心声。公元前246年，秦王嬴政即位时，具备实现统一的三个客观条件：

第一，社会经济发展，民族、地区之间联系加强，为统一提供了必要的社会基础。

第二，人民苦于战乱，渴望统一。

第三，秦国变法比较彻底，实力最强，具备进行统一战争的条件。秦国经过商鞅变法，封建经济和军事力量增强，逐渐成为七国中实力最强的封建国家，因此，在七国中秦国最有条件实现统一。

嬴政掌权后，采取两方面的措施：其一，搜罗任用外来人才，如楚国的李斯、魏国的尉缭。其二，谋划灭亡六国的策略，部署统一全国的战略和策略。

秦王采纳李斯的建议，从弱小的韩国开刀，先扫除两翼，最后灭齐。任命王翦、李信、王贲、蒙恬等为将军，展开大规模的统一战争。秦于公元前230年灭韩；公元前228年灭赵；公元前225年灭魏；公元前223年灭楚；公元前222年灭燕；公元前221年灭齐。秦军像秋风扫落叶一样，不到十年的时间，就灭掉了东方六国。秦王嬴政在用人上不以出身高低取人，不拘一格，广招人才，能够礼贤下士，任人唯能，敢于向部下承认错误。因此，这些人才在他的统一大业中，各尽其能，发挥了至关重要的作用。

秦始皇巡游的目的是什么？

据《史记·秦始皇本纪》记载，秦始皇在帝位的十一年间共有五次出巡，历时长，范围广。他的这些举措，主观上是为了广播皇威，但客观上促进了交通的发展，并对后世交通线路的布局产生深远的影响。

为了达到宣德扬威、安定天下的政治目的，秦始皇在一统天下后，就急不可待地频繁出巡，以图通过宣德扬威，使六国人民从精神上对其臣服，以达到安定天下、成就万世之业的政治目的。从公元前220年到公元前218年，短短的三年内秦始皇就在原六国的领地上巡游了一遍，在各地刻石颂功，涉及范围甚广。仔细分析不难发现，秦始皇在以宣德扬威、安定天下为目的的巡游中，有几个重要的活动区域，即齐地、燕北赵代之地和东南吴楚之地。这些地方恰恰是刚统一的秦帝国最不安定的地方。

在秦始皇东巡的意图中，还有一个政治目的不容忽视，这就是所谓"东南有天子气，因东游以厌之"。秦统一后，吴楚之地仍潜伏着取秦而代之的政治基础和浓郁的不满情绪，始皇视之如心腹之患，故借巡游和视察政务，予以镇压抑制。

除此之外，秦始皇出巡也与秦人的文化传统及秦始皇本人的个性特征有关。秦人好慕远行，有其悠久的文化传统。秦国国君多有不辞辛劳、跋涉山川、蒙犯霜露、频繁远行的历史记录，而以秦惠文王、秦武王、秦昭襄王等为甚。

另外，秦始皇推崇五德始终说，到泰山封禅，在各地祭祀天地山川鬼神，"遂东游海上，行礼祠名山大川及八神"。这不是秦始皇的迷信，而是整个时代的迷信。秦始皇于称帝后的第二年就迫不及待地去泰山封禅。所以，怀有虔诚宗教情感的秦始皇四次巡游齐鲁海滨，并多次登临芝罘、琅琊、成山等地。

由于上述原因的驱动，使秦始皇成为实践天子四方巡守政治思想的第一位帝王。他巡游四方的壮举，深深地影响了我国秦以后历代封建帝王的巡游行为，并且对中华民族多元文化生态产生广泛而深远的影响。

中国最大的宫殿遗址是哪个？

"六王毕，四海一；蜀山兀，阿房出。"秦始皇统一中国后，认为先王们留下来的宫殿太小，于是在渭河南岸开始修建"朝宫"，作为秦的政治中心。但直至他死后，农民起义爆发，朝宫还没有竣工。朝宫的主建筑就是史书中称为"前殿"，即"阿房宫"的一座大型宫殿。

关于阿房宫记载，首见于太史公《史记·秦始皇本纪》，载："乃营建朝宫渭南上林苑中，

先作前殿阿房，东西五百步，南北五十丈，上可以坐万人，下可以建五丈旗，周驰为阁道，自殿下直抵南山，表南山之巅以为阙，为复道，自阿房渡渭，属之咸阳。"阿房宫殿基夯土台今在西安市郊三桥之南的赵家堡和大古村之间，东西广约二公里，南北长约一公里，而建在这一基址上的"前殿"，东西五百步，南北五十丈，高数十仞。上可坐一万人，殿四周的广场可容纳十万人。广场周围有五丈高的大旗。殿前有十二个青铜人像，各高三丈，重二十四万斤。气魄之大，可谓空前绝后。

阿房宫的名字是怎么来的？

秦始皇所建宫殿为何取名叫"阿房宫"？"阿房"这一古怪的名字又究竟是什么意思呢？对此，主要有以下几种观点：

第一，"阿房"一名是由于宫址靠近咸阳而得名的。"阿，近也，以其去咸阳近，且号阿房。"

第二，"阿房"一名是根据此宫"四阿旁广"的形状来命名的。阿，在古意中亦可解释为曲处、曲隅、庭之曲等。阿房宫"盘结旋绕、廊腰缦回、屈曲簇拥"的建筑结构就体现了这种"四阿旁广"的风格和特点。正是由于阿房宫建筑的这种风格，在《史记·秦始皇本纪》索引中解释此宫为何称阿房宫时说："此以其形命宫也，言其宫四阿旁广也。"

第三，此宫所以被称为阿房宫，是因为上宫宫殿高峻，若于阿上为房。这一观点出自《汉书·贾山传》，传中的注释曰："阿者，大陵也，取名阿房，是言其高若干阿上为房。"这就是说，阿房宫是由于宫殿建筑在大陵上而取名。

由此可见，以上几种观点都是论有所据、言之成理，并又都能自圆其说。因此在没有发现更新的确实有说服力的材料以前，对于这座千古留名的著名宫殿当时究竟为何取名阿房，至今只能说仍是个没有定论的历史之谜。

项羽烧掉的是阿房宫吗？

在杜牧那篇行云流水般的《阿房宫赋》中，有一句"楚人一炬，可怜焦土"。显然，杜牧将焚毁阿房宫的人锁定在了项羽身上。但史实是不是这样的呢？

关于项羽焚烧秦宫室的文字，出现在《史记·秦始皇本纪》中，即所谓："项籍为从长，杀子婴及秦诸公子宗族。遂屠咸阳，烧其宫室，虏其子女，收其珍宝货财，诸侯共分之。"此外就是在《史记·项羽本纪》中的记载："烧秦宫室，火三月不灭。"但无论是"烧其宫室"还是"烧秦宫室"，太史公都没有明确说项羽焚烧的是阿房宫。

近年来，由中国社科院考古研究所和西安市文物保护考古所组成的阿房宫考古队，经过多次的考察，进一步明晰了专家们的推断：秦阿房宫只是一个半拉子工程，并没有建成。同时考古专家们在阿房宫前殿遗址的二十多万平方米的范围内仅仅发现了几小处红烧土的痕迹，足见阿房宫并未经历过大规模的火烧。这样看来，项羽火烧阿房宫原来是子虚乌有。据考古学家介绍，虽然在整个阿房宫遗址的考古勘探过程中，考古人员没有发现一处当时被大火焚烧过的痕迹。但考古工作者在秦都咸阳第一、第二、第三号宫殿建筑考古发掘中，发现了宫殿建筑遗址被大火焚烧的痕迹。由此看来，项羽当时焚烧的应是秦都咸阳宫或其他秦宫室。

秦始皇为什么要在骊山建造陵墓？

"秦皇扫六合，虎视何雄哉，刑徒七十万，起土骊山隈。"这篇脍炙人口的诗作出自大诗人李白，它讴歌了秦始皇的辉煌业绩，描述了骊山墓工程的浩大气势。我们知道秦始皇执政于都城咸阳，为什么陵墓却要选在远离咸阳的骊山之阿呢？

最早解释这个问题的是北魏时期《水经注》的作者郦道元。他说："秦始皇大兴厚葬，营建冢圹于骊戎之山，一名蓝田，其阴多金，其阳多美玉，始皇贪其美名，因而葬焉。"

车马 秦 青铜彩绘 陕西省临潼县秦始皇陵出土

皇帝的坐乘，车身铭文有"安车第一"字样。车为四马单辕，分前后二室，前室坐一御官，后室有顶盖。人和车马制作得相当精致。它们是秦代青铜工艺高度发达的标志。

此说在学界沿袭千余年，并且被认为是最早的、最具权威性的观点而深信莫疑。《水经注》的解释单从表面上看似乎不无道理，然而这个问题似乎应该从当时的礼制及陵墓的设计意图方面寻找答案。

首先，陵墓位置的确立与秦国前几代国君墓的位置不无关系。秦始皇先祖及太后的陵园葬在临潼县（现西安市临潼区）以西的芷阳一带，秦始皇陵园选在芷阳以东的骊山之阿是当时的礼制所决定的，因为古代帝王陵墓往往按照生前居住时的尊卑、上下排列。秦始皇先祖已确知葬在芷阳的有昭襄王、庄襄王和宣太后。既然先祖墓均葬在临潼县以西，而作为晚辈的秦始皇只能埋在芷阳以东了。若将陵墓定在芷阳以西，显然有悖于传统礼制。可见秦始皇陵园选在骊山脚下完全符合晚辈居东的礼制。

其次，陵墓位置的选择也与当时"依山造陵"的观念相关。大约自春秋时代开始，各诸侯国国君相继兴起了"依山造陵"的风气。许多国君墓不是背山面河，就是面对视野开阔的平原，甚至有的国君墓干脆建在山顶之上，以显示生前的崇高地位和皇权的威严。战国时期的秦公墓依然承袭了"依山造陵"的典范，而秦始皇陵墓造在骊山之阿也完全符合"依山造陵"的传统观念。

总之，秦始皇陵园的位置既符合晚辈居东的礼制，也体现了"依山造陵"的传统观念。

秦始皇为何取消谥号？

谥号，是我国古代统治者或有地位的人死后，另起的称号，如"武"帝、"哀"公等。"谥者，行之迹也；号者，表之功也；车服者，位之章也。是以大行受大名，细行受细名。行出于己，名生于人。"帝王的谥号，由礼官议商；臣下的谥号，由朝廷赐予。

谥号制度的形成，传统说法是在西周早期，即《逸周书·谥法解》中提到的周公制谥。但是近代以来，王国维等根据金文考释得出的结论为谥法应当形成于西周中期的恭王、懿王阶段，这一说法现在得到广泛认同。秦始皇认为自己"德兼三皇，功高五帝"，就将"皇""帝"连起来开始称"皇帝"。他认为谥号有"子议父、臣议君"的嫌疑，因此把它废除了。但是到西汉又恢复了谥号。

秦始皇为何大杀宦官？

秦始皇想求仙，方士对他说："深居宫中勿令人知方能见到真人，得不死之药。"秦始皇便在咸阳旁边二百里内建宫观二百七十所，并用复道把它们连接起来。这样，他在什么地方谁也不知道。

有一次，秦始皇到梁山宫，从山上见丞相车骑甚众，心中很不高兴，有的宦官便把这事告诉了丞相。丞相听说，马上把自己的车骑数量减少。秦始皇知道后，认为是身边的宦官泄露了他的处所，便把当时在身边的宦官全都杀了。此后再没有人知道秦始皇在何处。

秦朝的法律形式都有哪些？

一统天下的秦朝为了维护和巩固新生的政权，制定了完备的法律制度，其法律形式主要有以下几种：

第一，《秦律》。公元前361年，秦孝公下令求贤，商鞅离开魏国，携带李悝的《法经》入秦。在他的主持下，秦国于公元前356年、公元前350年两次变法改革。在法律制度方面的改革成就为改法为律。

秦朝立法源于秦国立法，秦国法律形式有律、令、制、式、法律答问、廷行事等。自商鞅主持秦国变法后，开了秦修订刑律的先河。秦朝建立后，承袭前代，刑律内容无大更改。变化的是，秦朝不断增修单行律条，以适应国家统一后不断变化的政治与经济生活的需要。比如《田律》《工律》等二十九种单行律条。

第二，在秦朝，令（以秦国家或君王名义发布的各种命令）、制、诏（改皇帝命令为命为制，令为诏）都是重要的法律形式，它是皇帝针对特定的事件，特定的犯罪临时发布的命令，具有很高的法律效力。如《焚书令》《田令》等。

第三，在秦朝，式也是一种法律形式。式是办事规则、公文程式。如云梦秦简当中曾有《封诊式》，具体规定了勘验、调查、审讯的法律文书程式。

第四，在秦朝，为了统一适用法律，还专门制定了官方的法律解释，以利于官吏依法判案。在云梦秦简中，《法律答问》就是秦制定法律解释的明证，它对秦国定罪量刑以及法律适用当中的重要问题，都做了具体解释，同刑律具有同等的法律效力，成为秦国法律形式的一种，秦统一后仍在沿用，并且影响到后世的法律解释。

最早修筑长城的是秦始皇吗？

人们一说到长城的修建，往往就和秦始皇联系在一起，认为是秦始皇修建的万里长城。那么最先修筑长城的是不是秦始皇呢？答案是否定的。

长城的修建在中国有2600多年的历史，从历史文献上考察，最早修长城的应该是春秋战国时期的楚国，其次是齐国，齐国的长城从渤海边一直修到平阴，大概有1000华里（约500公里）。除此之外，春秋战国年代，诸侯国修长城非常普遍，像秦国、楚国、齐国、魏国、赵国、燕国、韩国这七个国家都修了长城。但是在这当中，有一个非常重要的现象，就是在秦、赵和燕这三个国家，除了修和诸侯国之间防御性的长城之外，他们还在国家的北部边界修建了防止匈奴南下掠夺的北部的长城，燕、赵、秦这三个国家北部的长城就为我们现在所知的万里长城的修建奠定了基础。

在秦始皇忙于六国战争的时候，北边的匈奴又迅速强大起来，特别是在秦始皇兼并赵国、燕国的过程中，没有时间去顾及北方匈奴的情况下，北方匈奴不断地南下骚扰、掠夺。所以，秦始皇统一中国之后，首先派大将蒙恬率三十万人跟匈奴开战，把匈奴赶到更北边，然后就开始修建长城。秦始皇修长城是为了保护北部边境人民的生命财产安全，减少人民的负担。由于匈奴是游牧民族，其骑兵活动范围很大，没有长城的话，要很多军队来防守，这会给人民增加很大的负担。

其修长城的主要做法是，把原来各诸侯国之间的长城拆除，再把原来秦、赵、燕三国北边的长城连接起来，最终给我们留下了一条西起临洮（今甘肃岷县）、东迄辽东的万里长城。

"孟姜女哭倒长城"是真是假？

孟姜女哭长城是我国古代著名的民间传说，它以戏剧、歌谣、诗文、说唱等形式广泛流传，可谓家喻户晓。相传秦始皇时，劳役繁重，青年男女范喜良、孟姜女新婚三天，新郎就被迫出发修筑长城，不久因饥寒劳累而死，尸骨被埋在山海关长城墙下。孟姜女身背寒衣，历尽艰辛，万里寻夫来到长城边，得到的却是丈夫的噩耗。她痛哭于城下，三日三夜不止，城为之崩裂，露出范喜良尸骸，孟姜女于绝望之中投海而死。

那么这个故事在历史上是否真的存在呢？一说认为，孟姜女哭长城的故事纯属虚构，因为山海关长城修建于秦朝以后，秦始皇时代修筑的长城，距山海关北去数百里。既然当时当地并无长城，哭长城之事自然是

子虚乌有。一说认为，孟姜女的故事发生在春秋时期。据《左传·襄公二十三年》记载，齐庄公四年（公元前550年），齐伐卫、晋，回师攻莒时齐大夫杞梁战死。杞梁妻迎丧于郊，相传她哭夫十日，城墙为之崩塌。后世以讹传讹，把杞梁妻说成是秦始皇时代的人，演绎出哭长城的故事。

有人指出，孟姜女哭长城的故事，是随着历代时势和风俗不断变化而变异的。战国时，齐都盛行哭调，杞梁（后演化为喜良）战死而妻迎柩，便是悲剧的素材。西汉时，盛行阴阳五行、天人感应之说，杞梁妻的悲苦便造成了城崩山裂的感应。至六朝、隋唐间，乐府中有送衣之曲，于是又增添了送寒衣的内容。由此可见，孟姜女哭长城的故事，是在长期的文化演变中逐渐丰满起来的。

秦朝征服六国后又发动了哪些战争？

秦征服六国以后，又发动了一系列对周边少数民族的战争。

北方，秦始皇派蒙恬率军三十万抗击匈奴。蒙恬于秦始皇三十二年（公元前215年）收复河套以南地区，即当时所谓"河南地"，第二年进一步斥逐匈奴。

南方，秦始皇在灭楚之后，很快降服了居住在浙江一带的越族，建置会稽郡。接着于公元前221年，分别征服了居住在今温州一带的东瓯和今福建境内的闽越，设置闽中郡。公元前214年，秦始皇又征服了两广地区的越族，建置了南海、桂林和象三郡。

秦始皇到底有没有"焚书坑儒"？

"焚书坑儒"是秦始皇加强专制统治的措施之一，千百年来人们在把这位"千古一帝"指责为暴君时，总忘不了提及"焚书坑儒"。我国学术界就秦始皇的评价问题曾多次展开热烈讨论，其中"焚书坑儒"乃是争论最激烈的一桩公案。实际上，有关"焚书坑儒"的一个基本问题，即秦始皇有没有"坑儒"，也还存在疑问。

据《史记·秦始皇本纪》载，始皇三十四年（公元前 213 年），秦始皇采纳丞相李斯的建议，下令把秦国以外的史书和民间收藏的《诗》《书》及诸子百家之书，全部烧毁。次年，一些为秦始皇觅求不死仙药的方士，因为旷日持久而没有效验，怕骗术被拆穿，就和一些儒生串通，私下诽谤秦始皇"刚戾自用""专任狱吏""乐以刑杀为威"。秦始皇闻讯大怒，令御史迅速查办。方士与儒生遂转相牵连告发，结果查出犯禁者 460 余人。秦始皇为"使天下知之，以惩后"，将这批人全部坑杀于咸阳，这就是历史上"焚书坑儒"的经过。

但有学者提出，秦始皇"焚书"有之，"坑儒"则无，所谓"坑儒"实是"坑方士"之讹。然也有学者认为秦始皇不仅"坑儒"，而且还坑了两次，且双方俱有佐证。

在目前没有确切的史料或文物佐证的情况下，且在史学界对这一问题尚未达成共识情况下，这一问题还有待史学家们的进一步考证。

秦始皇为何不立后？

秦人在秦孝公（公元前 4 世纪）以后对于立后和立太子之事已制度化，秦国在发展壮大过程中，各种国家制度已臻完善，统一中国后更全面建立各种制度，并定出了皇帝的正妻为皇后、母亲为皇太后的制度。但是秦始皇始终没有设立皇后，这成为令人费解的千古之谜。

秦兵马俑博物馆研究员分析后认为，秦始皇之所以在多次有机会立后的时候没有立后，原因是很复杂的。

第一，秦始皇生性多疑，若立后，恐皇后掣肘。第二，秦始皇信道，渴望长生不老。即位起，他就开始遍寻长生不老的仙药，因此没时间考虑立后的事情。第三，史载，秦始皇的母亲行为失谨，秽乱后宫，并生了两个儿子。这使秦始皇在思想上受害甚深，为此，

他把母亲永远赶出了咸阳。由于母亲的行为而形成的心理障碍，也是他迟迟不立后的原因之一。第四，统一六国后，东方六国佳丽尽充后宫，要想从中选一位名门之后的贤淑女子也是一个难题。况且秦始皇自认功德超过了三皇五帝，所以择后的标准难定，立后就更难了。正是由于以上种种原因，所以秦始皇始终未立后。

"指鹿为马"是怎么回事？

胡亥做了皇帝后，赵高对胡亥说："陛下要注意，诸公子和大臣们正在为沙丘之谋而蠢蠢欲动啊！"胡亥一听，马上紧张起来，忙问赵高如何应付。赵高见时机已到，便煞有其事地说："万全之策惟有'换血'，铲除祸患。这样，陛下就可尽情享受人间乐趣了。"胡亥乐得手舞足蹈。于是，一场"换血"大行动开始了。大批朝臣先后被杀，连胡亥的骨肉兄弟和同胞姐妹们都惨死在屠刀之下。最后连李斯都遭五刑腰斩，合家灭门。李斯一死，赵高便顶替他做了丞相，其族人、亲信都安插到了权要部门。赵高当了丞相后，成了秦朝的实际独裁者。渐渐地，他就想踢开胡亥自己做皇帝，但又担心群臣不顺从，于是就导演了一幕"指鹿为马"的闹剧。

《史记·秦始皇本纪》："赵高欲为乱，恐群臣不听，乃先设验，持鹿献于二世，曰：'马也。'二世笑曰：'丞相误邪？谓鹿为马。'问左右，左右或言马以阿顺赵高。或言鹿者，高因阴中诸言鹿者以法。后群臣皆畏高。"意思就是，赵高想要谋反，恐怕群臣不听从他，就先设下计谋进行试验，带来一只鹿献给二世，说："这是一匹马。"二世笑着说："丞相错了，把鹿说成是马。"问左右大臣，左右大臣有的沉默，有的故意迎合赵高说是马，有的说是鹿，赵高就在暗中假借法律陷害那些说是鹿的人。以后，大臣们都畏惧赵高。

"指鹿为马"的故事流传至今，人们便用指鹿为马形容一个人是非不分、颠倒黑白。

李斯是被谁诬陷致死的？

秦二世二年（公元前208年），各地起事者风起云涌，致使秦二世不断地责备李斯，身为三公，却不能制止小小的盗贼。李斯不敢以实相告，只好曲意逢迎，建议二世加重打击力度，以"请罪重罚"的方法加强对百姓和百官的镇压和控制。结果造成杀人越多，越能成为忠臣；税民越重，越会成为明吏。所以，受刑被杀者越来越多。而二世本人深居宫中，行乐不止，政事都由郎中令赵高决定。

对于赵高的独断专行，李斯时常不满，这使他逐渐成为赵高的眼中钉。后赵高向二世诬告李斯，说李斯准备裂地而称王，还说李斯的儿子李由与盗贼私通。李斯得知后，反斥赵高心术不正，行为不轨。李斯又与丞相冯去疾、将军冯劫进谏二世，请求减轻赋役，停止修建阿房宫。但是，在赵高的怂恿之下，二世认为李斯等既不能禁绝外盗，又反对先帝的遗命，根本没有资格在位，就下令将三人下狱治罪。二冯自杀，李斯则被腰斩于市，三族之人被杀。赵高被任命为丞相，大权独揽，最终把秦王朝推向灭亡的边缘。

为什么大泽乡起义被称为"揭竿而起"？

在我国的史书中，讲到农民起义，总会用到"揭竿而起"，那这一成语是怎么来的呢？

公元前210年，胡亥当上了皇帝，但大权实际上操纵在赵高手里。赵高为人阴险毒辣，专横跋扈，搅得全国上下怨声载道，对他恨之入骨。

公元前209年，一批900多人的壮丁队伍被押送到渔阳去防守，当队伍走到大泽乡时，遇上连绵大雨，没法前进，只好暂时驻扎下来。当时陈胜、吴广二人担任屯长职务，负责带领这支队伍如期赶到渔阳，否则就要被杀头。夜里，陈胜跟吴广商量："眼看期限内赶不到渔阳，难道一个个白白去送死吗？"二人商量了一番，决定举兵起义。为了号召大家，他们利用当时大多数人都迷信

鬼神的特点，想出一条计策。第二天，他们拿来一块白绸条，用朱砂在上面写上"陈胜王"三个大字，塞在一条鱼肚子里，让兵士买回去，剖开鱼，兵士们发现这绸布上的字，都感到十分惊奇。半夜里，吴广又来到附近的神庙里，点起一堆火，装着狐狸叫声喊："大楚兴，陈胜王；大楚兴，陈胜王。"兵士都听得又惊又怕。

在陈胜、吴广的号召之下，大伙儿都愿意跟随他们。于是，陈胜吩咐弟兄们搭了个大台，又做了面大旗，旗上写了个大"楚"字，大伙儿一齐跪下，对天起誓：齐心协力推翻秦朝。起义军队伍壮大了，没有刀和旗子，他们就砍下树枝做刀枪，削了竹枝做旗杆，建立了一支强大的农民起义军。历史上称这件事为"揭竿而起"。

哪次战役摧毁了秦军主力？

公元前207年十二月，项羽率楚军到达巨鹿县南的漳水，立刻派遣英布和蒲将军率2万起义军渡过漳水，援救巨鹿，初战告捷。接着，项羽率领全军渡过漳水，命令全军破釜沉舟，只带三日粮，以示不胜则死的决心，以迅雷不及掩耳之势直奔巨鹿，断绝秦军粮道，包围了王离军队。经过9次激烈战斗，活捉了王离，杀死了秦将苏角，包围巨鹿的秦军就这样瓦解了。

巨鹿解围后，章邯军退至棘原（巨鹿南），项羽军驻漳水之南，两军对峙。秦军的连续失败使章邯不见信于秦朝廷，项羽抓住时机，亲率大军破秦军于汙水。章邯固守棘原与项羽对峙，派部将司马欣向秦廷告急求援。当时，秦廷赵高专权，猜忌将相，对章邯不予理睬。项羽又派蒲将军率军日夜兼程渡三户津（古漳水渡口，今河北磁县西南），断秦军归路，自率主力大败秦军。在项羽的沉重打击下，章邯进退无路，不得不于公元前207年七月在洹水南殷墟（今河南安阳）率其部众20万投降项羽。

巨鹿之战是秦末农民战争所取得的一场巨大胜利。它基本上摧毁了秦军的主力，扭

转了整个战局,奠定了反秦斗争胜利的基础。而项羽以 6 万破 20 万,以如此悬殊的兵力却取得巨大战果令无数后世人对其产生敬仰。

张良为何要策划刺杀秦始皇?

张良是韩国人,他的祖父和父亲,曾先后担任五个韩王的相国。公元前 230 年,韩为秦所灭,张良拿出全部家财寻觅有本领的人去刺杀秦王政,决心要替韩国报仇。

张良曾东往淮阳游学,在那里,他遇见了一位行侠仗义的隐士仓海君。由于仓海君的关系,张良认识了一位勇猛有力的人,于是与他结为知己,谋划如何刺杀秦始皇。那位大力士准备了一个 120 斤重的大铁锤作为奋击的武器。公元前 218 年,始皇到东方巡视抵达阳武(今河南原阳),张良和力士隐蔽在博浪沙(在今河南原阳)那个地方,当始皇车队经过的时候,他们进行突然袭击。因为他们判断错误,没有搞清始皇到底是坐在哪一辆车上,所以力士一锤打去,只是把一部随从的车打坏了。后张良改名换姓逃到下邳,遇到了刘邦。

秦始皇是病死还是被害?

公元前 210 年,被称为“千古一帝”的秦始皇死于他第五次东巡途中。秦始皇死于何因?史学界有两种截然不同的观点,一说死于疾病,一说死于非命。

持死于疾病说的人认为秦始皇早年患过结核性脑膜炎,后又得了癫痫病,并经常发作。公元前 218 年,秦始皇东巡时,在阳武博浪沙遭人行刺,身后的一辆副车被刺客用重锤砸得粉碎。随后,又发现了刻有“始皇帝死而地分”的陨石和出言“今年祖龙死”的“仙人”。秦始皇很迷信,这些现象使他感到恐惧不安。为了消灾避难,寻找长生不老药,秦始皇听从了一名相卜者的建议,进行第五次巡游。但这次巡游由于劳累和紧张使他引发了癫痫病。犯病时,他的头重重地撞到车内用来消暑的青铜冰鉴上,脑部受到撞伤,

导致结核性脑膜炎复发,虽经御医全力抢救,但终因医疗条件限制,最后死于沙丘。

持死于非命说的,以中国科学院原院长、著名史学家郭沫若为代表。郭沫若认为,秦始皇是被他小儿子胡亥害死的。当时秦始皇虽然病重,但意识很清楚,为稳定秦王朝,亲笔写下了传位长子扶苏的木简遗诏,让赵高派人送给远在上郡的扶苏。而赵高却与李斯密谋传位给胡亥,并将遗诏改为“赐死扶苏、蒙恬”,但当时他们害怕秦始皇再次醒来,所以,没有敢立即将篡改的遗诏送出去。可当他们第二天去看秦始皇时,发现秦始皇已死去多时,右耳流着黑血,身子都硬了。郭沫若认为,这是胡亥害怕夜长梦多,担心赵高、李斯发生动摇而下的毒手,很可能是将一根长 3 寸的铁钉从秦始皇的右耳钉入脑颅,致其死亡。

这两种观点,至今尚无定论。不过,人们对解开此谜充满信心。因为据考察,秦始皇陵没受破坏,秦始皇遗体尚在,而且墓中大量的水银形成的水银蒸气对遗体有冷凝防腐作用。待秦始皇陵发掘之时,不仅秦始皇死亡之谜可以解开,而且还可能看到秦始皇入葬时的遗容。

秦始皇死后子女下落何处?

秦始皇有多少子女,秦始皇死后这些子女下落如何,几千年来,一直没有人能说清楚。见于史书有名可考的秦始皇子女只有长子扶苏、少子胡亥、公子高、公子将间四人。另有史书说秦始皇有 12 个儿子,史书中还有秦始皇第 10 个女儿被杀的记载,这样看来,秦始皇至少有儿女二三十人。据专家考证,秦始皇共有子女 33 人。秦始皇的 33 位子女,除胡亥做了秦二世,其余 32 人皆死于非命。

长子扶苏被篡改的遗诏赐死,胡亥称帝后,怕其兄长不满而残酷杀戮他们。史书记载的有,将“六公子戮死于杜”,将十二公子杀戮于咸阳市。公子高准备逃跑,又恐家属被灭族,只好上书,请求为秦始皇殉葬,

胡亥准其请求，公子将闾昆弟3人，被迫"拔剑自裁"。胡亥不仅处死了他所有的哥哥，对其姐妹也不放过，史书记载，胡亥将"十公主戮死于杜"。就这样，胡亥为保住自己的皇位，残酷地杀害了自己众多的兄长姐妹。

专家之所以得出这一结论，与一次考古发现有关。1976年10月，在秦陵东侧上焦村附近发现了一组陪葬墓群，共17座，考古工作者发掘了其中8座，8座墓中各有一棺一椁；其中7座墓中各有人骨一具，五男二女。一座墓中，棺内只有一把青铜剑，未有人骨。令人不可思议的是棺中尸骨非常零乱，有的躯体与四肢相分离，有的头骨与躯干相分离，有的头骨上有箭头，这些现象表明墓主系非正常死亡。但同时令人不可思议的是，墓中的随葬品非常丰富，计有金、银、铜、铁、陶、玉、蚌、贝、骨、漆器及丝绸残片二百余件，这种规格说明墓主人是有一定身份的，这使人联想到被残酷杀害的秦始皇子女。在发掘过程中，人们在墓坑里还发现了挖墓人烤火的遗迹。这说明当时天气很冷，与胡亥诛杀诸公子的时令相吻合。因此，专家分析，这些墓葬的主人很可能是秦始皇的儿女，在发掘中还发现了两枚私印，一枚印文为"荣禄"，出土于男性墓中；另一枚印文为"阳滋"，出土于女性墓中。如果推断正确，则"荣禄"是秦始皇儿子的名字，"阳滋"是秦始皇女儿的名字。随着挖掘深入，人们将取得更多的证据，到时秦始皇子女下落之谜有可能被彻底解开。

最早东渡日本的使者叫什么？

秦始皇统一中国后，希望永远享受帝王的生活，梦想长生不死。公元前219年，有个叫徐福的方士（古代从事求仙、炼丹等活动的人）上书秦始皇，说海中有三座神山，山上住着仙人，有长生不死之药。于是秦始皇派他率领大型船队，载着一批童男童女和珍宝、粮食、工具等，入海寻求仙药。仙药当然是不可能找到的，徐福等人后来法漂泊

到现在的日本。当时，日本正处于原始社会的后期，远比强盛的秦王朝落后。徐福很可能带去了先进的农具，对促进日本农业的发展起了一定作用。因此日本人民对他怀有崇敬的感情，2000多年来一直尊奉他为"司农耕神"（即管理农耕的神）。徐福是我国有史料记载的最早东渡日本的使者。

徐福为何东渡？

关于徐福东渡的原因，据《史记》所言，秦始皇不惜以巨资支持徐福东渡，是为了寻神山仙药，求长生不死药。

但并非所有的言论都支持这种说法，还有不少史书提出了"避祸说"，《汉书》及《后汉书》中都有相应的记载。

还有一些人持"海外开发"的观点。他们认为，以秦始皇的雄才大略，绝不会轻信长生仙药之说，他派徐福出海，可能跟海外开发有关。秦始皇统一天下只有12年的时间，但是4次到东方沿海巡视，这说明他对东方诸岛极大关注。有的学者说："始皇东巡的根本目的在于实现东至扶桑的理想，而徐福探海东渡正是实现始皇理想宏愿的具体行动。"秦始皇曾在琅琊刻石中说："普天之下，抟心揖志。器械一量，同书文字。日月所照，舟舆所载。皆终其命，莫不得意。"又说："西涉流沙，南尽北户。东有东海，北过大夏，人迹所至，无不臣者。"从中可以看出，秦始皇早有吞并扶桑之意，徐福东渡或许正与此有关。

徐福东渡究竟到了哪里？

史籍中最早记载徐福史事的是司马迁，可是没有讲明徐福渡海到了何处。后人以为是中国的台湾地区，也有说是美洲，但大多数认为是日本。最初提出徐福东渡日本的是五代后周和尚义楚。义楚称这一说法来自日本和尚弘顺。宋代文学家、史学家欧阳修也认为徐福东渡到日本。明初，日本和尚空海到南京，向明太祖献诗，提到"熊野峰前徐

福祠"。清末驻日公使黎庶昌、黄遵宪等人，都参观了徐福墓，并诗文题记。

北京大学历史系教授认为其实《三国志·吴书·吴主传》中就有徐福去向的记载，文章说，公元前 230 年，吴派大将卫温和诸葛直去夷洲及亶洲。结果只到了夷洲（今中国台湾地区），亶洲太远，没能到达。并且说亶洲在海中，传言说徐福带领的男女数千人入海到此洲不还。可以断定，亶洲不会是台湾，因为卫温和诸葛直到了台湾；也不会是吕宋岛，因为陈寿说亶洲有人口"数万家"，而吕宋岛至元世组时仍"民不及二百户"；更不可能是舟山岛，因为舟山岛离陆地较近，容易到达。那么，这里的亶洲到底是哪里呢？法国人希格勒的著作《中国史乘中未详诸国考证》中指出亶洲即是日本岛。

在日本的史籍文献中，关于徐福东渡日本的记载更是举不胜举。日本学者奥野利雄考证徐福东渡后主要活动地域在日本九州、熊野一带。据台湾学者彭双松统计，日本各地与徐福姓名联系在一起的墓、祠、碑、宫、庙、神庄等遗址有 50 余处、登陆点 20 余处、传说故事 30 余个。这些遗迹与传说虽不全是真实的，但也与史实有所关联。

虽然从古至今许多证据都表明徐福东渡确实到达了日本，但仍有些学者认为，徐福东渡日本只是传说，找不到可靠的历史文献来证明。更有人认为，徐福东渡日本的传说，是日本 10 世纪前后的产物，并非最先由中国人提出。徐福当时到的只是渤海湾里的岛屿，他在日本的事迹、遗迹、墓地，均属后人虚设。

另外，又有学者认为，徐福东渡是历史事实，但不是去了日本，而是去了美洲，因为徐福东渡的时间与美洲玛雅文明的兴起相吻合，而日本与中国大陆相距甚近，根本不需要耗费巨资，数年就能抵达。

天海茫茫，徐福东渡究竟去了何方，至今尚未有令所有人都信服的答案。

大将蒙恬兄弟是怎么死的？

蒙恬（？～公元前 210 年），中国秦朝名将。祖居齐国，祖父蒙骜、父亲蒙武皆为秦名将。

秦统一六国后，始皇三十三年（公元前 214 年），率领 30 万秦军征伐匈奴，次年收复河南地（今内蒙古河套一带），击退匈奴七百余里，屯兵上郡（今陕西榆林东南）。蒙恬守北防十余年，匈奴慑其威猛，不敢再犯。而当时蒙恬之弟蒙毅也在做上卿。蒙毅曾判处中车府令赵高死刑，但赵高又被赦免，从此和赵高结怨。赵高和秦始皇幼子胡亥关系密切，曾私下教授胡亥法律方面知识，颇受胡亥重用。

秦始皇长子扶苏因数谏皇帝失爱，贬至上郡，监守蒙恬军。始皇三十七年（公元前 210 年）秦始皇在出巡中在沙丘病故，李斯和赵高矫旨拥立胡亥继位，下令赐死扶苏，因为蒙恬与扶苏关系密切，也同时赐死蒙恬。接到命令后，蒙恬觉得可疑，扶苏自杀后，蒙恬拒绝自杀，被解除兵权关押在上郡的阳周，所部军队交由裨将王离指挥。后来，由于扶苏已死，胡亥想释放蒙恬，赵高称蒙毅政治上倾向扶苏，于是蒙恬、蒙毅兄弟被处死，葬于今绥德县城西的马鞍山下。

项氏是怎样起兵的？

项梁是原楚国大将项燕的儿子，因为杀死了一个仇人，便带着他的侄子项羽逃到会稽郡吴中。项梁见项羽聪明伶俐，就送他去读书，可项羽只学了几年，就不愿学了。接着，又送他去学习剑术，他刚学了几个套路，又不肯学了。项梁对此非常生气，项羽不以为然，撇撇嘴说："要学，我就学那种可以抵抗万人的本事。"

项梁见项羽小小年纪就胸怀大志，心里暗暗称奇。有一次，秦始皇到会稽游玩，横渡浙江时，项梁和项羽也挤在人群中看热闹。项羽突然说："那个人我可以取而代之。"

项梁吓得连忙伸手捂住他的口，因为这话要是被人听到了，是要灭族的。陈胜、吴广起义的消息传到吴中后，会稽郡郡守殷通想发兵响应。他想让项梁和桓楚做自己的部将，指挥兵马。然而，项梁另有打算，他与项羽一起杀死殷通，召集部众，不久就凑齐了8000名精兵。项梁便自任会稽郡郡守，任命项羽为大将，镇抚下属各县。后来，项梁、项羽带着这8000子弟兵渡过长江、淮河，南征北战。

斩蛇起义是怎么回事？

公元前209年，泗水亭亭长刘邦押送一群民夫到骊山服劳役。但民夫大量逃跑，刘邦怕到骊山后受到责罚，就把民夫遣散了。只有十几个年轻力壮的汉子愿意跟随他。刘邦大喜，当下就和这十几个人席地而坐，开怀畅饮。

之后，刘邦醉意蒙眬带领大家继续赶路，忽然，有人说前方有一条巨蛇挡住道路，建议绕道而行。刘邦听后便呵斥道："大丈夫行路，无所畏惧。你们都给我闪开。"说完，他手提佩剑，径直走到巨蛇身边，一剑劈下，将巨蛇砍成两段。于是，一行人跨过死蛇继续往前走。

有一过路人经过斩蛇的地方，发现一位老妇人抚蛇痛哭，好生奇怪，便上前讯问。老妇人哭诉说："我的儿子是白帝的儿子。他现身为蛇，盘踞路间休息。不想遇见赤帝的儿子，认为他挡道，把他砍成两段。"过路人觉得老妇人在胡言乱语，但一眨眼老妇人竟然消失得无影无踪。

过路人追上刘邦一行后，便把老妇人的话说给刘邦听。刘邦带着这十几条汉子隐藏在芒砀山中。自从他一到，那一带也常常出现怪异的现象。于是，关于刘邦上应天界的种种传说不胫而走，越传越神，闹得沛县中的年轻人都想来投奔他。接着刘邦攻下沛县县城，收罗萧何、曹参、樊哙等人，起义队伍就扩充到3000多人。沛县人一致拥立刘邦为沛公。刘邦起义毋庸置疑，但他斩杀白帝之子一事，必为当时扩大其影响力，从而招揽更多的起义徒众所进行的附会宣传。此外"天命观""天授神权"的观念在中国古代社会根深蒂固，为表示汉政权确立的合法性，统治集团也会在舆论中神化当权者有特殊的身份与使命。刘邦斩蛇起义说也就应运而生。

鸿门宴是怎么回事？

刘邦与项羽约定：谁先攻入咸阳，谁就受封为王。项羽虽然歼灭的秦军最多，可是机会主义者刘邦却乘虚先打下了咸阳。当时项羽驻扎在鸿门，刘邦惧于项羽的实力，就带着张良、樊哙等亲信来见项羽。项羽随即在鸿门宴请刘邦。

在酒席上，谋士范增不断地给项羽使眼色，暗示他早下令拿下刘邦，以绝后患。项羽装着不明白的样子毫无反应。范增急了，就命项庄给大家舞剑助兴，寻机杀掉刘邦。项伯见项庄来者不善，也拔剑和项庄对舞，并时时以身体遮挡刘邦。张良一见情况不妙，就让樊哙进入帐内。项羽见樊哙一副想拼命

鸿门宴壁画 汉

的样子，不禁问道："你是干什么的？"张良说："他是刘将军的手下。"项羽说："是条好汉子，递给他一些酒和肉。"樊哙把手中的盾牌放在地上，席地而坐，旁若无人地大吃大嚼起来。一会儿，项羽又说："好汉，你能喝点酒吗？"樊哙一抹嘴巴，大声嚷道："死都不怕，还怕喝酒。秦王残暴不仁，天下人都起来反对他。刘将军进入咸阳后，把宫室仓库都严加看管，日夜等着你的到来。他的功劳可谓不小了，听说你不但不打算奖赏他，还准备听从小人之言，欲加害于他。你这样做和秦王有什么两样？"不多久，刘邦借口上厕所离开了大帐，张良、樊哙跟了出去，然后偷偷地溜回了自己的驻地。

项羽知道后也没说什么，范增气得大骂："竖子不足与谋。"

后世不少人认为项羽在事件中缺乏当机立断的能力，间接导致范增的计划失败，亦埋下了自己日后败死的伏线。如果项羽当时杀了刘邦，那天下或许会是另外一番景象。

为什么项羽又称西楚霸王？

说起秦末的农民起义就不得不提到"力拔山兮气盖世"的"西楚霸王"项羽，那你知道这一称号有什么含义吗？

先谈"西楚"二字。《史记·货殖列传》："淮以北，沛、陈、汝南、南郡为西楚也。彭城以东，东海、吴、广陵为东楚也。衡山、九江、江南、豫章、长沙为南楚。"又《汉书·地理志》颜注引孟康语："旧名江陵为南楚，吴为东楚，彭城为西楚。"上述两说中的西楚都是旧楚国的一部分领土。项羽建都的彭城在西楚。但他又占有东楚之地，南楚也归他控制。可以说旧楚国的领土都被他掌握了，为什么国号又叫西楚呢？有史学家认为，这是因为当时还有个傀儡皇帝，即楚义帝熊心，算是天下的共主，他的国号是"楚"，项羽及刘邦等十八个王在名义上还是他的臣下。因此，项羽只好用"西楚"作为国号；加一"西"字，表示自己并非天子，自己的国土也不是整个天下。

为什么叫"霸王"呢？这里的霸王并非豪强霸道之意。"霸""伯"二字古音相同，可以通用。"伯"字的含义是"长"，"霸王"即诸王之长。项羽未能称帝，但又有力宰割天下，封了十八个王。自称"霸王"表示他的地位虽在义帝之下，但又在十八王之上。《史记·秦楚之际月表》："西楚王伯项羽始。""王伯"当是"伯王"，大概是古代传抄时字颠倒了。这是"霸王"可以写作"伯王"的例证。

"四面楚歌"讲述的是什么？

公元前 202 年，项羽和刘邦原来约定以鸿沟（在今河南荣县境贾鲁河）东西边作为界线，互不侵犯。后来刘邦听从张良和陈平的规劝，觉得应该趁项羽衰弱的时候消灭他，就又和韩信、彭越、刘贾会合兵力追击正在向东开往彭城（今江苏徐州）的项羽部队。经过几次激战，最终韩信使用十面埋伏的计策，布置了几层兵力，把项羽紧紧围在垓下（今安徽灵璧县东南）。

当时，项羽手下的兵士已经很少，粮食又没有了。夜间听见四面围住他的军队都唱起楚地的民歌，不禁非常吃惊地说："刘邦已经得到了楚地了吗？为什么他的部队里面楚人这么多呢？"说着，心里已丧失了斗志，便从床上爬起来，在营帐里面喝酒，以酒解忧，自己吟了一首诗，诗曰："力拔山兮气盖世，时不利兮骓不逝，骓不逝兮可奈何，虞兮虞兮奈若何。"并和他最宠爱的妃子虞姬一同唱和。歌数阕，直掉眼泪。唱完，虞姬自刎于项羽的马前，项羽英雄末路，带了 800 余名骑士突围，最终只余下 28 人。他感到无颜面对江东父老，最终自刎于江边，刘邦独揽天下。

项羽为什么不肯过江东？

公元前 202 年，韩信布置十面埋伏，把项羽围困在垓下。汉军夜晚唱起楚歌，楚军人心涣散，项羽的人马少，粮食也快吃完了。他悲歌别虞姬后，带了 800 个子弟兵冲过汉营，马不停蹄地往前跑去。天蒙蒙亮，汉军才发现项羽已经突围，连忙派5000骑兵紧紧追赶。

项羽杀出汉兵的包围后，身边只剩下20多人跟随自己到了乌江（在今安徽和县东北）。恰巧乌江的亭长有一条小船停在岸边，亭长劝项羽马上渡江，说："江东虽然小，可还有1000多里土地，几十万人口。大王过了江，还可以在那边称王。"

项羽苦笑了一下说："我在会稽郡起兵后，带了8000子弟渡江。到今天他们没有一个能回去，只有我一个人回到江东。即使江东父老同情我，立我为王，我还有什么脸再见他们呢？"

他把乌骓马送给了亭长，也叫兵士们都跳下马。他和20多个兵士都拿着短刀，跟追上来的汉兵肉搏起来。他们杀了几百名汉兵，楚兵也一个个倒下。项羽受了十几处创伤，最后在乌江边拔剑自杀。

项羽果真自刎于乌江吗？

看过《霸王别姬》或者听过项羽故事的人，都知道他兵败逃到乌江，自言无颜见江东父老，因而自刎以谢罪。但近年来，不断有学者提出证据说项羽并非自刎于乌江，而是自刎于东城（今安徽定远）。

在《史记·项羽本纪》中就点明项王"五年卒亡其国，身死东城"。《史记·高祖本纪》中记载得更为明确："汉五年……骑将灌婴追杀项羽东城，斩首八万，遂略定楚地。"《汉书·灌婴传》也记载："项籍败垓下去也，婴以御史大夫将车骑别追项籍至东城，破之。所将卒五人共斩项籍，皆赐爵列侯。"这些记载已经很明白地指出，项羽是自刎在东城。

今时，最早提出"项羽死于东城"这一观点的是时任安徽定远二中的教师计正山。我国现代著名国学大师冯其庸实地进行了详尽的考察，还专门写了一篇《项羽不是死于乌江考》的文章来证明自己的观点。

据冯其庸实地调查，乌江和东城距离240华里。这么远的距离，项羽一行28人想抵抗汉军数千人，无论项羽再怎么英勇，也不可能有力量支撑到乌江。《项羽本纪》里说"项王乃欲东渡乌江"，注意"欲东渡"这三个字。"欲"就是想要到达而未到达的意思，"东渡"这个词，既具有方向性，又有距离感。乌江在东城的东面，而且有240华里的距离，说"欲东渡"合情合理。在分析这个问题的时候，一定不要忘记当时项羽所在的位置——东城，实际上，当初项羽是想离开东城渡江，但是没能离开。

有学者解释说这个乌江亭长是这28人之一，他或许原先就是乌江亭长，后来跟随项羽东征西讨。如今转战至此，他熟知乌江渡口的渡船，故劝项羽东渡乌江，他对项羽说："江东虽小，地方千里，众数十万人，亦足王也。愿大王急渡。今独臣有船，汉军至，无以渡。"这段话的口气就足以证明他十分清楚乌江渡口的情况。

项羽到底自刎于何处，还有待史学专家的进一步研究考证。

楚汉争霸决战地点到底在何处？

楚汉战争中，西楚霸王项羽自刎乌江，垓下之役是楚汉战争的最重要的一次大决战，是刘汉王朝奠立霸业的关键性的一仗。

然而，垓下的详细地点到底在何处，历来争议很大。目前史学界对垓下有两种截然不同的说法。著名史学家范文澜认为垓下为今天的鹿邑，他在《中国通史简编》中写道："垓下在河南省鹿邑县境。"史学泰斗郭沫若认为垓下应该是灵璧，他在《中国史稿》中这样写："垓下在安徽省灵璧县南、沱河北岸。"郭沫若的观点其根据是，《汉书·地理志》沛郡渡侯国这样注释："垓下，高祖破项羽处。"然而，根据史学家陈可畏的研究，陈可畏推断垓下应该是陈县（即今河南淮阳县）。他首先指出探究垓下的一条重要信息，即在楚汉之争中，项羽被围垓下之前与刘邦发生的一场固陵之战（固陵在河南省淮阳、太康、鹿邑县境内）。

对垓下位置的争论在史学界延续了很久，如今又出现了陈可畏的新观点，究竟哪一种是正确的呢？现在还很难说。

开凿"灵渠"的最初目的是什么？

灵渠在广西壮族自治区兴安县境内，是世界上最古老的运河之一，有着"世界古代水利建筑明珠"的美誉。灵渠古称秦凿渠、零渠、陡河、兴安运河，于公元前214年凿成通航，距今已2200多年，仍然发挥着作用。

公元前221年，秦始皇吞并六国、平定中原后，立即派出30万大军，北伐匈奴；接着，又挥师50万南下，平定百越。为尽速征服岭南，秦始皇下令开凿灵渠。此项艰巨的任务，交由监御史史禄和3位石匠担纲。古人感佩于史禄开凿灵渠居功至伟，称赞他"咫尺江山分楚越，使君才气卷波澜"，兴安县也留下了为纪念3位石匠而留下的"三将军墓"。历3年艰辛，这条体现我国古代劳动人民智慧和科学技术伟大成就的人工运河，终于凿成通航。灵渠在向世人展示中华民族不畏艰险、刻苦耐劳精神的同时，也展示了中华民族丰富的智慧和无穷的创造力。

秦王真的霸占了周天子祖坟吗？

处于西陲的秦国之所以能够由一个毫不起眼的国家而一统天下，据说是沾了龙脉风水的光。而更为离奇的说法是，秦王占据了周天子的墓穴，所以才使得秦国从此鸿运当头，最终得以一统天下。关于这一说法，其背后的"理论依据"是考古学家在考察咸阳塬上的"周陵"时，竟然发现西周王陵和战国秦君墓同穴。

但是，后考古队在陵园内的地表发现了散落的大量残砖块、瓦片，并在残瓦片的外表上还发现有粗绳纹、细绳纹、篮纹以及素面等。结合以往的文献记载以及此次考古的调查勘探成果，有些考古专家认为所谓的"周陵"其时代应为战国晚期某代秦王陵，而非传说中的周王陵。其理由是，历史上的考古文献记载倾向于此处是秦王墓。《集解》引《皇览》曰："秦武王冢在扶风安陵县西北毕陌中，大冢是也。人以为周文王冢，非也。周文王冢在杜中。"《正义》引《括地志》云："秦悼武王陵，在雍州咸阳县（现咸阳市）西北十五里也。"《皇清经解》引孙星衍《毕陌毕原考》云："毕陌在渭水北，秦文王、武王所葬，即今咸阳之陵，先诸书甚明，其误自宋人始。"

由此可见，所谓的西周王陵与战国秦君墓同穴的说法是不成立的，因而，秦王霸占周天子的祖坟这一说法更是不可信的。

西 汉

为什么刘邦要重用陈平？

陈平（？~公元前 178 年），阳武户牖乡（今河南陈留县）人，他勤奋学习，学识广博，才能出众，有治国平天下的抱负。他通过刘邦谋士魏无知的介绍，得到了刘邦的接见。他根据自己掌握的各方面的情况，提出了争夺天下的方针策略和反楚兴汉的具体计划。刘邦见他分析局势深刻透彻、头头是道，是个非同寻常的人才，马上就任命他为都尉，并且让他做自己的参乘（车上的卫士），和他共乘一辆车。

这一来，刘邦手下的大将们很不服气，他们纷纷到刘邦那里说陈平的不是。众将的话使刘邦也犯起嘀咕来。刘邦就找来陈平，问他为什么投奔自己。陈平回答说："我听说您胸怀大志，善于用人，善于采纳别人的建议。我觉得像您这样的人，一定能打败项羽，统一天下，成就大业，所以我才脱离项羽，投奔到您的旗下效力。您如果还觉得我有用，就把我留下；如果觉得我没用，就让我走吧。"刘邦听了陈平的话，连连向他道歉，并拜他为护军中尉。

从此以后，陈平施展出他的所有才能，为刘邦出谋划策，先是用反间计离间了项羽同范增和钟离昧的关系，削弱了项羽的实力；又出主意稳定了几乎叛乱的韩信；他还通过游说单于阏氏，解了平城白登之围，救出了被匈奴围困了 7 天的刘邦。刘邦死后，他还和大将周勃合作，消除了吕后的势力，复兴了刘氏江山。

陈平是怎样除掉范增的？

刘邦一次被项王围困在荥阳、成皋（都在今河南荥阳市）一带，谋士陈平便想出反间计，从楚军内部进行瓦解。

刘邦邀请项羽和谈，项羽派虞子期到城内谈判。虞子期进城后，暂到旅馆安歇，派手下人去了汉营。张良和陈平两人出来迎接，殷勤地把他们邀进一间公馆里，好酒好肉招待，顺便问起范增的起居近况，并偷偷地问："亚父有什么吩咐？"楚使说："我是项王的使臣，不是亚父派来的。"张良、陈平两人一听，假装吃惊，说："我们还以为你是亚父派来的呢。"说完便把那人带到另一间小屋里，改以粗茶淡饭招待，张良、陈平二人也不知道哪儿去了。

那人回来向虞子期报告，特别提到张、陈二人的话和态度，虞子期认为可疑，整衣去见刘邦。虞子期被带到一间密室休息，看到书桌上有许多秘密文件，他随手翻看中见到一封范增写给刘邦的信，说是要里应外合，共破楚军。虞子期大惊，忙把信藏在身上。见完刘邦，虞子期回见项羽，悄悄地密报在城内所见情况及张良、陈平的态度，又把偷回来的那封信呈给项羽。项羽看罢大怒，说："老匹夫居然想出卖我。务必要查出实情，若真如此，绝不饶恕。"范增知道后，在项羽面前力辩并无其事，说这都是陈平的反间计，离间君臣，可是项羽就是听不进去。范增大怒，随即辞行。范增一走，刘邦很快冲出了重围。

"彭城之战"有什么样的结果？

汉元年（公元前 206 年）二月，刘邦乘田荣起兵反楚，项羽出兵齐地（今山东大部）之机，袭占关中（指函谷关以西地区）。二年（公元前 205 年）四月，齐、楚军胶着于城阳（今山东菏泽东北），楚都彭城空虚。刘邦即以项羽杀害楚怀王为口实，在洛阳聚集各路诸侯联军 56 万，分路进攻彭城。

项羽闻讯，亲自率精兵 3 万由鲁（今山东曲阜）迅速南下，出胡陵占领萧县，切断联军退路，随后，由西向东反攻。楚军乘刘邦纵情享乐、疏于防范之机，晨时开始进攻，中午即大破联军。联军被楚军斩杀 10 余万人，此战，刘邦遭到严重挫折，诸侯纷纷背汉向楚。

此战不但歼灭刘邦主力，使刘邦陷入"发关中老弱未傅悉诣荥阳"的危机局面，更扭转了项羽孤立无援的政治局面，重新占据楚汉战争的主动权。但是这场完胜的战役却留下了遗憾，此战使刘邦逃往西边，占据荥阳成皋之地利，依靠关中汉中之资源和优越的地理、物质资源以及项羽后方的游击战，最终拖垮项羽，赢得天下。

为什么说刘邦本性无赖？

公元前 203 年，楚汉在广武（今河南荥阳市东北）对峙。日子一久，楚军的粮食接应不上。项羽没办法，就把前些日子抓到的刘邦的父亲绑了起来，放在砧案上搁着，派人大声吆喝："刘邦再不投降，就把你父亲宰了。"结果刘邦的回答让项羽差点晕了过去："我跟你曾经结为兄弟，我的父亲也就是你的父亲。你要是把父亲杀了煮成肉羹，请分我一杯羹。"

汉王趁项羽正在为难的时候，派人跟项羽讲和，要求把太公、吕后放回来，并且建议楚汉双方以鸿沟（在今荥阳东南）为界。项羽认为这样划定"楚河汉界"还不错，就同意放了太公、吕后。但不出两个月，刘邦就组织了韩信、彭越、英布三路人马攻打项羽。

刘邦不顾及自己父亲的性命，破坏与项羽的约定，这些事都充分表现了刘邦无赖的本性。

萧何为何位列开国功臣的首位？

汉高帝刘邦封赏群臣后，又开始排列功臣的位次。群臣众口一词地说："平阳侯曹参身经百战，身受七十多处创伤，攻城略地，斩将杀敌，都不计其数，功劳最大，应该排在第一位。"

刘邦内心很想排萧何在首位，但不便开口。这时关内侯鄂千秋说："曹参确实有野战略地的功劳，但那只是一时之功。楚汉抗争五年，主上多次失军亡众，逃跑的人不计其数，主上虽然没有诏令，萧何却源源不断地从关中补充兵员，使主上和军队陷入困境时能及时得到援救。楚汉在荥阳对峙多年，是萧何征收粮草，从水路千方百计地运给汉军。陛下几次失去山东，萧何却始终保全关中这个大后方，支援陛下，这是万世之功。少了一百个曹参，汉王室又能损失什么？仅靠他们，汉王室也不一定得天下。绝对不能以一时之功盖过万世不灭的功勋。萧何应该排在第一位，曹参放第二位。"刘邦听后非常高兴，连声说："很好，很好。"于是，他把萧何列为第一，赐萧何可以佩剑穿鞋上殿，入朝时不必趋行。

为什么刘邦先给仇人封爵？

汉高帝刘邦封赏了 20 多名有功之臣，其余还未受封的人焦急不安，惦记着自己的功劳大小，互不服气，日夜争吵不休，封赏难以顺利进行。

这天，刘邦看到远处不少将领三五成群地聚集在沙地上，神情激动地低声交谈。他不解地问陪在身边的张良："他们这么神神秘秘地说些什么？"

张良说："陛下不知道吗？他们在谋反。"

刘邦大吃一惊，忙问："什么？天下刚刚太平安定，他们为什么还要造反？"

张良解释道："陛下如今做了天子，封赏的功臣都是同陛下关系密切、受陛下喜爱的人，杀掉的都是陛下平时切齿痛恨的仇人。他们害怕不可能全部封赏，又害怕陛下记恨他们平日的过失而杀了他们，所以聚在这儿准备造反呢。"

刘邦忧心忡忡地问张良该怎么办。

"主上平生最憎恨的人是谁？"

"该是雍齿了，好几次他逼我陷入困境，让我蒙受奇耻大辱。我恨不得杀了他，只是念他功劳显著，不忍心下手。"

"那就先封雍齿，群臣见陛下痛恨的雍齿都能封赏，人心也就安定了。"

刘邦很欣赏张良的妙计，马上大开宴席，召集群臣开怀畅饮。酒席间宣布封雍齿为什邡肃侯。酒宴结束后，群臣们都高兴地说："连雍齿都能为侯，我们还担心什么呢。"

刘邦给自己的仇人封爵，安定了内部人心，避免了因分封不公而导致的内乱和矛盾，对于刚成立的汉王室意义重大。

刘邦为什么迁都关中？

西汉高帝六年（公元前201年），汉高祖刘邦立国后，建都洛阳。齐人娄敬奉命西去戍守陇西，力荐将都城建在关中。他说："秦地背山面河，险峻的关塞是天然屏障，土地肥美，堪称天府之国。一旦发生紧急变故，百万之众进退自如，即使山东大乱，秦地也可保全。与人争斗，如果不能扼其咽喉而抚其背，算不上全胜。陛下定都关中，便扼住了掌握天下的咽喉。"刘邦犹豫不定。他征询群臣的意见，然而，群臣几乎都是崤山以东的人，他们不愿意远离家乡，纷纷劝说刘邦留在洛阳。

留侯张良赞同娄敬的主张，他说："关中左边有崤山和函谷关，右边有陇山和岷山，沃土千里，南接富饶的巴蜀，北靠广阔的牧场，三面地势险要可以轻易防守，只留东面稳稳地控制诸侯。若诸侯安宁度日，黄河和渭河可以运输粮食，供应京都。一旦诸侯谋变，可以顺水而下，及时供给军队需要的粮草。这就是所谓的金城千里，天府之国。娄敬的建议很有道理。"张良的一番话入情入理，使刘邦下定决心，迁都关中。

叔孙通是如何重整朝仪的？

汉高帝刘邦登基后，完全废除了秦朝种种烦琐苛刻的礼仪法令。然而，文武大臣多半出自平民，他们无视礼节，弄得刘邦心烦意乱。博士叔孙通知道刘邦难以忍受这种乱糟糟的局面，征得刘邦同意后，去征召儒生制定礼仪。

叔孙通当年追随刘邦时，他的一百多位弟子也随他投奔汉军。可令他们不解的是，叔孙通从不向刘邦引荐弟子，现在，弟子们总算有了用武之地，他们跟随叔孙通卖力地演练礼仪，操练群臣。西汉高帝七年（公元前200年）十月，长乐宫建成，各地诸侯云集。兵器排列整齐，旌旗迎风飘扬，诸侯大臣们在谒者的引导下鱼贯进殿。威武庄重的卫兵围绕宫殿内外，排列在宫中的台阶两侧，功臣、诸侯和将领们面东伫立，文官丞相面西恭候。刘邦乘辇由寝宫上殿，文武官员惶恐肃敬，依次趋前恭贺。行礼完毕，宫中酒宴开场，御史巡视执法，发现谁不依礼节行事，立即请出宫门。陪侍的群臣一改往日的喧闹，敬畏地低着头，按照尊卑次序，挨个向刘邦敬酒祝寿。

朝拜仪式圆满结束，刘邦当即任命叔孙通为太常，赏赐五百金。同时在叔孙通的引荐下，他的那些弟子都得到了刘邦的封赏。

刘邦在白登是如何突围的？

西汉高帝七年（公元前200年）冬天，大汉与匈奴之间起了严重的冲突。冒顿驻扎代谷，坐镇晋阳的刘邦派使者出使匈奴，刺探匈奴的军情。使者回报说："匈奴只剩下老弱残兵和瘦瘠的牲畜，不堪一击。"

匈奴武士复原图

刘邦半信半疑，他又派郎中刘敬再去探听虚实。刘敬还没回来，几十万汉军浩浩荡荡已经越过句注山追击匈奴了。

一天，刘邦出城巡视，不料匈奴的骑兵从天而降，将他们团团包围。

面对重兵，强行突围困难重重。时间一天天过去，刘邦一行粮草供应紧张，第七天清早，浓重的大雾弥漫于天地之间，几步开外便不见人影。匈奴骑兵稍稍后撤。这是突围的好机会，护军中尉陈平对刘邦说："胡人的兵器全是弓矛，应该让士兵在强弩上安上两支利箭，箭头向外，慢慢地出围。"不久，汉军援军也匆匆赶到。匈奴骑兵只得退却。

韩信是怎样重出关中的？

项羽自立为西楚霸王后，为限制刘邦，封其为汉王。刘邦为了阻断项羽追击之路，火烧栈道，毁掉了重出蜀道之路。

韩信从项羽那里历尽艰难险阻来到了汉中，并给刘邦分析天下形势，说道："大王，现如今项羽在东方战事不断，他已派了主力人马在那里厮杀，我们可以借此良机从背后攻打他。虽然关中的雍王章邯、翟王董翳和塞王司马欣是项羽的忠实家犬，时刻监视着我们的行动；但我们可以'明修栈道，暗度陈仓'，乘其不备，突出奇兵，打进关中，然后挥师攻打项羽。"

韩信派出一支老弱病残的队伍，去修复那些烧坏的栈道，让别人以为他要经过栈道，进攻关中。暗地里，他却率精锐部队，绕道陈仓，直指关中。

章邯得知汉军修复栈道的消息，心想：几百里的栈道，你一年也修不完。于是，他继续在宫中饮酒作乐，没有丝毫准备。直到大兵逼近章邯的都城。章邯才仓促迎战。但他的士兵没有丝毫准备，节节败退。最后，韩信一举攻下了咸阳，收复了三秦。韩信也因明修栈道、暗渡陈仓，打得楚军毫无准备，而一战成名。"明修栈道，暗度陈仓"这个成语也来源于此。

潍水之战有何影响？

汉三年（公元前 204 年）九月，韩信率军东击齐王田广，以完成对楚军的翼侧迂回，支援成皋战场。十月，韩信袭破齐军，进占齐都临淄（今山东淄博东北）。田广败走高密（今山东高密西南），向楚求救。项羽派将军龙且率军救援。十一月，楚齐联军 20 余万与汉军数万对峙于潍水两岸。韩信令所部乘夜在潍水上游以沙袋垒坝塞流。拂晓，他亲率一部兵力渡河进攻，然后假装败逃。龙且以为汉军怯弱，率军渡河追击。汉军乘其渡河决坝，河水直下，将楚军分割在潍水两岸。最后乘势迎击西岸楚军，杀龙且。东岸联军见势溃散。汉军乘胜追歼，俘田广，平定齐地。

潍水之战是楚汉时期重要的一场转折性战役，此战韩信不但消灭了齐楚仅余的一支有生力量，斩断西楚之右臂，并且占领三齐之地，实现迂回到西楚后方并对其实施战略包围的有利态势。可以说，此战扭转了楚汉之间的根本局势，使楚汉之争形成一面倒的局势。项羽再无能力灭汉，已经到了完全被动的防御状态，而刘邦则进入全面战略大反攻的时刻。

韩信是怎样被诱杀的？

韩信（？~公元前 196 年），秦汉之际的著名军事家。汉高帝十一年，韩信被吕后、萧何设计诱杀。

公元前 197 年，阳夏侯陈豨起兵造反，刘邦要淮阴侯韩信和梁王彭越一起去讨伐陈豨。可是两人均借口有病在身，拒绝出征。刘邦离开长安去讨伐陈豨后，有人向吕后告发，说韩信和陈豨通谋，准备内应外合，发动叛乱。

吕后闻讯，颇为震惊，很快就与丞相萧何商议了一个对策，故意放出消息，说陈豨被高祖抓到，要朝中大臣进宫贺喜。韩信刚进宫门，就被预先埋伏的武士捆绑起来，送到长乐宫的钟室杀死了。临死时，韩信后悔莫及，悲叹道："我真后悔当初没有听从蒯通的计谋，结果落得如此下场，竟然会死在妇人小子的手里。"原来，公元前206年，韩信率领数万人马，攻击项羽。当时项羽曾派人游说韩信叛汉归楚，但韩信拒绝了。不久，齐地的谋士蒯通上门向韩信献计，劝说韩信独立，在齐地称王，形成刘邦、韩信、项羽三足鼎立的局面。韩信认为刘邦对自己不错，因此就没有采纳蒯通的建议。这就是韩信所说的不听蒯通计谋的事。

处死韩信后，吕后为斩草除根，灭了韩信的三族。

韩信被冤杀还是活该被杀？

对于韩信的死因，有人说他是因谋反而遭杀戮的，罪有应得；有人说是刘邦不容人，他是含冤而死。目前这两种完全对立的观点，谁是谁非，暂难判断。

持谋反说法的人主要有以下佐证：韩信部将陈豨被封为巨鹿郡郡守，前来向韩信辞行。韩信拉着陈豨的手叹道："你所管辖的地方，是屯聚天下精兵的地方，而你又是陛下亲信宠爱的臣子，若有人说你谋反，陛下一定不相信；如果再有人告你谋反，陛下就会产生怀疑；如果第三次有人告你谋反，陛下定会大怒而亲率军队征讨。我为你在京城做内应，就可图谋天下了。"陈豨平素就了解韩信的才能，相信他的计谋，表示一切听从韩信的指示。后来陈豨果然谋反。

持冤杀观点的人认为，韩信与叛将陈豨里应外合，是没有实据的。首先，告发者是韩信准备处死的一个罪犯的弟弟，有挟怨诬告的嫌疑，即使韩信确有密谋，也不可能让这个人知道；其次，当年韩信雄踞齐地，握有重兵，有人劝他反汉并与楚联合，三分天下称王，韩信却不忍心背叛刘邦；再次，韩信被擒之后，未经审讯，立即被斩于长乐宫钟室。假设谋反有证据，为什么不昭示群臣？最后，刘邦平定陈豨是在高帝十一年（公元前196年）年底，而韩信"谋反"却在第二

年春正月，此时陈豨已经兵消瓦解，韩信又怎能与他里应外合？

总之，韩信有无谋反之心，是否参与陈豨叛乱，目前史学界尚未论定。韩信被杀真相，如处迷雾，难以认清。

为什么说"成也萧何，败也萧何"？

韩信经萧何举荐被刘邦任为大将军，为汉朝的建立立下很大功劳，汉朝建立后被封为楚王。汉高帝十年（公元前197年），任赵国相的陈豨举兵反叛。刘邦亲自带兵平叛，长安空虚。有人告密韩信准备在长安举事，吕后同萧何商议，最后，由萧何出面，假称北方传回捷报，邀请韩信进宫向吕后贺喜。结果韩信刚入宫门，就被事先埋伏好的武士一拥而上，捆绑起来，被残忍地杀害了。

韩信的成功是由于萧何的大力推荐，韩信的败亡，也是萧何出的计谋。所以民间就由这个故事概括出"成也萧何，败也萧何"一句成语。

黥布谋反为什么失败？

异姓王相继被诛杀，淮南王黥布担心自己也难逃厄运。于是他于汉高帝十一年（公元前196年）七月起兵造反。原楚国的令尹薛公向刘邦进言说："黥布造反不足为怪。假如他采取上策，崤山之东便不再归大汉所有了；如果他采取中策，两方谁胜谁负还难以预料；如果他采取下策，那陛下就可以高枕无忧了。"

刘邦问他说："上策是什么？"

薛公回答说："向东夺取吴地，向西攻占楚地，吞并齐地，占领鲁地，然后给燕、赵两国送去檄文，让他们在本国坚守，那么崤山以东就不再归大汉所有了。"

刘邦又问："中策是什么？"

薛公答道："向东夺取吴地，向西攻占楚地，吞并韩地，占据魏地，控制敖仓的存粮，堵住成皋口通道，那么谁胜谁负就难以预料了。"

刘邦接着问："那下策呢？"

薛公答道："向东夺取吴地，向西攻占下蔡，然后把辎重送回越地，自己回到长沙，那么陛下就可以高枕无忧，大汉就没有危险了。"

刘邦又问薛公："那黥布会采取哪个计策？"

薛公说："一定会采取下策。"接着解释道："黥布原来不过是在骊山上为秦始皇修陵墓的刑徒，他靠自己的努力才爬到今天的位置，这些都说明他只会顾及自身，而不顾及后代，不会为老百姓做长远的打算。所以说他一定会采取下策。"

刘邦听完薛公的话，非常高兴。当时朝中无人，刘邦于是以抱病之身御驾亲征。黥布终究不是刘邦对手，不久即被斩杀。

刘邦驭臣有何高明之处？

刘邦的驭臣术，首先是联系乡情姻亲，建立小同乡骨干队伍。刘邦的心腹，主要是从沛县起事时一直追随左右的萧何、曹参、樊哙、周勃、夏侯婴、审食其、王陵等同乡及吕后的兄侄们。这些人迷信刘邦是所谓的"赤帝子"，他斩白蛇起事是"天授"，这种观念深深影响沛中父老乡亲，所以萧曹等人死心塌地地听任刘邦支使。

其次，分别对待，避短扬长，各尽其能。刘邦对待智谋之士与赳赳武夫是不同的。他尊重有真才实学的人。如晋封韩信为大将，并裂土而封为齐王；待张良以军师礼，言听计从；任用陈平，不为逸言所蔽，因为这些人所建立的是万世不朽之功。而对行伍出身的功臣武将，则满足他们的物质利益，使他们效匹夫之勇，因为这些人驰骋疆场，攻城略地，不过是一时之事、一旦之功。

刘邦驭臣还有一个方法，就是总揽全局，分布方面，用而不疑。刘邦的知人善用还可以从临终遗言得见一斑。吕后问："陛下百岁后，萧相国即死，令谁代之？"上曰："曹参可。"问其次，上曰："王陵可。然陵少戆，

陈平可以助之。陈平智有余，然难以独任。周勃重厚少文，然安刘氏者必勃也，可令为太尉。"他的这些预见，完全被以后的事实所证明。这些都清楚地展示了刘邦驾驭臣下的才能。

"约法三章"是何时提出的？

公元前206年，刘邦进咸阳后，本想住在豪华的王宫里，但他的心腹樊哙和张良告诫他别这样做，免得失掉人心。刘邦接受他们的意见，下令封闭王宫，并留下少数士兵保护王宫和藏有大量财宝的库房，随即还军霸上。为了取得民心，刘邦把关中各县父老、豪杰召集起来，郑重地向他们宣布道："秦朝的严刑苛法，把众位害苦了，应该全部废除。现在我和众位约定，不论是谁，都要遵守三条法律。这三条是：杀人者要处死，伤人者要抵罪，盗窃者也要判罪。"父老、豪杰们都表示拥护约法三章。接着，刘邦又派出大批人员，到各县各乡去宣传约法三章。百姓们听了，都热烈拥护，纷纷取了牛羊酒食来慰劳刘邦的军队。由于坚决执行约法三章，刘邦得到了百姓的信任、拥护和支持，最后取得天下，建立了西汉王朝。

刘邦是如何得天下的？

公元前202年二月，楚汉战争结束。五月，为庆贺楚汉战争的胜利，登基后的汉高祖刘邦在南宫（地今在偃师市首阳山镇龙虎滩村北）大设宴席与群臣欢聚。席间，汉高祖说："今日畅饮，诸位不要隐瞒，尽管直说。我与项羽相比，为什么我能得天下，项羽失天下？"王陵答："陛下待人傲慢无礼，项羽对人仁慈尊敬。但是，陛下以利让人，派人攻城略地，凡攻占的，你就用来赏赐有功之人；项羽嫉贤妒能，战胜不酬有功之人，得地不与人分利，并且迫害功臣，所以项羽失天下。"高祖说："得人心者得天下，失人心者失天下，这是一方面。另一方面，重用人才得天下，排斥人才失天下。就我来说，

运筹帷幄之中，决胜千里之外，不如张良；治理国家，安抚百姓，保证作战物资源源不断，不如萧何；统率百万大军，攻必克，战必胜，不如韩信。张良、萧何、韩信，都是当世杰出人才，我都一一重用，这便是我能取得天下的原因；而项羽，只有一个人才范增，还排斥不用，项羽这个孤家寡人怎会不被我擒杀呢？"

群臣听了这番话，茅塞顿开，点头称是。

最早的太上皇是谁？

秦始皇统一中国后，曾追尊其父庄襄王为太上皇，这是太上皇称号的开始。中国历史上第一位真正做了太上皇的是汉高祖刘邦的父亲刘太公。

公元前202年，刘邦战败项羽，建立汉朝，做了皇帝。每当朝会，皇帝一到，百官山呼，依次奉贺。不过，有一件事却有损他的皇帝尊严，那就是碍于封建的孝道，刘邦在家中对自己的父亲刘太公，"五日一朝（看望）"，而且要拜见。太公的管家觉得不妥，对太公说："现在您的儿子是天下万民之主，您尽管是皇帝的父亲，可也还是个臣子，如果让皇帝拜见臣子，皇帝就失去了权威。"太公等到刘邦再来看望时，就恭敬地拿着扫帚站到门口，并把管家的话告诉了刘邦，刘邦听了很高兴，便重赏管家，尊太公为太上皇。

"汉初三杰"指的是哪三个人？

"汉初三杰"说的是汉朝建立时的张良、萧何、韩信这三个人。汉高祖刘邦曾对群臣说："我之所以有今天，得力于三个人——运筹帷幄之中，决胜千里之外，吾不如张良；镇守国家，安抚百姓，不断供给军粮，吾不如萧何；率百万之众，战必胜，攻必取，吾不如韩信。三位皆人杰，吾能用之，此吾所以取天下者也。"

刘邦封赏功臣时，对张良的封赏是"自择齐三万户"，张良谢绝，只要了"留"这个地方。功成名就的张良此时已形同隐居，

除了在封赏功臣、建都问题上出了点主意外，就是后来在保护太子上发挥了作用。在刘邦的三杰中，张良精通黄老之学，深知"不伐其功，不矜其能"、功成身退的道理，使得刘邦一直很尊重他。

"萧规曹随"的典故是怎么来的？

萧何和曹参早年都是沛县的官吏，跟随刘邦起兵，战功卓著。刘邦夺得天下后，萧何为相国，曹参做刘邦长子齐王刘肥的齐相。汉惠帝即位，萧何病死，曹参接替萧何做了相国。曹参一切都按照萧何制定的章程办事，什么也不变动。有些大臣看曹参这种无所作为的样子，便想帮他出点主意。但他们一到曹宅，曹参就请他们喝酒，最后都是喝得醉醺醺地离去。

汉惠帝亲自来问曹参这么做的原因。曹参便说："请问陛下，您跟高祖比，哪一个更英明呢？"汉惠帝自然是老实回答："那还用说，我怎么比得上高皇帝。"曹参又问："我跟萧相国比较，哪一个能干？"汉惠帝也就笑着说："好像不如萧相国。"曹参这才说："陛下说得都对。陛下不如高皇帝，我又不如萧相国。高皇帝和萧相国平定了天下，又给我们制定了一套规章。我们只要按照他们的规章制度办，不要失职就很好了。"曹参做了几年相国，都是沿用萧何的做法，人民休养生息，社会继续发展，历史上称为"萧规曹随"。

贯高为何要刺杀刘邦？

西汉高帝七年（公元前200年），刘邦率兵北伐匈奴，结果在平城白登山被匈奴包围。后来，他采用陈平的计策成功突围后由平城返回长安途经赵地。当时赵王张敖是刘邦的女婿，他见刘邦在此停留，就从早到晚殷勤伺候，态度极其恭敬谦卑。

但刘邦却粗鲁无礼，他屈膝而坐，大大咧咧地对女婿不是训斥，就是怒骂，态度非常傲慢。赵相贯高、大夫赵午等人跟随张敖

的父亲张耳多年征战，年纪都在六十开外，然而豪气不减。他们看到这番情景，非常气愤，私下里嘀咕说："我们赵王真是胆小怯弱。"于是他们鼓动张敖说："天下豪杰群起之时，有才能的人先立为王。今天大王侍奉皇上非常恭敬，而皇上却傲慢无礼，干脆我们为大王出气，杀了他。"

张敖着急地说："诸君这么说就不对了。先父当初依赖皇上才得以复国，皇上的功德流传子孙万代，我怎么能有背叛之心呢？望诸君再也别说这种话了。"

贯高、赵午等人谢罪退出后，并没有改变刺杀刘邦的想法。但第二年，贯高的仇敌向朝廷告发了他们刺杀刘邦的阴谋。刘邦闻讯大怒，立刻派人逮捕张敖、贯高等人。贯高受到了严刑拷问，他一口咬定此事与张敖无关。张敖毕竟是刘邦的女婿，后来被释放了。刘邦敬重义士，有意赦免贯高，但贯高毅然自杀，以保全臣节。

最早杀功臣的开国皇帝是谁？

我国历史上开国皇帝杀戮功臣的恶劣风气，起自汉高祖刘邦。

刘邦（公元前 255 ~ 公元前 195 年），沛（今江苏沛县）人，于公元前 202 年做了皇帝，统一了全国。刘邦在楚汉战争时期由弱变强、反败为胜的一个重要原因，是他团结和任用了一批杰出的谋臣武将，并将一些握有重兵的将领分封为王。到了汉初，被封的异姓王有 7 个。汉朝建立后，刘邦感到握有重兵的异姓王对中央集权是严重的威胁，便决心除掉他们。从公元前 202 年到公元前 195 年，刘邦先后用 7 年时间，削平了主要的异姓王国，这对巩固国家统一、加强封建的中央集权，原是有积极作用的。然而，他采取杀掉开国功臣的做法，则招来了后世的不少非议。

刘邦是怎样铲除异姓王的？

刘邦分封异姓王，是一种不得已的做法。

他深知这些王很有能耐，害怕他们将来会夺了他的江山。所以在封王后不久，他就开始寻找各种借口杀戮功臣。

很快，刘邦就借口燕王臧荼谋反，亲自带兵征讨，俘虏了臧荼，改封自己的亲信卢绾做燕王。第二年，他听说韩信收留了曾是项羽帐下的钟离眜时，便认为韩信有谋反的意图，他深知韩信的军事能力，就用了一个计谋，假装要去楚国的云梦泽游玩，来到韩信的封地，找机会发动突然袭击。结果，韩信果然上当。

看到臧荼、韩信等人的下场，还有梁王彭越被刘邦剁成肉酱，让黥布非常寒心，于是他便起兵造反。汉高祖听说黥布造反，亲自率领大军去讨伐。他费了九牛二虎之力，才打败了黥布，平定了这次叛乱。就这样，刘邦一个一个地收拾异姓王，把空出来的王位改封给自己的兄弟子侄。为了巩固自己的统治地位，他只相信自己的子弟，不再相信那些为他立过汗马功劳的异姓王了。

白马盟誓是怎么回事？

汉高祖在讨伐黥布时受伤，第二年即公元前 195 年，他自知大限不远，便郑重其事地立下遗嘱，规定不许封异姓人为王。他带着文武大臣到太庙里去宣誓，立下了不许封异姓人为王的遗嘱。汉高祖叫手下人牵来一匹白马，亲自主持了杀马宣誓的仪式。他举起一杯血酒起誓说："我自起事以来，已经 12 年了。当年跟着我打天下的英雄豪杰，都给了他们应有的封赏，我问心无愧。可是这些人当中，有的居功自傲，贪心不足，想来抢夺我刘家的天下。现在我在这里当着祖宗的灵位，立下一条不许违反的信条，希望大家发誓遵守：从今以后，凡不是刘姓的人，一概不许封王；没有功劳的人，一概不许封侯。谁违反这个盟约，天下人就共同讨伐他。"

汉高祖起誓完毕，把马血酒洒一半在地上，剩下的一半一仰头喝了下去。在场的人都照着他的样子，每人喝了马血酒，发誓永不违反这个盟约。汉高祖杀马宣誓，是怕异姓王造反，抢夺他的天下，才想出来的所谓长久计策。可是他的妻子吕雉，却是违反这个盟约的第一人。

"高阳酒徒"郦食其是怎么死的？

汉三年（公元前204年），郦食其东游齐国，为齐王田广陈说利害，从刘、项的为人处世、功过是非的对比中，论证了天下之所归在汉不在楚的道理，然后严正地指出："王疾先下汉王，齐国社稷可得而保也；不下汉王，危亡可立而待也。"田广接受了郦食其的意见，撤除兵守战备，每天与郦食其纵酒高歌。

郦食其单车轻骑，凭着三寸不烂之舌，不费一兵一卒，降服了广袤千里、拥兵数十万、城池70余座的齐国。消息传来，激怒了正在准备引兵渡河攻打齐国的韩信。就在齐王连日饮酒作乐的时候，韩信率兵夜渡平原津，长驱直达齐都临淄城下。齐王田广以为郦食其欺骗了他，就说："汝能止汉军，我活汝。不然，我将烹汝。"郦食其哪里能阻止韩信的进攻呢？此时无计可施，最后被田广烹杀，壮烈死去。

假使刘邦及时下令不让韩信进军齐国，假使韩信以国事为重，停止攻打临淄，就没有郦食其之死。功利场中，势同水火，韩信要逞武立功，就容不得辩士的智谋口舌之术，郦食其的悲剧就不可避免了。但若郦食其完成使命立即返回，不贪图饮酒作乐，也可以避免悲剧的发生。高阳酒徒最终栽倒在酒上。

田横五百士为何慷慨赴死？

齐国被灭后，齐相田横率领下属追随者约500人逃入海中，据岛自安。汉高祖刘邦很为这件事忧心。就派使臣到岛上去宣布赦免田横等人的一切罪过，还允诺他们若回来便封王封侯，最后又不无威胁地说，再不服从就要派兵上岛了。事情已经到了这一步，田横只得带了两名随从，随使臣归朝听命去了。

当他们一行人走到尸乡（今河南偃师），田横对使臣请求洗沐修饰以示庄重。趁使者不在时，田横拔剑自刎了，死前让两名随从带着自己的头颅去见刘邦。于是，使者和随从只好捧着田横的头去见刘邦。刘邦心里很高兴，嘴上却感叹不已，并下令以王侯的身份厚葬田横。同时，拜封田横两名亲随为侯。

不料，营葬完毕，两名已被封侯的随从立即在田横墓边自杀身亡了。刘邦这次着实震惊不小，他赶紧派使臣到岛上去召还驻留的田横的追随者，然而使者很快回来报告说："岛上的500名田横亲信，一听说田横自杀了，也立即全体自杀，以表忠心报答田横。"刘邦听了唏嘘不已，深感五百壮士的贞节与义气，下令褒奖并厚葬他们。

吕后是如何掌控政权的？

刘邦称帝八年间，吕后协助刘邦，镇压叛逆、打击割据势力，对巩固汉朝统一政权起了重要作用，并为她日后掌权做了充分准备。

刘邦临终前，吕后问刘邦身后的安排。她问萧何相国后谁可继任，刘邦嘱曹参可继任，曹参后有王陵、陈平，但不能独任，周勃忠诚老实，文化不高，刘家天下如有危机，安刘氏天下的必是周勃，可任太尉。汉高祖十二年（公元前195年），刘邦驾崩。17岁的刘盈即帝位，吕雉为太后。刘盈年幼仁弱，大权操在吕太后手中。为剪除异己，吕太后毒杀赵王如意，砍断戚夫人手足。刘盈不满其母的残忍，弃理朝政。公元前188年，惠帝刘盈忧郁病逝，立（前）少帝刘恭，吕太后临朝称

吕雉像

制，行使皇帝职权，为中国皇后专政的第一人。

吕后虽实际掌握大权，但她还是遵守刘邦临终前所做的重要人事安排的，相继重用萧何、曹参、王陵、陈平、周勃等开国功臣。而这些大臣们都以无为而治，从民之欲，从不劳民。在经济上，实行轻赋税；对工商实行自由政策。在吕后统治时期，政治、法制、经济和思想文化各个领域的发展，都为"文景之治"奠定了坚实的基础。

戚夫人与赵王如意是怎么死的？

刘邦登基后，在众多妻子中，他最宠爱妃子戚夫人和她的儿子赵王刘如意。曾几次想改立如意为太子，这些都让吕后对如意母子恨之入骨。

刘邦死后，17 岁的太子刘盈继位，帝号为汉惠帝，朝中大权落入了太后吕雉的手中。

一天，吕太后下令把戚夫人关进深巷里，剃掉头发，穿上囚服，让她一天到晚在那儿舂米。接着，为了铲除刘如意，吕太后又三次派人到赵国召如意回长安。汉惠帝刘盈素来与如意感情深厚，知道吕太后想杀害如意的消息后，他亲自去霸上迎接如意，这以后惠帝终日与如意形影不离，就连吃饭睡觉都在一起，使得吕太后想杀如意，却始终找不到机会。

到了第二年十二月份，一天惠帝一早出去打猎，眼见如意年纪幼小，睡得正香，所以就没有叫醒他和自己一同前去。吕太后立即派人用毒药将如意毒死了。等惠帝回到宫中时，如意已经死了。之后，吕太后又下令砍断戚夫人的手脚，挖去眼珠，熏聋耳朵，灌下哑药，让她待在厕所里，称她为"人彘"。吕太后还让惠帝去看，得知这就是戚夫人，惠帝号啕大哭，回到宫中后就生了一场大病，过了几年就郁郁而死。

为什么有诸吕之乱？

公元前 195 年，刘邦病死于长乐宫，他的儿子刘盈即位，即为汉惠帝。惠帝即位时，只有 17 岁，加上生性仁弱，朝中大权被操纵在太后吕雉手中。

公元前 188 年，只有 23 岁的惠帝病死了。惠帝无子，于是吕雉立少帝，并由吕雉临朝称制。4 年后，吕雉又废少帝，开始立恒山王刘弘为帝。吕雉临朝，企图削除刘家势力，培植吕家势力，吕台、吕产、吕禄及吕通都被封了王，刘邦"非刘不王"的限制被打破。公元前 180 年，吕雉病重，临终前下命由吕禄掌握北军、吕产掌握南军。

吕雉在政治上的发迹，可说是始于诛杀异姓王。史载，吕雉"为人刚毅，佐高祖定天下，所诛大臣多吕氏力"。高祖出征异姓王时，吕雉居京师，开始参与朝政。她曾策划阻止刘邦废太子并左右讨伐黥布的军事部署，而且干预刘邦身后将相人选的安排，慢慢培植亲信党羽，从而形成一股势力。

周勃是如何铲除吕氏的？

吕雉死后，吕家的政敌密谋铲除吕氏家族。齐哀王刘襄率先出兵，吕产等赶快派大将军灌婴带兵去阻击。灌婴却同齐哀王订了密约，准备一起除掉诸吕。这样他们就在东面对诸吕形成了强大的军事压力。

京城里面，周勃和丞相陈平商量除掉诸吕的办法。他们听说曲周侯郦商的儿子郦寄和吕禄是好朋友，于是就派人把郦商软禁起来，叫郦寄去劝说吕禄，请吕禄交出兵权，请吕产交出相印，各自回到自己的封地上去，这样做，齐哀王就会退兵，大家就都能过太平日子。

吕禄相信了郦寄的话，把自己掌握的北军军权交给了周勃。这样，北军全部被周勃接收过来了。但另一吕家掌权的人物拒绝交出南军，并准备冲进皇宫，控制皇帝。不过谋划被周勃知道了，于是他派朱虚侯刘章把吕产抓来杀了，又派军队到吕禄的封地上逮捕了吕禄，也把他杀了。接着，又到各地去搜捕吕氏一族的人，不论男女老少，杀个一干二净。经过老臣周勃、陈平等人的努力，政权重又回到刘家手里。老臣们决定立高祖的儿子、代王刘恒为帝。他就是历史上有名的汉文帝。

淮南王刘长为什么锤杀审食其？

汉初，赵王张敖身边原来有一位姿色出众的美人，深受张敖的宠爱。后来，为了讨好汉高祖刘邦，赵王忍痛割爱将美人献给了刘邦。几年后，赵相贯高等人设计刺杀刘邦未果后，张敖及亲属都因此事被株连逮捕，那位美人也未能幸免。身陷囹圄的美人托狱史告诉刘邦她已经怀孕，但刘邦当时正为张敖的事生气，所以也就没管这件事。后来那美人的弟弟通过辟阳侯审食其向皇后吕雉说了这件事。吕雉出于嫉妒，不肯替她向刘邦求情，审食其也就没有坚持。那个美人生下一个男孩之后，就含恨自杀。这个男孩就是刘长。

刘长被立为淮南王，长大后，他知道了自己的身世，就常常怨恨审食其当年没有努力替自己的生母说好话，才使她惨遭不幸。后来，高祖去世，汉文帝刘恒继位。有一天，刘长特意登门拜访审食其，审食其出来相迎。刘长乘他毫无防备，便掏出藏在袖子里的铁锤向审食其打去。审食其被打翻在地后，刘长又命令随从照审食其的脖子砍上一刀。审食其当即倒地身亡。刘长复了仇，就袒露上身，进宫向刘恒谢罪。刘恒念及兄弟之情，加之很同情刘长替母报仇的事，所以就没有怪罪刘长。

淮南王刘长是怎么死的？

公元前174年，淮南王刘长意图谋反，同时还派人勾结闽越、匈奴危害朝廷。事情败露后，刘恒派使者征召刘长回朝。刘长无奈之下来到长安。

当时以丞相张苍等为代表的朝中大臣纷纷联名上书，弹劾刘长，列举他的种种罪状，认为应该将刘长在闹市斩首示众。可刘恒不忍心依法制裁淮南王，只是将他的王位废除。张苍等人见状，又强烈要求将刘长流放到蜀郡的邛莱山。刘恒最后没办法，只好同意他们的意见。当时，中郎将袁盎向刘恒进谏说："淮南王为人刚强，如今用暴力摧折他，臣

担心他受不了路途的苦会在途中死去，到那时陛下会背上杀死弟弟的恶名。"

刘恒说："我只是想让他吃点苦罢了。"

刘长在囚车里，一路上经过了很多郡县，沿途的县令没人敢替他打开车上的封条。一天他对侍者说："谁说我勇猛呢？我怎么称得上勇猛呢？我只不过因为骄傲而听不进别人指正自己的过失，以致到了今天的地步。"此后，他就开始绝食，没过多久他就死了。

西汉婚俗是怎样的？

从史料中，我们看到西汉婚俗的特点是通行早婚，注重生育。汉代统治者标榜孝道，以孝治天下，"五辟之属，莫大不孝"。孝道是宗法道德的核心。孝道中又以"无后为大"，正是基于种族繁衍发展的需要和多子多福的价值认同，西汉社会崇尚早婚。早婚早育，人口质量降低。西汉后期外戚专权，都因皇帝年幼，不能独立执政；本为汉祚有继，却造成大权旁落。

早婚为了多子，女方能否生育至关重要，所以婚姻特别看重生育能力。如果女方不能生育，即使是政治联姻，已立为皇后的也会被废黜。为了帝祚后继有人，只要能生儿育女，就认为吉祥，所以婚娶不计较妃后的出身，就和政治上用人不计品流一样。妃后出身既不十分讲究，"立子以嫡不以长，立嫡以长不以贤"的宗法制度也就不太严格。西汉婚姻不但娶女不论出身，而且不论行辈。

西汉巨量黄金为何悄然消失？

史载西汉多黄金，但到了东汉年间，便悄然消失，那么西汉年间的巨量黄金到哪里去了？关于此问题，大体有佛教耗金说、外贸输出说、黄金为铜说和地下窖藏说。也有人提出西汉黄金消失的唯一答案是，除作为葬器外，主要以金币形态窖藏于地下。但最新的说法是主要是墓葬而非窖藏。

中国统治者厚葬之风始于战国，至秦始皇之墓葬达到高峰。武帝时西汉国力鼎盛，

厚葬之风也最甚。黄金作为上等货币是财富的主要表现形式，大量黄金因此退出流通领域而被埋入地下。从各地诸侯、文臣武将而至富商大贾，竞相效尤，用于墓葬，就意味着埋入地下。

由于近代以来对汉代的考古发掘仅限于汉代几个著名城市遗址及少数皇陵，所以没有发现数量较大的黄金。但是随着考古工作的进展，西汉各级统治者坟墓的陆续被发掘，西汉巨量黄金消失之谜必将昭然大白于天下，汉人因迷信而掩埋地下的黄金重见天日，或许会为后世人们造福。

贾谊为什么英年早逝？

贾谊是汉初有名的文学家、政论家，他才学出众，却不受重用，后因谗言遭贬，英年早逝，其遭遇令人叹息。

贾谊二十出头就在朝中做了博士，不久，皇帝和群臣商量，要把贾谊提拔到公卿大臣的位置。这使一些朝中老臣不满，他们纷纷在皇帝面前说贾谊的坏话。不明真相的皇帝就把他调到了长沙担任长沙王吴著的老师。

这是贾谊人生道路上遇到的第一个挫折，他很伤心、很悲观。在经过湘江的时候，他想起了也是有志难伸的屈原，就做了一篇赋来哀悼屈原，并借此抒发自己的愤懑，这就是著名的《吊屈原赋》。在这首赋里，他借怀念屈原为自己的遭遇鸣不平，他把诽谤他的人比作猫头鹰、蝼蚁，把自己比为凤凰、巨鲸，在对这些小人感到愤恨的同时，也为皇帝的不理解、不信任感到悲伤。

后来贾谊被任为梁怀王刘揖的老师，教授刘揖读书。虽然刘揖很得文帝喜爱，但只做一个皇子的老师，对贾谊来说，不免有些大材小用，因此他并不十分开心。几年以后，梁怀王不慎从马上摔下来死了，连后代也没有留下。本来就很悲观的贾谊为这件事一直耿耿于怀，认为是自己这个老师没当好，才发生这样不幸的事。他几乎天天哭泣，一年后就因伤心过度而死去了，死时只有33岁。

什么是"文景之治"？

"文景之治"是指中国西汉汉文帝、汉景帝统治时期，中国历史上出现的一段盛世时期。汉初，社会经济衰弱，朝廷推崇黄老治术，采取"轻徭薄赋""与民休息"的政策。

文帝二年（公元前178年）和十二年（公元前168年）分别两次"除田租税之半"，即租率最终减为三十税一。文帝十三年（公元前167年），还全免田租。同时，对周边敌对国家也不轻易出兵，维持和平，以免耗损国力。这就是轻徭薄赋的政策。文帝生活也十分节俭，宫室内车骑衣服没有增添，衣不曳地，帷帐不施文绣，更下诏禁止郡国贡献奇珍异物。因此，国家的开支有所节制，贵族官僚不敢奢侈无度，从而减轻了人民的负担。这就是休养生息的政策。

随着生产日渐得到恢复并且迅速发展，出现了多年未有的稳定富裕的景象。人民的生活水平得到了很大程度的提升，同时汉王朝的物质基础大大增强，出现了中国皇权专制社会的第一个盛世。这是中国历史上的经济文化发展水平最高的盛世之一，也为后来汉武帝征伐匈奴奠定了坚实的物质基础。

为什么汉景帝要杀晁错？

晁错，颍川人，为人刚直而又严峻苛刻，他博学多才，善于分析。景帝即位后，其受宠程度远远超过了所有九卿。景帝即位的第二年，便提升晁错为御史大夫。

当初，汉高祖刘邦分封诸侯王，随着各诸侯王领地的不断发展和强大，到了景帝称帝时，这部分诸侯王们则更加骄横了。故此，晁错劝景帝对诸侯王的封地进行逐步削减。晁错的父亲因为怕儿子的建议引来祸害，就服毒自杀了。果然，很快吴、楚等七国就以诛除晁错为名举兵叛乱。

先前，晁错一直与吴国的丞相袁盎互不相容。袁盎前来朝见景帝，建议说："吴王和楚王造反，其目的就是共同诛杀晁错，恢复原有的封地。现在的对策，唯有斩晁错的首级，派出使者宣布赦免吴、楚七国举兵之罪，恢复他们原有的封地，才可以平息叛乱。"过了十多天，景帝私下授意丞相陶青等人以晁错辜负皇恩、想把城邑送给吴国之大逆不道之罪判处其腰斩之刑。第二天，景帝便派人召晁错，让他坐车巡察东市，结果到了东市他就被腰斩了。

谒者仆射邓公从前线回来，向景帝上书分析回报战争的情况，并告诉景帝吴王杀晁错只不过是他举兵叛乱的借口，汉景帝也很后悔杀了晁错。

"七国之乱"是怎么回事？

吴楚"七国之乱"是以刘邦之侄吴王刘濞为首发动的一次同姓王联合大叛乱。参与叛乱的七国的国王是吴王濞、楚王戊、赵王遂、济南王辟光、淄川王贤、胶西王卬、胶东王雄渠。吴王濞为这次叛乱的主谋，且蓄谋叛乱为时已久。

这场变乱的导火线是：汉景帝三年（公元前154年），景帝和晁错认为吴王刘濞有罪，欲削他的会稽和豫章两郡。刘濞就乘机串通楚、赵、胶西、胶东、淄川、济南六国的诸侯王，发动了联合叛乱。刘濞发兵20万，号称50万，又派人与匈奴、东越、闽越贵族勾结，用"请诛晁错，以清君侧"的名义，举兵西向。叛军顺利地打到河南东部。景帝因此很惶恐，先从袁盎议杀了晁错，想满足他们"清君侧"的要求换取他们退兵，但晁错已死，叛军非但不退，还公开声言要夺皇位。叛军至梁国（治今河南商丘），为景帝之弟梁王武所阻。至此时，景帝才决心以武力进行镇压。他命太尉周亚夫与大将军窦婴率三十六将军，以奇兵断绝了叛军的粮道，只用了3个月的时间，就大破叛军。刘濞逃到东越，为东越人所杀。其余六王皆畏罪自杀，七国都被废除。

"七国之乱"是怎样平定的？

周亚夫，是周勃的儿子，以善于用兵、治军谨严而闻名。

公元前154年，吴、楚等七个诸侯国联兵发动叛乱。景帝派遣周亚夫率军东进平叛。行前，周亚夫向景帝请求说："楚军剽悍轻捷，难以和他们正面争锋。我们可以暂时把梁国舍弃给吴国，然后断绝敌军的粮道，这样才可以制服叛军。"景帝同意他的这个计划。

周亚夫将部队集结在荥阳。当时，吴军正在攻打梁国，梁国非常危急，请周亚夫派兵救援。但周亚夫却领兵向东北进发，在昌邑（今山东金乡县西北）深沟高垒，修筑起坚固的防御阵地，准备坚守。梁国天天派使者去请求发兵，周亚夫按照既定的策略，仍然坚守营垒不肯发兵。但是，他派弓高侯韩颓当率领轻装骑兵去断绝吴、楚军队的粮道。后来，吴军把部队调到汉军营垒的东南角，周亚夫却在营垒的西北角加强戒备。不久，吴国的精锐部队果然扑到西北角发起猛攻，可是，无论如何也打不进去。吴军因为没有粮食而饥饿，不得已引军撤退。周亚夫于是立即派精锐部队追击，把吴军打得大败。

吴王刘濞带着几千名将士逃到长江以南的丹徒县（今江苏丹徒区）进行防守。周亚夫在乘胜追击中，俘虏了吴国的全部将士。一个多月后，越地的人杀了吴王，割下他的头前来报功请赏。

由于周亚夫善于用兵，治军严谨，前后只3个月，就平定了吴、楚七国的叛乱，再一次维护了西汉王朝的集中统一，使诸侯王的势力受到致命的打击。从此以后，诸侯王国实际上变成了和中央直接统辖的郡一样的地方单位。

冯唐是怎样劝谕文帝的？

汉文帝时，有个叫冯唐的人，曾说文帝用人不当，许多有廉颇、李牧之才的大将得不到正当使用，文帝很生气。

文帝忍不住把冯唐找来，问他为什么说自己不能重用大将。冯唐回答说："古时候帝王派遣大将出征，都恭敬地远送，所有军功封爵奖赏，全都由将军做主，回来再向帝王报告。臣的祖父说，李牧做赵国的将军，驻守边防，军中有榷市（做买卖的地方），军市收的租税，全都由他自己动用，犒劳士兵。赏赐在外面决定，中央不从中干涉，把任务专诚委托他，付以全权，所以李牧能够发挥他的才能。如今臣私下听到，魏尚做云中郡守，由于他治军得法，所以匈奴躲得远远的。只是由于魏尚报告战功的文书和核实的情况不符，少了六颗首级，这就算犯了罪，陛下便革掉了他的封爵，判处他一年徒刑。如此看来，陛下纵然得到廉颇、李牧，也是不能用他们的。"

文帝听冯唐说得有理，当天就赦免了魏尚，恢复他原来的官职，仍旧为云中郡守。同时，又任命冯唐为车骑都尉。

周亚夫因何而死？

平定七国之乱以后，汉景帝刘启任命太尉周亚夫为丞相。刘启废黜太子刘荣时，周亚夫极力争辩，坚决反对，刘启固执己见，不听劝阻，从此疏远周亚夫。没多久，匈奴王唯徐卢等五人投降汉朝，刘启打算封他们为侯，鼓励后来者归降。周亚夫又极力阻止，但刘启还是坚持封唯徐卢等人为侯。周亚夫见自己的意见不被采纳，便称病不朝。后来，刘启就罢免了他的丞相职务。

西汉景帝后元二年（公元前 142 年），周亚夫的儿子为父亲预备丧葬用品，向工官购买了五百件盔甲盾牌。他催逼紧迫，又不给工钱，佣工便上书控告他盗买皇家禁器，反叛朝廷。

刘启下令交狱吏处理，狱吏一条条地列数周亚夫的罪状，周亚夫保持沉默，一言不发。刘启将周亚夫交廷尉处治。廷尉慢条斯理地问道："周君是不是想造反啦？"周亚夫说："臣买的都是殉葬的器具，怎么是造反呢？""周君即使活着不造反，也想在地下造反。"廷尉强词夺理，并不断折磨侮辱他。周亚夫心中怒气难平，干脆不再开口。五天后，

吐血而死。

"辕固生斗野猪"是怎么回事？

学术思想的发展，总是与社会发展相适应的。法家的暴力统治思想在秦末农民大起义中破灭了，道家黄老的清静无为思想，在吴楚七国之乱中也破灭了。而经过陆贾、贾谊等人宣扬、阐释的儒家思想，则得到了包括汉景帝在内的众多统治集团中人的注目。但是，儒家思想与儒术的复兴和传播，并不是一帆风顺的。

汉景帝年轻，朝廷大事往往是由他母亲，也就是汉文帝的皇后窦太后做主的。窦太后虽双目失明，却也"好黄帝、老子言"。

有一天，黄生与《诗》学博士辕固生在汉景帝面前争论"汤武革命"问题。辕固生说桀、纣荒乱，天下归心汤武，汤武因天下之心而诛桀、纣，是受命，是正义的。黄生从法家的立场出发，说桀、纣虽然失德，总是君王，成汤、周武王造夏桀和殷纣王的反，是犯上作乱。汉景帝偏袒辕固生，窦太后召问他，辕固生说黄生是奴仆僮隶之言，惹得窦太后勃然大怒，说是如此尖牙利舌，何不下栏斗猪！要他与捉来关在栏圈里的野猪决斗去。汉景帝明知辕固生言之有理，却又眼见窦太后生气，不敢劝阻，只好偷偷发给辕固生一口上等利刃。辕固生持刀下栏斗野猪，一刀刺中，那畜生应声而倒，窦太后默然说不出话，辕固生才免了一死。

武帝初年的用人方略是什么？

汉武帝独立执政后，在思想上独尊儒术，破格起用读书人。他起用的文学儒者数以百计。

武帝处承平之世，既不必搞同乡联谊，也无须凭借藩国旧臣。他以太子身份即位，君临天下，以收揽天下人才为急务，故能不拘常规，度外用人，组建人才队伍。武帝从国家事业需要出发，扩大用人范围，网罗英华，不计流品，程其器能，封官任职，使各展其才。

武帝用人所以能长驾远驭，操纵自如，还有一点是赏罚严明，不拘于文法，以激励臣下。赏善罚恶，令行禁止，臣下不敢挟诈避险，人人奋勇争先，所以能武功赫赫、战绩辉煌。

武帝的用人方略，造就了各色各样、各行各业的人才，成为创建文治武功的最活跃、最积极的因素。尊崇经学，任用儒生，开风气之先，自此以后，汉朝丞相多用儒生，知识分子——"士"在参政决策、治理国家中起着举足轻重的作用。从此，知识分子因为儒学的正统地位而形成一种强大的社会力量，影响了此后两千多年的历史。

你知道"金屋藏娇"的来历吗？

"娇"指汉武帝的表妹陈氏，小名阿娇。阿娇的父亲是堂邑侯陈午，堂邑侯府是汉朝开国功勋贵族之家；母亲是汉景帝刘启唯一的同母姐姐、馆陶长公主刘嫖，是当时朝廷中举足轻重的人物。陈阿娇自幼就深得其外祖母——汉景帝之母窦太后的宠爱。汉武帝的父亲汉景帝有14个儿子，刘彻排行第十。其中宠妃栗姬生子最多且生育了皇长子——刘荣。景帝最初立长子刘荣为太子。

馆陶长公主打算将女儿陈阿娇许配给太子刘荣，以期日后成为皇后。她使人问栗姬的意思，谁知栗姬恼怒长公主经常向景帝进荐美女分宠，竟然断然拒绝。馆陶长公主震怒，遂与栗姬不睦。一日，馆陶长公主抱着刘彻问："彻儿长大了要讨媳妇吗？"胶东王刘彻说："要啊。"长公主于是指着左右宫女侍女百多人问刘彻想要哪个，刘彻都说不要。最后长公主指着自己的女儿陈阿娇问："那阿娇好不好呢？"刘彻于是就笑着回答说："好啊。如果能娶阿娇做妻子，我会造一个金屋子给她住。"这就是成语"金屋藏娇"的由来。

汉武帝真的"略输文采"吗？

武帝的文治武功百年难遇，其实，他在个人才学上的造诣也十分突出。他的才学，明见于《史记》《汉书》，记载的主要有儒家经学、诗赋文章、音乐艺术等方面。《史记·乐书》记载武帝作《安世房中乐》十七章，"通一经之士不能知其辞，皆集会五经家，相与共讲习读之，乃能通其意，多尔雅之文"。

武帝的文学才能更为出类拔萃。除《安世房中乐》外，见于《汉书·礼乐志》的还有《郊祀歌》十九章，其中明言为武帝作的有：元鼎四年（公元前113年）六月得宝鼎，作《宝鼎天马歌》；元狩元年（公元前122年）获麟，作《白麟歌》；元封二年（公元前109年），作《瓠子歌》和《芝房歌》；太初四年（公元前101年）获汗血马，作《西极天马歌》；太始三年（公元前94年）获赤雁，作《朱雁歌》和《交门歌》。诗歌之外，还有赋，见于《汉书·外戚传》中伤悼李夫人的赋，缠绵悱恻，幽思深沉，为悼亡赋的上乘之作。正因为武帝的文学修养如此之高，他所宠幸的臣子多为文学之士，如枚乘、司马相如等，都以赋见称于世。在武帝和他的文学同道的倡导下，继《诗经》《楚辞》之后，汉赋登上文坛，独领风骚。

汉武帝还很有音乐才能。待到武功大成，武帝于是定郊祀之礼，设立乐府，采诗夜诵，以李延年为协律都尉，召集司马相如等数十人创作诗赋，配以乐曲，成郊祀歌，汉武帝至少算得上"通俗音乐"的高手。所以说汉武帝"略输文采"的说法是不符合事实的。

汉武帝为什么要设置"五经博士"？

汉武帝建元五年（公元前136年），根据董仲舒的策略，汉武帝设置"五经博士"，加强他对儒生的政治利用。

讲经、读经和传经，是汉代思想界的主流。所谓"经"，就是儒家的经典，据儒家内部的看法，都是经孔子删定后，由孔子弟子代代相传的。汉代的经学有"今文"和"古文"之别。今文是由经师们代代相传，用当时的文字记载下来的经典；古文则是用秦以前文字写成。在汉武帝的时代，今文经学占据上风,他下令设置的五经博士,即研究《诗》《书》《礼》《义》和公羊《春秋》的学者,都是崇今文之学的。

从汉朝初年开始,与休养生息的政策相配合,在思想界占上风的是黄老之学。但黄老之学的实质,并不是表面上所说的清静无为,而是为施行法家的政治措施开道。从最高统治者阶层来说,以法家的手段统治百姓诚然有效,但法家思想的致命弱点,是不便公开言说。所以,精明的汉武帝,马上利用了董仲舒的策略,给那些喜欢批评时政的儒生创造做学问的条件,让他们一门心思地宣扬儒家主张。这样一来,既以荣誉和俸禄封住了他们的批评之口,也给自己的征服立起崇尚仁义的形象。因此,所谓五经博士,只是统治者推行法家思想的装饰。

汉王朝与匈奴之间有哪些战争?

匈奴是中国北方的一个游牧部族。汉武帝统治时期,汉朝的国力达到了鼎盛期,再也不能容忍匈奴的侵袭。因此,汉武帝开始了讨伐匈奴的战争。

汉朝讨伐匈奴的战争主要有三次:

第一次是在公元前 127 年,大将军卫青率领了汉朝大军自云中向西迂回,击败匈奴白羊王、楼烦王,收复秦朝时的河南地,并在此建立了朔方郡(在今内蒙古河套南)。

第二次是在公元前 121 年,骠骑将军霍去病自陇西两次出击,斩获匈奴 4 万余人,控制了河西地区,开辟了通往西域的走廊。同年,匈奴浑邪王领数万人前来投降,自金城(今甘肃兰州市)以西至盐泽(罗布淖尔)一带,匈奴从此绝迹。

第三次是在公元前 119 年,卫青、霍去病各率领骑兵 5 万人,战马 4 万匹,步兵、辎重兵约 10 万人,分道深入漠北,捕捉匈奴主力。结果,卫青出定襄塞外 1000 余里,大败单于,单于率领数百骑突围远逃;霍去病出代郡塞外 2000 余里,大败匈奴东部兵,斩获 7 万余人。经过这几次大战,虽然汉军损失也很严重,但汉朝胜利、匈奴失败的局面却已然成定局了。

哪场战役是汉匈争雄三百年的休止符?

西汉与匈奴的漠北战役,是汉武帝向匈奴战略进攻的顶点,也是匈奴伊稚邪单于与西汉毕其功于一役的战略大决战。这次战役,西汉 10 万精骑,大量步兵、车兵,14 万匹从马,远渡大漠,深入匈奴境内 2000 多里。伊稚邪单于也以其本部和左贤王所部的全部兵力与汉军一决雌雄。结果,西汉获得了决战的胜利。匈奴势力远遁漠北,自此,"漠南无王庭"。

西汉能够取得决战的巨大胜利,原因基本上有以下几点:

第一,汉对匈奴的战争属于推进中国北方的统一之战。汉武帝时期,我国社会早已进入封建社会,而匈奴尚处于奴隶制社会时期。匈奴贵族的统治已成为阻碍我国北部地区统一的巨大障碍,它逆历史潮流而动,不得民心,必然走向失败。

第二,汉武帝雄图大略的决心和战略决策的正确。漠北决战,既是汉武帝战略决策的胜利,也是其雄图大略、积极进取精神的胜利。

汉王朝抗击匈奴的英雄都有谁?

经过长期的准备,汉武帝于公元前 133 年下诏开始反击匈奴,在反击匈奴的战斗中,统帅卫青和霍去病以其杰出的军事才能和超常的勇敢,建功立业,名留史册。

公元前 129 年春,汉武帝提拔卫青做车骑将军,抗击匈奴。卫青直至龙城,斩虏匈奴人 700 名,被赐为爵关内侯。公元前 127 年收复河南地,卫青担任主帅,组织了这场大规模的反击战。公元前 119 年远征大漠,卫青又和霍去病一起指挥了这场决战。卫青以武刚车为营,用 5000 兵与匈奴万骑对阵,将重兵埋伏于两翼,大战一日,汉军伏兵从两翼将匈奴人围住,匈奴单于率数百亲兵仓皇逃走,卫青率兵追 200 余里,直到赵信城,摧毁匈奴粮仓才回头。

公元前 123 年,18 岁的霍去病以英勇和精于骑射跟从大将军卫青参加了反击匈奴的战斗。初试锋芒就崭露头角，他率800轻骑深入敌后，俘虏了单于的祖父、叔父以及许多匈奴重要的首领，因功冠全军，被封为"冠军侯"。公元前121年的河西战役，霍去病担任主帅，在今兰州黄河西岸的皋兰山与匈奴血战，大胜而归，将河西走廊控制在汉王朝的手中。公元前119年的北征大漠，霍去病在狼居胥山大败匈奴左贤王，俘7万余人。

卫青、霍去病在抗击匈奴的战斗中立下赫赫战功，也因此而显贵。

"桃李不言，下自成蹊"是何赞誉？

"桃李不言，下自成蹊"，意思是说，桃子和李子有着芬芳的花朵、甜美的果实，虽然它们不会说话，但仍然会吸引人们到树下赏花尝果，以至于树下都踩出了一条条小路。后来，人们就以"桃李不言，下自成蹊"比喻品德高尚或有实绩的人，不自我吹嘘，自然能感动他人。

西汉时期，将领李广前后跟匈奴进行过70多次战斗，战功卓著，深受官兵和百姓的爱戴。虽然身居高位，但李广一点儿也不居功自傲。每次朝廷给他赏赐，他首先想到的是他的部下；行军打仗时，遇到粮食或水供应不足时，他也同士兵们一样忍饥挨饿；打起仗来，他身先士卒，英勇顽强。汉朝伟大的史学家司马迁在《史记》中为李广立传时，借谚语"桃李不言，下自成蹊"赞颂李广为人至诚、不尚虚名的美德。

为什么说李广难以封侯？

李广是汉景帝、武帝时期的名将，他多次出击匈奴，战功赫赫，威震漠北。可是他一生都不曾封侯，唐代诗人王勃的《滕王阁序》中就有"冯唐易老，李广难封"的诗句。

有一次，年过花甲的李广与善于占卜的王朔私下里聊天。李广自从汉朝抗击匈奴以来，每战必参加，不少才能不高的官员，因为抗击匈奴有功被封侯，但他想不明白自己为什么未能封侯，他认为自己在功劳上并不落后于他人。王朔于是问他一生中可有遗憾的事情，李广说他曾经在陇西郡杀了800多名投降的羌人，这是最令他遗憾的一件事。

王朔于是告诉李广杀降兵就是最大的祸患，这就是李广不能封侯的原因，李广闻言后悔不已。当李广年近六十时，依然没能封侯，他很不甘心。这次，大将军卫青要率大军出击匈奴，李广自然请缨出战，但这次出战李广非但无功还因为失期之罪受了罚。李广不禁老泪纵横，万分悲愤地拔出宝剑刎颈自杀了。

汉武帝为何要施行"推恩令"？

汉武帝元朔二年（公元前127年），汉武帝实行"推恩令"，加强集权统治。

汉朝立国之初，由于中央政府力量有限，一下子又找不到稳定局势的方法，就部分沿用了周朝的分封制。可到刘邦晚年，异姓封王已被各个击破消灭。到景帝时，势力较大的同姓王也全部被铲除，余下的只是些力量有限的王侯。但是，汉武帝还是担心这些王侯们联合起来对付皇帝，于是就在这一年采纳中大夫主父偃的建议，开始推行"推恩令"。

具体规定是，诸侯王除嫡长子继承王位外，其余诸子都要在原封国内受封为侯。新封的侯国不再受原王国管辖，而是直接受各地郡的管理。这样一来，本已地盘有限的封国，就更加支离破碎、势单力孤了。为防止王侯们结党营私、网罗人才，武帝又规定，凡是在诸侯国为官的，绝不再仕于王朝。同时，严禁封国官吏与诸侯王相互串通，发展势力。与此同时，汉武帝又使用种种手段，逐个剥夺诸侯的爵位。所以，这个"推恩令"，看上去是把王国的恩泽推及更多的人，其实是化整为零，为全部消灭王侯做准备。

东方朔是什么人？

东方朔（公元前154年~前93年），字曼倩，平原厌次县（今山东陵县神头镇，一说山东惠民县何坊乡钦风街）人，西汉辞赋家。

汉武帝即位，征四方士人。东方朔上书自荐，诏拜为郎。后任常侍郎、太中大夫等职。武帝好奢侈，起上林苑，东方朔直言进谏，认为这是"取民膏腴之地，上乏国家之用，下夺农桑之业，弃成功，就败事"。他曾言政治得失，陈农战强国之计，但武帝始终把他当俳优看待，从未重用，于是他写下了《答客难》《非有先生论》以陈志向，同时借以抒发自己的不满。

东方朔一生著述甚丰，写有《答客难》《非有先生论》《封泰山》《责和氏璧》《试子诗》等，后人汇为《东方太中集》，收入《汉魏六朝百三家集》中。司马迁在《史记》中称东方朔为"滑稽之雄"，晋人夏侯湛写有《东方朔画赞》，对东方朔的高风亮节以及他的睿智诙谐，倍加称颂，唐代大书法家颜真卿将此文书写刻碑。

司马迁为什么要忍辱著《史记》？

苏武被匈奴单于扣留以后，汉武帝大为震怒，立刻派贰师将军李广利带兵征讨匈奴。第二年，武帝又派骑都尉李陵率步军 5000 深入匈奴的领土作战。不幸的是，由于他孤军深入，匈奴召集七八万的骑兵将他的 5000 士兵团团围住了。弹尽粮绝之后，李陵被迫投降了匈奴。

李陵投降的消息使汉武帝大怒。太史令司马迁为李陵辩护，司马迁的话让汉武帝更加愤怒，他认定司马迁是在为李陵的叛国投敌辩解，于是他一声令下，将司马迁下了监狱。

司马迁的父亲司马谈是汉朝的太史令。他计划写一部全面记述中国历史的"史书"。但由于自己年老多病，已经不可能完成了，因此，他在临终前郑重地嘱咐儿子一定要完成自己的这个遗愿。正当司马迁进行了长达20年的知识积累，开始写作这部历史巨著的时候，李陵事件发生了。当时朝廷专管刑法的廷尉杜周，为了迎合和讨好皇帝，竟给无辜的司马迁判了"腐刑"。

遭受如此的酷刑，是人生的奇耻大辱。

这对于一个正直清高的知识分子来说，已经没有勇气再活下去了。但是，父亲的遗志还没有完成，自己用一生的精力所搜罗的材料，以及想要表达的观点和思想，如果就这样付之东流，他又不甘心。他决心抛弃个人的悲痛与屈辱，去完成自己的宏愿。司马迁出狱后，以巨大的毅力忍受着从朝廷上下投来的鄙视与嘲讽的目光，又经过了十数年坚韧不拔的努力，终于以自己的生命与血汗，完成了这部空前伟大的历史巨著。这部著作，当时称作《太史公书》，后人称它为《史记》。

《史记》有什么历史价值？

《史记》原名《太史公书》，东汉末始称《史记》，是我国西汉著名史学家司马迁撰写的一部纪传体史书。它是古代第一部由个人独力完成的具有完整体系的著作。全书由本纪、表、书、世家、列传五种体例构成。"本纪"是用编年方式叙述历代君主或实际统治者的政迹，是全书的大纲；"表"是用表格形式分项列出各历史时期的大事，是全书叙事的补充和联络；"书"是天文、历法、水利、经济等各类专门事项的记载；"世家"是世袭家族以及孔子、陈胜等历代祭祀不绝的人物的传记；"列传"为本纪、世家以外各种人物的传记，还有一部

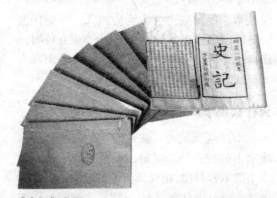

《史记》书影

《史记》记载了上起轩辕、下至汉武帝太初年间共3000多年的历史变迁。它涉及了哲学、政治、经济、文学、美学、天文、地理、人才、伦理道德甚至医学等诸多方面，几乎囊括了当时人类思想活动的全部内容，是一部百科全书式的鸿篇巨制。

分记载了中国边远地带各民族的历史。这种著作体裁又简称为"纪传体"，以后稍加变更，成为历代正史的通用体裁。

《史记》被列为中国第一部"正史"。《史记》纪事，其时间上起当时人视为历史开端的黄帝，下迄司马迁写作本书的汉武帝太初年间，空间包括整个汉王朝版图及其四周作者能够了解的所有地域。它不仅是我国古代三千年间政治、经济、文化等各方面历史的总结，也是司马迁意识中通贯古往今来的人类史。在这个无比宏大的结构中，包含着从根本上、整体上探究和把握人类生存方式的意图。如司马迁本人在《报任安书》中所言，他的目标是"究天人之际，通古今之变，成一家之言"。所以，不能把《史记》看成单纯的史实记录，它在史学上、文学上以及哲学上，都具有极高的成就。

中国和日本的建交始于何时？

中国和日本间的交往，从有文字记载的历史而论，最初日本列岛上人民和燕地人民来往是在汉代；到公元5世纪，已经有明确的史实记载了。因此两国间的交往已有2000多年了。但是，这仅仅是见诸文字记载的，实际上两国人民间的往来，远比这要早。传说中的徐福东渡所反映的，也比《汉书·地理志》中所记要早。因此，真正的中日两国间的交往日期，还要从别的途径来探讨。所谓别的途径，在今天来说，主要是从出土的文物、遗迹等考古学的方法来考察、研究。

汉朝的太学是什么？

太学，是汉代出现的设在京师的全国最高教育机构。西汉早期，黄老之学盛行，只有私家教学，没有出现传授学术的学校。汉武帝罢黜百家、独尊儒术之后，采纳董仲舒的建议，在长安建立太学。最初太学中只设五经博士，置博士弟子五十名。从武帝到新莽，太学中科目及人数逐渐加多，开设了讲解《易经》《诗经》《尚书》《礼记》《公羊传》《谷梁传》《左传》《周官》《尔雅》等的课程。汉元帝时博士弟子达千人，汉成帝时增至三千人。王莽秉政，为了树立自己的声望，并笼络广大的儒生，在长安城南兴建辟雍、明堂，又为学者筑舍万区。博士弟子达一万余人，太学规模之大，前所未有。武帝到王莽，还岁课博士弟子，入选的可补官。

东汉建武五年（29年），汉光武帝刘秀在洛阳城东南的开阳门外兴建太学。后来汉明帝刘庄还到太学行礼讲经，所招学生称之为太学生。其后，太学生人数多至三万人。汉灵帝熹平四年（175年），为了刊正经书文字，刻成有名的熹平石经，树立于太学门外，全国各地来观看和抄录经文者，络绎于途。两汉时太学在培养人才和促进文化发展等方面都起到一定的作用。

汉武帝为什么推出卖官鬻爵的政策？

汉武帝当政之后，改变了对外政策，连年出击匈奴，耗费巨大，国库空虚，军费供给出现严重问题。汉武帝元朔六年（公元前123年），为筹备军费，汉武帝推出了卖官鬻爵的政策。

武帝下诏，民众可以购买官爵，用钱赎罪。同时，又设置武功爵十一级，买至第七级"千夫"爵时，还可以优先得到任用。这种措施的主要得益者，应该是有钱的商人。汉朝一方面采取重农抑商的政策，贬低商人的地位，同时又给予他们买官鬻爵的政策方便条件，这就迫使商人拿出钱来改变自己的地位和命运。这种做法，一方面败坏了国家的政治形象，另一方面使官员的来源复杂化。用钱买官的人并没有实际才能，而实际的政务还需要有能力者来处理，这就造成一官多职，人浮于事。既削弱了政府的职能，从长远来看，又加重了政府的财政负担。

《太初历》有何历史意义？

《太初历》是西汉时期由司马迁、落下闳、唐都等人在长安制定的我国历史上第一部较完整的历法，亦是我国历法史上的第一次大改革。它将一日分为八十一分，所以又称"八十一分律历"。元封七年（公元前 104 年），汉武帝接受司马迁等人的建议，下令招募民间擅长历算之士 20 多人，制造浑仪，实测天象，制成《太初历》，并以元封冬至朔日甲子日夜半为新历起算之始，改元封七年为太初元年。该历首次把二十四节气订入历法，它以冬至所在之月为十一月，以正月为岁首，对回归年和朔望月长度的调整，仍采用十九年七闰的方法，但置闰规则却一反过去年终置闰或年中置闰的混乱情况，而以没有中气的月份作为闰月。这种置闰规则一直延续到今天。

该历还在我国历史上第一次计算了日、月食发生的周期，记录在 135 个朔望月中，有 23 个"食季"（每个食季可能发生 1～3 次日、月食）。这就明确地指出了日、月食的发生有一定的规律性，为我国古代的日、月食预报打下了基础。该历的缺点是把天文数据和毫不相干的黄钟（十二音律之首）联系起来，以显示数据的神圣和奥秘。它在朔望月日数和回归年日数的计算上误差较大（与东汉《四分历》相比）。至东汉章帝时（76～88 年），才由李梵等人对它进行改革，制定了《四分历》。

什么叫"巫蛊之祸"？

"巫蛊之祸"是汉武帝末年封建统治集团内部发生的重大政治事件。巫蛊为一种巫术，当时人认为使巫师祠祭或以桐木偶人埋于地下，诅咒所怨者，被诅咒者即有灾难。

征和二年（公元前 91 年），丞相公孙贺遭人告发，说其子与阳石公主（武帝女）私通，在甘泉驰道埋偶人及使巫祭祠祝诅，危及皇帝。由此，公孙贺一家被灭族。私通是有的，埋偶人却是设计陷害。不久，武帝因身体不适常住甘泉宫，梦见许多小木偶人持棒要击打他，惊醒后，感到精神恍惚，很不舒服。绣衣使者江充因得罪过太子，乘机进言称致病是宫中有人以巫蛊作祟，武帝命他审理此案。江充等挖地三尺，严刑逼供，从皇宫御

座下挖起，最后在太子宫中挖出大量由他事先预谋埋好的桐木人。太子十分恐慌，想去向武帝谢罪。少傅石德劝太子先下手为强，收捕江充。太子只好假传诏书，发兵将江充擒获并亲自监斩。但一同查办巫蛊案的章赣、苏文逃至甘泉宫，向武帝报告说太子谋反。武帝大怒，命丞相刘屈领兵平乱，与太子在长安城中激战五日，太子败亡出逃，不久自杀。最后"巫蛊之祸"以丞相刘屈被腰斩告终。

卫太子真的谋反了吗？

卫太子刘据是卫皇后的儿子，年仅 7 岁就被立为太子。

西汉武帝征和元年（公元前 92 年），刘彻年事已高，时常有病，他总是怀疑周围的人都在用巫蛊诅咒他。江充深知刘彻的心理，就对刘彻说宫里有巫蛊。于是他领着一伙人闯进宫廷禁地，到处挖掘木头人，一直挖到太子宫里，挖到了桐木人。

听说这事后，刘据很害怕，就找少傅石德商量对策。石德担心自己受牵连被杀头，就劝刘据说："前丞相父子俩、两位公主以及卫伉都因为巫蛊案被杀了，现在他们挖到了木头人，也不知道是原来就有的还是他们栽赃放进去的，自己根本说不清楚。依我看，太子可以声称奉诏令逮捕江充等人入狱，追究他们的罪行。况且皇上病在甘泉宫，皇后和太子派人去问候都不给通报，也不知皇上现在是生是死。奸臣如此嚣张，难道太子就不想想秦朝扶苏的事吗？"

刘据想不出办法证明自己无罪，被逼得走投无路，只好采纳了石德的建议，起兵谋反。但他毕竟是个文弱书生，很快就失败了，刘据、卫皇后、刘据的儿子以及其宾客全部被诛杀。

天马之战是怎样爆发的？

大宛是西汉时期西域的一个小国，这里盛产汗血马。自张骞出使西域后，大宛就与西汉建立了友好关系。

一次，汉朝使者从西域归回来后禀报说："大宛有好马，大宛王毋寡把它们藏在贰师城，不肯献给汉使。"由于汉武帝刘彻十分喜爱大宛的汗血马，并将它称之为"天马"，所以，听到这个消息后，他就立即派壮士车令带着千金、一匹用金子铸成的金马，到大宛去换取天马。

汉朝使者来到大宛，将来意告诉大宛国王，国王想交换又舍不得，不想交换又怕得罪汉朝，召集群臣商议之后，拒绝了汉朝的要求。汉使车令非常恼火，就用铁锤砸毁金马，怒冲冲地回国去了。

大宛贵族认为汉使砸毁金马的行为是对他们的侮辱，于是就让东边的郁成王半路拦截汉使。郁成王杀死汉使车令，并抢走了他们的财物。刘彻闻讯，勃然大怒，就任命李广利为贰师将军，带领六千骑兵和几万步兵，讨伐大宛。天马之战爆发。

汉武帝晚年为什么发布"罪己诏"？

汉武帝刘彻是一位雄才大略的皇帝，在文治武功上均颇有建树。65岁时，打算过几年太平日子，安享晚年。谁料，从这年11月起，却发生了一桩绵延数年的"巫蛊之乱"。

巫蛊案导致汉武帝政坛上层出现严重危机。大批官员受牵连，或因办案不力，或因暗助太子，或是无辜受害。最后被诛杀者有太子、皇后、公孙贺及刘屈两位丞相、武帝的两个女儿及三个皇孙，还有许多公卿大臣和重要人物，都城长安死者数以万计。后经细查，武帝渐渐悔悟这是一桩冤案，为了追悔，武帝在太子自尽处建了一座"思子宫"，以悼念太子。

征和四年（公元前89年），武帝下《轮台罪己诏》，对自己以往的政策和做法表示悔意和检讨，表示从今往后将不再搞什么大规模的运动，"以明休息，思富养民"。

汉朝与哪个国家联合共击匈奴？

汉宣帝本始二年（公元前72年），汉朝与乌孙国联合攻击匈奴，彻底削弱了匈奴的势力。

由于武帝在位时的几次大规模攻击，到武帝末期，匈奴的势力已开始衰败，到昭帝时，由于匈奴内讧，在总体上对汉朝已经采取守势了。但是，由于经济困难，正如他们的先人戎人一样，尽管不能占领中原，但还是会侵入中原边境一带，掠取财物。同时，对于西域一些与汉朝通好的国家，也不断侵扰。这一年，乌孙王昆弥几次上书宣帝，愿与汉朝联合攻击匈奴。汉朝在秋天做出决定，派田广明、赵充国等五将军，率兵15万，校尉常惠持节护乌孙兵，攻击匈奴。

第二年五月，汉兵正式从长安出发。匈奴得知后大恐，扶老携幼远遁而去。汉军收获不大，掳斩3000余人后退兵；乌孙王则亲自率领5万骑兵从四面进击匈奴，大有收获。匈奴单于不甘心，率数万骑迎击乌孙王。正好遇到恶劣天气，人民、畜产多被冻死，生还者十中无一。于是，乌孙王会同丁零、乌桓国军队联合进攻，大破匈奴。匈奴势力自此大衰，以前归附匈奴的西域诸国，也宣告瓦解。自此以后，匈奴只好寻求与汉朝和亲，边境地区渐趋安宁。

汉朝为什么要设置都护府？

汉武帝对西域发动了几次军事行动，最后征服了大宛。由于交通线太长，补给困难，汉朝虽然控制了天山南路，但对天山以北还不能控制，那里的国家还受到匈奴的威胁，不敢完全服从汉朝。又经过多次战争，到宣帝神爵二年（公元前60年），汉朝终于取得决定性胜利，完全控制了天山北路，设置了西域都护府，汉宣帝任命郑吉为西域都护。西域都护府的辖境包括自玉门关、阳关以西的天山南北，直到今巴尔喀什湖、费尔干纳盆地和帕米尔高原以内的范围，初期有三十六国，以后增加到五十国，治所设在乌垒城（今新疆轮台县东野云沟附近）。

西域都护府既是汉朝的军事驻防区，也是一个特殊的行政区。一方面它与内地的正式政区不同，不设置郡、县，依然保留原来的国，汉朝一般不干预它们的内部事务，但掌握它们的兵力和人口等基本状况；另一方面，都护代表朝廷掌管这些国家的外交和军事权，可以调动它们的军队，决定它们的对外态度，必要时还可直接废立他们的君主，甚至取消某一个国。正因为如此，西域都护府也是汉朝疆域的一部分。西域都护府的设置，使西域正式成为汉朝版图。

汉代为什么流行相术？

《左传》已有"内史叔服能相人"的记录，春秋末年郑国的姑布子卿、战国末年的唐举，都以善于相人著称。可见相术由来已久。

这种观察人的相貌以定命运的相术，到了秦汉时期大盛。当时相术之盛，还能从史书传记里略见一斑。《史记·卫将军骠骑列传》记载卫青微贱时，有个相术人说他是贵人，日后官至封侯。卫青不信，后来果然因椒房之亲，拜将封侯。

检阅两汉史书，在帝王将相的传略里，相术频频间出，约略说来，有相婚姻、相富贵、相吉凶三类。由相术决定婚娶的，如《汉书·高祖纪》载：吕公凭着刘邦的状貌异人，就断定此人贵不可言，不顾老妻的反对，毅然把女儿许配给不务正业、贪酒好色的无赖之徒刘邦。

由相术推断吉凶的，如《史记·绛侯周勃世家》载：条侯亚夫自未侯为河内守时，许负相之，曰："君后三岁而侯。侯八岁为将相，持国秉，贵重矣，于人臣无两。其后九岁而君饿死。"亚夫笑曰："臣之兄已代父侯矣，有如卒，子当代，亚夫何说侯乎？然既已贵如负言，又何说饿死？请指示我。"许负指其口曰："有从理入口，此饿死法也。"周亚夫出将入相，封条侯，后因罪下狱，不食五日，果然饿死。

以上这些记载，特别是预测吉凶的相人术，给人的印象仿佛十分灵验，而实际上绝大多数系事后编造。既然如此，为什么相术从古迄今，又延绵不绝呢？因为它确有存在的理据，这就是从事相术的人，因见多识广，有丰富的人生阅历和知人论事、察言观色的本领而具有预测学的基因。

汉武帝为什么要杀心爱的女人？

在汉武帝的后妃中，遭遇最为悲惨的是昭帝的生母赵婕妤。赵婕妤姿色佳，生而右手拳曲不伸，望者以为奇女。武帝闻讯，派人召至，一握其手，竟自伸开，由是得幸，号"拳夫人"。晋为婕妤，居钩弋宫，又称"钩弋夫人"，大受宠爱。老夫得娇妻，本来就疼爱，况且武帝 62 岁时，钩弋夫人又为他生下钩弋子刘弗陵，那宠爱更是无以复加。武帝想立钩弋子为太子，又担心其年幼母少，犹豫不决。后来令画工画周公负成王图，群臣于是知道武帝决意立钩弋子为太子。不久，武帝找个借口，赐死了钩弋夫人。

武帝既然立其子为太子，为什么要处死其母呢？他的回答是："往古国家所以乱也，由主少母壮也。女主独居骄蹇，淫乱自恣，莫能禁也。"原来他怕重蹈吕后擅权专政的历史覆辙，使江山改姓，所以宁可托命大臣辅政，也不要钩弋夫人活着。《史记·外戚传》居然称此举为"昭然远见，为后世计虑"，实在是替专横残酷的汉武帝涂脂抹粉。实际上，汉武帝和其他帝王一样，一方面贪图美色，把女人作为他们发泄性欲、传宗接代的工具；另一方面，一旦满足了他们的欲望之后，又视女人为祸水，任意蹂躏摧残，甚至加以杀害。《汉书·郊祀志》记载武帝听了方士公孙卿编造的黄帝铸鼎上天的谎言后，曾无限向往地说："嗟乎！诚得如黄帝，吾视妻子如脱屣耳。"一语道破了他专制利己的本质。

汉武帝有哪些功绩？

汉武帝（公元前 156～前 87 年），即刘彻，是我国历史上一位杰出的政治家。公元前 140～前 87 年在位。汉武帝在位期间，西汉的社会经济在"文景之治"的基础之上继续发展，国力更加强盛，达到了鼎盛时期。汉武帝所实行的许多政策和措施，对以后历史的发展都有很大的影响。其历史功绩主要有：

第一，汉武帝实施了一些加强中央集权的政治制度，巩固了西汉王朝的统一和发展。

汉武帝掌握大权后，加强了尚书、中书的地位，使丞相成为有名无实的职位。为了加强中央集权，彻底解决藩国问题，他推行"推恩令"。汉武帝还加强了原有的监察制度，并建立了一套选用官吏的新制度。

第二，汉武帝为了加强和巩固自己的统治，采纳了董仲舒的"罢黜百家，独尊儒术"建议，巩固了国家的统一和中央集权，对后来的历史产生了长久的影响。

第三，汉武帝出兵抗击匈奴，使西汉王朝的政权更加巩固，国家更加统一，为西汉经济文化的发展创造了极为有利的条件。

第四，汉武帝派遣张骞两次出使西域，加强了汉朝和西方的经济文化交流。

第五，汉武帝开拓了南方和西南疆域，使越族以及西南各少数民族和汉族更好地融合在一起。

第六，大力兴修水利，发展农业生产。

汉武帝还大力推行屯围、屯垦等发展农业的重大措施。他还大力推行代田法和新农具，大大促进了农业的发展。总之，汉武帝在位期间，充分施展了他的雄才大略，把西汉王朝推向了极盛阶段。

酷吏张汤为何自杀？

因为汉文帝刘恒陵园中殉葬的钱币被盗窃，刘彻非常气愤。丞相庄青翟和张汤约好一起向刘彻谢罪。到了刘彻面前，张汤认为庄青翟一年四季都会到陵园中行走，却没有发现盗贼，当然应该谢罪，而他又没跟庄青翟一起，根本不用谢罪，因此他就没有谢罪。由此庄青翟非常憎恶张汤。

庄青翟的三个长史朱买臣、王朝、边通都受过张汤的排挤或蔑视，因此也想陷害他。他们派捕吏逮捕并审问张汤的宾客、商人田信等人，然后禀报刘彻说张汤每一次想要上奏的内容，田信事先知道；田信囤积货物致富，与张汤共同分享。后来刘彻果然以为张汤心怀诡诈、当面欺君，就把张汤关进了监狱。

张汤给刘彻写信谢罪说："汤无尺寸之功，只是起步于刀笔吏，有幸得到陛下的重用，致使名列三公。臣无法塞责，然而陷害臣的人，其实就是朱买臣、王朝、边通三个长史。"写完就自杀了。张汤的兄弟和儿子们想要厚葬张汤，张汤的母亲说："张汤是天子的大臣，被恶言诬陷而死，怎能厚葬呢？"就用牛车载着尸体，只有棺材没有外椁。

刘彻听到这种情况，知道张汤蒙冤而死，就将三位长史都处死，庄青翟也被迫自杀。

中国第一位女医生出自哪个朝代？

义姁是我国史书记载的第一位女医生，她悬壶济世，深受群众爱戴。相传汉武帝得知她的医术后，召她入宫，拜为女侍医，专为皇太后等治病，深得太后信任。之后的女医生有：晋代鲍姑、唐代胡愔、宋代冯氏、明代谈允贤、清代曾毅。

张骞为什么要出使西域？

西汉景帝后元三年（公元前141年），汉景帝刘启死了以后，皇太子刘彻当了皇帝，就是汉武帝。这时候的西汉王朝，经过40年的"文景之治"，人民休养生息，社会经济得到恢复和发展，军事实力也大大加强。于是汉武帝开始有时间和精力来考虑几十年来汉朝政府屡遭匈奴人欺凌和侵扰的问题。

很久以前在河西走廊—敦煌一带，居住着一个强大的部落，叫作大月氏。大月氏建立的是一个游牧国家，人民生活安定，社会风气淳朴。后来，强暴的匈奴人用武力征服了这个国家，并残酷地杀害了大月氏国王。大月氏人势单力薄，只得怀着国破家亡的深仇大恨向西迁逃，他们起初迁至伊犁河一带居住，后来又移到今阿富汗东北部居住。

汉武帝决定下一道招贤榜，募天下的仁

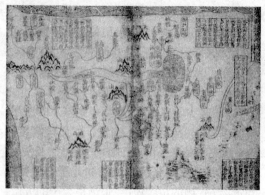

西域城邦国家分布图

人志士出使西域去联络大月氏人，劝说他们迁回故乡，以便共同抗击匈奴。招贤榜贴出以后，有一名年轻的小官吏前来揭榜应召，这个人便是张骞。汉武帝就决定派张骞担任出使西域的使节，出使西域。

丝绸之路在哪里？

丝绸之路，简称丝路，是指西汉时，由张骞出使西域开辟的以长安（今西安）为起点，经甘肃、新疆，到中亚、西亚，并连接地中海各国的陆上通道（这条道路也被称为"西北丝绸之路"以区别日后另外两条冠以"丝绸之路"名称的交通路线）。因为由这条路西运的货物中以丝绸制品的影响最大（而且有很多丝绸都是中国运出的），故得此名。其基本走向定于两汉时期，包括南道、中道、北道三条路线。

南道（又称于阗道）：东起阳关，沿塔克拉玛干沙漠南缘，经若羌、和田、莎车等至葱岭。

中道：起自玉门关，沿塔克拉玛干沙漠北缘，经罗布泊、吐鲁番、焉耆、库车、阿克苏、喀什到费尔干纳盆地。

北道：起自安西，经哈密、吉木萨尔、伊宁，直到碎叶。

为什么王昭君要远嫁匈奴？

王昭君是当时秭归县（后划为兴山县）人。史书对王昭君的记载很少，后世对王昭君的褒贬评说却千秋不衰，而且通过文学各种载体进行再创作，其中的诗歌、戏曲、小说、民间传说，等等，使王昭君的形象更加丰满。

王昭君于汉元帝时期被选入宫为宫女，传说她虽然相貌出众，但是品格高尚，不似他人用各种手段以谋求皇帝的宠爱。她不肯贿赂画工，元帝不知其美丽，于是"入宫数岁，不得见御，积悲怨"。竟宁元年（公元前 33 年），匈奴呼韩邪单于来朝请求和亲，昭君自愿请求嫁与匈奴。直到昭君自请嫁匈奴后临别时，元帝方知昭君之貌美，后元帝盛怒之下杀了画工毛延寿等。

昭君出塞，实现了匈奴人民向往和平的愿望，呼韩邪单于封她为"宁胡阏氏（阏氏为匈奴语，王后之意）"。昭君去世后，她的子孙继续为汉匈和平友好做着努力。昭君出塞 60 年，"边城晏闭，牛马布野，三世无犬吠之警，黎庶无干戈之役"。

汉代为何倡导以孝治天下？

周秦以来，孝道是天人合一宗教思想的道德支柱。它包含双重意义：一是尊祖；二是敬天。尊祖为孝，敬天为德，所谓"德以对天，孝以对祖"就是这个意思。

汉代统治者从建国伊始，就极力宣扬和推行孝道，把它当作治国安民的基本国策。除了高祖刘邦和光武帝刘秀以外，从西汉惠帝始，迄于东汉献帝，都以"孝"字为谥号，取"孝子善述父之志"的意思。而凡有作为的帝王，又常常身体力行，率先实行孝道。如文帝刘恒为代王时，其母薄太后染病卧床，刘恒陪侍，目不交睫，体不解衣，汤药不亲尝不进，三年如一日。对于他的孝行，群臣认为即使是古代的大孝子曾参也无以过之。

由于统治阶级的高标倡行，孝道成为社会道德、行为规范标准。为了推行以孝治天下的基本国策，汉代统治阶级又进一步把孝道纳入察举制度之中，用以选拔人才，考核官吏。凡行孝道，孝名远播者，即察孝廉，推荐为官。但是任何事物发展到极致都不可避免地产生负效应和负面值，在功名利禄的诱使下，汉代的孝道也孕育出了种种沽名钓誉、名实不副的伪孝者。

王莽是如何发迹的？

西汉朝到了汉成帝时，朝廷的大权已基本掌握在皇太后或皇后亲戚的手中。汉成帝的母亲有八个兄弟，除了一个叫王曼的早死之外，最大的王凤被封为大将军。王曼有一子叫王莽，跟随王凤生活。

大将军王凤在朝中权位显赫，王莽深知其伯父的地位，于是平时他对王凤毕恭毕敬。王凤临终前专门恳请太后和汉成帝多多照顾王莽，于是王莽不久就当上了黄门郎，很快又被升为射声校尉。接下来的几年，王莽的官位越高，他反而越恭谦。他仗义疏财，周济天下落魄之士，注意招揽人才，为此结交了很多将相公卿和士大夫。不但当时在位的官员推荐他，连普通的老百姓也到处谈论他，他的名望和声誉越来越高。公元前8年，汉成帝因为王莽揭发奸臣，就夸奖他忠诚正直。王莽叔父大司马王根乘机推荐他接替自己，得到了成帝的恩准，于是王莽做上了大司马，时年他才38岁。

有一次，王莽的母亲生病，朝中公卿列侯纷纷派夫人前去探视，王莽妻子出来迎接，因穿着俭朴，来访的人还以为她是王府的奴婢，问了之后，才知是王莽夫人。此后王莽的威望越来越高，为后来自己篡夺帝位、顺利改制准备了条件。

王莽是怎样篡位的？

公元前1年，汉哀帝突然驾崩，太皇太后召来时任新都侯的王莽，让他辅佐大司马董贤办理丧事。王莽接旨后，积极怂恿尚书弹劾董贤，随即以太后诏书罢免了董贤，逼得董贤自杀。最后太皇太后决定任命王莽主管尚书事务。

王莽当上大司马后，就利用外戚的权力，在宫廷内外结党营私，排除异己。因为当时的大司徒孔光是著名的儒家学者，在朝中地位极高，他就极力结交讨好孔光。

在拉拢朝中重臣的同时，为了给自己专权扫清障碍，在他一手操纵下，曾反对他担任大司马一职的何武、公孙禄两人都被免去官职。后来，众公卿在王莽的授意下，逼迫太皇太后下诏规定，从今以后只有封爵的事才禀告自己，其他事务全都由安汉公王莽和四辅决定。这样一来，王莽的权力几乎和皇帝一样了。到了公元8年，王莽逼宫迫使太皇太后交出玉玺，正式即位称帝，改国号为新，从此结束了西汉214年的统治。

最早的农民起义女领袖叫什么？

西汉末年，土地兼并剧烈，徭役赋税繁重，加之连年灾荒，农民生活极端困苦。野心家、阴谋家王莽（8～23年在位）篡夺了西汉政权后，倒行逆施，进一步加剧了社会危机，广大人民陷入水深火热之中，各地农民起义接连爆发。

公元17年，琅琊海曲（今山东日照）妇女吕母，因儿子吕育被贪酷的县官无端杀害，久蓄心头的对统治阶级的仇恨一下子迸发出来。她挺身而出，聚众起义，贫苦农民纷纷响应，积极参加。队伍很快壮大到数千人，吕母自称将军，率起义军攻破海曲县城，捕获县官，并当众揭露了他的罪行，然后处死。吕母死后。她的队伍加入樊崇领导的赤眉军。赤眉军同绿林军并肩作战，终于推翻了王莽的反动统治。

金日磾为什么能从奴隶做到辅弼大臣？

汉武帝后元二年（公元前87年）二月，71岁的汉武帝病危，诏立年仅8岁的刘弗陵为太子，托命四位大臣辅政。四位托命大臣中，车骑将军金日磾是匈奴族出身的少数民族大臣。

原来金日磾是匈奴休屠王的太子。因为战争原因，14岁的金日磾，由匈奴的王太子骤变为汉朝的阶下囚，变成了一个饲养马匹的奴隶；在母亲的教诲下，他刻苦为人，殷勤从事，期盼有出头之日。一天，武帝游宴，趁兴要检阅御马。其他养马人情不自禁地偷看宫女们的花容月貌，只有金日磾昂首阔步、目不斜视。这位身高八尺二寸、器宇轩昂、仪表不凡的英俊青年，立即引起武帝的注意。在得知他的出身本末之后，武帝异常同情，当天就封他为御马监，不久又升为侍中、驸马都尉、光禄大夫，出则充任武帝乘舆的卫士，入则陪侍武帝左右，甚得武帝的信爱。

金日磾长子弄儿深得武帝的宠爱，在武帝的娇惯下，弄儿公然在殿中与宫人狎戏，结果被金日磾碰到，当即把他杀了。武帝听说后大怒，金日磾顿首谢罪。武帝虽然非常哀痛，内心不得不佩服金日磾为维护朝廷礼仪、保全自家声誉而大义灭亲的男子汉气魄，从此更加信任金日磾。

淮南王刘安有没有谋反？

刘安继承其父刘长淮南王位后，多次意图谋反，但多次取消念头。后来，刘安的长子刘迁在与郎中雷被比剑中受伤。雷被因为这件事请被罢官。雷被不甘心，便把此事禀告给汉武帝，想让其为自己主持公道。汉武帝下诏把这件事交给廷尉和河南郡共同处理。因为此事刘安被削去了两个县的封地。事后，刘安心里很怨恨：我施行仁义，却被削地。他觉得很可气，从此更想造反。

有一天，刘安召见谋士伍被，与他商议谋反的计划。伍被听说后很不赞同，声泪俱下地劝说刘安，说大王的军队还不如当时七国的军队强，何况现在天下的形势却比七国之乱时安定一万倍。如果谋反，不仅会丢掉王位，而且最终落个一败涂地的下场。刘安听后就暂时打消了谋反的念头。

刘安的孙子刘建常受刘迁笞打，怀恨在心。为此，他让好友上书刘彻，告发爷爷刘安、叔父刘迁加害自己的事。刘彻接到奏章后，就派使者去淮南王封地调查。刘安听说后，怕他吐露密谋叛乱的事，一时非常恐惧，又想抢先发难，举兵叛乱。接着他再一次召来谋士伍被商议谋反。刘安接受了伍被的建

议，便有条不紊地开始行动起来。过了不久，刘彻便派大臣手持符节前来惩治刘安。刘安闻讯，只好自刎而死。

从这些事情看来，刘安有着软弱、犹豫不定的性格，而这决定其不能真正起兵谋反，但最终他死于谋反的罪名之下。

马邑诱敌战是怎么回事？

公元前 135 年，匈奴的军臣单于派使者来要求和亲，将军王恢建议出兵打击匈奴，但许多大臣都反对王恢的建议，汉武帝只好暂时答应匈奴和亲。

过了两年，马邑地方有个大商人聂壹来找王恢，说趁和亲的机会，把匈奴引进来，打一个大胜仗。王恢把聂壹的主意告诉汉武帝，汉武帝遂派王恢、韩安国、公孙贺、李广等将军带领 30 万人马埋伏在马邑旁边的山谷里。其中，王恢的任务是率领 3 万人马从侧翼攻击匈奴的辎重粮草。

聂壹故意逃到匈奴，跟单于说可以帮他杀死马邑的官吏，助其拿下马邑。单于虽然很高兴，但还是有点怀疑，就派几个心腹跟聂壹一起到马邑去。

聂壹回到马邑杀了几个已经定了死罪的犯人，把他们的头挂在城头上，匈奴使者见了人头，信以为真。单于亲自带领十万骑兵去接管马邑，但中途抓到了一个汉军校尉，得知了汉军布置，连忙撤兵，埋伏在马邑的汉军没能得手。汉武帝见诱敌战没有成功，很是生气。他责怪王恢出了个馊主意，并且放弃了出击的机会，就将他斩首了。

游侠郭解为什么被灭族？

郭解是西汉武帝时期的一位侠士，年轻时心狠手辣，恣意杀人。后来，郭解一改前行，对人以德报怨，厚施薄望，救人之命不恃其功。因此，他在当地声望很高。

公元前 127 年，汉武帝刘彻为自己修建的陵墓茂陵刚刚落成。这时，朝中有大臣就劝刘彻说："茂陵刚建成，可把天下的豪强、

富户和喜欢作乱的人迁到那里，这样，对内可以充实长安，对外可铲除邪恶，这就是人们所说的'不诛而害除'。"刘彻就下令各地官员把豪强和财产超过三百万钱的富户迁移茂陵。当时，郭解家里并不富裕，不属于移民的范围。然而，当地的县吏却把郭解列进迁居的名单里。他出发时，为他送行的有上万人。郭解迁入关中后，这里的英雄好汉，无论是否和他相识，都争相和他来往。

有一次，郭解的侄子杀死了轵县的一名县吏。这家人的亲属就向朝廷上书告状，结果也被人杀死在宫门之下。汉武帝知道后，非常愤怒，就令官府抓郭解。几经周折，才把郭解捕获。得知郭解被抓的消息后，人们非常替他惋惜，而轵县有个读书人却不以为然，他逢人就说郭解是罪有应得，郭解的崇拜者听说后，义愤之下就将他的舌头割断，杀了他。

朝中御史大夫公孙弘说："郭解作为一个平头百姓凭着侠义为一点小事就滥杀人，真是胆大包天。这个读书人被杀，郭解虽不知情，但他的罪过比自己杀人还要严重。应该判处他大逆不道罪。"后来，武帝就以此罪判处了郭解，杀了他全族。

李广利为何死在匈奴？

公元前 90 年，匈奴大举入侵汉朝边境，于是汉武帝刘彻就派贰师将军李广利率精兵 7 万从五原出塞，抗击匈奴。

李广利动身前，对丞相刘屈氂说："希望你早一点奏请皇上立昌邑王为太子，昌邑王继位，你也就无忧无虑了。"刘屈氂满口答应。昌邑王刘髆是李广利妹妹李夫人的儿子，李广利的女儿又是刘屈氂的儿媳妇，所以两人都希望立刘髆为太子。不料，他们的秘密被郭穰探知并禀告给了汉武帝。不久，刘屈氂和他的夫人都被处死。李广利的妻子和儿女也被捕入狱。当时李广利正在出兵途中，匈奴单于狐鹿姑亲自率领 5 万骑兵拦截李广利。李广利兵败投降。刘彻听说后，将李广利满门抄斩。

李广利投靠匈奴后，非常受单于狐鹿姑的赏识。为此，丁灵王卫律心里十分忌恨他。一天，碰巧狐鹿姑的母亲病了，卫律便买通巫师，陷害李广利。巫师对狐鹿姑说："过世的老单于发火了，他曾经发过誓，如果生擒李广利，一定要用他来祭祀天地。你们为什么不用他来祭祀呢？"狐鹿姑听信了巫师的话，就把李广利抓了起来，当作祭祀品杀了头。

桑弘羊为汉代做了哪些贡献？

公元前 119 年，武帝让人按桑弘羊的建议实施改革措施。

桑弘羊所做的第一件事是发行白鹿皮币和白金币。白鹿皮币是用白鹿皮做成的，大约一尺见方，周围画上彩色的花纹，每张价值 40 万钱。白金币由银锡合金制成，分为三千钱、五百钱和三百钱三种面值。第二件事，实行算缗、告缗的政策。算缗是向富商、高利贷者征收财产税，以增加国库的收入；告缗则是针对不如实汇报财产的商人，一旦发现，便罚他守边疆一年，并没收全部财产。第三件事便是实行盐铁业的官营。

公元前 115 年，桑弘羊接替孔仅为大农丞（大农令的副官）。在做大农丞期间，桑弘羊又做了三件大事。首先是发动了一次更大规模的告缗运动。其次是统一币制，将铸币权集中到中央，使用新的五铢钱。桑弘羊一面禁止郡国私自铸钱，一面统一货币，将铸币权收归中央。再次是试办均输，这解决了各郡国向中央进贡货物所遇到的问题与矛盾。

除此之外，桑弘羊又发展了两项新的政策。一是推行平准，即由大农令设置一个"平准"机构，将国家和长安所有的物资都储存在这个机构里。当长安市场上某种商品价格过高时，平准长就以低价抛售；如果某种商品价格下降，平准长就进行收购。通过这样的方式，使物价能够保持在一个比较稳定的水平上，同时也打击了一部分商人的投机倒把活动，对国家的统治是极为有利的。二是实行酒类专卖。同盐铁官营一样，这也是一项保障国家收入的政策，使汉王朝在财政上获得了丰厚的收益。

盐铁之争是怎么回事？

西汉昭帝时，中央政府召开了一次由盐铁官营问题所引起的有关国家政策的辩论会议，史称盐铁之争。武帝死后，年幼的昭帝继位，大权掌握在大将军霍光手里。昭帝始元六年（公元前 81 年），根据谏大夫杜延年的建议，下诏命丞相田千秋、御史大夫桑弘羊召集郡国所举贤良文学，询问民间疾苦所在。这就是有名的盐铁会议。

在盐铁会议上，贤良文学与以桑弘羊为代表的大夫派就汉王朝的内外政策进行了辩论，其主要内容有：

第一，民间疾苦的原因。贤良文学认为民间疾苦的根源在于官营盐铁等经济事业，要求取消平准、均输、酒榷制度，罢盐铁官营，主张致力于农业生产；大夫派坚持推行盐铁官营，认为兴盐铁，设酒榷，置均输，扩大了财源，也是军费的主要来源，还便于堵塞豪强大家的兼并之路。

第二，对匈奴的政策。贤良文学主和，尚德服；大夫派主战，崇武备。

第三，关于施政方针和治国方略。贤良文学信奉儒家学说，主张德治和简法宽刑；大夫派以法家学说为指导思想，主张法治。此外，会议的辩论还涉及农业的基本政策、对社会现状的评估等问题。西汉桓宽编撰的《盐铁论》一书，详细地记载了辩论的情况。

盐铁会议不仅在政治上是终止武帝的战争政策，转入新的休养生息的和平状态的开始和标志，也是思想上终止汉初儒、法合流，重新恢复先秦孔孟思想传统的历史契机。正是由于这种历史契机，经过盐铁会议，儒家思想重新崛起，在宣帝时期进一步得势，至成帝时则完全居于统治地位了

公孙贺为什么不愿做宰相？

由于西汉的丞相多由开国功臣担任，这些人资历老、声望高，任相后位尊权重，功高震主。刘彻对丞相分权的现状极为不满，即着手改变这种局面。他直接起用出身寒门的儒生公孙弘为相，不仅打破了列侯拜相的旧制，而且摧毁了军功贵族的特权。

刘彻进而削弱相权，并频繁地对丞相进行遣责、黜免，甚至处死。先后在刘彻手上作为政治牺牲品被处死的有：元狩五年（公元前 118 年），丞相李蔡自杀；元鼎二年（公元前 115 年），丞相庄青翟自杀；元鼎五年（公元前 112 年），丞相赵周下狱死。丞相石庆虽属自杀死亡，但亦多次被武帝严词指责，活得战战兢兢，如履薄冰。所以到拜公孙贺为相时，出现了戏剧性的一幕。对于许多人梦寐以求的丞相之位，被公孙贺视同烫手的芋头，死活不肯接，甚至"顿首涕泣不肯起"。但是刘彻的意思是：这个丞相你当也得当，不当也得当。公孙贺从宫中出来就说："我从今以后危险了。"

果如其言，后来公孙贺因江充所掀起的巫蛊大案死于狱中，并且全家被诛，比别的丞相下场更惨。

董仲舒为儒学发展做出了什么贡献？

董仲舒（公元前 179~ 前 104 年），汉代思想家、哲学家、政治家和教育家。汉族，汉广川郡（今河北景县）人。汉武帝元光元年（公元前 134 年），任江都易王刘非国相 10 年；元朔四年（公元前 125 年），任胶西王刘端国相，4 年后辞职回家。此后，居家著书，朝廷每有大议，令使者及廷尉就其家而问之，仍受武帝尊重。董仲舒以《公羊春秋》为依据，将周代以来的宗教天道观和阴阳、五行学说结合起来，吸收法家、道家、阴阳家思想，建立了一个新的思想体系，成为汉代的官方统治哲学，对当时社会所提出的一系列哲学、政治、社会、历史问题，给予了较为系统的回答。

董仲舒为人正直廉洁，敢于直言不讳。当时，丞相公孙弘研究《春秋》的功底不如董仲舒深厚，董仲舒认为公孙弘是阿谀奉承

之徒，就引来了公孙弘的忌恨。胶西王刘端是汉武帝刘彻的兄长，他残暴凶狠恣肆，屡屡迫害二千石的下级官吏。为了报复董仲舒，公孙弘就建议汉武帝刘彻说，只有董仲舒可以派去做胶西相。刘端早就知道董仲舒是贤能的大儒，于是他对董仲舒礼敬有加。但董仲舒唯恐时间一久，容易获罪，便托病辞官回家。董仲舒先后做过两地的国相，都是侍奉骄纵的诸侯王，这期间他数次据理上奏谏诤，以正身率下，深受人们的敬仰。辞官回家后，董仲舒终日专心治学著书，不过问家务事、产业，专心治学著书。一旦朝廷有大事，朝廷总是派使者与廷尉张汤前往他家求教，每次他都提出明确的策略。

董仲舒对儒学思想做了进一步的发展，提出了"罢黜百家，独尊儒术"等大一统思想，使儒学从此成为西汉乃至后来封建王朝的统治思想。

李陵真的投降匈奴了吗？

李陵（？~公元前74年），字少卿，陇西成纪（今甘肃秦安）人，飞将军李广的孙子。年轻时为侍中建章监。

李陵投降匈奴后，汉武帝曾派公孙敖带兵设法救回李陵。公孙敖去匈奴后无功而返，为了逃避惩罚，他便谎称李陵在匈奴训练匈奴兵，要攻打汉朝。汉武帝听后大怒，命人把李陵母亲、弟弟及妻儿都杀了。

事实上，替匈奴训练士兵的人是一位早年投降匈奴的汉都尉，叫李绪。公孙敖显然是张冠李戴了。李陵在匈奴营中曾宴请被匈奴扣留的使节苏武，对他说投降的目的原本是想找机会劫持单于，为汉朝廷效劳。却不料汉皇不了解他的心志，杀了他的亲人，绝了他的归路。苏武也深知李陵为人处世的态度，对他的处境深感无奈。

李陵与苏武宴罢，曾吟唱了一首《别歌》："径万里兮度沙漠，为君将兮奋匈奴。路穷绝兮矢刃摧，士众灭兮名已颓。老母已死，

虽欲报恩将安归。"从中也可看出李陵身在异邦心在汉，并不是真的投降匈奴，而是被迫无奈之下的举动。

徐福为什么被赐赏？

公元前87年，8岁的汉昭帝即位。大将军霍光掌握了朝廷大权，帮助汉昭帝继续采取休养生息的政策，把国家大事管理得很好。

霍光长期把持朝政，渐渐形成势力，霍氏家族独断专行，骄横无比。眼见霍氏家族为虎作伥，有一个叫徐福的茂陵人就预言霍氏家族一定会灭亡。为此，徐福专门上书朝廷，一连三次，朝廷都没有人理会他。

后来霍氏家族被朝廷诛杀，一些曾经告发过霍氏的人都受到了封赏，而徐福却没有受到丝毫赏赐。有人就上书汉宣帝说："茂陵人徐福曾经多次上书，说霍氏会作乱，应当预先防范。如果陛下接受徐福的建议，就不需要划出土地分封列侯；臣下也不会谋反，遭受被诛灭的大祸。现在事情过去了，告发的人都受封赏，却只有徐福未获奖励。希望陛下明察，奖赏他'徙薪曲突'的远见。"汉宣帝看到这份奏折后，就下旨将十匹绸缎赏赐给徐福，后来又任命徐福担任了郎官。

龚遂是怎样治理渤海的？

西汉宣帝刘询即位以后，渤海附近郡县闹饥荒，灾民们纷纷起来造反，太守无法制伏他们。刘询想挑选一名能够治理渤海的人，丞相和御史都推荐原昌邑王郎中令龚遂，刘询便任命龚遂为渤海太守。

龚遂到达渤海郡界后，郡里听说新太守到了，派军队去迎接他。龚遂让军队都回去，随即命令所属各县将追捕盗贼的官吏全部撤回，凡是拿着农具的都算良民，官吏不得追究，拿着兵器的才算盗贼。渤海还有很多结伙打劫的人，听到龚遂的命令，立即解散，丢掉兵器拿起了农具。于是渤海郡的盗贼全部平息，百姓安居乐业。龚遂又开仓救济贫民，

选用品行优良的官员安抚管理百姓。

龚遂看到渤海地方风俗奢侈，人们喜欢经商，不愿务农，就以身作则，厉行节俭，鼓励百姓务农种桑。看到百姓有佩带刀剑的，就让他们卖了剑买牛，卖了刀买犊。龚遂规定春、夏两季必须到田里耕作，秋、冬两季督促百姓收割，还让家家户户多储存果实之类的东西。由于龚遂的不懈努力，郡中都有了积蓄，官吏百姓都很殷实富足，刑狱诉讼案件也没有了。

哪二人演绎了"凤求凰"？

《凤求凰》传说是汉代文学家司马相如的古琴曲，演绎了司马相如与卓文君的爱情故事。

以"凤求凰"为通体比兴，不仅包含了热烈的求偶，而且也象征着男女主人公理想的非凡、旨趣的高尚、知音的默契等丰富的意蕴。全诗言浅意深，音节流亮，感情热烈奔放而又深挚缠绵，熔楚辞骚体的旖旎绵邈和汉代民歌的清新明快于一炉。即使是后人伪托之作，亦并不因此而减弱其艺术价值。

赵飞燕是怎样被立为皇后的？

汉成帝刘骜喜欢微服出行，有一次来到阳阿公主家，他见公主家的舞女赵飞燕姿色艳丽、楚楚动人，就把她带进宫中，让她日夜侍奉自己。后来，赵飞燕的妹妹也被召进宫。

刘骜将赵飞燕姐妹俩都封为婕妤，对她们宠爱有加。许皇后和班婕妤便因此失宠于刘骜。为保住自己的地位，赵飞燕就向刘骜进谗言说，许皇后与班婕妤串通一气，用妖术诅咒后宫得宠的美人，甚至连皇上也不放过。刘骜听信谗言后，立即下令废黜许皇后，把她迁到昭台宫。

刘骜想封赵飞燕为皇后，但王太后嫌她出身微贱，不同意。王太后姐姐的儿子淳于长时任侍中，他就帮助刘骜反复劝说王太后。一年后，王太后才默许了此事。

谏大夫刘辅听说此事后，无比愤慨，便冒死上书说："陛下纵情声色，倾心迷恋贱女，想让这样的女子做国母，既不畏于天，又不愧于人，俗话说：'腐木不可以为柱，人婢不可以为主。'上天和百姓都不赞成的事情，必然是有祸无福，臣为此痛心，不敢不冒死劝谏。"刘骜读了奏章，气得暴跳如雷，立即派侍御史逮捕刘辅，并将他关押监狱。不久，刘骜正式封赵飞燕为皇后。

"不入虎穴，焉得虎子"有何故事？

西汉时候，班超跟随奉车都尉（官名）窦固和匈奴打仗，立有功劳，后被派出使西域（今新疆全省、甘肃边和葱岭以西中亚一部分地区）。他首先到鄯善国，刚开始国王对班超十分敬重，但没过多久，忽然变得怠慢起来。

班超召集部下说："鄯善国王最近对我们很冷淡，一定是北方匈奴也派人来笼络他，使他踌躇不知顺从哪一边。聪明人要在事情还没有萌芽的时候就发现它，何况现在事情已经很明显了。"后经暗查，果然如此。班超又对所有的手下说："我们现在处境很危险，匈奴使者才来几天，鄯善国王就对我们这么冷淡，如果再过一些时候，鄯善国王可能会把我们绑起来送给匈奴。你们说怎么办？"当时大家都表示愿听他的主张。他便继续道："不入虎穴，不得虎子。现在唯一的办法，就是在今天夜里用火攻击匈奴来使，迅速把他们杀了。只有这样，鄯善国王才会诚心归顺汉朝。"

于是在当夜，班超带领随从36人冲入匈奴人住所，奋力死战，用少数人力战胜了多数的匈奴人，达到了预期目的。后人便用"不入虎穴，焉得虎子"来说明人们做事，如果不下决心，不身历险境，不经过艰苦的努力，是不能达到目的的。

班氏家族为何人才辈出？

班彪，字叔皮，扶风安陵人。他性格沉稳，爱好古学，识见高远，富有谋略。班彪以通儒上才置身危乱之际，明于去就，行不逾方，言不失正；他潜研史籍，守道清静，不急仕进。他的道德、学问、才智、胆识，不仅为世所重，而且在潜移默化中深深影响和教育了他的儿女们。

班彪的长子班固，字孟坚，博贯载籍，对九流百家之言，无不穷究。他学无常师，广集众长，成为古学大师。父亲死后，他潜研精思20余年，在《后传》的基础上探撰前记，写成中国第一部纪传体断代史《汉书》。他与司马迁并有良史之才，史称"班马"。

次子班超，字仲升，倜傥有大志，不修细节而内孝谨。因羡慕前汉张骞的为人，不甘久事笔研之间，遂投笔从戎，两次出使西域，对增进西域各族人民与中原人民的政治、经济、文化联系，开拓和巩固汉朝疆域做出了重大贡献。

小女班昭，字惠班，自幼聪慧，博学高才。14岁嫁为曹世叔妻。世叔早卒，她敬养舅姑，抚育儿女。和帝闻其才学，数召入宫，教授皇后及诸贵人，号曰"曹大家"。及邓太后临朝，班昭备受宠信，出入宫闱，与闻政事。班昭70多岁谢世，皇太后以师傅之恩，素服举哀，派使者监护丧事，当世以为荣。

班彪的儿女们不仅继承了父亲的才学胆识，同时保持了父亲的德操品格，兄弟之间手足情深，互助友爱，共同维护班门荣誉，成为千古佳话。

古代医院始于何时？

我国是世界上最早设置医院的国家。《汉书》记载，西汉年间，黄河一带瘟疫流行，汉武帝刘彻就曾经在各地设置医治场所，配备医生、药物免费给百姓治病。汉平帝元始二年（2年），"民疾疫者，舍空邸第，为置医药"，可见当时已经有了类似现在的隔离医院。

北魏太和二十一年（497年），孝文帝曾在洛阳设"别坊"，供百姓就医用。唐朝开元二十二年（734年），设有"患坊"，

收容贫苦的病人、残疾人和乞丐；还有"疠人坊"，专门隔离及医治麻风病人。宋明年代时，医院组织渐趋周密。当时，官方办的医院叫作"安济坊"；私人办的医院有"养济院""寿安院"；慈善机构办的医院为"慈幼局"，分门别类招收和诊疗病人。

汉平帝刘衎死亡之谜是怎样的？

汉平帝刘衎（公元1~5年在位），原名刘箕子，汉元帝孙、汉成帝的侄子、汉哀帝的堂兄弟、中山王刘兴子。哀帝于公元前1年六月病死后，王莽为便于弄权，于九月迎立年仅9岁的刘衎为帝。第二年改年号为"元始"。

公元5年，刘衎已经14岁。他耳闻目睹王莽的阴险刻毒，知道自己这个皇帝不但纯粹是个摆设，而且亲舅家一族已几被灭绝，母亲卫姬虽活着，却被人为分离，骨肉不能相见，所以常常对王莽面露愠色，有时还在背地里吐露对王莽的怨情。王莽知道后，担心刘衎成人后难以对付，决定除掉他。同年十二月，大臣们给刘衎祝寿。王莽乘机敬上毒酒，刘衎一饮而尽。到了晚上，刘衎腹痛如绞，大声呼叫，却不见有人来抢救，辗转哀号，接连挣扎了几天，后死于长安未央宫。就这样，在位仅5年，刘衎就被王莽毒死，葬于康陵（今陕西咸阳市西25里处）。后也有刘衎确为病死一说。

西汉第一和亲公主是谁？

刘细君（公元前140~前87年），汉江都王（扬州）刘建之女。

汉武帝为了联合乌孙（居今伊犁河上流流域）抗击匈奴，元封六年（公元前105年），汉武帝封细君为公主，下嫁乌孙国王昆弥猎骄靡（又作昆莫），以和乌孙结为兄弟之邦，共制匈奴。据《汉书·西域传》记载，细君公主出嫁时，汉武帝"赐乘舆服御物，为备官属侍御数百人，赠送其盛"。细君公主到达乌孙后，猎骄靡封她为右夫人，随从工匠为她建造了宫室。刘细君是那个时代的英雄，她的成就和贡献是多方面的。在中国历史上

199

她创下了三个第一：古代和亲女性中取得成功的第一人；古代诗坛上突破"诗言志"樊篱的第一人；乐器琵琶的首创之人。三者之中，尤以出塞和亲功绩最为显著。

苏武牧羊是怎么回事？

苏武（公元前140~前60年），西汉大臣，字子卿，杜陵（今陕西西安西南）人，代郡太守，苏建之子。公元前100年，匈奴政权新单于即位，汉武帝为了表示友好，派遣苏武率领一百多人，带了许多财物，出使匈奴。不料，就在苏武完成了出使任务，准备返回时，匈奴上层发生了内乱，苏武一行受到牵连，被扣留下来，并被要求背叛汉朝，臣服于单于。

最初，单于派卫律向苏武游说，许以丰厚的俸禄和高官，苏武严词拒绝了。匈奴见劝说没有用，就决定用酷刑。当时正值严冬，单于命人把苏武关入一个露天的大地穴，断绝食品和水，以改变苏武的信念。苏武在地窖里受尽了折磨。渴了，他就吃一把雪；饿了，就嚼身上穿的羊皮袄。单于知道无论软的，还是硬的，劝说苏武投降都没有希望，就越发敬重苏武的气节，不忍心杀苏武，但又不想让他返回中原，于是决定把苏武流放到今西伯利亚的贝加尔湖一带，让他去牧羊。

苏武在流放地牧羊达19年之久。后来，新单于执行与汉朝和好的政策，汉昭帝立即

苏武牧羊图

派使臣把苏武接回汉。在昭帝始元六年，即公元前81年，苏武终于回到了长安。

汉朝对南越采取了什么政策？

公元前196年，汉高祖刘邦派遣大夫陆贾出使南越，劝赵佗归汉。在陆贾的劝说下，赵佗接受了汉高祖赐给的南越王印绶，臣服于汉朝，使南越国成为汉朝的一个藩属国。此后，南越国和汉朝互派使者，互相通市，刘邦成功地通过和平方式使得赵佗归顺。

公元前195年，吕后掌控朝政后，开始和赵佗交恶。赵佗凭借他的军队扬威于南越一带，也开始以皇帝的身份发号施令，与汉朝对立起来。

东 汉

何为"光武中兴"？

中国古代的封建王朝，奉行的是一家一姓的"家天下"制度。古代把一个姓氏崛起从而建立国家的过程叫作"兴"，对于刘氏家族来讲，刘邦建立前汉的过程叫作"兴"，刘秀建立后汉的过程叫作"再兴"，即第二次兴起之意。刘氏是中国封建社会历史上唯一的"一姓之再兴"的家族。为表日后刘家江山在刘邦、刘秀之后能够一次又一次地兴起，东汉统治者便把刘秀建立后汉王朝的过程叫作刘氏江山的——"中兴"，意思即这不是刘氏江山的最后一次兴起。

刘秀领导舂陵等起义军，扫灭新莽，绍续汉业。在他当政的中、后期乃至明帝时期，出现了一个"马放牧，邑门不闭""四夷宾服，家给人足，政教清明"的稳定和谐的社会局面。因此刘秀统治时期，史称"光武中兴"。

光武帝是怎样加强中央集权的？

刘秀（公元前6～公元57年），字文叔，汉族，南阳蔡阳（今湖北枣阳西南）人。《后汉书·光武帝纪》说他是高祖的九世孙。东汉王朝开国皇帝，中国古代著名的政治家、军事家。新朝末年，海内分崩，天下大乱，西汉皇族后裔刘秀与兄在家乡舂陵乘势起兵，与众英雄并争天下。公元25年，他获得了农民战争的胜利果实，重新建立起刘汉政权，建都洛阳，史称"东汉"。刘秀建国之后，采取了一系列的政治措施，以加强中央集权。

第一，刘秀着意防范功臣、宗室诸王及外戚专权，通过各种办法加以控制。在他执政期间，大多数功臣以列侯奉朝请，让他们享受优厚的待遇，而不参与政治。对于朝中诸臣，督责尤严。

第二，为加强中央集权，刘秀一方面削弱三公权力，另一方面则扩大尚书台的权力。一切政务不再经三公管理。尚书台成为皇帝发号施令的执行机构，所有权力集中于皇帝一身。

第三，秦汉以来，地方政权机构为郡县二级制。为了监察地方的政绩，汉武帝时已分州派遣刺史，进行视察。刘秀为了进一步加强对地方的控制，把刺史固定为州一级的地方长官。刺史处理地方政务，不通过三公，可直接上奏给皇帝，使地方郡县也直接置于皇帝的控制之下。

刘秀为何迁都洛阳？

公元25年，刘秀登基成为皇帝，定都洛阳。之所以定都洛阳，有以下几个原因：

第一，河南省是中国自古的"天下之中"，也是历史上所谓"中原"的所在地，交通很发达，也是当时出了名的富庶之地，即使是在西汉也是中国的"经济"首都。

第二，定都洛阳，除了在立国里汉中平原"形胜"以图霸天下的用意外，也因为靠近西域，有天子守边，方便指挥与匈奴等游牧民族对抗的意思。在东汉国力较弱的情况下，已经无法完全压制西域。

第三，因为王莽和历年战争的关系，长安的建筑损毁严重，基于财政节约的原则，选择原本就有大量宫廷建筑的洛阳进行迁都，也是一个当然之举。

第四，就中国整个历史进程来看，因为对海洋了解的加深和如江浙、闽越等沿海省份从"蛮荒"状态的逐渐开发，国家的重心逐步从内陆转移到沿海，所以首都的选址也相应地一步步从西向东转移。

"有志者事竟成"语出何处？

建武三年（27年），刘秀派光禄大夫伏隆去招降张步，没想到张步杀了伏隆投靠了军阀刘永。刘秀大怒，派大将耿弇去讨伐张步。耿弇军与张步军展开激战，张步大败，仓皇逃回剧县老巢。

过了几天，刘秀亲自犒劳军队，大会群臣。刘秀对耿弇的功劳大加赞赏，说他堪比韩信当年开创大业，韩信进攻的是残军，而耿弇却独自打败了强大的敌人，建功比韩信更为艰难。接着，刘秀又说："从前郦食其被田广烹杀，等到田广投降刘邦时，刘邦曾经下诏，让卫尉郦商不要报仇。张步以前也杀了伏隆，现在他若前来归顺，我也会下诏，化解大司徒伏湛的怨恨。以前在南阳的时候，将军你定下这个重大的策略，我总觉得计划庞大，难以成功。但现在证明，有志者事竟成啊！"

"有志者事竟成"，这是刘秀夸奖耿弇的话，从此以后即成为成语。

"置之度外"一词是如何来的？

公元25年，刘秀在洛阳建立东汉王朝，当上了皇帝，是为光武帝。政权建立之初，国内尚未统一，许多地方势力也有着相当的实力，并不服从东汉。

刘秀花了5年多时间，基本统一了全国，只剩甘肃的隗嚣和四川的公孙述两大势力不肯归服。四川自古就易守难攻，而甘肃又路途遥远，到底是攻还是不攻呢？刘秀的部下们分成了两派，争执不下。刘秀对将领们说："且当置此两子于度外耳！"刘秀的想法是让部队好好整顿和休养一下，毕竟已是连续苦战多年，将士们疲惫不堪，国力也不堪其重。至于隗嚣和公孙述这两个人，暂且放他们一马，日后再作打算。后来，刘秀经过一番养精蓄锐，终于发兵，先消灭了隗嚣，接着又把公孙述的独立王国攻破。

成语"置之度外"即由刘秀所说的"且当置此两子于度外耳"演变而来，指不把某些事或人放在心上，根本不予考虑。

光武帝的改革措施有哪些？

为加强统治、巩固政权，光武帝采取了一系列改革措施，其内容有：

第一，释放奴婢、刑徒。自西汉后期以来，农民之沦为奴婢、刑徒者日益增多，成为西汉末年阶级矛盾日益尖锐化中的一个重要问题。光武在重建刘汉封建政权中，为了瓦解敌军，壮大自己的力量，也为了安定社会秩序，缓和阶级矛盾，曾多次下诏释放奴婢，并规定凡虐待杀伤奴婢者皆处罪。

第二，整顿吏治，提倡节俭。光武鉴于西汉后期吏治败坏、官僚奢侈腐化的积弊，即位以后，注意整顿吏治，躬行节俭，奖励廉洁，选拔贤能以为地方官吏；并对地方官吏严格要求，赏罚从严。

第三，薄赋敛，省刑法，偃武修文，不尚边功，与民休息。东汉初年，针对战乱之后生产凋敝、人口锐减的情况，光武注意实行与民休养生息政策，而首先是薄赋敛。

第四，欲抑制豪强势力，实行度田政策。但度田以失败告终。

因各项政策措施都不同程度地实行，为恢复发展社会生产创造了有利的条件，使得垦田、人口都有大幅度的增加，从而奠定了东汉前期80年间国家强盛的物质基础。

谁带领南匈奴归附了东汉？

日逐王比（？～63年），东汉初南匈奴单于。原名比，呼韩邪单于之孙。孝单于舆时，封比为日逐王，部领匈奴南边及乌桓八大部落。按法右谷蠡王即王昭君之子知牙师当立为左贤王，左贤王即单于王储，但舆欲传位其子，遂杀知牙师。比父为前单于，理应继立为王储。知牙师被杀，比心恐惧，很少去单于王庭朝会。单于怀疑比有异心，派两名骨都侯去监督统领比部。孝单于死，其子蒲奴继位。比不得立，愤恨愈深。

建武二十二年（46年），匈奴贵族之间爆发了争立单于的斗争，互相猜忌，出现裂痕，加上蒙古草原上连年旱蝗，"人畜饥疫，死耗太半"。建武二十四年（48年）正月，八大部落首领共同拥立比为呼韩邪单于，是为南匈奴单于。匈奴遂分裂为南、北两部。刘秀接受了南匈奴的归附，令其入居云中，东汉政府每年给南匈奴一定数量的粮食、牛马及丝帛等物资。南单于则遣质子入朝，分置诸部于北地、朔方、五原、云中、定襄、雁门、代郡、西河等缘边八郡，协助东汉防御北匈奴的侵扰。

"云台二十八将"里因何没有皇室成员？

云台二十八将，指的是汉光武帝刘秀麾下助其一统天下、重兴汉室江山的二十八员大将。汉明帝永平年间，明帝追忆当年随其父皇打下东汉江山的功臣宿将，命绘二十八位功臣的画像于洛阳南宫的云台，故称"云台二十八将"。后世民间传说，云台二十八将对应上天二十八星宿，是天上的二十八星宿下凡转世。

耿弇就是明帝时与班超、窦固齐名的名将耿秉、耿恭的叔叔，祭遵的胞弟是名将祭彤。另外伏波将军马援有大功，但因为女儿为明帝皇后，明帝避嫌未将其列入。云台二十八将里只要和皇室有亲戚关系的都没被列入，如光武的表兄来歙功劳很大，最后也未被列入。

为什么董宣有"强项令"的称号？

董宣（生卒年不详），字少平，陈留郡圉地人。东汉初任北海相、江夏太守、洛阳令等职。当时光武帝的姐姐湖阳公主的家奴杀了人，藏匿在公主家里，官吏无法抓捕。董宣等到公主出门，这个家奴陪乘在身边时，拦住公主的车马，用刀圈地，大声数落公主的过失，呵斥家奴下车，接着便把家奴打死了。公主盛怒之下向光武帝告状。

光武帝极为愤怒，要鞭死董宣。董宣磕头说："皇上您因德行圣明而中兴复国，却放纵家奴杀害百姓，将来拿什么来治理天下呢？臣下我不需要鞭子打，情愿自裁。"当即头撞柱子，顿时血流满面。光武帝于是免其死罪，但命令董宣向公主磕头谢罪。董宣不答应，光武帝命宦官强迫他磕头，董宣两手撑地，终究不肯就范。公主气愤地说："过去弟弟做百姓的时候，隐藏逃亡犯、死刑犯，使官吏不敢到家门。现在做皇帝，威严不能施加给一个县令吗？"光武帝笑着说："正因为现在我是皇帝，才不能像当初做百姓那样行事了。"于是趁机对董宣说："你这个强项令还不退下。"

董宣从此捕捉打击依仗权势横行不法之人，没有谁不害怕得发抖。京城称之为"卧虎"，人们歌颂他说："没人击鼓鸣冤的是董宣。"

什么叫谶纬？

谶纬，即谶纬之学，中国两汉时期一种把经学神学化的学说。"谶"是一种隐秘的语言，假托神仙圣人，预决吉凶，告人政事。谶书是占验书，"纬"是相对"经"而言的，《四库全书总目提要》说"谶者诡为隐语，预决吉凶"；"纬者经之支流，衍及旁义"。谶与纬作为神学预言，在实质上没有多大区别，但就产生的先后说，则谶先于纬。汉以前在燕齐一带的方士中就造有"谶语"。秦始皇时，方士卢生入海求仙，带回《图录》一书，中有"亡秦者胡也"的谶语。《史记》中也载有《秦谶》。汉武帝以后，独尊儒术，经学地位提高，产生了依傍、比附经义的纬书。纬以配经，故称"经纬"；谶以附经，称为"经谶"；谶纬往往有图，故又叫"图谶""图录""图纬"；以其有符验，又叫"符谶"；以其是神灵的书，又叫"灵篇"。

东汉时王景是怎样治理黄河的？

王景（约30～85年），字仲通，乐浪郡诌邯（今朝鲜平壤西北）人。东汉时期著名的水利工程专家。汉平帝时，黄河决口，在洋渠一带泛滥了 60 余年，兖（今山东金乡东北）、豫（今安徽亳州）多被水患。

永平十二年（69 年），汉明帝擢用王景，发民卒数十万治河。王景测量地势，开凿山阜，建立水门，自荥阳五千乘口筑堤长千余里，使河、汴分流，黄河由东北入海，汴渠由东南入泗水，河水侵注。

汉永平十三年四月初二日（70 年 5 月 3 日）河渠成，从此洋渠得安流运漕，资河受南北两堤约束，水势以冲击沙上通流入海，幽、冀、兖、豫四州，得免较大的河患。明帝在完工后亲自沿渠巡视，并按照西汉制度恢复河防官员编制。王景的随从官员，都因修渠有功升迁一级，王景则连升三级为侍御史。

班超为什么要投笔从戎？

班超（32 ~ 102 年），字仲升，扶风郡平陵县人，是徐县县令班彪的小儿子。班超很有口才，广泛阅览了许多书籍。

汉明帝永平五年（62 年），班超的哥哥班固受朝廷征召前往担任校书郎，他便和母亲一起随哥哥来到洛阳。因为家中贫寒，他常常受官府所雇以抄书来谋生糊口，天长日久，非常辛苦。他曾经停止工作，将笔扔置一旁叹息道：“身为大丈夫，虽没有什么突出的计谋才略，总应该学学在域外建功立业的傅介子和张骞，以封侯晋爵，怎么能够老是干这笔墨营生呢？”周围的人听了这话都笑他。班超便说道：“凡夫俗子又怎能理解志士仁人的襟怀呢？”后来，明帝有一次问起班固：“你弟弟现在在哪里？”班固回答说：“在帮官府抄书，以此所得来供养老母。”于是明帝任命班超为兰台令史，他由此走上了仕途。

第一位女历史学家叫什么？

东汉有一个女子，在史学上做出了重要贡献。她去世时，当朝的皇太后亲自素服举哀，为她行国葬之礼。这个女子，就是我国第一位女历史学家班昭。

班昭（49 ~ 120 年），又名姬，字惠班，扶风安陵（今陕西咸阳东北）人，出生于一个“家有藏书，内足于财”的显贵人家。其父班彪，很有学问；长兄班固，是著名的历史学家、文学家；次兄班超，乃立功西域的一代名将。家庭的熏陶、父兄的影响，加上自身的聪颖努力，使班昭成为一个博学广识的学者。她对祖国文化事业的突出贡献，是整理并续成重要的史学巨著《汉书》。

班彪去世后，班固继承父志，在《史记后传》的基础上，着手编写“包举一代”、囊括西汉历史的史书《汉书》。公元 92 年，班固因受统治阶级内部政争的牵连，入狱而死。这样，班氏父子花费几十年心血编纂的《汉书》，尚有八表和《天文志》未能写完，同时整个书稿面临着散佚的危险。班昭毅然担起整理、续写《汉书》的重任。她补撰了八表，又在马续的协助下，写出《天文志》，终于最后完成了全部我国第一部断代史《汉书》的编纂工作。班昭是我国第一位有著述的女学者。在妇女受歧视、受压迫的封建社会里，才学出众的班昭，好似一株冲寒怒放的奇葩。她是古代妇女智慧的代表，也是古代妇女的骄傲。

东汉外戚、宦官之间是如何斗争的？

灵帝死后，宦官杀了外戚何进，豪族袁绍把宦官一网打尽，斗争才告结束。这个长时期的宦官外戚斗争，大体可以分为两个阶段。从和帝到桓帝初是第一个阶段。在这一阶段，外戚占优势。桓帝到灵帝死，是第二阶段。这一阶段，宦官先占优势，但最后却是彻底失败。

在第一阶段中，宦官外戚有四次显著的大斗争。第一次是宦官协助和帝与外戚窦宪的斗争。最后窦宪被处死，这是宦官外戚斗争的第一个回合，宦官胜利，宦官在政治上弄权，也就从此时开始。第二次是安帝和宦官同外戚邓氏的斗争。第三次是顺帝和宦官孙程等同外戚阎显的斗争。最后阎显等皆下狱被杀。孙程等19人皆封侯。宦官的势力，自此大盛。第四次是桓帝和宦官单超等同外戚梁冀的斗争。结果梁冀被诛杀，单超、徐璜等五人同日封侯。

第二阶段，桓帝以后，是宦官在政治上占优势的时期。桓帝、灵帝时，外戚、官僚贵族和太学生联合起来反对宦官，但都失败了，造成党锢之祸。中平六年（189年），灵帝死，司隶校尉袁绍曾和何进同谋诛杀宦官。何进死，袁绍就和他的从弟虎贲中郎将袁术领兵包围宫禁，逮捕宦官，"无少长，皆杀之"，死者两千余人。

东汉宦官、外戚间的斗争，从和帝时开始，一直斗到东汉末年灵帝时止。

第一次党锢事件的起因是什么？

官僚、儒生集团的斗争，给宦官以很大的威胁。因此，宦官集团寻机进行报复。公元166年，宦官集团对党人发动了一次大规模的迫害活动，即党锢事件，其导火线是张成事件。

方士张成与宦官来往密切，因事先知道朝廷将要大赦，故怂恿儿子杀人。当时任河南尹的李膺却不顾赦令，坚持将张成的儿子处死。宦官乘机唆使张成的弟子宋脩上书，告发李膺交结太学，共为部党，诽谤朝廷。在宦官的怂恿下，桓帝下令捕李膺、范滂等二百余人。宦官更是推波助澜，大肆制造冤狱，他们动用酷刑逼供牵引同党，企图一网打尽。"钩谓相牵引也"，所以，对这些党人也称"钩党"。第二年，桓帝迫于舆论压力，释放了党人，但把李膺等人遣送还乡，禁锢终身。这就是第一次党锢之祸。

"坐堂医"这一称谓是如何来的？

相传汉代名医张仲景曾做过长沙太守，当时伤寒等疫病流行，为了拯救黎民百姓，他不分昼夜地研究医学，为民治病。张仲景打破官府规章制度，坐在办公的大堂上行医，为病人诊脉开方，办公行医两不误，还常在自己的名字前冠以"坐堂行医"四字。后人写诗赞颂他"官随民愿守长沙，心涵胞兴万千家。兴亡盛衰同祸福，坐堂行医惠无涯"。为了纪念张仲景崇高的医德和高超的医术，后来许多中药店都冠以某某堂，并把坐在药铺里诊病的医师称为"坐堂医"。这种称呼一直沿用至今。

东汉年龄最小的皇帝是谁？

即位年龄最小的皇帝是东汉殇帝（刘隆），生下来只有100多天就当皇帝了。

刘隆（105～106年），公元106年在位，刘隆只做了8个月的皇帝，于延平元年八月辛亥日，得了场大病后驾崩于襁褓之中，谥号孝殇皇帝。汉殇帝是中国帝王中即位年龄最小、寿命最短的皇帝。

为什么称梁冀为"跋扈将军"？

梁冀（？～159年），字伯卓，安定（今甘肃泾川）人，是中国东汉时期外戚出身的权臣。公元125年，东汉第七个皇帝汉顺帝即位，外戚梁家掌了权。梁皇后的父亲梁商、兄弟梁冀先后做了大将军。

梁冀是一个十分骄横的家伙，全不把皇帝放在眼里。汉顺帝死后，梁冀就在皇族中找了一个8岁的孩子接替，即汉质帝。汉质帝虽然年纪小，但对梁冀的蛮横劲儿也看不惯。有一次，他在朝堂上当着文武百官的面朝着梁冀说："真是个跋扈将军！"

梁冀听了，气得要命，当面不好发作。背后一想：小小年纪就那么厉害，长大了还得？就暗暗把毒药放在煎饼里，把质帝毒死了。

梁冀害死了质帝，又从皇族里挑了15岁的刘志接任皇帝，就是汉桓帝。梁冀果然是一个"跋扈将军"，专立年幼的皇子当皇帝，从而自己掌握朝廷大权。

东汉土地兼并导致了怎样的后果？

在东汉后期，出现了一种特别的社会现象，就是土地的高度兼并。地主豪强勾结官府（很多官员本就是大地主）大量兼并农民的土地，从而引发了两个社会问题：

第一，广大农民失去土地，一些人成为佃农，一些人沦为了豪强地主的家奴，广大劳动人民沦入了无尽无休的被剥削的社会状态中。他们生产了几乎所有的社会财富，但社会给予他们的是衣不暖身、食不果腹、卖儿卖女的苦难生活。

第二，豪强地主通过兼并土地等各种手段，大大地提高了他们的社会地位，他们与地方官吏相勾结，拥有了一定的政治势力。豪强发展成割据一方的政治集团势力，最终导致了东汉的灭亡。

土地兼并导致农民更加贫穷，地主势力更加强大，阶级矛盾必然加深，国家动荡不安，必然会威胁到东汉政权的存亡。

谁发动了黄巾大起义？

东汉后期，政治极端腐败，宦官、外戚争相专权，地方豪强兼并土地，农民纷纷破产流亡，阶级矛盾十分尖锐。广大农民不断起来进行反抗斗争。如果将各地的起义队伍团结起来，掀起更大规模的斗争，就能给封建统治者以更沉重的打击，那么如何将各地的农民起义组织统一起来，就成为当时的一个重要问题。在这样的背景下，太平道领袖张角出现了。为了提高自己的权威性，增强号召力，他利用广大农民盲目崇拜宗教的心理，借助太平道发动和组织各地农民，并成为东汉末年农民起义的领袖。

"苍天乃死"字砖 东汉 字砖中"苍天乃死"四字与黄巾起义的口号不谋而合，起义军广泛传布太平道，表达民众推翻汉朝的普遍心情。

在经过充分准备以后，公元184年二月，八州二十八郡诸方的信徒同时起义，张角自称"天公大将军"。因各地起义农民头裹黄巾，被称之为"黄巾军"。"旬日之间，天下响应，京师震动"，给当时的统治者以沉重的打击。

光武帝皇后阴丽华有何贤德？

光武帝刘秀，自幼钟情于阴丽华，少年时期就立下一个心愿——娶妻当娶阴丽华。刘秀定都洛阳后，在册立皇后的问题上犯了难。

郭氏是刘秀患难相随的红粉知己，在戎马倥偬中，郭氏一直追随左右，并已身怀六甲，而阴丽华是刘秀的结发妻子。刘秀有意把皇后的位置留给阴丽华，不料她却以困厄之情不可忘，而况郭氏已经生子为由，坚持不肯接受皇后的册封。光武帝迫不得已，只好立郭氏为后，封阴丽华为贵人。但建武十七年（41年），刘秀草拟诏书，称郭皇后"怀执怨怼，数违教令，不能抚循他子，训长异室"，废掉郭皇后，册立阴丽华为皇后。

阴丽华一生谦德可风，相夫教子，主理后宫，不曾干预朝政，更能约束家人，使刘秀无后顾之忧，专心国事，才出现了与"文景之治"并称的"光武中兴"时代。刘秀死后，阴丽华的儿子即位，就是汉明帝，尊阴丽华为皇太后。又过了7年，阴丽华死，享年60岁，合葬在刘秀的原陵。

马援是怎样平定交趾的？

东汉光武帝建武十七年（41年），交趾女子徵侧、徵贰姐妹聚众造反，攻陷郡城，并得到九真、日南、合浦等地少数民族部落的响应。汉光武帝刘秀得到消息后，就任命马援为伏波将军，以扶乐侯刘隆为副将，率军南征交趾。

马援率军沿海边向南进军，逢山开道，

遇水架桥，长途跋涉一千多里。因不适应南方气候，路途中有不少将士得病死去。到第二年建武十八年（42年）春天，大军抵达浪泊，开始与叛军交战，一举击溃叛军，杀敌数千，被俘投降的有一万多人。马援率军继续追击徵侧。他连续出击，彻底击溃叛军，徵侧等四散奔逃。不久，徵侧、徵贰被抓获斩首，首级送往京都洛阳报捷。朝廷下诏嘉奖，汉光武帝封马援为新息侯，食邑三千户。随后，马援率大小楼船再次进击九真地区，剿灭徵侧的余党都羊等人。最后岭南地区全都平定了。

为安定刚收复的地区，马援经禀报朝廷，将有三万二千户、地处边疆的西于县分为封溪、望海二县。凡经过的郡县，马援都组织人力修治城垣，挖河造渠，兴修水利。另外，他还把南越地区与汉朝律法有出入的十余条律法奏明朝廷，并向越人重新申明原有的制度，对他们加以约束。从此以后，南越地区一直奉行着马援确定的秩序。到建武二十年（44年）秋天，马援见这里百姓安居乐业、社会安定，就率大军凯旋回朝了。

马援因何投奔刘秀？

刘秀刚刚建立东汉王朝的时候，各路豪强分别占据一方，这些豪强之中势力最大的是在成都称王的公孙述。

当时，另一个势力稍弱一点的豪强隗嚣派部下马援前去拜访公孙述，想找一条政治上的出路。马援与公孙述自小就认识，他想公孙述一定会热情地接待他。谁知到了成都之后，公孙述竟然以帝王的姿态高居殿上，要马援以臣子之礼拜见，并且没说上几句话就退朝回宫。马援很是气愤，跟手下人说："现在各地正在争夺天下，还不知道谁胜谁败，公孙述这样大讲排场，怎么能接纳有才干的人共同建立功业呢？"

马援回去后对隗嚣说："公孙述就好比井底的青蛙，看不到天下的广大，自以为了不起，妄自尊大，我们不如到洛阳去投靠刘秀，

到他那里去寻找出路。"于是，马援就去洛阳投靠了刘秀，刘秀非常热情地接待了他。马援在刘秀手下做了大将军，尽力帮助刘秀统一天下。最后，公孙述被刘秀打败了。

马援真的马革裹尸了吗？

东汉光武帝建武二十年（44年）九月，伏波将军马援平定交趾叛乱返回洛阳后，平陵人孟冀前往迎接，并向他表示祝贺，劝他以后在家好好休养。

马援对孟冀感慨地说："现在匈奴和乌桓还在侵扰北部边境，我正要向皇上请战。男儿应该战死沙场，用马革裹尸，运回家乡安葬，怎么能在家卧在床上，攥着儿女过日子呢？"孟冀钦佩地说："对。大丈夫就应当这样。"

建武二十四年（48年）七月，武陵蛮人作乱，马援当时已62岁，毅然请求挂帅出征。刘秀见他年事已高，本没有答应，但在他一再坚持下，就派马援统领中郎将马武、耿舒等人，率领4万大军攻打五溪。

马援进军五溪，途中适逢酷暑，军中瘟疫流行，进军不利。由于马援曾经得罪过耿舒，耿舒就此向朝廷进谗言说不同意马援的进军路线，把进军失利的原因归罪于马援指挥不当。刘秀看到奏书，就派梁松去责问马援，并兼任监军。梁松也与马援有隙，他到达军中时，马援因染上瘟疫已经病逝了。但梁松不肯罢休，依然诬陷他，上奏朝廷说马援去南方打仗时如何搜刮大量财物。刘秀听信谗言后大怒，就降旨废黜了马援的爵位，并追查他的罪行。

马援的妻子儿女听说后十分恐惧，不敢将马援的棺柩运回祖坟，只是草草地葬在城西。当真是马革裹尸。

"糟糠之妻不下堂"是谁说的？

在刘秀朝中有一位大司空叫宋弘，他为人耿直，敢于直谏时弊。

一次，沛国人桓谭被推荐做了朝廷的议

郎、给事中。由于桓谭善于弹奏，于是刘秀经常召他弹琴。宋弘知道后很不高兴，认为皇上长期沉湎于歌舞，会误国家政事。于是等到桓谭从宫中出来，他就穿上公服，坐在大司空府中，派官吏去召桓谭。

桓谭到后，宋弘故意不给他让座，责备他说："自己能改正过失吗？还是要我根据法律检控你？"桓谭听完连忙磕头谢罪。过了很久，宋弘才让他回去。后来有一次，刘秀在朝中与群臣宴乐，就让桓谭弹琴。桓谭看见宋弘在场，紧张得连弹的曲调都走了样。刘秀觉得很奇怪，宋弘赔罪说："我推荐桓谭，是希望他能以忠义之心辅导君主，而他却让朝廷终日沉湎于靡靡之音，这是我的罪过呀！"刘秀听后非常惭愧。

刘秀有一个姐姐湖阳公主年纪轻轻就守了寡，于是刘秀就想为姐姐寻觅一如意郎君。谈话中，公主对宋弘的威仪容貌和道德气度赞叹不已，刘秀了解了姐姐的心事。

不久，刘秀找借口召见宋弘，并劝导宋弘说："地位尊贵了，可以换朋友；财富增加了，可以换妻子。这是人之常情。"宋弘听完回答道："贫贱之交不可忘，糟糠之妻不下堂。"听完宋弘一席话，刘秀无言以对。

"悬壶济世"的说法因何而来？

古人行医叫作"悬壶济世"。那么"悬壶济世"这个词到底是怎么来的呢？

《后汉书·方术列传》上记载了一个神奇的传说。东汉时有个人叫费长房，一日，他在酒楼喝酒时，偶然看见街上有一卖药的老翁，悬挂着一个药葫芦兜售丸散膏丹。等到街上行人渐渐散去之后，老翁就悄悄钻入了葫芦之中。

于是费长房断定这位老翁绝非等闲之辈。他就买了一些礼品，恭恭敬敬地去拜见老翁。老翁便领他一同钻入葫芦中。只见里面富丽堂皇、朱栏画栋、奇花异草，宛若仙山琼阁，别有洞天。后来，费长房随老翁学习方术十余日。临行前，老翁送他一根竹杖，让他骑上竹杖飞回故里。

家人看到费长房回来都惊讶万分，因为他毫无音讯十余年了。回家后，费长房开始行医卖药。他能医百病、驱瘟疫，令人起死回生。后来，民间的郎中为了纪念那位传奇式的老翁，就在药铺门口挂一个药葫芦作为行医的标志。"悬壶济世"这一说法就保留了下来。

古代的专科学校有哪些？

在古代的教育体系中，除建立学习儒家经典的学校系统外，还设立专科学校，培养各种掌握实用技能的专门人才。

早在东汉时，就建立了古代第一所文艺专科学校"鸿都门学"。直到明、清，曾设立过律学、医学、武学、阴阳学、算学、书学、画学、玄学、音乐、工艺等各种专科学校。此外，还有研究科学、玄学，如唐朝咒禁学、崇玄学等特殊的专门学校。

灌钢技术最早出现于何时？

灌钢的工艺过程大致为：将熔化的生铁与熟铁合炼，生铁中的碳会向熟铁中扩散，并趋于均匀分布，且可去除部分杂质而成优质钢材。

我国古代关于灌钢的最早记载始见于东汉晚期，那时人们已经开始用灌钢的方法制作刀剑。南北朝时，灌钢在我国南北各地推广开来，且用于农具制作中。

宋以后，灌钢技术不断改进，减少了灌炼次数，以至一次炼成。沈括在《梦溪笔谈》卷三说："世间锻铁所谓钢铁者，用柔铁屈盘之，乃以生铁陷其间，泥封炼之，锻令相入，谓之'团钢'，亦谓之'灌钢'……。"并说"二三炼则生铁自熟，仍是柔铁"，反映了灌炼次数的减少。其中，把柔铁屈盘起来，是为了增加生熟铁的接触面，提高灌钢的效率，并促使碳分布更均匀；封泥则可以促进造渣，去除杂质，并起保护作用。明代灌钢技术又有了进一步发展。据《天工开物》

卷十四记载，已把柔铁屈盘改为薄熟铁片，进一步增加了生熟铁的接触面，加速"生熟相和，炼成则钢"的进程。泥封亦改为草泥混封。

灌钢是我国古代钢的主要品种之一。因其含碳量较高，通常主要用来制作刀、剑、镰等兵器以及生产工具的锋刃部，对我国古代社会生产的发展起到了重要的作用。

梁冀夫妇为何畏罪自杀？

梁冀，字伯卓，妹妹是东汉顺帝的皇后，父亲梁商是东汉王朝的大将军。梁商死后，顺帝就任梁冀为大将军。梁冀从小就放荡不羁，任了将军后更加横行霸道了，稍不如意，就杀死对方。

大将军梁冀的妻子孙寿有几分姿色，生性嫉妒狠毒。梁冀大修府邸，孙寿也在街对面大修宅院，竞相炫耀华丽奢侈。金玉珠玑和外国的珍奇异宝堆满仓库，连西域的汗血名马都弄来了。又大造园林，挖土筑山，仿照东西崤山，弄成十里九坡的样子，其中森林茂密，溪涧险绝，就像自然天成的一样，珍禽驯兽在园中飞来走去。梁冀不断向外扩展园林，规模就像皇帝的禁苑一样。

梁冀又在河南城西建造了一座兔苑，方圆数十里，征调所属各县的民夫去修建亭台楼阁，费了几年的时间才完成。梁冀的两个弟弟私自派人到上党地区打猎，梁冀知道后就把他们的宾客抓起来，一下子杀了30多人，没有一个活着回去的。梁冀在城西也建造了房舍，专门收容那些为非作歹的逃亡罪犯。有时把无辜百姓抓去，充当奴婢，人数多达数千人，还把这些人称为"自卖人"。

后来，桓帝也感到梁冀权势太大，作恶太多，准备除掉他。桓帝没有实权，他只能依靠身边的宦官。公元159年的一天，桓帝在宦官的帮助下，突然宣布逮捕梁冀。梁冀夫妇没有准备，畏罪服毒自杀。梁冀死后，百姓们都欢呼雀跃，敲锣打鼓表示庆祝。

贤士张俭是怎样逃过官府诛杀的？

东汉灵帝建宁二年（169年）十月，汉灵帝刘宏下诏，再次搜捕党人。东部督邮张俭是朝廷通缉的要犯，世人敬重张俭的声名和德行，冒着家破人亡的危险，保护他。

张俭逃到东莱郡李笃家里，外黄县县令毛钦闻讯，带兵前来搜捕。李笃对毛钦说张俭名闻天下，逃亡并非他的罪过。毛钦也有意放过张俭，告辞而去，并且要与李笃一样做君子。

张俭和孔褒是旧友，当他去投奔孔褒时，刚巧孔褒不在家。孔褒的弟弟孔融年仅16岁，自作主张将张俭藏匿在家。不料，走漏了风声。鲁国相带兵抓张俭时，张俭逃跑了，孔褒、孔融却被逮捕入狱。审讯时，孔褒、孔融争先承担罪责。官吏讯问他们的母亲，她斩钉截铁地说："我是一家之主，应当办我的罪。"母子三人争相赴死，弄得官吏无法判决，只好上报朝廷。刘宏下诏，将孔褒处死。

就这样，张俭四处逃亡，因为收容他而被官府诛杀的有十多人，被牵连遭到逮捕和审讯的几乎遍及全国。这些人的亲属，也被斩尽杀绝，所在郡县因此而残破不堪，但没有一个人出卖他。

道教的祖师爷是谁？

张道陵是东汉时期五斗米道的创始人，他的名号是"张天师"。由于张道陵创立了道教史上的第一个教团，因此被奉为道教的祖师爷，不断被神化。

张道陵是沛国丰县（今江苏丰县）人，曾是太学的学生，学识渊博，声名远播，在吴越一带有学生千余人，可是在仕途上却不得志。后来张道陵在蜀地的声名大振，他认为自己创教的时机已经成熟，于是参照蜀中原有的宗教区划，取一年二十四节气之数，把全境分为二十四个教区，称为"二十四治"。治中废除了朝廷官吏，取缔了当地的巫教巫师，设"祭酒"为道长，负有政教合一的双重职能。祭酒的职位父死子继，首治阳平治的道长称为"都功"，由张道陵及其子孙担任，具有绝对的威权。从而，形成了中国道教的第一个教团。

在教团内部，他们自称为"正一道"或"天师道"。由于道团规定，教民每年十月一日须向道师缴纳信米五斗，存入"天仓"，以备凶年饥岁和过往行人使用，世人于是称它为"五斗米道"。教派创立后，张道陵宣布老子为教主，以《道德经》为圣典，由祭酒带领教民遵行。为了帮助教民理解，张道陵还写了《老子想尔注》一书，为五斗米道奠定了坚实的理论基础。

第五篇

沧桑分合，离析与交融
——三国、两晋、南北朝

❀ 三 国 ❀

三国鼎立的局面是如何形成的？

东汉末年，国势衰微，政治腐败。公元184年，黄巾起义爆发，从此开始了近一百年的战乱时代。

董卓(？～192年)，字仲颖，陇西临洮(今甘肃岷县)人。官至太师、郿侯。原本屯兵凉州，于灵帝末年的十常侍之乱时受大将军何进之召率军进京。黄巾起义被镇压后，公元189年，董卓控制了朝廷。地方州郡长官在反董卓战争及后来的相互攻伐中逐渐壮大实力，形成了地方军阀割据。在军阀割据混战中，曹操经过多年的南征北战，在官渡之战中击败了袁绍，最终统一了华北。公元208年，曹操率军南征宿敌刘备以及割据东南的孙权。在刘备谋士诸葛亮与孙权重臣鲁肃的共同推动下，孙刘结成联盟。其后孙刘联军与曹操爆发了赤壁之战，曹军大败，退守北方。战后，刘备占据荆州后又夺取了益州，而孙权则攻取了刘备的荆州，自此三足鼎立的局面正式形成。

军阀董卓有哪些暴行？

董卓率军初次进兵洛阳时，就放纵手下士兵，实行所谓"收牢"运动。这些士兵到处杀人放火，奸淫妇女，劫掠物资，把整个洛阳城闹得鸡犬不宁，怨声载道。

汉献帝初平元年(190年)二月，董卓部属的羌兵在阳城抢劫老百姓。他们杀死全部男子，凶残地割下他们的头颅，血淋淋地并排在车辕上。此外，他们还趁机掳走大批妇女和大量财物。在一次宴会上，董卓曾把几百名反叛者押到会场，先命令士兵剪掉他

们的舌头，然后有的人被斩断手脚，有的人被挖掉眼睛。迁都长安时，董卓将整个洛阳城以及附近二百里内的宫殿、宗庙、府库等大批建筑物全部焚火烧毁。为了攫取财富，董卓还派吕布洗劫皇家陵墓和公卿坟冢。董卓掌权后，国家制度朝令夕改，严重阻碍了整个国家政权机器的正常运转。

为了聚敛巨额财富，董卓大量毁坏通行的五铢钱，老百姓陷于极度痛苦之中。董卓却整日歌舞升平，生活荒淫无度。

为什么说董卓是"乱世奸雄"？

东汉末年，皇帝昏庸无能，外戚宦官争权，百姓揭竿而起，社会动荡不堪。在混乱的局势下，出了乱世奸雄董卓。董卓本来是个粗俗的豪强，居住在与羌族相邻的地方。后因救驾有功，操纵了东汉的政局。为了更容易把持朝政，董卓决定废除刘辩，改立9岁的刘协为帝。随后，董卓当上了东汉的相国。

老百姓都恨透了董卓，拆了他名字编歌谣："千里草，何青青。十日卜，不得生。"意思是，残暴的董卓啊！你怎么还活着，十天之内你死了吧！董卓这个乱世奸雄干尽了丧尽天良的坏事，不仅人们诅咒他，连他自己也做贼心虚，身边总离不开贴身侍卫。他由于罪大恶极，最终死在吕布的剑下。董卓被杀的事一经传开，长安城内顿时一片欢腾。看守董卓尸体的士兵，见他肥胖，就在他的肚脐上插了根灯芯，点着了，足足亮了两天。

曹操献刀的目的何在？

东汉末年，董卓专断朝政，朝廷中不少官员想杀董卓，曹操也在其中。

曹操假意投靠董卓，骗取了董卓的信任。一天，曹操将一把七星宝刀藏在身边，准备行刺。他来到董卓的寝室，只见董卓面朝里侧躺在床上，义子吕布站在床边。曹操开口便说："董相国早安。"

董卓问道："孟德，今日为何姗姗来迟？"曹操答道："相国大人，臣所骑之马不好，故而来迟了。"董卓听了便令吕布去选一匹好马送给曹操。

吕布走后，曹操趁机拔刀时，被董卓从衣镜中看到了，急忙转过身来问道："孟德，你想干什么？"曹操假装镇静，跪在地上不慌不忙地说："相国大人，臣有宝刀一把，想献给大人。"董卓见曹操献上宝刀，也未加疑惑，便收下了。

这时，吕布正好牵来一匹好马，董卓领曹操出门看马。曹操看了马后说道："谢相国大人恩赐，让臣试骑一趟。"只见曹操扬鞭跃马走出相府，直奔东南而去。

曹操刚走，董卓想起宝刀的事顿时醒悟过来，立即命手下去捉拿曹操，可是，曹操早已逃得无踪无影了。虽然曹操刺杀董卓没有成功，但其他官员对于他的冷静和足智多谋赞叹不已。

曹操为何至死不称帝？

曹操不称帝，主要考虑到以下几个方面：第一，孙权劝他称帝是从自己的利益出发的。首先，孙权认为这样做可以获得曹操的信任，从而实现吴、魏之间的和解，自己就可以专心对付蜀汉。孙权阳奉阴违，曹操看穿了孙权的意图，不肯轻易上当。

第二，从当时的形势看，如果贸然称帝，确

曹操像

实会给政敌和拥汉派势力一个舆论上的借口，使自己在政治上陷入被动。

第三，至少从建安十五年（210年）起，曹操一再"自明本志"，说自己绝对没有代汉自立的意图，现在如果突然改变主意，否定自己的话，对自己的声誉名节必然会造成不利影响。

第四，曹操是一个讲求实际的人，只要掌握了实权，虚名并不重要。

此外一个原因，建安二十四年（219年）曹操已65岁，年纪大了，估计自己将不久于人世。总之，曹操不当皇帝，是从策略上全面权衡得失后所做出的决定，是一种周密而明智的谋虑。

曹操为何大兴屯田？

汉魏之际，连年的军阀混战，到处是荒芜的土地、废弃的民居，再加上水旱灾害的肆虐，百姓被推到绝境，粮食成为全社会关注的焦点，也是军阀们或成或败的物质条件。可以说，谁能使军粮的供给正常进行，谁就可能成大器。曹操做到了，这是他高于众人之处，也是他在北方能够兼并群雄的原因之一。

曹操的办法就是大兴屯田。曹操用强制的手段把抓到的流民组织起来，编制成屯，命令他们在配给的田地上耕种。建安元年（196年），曹操开始屯田，一年就得谷百万斛。这样，曹操再不为军粮而犯愁了，也为其最终统一北方提供了经济力量。曹操大兴屯田，还部分地解决了流民问题，使劳动力和土地重新结合起来。这对中原地区的经济复苏和发展起到了一定的作用。

曹植为什么失宠？

曹植（192~232年），字子建，沛国谯（今安徽省亳州市）人。三国时期曹魏诗人、文学家，建安文学的代表人物。他是魏武帝曹操之子、魏文帝曹丕之弟，生前曾为陈王，去世后谥号"思"，因此又称陈思王。曹冲不幸早亡后，曹植便在曹操的心目中占据了特殊的地位，认定他在"儿中最可定大事"。但为什么曹操数次想立曹植，而最终又放弃了呢？

曹操不立曹植，源于父子间在代汉问题上的严重分歧。曹丕是代汉的狂热赞成者，并在以后亲自实践了这一政治主张。相反，曹植则是反对代汉的。曹操虽然赏识曹植的才干，但却无法容忍儿子在政治上对自己的反叛。曹操绝不肯把辛苦创下的基业，交到一个持不同政见者的手中，这就是曹植不被立嗣的根本原因。

有一次，曹操欲派曹植带兵出征。结果曹植在出征前酩酊大醉，连催几次，曹植仍昏睡不醒，曹操一气之下取消了让曹植带兵的决定。之后曹植渐渐失宠。

曹植《感甄赋》为谁而作？

《感甄赋》，也就是三国时期文学名家曹植（曹子建）的浪漫主义名篇《洛神赋》。《洛神赋》原名《感甄赋》，一般认为是因曹植被封鄄城所作，亦作《感鄄赋》，"甄"通"鄄"。因魏明帝曹叡将《感鄄赋》改名为《洛神赋》，世人多认为其写作牵涉到曹植与魏明帝曹叡之母甄氏之间的一段错综复杂的感情。

据《文昭甄皇后传》：甄氏乃中山无极人，上蔡令甄逸之女。建安年间，她嫁给袁绍的儿子袁熙。东汉献帝建安七年（202年），官渡之战，袁绍兵败病死。曹操趁机出兵，甄氏成了曹军的俘虏，继而嫁曹丕为妻。

《洛神赋》中写的神秘女子是谁？

《洛神赋》是曹植最著名的代表作之一，但其中所写的洛水之神到底是谁呢？

甄后，是曹丕的妃子。作为小叔子的曹植居然动了爱慕之心，这就兄弟之道而言，是其不义；就君臣之道而言，是其不忠。唐人彦谦曾经说："惊鸿瞥过游龙去，虚恼陈王一事无。"陈王，就是指曹植。宋人刘克庄却说，这是好事之人乃"造甄后之事以实

之"。明人王世贞又说："令洛神见之，未免笑子建（曹植字）伧父耳。"清代又有何焯、朱乾、潘德舆、丁晏、张云等人，群起而鞭挞之。把他们的论点综合起来，大概有如下几点：

第一，曹植爱上他的嫂嫂很不可能。他没有那么大的胆量写《感甄赋》。

第二，图谋兄妻，这是"禽兽之恶行"。

第三，《感甄赋》确有其文，但"甄"并不是甄后之"甄"，而是鄄城之"鄄"。曹植在写这篇赋前一年，任鄄城王。

第四，《洛神赋》一文，是"托词宓妃以寄心文帝"，"其亦屈子之志也"，"纯是爱君恋阙之词"，就是说赋中所说的"长寄心于君王"。

第五，14岁的曹植不大可能向曹操求娶已经24岁的已婚女子为妻。

而小说传奇和一些诗人，则认为洛神就是甄后。

《太平广记》卷三百三十一"萧旷"篇和《类书》卷三十二"传奇"篇，都记述着萧旷与洛神女艳遇一节。洛神女说："妾，即甄后也……妾为慕陈思王之才调，文帝怒而幽死。后精魂遇于洛水之上，叙其冤抑。因感而赋之。"李商隐在他的诗作之中，曾经多次引用到曹植感甄的情节，甚至说："君王不得为天下，半为当时赋洛神。"

蒲松龄的《聊斋志异·甄后》篇中，甄后大骂曹操、曹丕，说"丕不过贼父子庸子耳"，连父带子一块骂。后面还有一段评语是这样的："陈思时一见，《感甄赋》不虚作矣。"

综观千百年来的争论，对立的双方都没有拿出充分而直接的证据来说明是感甄或不是感甄，所以，这个问题仍旧是悬而未解的谜。

薄葬之风是由谁开创的？

两汉时期，社会上下崇尚厚葬。后在葬俗上革故鼎新，改变一代风气面貌的人正是曹操。

建安十年（205年），曹操打败袁绍父子，

占据冀州，很快便在全境下令禁止厚葬和墓前立碑。他本人以身作则，带头薄葬。建安二十三年（218年）六月，曹操亲自选择一块"瘠薄之地"成为寿陵，并确定"因高为基，不封不树"的葬式。临终前，他又留下遗令：以日常的衣服作为殓装，墓中不殉葬金玉珍宝。曹操还要求僚属不许因丧事影响公务。曹操之子曹丕代汉称帝，严格遵奉父亲的遗教。由曹魏开创的薄葬风气，对于后世影响很大。魏晋时期的薄葬与两汉的厚葬形成极为鲜明的对照，这一风气的变化，应该说是与曹操的努力分不开的。

曹操真的建了七十二座疑冢吗？

据说，曹操因其多疑的性格，生前错杀了许多人，甚至死后也表现出了这一性格。传说在安葬他的那一天，七十二具棺木从东、南、西、北四个方向，同时从各个城门抬出。千百年来，盗墓者不计其数，但谁也没发掘出真正的曹操墓。

在军阀混战年代，东印度公司的一个古董商人为了寻找曹操的真墓，雇民工挖了十几座疑冢。但除了土陶、瓦罐一类的东西外，一无所获。

据诗曰："铜雀宫观委灰尘，魏之园陵漳水滨。"由此推断，曹操墓是在漳河河底。《彰德府志》载，魏武帝曹操陵在铜雀台正南5公里的灵芝村。还有一种说法是，曹操陵在其故里谯县的"曹家孤堆"。这里曾有曹操建的精舍，还是曹丕出生之地。但这种说法也缺乏可信的证据，遭到许多人的质疑。

面对"曹墓不知何处去"的局面，人们再次感叹于曹操的奸诈多疑。就在各界一筹莫展之际，2008年河南省文物局在组织河南省文物考古研究所对安阳县境内一东汉大墓进行抢救性发掘时，竟发现该陵墓主就是魏武帝曹操。2009年12月，河南省文物局正式公布曹魏高陵位于河南安阳市西北约15公里的安阳县安丰乡西高穴村。笼罩着千年迷雾的曹操墓至此水落石出。

曹操的用人准则是什么？

曹操是东汉末年著名的政治家和军事家。曹操除了在政治上占有"挟天子以令诸侯"的优势外，其他能够促使他叱咤风云、雄霸北方的因素中，最积极、最有效的当数他实行的广泛吸收、笼络文才武将，唯才是举的用人机制了。

曹操选拔人才的标准是什么？曹操最著名的一道求贤令："若必廉士而后可用，则齐桓其何以霸世……唯才是举，吾得而用之。"唯才是举，这是何等的胸怀和气魄！更重要的是，曹操以法令的形式规定了唯才是举，使之成为一种制度。合理地任用人才，最大限度发挥人才作用，是曹操的最高明之处。

曹操是如何统一中原的？

建安元年（196年），曹操把汉献帝挟持到许县，形成"挟天子以令诸侯"的局面，取得政治上的优势。建安二年（197年）春，袁术在寿春（今安徽寿县）称帝。曹操即以"奉天子以令不臣"为名，进讨袁术并将其消灭。从此曹操与袁绍形成南北对峙的局面。袁绍的兵力在当时远远胜过曹操，自然不甘屈居于曹操之下。建安四年（199年）六月，袁绍挑选精兵10万，南下进攻，官渡之战的序幕由此拉开。

经过一年多的对峙，官渡之战以曹操的全面胜利而告终。曹操以2万左右的兵力，出奇制胜，击败袁军10万。曹操以其非凡的才智和勇气，写下了他军事生涯最辉煌的一页。建安七年（202年），袁绍因兵败忧郁而死，曹操乘机彻底击灭了袁氏军事集团，至此，战乱多时的北方实现了统一。

官渡之战是如何以少胜多的？

官渡之战中，袁绍与曹操相持3个月之后，曹操处境困难，前方兵少粮缺，士卒疲乏，后方也不稳固，曹操几乎失去坚守的信心。

荀彧给予曹操很大决心，使曹操得以坚持危局，加强防守。

建安五年（200年）十月，袁绍又派车运粮，并令淳于琼率兵万人护送，囤积在袁军大营以北约20公里的故市（今河南延津县内）、乌巢（今河南延津东南）。巧的是，袁绍谋士许攸投奔曹操，建议曹操轻兵奇袭乌巢，烧其辎重。曹操立即付诸实施，利用夜暗走小路偷袭乌巢。袁绍获知曹操袭击乌巢后，只派轻骑救援，主力则猛攻曹军大营。可曹营坚固，攻打不下。曹操在乌巢励士死战，大破袁军，杀淳于琼等，并将其粮草全数烧毁。袁军前线闻得乌巢被破，导致军心动摇，内部分裂，大军遂溃。袁绍仓皇带八百骑退回河北，曹军先后歼灭和坑杀袁军7万余人。

官渡之战是汉末乃至中国史上有名的以少胜多的战役，也是曹操与袁绍争夺北方霸权的转折点。官渡一战之后，曹操终于一反之前的劣势，为自己统一北方奠定了基础。

曹操割发代首是怎么回事？

公元196年，曹操讨伐张绣，当时，正值麦子成熟季节，曹操下令："行军途中不得践踏百姓的麦子，违者斩首。"在他的严厉命令下，全军将士行军时路过麦地，格外小心谨慎。

半路上，突然从地里飞出一只野鸡，曹操的马受了惊，又踢又跳，进入麦地，踏坏一片麦子，曹操面对士兵，严肃地说："全军将士们，我的马踏坏了麦子，请按军令处置我吧！"这时，一位大将连忙说："您是全军之主，怎能受刑罚呢？"曹操严厉地说："军令面前，一视同仁，我是全军统帅，怎能带头不执行呢？"他拔出剑来想自杀，这时，全军将士都一齐跪下说道："您是全军主帅，不能自杀啊！"曹操见众将士跪在地上不肯起身，便"刷"地一剑，割下自己一把头发，扔在地上，以发代首。这时，全军将士才站了起来，一个个都很佩服曹操执法严明、以身作则。

曹操是枭雄还是奸雄？

曹操（155～220年），字孟德，小字阿瞒、吉利，故而有"曹阿瞒"之称。汉族，沛国谯（今安徽亳州）人。中国东汉末年著名的军事家、政治家和诗人，三国时代魏国的奠基人和主要缔造者，后为魏王。其子曹丕称帝后，追尊他为魏武帝。

年轻时期的曹操机智警敏，有随机权衡应变的能力，而任性好侠，放荡不羁，不修品行，不研究学业，所以社会上没有人认为他有什么特别的才能，只有梁国的桥玄等人认为他不平凡。桥玄对曹操说："天下将乱，非命世之才不能济也，能安之者，其在君乎？"南阳何颙对他说："汉室将亡，安天下者，必此人也！"许劭，字子将，以知人著称，他也曾对曹操说过："君清平之奸贼，乱世之英雄。"此据《后汉书·许劭传》、孙盛《异同杂语》及《三国演义》中作："子治世之能臣，乱世之奸雄也。"

曹操一生征战，为尽快统一全国，在北方广泛屯田，兴修水利，对当时的农业生产恢复有一定作用。他用人唯才，打破世族门第观念，抑制豪强，所统治的地区社会经济得到恢复和发展。此外，他还精于兵法，著《孙子略解》《兵书接要》《孟德新书》等书。他精通音律，善作诗歌，抒发政治抱负，并反映汉末人民苦难生活，慷慨悲凉。

曹操为什么要杀害华佗？

建安十年（205年），华佗被曹操下狱，不久被杀。曹操为什么要杀死华佗呢？

《三国演义》里讲：曹操得了头风病，请名医华佗为他治疗。华佗对曹操说，你只有先服用了"麻沸散"，然后用利斧劈开脑袋，才能彻底治好你的头风病。曹操一向疑心很重，一听华佗这个治疗方案，认为华佗是想借开刀之机，杀死自己。于是把华佗投入狱中，最终杀了华佗。这种说法已加入了艺术创作的成分，史书中是如何记载的呢？

《三国志》和《后汉书》中记录华佗预言广陵太守陈登三年之后必然发病死亡，于是"太祖闻而召华佗"。曹操有头风病，擅长治疗疑难杂病的华佗，给曹操针灸，特别有效。但是，华佗在曹操身边待了一阵却找借口请假回家了。华佗到家之后却以妻子病未好为由，屡屡续假。曹操多次写信，华佗就是不动身。之后曹操勃然大怒，逮捕了华佗，经过审讯，华佗承认自己确实犯了"欺君罪"。结果神医枉死。

为什么曹丕命令曹植作"七步诗"？

在自己的几个儿子中，曹操最喜欢的是曹冲和曹植。曹冲幼亡，曹操想立曹植为太子，继承他的王位。可是，曹丕靠着政治手腕当上了太子。

曹操死后，曹丕当了皇帝。曹丕是一个忌妒心很重的人，他担心弟弟会威胁自己的皇位，就想害死他。为了除掉曹植，他想出一条毒计，命令曹植必须在七步之内作诗一首，以证明他写诗的才华。如果他写不出，就等于是在欺骗皇上，要把他处死。但曹植没走完七步就作出了一首诗："煮豆燃豆萁，豆在釜中泣；本是同根生，相煎何太急！"在这首诗里，曹植把哥哥残害弟弟比作炉中的豆萁烧锅中的豆子。曹丕听后，非常羞愧，他不得不饶了弟弟，只对他做了降级处分。

曹丕登基后采取了哪些措施？

延康元年（220年），魏武帝曹操去世，世子曹丕继位为魏王、丞相、冀州牧，他积极调节曹氏与士族之间的矛盾，果断采纳陈群的意见，确立九品中正制，成功缓和了曹氏与士族的关系，取得了他们的支持，为称帝奠定了基础。

当年十月，曹丕逼迫汉献帝禅位，登基为大魏皇帝。定国号为魏，改元黄初，改雒阳为"洛阳"，定都于此。曹丕坚持大权独揽，设立中书省，其官员改由士人充任，原由尚书郎担任的诏令文书起草之责转由中书省官员担任，机要之权渐移于中书省。宦人为官者不得过诸署令，限制了宦官的权力；定令妇人不得预政，群臣不得奏事太后，后族之家不得当辅政之任。提倡节俭、薄葬，预作《终制》。

"建安七子"是指哪七个人？

"建安七子"是指建安年间（196～220年）七位文学家的合称，包括孔融、陈琳、王粲、徐干、阮瑀、应玚和刘桢。这七人大体上代表了建安时期除曹氏父子外的优秀文学家，所以"七子"之说，得到后世的普遍承认。他们对于诗、赋、散文的发展，都做出过贡献。

建安文学的代表是哪"三曹"？

东汉末年，社会动荡不安。曹操统一北方，社会有了比较安定的环境。曹操父子皆有高度的文学修养，由于他们的提倡，一度衰微的文学有了生机。诗、赋、文创作都有了新的突破，尤其是诗歌，吸收了汉乐府民歌之长，情词并茂，具有慷慨悲凉的艺术风格，比较真实地反映了汉末的社会现实以及文人们的思想情操。因发生在汉献帝建安时期，故后人称这一时期的文学为"建安文学"。建安文学的代表人物是"三曹"和"七子"，以三曹为核心。曹操是建安文学的主将和开创者，曹丕是曹操的次子，其诗歌委婉悱恻，多以爱情、伤感为题材。曹植是这一时期最负盛名的作家，流传下来的诗赋文章共有100多篇。李白有"蓬莱文章建安骨"之句，可知建安文学对后世的深远影响。

关羽是怎样的一个人？

关羽（？～220年），本字长生，后改字云长，河东解（今山西运城）州人。东汉末年著名将领，自刘备于乡里聚众起兵开始追随刘备，是刘备最为信任的将领之一。在关羽去世后，其形象逐渐被后人神化，历来是民间祭祀的对象，被尊称为"关公"；又经历代朝廷褒封，清代时被奉为"忠义神武灵佑仁勇威显关圣大帝"，崇为"武圣"，与"文圣"孔子齐名。长篇历史小说《三国演义》也对关羽的事迹多有描写，其中关羽被描写为"五虎大将"之首，毛宗岗称其为"《演义》三绝"中的"义绝"。

查看关羽的战功，《三国志》没有记载关羽在讨伐董卓时有何建树，但《三国演义》却铺陈出一段他"温酒斩华雄"的故事，这段故事是移花接木，华雄明明死于孙坚之手，与关羽何干？而文丑则是被曹操的其他战将杀死的，也与关羽无涉。

查看关羽的人品。关羽降曹，《三国演义》为他增添了与曹操"三约"的内容。其实史书明载他是被曹操活捉的。至于"单刀赴会"的事情，主角也不是关羽，而是鲁肃。《三国演义》极力描述关羽的不近女色，但《蜀记》讲关羽在为曹操攻打吕布所占据的下邳时，曾向曹操提出想娶吕布部下秦宜禄的妻子。从《三国志》的记载中，我们得知关羽心胸狭窄，与很多同僚的关系都处得不好。总的来看，关羽其人与被神化后的"关公"相去甚远。他狷介跋扈、自以为是，没有战略头脑，对于自己所肩负的重任没有正确的认识，这也是他最后彻底失败身亡的原因。

关公秉烛夜读图

无路，投降关羽。庞德和身无盔甲的残兵败将，被关羽的兵马团团围住，战不多时，众将全都投降。只有庞德夺一小船，想顺流西去，却被周仓的大筏撞到水中，后被生擒。

关羽是如何水淹七军的？

关羽进攻樊城，曹操命大将于禁为南征将军，庞德为先锋，统帅七路大军，星夜去救樊城。关羽得信，亲自披挂前去迎敌。关羽、庞德大战百余回合，后庞德取箭，关羽躲闪不及中箭，回营养伤。十日后，听关平说曹兵移到城北驻扎，关羽骑马登高观望，看到北山谷内人马很多，又见襄江水势汹猛，于是，水淹七军之计油然而生。遂急命部下准备船筏，收拾雨具，又派人堵住各处水口。

此时庞德与众将商议，山谷不易久留，准备第二天将军士移入高地。然就在当夜，风雨大作，庞德在帐中，只听万马奔腾，喊声震天，出帐一看，大水从四面急剧涌来。七军兵士随波逐浪，淹死很多。于禁、庞德率将士登上小土山躲避，关羽带大军冲杀而来，于禁见四下

赵云帮刘备救回的是正妻还是小妾？

东汉建安十三年（208年）秋，曹操率50万大军南征，刘备自新野沿沮水南下江陵，在当阳长坂坡一带被曹军包围。刘备在混战中脱逃，其妻小陷入曹军重围。相传刘备部将赵云单枪匹马，七次杀进重围，救出刘备的夫人和幼主。那么赵云救回的是哪个妻妾？

《三国演义》中说赵云保护的是后主母甘夫人。甘夫人是刘备建安元年（196年）前后在小沛所纳的小妾。刘备多次丢失原配妻子，唯独甘小妾从未走散，自小沛即患难相随，直到江陵。后虽生了刘禅，刘备仍把她视为小妾。直到刘备东征失败，住在白帝城时，方才追谥甘小妾为"皇思夫人"。她是死后才有了"夫人"称号，所以赵云为刘备找回来的，准确地说应该是妾而不是妻。

刘巴为何不被刘备重用？

张飞喜欢和士大夫交朋友，他十分敬仰刘巴的名声。可是去刘巴家里做客时，刘巴却不理睬他，张飞很生气。诸葛亮知道后，劝说刘巴："张飞虽然是一个武人，可他很敬慕你；再说，当今正是用人之际，你就不能放一放架子吗？"刘巴回答说："堂堂大丈夫，当结交四海英雄，岂能和一个大兵说话！"刘备听到后，气愤地说："我想定天下，才容纳各种人才，刘巴竟来捣乱，他本来就心在曹营，岂是帮我打天下的？"言语之间，露出了杀机。

刘备准备当皇帝时，刘巴和益州雍茂劝说刘备："曹丕称帝，中原的人未必服他，他们正要来蜀中投靠大王，兴复汉室，如果你也称帝，他们会失望的。"刘备听了这话，大倒胃口。他碍于刘巴的名气，就宽容了他。后来，刘备再也没有重用过刘巴，只让他起草一些文诰、策命之类的东西。

汉中之战的结果是什么？

汉中之战是东汉献帝建安二十三年至二十四年（218～219年），刘备与曹操争夺汉中（治南郑，今陕西汉中）的作战。

由于汉中是益州北方的一个郡，接近三辅地区，而且易守难攻，因此刘备在公元214年平定益州后，于公元217年北攻占领了汉中的曹操，战事维持了两年。最终，刘备打败曹操占据汉中，在秋天自立为汉中王。

此战刘备用兵灵活，赵云智勇兼备，刘军以空城计大破曹军，堪称一身都为胆。刘备占领汉中要地，为其以后的发展打下了基础。

刘备是哪一年称帝建立蜀汉的？

刘备（161～223年）即蜀汉昭烈帝，字玄德，汉族，涿郡涿县（今河北涿州）人，据说是汉中山靖王刘胜的后代，三国时期蜀汉开国皇帝，政治家，公元221年～223年在位。谥号昭烈帝，庙号烈祖。

东汉汉灵帝末年，刘备因起兵讨伐黄巾军有功而登上汉末政治舞台，后得诸葛亮辅佐。汉建安十三年（208年）与周瑜等大胜曹操于赤壁，其后得到荆州五郡，后又夺取益州。夺取汉中击退曹操后，刘备于建安二十四年（219年）七月自立为汉中王。

魏黄初二年（221年），时曹丕已于公元220年十月逼迫汉献帝禅让帝位，蜀中又传言汉献帝已经遇害，刘备为了延续汉朝历史，振兴汉朝，完成自己的霸业，遂于成都武担南称帝，年号章武。公元223年，蜀汉开国皇帝刘备因病去世，享年63岁。因刘备为汉献帝之叔，故后人称之为刘皇叔。

"曲有误，周郎顾"是什么意思？

周瑜（175～210年），字公瑾，汉族，庐江舒县（今安徽庐江县西南）人。东汉末年东吴名将，因其相貌英俊而有"周郎"之称。周瑜少年时即与孙坚之子孙策交好，妻小乔，生有两子一女。建安十三年（208年）在赤壁之战中大败曹军。后图进中原，不幸于建安十五年（210年）十二月病故于巴丘（今湖南岳阳市），英年早逝，年仅36岁。因为周瑜精通音律，即使是酒后，仍能听出乐人演奏中很细微的疏失，每当这时，他总会回头一顾。所以，当时有谣谚说："曲有误，周郎顾。"

关羽的兵器真的是青龙偃月刀吗？

在陈寿的《三国志·关羽传》中通篇没有一个"刀"字，整部《三国志》也没有言及关云长使青龙偃月刀之事。其中仅有这样一段记载："绍遣大将（军）颜良攻东郡太守刘延于白马，曹公使张辽及羽为先锋击之。羽望见良麾盖，策马刺良于万众之中，斩其首还，绍诸将莫能当者，遂解白马围。"通过这个"刺"字，很多人都认为关羽用的兵器属于矛、戟之类的直刺兵器。

刀在我国有着悠久的历史，但在两汉时只是作为短兵器佩用。据《三国志》《刀剑录》

及有关资料记载，直到三国都没有出现过长柄大刀。类似关云长使用的那种长柄宽刃的青龙偃月刀直到宋代才有。因此，说关羽用八十二斤重的青龙偃月大刀作为兵器，纯属子虚乌有。

三国时期为何户籍人口骤减?

自汉桓帝、汉灵帝以来，天灾人祸不断，旱灾、水灾、瘟疫、少数民族叛乱，导致东汉的人口、户数大量减少。紧接着的军阀混战，更是人口迅速丧失的根源。

首先是饥馑，连军队都不能保证粮食供给，老百姓就只有活活饿死了。

其次是战乱，曹操征徐州，"凡杀男女数十万人，鸡犬无余，泗水为之不流，自是五县城保，无复行迹"。

再次，战争对于作为强壮劳动力的战士的摧残，也到了无以复加的地步。自汉桓帝时开始持续到汉灵帝时长达 40 余年的天灾人祸，以及随之而来 20 余年的长期战乱，导致人口大量减损。以至于曹操拿到冀州的户口簿，发现"可得三十万众"，惊喜地称之为"大州"。

吕布为什么败在曹操手中?

吕布(? ～ 198 年)，字奉先，汉族，五原郡九原县(今内蒙古包头)人。东汉末年名将，汉末群雄之一，著名武将与割据军阀。曾先后为丁原、董卓的部将，也曾为袁术效力，被封为徐州牧，后自成一方势力，于建安三年(198 年)在下邳被曹操击败并处死。

公元 198 年，曹操听从谋士荀攸的建议决定攻打吕布。吕布见状亲自率领部队迎击，结果与曹操交手屡战屡败，只好退守城池。

谋士陈宫劝阻吕布说："曹操远道而来，势必不能坚持很久。将军率领步兵、骑兵到城外驻扎，我率领剩下的军队守卫城池，如果曹操进攻将军，我就领兵从他们的背后进攻；如果曹军攻城，则将军在城外援救。这样，等曹军的军粮吃完，我们再大举进攻，就可以打败敌人。"但吕布没有采纳陈宫的建议。

一天，吕布的部将侯成的宝马失而复得，将领们一起送礼向他道贺。侯成把礼物里的酒肉分出一份，献给吕布。谁知吕布却大怒，斥责侯成违反戒酒令，侯成又气又怕，不久就率部下捉住陈宫、高顺等人向曹操投降。吕布听到消息悔恨不已，自知自己到了山穷水尽的地步，于是向曹操投降，后被曹操处死。

吕蒙是如何奇袭荆州的?

吕蒙(178 ～ 219 年)，字子明，汝南富陂(今安徽阜南东南)人。吕蒙少时南渡，依靠姐夫孙策部将邓当。邓当死，吕蒙代理其众，任别部司马。后随孙权四处征讨，屡立战功，被孙权任以横野中郎将。赤壁之战时，吕蒙随周瑜、程普等人大破曹军，后又随周瑜击走曹操大将曹仁，收复荆州。

建安二十二年(217 年)，吕蒙代病故的鲁肃镇守陆口(今湖北嘉鱼西南)，与蜀汉荆州对峙。建安二十四年(219 年)，吕蒙利用蜀汉荆州守将关羽北攻曹魏之时，设巧计袭破荆州，同时采用厚待蜀军家属的攻心策略，使从对曹前线回救荆州的蜀军军心迅速瓦解。关羽士卒溃散，兵败被吴军擒杀，吕蒙夺得荆州全境。吕蒙袭取荆州之战是历史上著名的奇袭战例。此后不久，吕蒙病死。

关羽"华容道"释曹操是真的吗?

赤壁大战后，曹操被周瑜的一把火烧掉了 83 万兵马。之后曹操败走华容道，幸亏守华容的关羽故念旧恩，放了曹操一马，才没使曹操英雄早亡。这是小说《三国演义》里提到的情节。然而史实果真如此吗?

三国时代实有华容之地，位于今湖北长江北岸的监利县北面约六十里处。曹操在赤壁战败后，欲逃回江陵，过华容县是最短的捷径，而曹操也确实选了这条道路。在《三国志》和裴松之《三国志注》中，提到的是赤壁之战后，诸葛亮并没有派兵埋伏华容道，而是曹操引着残兵败将走到华容道时，遇上狂风暴雨，道路泥泞，难以通过。后来下令士兵以草填路，让骑兵通过，在这一过程中死了不少人。当刘备等人知道曹操从华容道逃跑时，急忙前去追赶，可惜太晚了，曹操已跑掉了。

有关貂蝉身世的说法有哪些？

貂蝉是中国民间传说中的美女，也曾登场于历史小说《三国演义》，与西施、杨玉环、王昭君并称"中国古代四大美女"。她为了报答义父王允的养育之恩而甘愿献身完成连环计的故事在民间广为流传。那么史实中，貂蝉的身世确实如此吗？史学家们各有不同观点，大致如下：

第一种观点认为她是王允的歌妓。王允为了铲除董卓，想用美人计来达到目的。貂蝉以她的美色挑起了吕布和董卓之间的矛盾，董卓被杀。

第二种观点认为她是董卓的婢女。《后汉书·吕布传》载："卓以布为骑都尉，誓为父子，甚爱信。常小失意，卓拔戟掷之，布拳捷得免。布由是阴怨于卓。卓又使布守中阁，而私与侍婢情通，益不自安。"由此可知，貂蝉是与吕布情通的董卓婢女。

第三种观点认为她是吕布之妻。《三国志·吕布传》注引《英雄记》载："建安（汉献帝年号）元年六月，夜半时，布将河内郝萌反，将兵入布所治下邳府，诣厅事阁外，同声大呼，布不知反将为谁，直牵妇，科头袒衣，相将从溷上排壁出，诣都督高顺营。"这里描述的这位科头袒衣的妇人，就是吕布之妻貂蝉。

还有一种观点认为她是吕布部将秦宜禄之妻。《三国志·关云长传》注引《蜀记》曰："曹公与刘备围布于下邳，云长启公：'布使秦宜禄行求救，乞娶其妻。'公许之。临破，又屡启于公，公疑其有异色，先遣迎看，因自留之。云长心不自安。"因为关羽先想娶其为妻，可是由于曹操"自留之"，所以引

起关羽的妒忌。他妒火中烧，一刀便把秦宜禄的妻子给杀了。元人杂剧《关公月下斩貂蝉》就是以此事创作而成。因此，秦宜禄之妻也成了传说中的貂蝉。

上述说法各有其道理，由此看来貂蝉身世的真正确定还需史学家们进一步研究。

颜良、文丑是怎么死的？

颜良（？～200年），东汉末年河北军阀袁绍部将，以勇而闻名。建安四年（199年），袁绍以颜良、文丑为将，率精卒十万，准备攻许（今河南许昌）；次年兵进黎阳（今河南浚县），遣颜良攻白马（今河南滑县）。曹操北救，依荀攸计分兵渡河，引袁绍西应，自率轻兵掩袭白马，颜良仓促迎战，被关羽击斩。《三国书》记载：绍遣大将（军）颜良攻东郡太守刘延於白马，曹公使张辽及羽为先锋击之。羽望见良麾盖，策马刺良于万众之中，斩其首还，绍诸将莫能当者，遂解白马围。

文丑（？～200年），中国东汉末年冀州牧袁绍帐下的大将。公元200年，袁绍命文丑率军于延津攻曹操，曹操以诱敌之计大破文丑一军，文丑于此战中丧生（大概是被乱兵杀死）。《三国志卷一·魏书一·武帝纪第一》记载：绍骑将文丑与刘备将五六千骑前后至。诸将复白："可上马。"公曰："未也。"有顷，骑至稍多，或分趣辎重。公曰："可矣。"乃皆上马。时骑不满六百，遂纵兵击，大破之，斩丑。

东吴政权是怎么起家的？

孙坚是大军事家孙武的后裔，汉末群雄之一，三国中吴国的奠基人，曾参与讨伐黄巾军的战役以及讨伐董卓的战役，后与刘表作战时阵亡。孙策时期，策以传国玉玺为交换借袁术之力，承先父遗志，转斗江东，开创东吴基业，同时也为后来吴国赤壁争雄奠定了基础。孙策曾经也有挟天子以令诸侯的计划，但此计划还未实行，他就死于故吴郡太守许贡门客之手，对于东吴的崛起来说，这是个巨大损失，使其失去了一次谋取天下

的绝好机会。

公元 200 年孙策早逝，孙权继位为江东之主。公元 208 年，孙权与刘备联盟，并于赤壁击败曹操，天下三分局面初步形成。公元 222 年孙权称吴王，公元 229 年称帝，正式建立吴国。

三国时期在位最久的帝王是谁？

孙权（182～252 年），字仲谋，汉族，吴郡富春县（今浙江富阳）人。三国时期吴国的开国皇帝，公元 229 年至 252 年在位。传说是中国兵法家孙武后裔。长沙太守孙坚次子，幼年跟随兄长吴侯孙策平定江东，公元 200 年孙策早逝，孙权继位为江东之主。

公元 208 年，孙权与刘备联盟，并于赤壁击败曹操，天下三分局面初步形成。公元 219 年孙权自刘备手中夺得荆州，使吴国的领土面积大大增加。公元 222 年孙权称吴王，公元 229 年称帝，正式建立吴国。孙权称帝后曾大规模派人航海，加强对夷洲（今台湾）的联系。又设置农官，实行屯田；并在山越地区设立郡县，促进了江南土地的开发。晚年的孙权日益骄奢，宠信吕壹，赋役繁重，刑罚残酷。立嗣之争，孙权也犯下极大错误，为日后的吴宫政变埋下了祸根。

公元 252 年，孙权病逝，终年 71 岁。谥号大皇帝，史称东吴大帝。庙号太祖，在位 24 年（注：若从孙权称吴王在位算起，则在位为 32 年）。孙权自公元 200 年继位吴侯统领江东到逝世为止，前后共 52 年，是三国时代在位最久、最长寿的帝王。

为什么说蔡文姬一生坎坷？

东汉末年，社会动荡，蔡文姬被掳到了南匈奴，嫁给了匈奴左贤王，为其生儿育女，饱尝了异族异乡异俗生活的痛苦。12 年后，曹操统一北方，想到恩师蔡邕对自己的教诲，用重金赎回了蔡文姬。文姬归汉后，嫁给了董祀，并留下了动人心魄的《胡笳十八拍》和《悲愤诗》。《悲愤诗》是中国诗歌史上第一首自传体的五言长篇叙事诗。

蔡文姬的一生是悲苦的，回归故土与母子团聚都是美好的，人人应该享有，而她却不能两全。

张辽为什么能坚守合肥？

建安二十年（215 年），孙权趁曹操用兵汉中之际，亲率 10 万兵马攻向合肥。

合肥守军面对这种局势，打开曹操之前写的一封书信，书信中说，当孙权到时，张辽和李典两位将军出战，乐进守城，不得与敌军交战。张辽说道："曹公指示我们趁敌初至，兵马未齐之际先行攻击，挫其锐势，而军心稳定后才能守得住城。成与败，全看这一仗了，各位还犹疑什么呢？"于是当夜张辽就选出了八百人，预备明日的大战。

第二天凌晨，张辽披甲持戟，带着这八百人杀进孙权初到尚未整阵的部队，敢死队直冲进孙权主阵，东吴军人人都被张辽军震撼到，没有人敢抵挡他们。从凌晨战到中午，吴军将士原本高昂斗志都萎靡，张辽遂领军回城，整备守城事宜。魏军初战告捷，军心大振，张辽也名噪一时。

彝陵之战蜀军为什么失败？

彝陵之战又称夷陵之战、猇亭之战，是三国时期蜀汉君主刘备对东吴发动的战役，三国"三大战役"的最后一场。公元 221 年七月，刘备称帝 3 个月后，立刻以替大将关羽报仇为由，挥兵东征，气势强劲。东吴国君孙权立即以陆逊率军应战，陆逊用以逸待劳的方法，阻挡了蜀军的攻势，更在公元 222 年八月彝陵一带大败蜀军。

刘备发动的彝陵之战一开始就错了，其失败原因有：

第一，当时篡汉的是曹丕，不是孙权，刘备继汉统，应该伐曹丕才对。

第二，诸葛亮、赵云等重要将领都劝阻刘备，刘备一意孤行，内部出现分化。出征前先折了尚书令法正、车骑将军张飞，士气受挫。孙权部下众志成城守卫疆土，而且近得荆州，破关羽，士气高涨。

第三，刘备东征必须有足够部队留守蜀地，孙权却可以全师抵御。

第四，汉中之战中刘备的重要谋士及将领等均无法参战，这次带出去的大部分是新收来的人，而孙权部下都是能征善战的老臣。

第五，刘备深入重地，吴人在本土作战。

第六，刘备内无良谋，本人不懂兵法，孙权部下能人辈出，谋略深远。

总之，彝陵之战中，刘备"以怒兴师"，恃强冒进，犯了兵家之大忌，导致悲惨的失败。

马谡是如何失街亭的？

诸葛亮到了祁山，决定派一支人马去占领街亭（今甘肃庄浪东南），作为据点。让谁来带领这支人马呢？马谡读了不少兵书，也曾给诸葛亮出过一些好主意，因此诸葛亮很信任他。但是刘备在生前特地叮嘱诸葛亮，说："马谡这个人言过其实，不能派他干大事。"但是诸葛亮没有把这番话放在心上。这一回，他派马谡当先锋，王平做副将。

马谡和王平带领人马到了街亭，张郃的魏军也正从东面开过来。马谡看了地形，决定在山上扎营。王平提醒他说在山上扎营太冒险。但马谡根本不听王平的劝告。张郃看到马谡把人马驻扎在山上，马上下令把马谡扎营的那座山围困起来。

魏军切断了山上的水源。蜀军在山上断了水，自乱阵脚。张郃看准时机，发起总攻。蜀军大败。按照马谡的原意，将兵布置在高山之上，一是符合孙子兵法的"势"的理论，居高临下，便于杀敌；二符合韩信当年的置之死地而后生的理论，如果军队被包围了，无路可逃，自然以一当十，拼命杀敌。可惜，他只会死学兵书。

诸葛亮总结此战失利的教训，痛心地说："用马谡错矣。"为了严肃军纪，诸葛亮下令将马谡革职入狱，斩首示众。马谡被推走了。诸葛亮拭干眼泪，又宣布一道命令：对力主良谋、临危不惧、英勇善战、化险为夷的副将王平加以褒奖，破格擢升为讨寇将军。善于自省的诸葛亮斩马谡、升王平之后，多次以用人不当为由，请求自贬三等，仍尽心竭力辅佐后主刘禅，欲图中原，成就大业。

街亭一役，蜀军损兵折将，甚为惨重。因为街亭的丢失，使蜀国面临被前后夹击的危险，使诸葛亮不得不放弃已经夺得的陇右部分土地，仓促由斜谷撤军。蜀国不得不由战略反攻转为战略防御，直接导致了诸葛亮所领导的蜀国第一次北伐的失败。

诸葛亮六出祁山战果如何？

《三国演义》中诸葛亮曾率蜀汉军队六次出祁山北伐攻魏，前后历时七年，皆以失败告终。

第一次北伐在蜀汉建兴六年（228年）春，他率主力向祁山（今甘肃西和县祁山堡）方向进攻，马谡违背诸葛亮部署，丢了街亭；赵云等出兵也不利，诸葛亮只得退回汉中。

第二次北伐是同年冬，诸葛亮出散关，包围陈仓（今陕西宝鸡西南），攻打二十多天未破，魏的援军赶到，他不得已又退回汉中。

第三次北伐是建兴七年（229年），诸葛亮进攻武都（今甘肃成县）、阴平（今甘肃文县西北），打败魏援军，留兵据守，自己率部回师。

第四次北伐是建兴九年（231年），蜀军包围祁山，魏军统帅司马懿迎击，诸葛亮准备决战。此时李严假传刘禅要求退兵的圣旨，诸葛亮只得班师。

第五次北伐是十二年（234年）春，诸葛亮率10万大军出斜谷口，在渭水南岸五丈原扎营。八月间诸葛亮积劳成疾，不久就与世长辞。

诸葛亮出师北伐共为五次，真正出兵祁山只有两次；还有一次是魏军进攻汉中，不是诸葛亮出击。后世概而言之，说成是"六出祁山"。

七擒孟获图

诸葛亮为何七擒七纵孟获?

"七擒孟获"是诸葛亮平定南中叛乱过程中对南中豪强首领孟获采取的攻心战策略,目的是彻底地消除南中少数民族的反叛心理。公元 225 年三月,蜀汉丞相诸葛亮亲自率军平定南中叛乱。诸葛亮听到孟获为当地人所信服,便想通过生擒迫使他归顺,从而达到收服南中民心的目的。五月,大军渡过泸水,与孟获军战,成功俘虏孟获,诸葛亮带他到营阵观赏,问他觉得蜀军如何,孟获回答说:"向者不知虚实,故败。今蒙赐观看营陈,若只如此,即定易胜耳。"

诸葛亮用马谡提出的"攻心为上,攻城为下,心战为上,兵战为下"的策略,要孟获心服口服,因此便笑着将他放走再战。诸葛亮对孟获七擒七纵后,仍要继续放他走。孟获及其他土著首领终于对诸葛亮彻底信服了,不肯离去。蜀军成功平定南中。

荆州是刘备借的还是孙权送的?

"刘备借荆州——有借无还",现在人们常用这句话来形容一个人出尔反尔,不讲信用。不过,史实上荆州真的是刘备借的吗?

赤壁之战曹操败了,但他没有全退出荆州,而是留下曹洪守着南郡(治所江陵)、襄阳一带。周瑜拿下了南郡。刘备作为同盟军,见荆州南部成了空虚之地就掉头向南冲了过来,几个太守纷纷投降,于是刘备就拥有了半个荆州。

介于孙刘联合后孙权承认了刘琦和刘备成为荆州首领,刘备也在战争中出了力,那么按理孙权就应该将属于荆州的南郡让给刘备,后来刘备就请孙权把江陵还给他,可周瑜不肯。所以直等到周瑜死后鲁肃才主张将南郡让给刘备。刘备就从孙权手里拿回了南郡,并以南郡治所江陵为他统治下的荆州首府。所以说,荆州实际上是刘备的战果,而不是"借"来的。

刘备对赵云究竟怎么样?

对刘备而言,赵云可谓是他的患难之交,在《三国演义》第四十一回"刘玄德携民渡江,赵子龙单骑救主"中,说到刘备在逃难的最危急时刻,由赵云奋力保护,才安全地渡江赶至襄阳招亲,后来他还两次救过阿斗(刘禅),可谓为蜀国立下了汗马功劳。那么刘备又是怎样对待赵云的呢?

刘备定都成都时,赵云只是翊军将军;刘备称王称帝,他也没有得到晋升。直到后主建兴元年(223 年),才被升为征南将军,封永昌亭侯,这"亭侯"是侯爵中较低的一等,在它上面还有"乡侯""县侯",等等。刘禅继位后,在最初追谥前朝功臣时又没有想到赵云,姜维等人为此愤愤不平,认为赵云"昔从先帝,劳绩既营",如不加封,实难以平众将的愤怒之情。于是,才追封了顺平侯的谥号。以赵云的功业,这一爵位确实不算太高。由此可见，虽然赵云被刘备称为"四弟"，但对赵云却并不像对待诸葛亮、关羽、张飞那样厚待，原因为何，不得而知。

诸葛亮真的摆过空城计吗？

《三国演义》第九十五回"马谡拒谏失街亭，武侯弹琴退仲达"的诗句，被后人改编，冠以《空城计》的名字广为流传。历史上的诸葛亮是否真的在西城凭三尺瑶琴空城退敌呢？答案是否定的。

《三国志·蜀·诸葛亮传》："（后主建兴）六年春，（亮）扬声由斜谷道取郿，使赵云、邓芝为疑军，据箕谷。魏明帝西镇长安，命张郃拒亮。亮使马谡督诸军在前，与郃战于街亭，谡违亮节度，举动失宜，大为郃所破。亮拔西县千余家还于汉中。"从这段记载中我们可以看出：

第一，街亭之战时，蜀军主帅是诸葛亮，魏军主帅则是张郃。孔明根本无法以"空城计"吓退远在数千里之外的司马懿。

第二，诸葛亮只是"拔西县千余家还于汉中"，并未有过什么"空城计"。

诸葛亮为什么要娶丑女为妻？

诸葛亮为何会娶丑女为妻？时人有各自不同的看法。一种传统的观点认为，诸葛亮重才不重貌，是注重人的内在美。近年来，有些专家认为，这种传统的说法未免有失偏颇。诸葛亮娶阿丑，这是他经过深思熟虑之后所做的一件大事，他主要是出于政治上的考虑。可以说，这帮助他在地主集团的上层站稳脚跟，以便今后一展宏图。《诸葛亮新传》载，当黄承彦当面问及诸葛亮时，他当即"拜谢泰山"，一锤定音，把从未见过面的阿丑娶了过来，从而为诸葛亮进入地主集团开了"绿灯"，他是无论如何也不会放弃这个"进身之阶"的。尽管后人对诸葛亮娶丑女的动机尚有争论，但这桩婚姻对他以后在政治上的发展无疑是起了促进作用的。

诸葛亮的鹅毛扇有什么来历？

诸葛亮的鹅毛扇代表着智慧和才干，所以在有关诸葛亮的戏曲中，他总是手拿鹅毛扇。关于鹅毛扇，民间流传着这样的故事。黄承彦的千金小姐黄月英并非丑陋，而是一个非常聪明美丽、才华出众的姑娘。

黄月英曾就学于名师。艺成下山时，师傅赠送她鹅毛扇一把，上书"明""亮"二字。二字中还密密麻麻地藏着攻城略地、治国安邦的计策，并嘱咐她，姓名中有"明""亮"二字者，即是她的如意郎君。后来黄承彦选了诸葛亮。结婚时，黄月英便将鹅毛扇作为礼物赠给诸葛亮。诸葛亮对鹅毛扇爱不释手，形影不离。他这样做不仅表达了他们夫妻间真挚不渝的爱情，更主要的是为熟练并运用扇上的谋略。所以不管春夏秋冬，总是手不离扇。这故事中附会成分居多，后人读来仅一哂之。

诸葛亮为何兵败五丈原？

五丈原位于岐山县南 20 公里处，高 20 余米，面积约 12 平方公里，南依棋盘山，北临渭河，东西两面为河流冲的深沟，形势险要，历来是兵家必争之地。

公元 234 年，诸葛亮率兵由汉中出发，穿过秦岭，进驻五丈原。初来乍到，粮草不济，先屯田练兵，待机伐魏。魏将司马懿深知诸葛亮神机妙算，在渭河北岸固守，不敢贸然出兵。双方在五丈原相持百天不战，诸葛亮不得不引诱魏兵入葫芦沟作战，并放火烧断谷口，欲大败魏将司马懿。未料一场大雨，魏军死里逃生。同年秋天，诸葛亮病死军中，蜀军败退。当司马懿进兵诸葛亮指挥作战的地方时，看到蜀军阵地之险要，惊叹道："天下奇才也。"后人为了纪念诸葛亮，在这里修建了祠。

谁从黄巾军手中救出了孔融？

太史慈（166～206年），字子义，东莱黄县（今山东龙口东莱城集）人。

太史慈是三国时期吴国的著名将领，他

年轻的时候就武艺高强,很有心计,远近闻名。当时大名士北海相孔融听说了太史慈之后,认定他是难得的奇才,很想与他结交,于是便多次派人去看望他的母亲,并向他的母亲赠送了丰厚的礼物。

当时还是东汉末年,黄巾起义风起云涌,孔融为防侵扰,出兵屯驻在都昌,不幸被黄巾军管亥包围,情势十分危急。正好太史慈由辽东回家,母亲便命他去救助孔融。

太史慈赶到都昌城下,趁夜间找机会进入城内,拜见孔融。孔融便让太史慈去找刘备救援。太史慈于是又立刻赶到了平原刘备处,并对刘备说:"我与孔融非亲非故,但都是讲道德仁义的人。今管亥暴乱,孔融被围,危在旦夕。您有仁义之名,能救人之急。因此孔融让我冒着生命危险突出重围向您求救。"刘备闻言,立即调遣精兵三千跟随太史慈驰救都昌,黄巾军听说有救兵前来,便四散而去。孔融于是获救了。

曹丕首征东吴之战结果如何?

黄初三年(222年)九月,曹丕督三路大军进攻东吴。统率中路军的魏大将军曹仁于四年(223年)二月,挥师进逼濡须城,采取声东击西的谋略,引诱朱桓分兵救援羡溪(今安徽裕溪口),然后率步骑数万直扑濡须城。朱桓急令派往羡溪的援兵返回,但曹仁已兵临城下。

当时朱桓只有五千余守城兵士,人心惶惶。朱桓向部下分析敌之不利己之有利条件,激励将士,使将士有了必胜信心,并下令偃旗息鼓,外示形弱,诱曹军攻城。果然,曹仁令其子曹泰率兵攻城,又派将军常雕、王双等乘油船(一种涂桐油的皮筏子),袭击吴军眷属住地中洲(今湖北长江枝江沱水间)。大臣蒋济以不可贸然涉险劝阻,曹仁不听。

朱桓亲自率部众抵御曹泰,临危不惧,适时发起迅猛反击,焚毁曹营,曹泰战败。朱桓趁势反攻,斩常雕,俘王双,魏军临阵被杀及淹死千余人,对濡须城的进攻失败。

洮西之战的经过是怎样的?

正元二年(255年)七月,大将军司马师病亡,司马昭控制魏国朝政。蜀将姜维趁司马师病亡之机,督车骑将军夏侯霸、征西大将军张翼等数万人攻魏。时新上任的雍州刺史王经对陈泰报告,陈泰要王经坚守狄道(今甘肃临洮),待他率主力自陈仓(今陕西宝鸡东)到达后,再钳击蜀军。但王经不等陈泰军至即擅击蜀军。很快,王经先后败于故关(今甘肃临洮北)、洮西,大部伤亡或逃亡,仅残部万人还保狄道。姜维乘胜围狄道城。

陈泰星夜驰书报告朝廷,同时收编王经的残部,做好进攻准备。不久,大将军司马昭命长水校尉邓艾出任安西将军,与陈泰并力抗击蜀军,并遣太尉司马孚为后援。魏军分三路进至陇西,避开蜀军,出其不意地绕过高城岭(今甘肃渭源西北),进至狄道东南山上,燃火击鼓,狄道守军见援军至,士气大振。姜维也感震惊,只好分兵攻陈泰。

姜维督军沿山进攻,陈泰据险而守,击退蜀军。陈泰扬言截断蜀军退路,蜀军震恐,遂于九月二十五日撤军退走钟堤(今甘肃临洮南),狄道之围遂解。

张飞是怎样一个人?

张飞(? ~ 221年),字益德(《三国演义》《华阳国志》中字翼德),汉族,涿郡(今河北涿州)人,三国时期蜀汉重要将领。官至车骑将军,封西乡侯。在中国传统文化中,张飞以其勇猛、鲁莽、疾恶如仇而著称,虽然此形象主要来源于小说和戏剧等民间艺术,但已深入人心。而历史上的张飞,是一个威猛无敌且又有勇有谋的大将,从以下两件事就可见其勇猛。

第一,刘备从襄、樊率十万百姓南逃,曹操率铁骑日夜追赶,到当阳之长阪遭遇,刘备仓皇逃去,让张飞率二十骑断后。张飞据水断桥,林设疑兵,曹兵无人敢前,掩护了刘备。

第二，"义释严颜"。刘备攻取巴蜀，张飞独率一军从荆州增援，并分定郡县。他用计攻取巴郡，生擒巴郡太守严颜。张飞以礼感化严颜，使之降。再就是巴西大战张郃，从战略上挫败了曹操进窥巴蜀的图谋，巩固了"三巴"，并使刘备有了乘势攻取汉中的机会，实现了占据巴蜀鼎足天下的战略构想。

"木牛流马"是什么样子的？

《三国演义》中"司马懿占北原渭桥，诸葛亮造木牛流马"，其中描写诸葛亮六出祁山，七擒孟获，威震中原，发明了一种新的运输工具，叫"木牛流马"，解决了几十万大军的粮草运输问题。

但木牛流马到底是什么样子，自古以来，莫衷一是。书中关于木牛流马的介绍是："方腹曲头，一脚四足，头入领中，舌着于腹，载多而行少，独行者数十里，群行者二十里。垂者为牛舌，曲者为牛肋，刻者为牛齿，立者为牛角，牛仰双辕。人行六尺，牛行四步。""流马：肋长三尺五寸，左右同。前轴孔分墨去头四寸，前脚孔去前轴孔四寸五分，板方囊两枚。"

从书上的叙述来看，木牛是相当于发动机的设备，流马只是个装载东西的设备，相当于汽车的车厢。从木牛的结构上看，它采用了助力机构，里面可能加有飞轮机构。从它的运行来讲，里面采用了齿轮机构，曲柄连杆机构。流马的结构，其实是一辆板车，只不过改变了它的重心和轴承部分，使它比以前的板车用起来省力一些。

诸葛亮为何能制造出木牛流马？

有关诸葛亮制造木牛流马的说法有两种：

第一，诸葛亮准备与黄承彦的女儿黄月英结婚，可黄月英让诸葛亮到她家去娶她，并且不让诸葛亮走去，也不能坐轿子去。然而黄家在一个很陡的山坡上，骑马或者坐马车肯定也上不去。诸葛亮苦思冥想，发明了一辆车，车的轱辘是一个大球，这样车就可

以在陡坡上行走。后来诸葛亮从这件事中得到启示，最终创造了木牛流马。

第二，诸葛亮经常请朋友到家中吃饭。一次来了很多朋友，他让妻子做面食来招待客人，但客人太多，他怕时间不够，没想到黄月英很快就把做好的面食端了上来。后来他发现厨房中有木人在磨面，于是他诚心诚意请教妻子，黄月英把方法告诉丈夫。后来诸葛亮利用相关原理创造了木牛流马。

但是根据史书记载，木牛流马类似于永动机。因此迄今为止没有一个人能给出令人满意的答案。木牛流马的确是千古之谜，有待专家的进一步研究和考证。

小乔的真墓在哪里？

汉末建安三年（198年），东吴孙策欲取荆州，命周瑜为江夏太守，发兵攻占今安徽皖县，得遇避乱隐居在那里的乔玄的两个女儿，就是大乔和小乔。大乔嫁孙策，小乔嫁周瑜。

三国时期有两个巴丘，一在今江西，一在今湖南。周瑜病在巴陵，小乔始终在他身边护理照顾及至送终，周瑜的灵柩"还吴"，小乔为晚年的生活计，留居于有奉邑享受的巴陵，作为理想的归宿之地。小乔死后，也就安葬在那里，她的墓今在岳阳市第一中学后花园内。据说这里是当初周瑜的都督府。到1914年，小乔墓上还有一栋墓庐。现在尚留有一块横刻隶书"小桥（乔）墓庐"的石碑，保存于岳阳市文物管理所。

周瑜的真墓在哪里？

据载，周瑜死后，巴丘、宿松、舒城、庐江等地都有周瑜的墓，可到底哪一座是其真墓呢？

庐江的周瑜墓，在离县城东门外二里，墓碑题有"吴名将周公瑾之墓"。据史载，1942年周瑜墓被盗掘，墓碑、华表、石狮都被挖走，连墓砖也被挖走。在庐江周瑜墓附近的村子里，数户人家短墙上有不少墓砖，经有关专家鉴定，被确认为是东汉烧制的无疑。再

结合《三国志·周瑜传》中"庐江舒人"的记载，可以证得庐江的周瑜墓可能就是真的。

为何诸葛亮没有废掉刘禅呢?

《三国演义》中刘备在与东吴的大战失败后，在白帝城病危，将诸葛亮招到白帝城，将儿子也就是后主刘禅托付给诸葛亮，并称如果刘禅不行，诸葛亮可以取而代之。刘备泣曰："君才十倍曹丕，必能安邦定国，终定大事。若嗣子可辅，则辅之；如其不才，君可自为成都之主。"短短几句，直接确定了诸葛亮日后的政治地位。诸葛亮没有废掉刘禅，后人主要有以下几种猜测：

第一，从《隆中对》说起。当时诸葛亮为刘备定下的最高战略目标是"兴复汉室"，这样也算出师有名，次之还可以争取民心，这无疑为刘备完成霸业提供了条件。如果诸葛亮废了刘禅，百姓就会猜疑他，这个"兴复汉室"的名号就会不复存在。废了刘禅就等于砸了自己的招牌。

第二，刘禅虽称不上明君，但也不能算是昏君。诸葛亮也就没有太多的理由去废他。如果强要废帝，必会造成朝中出乱子，蜀国本就弱小，如果发生动乱，就会得不偿失。

第三，就是能力的问题。诸葛亮有能力废掉刘禅，但他没有把握完成统一的大业。如果灭不掉魏国却废皇帝，诸葛亮便会成为千古罪人。

诸葛亮有没有写过《后出师表》?

《出师表》是诸葛亮的传世名篇，又分为《前出师表》和《后出师表》两篇。陈寿的《三国志》中只收有《前出师表》，而没有《后出师表》，所以后人怀疑它是一篇伪作。从《后出师表》的内容分析，其意窘而辞繁。因为文中充满了一片失败的气氛，简直像一个被逼到绝路上的人在垂死挣扎时所发出的哀鸣一般，同蜀国当时的形势完全不吻合。如果把此文的内容进行细致的推敲，就会发觉它不可能是出自诸葛亮的笔下。

另外，赵云是在建兴七年（229年）病逝的，这在《三国志·赵云传》中有记载，而写于建兴六年（228年）的《后出师表》，却说"丧赵云"，这就是伪作之人弄不清赵云死年的一个明证。若是诸葛亮把手下未死的大将说成已死，岂不是一个天大的笑话。

赤壁之战，周瑜跟诸葛亮谁功劳最大?

《三国志》对赤壁大战的描写十分简略，《资治通鉴》对赤壁之战的描写也不过几千字，但有一点是可以肯定的，那就是大战的一方是曹操，而另一方的主角则是孙权方面的大都督周瑜，并没有看到诸葛亮在大战中的指挥痕迹。

《三国志》中清楚地表明了周瑜才是赤壁大战的总指挥。首先，曹军南征时，以周瑜为代表的主战派的大臣慷慨陈词，再加上前来游说的诸葛亮，才坚定了孙权联刘抗曹的决心。其次，赤壁大战是以火攻取胜的，并且史书中还记载了周瑜在火攻方面所实施的具体安排和作战方案。最后，在黄盖行计、诈降、火攻曹操的过程中，周瑜具体领导了整个军事行动，并亲率人马，密切配合。至于赤壁之战中诸葛亮"披发仗剑，登坛借风"一事，史料中根本就没有记载。不过，诸葛亮对促成孙刘联军，对扭转战局、打败曹操起到了重要的促进作用，但是与周瑜相比，其功劳就逊色多了。

蜀相诸葛亮为什么要平定南中?

诸葛亮心意在北方，但是南方战乱不断，为了断绝后顾之忧，建兴三年（225年）春天，诸葛亮率军南征，临行前刘禅赐诸葛亮金钺钺一具、曲盖一个、前后羽葆鼓吹各一部、虎贲60人。后诸葛亮深入不毛之地讨伐雍闿、孟获，诸葛亮采取参军马谡的建议，以攻心为主，先打败雍闿军，再七擒七纵孟获，至秋天平定所有乱事。蜀汉在南中安定并获得一定兵源补充后，经过长期积累，于是有了北伐的基础。

"白帝托孤"是怎么回事？

关羽被东吴杀害以后，刘备报仇心切，亲自率军出征，攻打东吴。结果大败，自己也病倒在白帝城的永安宫。刘备知道自己不久于人世，便派人日夜兼程赶到成都，请诸葛亮来嘱托后事。

刘备握住诸葛亮的手说："阁下才干高于曹丕十倍，一定能办成大事，如果刘禅可以帮助就帮助，实在不行，你就做两川之主。"诸葛亮听到这话，立即哭拜在地说："臣一定尽力辅助太子，一直到死为止。"说完，叩头出血。刘备又请诸葛亮坐在旁边，叫刘永、刘理到面前吩咐："你们要记住，我死了以后，你们弟兄三个，都要把丞相当作自己父亲一样，不能怠慢。"说完，叫两个儿子拜在诸葛亮跟前，接着又对众将官说："我已把国家大事托拜给丞相，要我儿子待他像父亲一样，诸位也不可怠慢。"说完后去世，终年63岁。

在刘备伐吴失败后，他马上想到的是现在国力衰败，势必会有人乘虚而入，夺取帝位，而诸葛亮就是个最危险的人物，因为他在蜀国的威信太高了，怕有人怂恿他篡位。所以才有"我儿可辅则辅，若不可辅君当自立为君"这一欲擒故纵的遗言。

坟墓周围为何种柏树？

在我国北方的墓地上，经常可以看到柏树成行，民间俗称"坟柏"。据说，坟墓周围种柏树的习俗源于三国时期的诸葛亮。

公元234年，蜀国军师诸葛亮率兵伐魏，在五丈原与司马懿隔渭水相持时病死军中。以身殉职后，诸葛亮遗体被葬在定军山。刘禅亲自下诏，在墓地种了54棵松柏，象征诸葛亮享年54岁，以表彰他鞠躬尽瘁的精神。杜甫的《蜀相》云："丞相祠堂何处寻，锦官城外柏森森。"那些坟柏至今仍有22株尚存，后人仿效此法，于是坟柏相继在民间流传开来。

为什么说孙皓是个暴君？

公元264年七月，东吴景帝孙休去世，乌程侯孙皓即位，他是个残暴无比的皇帝。

一次，孙皓大宴群臣，王蕃喝醉了酒趴着起不来。孙皓怀疑他是故意装出来的，就用车子把他送出去。过了一会儿，又召他回来。看到王蕃行走自如。孙皓大怒，喝令侍卫杀了王蕃，然后让侍卫投掷王蕃的头颅。

中书令贺邵中风后不能说话，要求请假离职休息。孙皓认为其中有诈，就把他抓起来关到酒窖里，严刑拷打，最后把铁锯烧红，锯下贺邵的头颅。

另外，孙皓还是个嫉贤妒能的人。他见中书令张尚思维敏捷，就非常嫉妒他。一次，孙皓问张尚："朕喝酒可以与谁相比？"张尚说："陛下有百觚的酒量。"本来张尚是想借孔子能饮酒百觚的典故，拿孙皓与孔子相比。谁知孙皓听了后大怒说："你明知孔子没有做君王，居然拿朕跟他相比！"于是就把张尚抓了起来，不久就把他杀了。

刘禅为什么被称为"扶不起的阿斗"？

蜀汉灭亡以后，当时已掌握魏国大权的司马昭将刘禅全家接到洛阳。公元264年三月，司马昭就以魏元帝的名义封刘禅为安乐公。一天，晋王司马昭大摆酒宴，款待刘禅和他的旧臣。席间，司马昭特地叫人为刘禅表演蜀汉歌舞，想试探他的反应。蜀汉的众多旧臣看了表演，个个不免黯然神伤，只有刘禅没有丝毫感觉，高兴得又说又笑。司马昭便对身边的贾充说："一个人要是无情无义到了这种地步，就算诸葛亮在世也无法辅佐他，何况姜维呢！"

又过了些日子，司马昭故意问刘禅说："你还想不想蜀地？"

刘禅回答道："此间乐，不思蜀也。"

从这时起，司马昭才知道刘禅实在不成器，不会对自己构成威胁了，也就没有想杀害他。刘禅小名阿斗，后人就以"扶不起的阿斗"来比喻人不成器。

中国古代到底有没有指南车？

指南车，又称司南车，是中国古代用来指示方向的一种机械装置。它与指南针利用地磁效应不同，它是利用齿轮转动系统，根据车轮的转动，由车上木人指示方向。不论车子转向何方，木人的手始终指向南方，"车虽回运而手常指南"。

指南车的最早记录出现于 5000 年前黄帝大战蚩尤的传说。不过其后历史典籍显示三国时马钧是第一个成功地制造指南车的人。《宋史·舆服志》则详细地记载了燕肃和吴德仁所造指南车的结构和技术规范，成为世界史上最宝贵的工程学文献。

哪次战役使吴蜀重修盟约？

刘备为了夺回荆州，为关羽报仇，章武元年（221年），不顾臣僚反对，决定进攻东吴。翌年正月，蜀水军屯驻夷陵，占领长江两岸。孙权命陆逊为大都督，率军五万迎战。吴、蜀两军在夷陵对峙数月。闰六月盛夏，刘备决定移入密林结营，准备秋后再战。陆逊见蜀军营帐皆集丛林之中，便发起火攻，大火席卷蜀营。陆逊率领诸军全线出击，连破蜀军四十余营，刘备带领残兵连夜西逃，至白帝城（今四川奉节东），不久忧愤而死。

夷陵之战后，孙吴占据荆州，将蜀汉遏制在三峡之内，稳住了西边的屏障。蜀汉战败，据险立国。曹魏仍是吴、蜀大敌，客观上孙、刘仍需联合抗曹，不久，双方重修盟约。因此，魏、蜀、吴三方鼎峙的形势得以继续维持。

成语"乐不思蜀"是怎么来的？

蜀汉亡后，刘禅移居魏国都城洛阳，封为安乐县公。某日司马昭设宴款待刘禅，嘱咐演奏蜀地乐曲，并以歌舞助兴时，蜀汉旧臣们想起亡国之痛，个个掩面或低头流泪，独刘禅怡然自若，不为悲伤。司马昭见状，便问刘禅："安乐公思念蜀国否？"

刘禅答道："此间乐，不思蜀也。"他的旧臣郤正闻此言，宴毕对他说："陛下，下次司马昭若再问同一件事，您就先注视着宫殿的上方，接着闭上眼睛一阵子，最后张开双眼，很认真地说：'先人坟墓，远在蜀地，我没有一天不想念啊！'这样，司马昭就能让陛下回蜀了。"

刘禅听后，牢记在心。又一次宴乐，酒至半酣，司马昭又问同样的问题，刘禅赶忙把郤正教他的学了一遍。司马昭听了，即回以："咦，这话怎么像是郤正说的？"刘禅大感惊奇道："你怎么知道呀！"司马昭及左右大臣哈哈大笑。司马昭见刘禅如此愚钝，从此再也不怀疑他。刘禅就这样在洛阳安乐地度过余生。这就是"乐不思蜀"这一典故的由来。

司马懿为什么能一举征服辽东？

司马懿（179～251年），即晋宣帝，字仲达，汉族，河内温（今河南温县）人。三国时期魏国杰出的政治家、军事家，西晋王朝的奠基人。曾任职过曹魏的大都督、太尉、太傅。是辅佐了魏国三代的托孤辅政之重臣，后期成为全权掌控魏国朝政的权臣。平生最显著的功绩是多次亲率大军成功对抗诸葛亮的北伐。死后谥号舞阳宣文侯，次子司马昭被封晋王后，追封懿为宣王，司马炎称帝后，追尊懿为宣皇帝。

公元 238 年，辽东太守公孙渊勾结北方的鲜卑贵族，反叛魏国。不久，司马懿率领大军北上，包围了公孙渊所在的襄平。围困了几个月但不攻城。司马懿的部将陈硅感到很疑惑，因为先前攻打上庸，八支军队同时出发，日夜兼程，只用了十六天就攻下新城，斩了孟达。但这次远道而来，反而悠闲自在，于是他就去请教司马懿。

司马懿便解释说："那一次，孟达兵马少，但粮草可以支撑一年。我们的兵马比孟达多四倍，但粮草连一个月也支持不了，不速战能行吗？如今是敌众我寡，敌饥我饱，我们不怕攻不下城，就怕贼人逃走。我们故意示弱，就是为了让他们安心地留下。他们越守，形势对他们越不利。"

过了些日子，公孙渊的粮草渐渐耗尽，陷入了困境。几天后，襄平被司马懿攻破。自此以后辽东一带全部得到了平定。

蒋琬为什么能成为"四相"之一？

诸葛亮在临死之前，上书给刘禅："我如果死了，国家大事适合托付于蒋琬。"刘禅遵照诸葛亮的嘱托，任蒋琬为尚书令、大将军，封安阳亭侯。

担任东曹椽的杨戏，蒋琬每次找他商议公事，他不是躲在家里不见，就是置之不理，一副清高自傲的样子，弄得蒋琬十分难堪。

于是有人向蒋琬进言说："杨戏这样傲慢无礼，分明是看不起大人，您就该教训他一下吧。"蒋琬心平气和地解释说："我了解杨戏，他不是那种口是心非的人，所以我们在一起议事时，他不愿违心地同意，如果公开表示反对，又显得我的意见不对，影响我的威信。所以，他只好沉默不语，这样做，正是他认为最恰当的办法。"蒋琬这一番体谅他人的谈话，后来传入杨戏耳中，杨戏非常感动，与蒋琬的关系缓和了许多。

蒋琬严以律己、宽以待人，受到蜀国上下的尊重。人们也因他才智超群、治国有方，把他与诸葛亮、费祎、董允合称为"四相"，此四人又被誉为"四英"。

魏延是怎样被斩杀的？

三国时期，蜀汉大将魏延勇猛过人，但他骄矜自傲，与杨仪不和，最终酿成祸端。诸葛亮病危时，向杨仪、费祎等人叮嘱自己死后军队撤退的安排时，打算让魏延断后，如果魏延不服从命令，大军就自行出发。诸葛亮去世后，魏延果然不想就此撤兵。

当魏延派人打探到杨仪打算按照诸葛亮定下的计划撤兵时，大怒，抢在杨仪出发之前，率领部将径自南归，每经过一个地方就把栈道烧坏。杨仪命人砍伐山林，打开通道，日

夜急行，紧随魏延。魏延先到一步，占领南谷口，派兵迎击杨仪。杨仪派何平攻打魏延。

两军阵前，何平责问魏延的部众："诸葛公尸骨未寒，你们怎么可以反叛？"魏延的部众知道魏延理亏，都逃散了。魏延和他的儿子几个人逃往汉中，杨仪派马岱追击，斩杀魏延，后来又诛灭魏延三族。

司马懿是怎样蒙骗曹爽的？

曹芳即位后，封司马懿、曹爽为侍中，共同执掌朝廷大权。曹爽是皇室宗族，野心勃勃，要独揽大权。司马懿于是谎称年迈有病，不上朝参与政事。

曹爽对司马懿仍然不放心，于是安排李胜以探望为名，到司马懿府中去探听虚实。

李胜来到司马懿府门，求见司马懿。司马懿衣冠不整，不断地喘息着，由两个侍女一左一右地架着，从内室慢慢走出。旁边走过一个侍女，请司马懿更衣。司马懿颤颤抖抖地伸手去拿衣服，刚拿起衣服，手便无力地往下一垂，衣服掉在了地上。侍女赶忙拾起衣服，帮司马懿穿上。

李胜对司马懿说他要去荆州赴任，特来辞行，但司马懿却故意装糊涂，以为李胜要去并州上任，并对李胜说他老了，耳聋眼花，不中用了。

三国割据示意图

李胜后来见到曹爽，把这一切告诉了他。从此以后，曹爽根本就不把司马懿放在心上了。司马懿就加快了夺权的步伐。

"高平陵事变"是怎么一回事？

"高平陵事变"是曹魏后期司马懿发动的政变。

明帝死后，司马懿与魏宗室、大将军曹爽共执朝政，政治矛盾日益尖锐。曹爽上表请将司马懿转为太傅闲职，剥夺其军政大权，并竭力排斥司马懿在朝中势力。司马懿装病不起，有意麻痹曹爽，暗中策划。

正始十年（249 年）正月，司马懿乘曹爽兄弟随魏帝祭扫明帝高平陵（在洛阳南）之机，发动政变。司马懿夺取武库，派长子司马师屯兵司马门，自己和太尉蒋济出屯洛水浮桥，断绝曹爽归路，救出被曹爽软禁的郭太后（魏明帝皇后）。郭太后于是下令废曹爽兄弟官职。曹爽最终为求活命而同意交出大权。数日后，司马懿以谋反罪名族诛曹爽兄弟及亲信等人。自此以后，曹魏政权实际落入司马氏集团手中。

"司马昭之心，路人皆知"有何典故？

司马昭是三国时魏国人，他父亲就是司马懿，是魏国的大将。司马昭总揽大权后，野心更大，总想取代曹髦。他不断铲除异己，打击政敌。年轻的曹髦知道自己即便做傀儡皇帝也休想当长，迟早会被司马昭除掉，就打算铤而走险，用突然袭击的办法，干掉司马昭。

一天，曹髦对自己的心腹大臣说："司马昭之心，路人皆知也。我不能白白忍受被推翻的耻辱，我要你们同我一道去讨伐他。"几位大臣知道这样做等于飞蛾投火，都劝他暂时忍耐。但曹髦不接受劝告，亲自率领左右仆从、侍卫数百人去袭击司马昭。谁知大臣中早有人把这消息报告了司马昭。司马昭立即派兵阻截，把曹髦杀掉了。后来，人们用"司马昭之心，路人皆知"来说明阴谋家

的野心非常明显，已为人所共知。

陆抗用兵有何过人之处？

公元 273 年九月，东吴西陵督步阐向晋朝投降。当时陆抗任镇军大将军，正好管辖西陵，于是他就马上派将军左奕、吾彦等前去讨伐。

为策应步阐，晋武帝司马炎派当时的荆州刺史杨肇前往西陵，派车骑将军羊祜率领步兵进攻江陵，同时又派巴东监军徐胤率领水军攻打建平。看到这种形势，陆抗命令西陵各军设立严密的包围圈，从赤溪一直到故市，以起到内困步阐、外御晋军的目的。当包围圈的工事都准备好的时候，羊祜的五万军队也正好到了江陵。

东吴将军朱乔的部下都督俞赞叛逃到杨肇那里，陆抗听说后，担心俞赞将吴军里夷兵防守薄弱的情况告诉杨肇，于是当夜更换夷兵，全都用精兵把守。第二天，杨肇果然攻打原先夷兵防守的地方。陆抗下令反击，杨肇的部下死伤惨重。杨肇见无计可施，便想乘夜撤兵。

接着陆抗派精锐骑兵乘胜追击，杨肇的军队大败而逃，羊祜等人得知情况后，不敢在西陵久留就也率领军队撤退了。于是，陆抗顺利攻克了西陵。陆抗大获全胜，回朝后，东吴皇帝孙皓为表彰他，加封陆抗为都护。

羊祜是怎样广施仁政的？

羊祜是晋武帝司马炎时期的重要谋臣，在晋朝建国的过程中发挥过重要作用。公元 269 年二月，司马炎任命羊祜掌管荆州各项军事，镇守襄阳。

羊祜赴任后，广施仁政。在与东吴的斗争中，他的军队抓获了大量的东吴俘虏，他非常善待他们。对于那些不愿继续当兵的，只要他们愿意回家，他就为他们发放盘缠路费让他们顺利回乡。

每次与东吴交战，他都事先与对方约好开战日期，从不搞突然袭击。每次羊祜的军

队行军进入东吴境内，割取路上的谷子充当军粮时，他都要求手下准确记下数量，以便送回等值的绢帛补偿主人。每次他与部下一起在长江、沔水一带打猎时，从不跨界。如果赶上猎物先被吴人打伤，然后被晋兵得到的情况，他都要求兵丁送还吴人。通过这些做法，羊祜很好地塑造了晋国的形象，使东吴边境的老百姓心悦诚服。

什么是"三公"？

"三公"是中国古代朝廷中最尊显的三个官职的合称。

《礼记》："天子三公、九卿、二十七大夫、八十一元士。""设四辅及三公，不必备，惟其人。言使能也。"又《汉书·百官公卿表》："太师、太傅、太保，是为三公"，"或说司马主天，司徒主人，司空主土，是为三公"。

三国时期：太尉、司徒、司空为三公，将太师、太傅、太保特称三师，以正其名。然非道德崇重则不居其位，无其人则阙之，故后世历代多以为赠官。太傅、大司马、大将军为上公，位在三公之上。其中太傅和三公（太尉、司徒、司空）一般为虚职，大司马和大将军掌实权。吴设丞相、大司马（另有左、右大司马）、上大将军，其中上大将军位在大将军之上，大司马之下。

"士别三日，当刮目相看"有何由来？

吕蒙，字子明，汝南郡富陂县（今安徽阜南东南）人，少年时即随姐夫邓当渡江。吕蒙初不习文，孙权开导他和另一个勇将蒋钦，要求他们多读书，使自己不断进步。

鲁肃继周瑜掌管吴军后，上任途中路过吕蒙驻地，吕蒙摆酒款待他。鲁肃还以老眼光看人，觉得吕蒙有勇无谋，但在酒宴上两人纵论天下事时，吕蒙不乏真知灼见，使鲁肃很受震惊。酒宴过后，鲁肃便感叹说吕蒙已非吴下阿蒙了。吕蒙道："士别三日，但更刮目相看。老兄今日既继任统帅，才识不

如周公瑾（周瑜），又与关羽为邻，确实很难。关羽其人虽已年老却好学不倦，读《左传》朗朗上口，性格耿直有英雄之气，但却颇为自负，老兄既与之相邻，应当有好的计策对付他。"他为鲁肃筹划了三个方案，鲁肃非常感激地接受了。

这便是"士别三日，当刮目相看"的由来。

什么是"九品中正制"？

九品中正制，又称九品官人法，是魏晋南北朝时期重要的选官制度，是魏文帝曹丕为了拉拢士族而采纳的陈群的意见。曹丕篡汉前夕即延康元年（220年），由魏吏部尚书陈群制定。

它的内容是：司徒选择在中央任职的士族门阀，使他们担任本州郡的大中正或中正官，负责考察散处在各地的本州郡士人，综合他们的门第（家世官位高低）、德才定出"品"和"状"。品分为上上、上中、上下、中上、中中、中下、下上、下中、下下九等。定品虽也考虑士人的德才，但主要是依据家世官位的资历，所谓"计资定品"。状是根据士人的德才行为定一个简短的评语。在九品中正制推行的初期，还比较重视状，后来选官用人就全凭门第的高低了。如此一来，九品中正制完全成了士族地主垄断仕途的工具。

此制至西晋渐趋完备，南北朝时又有所变化。它上承两汉察举制，下启隋唐之科举，在中国古代政治制度史上占有十分重要的地位，乃中国封建社会三大选官制度之一。从曹魏始至隋唐科举的确立，这期间约存在了400年之久。

"馒头"原是诸葛亮的发明创造吗？

公元225年的秋天，诸葛亮七擒七纵，征服了孟获，班师回蜀。行至泸水，忽然阴云密布，狂风骤起，兵不能渡。孟获曰："此水原有猖神作祸，往来者须祭之。"诸葛亮曰："用何物祭享？"获曰："用七七四十九颗人头并黑牛白羊祭之，自然风恬浪静。"诸

葛亮略加思忖，有了主意。他唤来军中行厨，宰牛杀羊，和面为剂，塑成人头；内以牛羊等肉代之，名曰"蛮头"。并列灯四十九盏，将馒头等物陈设于地。次日，蜀兵安然尽渡泸水。

关于馒头是诸葛亮发明创造之说，元末陶宗仪编的笔记丛书《说郛》中收录的宋人曾三异撰《因话录》也有此论。而旧版《辞源》的解释，是援引明代笔记郎英《七修类稿》："谓本名蛮头。音转讹为馒头也。"1980年版《辞海》也载述："俗传诸葛亮南征……从此始有馒头。"由此可见，《辞海》《辞源》都间接地首肯，馒头是诸葛亮七擒孟获时的发明创造。

曹叡为什么要下令恢复五铢钱？

东汉末年，群雄割据，国库空虚，把持朝纲的太师董卓为了掠夺人民财富，先后在洛阳、长安等地鼓铸后世称之为"董卓小五铢"的铜钱，结果给人民带来了极大的灾难。

曹操在初定北方并担任"汉丞相"（208年）后，开始罢用"董卓小五铢"，恢复铸造五铢钱，但此次恢复汉代币制、平抑物价的努力并未取得明显成效，而以布帛盐谷为一般等价物的交换，一直是重要的贸易手段。其后魏文帝曹丕在黄初二年（221年）三月下诏恢复使用五铢，同年十月即因其无法平抑物价，罢五铢钱，仍以"谷帛"代替钱币进行交换贸易。直到魏明帝曹叡太和元年（227年），司马芝等朝臣"复行五铢钱有利于国，又可减少贸易中的种种不便"提议获准。"魏五铢"再次在魏国被大规模铸造使用，直至其覆灭。

谁是"天下名巧"？

马钧（生卒年不详），字德衡，曾做给事中。为三国时期魏国著名科学家，一生中有多项发明创造。

指南车：曾复原出已失传的指南车。这种指南车上有一个小木人，无论如何向前、向后，还是转弯，小木人的手一直指向南方。

改进织绫机：他曾改进前人所造旧式的织绫机。

翻水车：发明翻水车，叫小孩子转动它，汲来的水自己倾流到地里，翻车里外转动，效率超过平常水车一百倍。

百戏木偶：他用大木头又雕又削，制作了女子奏乐舞蹈的偶像，还有木偶打鼓、吹箫、叠罗汉，还可以使木偶丢木球、掷剑、走绳索、翻筋斗，动作灵活，还有木偶坐堂审案，舂米磨面、斗鸡等各种各样的动作。

改进诸葛连弩：当他看见诸葛连弩时，说："这东西巧是很巧，但还不尽完善。"他做出一种连弩，发箭的力量能增加五倍。

马钧虽是个不善言辞的人，但他却以自己的发明而令人钦佩。当时的文学家傅玄称赞他是"天下之名巧"，史学家裴松之也称赞他"巧思绝世"。

两晋

晋朝早亡的祸根种在什么时候？

晋武帝司马炎统一了天下，结束了东汉末年以来约一百年的分裂割据局面，这在历史上是有一定功绩的。但是另一方面，他的生活十分奢侈腐化。他为祖宗修建了一座富丽堂皇的太庙，为自己修建了豪华的宫殿，搜罗了一万多名年轻美貌的宫女来服侍他。

皇帝带头过奢侈腐化的生活，大臣们也就纷纷跟着他学。太尉何曾每天的伙食费花一万个钱，何曾的儿子何劭每天的伙食费要花两万个钱，天天都吃山珍海味。司马炎还包庇高级士族，让他们胡作非为。西晋初年，司马炎还规定了一个制度，凡是做大官的人，他的亲属可以沾光，免交租税和免服徭役，这叫作荫庇制度。司马炎为了搜刮钱财，采用东汉的办法，规定可以用钱买取官爵，官爵的价钱根据地位高低、职位肥瘦来标定。晋朝十分短命，因为在它建国之初就已经种下了亡国的祸根。

"竹林七贤"真的反对封建礼教吗？

司马氏集团的名声本来就不好，却极力提倡封建礼教，把司马氏的统治说成是天命所归，人人都必须服从。当时有些文人不愿意投靠司马氏集团，却又不敢跟它进行斗争，就采取了消极反抗的办法。他们经常几个人聚集在一起，到竹林山水之乡游逛，故意不拘形迹，披头散发，衣冠不整，表示蔑视权贵，反对礼教。这些人的学问都很好，因此历史上把其中最有名的七个人——阮籍、嵇康、山涛、刘伶、向秀、阮咸、王戎称为"竹林七贤"。

开始的时候，"竹林七贤"都以反对礼教互相标榜，实际上他们是反对司马氏的腐朽的统治。他们从小学的也是封建礼教那一套，所以内心深处并不真正反对封建礼教。只是因为封建礼教被司马氏这一帮士族地主集团利用了，他们认为这是对礼教的践踏，所以就与司马氏集团相反，反对起礼教来了。正是因为他们的内心深处有着这样的矛盾，所以在司马氏集团的威胁利诱之下，"竹林七贤"就逐渐地分化，各奔前程去了。

司马炎是怎么称帝的？

司马炎（236～290年），字安世，为晋王司马昭之长子。其父司马昭曾专擅国政，图谋代魏。未及行事，于公元265年夏暴病而卒，司马炎袭其爵，继相国、晋王位。

司马炎为晋王后，更加紧了称帝代魏的步伐。公元265年，司马炎让魏帝曹奂下诏"禅让"，自己则假意推托，最后在亲信大臣一再"劝进"之下，终于登上了皇帝的宝座，是为西晋武帝，改魏为晋，改元泰始，建都洛阳。以何曾为太尉，贾充为车骑将军；诏除对曹魏宗室的禁锢，封魏帝曹奂为陈留王，曹魏宗室诸王皆为县侯，司马氏宗室皆分封为王。

从此，西晋门阀士族统治的王朝开始了，司马氏三人的苦心经营，终于有了结果，司马氏成为中原名正言顺的统治者。

是谁帮司马炎下定了灭吴的决心？

羊祜（221～278年），字叔子，泰山南城（今山东费县西南）人，西晋开国元勋。

博学能文，清廉正直，娶夏侯霸之女为妻。曾拒绝曹爽和司马昭的多次征辟，后为朝廷公车征拜。司马昭建五等爵制时以功封为钜平子，与荀勖共掌机密。晋代魏后司马炎有吞吴之心，乃命羊祜坐镇襄阳，都督荆州诸军事。

羊祜经十年积蓄，已做了充分的伐吴准备。公元 277 年，羊祜因病重回朝，面陈攻吴之计，力荐杜预镇荆州。公元 278 年，羊祜没有看到灭吴的胜利就与世长辞了。杜预出任镇南大将军，到任后，他先略施小计成功地除掉了自己的对手吴将张政，接着出其不意袭击吴军，并大败之。张政怕朝廷怪罪，便隐而不报。杜预派人把战俘送还东吴。孙皓闻之大怒，调离了张政。杜预于是继续羊祜的伐吴准备工作，一边与镇守益州的王濬及居于朝中的张华内外联络，遥相呼应。在他们的督促下，司马炎终于下定了灭吴的决心。

"八王之乱"乱了多少年？

西晋建立以后，晋武帝吸取了曹魏时没有实权，政权很容易落入他人之手的教训，实行了分封制。泰始元年（265 年）分封宗室 27 个王。在八王之乱前，宗王出任都督的有 6 人。宗王在地方拥有权力和军队，另一方面，西晋平吴后又取消了州郡武备，终于酿成了"八王之乱"。

"八王之乱"前后持续了 16 年（291～306 年），在动乱中军民死亡达 30 万。许多城市遭到洗劫，社会生产受到极大破坏。这是一场统治者内部争权夺利的斗争，是门阀贵族势力膨胀的产物。战争大大削弱了西晋统治集团本身的力量，加剧了社会阶级矛盾，给内迁各族的统治者造成了割据称雄的机会，在这场大乱后 10 年，西晋王朝终于走向灭亡。

谁诛杀贾后谋取了帝位？

永康元年（300 年），赵王司马伦杀贾后，诛大臣张华、裴𬱟，自专政事，以图帝位。

此前，赵王司马伦采纳孙秀的计策，散布有人欲废贾后拥太子的谣言，致使贾后诛杀太子。不久，贾后谋害太子的真相传出宫外，公元 300 年，赵王司马伦联名梁王肜、齐王同矫诏向贾后兴师问罪。司马伦集合禁军，挟持惠帝，斩杀贾谧，又逮捕贾后，废贾后为庶人然后将其毒死。贾后党羽均被灭族。赵王伦除去贾氏后，便以都督中外诸军事、相国、侍中的身份掌握朝政。相府卫兵多达一万多人。又分封诸子、赏爵给孙秀等有功之臣。这样，赵王伦威势愈重，权倾内外，称帝的野心也愈加显露了。

西晋与各民族的关系如何？

西晋时北方、东北和西北，尤其并州和关中一带居住着很多处于不同社会发展阶段的少数民族。惠帝时，氐人齐万年在关中起兵（296～299 年），"秦、雍氐、羌悉反"，郭钦、江统都主张"徙戎"，即把与汉族杂居内地的少数民族集体迁徙到边远之地。他们预见到被压迫的广大少数民族对晋王朝统治的威胁，但建议都未见实行。

备受民族和阶级双重压迫的各少数民族，相继起而反抗。惠帝永兴元年（304 年），率领流民由西北进入益州的氐人李雄在成都称成都王，匈奴五部与杂胡的首领左贤王刘渊在左国城（今山西离石北）称汉王，这是少数民族最初建立的两个政权。愍帝降于汉，西晋亡。以后其他少数民族相继崛起，汉族统治者张氏、李氏也先后在凉州据地自保，形成十六国局面。

西晋流民知多少？

西晋中期以来，士族官僚凭借官吏占田荫客制的特权，在全国范围内出现了不可遏止的土地兼并狂潮。元康以来，又是无年不旱。元康四年（294 年）发生大饥荒。元康七年（297 年），秦、雍二州发生大旱灾。元康以后至永嘉年间，旱蝗灾害持续发生。永嘉元年至六年（307～312 年），幽、并、司、冀、秦、雍六州大蝗。天灾人祸，终于导致了西晋末年的流民大迁徙和流民大起义。当时陕甘地区流徙汉川者有十余万口，流徙鄂北、豫南者达四五万人，并州地区居民更是流迁四散。河北地区亦有四五万人流迁山东、兖州一带。四川地区有四五万人南奔湘、鄂，有一部分进入云南境内。全国流亡总数达30万户，约占西晋全国总户数（377万户）的1/12多。

骄奢成性的石崇是怎么死的？

石崇靠与王恺斗富，在史上留下了奢侈荒唐的骂名。他的死，也是因为他的富，以及由富而生的骄横。

石崇有个小妾名叫绿珠，很受石崇宠爱。相国司马伦的亲信孙秀早就对绿珠垂涎三尺，见自己现在大权在握，就向石崇讨要绿珠。当得知孙秀使者的来意后，石崇勃然大怒，坚决不答应。

孙秀没想到会在石崇身上碰钉子，为了报复石崇，他就劝说司马伦诛杀石崇。石崇得到消息后，就和外甥等人鼓动淮南王司马允和齐王司马冏兴兵讨伐司马伦和孙秀。谁知事情走漏了风声，司马伦抢先一步，假借晋惠帝司马衷的名义，下令逮捕石崇等人。

等囚车把石崇拉到刑场时，他悲哀地叹道："这些奴才是贪图我家的财产。"

行刑的人对他说："知道钱财是祸根，为什么你不早些散发出去？"

最后，石崇连同他的家人一共十五口都被杀死。

王濬的楼船是怎样征服东吴的？

公元280年，司马炎派大将军杜预从中路向江陵进兵，安东将军王浑从东路向横江进兵，王濬则率领水军从西路向秭归进发。东吴太守吾彦为了阻止王濬的大船，就在江面险要的地方打了不少大木桩，钉上大铁链，把大江拦腰截住，又把一丈多高的铁锥安在水面下，使晋国水军没法通过。

但王濬也很有办法，他吩咐晋兵造了几十只很大的木筏，然后派几个水性好的兵士带领这一队木筏随流而下。这些木筏碰到铁锥，那些铁锥的尖头就扎在木筏子底下，被木筏扫掉了。还有那一条条拦在江面的铁链怎么办呢？王濬又在木筏上架着一个个很大的火炬。他让这些装着大火炬的木筏驶在

金谷园图
此图描绘的是西晋富豪石崇与小妾绿珠在金谷园中宴乐的情景。

战船前面，遇到铁链，就烧起熊熊大火，于是那些铁链铁锁都被烧断了。没有了障碍，王濬战船就顺利地打进东吴地界。东吴水军长期没有训练，看到晋军这个来势，吓得没有打就投降了。

谢玄所部为什么称为北府兵？

苻坚强大起来以后，东晋的北面边境经常遭到秦兵的骚扰。东晋朝廷想找一个文武全才的将军去防守边境。谢安把自己的侄儿谢玄推荐给孝武帝。孝武帝把谢玄封为将军，镇守广陵（今江苏扬州市），掌管江北的各路人马。

谢玄是个军事人才。他到了广陵以后，就招兵买马，扩大武装。当时有一批从北方逃难到东晋来的人，纷纷应征。他们中间有个彭城人叫刘牢之，从小练得一身武艺，打仗特别勇猛。谢玄派他担任参军，叫他带领一支精锐的人马。这支人马经过谢玄和刘牢之的严格训练，成了百战百胜的军队。由于这支军队经常驻扎在京口（今江苏镇江市），京口又叫"北府"，所以人们把它叫作"北府兵"。"北府兵"

对淝水之战的胜利起到了重要作用。

"永嘉之乱"是怎样爆发的?

公元 311 年三月，东海孝献王司马越在项县去世，太尉王衍等人一起扶奉司马越的灵柩回东海郡安葬。四月，刘汉王朝皇帝刘聪派大将石勒率骑兵追击司马越的灵车，追到苦县的宁平城，消灭了十几万护送的晋朝军队。

五月，刘聪派始安王刘曜、大将军呼延晏等人进攻西晋都城洛阳。洛阳的军民奋勇抵抗，但是终因寡不敌众，洛阳城被攻陷。刘汉军队攻入洛阳后，烧杀抢掠，无恶不作，他们总计杀死了 3 万多名没有逃走的官员和百姓，并俘虏了来不及逃走的晋怀帝司马炽。后来，刘曜认为天下还没有平定，洛阳四面受敌，不可以据守，就命人放火焚烧了洛阳。

这次变乱发生时正是晋朝永嘉年间，所以历史上把这次事件称之为"永嘉之乱"。

"永嘉之乱"对开发江南有什么影响?

永嘉之乱后上百万的北方农民迁移江南，为江南的开发带来了生力军。北方在经历社会经济倒退时，南方却获得了大开发的机会。

东晋时北方人大量地南移，再经过宋、齐、梁、陈四代，南方的开发逐渐扩展开来。大体上从长江中游向南，湖南的湘水流域、江西的赣水流域、广州的珠江流域，都得到了深度的农业开发，并且连线成面。开发最深入、经济水平最高的还是长江下游地区，如太湖流域，今浙东绍兴、上虞地区等。随着农业经济的开发，商业经济也得到较大的发展。东晋的都城建康（今南京市）及军事重镇荆州和益州都是当时重要的城市，在一些城市的城门外，还兴起了草市，显示着商业经济的活跃。四通八达的长江水运则成为南方经济交流的纽带。

什么是东晋的黄、白籍?

东晋时期，国家把编户的户籍分为黄籍、白籍两种。什么是黄、白籍? 准确地说，白籍是东晋政府为解决在南方的北方侨民归属问题而另设的一种户籍。

西晋永嘉之乱，大量的北方士庶人口为逃避胡人的杀戮，纷纷涌入南方。那时的南方远远落后于北方，南渡的北方大族看不起南方人，不愿泯灭南北界线。在侨居地他们仍打出北方家乡的名号，建起侨郡、侨县，没有在南方定居的打算。依靠北方大族力量草创的东晋政府没有把侨户编入当地的土著户籍，而是采取了一种妥协的办法，正如元代著名史学家胡三省所指出的那样，"不以黄籍籍之，而以白籍，谓以白纸为籍，以别于江左旧来土著也"（《通典·食货志·乡党》）。于是，这种用白纸登记的户籍即白籍，便成为和土著民户旧有的户籍即黄籍并存的侨民户籍。

刘渊是什么人?

刘渊（? ~ 310 年），字元海，南匈奴单于于扶罗之孙，匈奴左贤王刘豹之子。十六国匈奴汉国的创立者。建安二十一年（216 年），曹操分匈奴为五部，以刘豹为左部帅居于新兴（今山西忻州市北），刘豹死后，刘渊代为左部帅。《晋书·刘元海载记》载："汉高祖以宗女为公主，以妻冒顿，约为兄弟，故其子孙遂冒姓刘氏。"刘渊自托冒顿之后，又编了一个类似刘邦斩蛇的谶语故事，为日后起事制造舆论依据。

西晋永兴元年（304 年），刘渊自称汉王，改年号为元熙，追尊刘禅为孝怀皇帝，建立汉国。并州刺史司马腾闻讯，忙率兵前往镇压，部将聂玄与刘渊战于大陵（今山西文水县），聂玄大败。西晋永兴二年（305 年），司马腾再次出兵讨伐刘渊，刘渊派武牙将军刘钦等前往阻击，前后四战四捷，刘钦大胜而还。

永嘉二年（308 年），刘渊正式称帝，迁都平阳，国号为汉。永嘉四年（310 年）七月，刘渊病卒，历位六年。庙号高祖，谥号光文皇帝，葬永光陵。

刘渊是汉化的匈奴贵族后裔，他在西晋

日趋衰败、各地流民纷纷起义反晋的浪潮中，趁势在中原建立了第一个少数民族政权——匈奴汉国政权。汉国政权建立进一步把中原推向战争和动乱，同时改变了曹操以来匈奴五部统治结构，重新恢复了匈奴传统旧制。但从少数民族对汉人的长期统治过程中，为各民族之间深层次的融合准备了条件。

刘聪为什么杀怀、愍二帝？

公元 311 年，刘汉皇帝刘聪派遣大军进犯洛阳，抓住了晋怀帝司马炽。公元 313 年正月，刘聪在光极殿宴请群臣，让司马炽身穿青衣为大家倒酒。宴席上庾珉、王隽等晋朝的遗臣看了不胜悲愤，禁不住放声大哭。刘聪看到晋朝的遗臣对司马炽这样有感情，非常厌恶。于是刘聪以庾珉等晋朝遗臣阴谋叛乱为名，杀死了司马炽等人。

司马炽死后，在长安的晋朝官员就拥立司马炽的侄子司马邺继承皇位，这就是晋愍帝。

公元 316 年十一月，刘聪的大军攻下长安，晋愍帝司马邺投降。过了不久，晋朝的大将赵固进攻刘汉的领地河东，刘汉大将刘粲率领军队迎战。赵固扬言要活捉刘粲，用他赎回晋愍帝司马邺。刘粲听说后就向刘聪上表说："司马邺如果死了，晋朝的百姓就没了盼头，就不会再被赵固利用了，这样一来他们就会不攻自灭了。"刘聪觉到刘粲说得有理，于是就杀害了司马邺。

石勒为什么将司马越挫骨扬灰？

自从惠帝死后，东海王司马越让皇太弟司马炽即位，是为怀帝。司马越根本没把怀帝放在眼里。他自封为丞相之后，便坐镇许昌，后来又移师荥阳，遥控身居洛阳的怀帝。不料怀帝趁他不在洛阳之机，培植了一大批心腹。但是消息很快传到司马越耳中，这下可惹恼了他。他将怀帝的心腹统统杀死了。

后来，刘渊在蒲子城称帝，国号大汉，派部将石勒等征讨西晋。司马越死后，他的手下王衍派人送他的尸体回东海国，路遇石勒大军。石勒痛恨东海王，觉得晋廷大乱、生灵涂炭，都是此人过错，生不得活擒，死也要惩处。于是命人将东海王的尸体焚烧，然后将骨灰扬掉，以此恶人下场，惩戒后人。

后赵石勒是怎么起家的？

石勒（274 ~ 333 年）即后赵明帝，字世龙，原名匐勒，上党武乡（今山西榆社北）人，羯族。公元 319 ~ 333 年在位，从奴隶做到皇帝，是整个世界历史上的唯一一人。

石勒从公元 305 年起兵后，辗转归于汉刘渊，为渊部将。公元 311 年石勒军全歼西晋主力，并会同刘曜、王弥之众攻破洛阳。公元 312 年以后，石勒以襄国为基地，发展成为今河北、山东地区的割据势力。公元 318 年，汉内乱，他率军攻破汉都平阳（今山西临汾西）。

公元 319 年，刘曜自立为帝，建前赵，迁都长安。石勒脱离前赵，自称大单于、赵王，定都襄国，史称后赵。石勒攻灭鲜卑段氏，又进据河南、皖北、鲁北。公元 329 年攻破长安、上邽，灭前赵，并有关陇。至此，北方除辽东慕容氏和河西张氏外，皆为石勒所统一。公元 330 年，石勒改称大赵天王、行皇帝事，同年称帝。

石勒为什么要设立君子营？

石勒出身低微，早年饱经忧患。他富于军事才能，政治上也颇有识度，自比在刘邦（即汉高祖刘邦）、刘秀（即汉光武帝刘秀）之间，鄙视曹操（即魏武帝曹操）、司马懿欺负孤儿寡妇以取天下。

石勒深以自己是胡人为耻，甚至创造出一个"国人"的称号来给自己族人命名。但凡在他面前提"胡人"两个字的，都被其虐杀掉。后来身死族灭，他的"国人"集体也化为灰烬。石勒的主要参谋张宾是汉人，他攻下冀州郡县堡壁后，网罗"衣冠人物"，组成"君子营"。后赵建立后，"典定士族"，区分士庶。选拔人才的办法，大致也是沿用九品中正制。

石虎是如何揽权的？

石虎是后赵开国君主石勒的侄儿。石勒临终前，石虎威迫太子石弘把曾劝石勒除掉自己的大臣程遐和徐光逮捕入狱。石勒死后，石虎明白石勒尸骨未寒，就这样强登上皇位只会众叛亲离，因此他就演了出曹操的"挟天子以令诸侯"的戏，由石弘登位。

石弘登基后便被石虎所逼，封他为丞相、魏王、大单于，再封土地。而他的三个儿子都被封为拥有军权的职位，至于他的亲人和亲信都被安排在有大权的职位上。石弘只是一个傀儡皇帝。到了东晋咸和九年（334年），石虎撕下假面具逼石弘让位，自称"天王"，并把石弘及他的亲人都幽禁起来，旋即杀死他们。

石虎有什么暴行？

后赵武帝石虎（295～349年），字季龙，上党武乡（今山西榆社北）人，羯族。中国五胡十六国时代中，后赵的第三位皇帝。庙号太祖，谥号武帝。公元333年，石勒驾崩，其皇位由儿子石弘继承。翌年，石虎废杀石弘，自立为王。至公元335年，其首都由襄国（今中国河北邢台）迁至邺（今河北邯郸市临漳县城西南二十公里邺城遗址）。石虎在位期间，表现了其残暴的一面，因此被认为是五胡十六国中的暴君。

石虎生性残暴，杀人如麻。当上皇帝后，他为了进行西征和东征，征用了50万人制造武器，17万人制造战船。石虎听了一个僧人的胡言乱语后，便征发男女10多万人修筑园苑。大臣们反复劝谏，但石虎铁了心，命令点起蜡烛夜里继续干。狂风裹着暴雨，吹灭了蜡烛，石虎又命令工匠们摸着黑干，导致几万人丧失生命。

太子石宣杀了石虎的另一个儿子，石

虎就把石宣骗进宫关起来。不久，石虎在邺城北部堆起干柴，让石宣的亲信把石宣拖到了干柴上面。石虎又派人把石宣的手脚砍断，挖出眼睛和肠子，然后点燃了干柴，把石宣给活活烧死了。石虎还是觉得不解恨，又下令把石宣的妻子儿女通通杀掉，石宣9岁的小儿子也未能幸免。公元349年，石虎病死。

陶渊明辞官的原因是什么？

陶渊明（约365～427年），一名陶潜，浔阳柴桑（今江西九江西南）人。他的曾祖父就是东晋著名的大将军陶侃。陶渊明从小博览群书，养成了寡言少语、厌恶虚荣、不贪富贵的高洁性格。

公元405年，陶渊明41岁时，被推荐到彭泽（今江西九江东北）当了县令。

一天，衙役来报：郡里派的督邮要到彭泽视察。那个督邮陶渊明认识，是个专门依仗权势、阿谀逢迎，却又无知无识的花花公子。陶渊明想到自己将要整冠束带、强作笑脸去迎候这种小人，实在忍受不了。他的倔脾气又发作了："我怎么能为了这五斗米官俸，去向那种卑鄙小人折腰呢？"于是，陶渊明离开衙门，乘船离开了彭泽。

魏晋时期有哪些名医？

魏晋时期，战乱频仍、瘟疫横行，由此医药学得到了迅速的发展。懂医的人广布社会，名医、名著之多，都为历代罕见。

生活在汉魏之际、被后世誉为"医圣"的张仲景，著有《伤寒论》《金匮要略》等堪称永垂千古的医经。

与张仲景同时代的另一名医是华佗。华佗善内、外、妇、儿诸科，并精通针灸，尤其引人注意的是他技艺精湛的外科手术。他发明了一种名为"麻沸散"的麻醉剂。华佗还发明了五禽之戏，这是模仿虎、鹿、熊、猿、鸟五种动物动作编排的拳法，有强身祛病的功效。

西晋时期的名医当属王熙和皇甫谧了。王熙以著《脉经》而闻名于世。这部书是保存至今最早的脉学著作。皇甫谧是西晋最著名的学者，他编纂了《针灸甲乙经》和《依诸方撰》等医学名著。

东晋时期的葛洪精通医术，曾采录各名家验方集成《金匮药方》百卷。

刘涓子是东晋末年的外科医生，他将临床经验编纂成《痈疽方》一书，后被人改编修定成《刘涓子鬼遗方》十卷。

西晋灭亡的原因是什么？

西晋王朝的旋生旋灭，是大一统帝制文化阶段性走到尽头的结果。西晋败亡的直接原因是"八王之乱"，但更深层的原因是东汉以来世家大族的势力膨胀，妨碍了统一王朝的稳固。

从主观上看，作为王朝官僚阶层主干力量的世家大族，未必有意地要分裂，充其量只是维护自己的既得利益，但问题出在这个阶层由于获得了太多的既得利益而变得无所作为、精神腐朽。自从曹丕实行"九品中正制"以来，已经形成"上品无寒门，下品无士族"的局面。由于这个阶层高官厚禄可以世袭，带来的多是腐败的后果。这后果主要有两点，一个重要表现是士人的不恤国事，另一个重要表现是奢侈腐朽。而奢侈的生活要维持，只有一个办法，就是千方百计地搜刮民财，于是贪污受贿之风大行。

所以，西晋灭亡的原因及其后果就是：从西汉重儒术起，几百年培育起的一个对维系社会政治有重要职责的阶层，到汉晋之际，已经被权力腐蚀，负不起它应负的政治责任，因此，西晋灭亡是必然的。

乞活军是怎么回事？

乞活军，五胡十六国时期活跃于黄河南北的汉族武装流民集团，被认为是中国古代最凶猛强劲的特种部队。

西晋末年，并州（今山西省一带）匈奴人、羯人起兵叛乱，大肆屠杀抢掠，并州大饥，光熙元年（306年），并州百姓及士兵官吏两万余户在刺史司马腾率领下逃难求食，就谷冀州，后形成号为"乞活"的难民集团。

乞活，顾名思义，乱世中乞求活命自保也，其悲壮凄惨情形可见一斑。乞活军的基本成分是汉族流亡农民，虽然其中一部分人此前的身份并非农民，而是原并州官吏、士大夫、士兵，但是一方面他们在流民中所占的比例较小，另一方面当他们加入流民行列后，实际上已失去了先前的身份地位，脱离了原来的组织系统，并参与农业生产，也成为流亡农民的一部分。

"王与马共天下"说的是什么意思？

永嘉之乱后，以王导为首的王氏士族集团辅佐琅琊王司马睿，王导的堂兄弟、王羲之的父亲王旷以当时北方夷族太多为由，建议司马睿南渡，把首都定在南京，实施战略转移，而此前，王导、王旷已经南下"开辟"了根据地。

于是在公元313年，历史上发生了著名的永嘉南渡，整个中原地区的北方名门望族和精英，以及政府机构、官员，甚至士族家中的奴婢、部曲和鸡、鸭、牛、马都被带过了长江。这次以门阀士族为主要力量的大迁徙共有90多万人，琅琊王氏是其中最重要一支。公元317年，司马睿在建康（今南京）重建晋室，史称东晋。由于对司马政权的大力支持和艰苦经营，琅琊王氏被司马睿称为"第一望族"，并欲与之平分天下。王氏势力最大的时候，朝中官员75%以上是王家的或者与王家相关的人，真正的是"王与马，共天下"。

王敦反晋是怎么回事？

王敦反晋是东晋初年士族军阀王敦篡夺帝位的叛乱。

王敦是东晋司徒王导从兄。东晋建立，他官至镇东大将军，执掌军事重权，渐有篡位野心。他镇守武昌，位处都城建康（今江苏南京）上游，对东晋政权构成威胁。晋元帝命刘隗、戴渊各率兵万人，分屯合肥、泗口（今江苏清江西南），监视王敦。永昌元年（322 年）王敦以诛刘隗为名自武昌发兵东下，其党羽江东士族沈充也起兵响应。叛兵攻陷建康，杀戴渊等人。刘隗北逃，投石勒。元帝病卒。晋太子司马绍即位，是为明帝。王敦移镇姑孰（今安徽当涂），自任扬州牧。太宁二年（324 年）王敦病重，明帝诏王导等率军讨叛。王敦以兄王含为元帅，发兵三万复攻建康。不久，王敦病卒，叛军大溃，余党悉平。

司马绍是怎样平定王敦叛乱的？

晋元帝去世后，他的儿子司马绍继位，是为晋明帝。大将军王敦阴谋篡夺皇位，但因自己病体沉重，只得让钱凤和哥哥王含带兵向建康进发。过了不久，王含和钱凤率领水军和步兵五万人到达秦淮河南岸，温峤烧毁了秦淮河上的浮桥进行阻截。司马绍让将军段秀率领刚招募来的一千名勇士强渡秦淮河，突袭王含和钱凤的军队，结果大获全胜。王敦听到王含战败的消息后，气极身亡。

过了几天，苏峻和刘遐应召率领的一万精兵到达建康。沈充和钱凤的军队夜里乘机发起进攻，眼看建康不保。这时，刘遐和苏峻从南塘侧面突然杀来，沈充和钱凤一时措手不及，急忙率兵后撤。退到秦淮河边，刘遐和苏峻在后面追杀，沈充和钱凤的部下淹死了三千多人。

接下来，军队乘胜追赶，王含、钱凤、沈充等人在逃跑途中先后被杀，朝廷终于将这场叛乱镇压了下去。

军事家杜预有何贡献？

杜预（222 ~ 285 年），字元凯，京兆杜陵（今陕西西安东南）人。杜预号称"杜武库"，喜读《左传》，自称"左传癖"。

杜预任度支尚书数年，提出或实行了许多有利于朝廷和百姓的举措。公元 278 年接任去世的羊祜都督荆州军事，开始为灭吴做准备，他选精兵袭击吴西陵督、名将张政，获胜，随又送还所获，以离间吴君臣，使吴主在晋大举进攻之前，将张政撤换，削弱了吴军守备。

公元 279 年，杜预和张华等力排众议，使司马炎决定伐吴。公元 280 年晋灭吴之战中杜预担任总指挥。他陈兵江陵，派部将周奇等沿江西上策应王濬，为晋军水师东下，实施水陆并进计划起了重要作用。王濬至西陵，杜预即致书激励其取胜后顺流直取吴都建业，又令所部配合东进，一举灭吴。

晋灭吴后，杜预认为天下虽安，忘战必危，于是勤讲军备，严求戍守，交错屯兵于要地，以巩固安定局势。

陶侃是个怎样的人？

陶侃（259 ~ 334 年），字士行（或作士衡），汉族，本为鄱阳（今江西鄱阳）人，后徙庐江浔阳（今江西九江西）。中国东晋时期名将，大司马。初为县吏，渐至郡守。永嘉五年（311 年），任武昌太守。建兴元年（313 年），任荆州刺史。后任荆、江二州刺史，都督八州诸军事。

陶侃精勤吏职，不喜饮酒、赌博，为人称道。是我国晋代著名诗人陶渊明的曾祖父。陶侃是一代名将，在东晋的建立过程中，对稳定东晋初年动荡不安的政局，他颇有建树。他出身贫寒，在西晋风云变幻中，竟冲破门阀政治为寒门入仕设置的重重障碍，当上东晋炙手可热的荆州刺史，而颇有治绩。《晋书》《世说新语》等史书中，记载了不少有关他的趣闻逸事。他还是个有争议的人物，赞扬的、贬斥的，以及为他辩诬的人都有。

什么是侨置？

侨置，是我国古代政权在战争状态下，政府对沦陷地区迁出的移民进行异地安置，为其重建州郡县，仍用其旧名的行政管理制度。

侨置制度，最初始于东汉之玄菟郡及所领高句丽、上殷台、西盖马三县，玄菟郡三县受高句丽威胁而沦陷，失土后内迁至辽东郡境内得以重建，仍用旧名。东晋时期，北方国土大片沦陷，侨置郡县在南方大量设置，历经南北朝延续，隋统一后废除。唐朝国土辽阔，边疆郡县常遭攻袭，也曾为沦陷地区百姓设立侨置郡县。宋元之际，国土割裂，多方对峙，侨置制度也有出现。

什么是土断？

土断，东晋、南朝整理户籍及调整地方行政区划的政策。指以现居地为准，将人户著之于籍。其旨意、方法因时而有差异。

西晋武帝太康五年（284年），汝南王司马亮、司空卫瓘上疏，咸用土断，使举善进才，各由乡论，以纠九品中正制之流弊，是为土断之始。晋廷东迁后，北方侨人日月徙，南方流民去来纷杂。政府为明考课、定税收，先后于成帝咸和中、咸康七年（341年）、哀帝兴宁二年（364年）和安帝义熙九年（413年）多次实行土断。其中后两次分别由大司马桓温和太傅刘裕主持，史称"庚戌土断"及"义熙土断"，一时"财阜国丰"，"豪强肃然"。

庾翼北伐为何受阻？

庾翼（305～345年），东晋大臣。字稚恭，颍川鄢陵（今河南鄢陵西北）人。庾亮弟。风仪秀伟，年少时就有经纶大略，当时与杜乂、殷浩等以才名冠世。初为陶侃太尉府参军，累迁南蛮校尉，领南郡太守。咸康六年（340年），庾亮死后，庾翼代镇武昌，任都督江、荆、司、雍、梁、益六州诸军事，荆州刺史。

庾翼很有才能，治理地方非常得力。他以北伐为己任，联络当时仍臣服于东晋的燕王慕容皝、凉州张骏，准备大举北伐。建元元年（343年）七月，后赵汝南太守戴开率领数千人投降。东晋朝廷下诏经略中原，庾翼准备率领部下全部人马北伐。但后来梁州

刺史桓宣在丹水失利，桓宣被贬职，因愤而死。这时晋康帝又死去，新帝即位，北伐的行动被迫停止。庾翼仍在积极储备粮草，制造兵器，准备北伐。但未等到时机，庾翼就去世了。庾氏家族所策划的北伐行动就此结束了。庾翼可以说是壮志未酬。但由于庾翼的提拔，东晋北伐的重要人物——桓温开始进入军队发展，可以说庾翼为桓温的北伐做了铺垫。

前赵为什么土崩瓦解？

东晋时期，前后赵兵事频繁。有一年，前赵皇帝刘曜领兵南下攻打洛阳。洛阳守将一面派人向石勒报警，一面加强防守全力抵御。

石勒闻讯十分焦急，立即驰援洛阳。再说刘曜，有时心血来潮，也会发奋苦干一番，热火劲一过，依然醉生梦死。目前战事正紧，刘曜却在大帐内终日饮酒作乐，把打仗当作儿戏一般。听到石勒军的进攻时，刘曜宿酒还未醒，只觉得头昏脑涨，疑是酒力未足，命人拿酒来，牛饮般一连灌下几大斗。石勒军能征善战，很快将刘曜军击溃。此时刘曜已是烂醉如泥，左右侍从随着他窜来窜去，后身中数箭被俘。公元328年十一月，刘曜被石勒所杀。第二年八月，石虎将其儿子刘熙俘获。自刘曜称帝，到刘熙被俘，前后共11年。至此，前赵被石勒所灭。

为什么说王衍清谈误国？

晋惠帝时期，一些朝廷士族名流相聚不谈国事与俗务，专喜谈论以老庄、周易为主的玄学问题。这种谈话当时比较风行，人们称它为"清谈"。

王衍当时在朝中任尚书令，他经常与河南尹乐广凑在一起清谈，朝廷内外的人都争相效仿他们。当初何晏等人继承老庄学说，他们认为："天地万物，都以'无'作为根本。所谓'无'，就是滋生万物，成就万事，无论到哪儿都存在的东西。所以'无'所到之处，没有爵位也照样富贵。"王衍非常认同何晏

的学说。朝廷中的士大夫知道后，就都把虚浮放诞看作美好的行为，而荒废了正业。

到了公元 311 年四月，石勒在苦县宁平城大败晋军，消灭了十几万晋朝军队。王衍被俘，最后被石勒推倒的墙壁压死了。

什么叫"十六国"？

"十六国"是指自西晋末年到北魏统一北方期间，曾在中国北部境内所建立的政权。指前凉、后凉、南凉、西凉、北凉、前赵、后赵、前秦、后秦、西秦、前燕、后燕、南燕、北燕、夏和成汉。

西晋在曹魏统一北方，进而晋武帝灭孙吴统一中国之后，本可以继续秦汉统一之格局，但是司马王朝走的是门阀政体（指政权主要由少数几个高门显族的人物掌握）之局。晋惠帝末年的"八王之乱"，和其他的外患导致中原沦陷，边陲不保，群雄混战，生灵涂炭。北方的黄河流域则成为各少数民族的逐鹿之地，直至东晋灭亡。

是谁结束了十六国战乱局面？

前秦建元十二年（376 年），前秦攻灭前凉与鲜卑拓跋氏的代国，统一北方。

公元 370 年，前秦灭掉了北方最具实力的强敌前燕。前秦与前凉早有臣属关系，公元 366 年，前凉国君张天锡派人通知前秦，断绝双方外交关系，苻坚派兵攻打前凉，张天锡再次向苻坚称臣。半年后，张天锡又一次背弃前秦。公元 376 年苻坚派遣毛盛、姚表等人率 13 万人大军伐前凉，一路势如破竹，张天锡出降，前凉亡。灭凉之后，苻坚乘军队士气高涨之时，于公元 376 年冬，遣苻洛率军 10 万，俱难、邓羌等率兵 20 万分兵击代，代国军队不堪一击，国君什翼犍出逃，不久，又回到云中（今内蒙古和林格尔县北），代国又发生内乱，前秦趁机击云中，杀什翼犍之子寔君，代亡。至此，前秦基本统一了北方，与南方的东晋政权以淮水为界，南北对峙。

为什么说后秦政权汉化很深？

前秦于淝水战败后土崩瓦解。太元十一年（386 年），姚苌夺得长安，称帝建元，建国号为大秦，史称后秦。

姚氏所建立的后秦名义上是一个以羌人为统治民族的政权，而实际上带有浓厚的汉族传统政治色彩。几代皇帝都汉化很深，酷爱汉族传统文化。后秦政权的政治措施，与魏晋政权没有任何相违背的地方。在统治集团中，羌人占有一定比重，但羌人的民族特征已不显著。比如他们普遍改为汉姓，改习汉话。风俗习惯也已汉化，姚兴葬母完全使用的是汉人的礼仪。甚至后秦政权对尚未汉化的羌人都不再视为同族，多次出兵征讨。所以在不少汉人眼中他们不再被看成异族。后秦尚未亡国，管辖区的羌人就已同化到汉人中去了。

后秦是被谁灭亡的？

由羌族贵族姚苌建立起来的后秦，历来威胁东晋。二月，后秦国主姚兴病死，太子姚泓即位，兄弟争位相杀，关中骚乱。四月，西秦主乞伏炽磐侵犯秦边；六月，并州（治今山西太原西北）匈奴部落聚众叛乱。同时，夏国赫连勃勃乘机起兵扰秦边境。后秦因此内外交困，国力大减。八月，刘裕乘机兴师伐秦。以其长子刘义符和亲信刘穆之等留守建康（今南京），亲率大军，兵分五路征讨后秦。

次年七月，刘裕大将沈田子、傅弘之入武关，秦守将弃城而走。沈田子进驻青泥（今陕西蓝田）。秦主姚泓遣给事黄门侍郎姚和都屯峣柳（今陕西蓝田境）以拒沈、傅。八月，刘裕到阌乡（今河南灵宝乡）。姚泓欲率军击刘裕，恐沈田子等袭击其后，遂先击沈田子。姚泓率步骑数万人至青泥，沈田子军仅千余人，先发制敌，乘后秦营阵未立，首先出击，大败后秦兵，斩万余人，姚泓逃还灞上（今西安东）。王镇恶引水军自黄河进入渭水，直逼长安，后秦将军姚难自香城（今陕西朝邑东）回救长安。王镇恶率兵追击。姚泓从灞上引兵回屯石桥（今长安城洛门东北），援接姚难。镇北将军姚强与姚难在泾上（今泾河入渭之口）会合，共拒王镇恶。王镇恶遣毛德祖进击，破之。姚强战死，姚难逃往长安。刘裕遂挥师进逼秦军。姚泓急遣姚丕守渭桥（在今长安城北），辅国将军胡翼度守城东北之石积，姚赞守灞东（灞水以东）。姚泓则自屯逍遥园（长安城西）。

八月二十三日，王镇恶军到达渭桥，弃舟上岸，攻姚丕，大破之。姚泓与姚赞引兵来救，遇姚丕部败退，自相践踏，不战而溃。姚泓单骑还宫，王镇恶自平朔门（长安北门）攻入长安。姚泓出降。后秦亡。

桓温为什么图谋篡权？

桓温（312～373年），东晋谯国龙亢（今安徽怀远西北）人。先祖曹魏忠臣桓范，父桓彝是晋元帝"百六掾"之一，后死于苏峻之乱，桓温枕戈泣血18岁那年手刃父仇，步入仕途。后任荆州刺史，曾经溯大江（长江）之上剿灭盘踞在蜀地的"成汉"政权，又三次出兵北伐。

桓温北伐兵败后，决定废立晋帝重树威信。公元371年，桓温废去晋帝司马奕，另立司马昱为帝，是为晋简文帝。第二年，简文帝病重，临死前留下遗诏，让太子司马曜继位。桓温本以为简文帝会将帝位让给自己，听到这个消息十分失望，一怒之下领兵进入建康。

桓温进京后发觉士族大臣对自己不服，一时也不敢轻举妄动，经过再三思虑，决定将称帝之事循序进行。他上表朝廷，要求加九锡。这事非同小可，是禅让的前奏。吏部尚书谢安见桓温年老多病，便故意拖延办理，九个月以后，不可一世的桓温终于去世。

桓温死后，谢安广施仁政，发展生产，安定人心。他又整顿朝纲，使得上下同心。经过一段时间的努力，东晋朝廷渐渐强大起

来，局势又趋稳定。

为什么苻生被称为暴君？

苻生的朝堂与其说是朝堂，还不如说是刑场。这位暴君在会见大臣时，总是凶器不离手，看着谁不顺眼就把他收拾掉。仅仅一年时间，他就把宗室、功臣、外戚杀得一干二净。以丞相雷弱儿为例，不仅本人惨遭杀害，他的9个儿子、27个孙子也都成了苻生的刀下鬼。

苻生的暴行还有：随意杀死不顺眼的妻妾，把尸体扔到渭水中。把囚徒的脸皮剥掉，然后让他们在宫中唱歌跳舞。太医程延犯了他的忌讳，被他亲手挖出双眼后处死。被这位喜怒无常的杀人魔王以截胫、挖眼、锯头等种种残忍的手段迫害至死的，不计其数。

总之，苻生展示在我们面前的既没有皇恩浩荡，亦无半点皇帝的威仪，而是活脱脱一个缺乏教养的无赖，一个戴着皇冠的流氓，一个拥有权力的恶棍和一头披着人皮的野兽。

苻坚是怎样夺权与治国的？

苻坚（338~385年），字永固，又名文玉。他与前秦王苻生是同祖的叔伯兄弟。王猛反对上层士人脱离实际地清谈玄学，主张务实，有修身、齐家、治国、平天下的抱负。苻坚找到王猛，两人一见如故。通过宫廷政变诛杀苻生后，苻坚取得政权，改称大秦天王。

苻坚着手改革前朝弊政。首先，他清除了一些替苻生出坏主意的佞幸小人。然后，他起用一批有真才实学、品德高尚的人为官。其中，王猛被提升为尚书左丞，掌握朝廷的行政大权。在苻坚的支持下，王猛采取措施，鼓励、发展生产，特别是农业生产。王猛重视教育事业，在各地兴办了许多学校。苻坚坚决支持王猛打击氐族豪强的行动，平抑了阶级矛盾。经过苻坚的拨乱反正，前秦出现一片太平盛世的景象。

王猛是个什么样的人？

王猛（325～375年），字景略，北海剧县（今山东寿光南）人，以卖畚箕为生。他自幼博览兵书，志向远大，但他耿介拔俗，恃才放旷，不肯迎合世人，行为谈吐常有些怪异，因此不为凡俗之流所赏识。

晋穆帝永和十年（354年），桓温伐关中时，曾于霸上驻军。王猛听说后，就前去拜访他。当时王猛身披短袄，鬓发蓬乱，看起来貌不惊人，还有些寒酸。桓温见此奇人，他问王猛："我奉天子之命进驻关中，替百姓除害，为何关中豪杰无人来见我？"王猛答道："将军行军千里，深入敌境，离长安仅咫尺之遥时，却又屯兵不动了，大家看不透你的心思，所以没有人来欢迎你。"王猛的话，正说中桓温的心思。桓温是个野心家，他出师北伐，是为了捞取政治资本，所以他屯兵霸上，做出可进可退的姿态，以便伸手向东晋朝廷要权、要钱、要粮、要兵。

桓温觉得王猛很有谋略，有心重用他，可是王猛没有下决心跟随桓温，而是留在北方了。后来他辅佐苻坚，做了前秦的丞相。

王猛辅政从哪里入手？

王猛辅政，从整治豪强入手。时前秦豪强横行霸道，无恶不作，尤其豪强的老巢——始平，百姓深受其害。王猛为始平令，先将一位民愤极大的官吏鞭打至死，当地豪强为之大惊，稍有收敛。豪强多视王猛为眼中钉。氐族豪强樊世，自恃有功，当众辱骂王猛，与王猛论事，甚至要动手打王猛。苻坚大怒，斩杀樊世，群臣于是惊惧。

公元359年，王猛为侍中、中书令、领京兆尹。强太后之弟强德为长安一霸，恃强作恶，抢人财货，掠人妻女。王猛将他斩于市，同时惩办诛杀不法分子20多人。于是社会风气大为好转，路不拾遗，夜不闭户，风化大行。王猛自公元359年任相到公元375年（建元十一年）去世，为政公允，留意拔擢人才，劝课农桑，开山泽之利，公私均可享；设立学校，崇儒学，正民风；厉行法治，罪罚得当；人民得以休息后，又缮兵甲，修武备。秦国遂国富民安兵强。

"东山再起"的由来有什么典故？

谢安（320～385年），陈郡阳夏（今河南太康）人，出身士族，年轻的时候，跟王羲之是好朋友，经常在会稽东山游览山水，吟诗谈文。他在当时的士大夫阶层中名望很大，大家都认为他是个很有才干的人。但是他宁愿隐居在东山，不愿做官。有人推举他做官，他上任一个多月，就不想干了。当时在士大夫中间流传着一句话："谢安不出来做官，叫百姓怎么办？"

到了40多岁的时候，他才重新出来做官。因为谢安长期隐居在东山，所以后来把他重新出来做官这样的事称为"东山再起"。

东山携伎图

前秦在淝水之战中为什么会失败？

公元383年，当时中国北方的前秦欲灭南方的东晋。前秦苻坚带领八十余万军队攻打东晋，东晋谢玄仅以八万军力对抗前秦军。

苻坚把大军留在项城，亲自率领八千名

骑兵赶到前线寿阳，然后派了一个使者到晋军大营去劝降。那个派出的使者恰恰是前几年在襄阳坚决抵抗过秦军，后来被俘虏的朱序。朱序到晋营后，反而向谢石提供了秦军的情报。谢石、谢玄派北府兵的名将刘牢之对洛涧的秦军发起突然袭击。洛涧大捷，大大鼓舞了晋军的士气。晋军乘胜前进，直到淝水（今淝河，在安徽寿县南）东岸，把人马驻扎在八公山边，和驻扎寿阳的秦军隔岸对峙。

符坚听到洛涧失守，信心动摇。谢玄派人给符坚送去一封信，希望前秦军稍稍后退，让晋军登岸，双方进行决战。符坚本来想撤出一个阵地就回过头来总攻，没料到许多秦兵一半由于厌恶战争，一半由于害怕晋军，一听到后撤的命令，撒腿就跑。谢玄趁势飞快渡过淝水，向秦军猛攻。更加上朱序在秦军阵后大喊"秦兵败了"，付融在乱军中被砍死，主将一死，秦兵更是四处乱奔。前秦军大败。

刘裕是如何灭南燕的？

义熙五年（409 年）正月，南燕帝慕容超嫌宫廷乐师不够，欲对东晋用兵掠取。二月，慕容超进击东晋宿豫（今江苏宿迁东南），掠走百姓 2500 人。刘裕为抗击南燕，外扬声威，于四月自建康（今南京）率舟师溯淮水入泗水。

南燕鲜卑人恃勇轻敌，对晋军进入其境不以为虑。慕容超没有采纳征房将军公孙五楼"凭据大岘山（今山东沂山）之险，使晋军不能深入"或"坚壁清野""断晋粮道"之良策。

六月，刘裕未遇抵抗，过莒县（今属山东），越大岘山。晋军进抵临朐南，慕容超派精骑前后夹击。刘裕采纳参军胡藩之策，遣胡藩及谘议参军檀韶、建威将军向弥率军绕至燕军之后，乘虚攻克临朐。之后，刘裕纵兵追击，大败燕军，段晖等十余将被斩。慕容超逃还广固。刘裕乘胜追击北上，攻克广固外城。慕容超退守内城。慕容超被困于

广固内城，先后遣尚书郎张钢、尚书令韩范，驰往后秦求援。

七月，后秦主姚兴派卫将军姚强率步、骑兵一万，与洛阳（河南洛阳东北）守将姚绍汇合，统兵共救南燕。不久，姚兴被夏主刘勃勃击败于贰城（今陕西黄陵西北），遂令姚强撤周长安（今西安西北）。慕容超久困于广固，不见后秦援兵，欲割大岘山以南与东晋为条件，称藩于东晋，刘裕不允。

六年（410 年）二月，南燕贺赖卢、公孙五楼率军挖地道出击晋军，被击败，退回内城。刘裕乘机四面攻城，南燕尚书悦寿打开城门迎降，晋军攻入广固内城。慕容超率数十骑突围而走，被晋军追获，送至建康斩首，南燕亡。

刘裕是如何打败魏军的？

晋安帝复位后，刘裕掌握了东晋大权。为了提高自己的威望，刘裕决定发动北伐。

公元 409 年，刘裕首次北伐灭了南燕。几年之后，他再次北伐进攻后秦。他派大将王镇恶、檀道济带领步兵，从淮河一带出兵向洛阳方向进攻，自己亲自率领水军沿着黄河进军。那时候，北方鲜卑族建立的北魏开始强大起来，它的势力已经发展到黄河北岸。北魏在北岸集结了十万大军，威胁晋军。刘裕的水军沿着黄河前进，不断受到魏兵的攻击。

刘裕为了防止魏军的骚扰，顺利进军，就派了一个将军带了七百兵士、一百辆兵车登上北岸，沿岸摆开一个半圆形的阵势，两翼紧紧靠着河岸，中间鼓出，当中的一辆兵车上竖了一根白羽毛。因为这种布阵形状像个月钩，所以名叫"却月阵"。魏军不明敌情，所以按兵不动。

后来，只见晋军中间车上有人举起白羽毛，两侧就涌出了二千名兵士，带着一百张大弓，奔向兵车。

魏兵看到晋军没有什么特异之处，就集中三万骑兵向河岸猛攻。

但令魏军没有料到的是却月阵后面另外

布置好了一千多支长矛，装在大弓上。这种长矛有三四尺长，矛头锋利。晋军兵士们用大铁锤敲动大弓，那长矛就向魏军飞去，每支长矛能射杀三四个魏兵，三万名魏兵伤亡惨重，很快全线崩溃。晋军又乘胜追击，刘裕成功打退魏军，打通了沿黄河西进的道路，顺利西进。然后与王镇恶和檀道济带领的步兵汇合，灭了后秦。

魏晋为什么盛行玄学和清谈？

中国魏晋时期出现的一种崇尚老庄的思潮，一般特指魏晋玄学。魏晋玄学的主要代表人物有何晏、王弼、阮籍、嵇康、向秀、郭象等。魏人何晏、王弼倡玄学，竟清谈。清谈的内容是谈玄论道，剖析妙理，提倡放荡，是老庄思想的发展。

玄学盛行于魏晋至隋唐，这和当时的社会有着密切的联系。魏晋是一个战乱不断的年代，老百姓及当时的知识分子时刻存在朝不保夕的感觉，所以谈学说易成为在当时社会茶余饭后的主要活动，以此来暂时达到精神世界的满足，回避如此残酷的现实。有一句话可以概括玄学的特色：隋唐精神，魏晋风骨。

"璇玑图"有什么样的故事？

苏蕙，字若兰，前秦始平人，生长于当地的一个富实人家。她肤色细腻，明眸皓齿，举止娴雅，容貌秀美。她把自己的喜怒哀乐全部寄托在诗文之中。

后来，她嫁给了前秦安南将军窦滔。这窦滔将军，生来一介武夫，对于什么文才诗意，他毫不欣赏。苏蕙因此大失所望，愈加地落落寡欢。等到把歌妓赵阳台娶做偏房后，窦滔便对妻子越来越冷淡了。后来，窦滔奉命出镇襄阳，本欲携妻妾同往，可当时苏蕙正为赵妾的事情生气，赌气不去。于是窦滔只带着赵阳台赴任了。

苏蕙独自守在长安空闺中，她不由得有些悔恨当初的负气了。一天，她心不在焉地把玩着一只精巧的小茶壶，壶身上绕着圈刻

了一圈字——"可以清心也"，她忽然发现这五个字不论从哪个字开始读，都可以成一句颇有意趣的话。于是灵感顿至，她设想可以利用这种巧妙的文字现象，来构成一些奇特的诗。于是苏蕙开始废寝忘食地进行构思。构思既成，她又费了好几个月的工夫，把诗织在锦缎上，这幅锦缎长宽都是八寸，上面织有 841 个字，分成 29 行，每行也恰是 29 字，每个字纵横对齐；这些文字五彩相间，纵横反复都成章句，里面藏着无数首各种体裁的诗，诗意多为倾诉她的思念之情。苏蕙把这幅锦缎命名为"璇玑图"。

"璇玑图"织好后，苏蕙派人送往襄阳交给窦滔。对诗文不甚通解的窦滔，捧着"璇玑图"，细细体味，竟完全读懂了妻子的一片深情。当即，窦滔派遣了一批人马，到长安接来了苏蕙。

"璇玑图"流传到后世，又不知令多少文人雅士伤透了脑筋。明代学者康万民，苦研一生，撰下《"璇玑图"读法》一书，可得五言、六言、七言诗 4206 首，每一首诗均悱恻幽怨、一往情深、真情流露、令人为之动颜。

陆云是什么人？

陆云（262～303 年），字士龙，晋吴郡吴（今上海松江）人，陆机的胞弟。祖父陆逊为三国名将，父陆抗曾任东吴大司马，与兄陆机齐名，号曰"二陆"。

最初，刺史周浚召陆云为从事，后出补浚仪令。陆云到任后，下不能欺，市无二价，又能断疑案，老百姓都称其为神明。郡守嫉妒他的才能，屡派使者训责，陆云就辞官离去了。后由成都王司马颖任为清河内史。司马颖志骄政衰，陆云屡以正言逆旨。后来陆机兵败被冤杀，陆云也一起遇害，时年 42 岁。

陆云爱才好士，多次举荐。死后，门生故吏迎葬于清河，修墓立碑，四时祠祭。所著文章 349 篇，又撰《新书》10 篇，并行于世。陆云所作诗颇重藻饰，以短篇见长。他主张"文章当贵经纬"。《文心雕龙·才略》称"士龙

朗练，以识检乱，故能布采鲜净，敏于短篇"。他的文章清新自然，旨意深雅，语言清新，感情真挚。

王叔和在医学上有什么贡献？

王叔和（201～280年），名熙，汉末至西晋高平（今山西高平）人。魏晋之际的著名医学家、医书编纂家。在中医学发展史上，他做出了两大重要贡献，一是整理《伤寒杂病论》，二是著述《脉经》。

王叔和著述《脉经》厥功甚伟，还为整理张仲景《伤寒杂病论》做出贡献。但也由于王叔和编次《伤寒杂病论》，后代医家对其毁誉不一。誉之者认为张仲景之学得王叔和之功而能保存下来，认为王叔和"功莫大矣"，而毁之者则责备王氏把张仲景原著之本来面目弄得模糊不清，使人无法得窥其原貌，甚至是面目全非。两种观点尖锐对立。

除以上有关脉学和整理《伤寒杂病论》之外，王叔和在养生方面还有一些精辟的论述。王氏在养生学上属于医家养生流派，主张从起居饮食方面进行调摄，以求得长寿，去病延年。他提出饮食不可过于杂乱，要适量，是我国早期对饮食制度养生的最早的、较系统的论述者。

水磨最早产生于何时？

磨是把米、麦、豆等粮食加工成粉、浆的一种工具。磨开始用人力和畜力，到了晋代，我国发明了用水作为动力的水磨。水磨的动力部分是一个卧式水轮，在轮的主轴上安装磨的上扇，流水冲动水轮带动磨转动。随着机械制造技术的进步，人们后来发明了一种构造比较复杂的水磨。一个水轮能带动几个磨同时转动，这种水磨叫作水转连磨。水磨是水力发电动力原理的原始形式。

名医皇甫谧著有何书？

皇甫谧（215～282年），名静，字士安，自号玄晏先生，安定朝那（今甘肃平凉，一作灵台）人，后随其叔父移居至河南新安（今河南渑池县附近）。其曾祖是汉太尉皇甫嵩，但至皇甫谧时，家境已清贫。皇甫谧直到20岁以后才发愤读书，竟至废寝忘食，终于成为当时著名文人。

皇甫谧除广泛阅读各种医书外，将《灵枢经》《素问》《明堂孔穴针灸治要》三部书中针灸理论，加以整理归纳，使其"事类相从，删其浮辞，除其重复，论其精要"，编成《针灸甲乙经》，成为我国医学史上第一部针灸学专著，为历代研习针灸学的必读课本。除《针灸甲乙经》外，皇甫谧还有不少文史方面的著作，其中影响较大的有《高士传》《逸士传》《玄晏春秋》《帝王世纪》等。

游仙诗祖师是谁？

郭璞（276~324年），字景纯，河东闻喜县人（今山西闻喜县），西晋建平太守郭瑷之子。东晋著名学者，既是文学家和训诂学家，又是道学术数大师和游仙诗的祖师。公元前324年，力阻驻守荆州的王敦谋逆，被杀，时年49岁。事后，郭璞被追赐为"弘农太守"。

郭璞曾注释《周易》《山海经》《穆天子传》《方言》和《楚辞》等古籍，现今的《辞海》或《辞源》上均到处可见郭璞注释。郭璞花18年的时间研究和注解《尔雅》，以当时通行的方言名称，解释了古老的动、植物名称，并为它注音、作图，使《尔雅》成为历代研究本草的重要参考书。而郭璞开创的动、植物图示分类法，也为唐代以后的所有大型本草著作所沿用。在学术渊源上，郭璞除家传易学外，还承袭了道教的术数学理论，是两晋时代最著名的方术士，传说擅长诸多奇异的方术。

郭璞一生的诗文著作多达百卷以上，数十万言，《晋书·郭璞传》称"辞赋为中兴之冠"。其中以《游仙诗》为主要代表，现仅存14首，是中国游仙诗体的鼻祖。游仙诗的来源很早，秦博士有《仙真人诗》，汉乐府中也有这类作品，建安、正始时期更不断有人继作。游仙诗中明显有两种倾向：一种是所谓正格的游仙诗，它们"滓秽尘网，锱铢缨绂，餐霞倒景，饵玉玄都"（《文选》李善注）；另一种是借游仙以表示对现实的不满与反抗，如曹植、阮籍的某些作品。郭璞的游仙诗显然是继承了后一种传统。

西晋"三张"是谁？

张协（？~307年），西晋文学家。字景阳，安平（今属河北省）人。曾任公府掾、秘书郎、华阳令等职。永宁元年（301年），为征北将军司马颖从事中郎，后迁中书侍郎，转河间内史，治郡清简。惠帝末年，天下纷乱，他辞官隐居，以吟咏自娱。永嘉初，复征为黄门侍郎，托病不就。后逝于家。张协与其兄张载、其弟张亢，均是西晋有名的文人，时称"三张"。钟嵘在《诗品》总论中把他们与陆机、陆云、潘岳、左思等并提，作为西晋文学的代表。《隋书·经籍志》录张协有集4卷，已佚。明人张溥辑《汉魏六朝百三家集》中有《张孟阳·景阳集》。

太康年间成就最高的文学家是谁？

左思是太康年间成就最高的文学家。左思，中国西晋文学家，字太冲，临淄（今山东淄博）人，生卒年不详。出身寒微，其貌不扬，然而才华出众。晋武帝时，因妹棻被选入宫，举家迁居洛阳，任秘书郎。晋惠帝时，依附权贵贾谧，为文人集团"二十四友"的重要成员。永康元年因贾谧被诛，退居宜春里，专心著述。后齐王司马冏召他为记室督，他没有答应。太安二年（303年），因张方纵暴洛阳而移居冀州，不久病逝。

左思著作今存者仅赋两篇，诗十四首。《三都赋》与《咏史》诗是其代表作。《晋书·左思传》载，他曾以十年时间写出《三都赋》，"豪贵之家，竞相传写，洛阳为之纸贵"。《咏史》名为咏史，实为咏怀，"咏古人而己之性情俱见"（沈德潜《古诗源》），其主旨是表达自己建功立业的宏伟抱负，猛烈抨击不合理的门阀制度，表现了对门阀制度的极端蔑视和反抗。

左思曾以《三都赋》名震京都，但奠定其文学地位的，却是其《咏史》诗八首。《咏史》八首，开创了咏史诗借咏史以咏怀的新路，成为后世诗人效法的范例，这是他对中国诗歌史的独特贡献，所以后人评云："创成一体，垂式千秋。"（陈祚明《采菽堂古诗选》卷十二）

"洛阳纸贵"的成语是怎么来的？

西晋太康年间出了位很有名的文学家叫左思。左思小时候，父亲就一直看不起他。及至左思成年，父亲左雍还对朋友们说："左思虽然成年了，可是他掌握的知识和道理，还不如我小时呢。"

左思不甘心受到这种鄙视，开始发愤学习。当他读过东汉班固写的《两都赋》和张衡写的《二京赋》后，他决心依据事实和历史的发展，写一篇《三都赋》，把三国时魏都邺城、蜀都成都、吴都建康写入赋中。经过10年，这篇凝结着左思甘苦心血的《三都赋》终于写成了。但因为左思是一个无名小卒，他的《三都赋》根本没有人看。左思不甘心自己的心血遭到埋没，找到了著名文学家张华。在张华及名人皇甫谧的大力推崇下，《三都赋》名声大振。

甚至以前讥笑左思之人——陆机听说后，也细细阅读一番，他点头称是，连声说："写得太好了，真想不到。"他断定若自己写《三都赋》绝不会超过左思，便停笔不写了。由于都城洛阳权贵之家皆争相传抄《三都赋》，遂使纸价上扬，因此而贵。

这便是"洛阳纸贵"成语的由来。

西晋文学家张华是怎么死的？

张华（232~300年），字茂先，范阳方城人（今北京大兴区）。西晋文学家、政治家。父张平，曹魏时渔阳郡太守。曹魏末期，因愤世嫉俗而作《鹪鹩赋》，自此声名鹊起。

后在范阳郡太守鲜于嗣推荐下任职太常博士，又屡迁佐著作郎、长史兼中书郎等职。

楚王玮死后，名目上张华有重职，但实权掌握在贾南风手中。贾皇后一度企图废除不是自己所生的太子，以长期擅政，但因张华等极力反对，才作罢。

元康九年（299年），贾皇后灌醉太子，使之书写谋乱之书，后遍示群臣。阅后，群臣均附和贾皇后，要求赐太子死，唯张华反对。核对笔迹后，果为太子所作，遂张华无言以对，但仍然坚持己见。废太子后，东宫左卫督司马雅和常从督许超等人，谋废贾皇后而复太子，遂与赵王司马伦密谋。对帝位虎视眈眈的赵王伦，一方面使贾皇后杀太子，另一方面策划政变，以废黜贾皇后。永康元年（300年）四月二日晚赵王伦遣司马雅联合张华政变，但后者予以拒绝。尽管如此，张华没有揭发赵王伦之谋，意欲借赵王伦之手废贾皇后。次日赵王伦兵变，并以党附贾皇后罪名执张华于殿前。

次年，齐王司马冏、成都王司马颖、长沙王司马乂起兵，诛杀了赵王伦。齐王冏上奏请求给张华雪冤。太安二年（303年）朝廷正式下诏，恢复张华爵位以及被没收的财产。

顾恺之画作有何特点？

顾恺之（348～409年），字长康，小字虎头，晋陵无锡（今江苏无锡）人。义熙初官散骑常侍。博学多艺，工诗赋、书法，尤善绘画，凡人物、佛像、禽兽、山水皆能，时有"才绝、画绝、痴绝"之称。画画学习卫贤，行笔细劲连绵，如春蚕吐丝，行云流水，出之自然。

顾恺之画人物尤善点睛，自云："四体妍蚩，本无关于妙处；传神写照，正在阿堵（六朝人口语'这个'，即指眼珠）之中。"唐张彦远评其画："意存笔先，画尽意在。"他精通画论，著有《论画》《魏晋胜流画赞》《画云台山记》等书行世。他提出的"迁想妙得""以

形写神"等著名论点，对中国绘画的发展有深远影响。唐代张怀瓘对其画评价甚高，云："张僧繇得其肉，陆探微得其骨，顾恺之得其神。"史称曹不兴、顾恺之、陆探微、张僧繇为"六朝四大家"。

"太康之英"是指谁？

陆机被誉为"太康之英"。陆机（261～303年），字士衡，吴郡吴人（今上海松江人），西晋文学家、书法家，后死于"八王之乱"，被夷三族。曾历任平原内史、祭酒、著作郎等职，世称"陆平原"。他"少有奇才，文章冠世"（《晋书·陆机传》），其实陆机还是一位杰出的书法家，他的《平复帖》是我国古代存世最早的名人书法真迹。

成都王司马颖讨伐长沙王司马乂的时候，司马颖任陆机为后将军，河北大都督。兵败后被谗，在洛阳被司马颖所杀，还葬云间，现墓周河套尚存遗址。陆机流传下来的诗，共104首，大多为乐府诗和拟古诗。其代表作有《君子行》《长安有狭邪行》《赴洛道中作》等。赋今存27篇，比较有出色的有《文赋》《叹逝赋》《漏刻赋》等。散文中，除了著名的《辨亡论》，代表作还有《吊魏武帝文》。另外，陆机在史学方面也有建树，曾著《晋纪》四卷，《吴书》（未成）、《洛阳记》一卷等。南宋徐民臆发现其遗文十卷，与陆云集合辑为《晋二俊文集》。明朝张溥《汉魏六朝百三名家集》中有《陆平原集》。

张载是什么人？

张载（生卒年不详），西晋文学家，字孟阳，安平（今河北安平）人。性格娴雅，博学多闻。曾任佐著作郎、著作郎、记室督、中书侍郎等职。西晋末年世乱，托病告归。传说张载貌丑，外出时顽童常以石掷之，以致"投石满载"。

太康初，张载至蜀省父，道经剑阁，因著《剑阁铭》。铭文先写剑阁形势的险要，次引古史指出国之存亡，在德不在险的道理，被后人誉为"文章典则"，晋武帝曾派人镌之

于石。张载今存诗十余首，较可取的有《七哀诗》二首。通过景物的描绘，寓情于景，表现了作者在黑暗现实中的孤独苦闷心情。此外，张载还有几篇赋、颂和铭文。其中《蒙汜赋》当时曾受到傅玄的推崇，是张载的成名之作。

中国小说的鼻祖是谁？

干宝（？~336年），字令升，祖籍河南新蔡。干宝是我国古代著名的史学家和文学家，更是小说家的一代宗师。他的《搜神记》短篇小说集在中国小说史上有着极其深远的影响，被称为中国小说的鼻祖。

明天启《海盐县图经》云："父莹，仕吴，任立节都尉，南迁定居海盐，干宝遂为海盐人。"又云："干莹墓在澉浦青山房。"明董谷《碧里杂存》云："干宝……海盐人也。按武原古志云，其墓在县西南四十里，今海宁灵泉乡。真如寺乃其宅基，载在县志，盖古地属海盐也。"据史料记载，西晋永嘉元年（307年），干宝初仕盐官州别驾（刺史的从吏官），后因刘聪、石勒之乱，西晋亡，东晋立，南北对峙，干宝举家迁至灵泉乡（今海宁黄湾五丰村与海盐澉浦六忠村的交界处）。永嘉四年（310年），父卒，葬澉浦青山之阳，干宝为父守孝。至三世时，迁至梅园（今海盐通元），自此，海盐成为干氏子孙繁衍的居住地。

干宝年轻时学识渊博，遍览群籍，曾由华谭推荐任著作郎。建武元年（317年），经中书监王导推荐，领修国史。干宝学识渊博，著述宏丰，横跨经、史、子、集四部，堪称"魏晋间之通人"。

山水诗的鼻祖是谁？

谢灵运（385~433年），汉族，东晋时代的诗人，中国山水诗的开创者，被称为"山水诗鼻祖"，是南北朝时期与陆机齐名的诗人。出生于会稽始宁（今浙江上虞）。因从小寄养在钱塘杜家，故乳名为客儿，世称谢客。又因他是谢玄之孙，晋时袭封康乐公，因为性情狂傲，与朝廷发生矛盾，后被降为康乐侯，故又称"谢康乐"，墓葬于今江西万载县。

谢灵运出身名门，兼负才华，但仕途坎坷。为了摆脱自己的政治烦恼，谢灵运常常放浪山水，探奇览胜。他的诗充满道法自然的精神，贯穿着一种清新自然恬静之韵味，一改魏晋以来晦涩的玄言诗之风。虽然其诗歌大都是一半写景，一半谈玄，仍带有玄言诗的尾巴，但谢灵运以他的创作极大地丰富和开拓了诗的境界，使山水的描写从玄言诗中独立了出来，从而扭转了东晋以来的玄言诗风，确立了山水诗的地位。从此山水诗成为中国诗歌发展史上的一个流派。李白、杜甫、王维、孟浩然、韦应物、柳宗元诸大家，都曾取法于谢灵运。谢灵运除诗歌外还有赋10余篇，其中《山居赋》《岭表赋》《江妃赋》等比较有名，景物刻画颇具匠心，但成就远不及诗歌。谢灵运是中国历史上伟大的诗人，也是见诸史册的第一位大旅行家。

葛洪是什么人？

葛洪（283~363年），字稚川，号抱朴子，人称"葛仙翁"，丹阳句容县（今江苏句容县）人。东晋道教理论家、医学家、炼丹家。

葛洪是古代一位鼎鼎有名的科学家，在医学和制药化学上有许多重要的发现和创造，在文学上也有许多卓越的见解。葛洪的著作大多已经散佚，流传至今的，主要有《抱朴子》和《肘后救卒方》。《抱朴子》是一部综合性的著作，分内篇20卷，外篇50卷。《肘后救卒方》简称《肘后方》，是他在广东编著的一部简便实用的方书。据史籍记载，其医学著作尚有《金匮药方》100卷、《神仙服食方》10卷、《服食方》4卷和《玉函煎方》5卷。

《抱朴子·内篇》记载有葛洪曾做过汞

与丹砂还原变化的实验。这可能是人类最早用化学合成法制成的产品之一，是炼丹术在化学上的一大成就。至今，中医外科普遍使用的"升丹""降丹"，正是葛洪在化学实验中得来的药物。并且，葛洪的炼丹术后来传到了西欧，也成了制药化学发展的基石。

陈寿的《三国志》是本什么书？

《三国志》是一部记载魏、蜀、吴三国鼎立时期的纪传体国别史。其中，《魏书》30 卷、《蜀书》15 卷、《吴书》20 卷，共 65 卷。记载了从魏文帝黄初元年（220 年），到晋武帝太康元年（280 年）60 年的历史。

陈寿（233～297 年），字承祚，西晋巴西安汉（今四川南充）人。他小时候好学，师事同郡学者谯周，在蜀汉时曾任卫将军主簿、东观秘书郎、观阁令史、散骑黄门侍郎等职。当时，宦官黄皓专权，大臣都曲意附从。因为陈寿不肯屈从黄皓，所以屡遭遣黜。入晋以后，历任著作郎、长平太守、治书侍御史等职。公元 280 年，晋灭东吴，结束了分裂局面。陈寿当时 48 岁，开始撰写《三国志》。

陈寿是晋臣，晋是承魏而有天下的，所以《三国志》便尊魏为正统。在《魏书》中为曹操写了本纪，而《蜀书》和《吴书》则只有传，没有纪。记刘备则为《先主传》，记孙权则称《吴主传》。这是编史书为政治服务的一个例子，也是《三国志》的一个特点。陈寿虽然名义上尊魏为正统，实际上却是以魏、蜀、吴三国各自成书，如实地记录了三国鼎立的局势，表明了它们各自为政，互不统属，地位是相同的。

从魏、蜀、吴三书比较来看，《蜀书》仅得 15 卷，较魏、吴两书更简。这大概是魏、吴两国的史料多于蜀的缘故。蜀汉既没有史官，也没有现成的史书可借鉴，搜集史料就非常困难。陈寿叙事简略，三书很少重复，记事翔实。在材料的取舍上也十分严谨，为历代史学家所重视。史学界把《史记》《汉书》《后汉书》和《三国志》合称"前四史"，视为纪传体史学名著。

两晋的爵位制度是怎样的？

两晋爵位非常繁复，设置了王、公、侯、伯、子、男、开国郡公、开国县公、开国郡侯、开国县侯、开国侯、开国伯、开国子、开国男、乡侯、亭侯、关内侯、关外侯共 18 级。王爵非皇子不封；公（郡公、县公）、侯（郡侯、县侯）、伯、子、男五等爵专封宗室；功臣封爵为"开国"诸爵及乡侯、亭侯、关内侯、关外侯。自先秦以来沿用的赐爵制度正式废止。

两晋诸侯王与西汉初年诸侯王相类，得专制其国。案《晋书》记载，大国二万户，兵五千（置三军，中军二千，上下军各千五百）；次国一万户，兵三千（置上下两军，各千五百）；下国五千户，兵一千五百（置一军）。五等爵之公国之制同下等王国，侯国不满五千户，亦置一军，兵千人。其余诸爵与开国爵封地称国而但封君不治国事，乡侯至关外侯无封邑。诸王子除嗣王外，依次按公、侯、伯、子、男递降世袭。

书法史上的"二王"指哪两个人？

书法史上的"二王"指东晋大书法家王羲之和王献之父子。

王羲之（321～379 年，或 303～361 年），字逸少，号澹斋，原籍琅琊临沂（今属山东），后迁居山阴（今浙江绍兴），官至右军将军，会稽内史，是东晋伟大的书法家，被后人尊为"书圣"。王羲之一生最好的书法，首推《兰亭序》。

王献之（344～386 年），字子敬，汉族，东晋琅琊临沂人，书法家、诗人，祖籍山东临沂，生于会稽（今浙江绍兴），王羲之第七子。死时 43 岁。以行书和草书闻名后世。王献之幼年随父羲之学书法，兼学张芝。书法众体皆精，尤以行草著名，敢于创新，不为其父所囿，为魏晋以来的今楷、今草做

兰亭序帖

出了卓越贡献，在书法史上被誉为"小圣"，与其父并称为"二王"。

王羲之是如何写就名篇《兰亭序》的？

《兰亭序》是东晋穆帝永和九年（353年）三月三日，王羲之与谢安、孙绰等41人，在山阴（今浙江绍兴）兰亭"修禊"，会上各人作诗，王羲之为他们的诗写的序文手稿。

序中记叙兰亭周围山水之美和聚会的欢乐之情，抒发作者好景不长、生死无常的感慨。法帖相传之本，共28行，324字，章法、结构、笔法都很完美，是他50岁时的得意之作。后人评道"右军字体，古法一变。其雄秀之气，出于天然，故古今以为师法"。因此，历代书家都推《兰亭序》为"天下第一行书"。

《兰亭序》表现了王羲之书法艺术的最高境界。作者的气度、风神、襟怀、情愫，在这件作品中得到了充分表现。古人称王羲之的行草如"清风出袖，明月入怀"，堪称绝妙的比喻。

陶渊明是什么血统？

一直以来，人们自然地认为陶渊明是汉族人，直到近代，陈寅恪将陶渊明的民族出身作为一个问题提出来，并指出陶渊明不是汉人，而是奚人。果真如此吗？

一般认为晋代大司马陶侃是陶渊明的曾祖父。那么陶侃是何族人呢？陈寅恪提出了以下几个理由：

第一，陶侃的居处。陈寅恪认为陶侃本不是"浔阳柴桑人"，而是鄱阳人，他是西晋平定东吴之后才迁家到浔阳的。

第二，有史料记载温峤曾骂陶侃"奚狗"。

第三，陶侃后人的情况。在晋宋时期，其诸子凶暴猇武，颇似善战之奚，似更为可疑。

"陶侃、陶渊明出身奚族"的说法提出后，大部分人都对陈寅恪等人的观点持反对意见。

其一，"奚狗"并不一定指奚人。其二，说陶侃后人凶暴，因而断定其为奚族人，不仅论据不足，而且也不合乎史实。因为陶侃后人中也有不凶暴的。

关于陶侃、陶渊明血统问题论断，由于"奚人说"证据尚不充分，因此，陶渊明的血统之谜还值得进一步探究。

南北朝

"南北朝"是指哪一段历史？

公元420年，东晋大臣刘裕篡夺了政权，建立宋国，后来在江南又相继建立了齐国、梁国、陈国。公元589年，北方的隋朝灭掉了陈国，从公元420年到公元589年，南方的这四个朝代被人们称为"南朝"。

和南朝相对应的是北朝。公元439年北魏统一了北方地区和南朝隔江对峙，后来北魏分裂为东魏、西魏。东魏大臣篡夺政权建立北齐，西魏也被北周取代，最后北周大将杨坚在公元581年建立隋朝，统一北方。这一段历史和南方的南朝在时间上大体一致，被称为"北朝"。

谁揭开了南北朝的序幕？

公元420年，宋朝开国皇帝刘裕接受晋恭帝司马德文禅让帝位，建立刘宋皇朝，定都建康，揭开南北朝历史的序幕。

自曹魏受禅于汉，开了所谓的"禅让"先河，历史便开始不断循环"禅让"的场面。晋武帝司马炎效仿此例，受禅于魏，取而代之。然而好景不长，刘裕竟然亦步亦趋，以同样的方法取代东晋，于公元420年，建立刘宋政权，正式拉开了南北朝的序幕。

刘宋皇室发生了多少骨肉相残的惨剧？

南朝宋（420～479年），中国南北朝时期南朝的第一个朝代名。公元420年，宋武帝刘裕取代东晋而建立政权。改国号为宋，定都建康。从元嘉三十年（453年）宋文帝被太子刘劭弑杀起，到昇明三年（479年）宋顺帝刘准禅位萧道成止，26年间，刘宋皇室自相残杀的惨剧，史不绝书。

刘宋皇室的骨肉相杀是由文帝派人掩杀其弟刘义康开始的。刘裕的长子少帝刘义符、次子庐陵王刘义真被权臣徐羡之等杀害后，三子刘义隆得以承位，是为文帝。在文帝诸弟中刘义康年龄最长，最受宠信。元嘉二十八年（451年），魏兵南侵到达江岸，宋廷内部人心不安，文帝担心生变，遂下决定将刘义康除掉。刘义康的后人则是被文帝的太子刘劭杀尽的。

文帝万没有料到，太子刘劭会带兵闯入深宫弑父。刘劭夺位自立，众叛亲离，文帝三子刘骏以讨逆为旗号，杀死刘劭及其四子。同时被杀的还有刘骏的二兄刘濬及其三子。在刘骏起兵后，文帝的五弟刘义恭背叛刘劭投奔讨逆军，结果其十二子因未能逃离，皆成为刀下之鬼。

刘骏称帝，是为孝武帝。孝武帝先后将其四弟刘铄、六弟刘诞、十弟刘浑、十四弟休茂诸人杀死，又以谋反为借口，杀害了六叔刘义宜一家。

孝武帝死时，嗣位的刘子业只有16岁。上台伊始即用叔祖刘义恭试刀。接着，刘子业把屠刀挥向自己的弟弟，刘子鸾、刘子师先后丧生。他对6个叔叔也极端仇恨。就在刘子业准备将他们全部杀掉的前一夜，宫中宿卫将其杀死。其叔叔刘彧被拥立为帝，是为明帝。

明帝承位后，孝武帝在外任刺史的三个儿子刘子勋、刘子顼、刘子房，由下属策划联兵反抗明帝。战争的结果，孝武诸子失败被杀。不久，孝武帝的十二子先后被明帝除掉。刘彧坐稳帝位后，除了将孝武诸子杀光，又将自己仅剩的 5 个弟弟杀掉了 4 个。

明帝死，其子刘昱承位后，马上杀死了唯一在世的一个叔叔刘休范。彼时，文帝一孙刘景素成为宋室内部相残的最后一名牺牲者。

刘义隆为什么"自毁长城"？

刘义隆（407～453 年），中国南北朝时期宋朝的第三位皇帝。小字车儿，宋武帝刘裕第三子，公元 424 年即位，在位 30 年，年号"元嘉"，谥号"文皇帝"，庙号"太祖"。

檀道济（？～436 年），南朝宋将领。祖籍高平金乡（今属山东），出生于京口（今江苏镇江）。东晋末，从刘裕攻后秦，屡立战功，官至征南大将军。檀道济以善于用兵著称，他的左右心腹也都是身经百战的勇将。因此，刘义隆对檀道济一直很不放心。

公元 435 年，刘义隆身患重病，他担心自己死后，檀道济控制朝政，就下令召檀道济入朝。直到第二年二月，刘义隆的病情稍微好转，才放他回去。但檀道济在秦淮河上了船，还没来得及出发，刘义隆的病又发作了。刘义隆的弟弟刘义康假借刘义隆的名义把檀道济追了回来，并对外宣称，檀道济乘皇帝有病，企图谋反，把檀道济和他的儿子们全部处死，檀道济的部属也都惨遭杀害。临刑时，檀道济悲愤地说："知道吗？你们是在自毁长城！"

檀道济被杀后，北魏的文武官员一时间欣喜若狂。果然，善于用兵的檀道济一死，北魏就趁机南下进犯刘宋了。

檀道济为何唱筹量沙？

宋南朝宋文帝元嘉七年（430 年）十一月，檀道济被授予督征讨诸军事，奉命率众伐北魏。

第二年一月，檀道济等自清水（清水即济水，位于今山东西部）赴救滑台（今河南滑县）。北魏将领叔孙建、长孙道生率众截击。十六日，道济军到达寿张，恰逢北魏安平公

乙旃眷，遂领宁朔将军王仲德、骁骑将军段宏等奋勇冲杀，大破之。不久，道济军抵达历城（今山东济南市郊），遭叔孙建等骑兵部队的截击，所带粮秣也被焚烧，因而难以继续前进。

这时，北魏部将安颉、司马楚之等乘机专攻滑台。滑台守将朱修之坚守数月，终因供应不继，滑台为北魏所占，朱修之被俘。檀道济得知滑台失陷，又无粮秣接济，遂准备撤返。

此时，檀道济部下有投降北魏的士兵，将宋军缺粮的情况据实告诉以后，魏军立即追赶，企图一举歼灭道济军。当檀道济率军撤退到邯郸市曲周县境内时，被追击的魏军包围。

檀道济命令士卒唱着数筹码量沙，把仅有的粮食盖在沙上，佯示粮足，以迷惑魏军。

魏军望见宋军一堆一堆的"粮食"，以为宋军并不缺粮，故将投降过来的宋兵视为间谍杀掉。为了扭转局势，檀道济又心生一计，以士卒全穿上盔甲，唯有他一人穿白色衣服，带领部队从容出走。魏军认为，檀道济及其部队在被包围的情况下，如此不慌不忙地撤走，一定预设有伏兵，故不敢近前聚歼。就这样，道济军得以安全返回。

"唱筹量沙"，比喻为安定军心，制造假象，迷惑敌人。

江湛为什么能在政治斗争中保全自己？

南朝宋文帝刘义隆的弟弟刘义康在哥哥即位不久曾一度辉煌。他几乎总揽了朝中大权，并且掌握着选拔地方官员的权力。于是，那些怀着做官梦的人，纷纷前来拜访他，他的门前，车水马龙，络绎不绝。树大招风，刘义隆便时刻等待时机除掉刘义康。

当时，江湛在刘义康手下做主簿（将帅重臣的幕僚长官）。他看出了刘义康野心勃勃，肯定不会有好下场。因此，当人们都急相攀附刘义康时，他反而要求到武陵去当一名不起眼的小官。武陵在江州境内，当时檀道济

是江州的刺史。他看到江湛有一个女儿，便想和江湛结为儿女亲家。而善于深谋远虑的江湛早就看出来檀道济不会长久，所以断然拒绝了这门婚事。江湛拒绝了檀道济提出的婚事，使檀道济有点下不了台，于是拜托刘义康说媒。江湛见刘义康是媒人，拒绝之词更加坚决。不久，檀道济和刘义康相继被杀，以前巴结讨好他们的人也受到牵连，下场都很悲惨，而江湛却能安然无恙。

拓跋珪真的患有精神分裂症吗？

拓跋珪（371～409年），字涉圭，南朝人又称其为拓跋开，鲜卑族拓跋部人，北魏王朝的创建者，史称北魏道武帝，杰出的政治家、军事家、统帅。据史书记载，拓跋珪晚年患有精神分裂症，这是真的吗？

《魏书·太祖纪》记载拓跋珪晚年经常"忧懑不安，或数日不食，或不寝达旦，归咎群下，喜怒乖常"。种种乖常行径，完全符合脑功能严重障碍的病理现象，而且是集多种病状于一身。

一是感觉、知觉障碍精神病患者，在没有客观事物作用于感官时也会出现知觉体验，即产生幻觉。二是思维障碍。思维障碍中有一种病症是妄想。患者将周围环境中与他无关的现象或事件，都联想成与己有关或直接针对他的，这属于关系妄想。三是情感障碍。在情感障碍中，患者多发生焦虑症。

以精神病理学为出发点，通过对《魏书》所列的拓跋珪病状进行分析诊断，可以肯定这位盖世英雄晚年患有严重的精神分裂症。

精神病理学家的临床研究指出，精神分裂症往往是在各种精神因素和躯体因素影响下起病的。在躯体致病因素中，以有毒物质作用于人体而引起脑功能紊乱的患者居多。

《魏书·太祖纪》在罗列拓跋珪诸多异常行为之前，还有这样一句话："初，帝服寒食散，自太医阴羌死后，药物动发，至此逾甚。"寒石散，含有对人体有害的铅、汞、锰等重金属和硫、砷等非金属。长期服食此物的人，容易造成药物中毒，引起精神障碍。不少魏晋名士因此发狂耍癫、精神变态，甚至断送了性命。显然，拓跋珪发病，也不能排除服食寒石散中毒的原因。此外，残酷的宫廷斗争、连年不断的征伐、保持民族传统与接受汉化的矛盾也使他陷入极度的紧张之中，促成了他的精神变态，终于导致疯病的发作。

为什么说冯太后是一位有为女主？

自古人们对掌管国政的女人总没有好印象。然女主摄国，不可一概骂倒，北魏历史上曾长期执政的文明太后冯氏即堪称一代有为女主，值得肯定。

魏文成帝病死时，其子拓跋弘才12岁。冯氏遂宣布以太后身份临朝称制。她着手调整一度混乱的中央政府，把一些威望较高、清廉有才的人委以重任，并且引名臣中书令高允、中书侍郎高闾及贾秀共参大政。

冯氏称制不久，接受高允建议，在全国各地设立乡学。为确立汉族文化的正统地位，她又诏定祭祀孔庙的仪礼制度。冯氏除对文化习俗进行改革外，还着力改革经济。她曾下令放宽对手工业工匠的禁令，在中国历史上开创了减轻手工业者人身自由的先河，有利于工商业的发展和社会的进步。这一历史功绩值得肯定。

范晔何时完成《后汉书》？

范晔（398～445年），字蔚宗，祖籍顺阳（今河南南阳市淅川县），范家自西晋永嘉之乱后移居山阴（今浙江绍兴市），范晔是南朝刘宋时期的杰出史学家，是史学名著《后汉书》的作者。

公元420年，刘裕代晋称帝，改国号为宋。宋文帝元嘉九年（432年）冬，扬州刺史彭城王刘义康母亲王太妃去世。刘义康把故僚们召集到府内帮助料理丧事，范晔也到场了。刘义康的母亲死了，范晔实在悲伤不起来。

在临葬前的一天夜晚，轮到他的弟弟范广渊值班，范晔兄弟俩邀了一位朋友躲在屋里喝起酒来。醉意蒙眬之际，范晔忘记了利害，竟推开窗子，听挽歌助酒。这件事被刘义康知道后，他非常恼怒。几句谗言上去，宋文帝就把范晔贬到宣城（今安徽宣城）当太守去了。

在宣城任上，他开始从事后汉史的编纂工作。对史事的研究，打开了他的眼界。范晔凭着个人对历史问题的理解，开始编写他的历史名作《后汉书》。元嘉二十二年（445年），当他完成了本纪、列传的写作，同时又和谢俨共同完成《礼乐志》《五行志》《州郡志》《天文志》等五志的时候，有人告发他参与刘义康的篡位阴谋，因此下狱而死。谢俨怕受到牵连，毁掉了手中的志稿，使《后汉书》只有纪传部分流传了下来。

《后汉书》记事上起汉光武帝刘秀建武元年（25年），下迄汉献帝建安二十五年（220年），囊括东汉一代196年的历史。范晔原计划写十纪、十志、八十列传。十志，他委托谢俨代撰。谢俨搜撰完毕，卷入统治阶级内部斗争，与范晔同以谋反罪名被杀。志稿与范晔所写的序例随之散佚。

范晔是怎样走上造反路的？

范晔是南朝刘宋时期人，当时朝中有位大臣叫孔熙先，忠心支持刘义康篡夺皇位。孔熙先见范晔有远大抱负，就极力拉拢范晔一起辅佐彭城王刘义康篡夺皇位。

为了达到目的，孔熙先首先通过范晔的外甥结识了范晔，当两个人关系密切了以后，孔熙先就开始诱导范晔。他说："不是我恭维先生，提起您的名字，天下谁人不知、谁人不晓？现在朝廷中，有人嫉妒中伤先生。皇上又相信他们，您争得过他们吗？"范晔听后一时低头不语。

孔熙先看出他动心了，也知道由于他在家里不孝敬母亲，宋文帝刘义隆很看不起他，便进一步煽动说："范先生世代清白，

可皇上视范先生如草芥，不允许范家同皇室结亲，范先生为什么还要为他卖命？"范晔虽然内心已经动摇，但还是下不了决心，因为他过去曾是刘义康的部属，得罪过刘义康。

孔熙先看出他的心事，笑着说："范先生不必过虑。彭城王让范先生的外甥做了官，这意思范先生还不明白吗？"两个人谈话后不久，范晔的外甥果然捎过话来，说彭城王已向范晔表示歉意。于是，范晔下决心加入刘义康的造反集团。

拓跋焘10万大军为何打不下悬瓠小城？

宋、魏交战，由来已久。到了元嘉二十七年（450年），拓跋焘亲自率领10万大军，向悬瓠城（今河南汝南）扑去。悬瓠的宋军不到1000人，拓跋焘认为攻克悬瓠是易如反掌之事。

宋将陈宪率领军民拼死守城。魏兵登上云梯攀登城墙，城头上檑木滚石雨点般砸下。

魏军建造了许多楼车，弓弩手站在楼车上向城中发射箭羽，悬瓠城中矢如雨下。魏军还在冲车的一头甩出大铁钩，将城墙的砖石勾住，然后用冲车拖曳大铁钩，准备把城墙拖倒。陈宪动员军民在城墙内又筑起一道城墙。魏军费了九牛二虎之力将南面的城墙扯倒后，看到里面还有一层城墙，惊得目瞪口呆。陈宪身先士卒，站在墙头猛击企图攀城的魏军。城墙下的尸体越堆越高，几乎跟新筑的城墙一般齐。42天过去了，悬瓠固若金汤，这时宋军的援兵已到，拓跋焘只得望城兴叹，引兵而退。

谁继苻坚、拓跋焘之后统一黄河流域？

公元577年（北周建德六年、北齐承光元年），北周灭北齐，北方复统一。

公元576年秋，周武帝亲率步骑14万多人，进军平阳（今山西临汾西南）。北齐守军向居于晋阳的后主高纬告急，当时高纬正在外射猎，得报以后，竟听从其宠妃冯淑妃的请求，

再杀一围，然后才发 10 万兵马南救平阳，此时平阳已落入周军手中。齐军力攻平阳，周军主力 8 万人进至平阳城下，与北齐军决战，后主带着冯淑妃弃军逃跑，北齐主力溃败。周军乘胜攻占晋阳。公元 577 年初，当时在邺城的高纬仓皇间让位给儿子高恒，当周军挥师进攻邺城时，高纬、高恒及其亲信先后出逃，邺城落入周军手中。不久，北齐宗室集兵抗周的高潜、高绍义先后被北周军队击败，北齐残余势力被清除。北周灭北齐，周武帝继苻坚、拓跋焘之后再次统一黄河流域。

昭明太子对文学有什么贡献？

萧统（501 ~ 531 年），字德施，小字维摩，梁武帝长子。天监元年（502 年）被立为太子，死后谥号为"昭明"，史称昭明太子。

萧统从不浪费时间，虽然只活了 30 岁，却著述等身。他有《文集》20 卷，撰写的古今典诰文言《正序》12 卷，五言诗之善者《英华集》20 卷，《文选》30 卷。现存的《昭明太子文集》乃后人所辑，是流传下来并对后世影响巨大而深远的选集。《文选》用 30 卷的篇幅，概括了当时各种文体的大致面貌和代表作品。不仅保存了不少濒于失传的作品，也给后人以文章典范。这部《文选》对后世作家影响很大。唐人李善说，此书一出，"后进英髦，咸资准的"。《文选》之后，模仿选文者很多，终于形成了"选学"一宗。作为选学泰斗的昭明太子，在中国文学史上占据着一个重要位置。

侯景之乱是怎么发生的？

公元 547 年三月的一天，梁武帝萧衍接到东魏大将侯景送来的一封投降书信，梁武帝接受了侯景的投降，同时派侄子萧渊明带兵前去接应侯景，萧渊明在途中遇到了东魏大军，兵败被俘。东魏高澄为了挑起侯景和梁武帝的矛盾，让萧渊明写信给梁武帝，表示东魏愿意与梁朝百年和好，不兴战事，只要梁朝交出叛将侯景，东魏将马上把萧渊明送回梁朝。

梁武帝此时只顾亲情，不顾大局，他无

视群臣反对，一意与东魏言和。侯景听到梁武帝拿他换回侄儿的消息，立刻反目成仇：如今我虽灭不了东魏，但倾覆梁朝是不成问题的。于是他破釜沉舟，开始率兵南下，攻打梁朝。由于梁武帝多年信奉佛教，不问军事，军队里的官兵没有战斗力，侯景的军队很快打到了长江北岸。因为梁武帝的昏聩，侯景之乱爆发，直接导致梁朝的迅速衰败，武帝本人也死在侯景的手上。

"杂技皇帝"萧宝卷是怎么死的？

萧宝卷（483~501 年），字智藏，又名明贤，南齐萧齐王朝的第六任皇帝，死后被恶谥为"东昏侯"。虽然他不是一位明君，但是在中国杂技发展史上，他却是一位颇有建树的人物。萧宝卷还是太子时就迷上了杂技，即位之后，更是一门心思扑到了杂技上。

萧宝卷热衷杂技，只是为了满足个人的嬉戏和欲望。因此，他的活动往往给百姓带来很多灾难。统治阶级内部残酷的斗争，使萧宝卷逐渐嗜杀成性。他肆意诛杀朝臣，其中包括舅父刘暄和同胞弟弟江夏王萧宝玄。对于一般百姓，他更视如蝼蚁草芥一样，任意斩杀。雍州刺史萧衍乘机发动兵变，包围了建康城。萧宝卷仍然倒行逆施，终于弄得众叛亲离。一天，侍将王国珍联合宦官血洗内宫，正躺在内宫御榻上作乐的萧宝卷，尚未搞清怎么回事，便身首异处了，死时不过 19 岁。

陈霸先是怎样除奸抗齐的？

公元 553 年，平定侯景之乱的陈霸先、王僧辩，在建康立萧绎的儿子萧方智做了皇帝，即南梁敬帝。这时北齐派兵送回被东魏俘虏的贞阳侯萧渊明到南梁。王僧辩从个人利益出发接回萧渊明，废掉南梁敬帝，立萧渊明做皇帝。

陈霸先对王僧辩的这种做法十分不满，随起兵进攻建康，除掉了王僧辩。王僧辩死后，其党羽继续跟北齐勾结，乘陈霸先出兵义举（今江苏、浙江两省的太湖西岸地区）平定叛乱之机，偷袭建康。与此同时，北齐派兵5000人从采石渡江，控制了建康的西南门户。陈霸先急忙赶回建康，派兵乘夜黑袭击北齐军，北齐军被迫向陈霸先求和。和约达成后，陈霸先一面清除王僧辩的残余势力，巩固后方；一面派兵驻扎在淮河沿岸的方山一带，防御北齐的入侵。

没过多久，北齐背信弃义，撕毁和约，又来入侵，因为陈霸先早做准备，北齐军始终不能逼近建康。最后陈霸先终于打败了北齐的军队，保卫了富饶的江南。

陈叔宝兄弟是怎样争夺皇位的？

陈宣帝死后，他的儿子陈叔陵、陈叔宝在他的灵前演出了惊心动魄的一幕。

陈宣帝遗体入殓的那天，陈叔陵趁太子陈叔宝不备，突然起身，操刀向陈叔宝的头部砍去，幸亏宣帝的柳皇后和陈叔宝的奶娘吴氏拼命相救，陈叔宝才免得一死。陈叔陵逃到东府城，派人将东府城全部封锁。为了壮大自己的力量，他打开监狱，把犯人放出来，让他们拿起武器，与自己一道对付陈叔宝。陈叔宝躲在皇宫里养伤，大事都委托给四弟陈叔坚。陈叔坚命令右卫将军萧摩诃带领五千人马围攻东府城。

陈叔陵知道萧摩诃善于指挥作战，于是托人给萧摩诃送礼，想诱降他，萧摩诃将计就计，答应了陈叔陵的要求，陈叔陵信以为真，令部下戴温打开城门迎接萧摩诃。萧摩诃一进城门就杀死了戴温等人，其余兵士见主将被斩首，都献城投降。陈叔陵很快也被抓住杀了。

为什么皇帝的女儿娶不得？

元嘉年间，宋文帝准备将妹妹新安公主下嫁给臣属王景文，王景文得知此讯后，吓得脸如死灰，一再上表辞婚。因不获准，他被迫谎称患有阳痿，这才回绝了亲事。王景文意志很坚定，坚决不娶公主做妻子。类似的例证，在此之前，在此之后都有发生。为

什么皇帝的女儿娶不得？

第一，娶了公主，将失去人身自由。公主极力要在夫妻之间建立一种君臣关系，在这个小朝廷中，驸马"或进不获前，或入不听出"。

第二，家庭和睦无法保证，朋友之道也无法维系。公主不管待客交友之道，长久之后，亲朋都不敢登门叙谊。

第三，驸马不但随时要遭受虐待，而且有性命之忧。

由此看来，如此棘手的亲事，确实无人愿意高攀。大书法家王献之也曾"炙足以违诏"。宁可自残也不愿意娶东晋简文帝女儿新安公主为妻，但最终新安公主还是做了王献之的妻子。

南朝士族封闭的原因是什么？

东晋时期，门阀士族是凌驾于皇权之上的真正的国家主人。进入南朝以后，庶族出身的皇帝不断启用具有真才实学的寒士和庶人，通过各种方式削夺名门士族的力量，努力强化和延伸皇权。高门士族集团日益感到威胁的严重存在，遂以强化士庶界限来保护自己。

《宋书》记载，当时社会士庶杂居，"虽比屋邻居，至于士庶之际，实自天隔"。士庶不相往来，不相交结。那时候，一般庶人若想取得士人同意加入士流，可以说是绝对无望的，连皇帝也毫无办法。士族的排他性、封闭性，不但表现在对庶族上，在其内部也有体现。弘农杨氏，汉代四世三公，西晋时期仍是士族领袖。可是士族集团因他家过江较晚，便否认了他的士人资格。南朝士族的封闭性、排他性，使士族集团不但与庶族对立，而且还诱使它寻找各种借口尽可能地把本集团中的一些成员排除出去。士族内部门阀林立，等级森严，大大小小的士族按区域、门第、势力排比成高低不同的等级，甚至一门内的士族也随着分化，地位迥殊。士族的排他性、封闭性和他们在社会中享有的特权关系极大。

他们害怕别人染指、瓜分正在日益缩小的既得利益，故而把圈子划得很小，界限弄得十分严格，目的是为了自卫。

宋顺帝不愿生在帝王家吗？

南朝宋顺帝刘准（467～479年），汉族，字仲谋，小字智观，为刘宋的末代皇帝。

元徽五年（477年），后废帝刘昱被弑之后，刘准在萧道成的拥立下即位，是为宋顺帝，并封萧道成为相国、齐王。虽然刘准名义上是皇帝，但是权力都被萧道成掌握。昇明三年（479年），萧道成要求刘准禅位，并且派部将王敬则率军进宫。刘准说出"愿生生世世，再不生帝王家"，道尽身为末代皇帝的悲哀。同年四月，刘准禅位于萧道成，刘宋于此灭亡。萧道成即位之后，封刘准为汝阴王，迁居丹阳并派兵监管。公元479年5月，监视刘准的兵士听得门外马蹄声杂乱，以为发生了变乱，便杀害刘准，刘准享年13岁。

"出家皇帝"梁武帝为何饿死于宫中？

南北朝时，佛教大盛，南朝梁武帝萧衍是位吃斋信佛、极力倡导发展佛教的皇帝。

梁武帝一心崇佛，荒废了朝政，社会矛盾不断激化。梁武帝早年无子，过继侄儿萧正德为嗣子做太子，后来梁武帝生了个儿子，取名萧统，随即被立为太子，而侄子萧正德被改封为西丰侯，这让萧正德心里愤愤不满。正在此时，东魏大将侯景因与政敌高欢不合，转投了梁朝。侯景为人阴险奸诈，他勾结萧正德起兵发动政变，答应事成之后让萧正德做皇帝。最后叛军攻进了建康城，围困了宫城，后又引武湖水去漫宫城。梁武帝这位出家皇帝被困在宫里，一筹莫展，最后竟被活活饿死在宫里。萧正德最终也没做成皇帝，事成后就被侯景所杀。

怎样看待梁武帝的功过？

梁武帝萧衍（464～549年），字叔达，小字练儿。南兰陵中都里人（今江苏常州市武

进区西北）。南梁政权的建立者，庙号高祖。萧衍是兰陵萧氏的世家子弟，出生在秣陵（今南京），为汉朝相国萧何的二十五世孙。父亲萧顺之是齐高帝的族弟、丹阳尹知事，母张尚柔。他原来是南齐的官员，南齐中兴二年（502年），齐和帝被迫"禅位"于萧衍，南梁建立。

梁武帝统治前期，励精图治，曾把南朝社会推向了那一时代的峰巅。梁朝国力鼎盛，甚至一度扭转了长期以来北朝压倒南方的局面。他在政治、经济、军事和文化诸方面均有可观的建树。但是到了晚年，他的行径与早年的作为相对照，简直判若两人。进入晚年，萧衍性情大变，只愿听好话，不能受批评，大批忠臣贤人被他屠戮于刀下。此时的他已成为典型的昏君：朝政一塌糊涂，北伐全军覆没，佞佛搞得国库空虚，举国上下"人人厌苦，家家思乱"，终于招致了侯景之祸，使富庶的江南变成了"人迹罕见，白骨成聚"的废墟。

梁武帝本人沦落为一介囚徒，最后化作饿死鬼降下人生的大幕。不久，梁王朝也在内外交困之中灭亡。这一切，正应了他自己所说的一句话：天下"自我得之，自我失之"。

北魏迁都有何缘由？

公元494年，北魏孝文帝正式迁都洛阳。北魏迁都洛阳的原因有：

第一，与倾慕汉族文化有关。洛阳是古代帝王理想的建都立业之所，也是汉文化积淀深厚之地，孝文帝拓跋宏受过良好的汉文化教育，对汉民族的文化极其崇拜。

第二，统治中原的需要。

第三，解决粮食供给问题。平城偏北地寒，粮食产量非常有限。而洛阳处于北方的中心地带、平原地区，交通便利，迁都洛阳就解决了最根本的粮食问题。

第四，地理环境的影响。洛阳地处黄河中下游西岸，卧居中原，山川纵横，素有"九州暖地"之称，四季分明，气候宜人，自古以来是兵家必争之地，也自然成了古代帝王理想的建都场所。

孝文帝迁都洛阳的举措，不仅展现了一代帝王的雄才大略，也使洛阳在曹魏、西晋之后再度繁华、辉煌。

北魏后妃为何出家为尼？

自佛教传入后，在中国的封建王朝中，早年出自尼庵或末世遁入空门的后妃并不乏其人，如有名的武则天。然而像北朝中后期那样，百余年间，仅历魏、齐、周十一帝，竟有后妃十七人出宫为尼，则实属罕见。治史者每论及此事，多以她们佞佛为由释之。但是细按史籍，发现北朝后妃为尼的原因，大致可以归纳成以下五类：

第一，因为健康的缘故。北魏孝文帝幽皇后冯氏就曾因为疾病出家为尼。

第二，由于失宠被逐出宫为尼的。

第三，因皇位更迭或王朝易代而沦为牺牲品的。新帝即位后被清除出宫的前帝之后有魏孝明皇后胡氏、魏孝庄皇后尔朱氏、齐文宣皇后李祖娥和北周孝闵皇后元胡摩。

第四，幼主嗣位后两宫太后争权的失败者。魏宣武帝死，其后高氏被新君肃宗尊号为皇太后，但遭到肃宗生母胡氏的排挤，"寻为尼，居瑶光寺"。

第五，希望通过入寺寻求政治避难的。魏末肃宗朝，契胡酋帅尔朱荣起兵攻入都城洛阳。胡氏害怕被杀出家为尼。

北朝的中后期，寺庙极尽豪华，成为帝后的另一处别宫，被废黜的后妃远比他朝被贬入冷宫受优待。

北魏三朝元老崔浩因何惨死？

崔浩（381～450年），字伯渊，小名桃简，清河郡武城（今河北清河县）人。白马公玄伯之长子。仕北魏道武、明元、太武帝三朝，官至司徒，参与军国大计，对促进北魏统一北方起了积极作用。后人称颂其为"南北朝第一流军事谋略家"。俗话说树大招风，特别是鲜卑贵族，更妒忌他，所以他特别小心谨慎，尤其是在皇帝面前，说话做事都是三思而后行。

崔浩晚年的时候，奉命编北魏国史。他主张写历史应根据事实直截了当地写，讲求真实。崔浩把鲜卑族过去发展的历史原原本本地写了出来，并刻在石碑上，竖立在都城平城郊外的大路边。鲜卑贵族一看，气愤之极。因为崔浩将鲜卑族怎样的落后、贵族间怎么争权夺利全都写在上边。于是鲜卑贵族们联合起来，添枝加叶地到北魏太武帝那里告状。北魏太武帝一听，怒发冲冠，想到此时北魏政权已经巩固，像崔浩这样的谋士用处不大了，因此决定拿崔浩来开刀，把他处死了。

文明太后与北魏孝文帝改革有何关系？

太和，是孝文帝的年号。历史上把这一时期的一系列改革称为"太和改制"。在太和十四年（490年）之前，冯太后一直临朝听政，作为北魏的实际执政者，她是"太和改制"真正的主持人。

太和八年（484年）六月，在冯太后的主持下，北魏仿效两汉魏晋旧制下达了"班俸禄"诏书。次年十月，冯太后在大臣李安世的建议下，颁布了"均田令"，从而开始在社会经济方面进行重大变革。太和十年（486年），冯太后又主持对地方基层组织——宗主督护制进行改革，实施了"三长制"。

此外，为了使鲜卑族逐渐适应汉族人民的生活方式和礼仪制度，冯太后大兴教育，尊崇儒法，从而开始了鲜卑族的汉化过程。这一点，又为后来孝文帝迁都洛阳，推行大规模的汉化措施打下了基础。

对民族大融合贡献最突出的皇帝是谁？

在我国历史上众多的封建皇帝中，有一个少数民族皇帝，对促进民族大融合的贡献最突出，他就是北魏的孝文帝拓跋宏（467～499年）。公元471年，孝文帝拓跋宏即位后，为缓和社会矛盾和阶级矛盾，巩固自己的统治，进行了一系列重大改革。

孝文帝改革涉及政治、经济、文化等各

个领域，总体概括起来有以下四点：

第一，推行均田制。在均田制的同时又颁布了与之相联系的三长制和租调制。均田制使农民分得了一定数量的土地，将农民牢牢束缚在土地上，成为国家的编户，保证了地主们的基本利益及土地私有制。

第二，整顿吏治。吏治的败坏不仅激化了社会矛盾，同时也使统治阶级内部产生了矛盾。在这项改革措施中，以"治绩"的好坏为标准。

第三，迁都洛阳。为了接受汉族先进文化，加强对黄河流域的控制，孝文帝于公元494年正式迁都洛阳。

第四，实行汉制与移风易俗。主要内容有改官制、禁胡服、断北语、改复姓、定族姓等，这是孝文帝改革中最重要的措施。

北魏均田制的主要内容是什么？

均田制，即古代帝王将无主土地按人头划给小农耕作，土地为国有制，耕作一定年限后归其所有。这是中国古代北魏至唐中期封建政府推行的土地分配制度。西晋末年，中国北

农耕图 南北朝
太和九年（485年），北魏孝文帝颁布了均田令，授给平民与奴隶农田耕种，农田不得买卖。均田制以法律形式确认了劳动者对于土地的占有权与使用权。其后，隋唐均沿用并完善了此土地制度。

方在长期战乱之后，国家赋税收入受到严重影响。为保证国家赋税来源，北魏孝文帝于太和九年（485年）颁布均田制并开始执行。

主要内容有：

第一，男子15岁以上，授种粟谷的露田40亩，妇人20亩。奴婢同样授田。耕牛1头授田30亩，限4头牛。授田视轮休需要加倍或再加倍。授田不准买卖，年老或身死还田，奴婢和牛的授田随奴婢和牛的有无而还授。

第二，男子授桑田20亩。桑田世业，不必还给国家，可传给子孙，可卖其多余的，也可买其不足20亩的部分。产麻地男子授麻田10亩，妇人5亩，年老及身死后还田。

孝文帝改革有什么重大的历史作用？

孝文帝（467～499年），本姓拓跋，名宏。公元471年至499年在位，为北魏第六位皇帝，谥号孝文皇帝。公元484年孝文帝下令进行改革，其改革的历史作用有：

第一，改革促进了北魏政治、经济的发展，促进了民族的交流和融合。北魏孝文帝改革不仅缓和了民族矛盾，巩固了封建统治，更促进了民族的大融合，为结束长期分裂局面、重新走向国家统一奠定了基础。

第二，北方社会经济有了明显发展。农业生产工具得到改进，畜牧业得到发展。手工业生产日益活跃，商业活动也日趋活跃。

第三，政权封建化加速。迁都洛阳以后，鲜卑统治者接受了汉族先进文化制度，大大加速了北魏政权的封建化进程，对北魏社会政治生活乃至整个中国历史产生了深远的影响。

北魏是如何大破柔然的？

北魏始光元年（424年）八月，柔然可汗大檀（即牟汗纥升盖可汗）听说北魏明元帝拓跋嗣去世，率6万骑兵攻入北魏云中（今内蒙古和林格尔西北），包围了云中城。年仅16岁的北魏太武帝拓跋焘力排众议，亲自率2万骑兵急赴云中救援。柔然倚仗人多，将赶来救援的拓跋焘及所部包围，竟达五十

余重。北魏将士起初十分恐惧，但看到少年皇帝拓跋焘"临敌常与士卒同在矢石之间，左右死伤者相继，而帝神色自若"时，便开始"是以人思效命，所向无前"。先是柔然的两位大将大那、社仑所发动的进攻被北魏军击退。之后，北魏奋力突击，柔然军顿时被搅得一片混乱，大败而逃。

之后，太武帝为彻底摆脱北面柔然与南朝刘宋两面夹击的威胁，并雪云中被围之耻，于公元 429 年五月，领军至漠南（今蒙古高原大沙漠以南地区），舍弃辎重，率轻骑兼马奔袭，直逼栗水（今翁金河）。柔然无备，临战震怖，民畜惊骇奔散。此战，北魏太武帝领军长途奔袭，以少胜多出奇制胜，大破柔然，威服高句丽，为稳定北方创造了有利条件。

北魏佛教兴盛的缘由是什么？

在北魏皇朝统治的一个多世纪中，北方中国的佛教得到了惊人的迅速发展。北魏佛教如此兴盛，发展如此迅速，这是与北魏国家政权的有力支持分不开的，而北魏佛教的特点之一就是具有强烈的国家政治的色彩。由国家政权建立各级僧官机构，任命各级僧官，通过各级僧官直接控制全国的佛教徒。

北魏佛教具有强烈的国家政治色彩的另一个表现，是国家直接赋予佛教"巡民教化""敷导民俗"、安抚民众的任务。黄河流域地区本是中国文化发源地之一。魏晋以后，佛教在这一地区也很流行。北魏所经略的既然是这样的一个地区，那么他们选择佛教作为教化、安抚这一地区的民众是顺理成章的。北魏佛教具有强烈的国家政治色彩的特点，还表现在国家直接对僧务的干涉。

佛寺僧尼为什么也大肆敛财？

南北朝时期，寺院和上层僧尼不仅个个富比王侯，而且都是聚钱有方、生财有道的高手。那么僧尼们是靠什么方式生财呢？

第一，统治者的"恩赐"，成为寺院财产的主要来源之一。

第二，信徒的投献和赎身也是寺院的重要收入。

第三，信徒为表示对佛祖的虔诚，常常又舍身为寺奴。但如舍身之后又想出寺，则要纳钱赎身。

第四，佛寺还有一种以牺牲下层僧侣的生命、骗取钱财的野蛮方法，其名目叫"烧身"或"自焚"。

第五，有时，佛寺干脆以赤裸裸的形式进行兼并和掠夺。

第六，为了扩大财富，寺院又经营典当业。据佛教内律规定，寺院可以十倍取息。

广大僧尼生活在人间，所以往往不能摆脱世俗社会对他们的影响。南北朝的统治者是以贪婪和物欲称著于史的，所以寺院和僧尼极力聚敛钱财也就不足为怪了，何况那时的佛教又享受着格外的尊崇和优待！

北魏是怎样衰亡的？

随着生产的发展和鲜卑贵族汉化的加深，北魏统治者日趋腐化，吏治逐步败坏。繁重的兵役和徭役使大批农民家破人亡。

北魏初年，为了消除柔然南下的威胁，北魏政权在东起赤城（今属河北），西至五原一线修筑长城；在沿边要害处设置军事据点，即沃野等六镇。迁都洛阳后，北方防务逐渐不被重视，镇将地位大大下降，因而他们对北魏政府严重不满，镇兵的地位更是日趋低贱，受到镇将、豪强残酷地奴役和剥削。正光四年（523 年），终于爆发了六镇起义。关陇、河北等地各族人民也陆续起义。边镇豪强集团利用当时的混乱局面，各自发展势力。肆州秀容（山西朔县北）的尔朱荣势力发展最快。武泰元年（528 年），胡太后毒死孝明帝，自居摄政。尔朱荣以给孝明帝报仇为借口，进军洛阳，最后控制朝政。公元534 年，北魏分裂成由高欢控制的东魏和宇文泰掌握的西魏。

宇文泰是怎样大败高欢的？

大统元年（535 年），宇文泰在长安拥立北魏宗室元宝炬为魏文帝，与高欢在洛阳的傀偏魏孝静帝相对抗。于是，北魏分裂成东魏、西魏两个政权。西魏的实权掌握在宇文泰手里。

大统三年（537 年）九月，东魏权臣高欢得知宇文泰出潼关占据弘农，便亲率 20 万大军到达了许原，进而占据长安。宇文泰听到消息，立即回师渭水，扼住了通往长安的要道。宇文泰分析形势说："目前的危险是耽搁时间。如放高欢入长安，我们将一败涂地。现在高欢远来疲弊，是我们打败他的最好时机。"他命令全军渡过渭水，在东魏军驻地六十里外的沙苑，扎下营来。

宇文泰在集思广益的基础上，制订出一个大胆的作战方案：沙苑东十里有个叫渭曲的地方，是一片芦苇茂密、土地泥泞的河滩，将西魏主力背水埋伏在这里进行伏击战。宇文泰则亲率少数人马担负引诱敌人的任务。高欢果然中计，这一仗，高欢共损失 8 万余人，这是历史上有名的以少胜多的沙苑渭曲之战。

高欢是怎样骗过尔朱兆的？

高欢（496～547 年），鲜卑名为贺六浑，祖籍渤海郡蓨县（今河北景县南），世居怀朔镇（今内蒙古包头东北，一说内蒙古固阳），成为鲜卑化的汉人。他是东魏王朝的建立者之一，也是北齐王朝的奠基人。

北魏末年，晋阳的尔朱兆依仗自己强大的部队和势力，掌握了大权。尔朱兆的部属晋州刺史高欢，是一个富有雄才大略的人。在此之前，葛荣曾割据一方，同尔朱兆的父亲尔朱荣刀兵相对。葛荣起义失败后，部下 20 余万被流放到晋州，总是闹事。尔朱兆就问身边的高欢怎么办。

当时高欢想脱身离开尔朱兆并自谋发展的想法酝酿已久，只是苦于没有机会实现。现在尔朱兆的意思是将重担推在他身上，真是天赐良机，就说派一名大将去平叛。

这时，尔朱兆的一名亲信贺拔允恰好也在座，连声说高欢在晋州多年，派他去最合适。高欢忽然跳了起来，一连几拳打在贺拔允的嘴上，边打边骂道："天下事全由大王做主，大王还没有说话，你倒越位发起言来！"尔朱兆本来不放心高欢，现在看他这样，以为是忠于自己，当即毫不忧虑地把军权交给了高欢，派遣他前往晋州收编葛荣的流散部队。

尔朱兆的长史慕容绍宗劝尔朱兆不要放高欢走。高欢料到自己走后，一定会有人向尔朱兆进谗言，因此预先给尔朱兆左右的人贿赂了好多金钱，于是他们都向尔朱兆说慕容绍宗与高欢原来不和，尔朱兆就信以为真。就这样，高欢摆脱了尔朱兆的控制，反过来又吞掉了尔朱兆，掌握了东魏政权。

南北朝时佛教的南北两支有什么不同？

佛教在南北朝的发展，是有南北之分的。

在南朝，皇帝和士族对佛教都有极大的热情。皇帝信佛以梁武帝为最甚。不过，南朝士人信佛的特点是"偏于谈理"，这实际是延续了玄学清谈的习惯。他们喜好的是佛教所含的哲理部分，对儒、释、道三家义理往往喜欢作调和之论。北朝人信佛的特点是"偏于教"，其含义是北朝人的信教重在照佛教所说的去修行，以摆脱轮回，所以特重禅法。这与北朝多内迁的少数民族有关。南朝喜欢建寺院，北朝则喜欢立塔造像，建寺院是重视僧人，以便与之论理谈玄；造像则重在礼佛敬神，或往生安乐之土，或求当世福报等。北朝僧人特别多，到北魏末期，僧人已经多达两百万人，占当时人口的 1/10。

南朝世兵制衰落的原因是什么？

南朝时期，军队实行的是世兵制。一个人只要身在兵籍，不但终身为兵，而且要传之子孙世代为兵。按照正常的规定，男子十六以上、六十以下为正丁，是士兵服役的年龄。但实际上，七岁的小儿，八十岁的老翁，皆为南朝军队的成员。

兵户身份低贱、兵士役龄时间过长，导致了军队士气与素质的下降。这固然是世兵制衰落的一个重要原因，但兵户来源越来越困难，更是这一制度走向灭亡不可忽视的因素。兵士的补充，主要依靠兵户的子孙。而战争中大量的死亡和叛逃，使兵户不断减少，加之国家常以兵户转赐功臣和显贵，不少兵家又变成私人所属的依附民。兵户日减，兵士的子孙自然随之减少。兵士制走上穷途末路，其消亡已不可避免。隋统一全国，世兵制才最后被废除，成为历史的陈迹。

梁元帝萧绎文学上有什么贡献？

梁元帝萧绎（508～554年），字世诚，小字七符。南朝梁皇帝，公元 552 年至公元554 年在位。萧绎少聪颖，好读书，善五言诗。年 5 岁，高祖问："汝读何书？"对曰："能诵《曲礼》。"高祖曰："汝试言之。"即诵上篇，左右莫不惊叹。初生患眼，高祖自下意治之，遂盲一目，弥加慜爱。既长好学，博综群书，下笔成章，出言为论，才辩敏速，冠绝一时。高祖尝问曰："孙策昔在江东，于时年几？"答曰："十七。"高祖曰："正是汝年。"贺革为府谘议，敕革讲《三礼》。

萧绎工书善画，曾作宣尼像，为之作赞并亲自题写，当时人称之为"三绝"。与裴子野、刘显、萧子云、张缵及当时其他俊才为布衣之交。常说："我韬于文士，愧于武夫。"但性矫饰，多猜忌。藏书 14 万卷，于江陵城破时自己烧毁。萧绎生平著述甚富，共 20 种，400 余卷，今仅存《金楼子》。所绘《职贡图》尚存北宋摹本。

南朝梁简文帝文学上有何造诣？

萧纲（503～551年），梁代文学家，即南朝梁简文帝，字世缵，南兰陵（今江苏武进）人，梁武帝第三子。由于长兄萧统早死，他在中大通三年（531年）被立为太子。太清三年

（549 年），侯景之乱中梁武帝被囚饿死，萧纲即位，大宝二年（551 年）为侯景所害。

自东晋南迁以来，汉族政权偏安江左，历代虽间或有奋发有为的君主，但大多数帝王贵族都安于逸乐，纵情声色。反映在文学创作上，便往往以浮艳的词句来表现空虚放荡的内容。萧纲在做太子时，写作了大量这类题材的诗。当时的属官庾肩吾等又推波助澜，文学侍从之臣竞相仿作，形成"宫体"诗的流派。今存萧纲作品中，像描写女性声容情态的《咏内人昼眠》《咏舞》《美人晨妆》等，都属于这一类。

当时文人创作，已有不少以边塞为主题的乐府诗，萧纲也有一些这类作品，如《从军行》《陇西行》《雁门太守行》《度关山》等，在某些写作技巧上，开了唐人边塞诗的先河。

萧纲的文学主张，在当时也具有代表意义。他既反对质直懦钝，又反对浮疏阐缓（《与湘东王书》），正面提出"立身先须谨重，文章且须放荡"（《诫当阳公大心书》），和萧绎主张的"情灵摇荡"互为呼应。《南史·梁简文帝纪》记其有文集 100 卷，其他著作 600 余卷。存世的作品，经明代张溥辑为《梁简文集》，收入《汉魏六朝百三家集》。

"山中宰相"是指谁？

陶弘景（456～536年），字通明，自号隐居先生或华阳隐居，卒后谥贞白先生，丹阳秣陵（今江苏镇江一带）人。陶氏生活于南朝，历经宋、齐、梁三朝，是当时一个有相当影响的人物、博物学家，对本草学贡献尤大。陶氏为世医出身，祖父及父亲皆习医术，且有武功。当时，他深受梁武帝萧衍的信任，虽则他对梁武帝多次赠官不受，但梁武帝有关国家大事都要向他咨询，所以时人对他有"山中宰相"的称号。

陶氏是释、道、儒三家融于一体的代表人物。就医学而言，是我国本草学发展史上贡献最大的早期人物之一。他将当时所有的本草著作分别整理成《神农本草经》及《名

医别录》，并进而把两者合而为一，著成《本草经集注》，共收药物 730 种。成为我国本草学发展史上的一块里程碑。《本草经集注》一书的主要意义是使我国本草学成为一门包罗万象的博物学。他还创立了一些具有独创性的发明，例如创立按药物治疗性质分类的"诸病通用药"分类法，在体例上，又开创本草著作分总论、分论叙述的先河。他在我国本草学发展史上有着不可磨灭的功绩。

陶弘景一生著作甚丰，宋代贾嵩《华阳隐居内传》记有其著作 32 种 233 卷之多。在养生方面，有《养性延命录》《养生经》；在本草学方面，除上述者外，还有《药总诀》等。此外，陶弘景在其他学科如天文历算、养生学方面，也都有所研究，据称还制有"浑天仪"，可惜已无可考。

张亮一生有什么经历？

张亮（生卒年不详），字伯德。西河隰城（今山西隰县）人。北齐大将。东魏天平年间（534～538 年），张亮为世宗高澄行台郎中，典七兵事，服侍于高澄左右，后又迁为行台右丞。

东魏武定元年（543 年），发生了高仲密叛变事件。这年高澄逼奸高仲密之妻李氏，高仲密因此投降西魏。高仲密投降西魏后与斛律金驻守河阳（今河南孟州市西），等待西魏大军入关。东魏高欢派兵 10 万于黄河以北，西魏军队为阻止高欢所率大军渡河，放火船烧河桥。张亮受命护桥，以小艇百余艘载长锁，锁头置铁钉，伺火船将至，以钉钉之，引锁向岸，使火船无法靠近河桥，保住了河桥。不久，以功拜为太中大夫，出为幽州刺史。

张亮生性耿直，有才干，勤于政务，深为高欢、高澄信任，委以心腹之任，但性好财利，居事不能廉洁，所历州治有黩货之名。武定末年为汾州大中正。天保初（550 年）为骠骑大将军，后转为中领军，后死在任上。

裴侠一生有何政绩？

裴侠（？～559 年），字嵩和，河东解（今山西运城西南）人。祖父裴思齐曾在北魏时任议郎。父亲裴欣为西河郡守，死后得晋州刺史的名号。裴侠虽以门资解巾赴任，以至官达公卿之位，然而他官高不失其志，一生为政清廉，生活俭朴，克己爱民，所在州郡百姓感其遗爱。

大统十二年（546 年），裴侠守玉壁有功拜为河北郡守。在任上他躬履俭素，爱民如子。在他离任之时一无所取。郡内吏民没有不怀念他的，人们编了歌谣传颂："肥鲜不食，丁庸不取，裴公贞惠，为世规矩。"文帝欣赏裴侠清政爱民的风范，有一次在朝中命裴侠独立一边，然后对众大臣说，裴侠奉公清廉为天下之最，你们谁能与他相比也可同他站在一起，众大臣都不敢应对。文帝赏赐他丰厚的物品，朝野都心服口服，称他为"独立使君"。

北周孝闵帝即位（557 年），裴侠官拜司邑下大夫，加骠骑大将军、开府仪同三司，晋爵为公。明帝武成元年（559 年），裴侠病故。朝廷赠给他太子太师、蒲州刺史的称号，赐谥为贞。河北郡前功曹张回及吏民盛念裴侠政绩，作颂纪念他清廉爱民的德行。

唐邕是什么人？

唐邕（？～581 年），字道和，太原晋阳（今山西太原市南晋源镇）人。

唐邕性识明敏，有治世的才能。北齐天保三年（552 年），高洋亲自率军赴代郡征讨库莫奚，唐邕随帝出征，黄门侍郎袁猛掌管骑兵不称职，唐邕受命代统，表现出了他的军事才能。此后，高洋连年出塞打仗，唐邕必陪同，并能迅速果断地办理军务。唐邕还熟知朝中各级官吏的情况，在御前检点数千人不用名簿，能毫无差错地叫出每个人的官职姓名。高洋非常欣赏他的才能，因此，他恩宠日隆，委任弥重。

天保十年（559年），他任给事黄门侍郎，领中书舍人。高洋曾把唐邕比作自己的金城，唐邕成为他一时也离不开的人。高洋曾想让久在身边处理烦琐事务的唐邕休息一下，令仆射杨遵彦推荐一人暂代唐邕，但杨遵彦说遍访文武百官没有能够找出像唐邕如此有能力的人。丞相高德政乘机向高洋推荐主书郭敬代之，并揭露唐邕的短处。结果高洋杀郭敬，并将此事告诉唐邕。由此可见，唐邕对高洋时的政治、军事是有一定影响力的。

郭彦对西魏有何贡献？

郭彦（？～569年），太原阳曲人。北魏时，其祖先曾在关中任职，因而迁居冯翊（今陕西省西安市高陵区）。其父郭胤曾任冯翊郡功曹，又做过灵武县令。他兼备军政才能，勤政善兵，受到北魏统治者的重视，也受到老百姓的拥戴。

西魏文帝大统十二年（546年）朝廷令州内推选有声望的人统领乡兵，他被拜为帅都督、持节、平东将军。大统十六年（550年），岷川羌人首领傍乞铁忽与汉人郑五丑等起义。郭彦随从大将军宇文贵镇压了这支起义军。他因军功被拜为大都督，又封车骑大将军，仪同三司，司农卿。西魏恭帝元年（554年）封兵部尚书之职。这年朝廷决定攻打与北齐通好的梁元帝。于是郭彦带兵部尚书职随从柱国、雍州刺史于谨南下讨伐江陵，梁元帝出城投降。郭彦因战功晋升为骠骑大将军，开府仪同三司，爵位晋升为县伯。西魏恭帝三年（556年），宇文泰建六官制度，郭彦被拜为民部中大夫。北周孝闵帝宇文觉登帝位（557年），郭彦远离都城去做澧州刺史（今湖南澧县）。澧州之民不善农业，多以捕猎为生，朝廷的赋税制无法施行。因为这里缺乏粮食，需要常从荆州调运粮食救济。自从郭彦任职后，他劝民耕稼，施行了一些发展农业生产的措施。澧州之民学会了农业生产技术，粮食生产有了节余。从此澧州不但不要朝廷调拨粮食补给，反而有了储备，也开始向朝廷缴纳赋税。郭彦在北周东南部建立起善政爱民的威望。

北周谋臣柳敏有何功绩？

柳敏（？～581年），字白泽，河东解县人，是西晋太常卿柳纯的七世孙。柳敏学识渊博，理政有方，又处台阁参与制定新制律令，是北周初期的一位谋臣。

西魏大统七年（541年），丞相宇文泰决定变革时改，制定强国富民的政策，命令大行台度支尚书兼司农卿苏绰修撰新制作为朝廷政典，于是《六条诏书》颁布执行。柳敏参与制定新法，官至礼部郎中，封爵武成县子，加散官帅都督，统领本乡兵士。不久，又晋升为大都督。不幸其母亲去世，柳敏悲痛万分，十余日鬓发花白，靠拄杖得以行立。宇文泰感叹他孝敬之至，更意欲鼓励至孝精神，调他任吏部郎中，并赐物以资鼓励。

周武帝保定四年（564年）改礼部为司宗，柳敏为司宗中大夫，辅佐大宗伯掌理国家的吉凶礼仪。柳敏勤于政事，凡有违背典故的他能勘正取中，因此掌"建国之神位，掌王礼之禁令与其用等，辨庙祧之昭穆、辨吉凶之五服、车旗、宫室之禁，掌四时祭礼之序事与其礼"。凡是遇到国家大礼，则辅佐大宗伯行礼制，凡有国家的小礼，则有亲自执行的权力。柳敏博识多闻，又监修国史。

改元建德（572年），柳敏之子柳昂以才干为武帝任用，任内史中大夫、开国府仪同三司，赐爵文城郡公，掌有书写诏诰之任。杨坚为周武帝的大将军，与柳昂私下要好，周宗室诸王多次想谋害杨坚没有成功。周静帝大象二年（580年），杨坚为大丞相总领百官，封柳昂为大宗伯。大定元年（581年）二月杨坚称帝，改元开皇，建隋朝。废除北周六官制度，依照汉魏官制改制。授柳昂上开府，拜潞州刺史。柳敏因子贵也被授上大将军、太子太保之称号。柳敏于这年去世，朝廷赠给他"五州诸军事""晋州刺史"的称号。

北齐开国皇帝是谁？

高洋（529～559年），字子进，其祖先为渤海蓨（今河北景县西）人。高洋是东魏大丞相高欢次子，北齐开国皇帝。

高洋少时，深沉有大度，处事果断，外柔而内刚。高欢曾以时事考问高洋，高洋每次都有自己的见解，并且往往能抓住事情的要害，高欢很赞赏他的分析判断能力。高欢还曾要他的儿子们整理乱丝，以试探他们处理事务的能力，别的人都在想办法理出头绪，独有高洋却抽刀斩之，并且说："乱者须斩。"东魏武定五年（547年），高欢病死。其长子高澄继承父亲的职位，仍为大丞相，继续把持着东魏政权。高洋这时为尚书令、中书监、京畿大将军、太原郡开国公。

东魏武定七年（549年）八月，高澄在邺城被其厨人、梁朝战俘兰京等刺死。事出仓促，内外震惊。高洋亲自率众扑杀诸刺客，同时严密封锁消息，只对外宣称奴反，大将军被伤，迅速稳定了局面，避免了事态的进一步扩大。当时朝内外莫不为高洋遇乱不惊、镇定自若、处分得宜的才能所惊异。事后，高洋遂继兄执掌东魏大权。

东魏武定八年（550年）正月，高洋被授为丞相、都督中外诸军事、齐郡王，不久又晋爵为齐王。五月，高洋由晋阳至邺，进位相国，总理朝政，接着便行禅代之事，废东魏孝静帝元善见为中山王，自己正式做了皇帝，定国号为齐，年号为天保，国都为邺城，建立了北齐高氏政权。

高洋有哪些暴行？

公元550年，在中国北部建立了一个新的政权——北齐。皇帝高洋，是北魏大将高欢的次子。高洋不但不理朝政，反而常常涂脂抹粉，穿着妇女的衣服在大街上招摇过市，并招纳大批妇女进宫，供自己和亲信淫乱。他宠幸妃子薛嫔，终日厮守，但是有一天忽然想起薛嫔曾和昭武王高岳有过暧昧关系。

于是，妒心大发，一刀把她杀了。这位变态魔王，竟然把尸体抱在怀里，又去找人喝酒。酒过三巡，他又若无其事地将尸体一一肢解，将髀骨做成琵琶，自弹自唱起来。

高洋代魏立齐，但北魏的皇族元氏还大量存在，是个隐患。他便将元氏宗室721人（《北史》称三千人）全部处死，连婴儿也不放过，尸体全部扔进漳河。高洋希望他的儿子跟他一样心狠手辣，命令他的儿子去亲手杀人，懦弱的太子连割了几刀，都没有把人头给割下来，怒不可遏的高洋拿起皮鞭直抽得太子遍体鳞伤。

高纬是怎么军前失态的？

公元576年，北周再次讨伐北齐。大将斛律孝卿建议北齐皇帝高纬犒军，并事先准备了演讲稿，还再三叮咛说："陛下讲演时，最好慷慨流涕，以激发将士们的斗志。"高纬答应了，反复地背诵演说稿，默记在心里。

斛律孝卿集合好将士，请高纬检阅时，他装模作样地从队伍前面走过，然后站定，发表演说。他先干咳了两声，就要开口时，不知怎么背得烂熟的演说词竟全部忘记了。将士们都奇怪地望着他，大臣们也干着急却无从插手。大概这情形令高纬感到很有趣，只见他忽然大笑起来，直笑得前仰后合，逗引得左右的人都莫名其妙也笑了起来。本来很严肃很庄重的阅兵气氛一扫而空。斛律孝卿本想借此机会激发将士们的斗志，振奋精神，共同誓死保卫邺城，谁知高纬一阵怪笑，竟使一切付诸东流，军心涣散，北周轻而易举地攻下了邺城，高纬自然也难逃阶下囚的厄运。

北朝时期地方军事机构是怎样的？

北魏建立后，随着统治区域的扩大，曾在一些地方设置军府，在缘边地区设置镇戍，并在诸州各置都尉领兵。诸州设置都尉协助刺史领兵，各镇戍设镇将统御镇戍兵，这都可视为北魏的地方军事机构。但北魏时期占主导地位的地方军事机构，是地方都督制。

北魏都督，一般由朝廷委派，督率一方军队，统辖范围常达数州。在名位上，北魏都督也有使持节、持节、假节以及都督、督诸军的高下区别，唯独都督诸军之下、督诸军之上的监诸军似不常设。北魏都督一方者，可以全权处理一方军事。

东魏北齐的地方军事机构大体同于北魏后期，其主体也是都督制。东魏北齐的都督，从形式上说应有两种：一种是有使持节、持节等名号的主管一方军政的都督，其统辖区域少则数州，多则十余州；另一种是具体领兵的州郡都督。此外，东魏北齐沿袭北魏，镇戍，也是东魏北齐地方军事机构的一部分。

西魏北周的地方军事机构也大体同于北魏，但于名称上有些变化。西魏时期，当时称总一方军政的都督为大都督。北周时期，地方军事机构的主体是总管制。总管，实即原来的都督。武成元年（559年），周明帝初改都督诸州军事为总管。此后，总管制正式建立。北周的总管有大、小的区别，大者一般统辖数州或十余州，最多者可至数十州；小者仅统一州，实即原来的当州都督。西魏北周在边境及一些重要地区也设置镇戍，镇戍设镇将、戍主主管镇戍事务，镇戍也是西魏北周地方军事机构的一个组成部分。

什么是中兵、镇戍兵和州郡兵？

中兵又称台军，是北魏军队的主力，其性质属于中央宿卫军。北魏前期的都统长等内侍官及其所统，便是北魏宿卫军的雏形，此后经过历代的发展，形成庞大的中兵编制。

孝文帝改制后，中兵称为羽林、虎贲。太和十九年（495年），孝文帝"诏选天下武勇之士 15 万人为羽林、虎贲，以充宿卫"。中兵中的王室子弟称宗子、庶子兵。中兵平时宿卫皇宫和京师，战时出征作战，有时也戍卫地方。领军将军直接统帅宿卫皇宫及驻屯京师的中兵，权势极大。此外，护军将军亦为中兵统帅，主管驻屯京师四周各要津关

成的中兵，下有东、西、南、北中郎将各一人，直接统带京师四周戍守要津的中兵各部。护军将军的职权逊于领军将军。护军将军所统四中郎将曾归入领军将军指挥，这时的领军将军权势更重。

北魏建立后，为了防备北边游牧民族的侵扰，在北疆设立镇戍，派兵镇守。镇戍的守兵即镇戍兵。镇戍兵的主要任务是戍边守土，有战事时也要受朝廷调遣出征作战。镇戍兵相对中兵而言，可以视为外军。

州郡兵即州、郡属下的兵，属于地方军队，相对中兵，也可称为外军。北魏建立后，曾"制诸州各置都尉以领兵"，这是北魏州郡兵的早期形制，此后随着北魏的四处征伐，在新占领区设官置守，同时便在全国各州郡形成了一支为数不少的州郡兵。州郡兵的主要职责是维持当地的社会治安，保证封建的统治秩序。但朝廷有大规模军事行动或其需要时，州郡兵也要奉调作战或到外地屯戍。

北朝军队的兵种有哪些？

北朝军队的兵种主要是骑、步二种，而其中又以骑兵为主。

北魏前期，由拓跋部部落成员组成的军队，全是擅长骑射的骑兵。北魏孝文帝改革之前，北魏的军队主要都是骑兵。孝文帝改制后，汉人开始正式负担兵役，又由于北魏势力的向南延伸，单一的骑兵已不适合攻城略地，北魏军队中步兵成分逐渐增长。北魏后期，步骑协同作战的情况逐渐增多，而骑兵单独出击的实例则逐渐减少。继续发展之后，北魏军队的步兵比例似已超过骑兵。但由于骑兵在古代战争中的强大战斗力，骑兵仍是军队主力。

东魏北齐军队中，骑兵所占比例也很大。它所拥有的 20 万鲜卑兵，几乎全是骑兵，因而其主管部门称骑兵省。东魏北齐的汉人兵则主要是步兵，其主管部门则称步兵省。东魏北齐的中军即宿卫军多为鲜卑骑兵，而外军即州兵和部分镇戍兵则由汉人步兵担任。

骑兵和步兵战斗图 南北朝

但东魏北齐有大规模军事行动时，则步骑配合使用。西魏北周军队也以步、骑为主要兵种，骑兵所占比例同样很大。出征时也常步骑混合使用。

北朝时期，由于各代都曾与江南对峙，因而其军队也有一定数量的水军。但从北朝整个军事形势看，由于北方少数民族政权的特点以及北方地理环境的条件，北朝的水军很不发达，在军队中所占比例不大，远不能和南朝的水军相比。

北朝的军队编制是怎样的？

北朝军队的基本编制是军、幢、队、什、伍。

军是北朝军队基层编制的最高一级，军设军主、军副各一人，统率全军。从一些史料看，北魏一军的正常编制，为千人左右，当时有所谓"千人军将"的称呼。东魏北齐在制度上多循北魏，军的编制应与北魏无大差别。西魏北周府兵制下的仪同将军所统一军亦为千人。

军以下的编制是幢，幢设幢主、幢副各一人，统领全幢。《隋书·百官志中》记载北齐官制，以军主、副，幢主、副为序列，记军主官品为从七品，军副为从八品，幢主为从九品，每级相差一品。由于军、幢是序列关系，所以当时常"军幢"连称。大体来说，其一幢似有兵力数百人。

幢以下有队的编制，队有队主、队副，统带全队。北魏孝武帝时，朝廷派台使至岐

州，因"驿逻无兵，摄帅检核"。岐州刺史元谧队主高保愿"列言所有之兵，王皆私役"。一队所统兵数，史籍没有明确记载。值得注意的是，北魏军队中"队"的这一编制有些特例。如皇太子的卫队，其地位要高于一般的队。从官品上看，皇太子的二卫队队主为从五品，诸队主为从六品，二卫队队副为从七品，诸队队副为从八品。这里的卫队队主地位比军主要高二品，诸队主比军主高一品，而军主的品级仅相当于二卫队队副。这里的队显然非一般建制的队。

队以下是什、伍等传统基层建制。以上幢、队所述主要为北魏军队编制，但东魏北齐大体同于北魏，西魏北周早期军制与北魏略同，后期虽建有府兵，其军队基本编制与北魏大致相同。

北凉是如何灭亡的？

北魏太延五年（公元439年）三月，北魏帝遣使至北凉，得悉北凉君主怀有二心，经朝议，决定依从谋臣崔浩之言，出其不意，乘虚攻凉。六月，魏帝率兵从平城（今山西大同东北）出发，使侍中、宜都王穆寿辅助太子拓跋晃监国，又令大将军、长乐王嵇敬，辅国大将军、建宁王拓跋崇领兵2万屯漠南（今蒙古高原大沙漠以南地区），以防柔然。随后自云中渡过黄河，于七月至上郡属国城（汉置属国于上郡以安置降胡，称属国城），留下辎重，部署诸军：以抚军大将军、永昌王拓跋健，尚书令刘吉与常山王拓跋素为前锋，两道并进；骠骑大将军、乐平王拓跋丕，太宰、阳平王杜超为后继；以平西将军源贺为向导。源贺为故南凉主秃檀之子，南凉原据姑臧，后为北凉所占。源贺对魏帝言道："姑臧城旁有四部鲜卑，皆臣祖父旧民，愿劝其归附。"魏主称善。

八月，拓跋健获得河西（即河西走廊与泊水流域一带）畜产20余万。北凉主一面遣使求救于柔然，一面派其弟征南大将军董来领兵万余出战于姑臧城南，北凉兵望风奔溃。

九月，北凉主之侄沮渠万年率部降于魏。姑臧城溃，北凉主率文武 5000 人出降，北凉历 39 年而亡。至此，北魏统一了北方。西晋末年以来历时 135 年的十六国时期结束。

北魏攻北燕之战发生于何时？

北魏延和元年（北燕太兴二年，432 年），北魏军连克北燕诸军镇。

是年五月，北魏太武帝拓跋焘于平城（今山西大同东北）南郊整训兵马，准备进攻北燕。七月，魏太武帝至濡水（今河北东北部滦河），遣安东将军奚斤征发幽州（治今北京城西南）民众及密云（今属北京）丁零族万余人，运攻具，出南道，会师于燕都和龙（今辽宁朝阳）。魏帝经辽西至和龙，北燕石城太守李崇等十郡降于魏。魏太武帝以其民 3 万人挖围堑以困和龙。

八月，北燕主冯弘派数万人出城挑战，为魏昌黎公拓跋丘、河间公拓跋齐所击破，死万余人。北燕尚书高绍率万余家保羌胡固，魏主攻之，斩绍。魏平东将军贺多罗攻带方（今辽宁义县北），抚军大将军永昌王拓跋健攻建德（今辽宁建昌西北），骠骑大将军乐平王拓跋丕攻冀阳（今辽宁凌源境），皆拔之。九月，魏太武帝引兵西还，徙营丘、成周、辽东、乐浪、带方、玄菟六郡民众 3 万家于幽州。

统万之战是怎么回事？

统万之战是北魏始光四年（夏承光三年，427 年），在北魏统一北方的战争中，北魏发大军袭破夏都统万城（今陕西靖边东北白城子）的战役。

是年正月，魏太武帝拓跋焘自统万城返回平城（今山西大同东北），闻夏主赫连昌遣平原公赫连定率众 2 万往攻长安（今西安西北），即下令伐木于阴山（今属内蒙古），大造攻具，再谋伐夏。

六月，魏帝至统万，分兵埋伏于深谷，以少数部众进抵城下诱战。夏主欲待赫连定率兵来援，然后内外夹击，故下令闭城坚守。魏帝担心夏军不出战，乃退军以示弱，另遣

5000 骑西掠居民。适值魏有军士因犯罪而亡奔于夏，言及魏军粮尽，后继的步兵未至，夏主遂率步骑 3 万出击。夏军分成两路追击，时遇风雨，飞沙蔽天，魏军逆风，不利作战。魏帝听从谋臣崔浩之言，分骑兵为左右两队，暗出夏军之后，顺风击之，大败夏军。夏主赫连昌不及入城，逃奔上邽（今甘肃天水）。魏军入统万城，获马 30 余万匹、牛羊数千万头，府库珍宝、器物不计其数。此时，与魏军相持于长安的赫连定得报统万城已被攻破，也不敢恋战，急忙逃奔上邽。魏帝率军东还，以拓跋素为征南大将军，与桓贷、莫云留守统万。

平凉之战经过如何？

平凉之战是夏胜光三年（北魏神䴥三年，430 年），在北魏统一北方的战争中，夏军攻魏在平凉（今甘肃华亭西）地区战败的战役。

夏主赫连定欲收复统万城（今陕西靖边东北白城子），遂乘刘宋伐魏之机，于夏胜光三年九月遣其弟谓以代攻北魏鄜城（今陕西洛川东南），为魏平西将军隗归等击败，死万余人，谓以代逃去。赫连定留其弟赫连社干、广阳公度洛孤守平凉，自率数万人在鄜城东截击隗归，并遣使约宋合兵伐魏。魏太武帝拓跋焘听从太常卿崔浩之言，利用夏、宋互相观望的态势，决定先击夏，后攻宋。以卫兵将军王斤镇蒲坂（今山西永济西南），自率兵攻夏。

十一月，魏太武帝领兵围平凉，赫连社干等闭城固守。魏太武帝使前夏主赫连昌前往招降，未果；乃命安西将军古弼等率兵往攻安定（今甘肃泾川北）。夏主自鄜城还安定，即率步骑 2 万救平凉，途中与古弼相遇，弼佯弱后退，夏主追之。魏主遣高车部众驰击，夏兵大败，战死者数千。夏主赫连定率余部奔还，登鹑觚原（又名浅水原，今陕西长武西北），设方阵以自固。魏兵进而围之，断其水草，夏军人马饥渴。赫连定引众下鹑觚原，被魏武卫将军丘眷率众击败，大溃，死者万

余人。赫连定负伤，单骑逃走，收集余部及民众 5 万，西保上邽（今甘肃天水）。北魏俘夏公侯以下百余人，乘胜攻克安定。十二月，赫连社干、度洛孤出降，魏克平凉。夏长安、临晋、武功等城守将皆弃城而走，关中地区为魏所占。

北朝中央军事领导机构有什么特色？

北朝时期，北魏、东魏北齐、西魏北周三个时期的中央军事领导机构各有特色。

北魏的中央军事领导机构，前后期有很大的不同。

北魏建国初期，拓跋部刚刚进入奴隶社会，其政权带有浓重的氏族部落联盟的痕迹。在初期，真正掌握军政大权的是与之并行的鲜卑官职，主要包括八部大人和内侍官两部分。

北魏太武帝时代（424～451 年），北魏前期的中央军事领导机构发生一些变化。太武帝即位后，渐渐弃置八部大夫不用，加强本不起多大作用的尚书省的实权，尚书省成为全国行政中枢。当时，北魏的内侍官仍然保留，继续发挥作用。太和十七年（493 年），北魏孝文帝仿汉制改革官制，从此，北魏的中央军事领导机构有了根本的变化。应该指出，无论北魏前期还是后期，最高军事领导权在皇帝手中，军事领导机构要对皇帝负责。

东魏北齐时期，中央军事领导机构也有一个变化过程。

东魏的军政大权掌握在丞相高欢父子手中。高欢及其子高澄、高洋等人皆在东魏担任丞相、都督中外诸军事等官职，替代皇帝成为全国的最高军事统帅。高氏丞相府中设内、外二曹专管兵事，内曹为骑兵曹，管中兵即鲜卑兵诸事；外曹是步兵曹，管外兵即汉人兵诸事。这是东魏真正的中央军事领导机构。北齐天保元年（550 年），高洋代魏称帝，建立北齐。高氏代魏后，中央军事领导机构随之发生变化。北齐仍袭北魏旧制，设置领军将军等一套官职统带中兵，还设五兵尚书及所属曹郎主管兵事，大体情况如上述魏制。

西魏北周的中央军事领导机构自成系统，与北魏、北齐大不相同。

西魏时期实际掌握政权的宇文泰自任丞相、都督中外诸军事，是全国的最高军事统帅。西魏实行的是府兵制，府兵虽归宇文泰统带，但却属于宿卫兵，也即是中兵。府兵的指挥系统是西魏中央军事领导机构的另一重要部分。

北周时期，实行的是仿《周礼》制定的官制。在北周官制中，夏官系统执掌军事，其长官为大司马。大司马府是北周时期的中央军事领导机关。

如同北魏一样，北齐、北周的皇帝是最高的军事统帅，各级军事领导机构都要对其负责，最高决定权在皇帝手中。

北朝的爵位制度是怎样的？

北魏道武帝皇始元年（396 年）始封五等爵，天赐元年（404 年）废伯爵、男爵，后又恢复。景明元年（500 年）定制，置王、开国郡公、散公、侯、散侯、伯、散伯、子、散子、男、散男，凡十一等。封国租税取率：王食半，公三分食一，侯伯四分食一，子男五分食一。封爵品级：王侯品，开国郡公正一品，开国县公、散公从一品，开国县侯正二品，散侯从二品，开国县伯正三品，散伯从三品，开国县子正四品上阶，散子从四品下阶，开国县男正五品上阶，散男从五品下阶。官属：王至侯国等置官属。

北齐：置王爵与五等爵，王爵超品，其余诸爵视魏制各降一阶，诸爵皆开国置官属。

北周：初置开国公、开国侯、开国伯、开国子、开国男五等爵。后据《周礼》改制，置亲王、郡王、县王、国公、郡公、县公、县侯、县伯、县子、县男、乡男十一等爵。

西魏是怎样走上富强之路的？

宇文泰掌握西魏政权后，为发展壮大西魏的力量，他千方百计寻找能安邦济边的能才，着手进行政治改革。

有一天，同僚周惠达向宇文泰推荐苏绰。

宇文泰经过考察,觉得苏绰确实非常有才干。就任命苏绰为大行台左丞。其地位和丞相是一样的。紧接着,苏绰又被授予大行台度支尚书(主管财政)和司农卿(主管农业)的官职。苏绰根据西魏的现实状况开始制定国富民强的措施,这些措施被称作"六条诏书"。

苏绰治理国家重在用人,看人的能力不能只看门第,这是苏绰最重要的主张。同时他知道要发展农业生产,就要保证农民有足够的时间耕地。他认为不要随便让农民服徭役,要给他们更多的时间去务农,农民生活充足了,社会才能稳定,国家收入也就增多了。苏绰还强调要根据财产的多少平均负担徭役和赋税,不能把这种负担全部加在百姓身上,这种措施,就限制了士族地主和庶族地主倚靠特权而逃避赋税和徭役,减轻了农民的负担,提高了农民生产的积极性,有利于发展农业生产。

这六条诏书颁布后,上起皇帝,下至文武大臣,都要知道并且能背诵这六条诏书的内容。有一次西魏文帝把文武大臣召集在一起,让他们挨个背六条诏书,有两个大臣没背下来,当即宣布官降两级。后来宇文泰还规定把六条诏书作为考核官吏成绩增减奉禄的标准。正因为宇文泰对六条诏书如此重视,才能很快在西魏推行,使其经济也迅速发展起来,国力也大大增强,并且西魏的经济实力很快地超过了东魏。

什么是部落兵?

北魏前期,国家军队主要使用部落兵。一是因为它比较可靠,二是战斗力强。北魏前期,拓跋鲜卑族人号称"国人",享受着特殊的政治和经济待遇。每次战争之后,政府都赏赐给大量的财宝和奴婢。这就使得"国人"产生一种错觉,好像是在为自己而战。另外,氏族的纽带也有利于加强军队内部将领和士兵、士兵和士兵之间的感情。他们不仅存在着统属关系,还存在着亲属关系、血缘关系。

拓跋鲜卑族人起自漠北,原以游牧业为主。长期的马背生活,造就了拓跋部战士杰出的骑术。北魏名臣崔浩曾说,对付倏来忽至的柔然人,南方的汉人使用双脚,只能望尘兴叹。"于国兵则不然。何者?彼能远走,我亦能远逐。与之进退,非难制也"。所以在开疆拓地的北魏前期,以"国人"为主体的部落兵始终是军队的主力。

部落兵为什么衰亡?

北魏政权在不断汉化和封建化的过程中,受到南朝世兵制的影响,也逐渐出现了身份低贱的兵户。最初的兵户,主要来源于被征服的民族和罪犯。北魏的一部分部落兵沦落为兵户,是孝文帝迁都洛阳以后发生的变化。拓跋部一支随帝室南下,一支留在北镇地区保卫旧都,最初南下的兵与留北的兵,身份上没有差别。但等到南下的拓跋部封建化以后,情况逐渐不同了。门阀化的拓跋贵族日益鄙视兵家,对留戍北疆的同族人也作如是观。当中原的罪人及家属一批批被发配到这里充兵后,部落兵的社会地位越来越低,成为半奴仆式的贱民。

部落兵的分化,使沦为世兵的北镇军人战斗力和士气明显低落。北魏初年剽悍善战的拓跋鲜卑兵,经过一百来年,基本丧失了作战能力。于是征兵和募兵大兴,部落兵随之走向衰亡。

府兵制是怎样出现的?

西魏的建立者宇文泰的先世原属于东部鲜卑的一支,西魏的兵由汉人和鲜卑人共同构成,而且汉人的数量远大于鲜卑人。宇文泰又以魏初鲜卑部落联盟时的社会组织情况,塑造他的各支府兵。他命令各军主帅,凡鲜卑人皆恢复原来的复姓,汉人由他赐给鲜卑姓。其下属士兵皆改姓主帅的鲜卑姓,一如魏初的氏族旧制。虽然,这种人为制造出来的氏族关系,并不能发挥部落兵所具有的血亲力量,但毕竟大大提高了士兵的身份。

周武帝时期,为加强君权,又将府兵的统领权收归皇帝所有,并把府兵的招募同均田制结合起来。他规定，府兵要从均田户中选拔。当时的府兵仍要从民户中独立出来，另有军籍，只是他们不再是身份低贱的兵户。这就使府兵制和均田制更好地结合起来了，府兵制成为均田制基础上的军事制度。

樊深的为人如何？

樊深（生卒年不详），字文深，河东猗氏（今山西临猗县）人。北朝儒学家。

北魏孝武帝永熙三年（534年）夏，孝武帝为大将高欢所逼，西迁长安。河东猗氏樊姓、王姓等大户组织当地地主武装，护送孝武帝，抵挡高欢军队的追击。樊深的父亲樊保周、叔父樊欢周都被高欢军队杀害，樊深也因此避难出走，不幸坠崖伤足。之后，他便改名换姓，游学于汾、晋之间。

樊深一生，虽然多半处在军事纷争的社会环境中，但他仍然自勉自励，精心于学问的潜研。樊深不仅潜研儒家经典，而且对于语言文字，以及东汉以后的阴阳历算都有一定研究。他所撰写的《孝经》《丧服问疑》《七经异同说》《义纲略论》等书，至唐代亦有流传。樊深也是一位孝子。他生母早逝，很早就同继母一同生活，而且对继母很孝敬。后来，他的父亲被杀，他逃离在外，仍然十分惦念他的继母。等到追恢名誉之后，他回家重新安葬父亲，曾背负黄土，堆积成坟。樊深的这些品行，也同他的学问一样，得到后世的称誉。

樊逊学术上有何造诣？

樊逊（？～565年），字孝谦，河东猗氏（今山西临猗县）人，北齐文学家。

天保七年（556年），高洋下诏校订皇家藏书，以供皇太子览阅。樊逊与高乾和、马敬德等11名秀才同被诏定校刊群书。樊逊受此重任，更加认真负责。他依据汉时刘向校书的方法，就北齐境内所有公私藏书收集致全，精心校阅，除当时官家藏书外，"凡得别本三千余卷，五经诸史，殆无疑阙"。对保存我国古代典籍做出了一定贡献。

在整个中国文学发展史中，樊逊或许还没有什么地位。但就整个北朝来说，他还是以文章而知名的。据《北史》记载，当时的大文人魏收很为人称颂，他曾经写了《库狄干碑序》，令樊逊为之作碑铭，写好之后，别人以为序和铭均出自魏收一人之手。高洋死后，杨愔让樊逊作书告晋阳朝士，书写好后，又让魏收润色，魏收竟不能更改一字。这些都可以看出他的文才。只是，樊逊的作品没有多少保存下来，不能不使人感到遗憾。

"一目十行"有何典故？

南朝梁武帝非常爱好文学，他的第三个儿子萧纲，从小聪明伶俐，4岁开始识字读书，到6岁时，已经会写文章了。有一次，梁武帝特地把萧纲叫来要他做一篇文章。萧纲毫不怯场，不慌不忙地提笔就写，很快便写成了一篇声韵和谐、辞藻华丽的骈文。梁武帝看后，喜上眉梢："你真是我们萧家的东阿王！"东阿王是三国时文学家曹植的封号，他以才思敏捷著称。

随着年龄的增长，萧纲读的书越来越多，阅读的能力也越来越强，而且读书的速度惊人，能够"十行俱下"，而且记忆力超强。萧纲的文才很好，但因为长期住在深宫，不知民间的疾苦，所以他的诗文字轻靡浓艳，被后人称为"宫体"。公元549年，萧纲即位，这就是梁简文帝。可惜的是，两年之后，他就被叛军用毒酒害死了。

"一目十行"由此流传下来，被人们用来形容看书的速度很快。

鲍照是什么人？

鲍照（约415～470年），南朝宋文学家，字明远，本籍东海（东海治所在今山东临沂市郯城县，但鲍照家乡在现在的江苏连云港市）；一说上党（今属山西），可能是指东海鲍氏的祖籍。宋孝武帝刘骏起兵平定刘劭之乱后，鲍照曾出任过中书舍人、秣陵令等小官。孝武帝大明五年（461 年），鲍照做了临海王刘子顼的幕僚。孝武帝死后，明帝刘彧杀前废帝刘子业自立，刘子顼响应了晋安王刘子勋反对刘彧的斗争。刘子勋战败，刘子顼被赐死，鲍照亦为乱兵所害。

鲍照的诗文，在生前就颇负盛名，对后来的作家更产生过重大影响。他的文学成就是多方面的。诗、赋、骈文都不乏名篇，而成就最高的则是诗歌，其中乐府诗在他现存的作品中所占的比重很大，而且多传诵名篇。他还擅长写七言歌行，能吸收民歌的精华。感情丰沛，形象鲜明，并具有浓厚的浪漫主义色彩，对唐代的李白、高适、岑参等人的创作有一定的影响。他与谢灵运、颜延之同时，合称"元嘉三大家"，成就高于二者。

律学始于何时？

律学是古代学习法律的高等专科学校。南朝梁武帝萧衍天监四年（505 年），仿宋设学馆，招纳后进，置五经及律学博士各一人。这是律学成为专门学校的开始。

隋文帝时所设律学，不像其他专科学校隶属国子寺，而属于大理寺管辖。唐代从武德初年始置律学，隶属国子监，其间经高宗两次废置，后于龙朔二年（662 年）恢复，改隶详刑寺。从此律学才得到稳定的发展。宋初依唐制置律学博士，掌授法律。神宗鉴于当官的没学过法，典狱者未习过狱，所习非所学之积弊，因此十分重视培养有法律知识和执法能力的人才，于熙宁六年（1073 年）下诏在国子监设律学。

律学从梁武帝创立，直到宋末，其间虽几经兴废，仍然延续了 700 多年之久，是中国历史上存在时间最长的专科大学。

为什么说高允是一位情操高尚的史官？

北魏太武帝时（450 年），司徒崔浩奉旨率众史官编纂国史，因对北魏朝廷的许多丑事直书不讳，所有参加编写工作的人都被太武帝下令逮捕。

中书侍郎高允也属于应被逮捕之列，但他是太子的师傅，太子有意保护他并亲自领他去朝见太武帝。在太武帝面前，太子说其平生小心谨慎，虽然参加修撰国史，但他地位低微，主事的全是崔浩。太武帝于是问高允国史是否都是崔浩所编，高允却耿直地回答说："不是，《太祖记》是邓渊写的，《先帝记》和《今记》是我与崔浩合写的。但崔浩只抓纲要，至于具体注疏，我写得比崔浩多。"太武帝听后大怒，认为高允的罪过比崔浩的还要大，太子又为他辩解，说他因害怕才胡言乱语。此时高允说："太子是为了救我的命才这么说的，其实他没有问过我修史的事，我也没跟他提过这些事。我说的是真话，并没有被吓傻。"

高允的这种诚实、临死不惧的精神，把皇帝也感动了。他终于赦免了高允，高允又替其他参加写史的人求情。事后，太子责备高允不知见机行事，高允却说历史应当如实撰写，他与崔浩一起编写，应当共享生死荣辱。那种为活命而违背良心的事，他是不会干的。

高允这种坚持真理、宁死不说假话、勇于承担责任的精神，确实表现出一种高尚的情操。

为什么《魏书》又叫"秽史"？

《魏书》是一部纪传体的北魏史，记述了北魏（包括东魏）王朝兴亡的历史。全书共 130 卷，作者是北齐人魏收。北齐天保二年（551 年），文宣帝高洋命魏收编纂前朝史书。魏收借修史之机酬恩报怨，完全根据个人的好恶、恩怨，决定人物的取舍和评价。凡是参加修史的人，他们祖先、姻戚的事迹大多被收录，而且被吹得天花乱坠。反过来，对那些有隔阂、嫌怨的人，即使有善行美德，魏收也不予收录。

天保五年（554 年）《魏书》完成。由于该书当载不载，抛开一些世家大族，记载了一些卑微官吏，在门阀制度盛行、豪族势力强大的南北朝，自然触怒了部分豪门世家，再加上该书褒贬失当，失去了史书"令乱臣贼子惧"的威望，引起各界不满，被人们称为"秽史"。尽管《魏书》被称为"秽史"，但由于该书资料较为丰富，在史学上仍具有一定的地位。

什么是志怪小说？

志怪小说是中国古典小说形式之一，以记叙神异鬼怪故事传说为主体内容，产生和流行于魏晋南北朝。魏晋志怪小说中，《搜神记》是保存最多且具有代表性的一种。《搜神记》之后，优秀的志怪小说当数刘义庆的《幽明录》，其次就是十六国时代王嘉的《拾遗记》，多述历代遗闻；陶潜所作《搜神后记》，内容与《搜神记》相仿。梁代吴均的《续齐谐记》，也以神怪为主。

志怪小说对后代文学有深远的影响。唐代传奇，首先是在志怪的基础上，加以繁衍扩展形成的。在整个文学史上，志怪小说始终没有消失。其中最有价值的代表作乃是蒲松龄的《聊斋志异》。至于六朝志怪中的故事，为后代小说、戏剧所吸收，加以创变，推陈出新，更是不胜枚举。

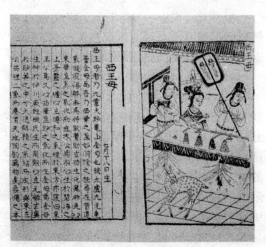

《搜神记》书

"牛郎织女"的传说从何而来？

"牛郎织女"是我国传说中最美丽动人的故事之一。

牛郎、织女最早被称为夫妇的作品应属南北朝时期梁代的萧统编纂的《文选》，其中有一篇《洛神赋》的注释中说："牵牛为夫、织女为妇，织女牵牛之星各处河鼓之旁，七月七日乃得一会。"这时"牛郎织女"的故事和七夕相会的情节已经略显雏形了。

关于牛郎织女的传说，历来有不同版本。

一种说法是织女与牛郎同是神仙，但织女嫁后废织，因而受到天帝的惩罚。另一说法为牛郎织女分开生活，由于无钱还债而受罚。

而流传最广的版本莫过于人神之恋。自从父母死后，牛郎一直寄居在哥嫂家里，经常受到哥嫂的虐待。有一天，与他朝夕相伴的老牛突然说话了，要他娶织女为妻。成亲以后，牛郎和织女男耕女织，相亲相爱，织女还给牛郎生了一儿一女。老牛临死的时候叮嘱牛郎一定要把它的皮留下来，到急难时披上以求帮助。织女私自下凡与牛郎成亲的事情被王母娘娘和玉皇大帝知道了，便派天神抓走了织女。牛郎回家不见织女，急忙披上牛皮，担了两个小孩追去。王母娘娘见牛郎快追上来了，忙拔了金簪一划，牛郎的前面顿时出现了一条天河，再也过不去了。从此，牛郎织女天各一方。

时间长了，玉皇大帝和王母娘娘也被他们之间的真挚情感所感动，就准许他们每年七月七日相会一次。相传，每年的七月初七，喜鹊都会飞到天上，用翅膀搭成一座天桥，让牛郎和织女跨过天河相会。这就是民间广泛流传的"鹊桥会"。

龙门、云冈石窟为什么举世闻名？

龙门石窟位于洛阳市区南面12公里处，开凿于北魏孝文帝迁都洛阳（494年）前后，迄今已有 1500 多年的历史。龙门石窟规模宏大，气势磅礴，窟内造像雕刻精湛，内容题材丰富，被誉为世界最伟大的古典艺术宝库之一。龙门石窟的造像艺术一开始就融入了对本民族审美意识和形式的悟性与强烈追求，使石窟艺术呈现出了中国化、世俗化的趋势，堪称展现中国石窟艺术变革的"里程碑"。

云冈石窟位于中国北部山西省大同市以西 16 公里处的武周山南麓，始凿于北魏兴安二年（453 年），大部分完成于北魏迁都洛阳之前（494 年），造像工程则一直延续到正光年间（520～525 年）。云冈石窟的造像气势宏伟，内容丰富多彩，堪称公元 5 世纪中国石刻艺术之冠，被誉为中国古代雕刻艺术的宝库。云冈石窟形象地记录了印度及中亚佛教艺术向中国佛教艺术发展的历史轨迹，反映出佛教造像在中国逐渐世俗化、民族化的过程。

王僧辩是什么人？

王僧辩（？～557 年），字君才，太原祁人（今山西祁县），南朝梁大臣。

梁武帝死后，其尚存的子弟，一个是侯景控制的皇帝萧纲，另外一个是在侯景起兵时被任命为北讨大都督的萧纶，此外还有占据上流重镇的湘东王萧绎。萧绎凭借其强大的军事力量欲争皇位，但必须除去已逃至郢州（治所在今武汉市武昌）的六兄萧纶，因此他派王僧辩带军即日进逼郢州。当时，王僧辩想等军队齐集后再发兵，当他提出推迟发兵时，萧绎用刀砍伤王僧辩，并交付廷尉准备判刑。后来，当进攻萧纶的军队不能攻克长沙时，萧绎才将王僧辩从狱中放出，派去指挥大军。在王僧辩指挥下，萧绎的军队很快击溃了萧纶军队。

之后，在与侯景交战中，王僧辩充分发挥了其指挥才能。战后，萧绎即帝位，是为梁元帝。王僧辩因功被封为司徒、侍中、尚

书令、永宁郡公，食邑 5000 户。后来，王僧辩因为屈事北齐，引起江南人民的愤慨，南徐州刺史陈霸先借此事从京口（今江苏镇江市）起兵，率军 10 万，水陆齐发，进袭建康，擒获王僧辩并杀之。

颜延之文学上有什么贡献？

颜延之（384～456 年），南朝宋文学家。字延年，祖籍琅琊临沂（今属山东）人。东晋末，官江州刺史刘柳后军功曹。刘裕代晋建宋，官太子舍人。少帝时，出为始安太守，文帝时，官至金紫光禄大夫，所以后世也称他为颜光禄。

颜延之和陶渊明私交甚笃，陶渊明死后，他还写了《陶徵士诔》。颜延之在当时的诗坛上声望很高，和谢灵运齐名，并称"颜谢"。但实际上，他的成就远不如谢灵运。他的诗较为人们所称道的是《五君咏》五首，借阮籍、嵇康等五位古人抒发自己的不平，体现了他性格中正直放达的一面。颜延之所著《赭白马赋》，虽属奉诏而作，但如"旦刷幽燕，昼秣荆越"之句，描写骏马奔驰之速，对后来许多咏马诗都曾产生过影响。颜延之的存世作品，明代张溥辑为《颜光禄集》，收在《汉魏六朝百三家集》中。

祖冲之有什么贡献？

祖冲之（429～500 年），字文远，祖籍范阳郡遒县（今河北涞源县），南北朝时期杰出的数学家、天文学家和机械制造家。

祖冲之在世界数学史上第一次将圆周率（π）值计算到小数点后七位，即 3.1415926 到 3.1415927 之间。他提出约率 22/7 和密率 355/113，这一密率值比欧洲早 1000 多年，所以有人主张叫它"祖率"，也就是圆周率的祖先。著有《缀术》。他编制的《大明历》，第一次将"岁差"引进历法，提出在 391 年中设置 144 个闰月，推算出一回归年的长度为 365.24281481 日，误差只有 50 秒左右。机械方面，他重新造出早已失传的指南车、

千里船等巧妙机械多种。此外，他对音乐也有研究。其著作有《释论语》《释孝经》《易义》《老子义》《庄子义》及小说《述异记》等，但早已遗失。

《水经注》是一本什么书？

《水经注》，中国古代地理名著，北魏郦道元撰。旧传三国时人桑钦著《水经》，郦道元为之作注，名《水经注》。郦道元（469～527年），字善长，范阳涿县（今属河北）人。郦道元好学博闻，广览奇书。足迹所至，大至从长城以南，到秦岭、淮河以北。

该书以水道为纲，连带叙述流经地区的山陵、湖泊、郡县、城池、关塞、名胜、亭障，以及土壤、植被、气候、水文和社会经济、民俗风习等各方面，还记载了各地有关的历史故事。《水经注》对中国地理学的发展有重大贡献，在中国以至世界地理学史上，都占有重要地位，同时书中还保存了大量历史和历史地理的资料。《水经注》中山川景物的描写，作为文学作品，也得到很高评价。

莫高窟有何史学价值？

敦煌莫高窟坐落在我国甘肃省河西走廊沙漠中，是我国珍贵的民族历史遗产，而且是世界艺术画廊中的瑰宝。1987年，联合国教科文组织正式把它定为全人类著名文化历史遗迹。

公元3世纪前后，莫高窟的造像艺术工程已经开始，目的在于塑造佛像，传布佛法。经过了1000多年，这一工程总共开凿了近500个洞窟，塑造了2000多尊佛像，绘制成功了4500多平方米的壁画。莫高窟的壁画刻的主要是佛经故事和佛祖释迦牟尼一生的故事，许多佛、菩萨、金刚、力士的造像也是栩栩如生、绚丽夺目。整个壁画气势宏大，色彩、形象、造型的表现也达到了极致。此外，里面许多造型别致、线条优美的彩塑佛像，大批宗教、社会、历史、地理、科技和文学艺术方面的珍贵典籍和作品都具有极大的历史研究价值。

尧雄是什么人？

尧雄（498～542年），字休武，祖籍上党长子（今山西长治）。北朝东魏军事将领。尧雄在31岁时，开始从戎生涯。北魏普泰元年（531年），尧雄率军据守定州（今河北定县），见北魏政权逐渐瓦解，伺机向高欢投诚。高欢任他为车骑大将军，瀛州（今河北河间市）刺史。

东魏天平初年（534年），高欢举兵攻入洛阳，立元善见为帝，即东魏孝静帝。魏从此分为东魏、西魏。从此，尧雄一直镇守东魏与西魏及梁朝交界的边境地带，被授以豫州（今河南汝南）刺史。豫州是东魏军事重镇，战略地位十分重要，是东魏与西魏、梁对峙中兵家必争之地。尧雄大半生担负镇守东魏西南边疆重任。兴和四年（542年），尧雄因病卒于邺城，年仅44岁。东魏孝静帝嘉其功绩，"赠使持节，都督青、徐、胶三州军事、大将军、司徒公，徐州刺史，谥武恭"。尧雄"性质宽厚，治民颇有诚信，为政去烦碎，举大纲而已"，身为东魏重要军事将领，不仅为保卫东魏西南边疆立下赫赫战功，而且廉政爱民，颇得百姓信任。

全元起有什么誉称？

全元起（生卒年不详），南朝时齐梁间人。医术高明，当时有"得元起则生，舍之则死"之誉。史籍写作金元越或金元起的，并为讹字，据《南史·王僧儒传》称，全元起在注《内经·素问》之前，曾就砭石一事造访王僧儒。他的《注黄帝素问》，为我国最早对《素问》之注解。该书虽佚，但宋林亿等在校正《黄帝内经》时，尚得见其书，并引录其《内经·素问》篇名次序。

许胤宗治病的方法是什么？

许胤宗（约536～626年），一作引宗，享年 90 余岁。许氏乃常州义兴（今江苏宜兴）人，曾事南朝陈，初为新蔡王外兵参军、义兴太守。陈亡后入仕隋，历尚药奉御。唐武德元年（618 年）授散骑侍郎。

许氏以医术著名，精通脉诊，用药灵活变通，不拘一法。他曾用药物熏蒸法为陈国柳太后治病，当时太后病风不能言，口噤不能服药，他以黄芪防风汤置于床下，熏蒸令药气如烟雾，入病人腠理而奏效，当晚太后能言，胤宗因此授义兴太守。许氏诊病问疾，重视切脉，以探求病原，主张病药相当，不宜杂药乱投，唯须单用一味，直攻病所。一生诊脉用药，独具特色。

甄权医学上有何贡献？

甄权（约 541 ~ 643 年），许州扶沟（今河南扶沟）人，因母病，与弟甄立言精究医术，专习方书，遂为名医。

甄权于针灸术造诣尤深，兼通药治。一生行医，救人众多。隋开皇初（581 年）曾为秘书省正字，后称病辞职。甄权通颐养之术，提出吐故纳新可使肺气清肃，是健身延年的有效方法，并主张饮食不必甘美。甄氏一生著述颇多，绘有《明堂人形图》一卷；撰有《针经钞》三卷，《针方》《脉诀赋》各一卷，《药性论》四卷。这些著作均已亡佚，其部分内容可见于《备急千金要方》《千金翼方》《外台秘要》等著作，对后世有一定影响。

乐逊是什么人？

乐逊（499 ~ 581 年），字遵贤，北周时河东猗氏（今山西临猗县）人。北朝著名儒家学者。乐逊学识渊博，是当时的名儒，因此备受倡导儒学的封建统治者器重。西魏废帝二年（553 年），乐逊受周文帝宇文泰之聘，为宇文泰子弟讲授《孝经》《论语》《毛诗》以及服虔所注的《春秋左氏传》。西魏恭帝二年（555 年）授予太学助教。

魏晋南北朝时倡导儒学，儒家学者不仅著书立说，而且在政治上力图有所作为，为统治阶级政治服务。周武成元年（559 年），乐逊陈奏朝廷 14 条建议，其中 5 条“切于政要”，建议中“民非赤子，当以赤子遇之”，“不使劳扰”，“事由德教”，等等，表现出乐逊对劳动人民的同情。乐逊任职数年，提倡儒家思想，革改弊端，屡受朝廷表彰。

北朝最著名的民歌是什么？

北朝最著名的民歌是《木兰辞》。

在南北朝诗坛被玄言、山水、游仙、公宴之类的诗歌充斥的时候，朴实自然、清新流畅的乐府民歌，为当时的诗坛带来一阵清风，令人耳目一新，《木兰辞》就是最为杰出的代表。《木兰辞》是北朝民歌，讲述的是主人公木兰代父从军、功成身退的故事。北朝民风剽悍，尚武是一个时代的风尚，就是女子也不是整天待在闺房，而是和男子一样习武练剑。受当时民风的影响，木兰自幼习得一身好武艺，后来女扮男装，代父从军，立下了赫赫战功，成了令许多须眉男子为之汗颜的巾帼英雄。木兰这一艺术形象具有更为丰富的文化内涵，在她身上还凝聚了忠、孝、智、勇等中华民族优秀的传统美德。

中国古代妇女为什么要点额黄？

额黄是我国妇女的一种古老美容妆饰，也称“鹅黄”“鸦黄”“约黄”“贴黄”，因为是以黄色颜料染画于额间，故有此名。

古代妇女额部涂黄的风习，大约同花钿一样，起源于南北朝或更早些。更可能与佛教在中国的广泛传播有关，当时全国大兴寺院，塑佛身、开石窟蔚然成风。妇女们从涂金的佛像上受到启发，也将自己的额头染成黄色，久之便形成了染额黄的风习。

第六篇
盛世欢歌，乾坤变幻
——隋、唐帝国

隋 朝

杨坚是怎样韬光养晦的?

隋文帝杨坚（541～604年），弘农郡华阴（今陕西华阴）人。北周武帝娶了杨坚的长女为皇太子妃后，更加礼遇和器重杨坚。齐王宇文宪对武帝说杨坚相貌不凡，恐怕他不会甘为人下。武帝不以为意，内史王轨也对武帝说杨坚貌有反相。杨坚听到这些话后很恐惧，从此便韬光养晦、深自隐匿，以免引起别人的猜疑和注意。

宣帝继位后，杨坚地位和声望日益显赫，这导致宣帝颇为疑忌。宣帝有4个宠姬，都一并立为皇后，诸家争风吃醋，屡屡相互毁谤。宣帝常愤然对杨皇后说："我一定要灭你家族。"然后召见杨坚，命令左右道："如其神色失常，当即处死。"杨坚到后，从容自若，于是作罢。就这样，杨坚逃过了死亡之刀，最终羽翼丰满，建立了隋朝。

杨坚是怎样称帝建隋的?

北周大象二年（580年），周宣帝死，静帝即位，以外戚杨坚为假黄钺、左大丞相，掌握军政大权。杨坚一面建立自己的统治核心，重用李德林、高颎等人，以自己控制的丞相府来替代朝廷成为决策中枢；另一方面废除宣帝苛政，顺乎民意，提倡节俭。杨坚的举措令宇文氏贵族大为不满，北周宗室赵王宇文招、陈王宇文纯、越王宇文盛、代王宇文达、滕王宇文逌在长安密谋诛杀杨坚，发动兵变。但计谋被杨坚随从元胄发现，元胄掩护杨坚脱险。事后，杨坚以谋反罪诛杀了赵王、越王等五人，将宇文氏势力基本剪除。公元581年，杨坚废周静帝，封静帝为介国公，自称皇帝，改国号隋，改元开皇，定都长安，建立隋朝。

隋文帝在哪些方面进行了改革?

隋朝初年，隋文帝为了加强中央集权，在政治、经济诸方面进行了一系列整顿和改革，主要措施有：

第一，改革官制。在中央，以尚书、门下、内史三省为最高权力机关。又于尚书省下置吏、礼、兵、都官（刑）、度支（民）、工六曹。在地方，把州、郡、县三级改为州县两级制（炀帝改为郡县二级），拟定九品以上官由中央任免，从而建立起一整套相当严密的机构。

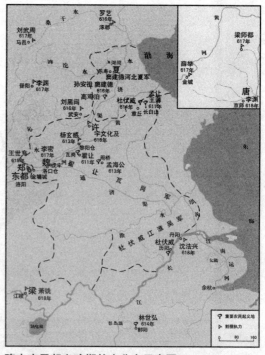

隋末农民起义晚期势力分布示意图

第二，创科举制。废弃九品中正制，采用考试的办法，以才选人。

第三，改革兵制。规定：府兵一面在州县落籍，耕种田地，"一与同民"；一方面仍保留军籍，轮番宿卫，从而使府兵制与均田制进一步结合起来。

第四，改革刑律。公元581年至583年，制成《开皇律》，废除北魏、北齐之枭首、车裂等许多酷法，强调"十恶"之条。

第五，均田"减赋"。继续推行北魏以来的"均田制"，改定赋税，"轻税入官"。

第六，整理户籍。开皇五年（585年），隋文帝下令"大索貌阅"，即根据年龄和体貌特征，检查户籍，另外，又颁布"输籍之法"。

第七，统一钱币和度量衡。

这些措施，削弱了豪强地主的力量，扩大了王朝的统治基础，巩固了中央集权的封建国家，同时也促进了社会经济的发展，使之呈现出繁荣的景象。

隋文帝颁布均田令后的效果如何？

隋制规定，自亲王至都督皆给永业田，多者百顷，少者三十顷。京官从一品至九品都给职分田，多者五顷，少者一顷。官署给公廨田，以供公用。农民、奴婢、耕牛的授田和北齐相同。即一夫一妇受露田一百二十亩，丁男受永业桑田或麻田二十亩。

隋朝实行的均田制度，显然对官僚地主有利。官僚地主受田比农民多，官位越高受田越多。均田制不是将所有土地都拿来分配，而是在不触动地主土地私有制的前提下推行的。也就是说，均田制是将政府所能支配的土地与一些无主荒地分配给农民耕种，使他们固定在土地上，以利于封建政府的剥削。但另一方面，实行均田制，农民还是得到了一些土地，地主的土地兼并也多少受到一些限制，这就有利于提高农民的生产积极性和扩大耕地面积。但因为其建立在维护地主阶级利益的基础之上，未起到应有的效果。

隋朝赋役制度的具体内容是什么？

隋朝主要实行租庸调制。租是田租（成年男子每年向官府缴纳定量的谷物）；调是人头税（交纳定量的绢或布）；庸是纳绢代役（服徭役期间，不去服役的可以纳绢或布代役）。租庸调制的实行保证了农民的生产时间，劳动人民的服役负担相对减轻，许多荒地开垦出来，有利于农业生产的发展；同时也保障了政府的财政收入，巩固了府兵制，使国家富强起来。

隋朝的赋役对象是哪些人？

缴纳租调，一般以床（一夫一妇）为单位来计算。丁男一床，纳租粟三石；调视桑田和麻田而纳物不同，桑田纳绢一匹和绵三两，麻田则纳布一端和麻三斤。未婚单丁和奴婢则纳一半租调。力役方面，隋初沿袭旧法，每年服役一个月，公元583年，改为21岁起服役20天。公元590年改为50岁免役收庸（用布帛代替力役），调绢也减为二丈。隋代的赋役制度对地主是有利的，奴婢出半赋，实际是对地主阶级的照顾。到炀帝即位，又免除了妇人及奴婢、部曲之赋。但是，与前代相比，农民的负担也有所减轻，农民从事生产的时间较多，收入也有所增加，这有利于提高农民的积极性，有利于促进农业生产的发展。

为什么隋文帝没有妃嫔？

隋文帝杨坚的皇后是北周大司马独孤信的女儿独孤伽罗。独孤氏14岁嫁与杨坚之时，要杨坚保证此生不纳妾，杨坚立誓应允。公元581年，杨坚称帝，建立隋朝，是为文帝。立独孤氏为皇后，长子杨勇为皇太子。

文帝上朝，皇后同辇送行，退朝，她也一同乘辇回寝宫，紧紧地看着文帝，不许他接触其他的女人。皇后对外戚要求尤为严格。她表弟崔长仁，奸淫妇女，文帝看在皇后面上，本要免去其罪，而皇后却不徇私情，把崔长仁处以死刑。宫中上下都十分敬重她，把她与文帝称为"二圣"。

公元 602 年八月，独孤皇后病死于永安宫，终年 50 岁。皇后死后，文帝放纵声色，后宫又增添了许多美女。由于贪欢过度，公元 604 年，文帝死，与皇后合葬于泰陵。

太子杨勇为什么被废？

杨广，又名杨英，小字阿摩，隋文帝次子。杨广于公元 581 年被封为晋王，在南下灭陈和抵御北方突厥的过程中，他立有大功，并笼络了一批人才，一心要取代兄长杨勇的太子地位。杨勇由于生活奢侈，渐渐失去了隋文帝的欢心。杨广就迎合文帝的心意提倡节俭，伪装出生活俭朴、不好声色的样子。每当文帝到他府中，他就把浓妆艳抹的姬妾锁进里屋，王府中只安排几个又老又丑的妇人，穿着粗布衣服，在左右侍候。他又故意将乐器的弦弄断，使乐器上布满灰尘，放置在引人注目的位置上。文帝见了以为杨广像自己，十分称心。

有一次，杨广外出狩猎，正逢大雨。侍卫给他送上油衣（雨衣），他拒绝说道："兵士们都在大雨中淋着，我一人岂能穿上独自避雨呢？"文帝听了以为杨广还具备仁爱之心，日后能成大事，更加喜爱。与此同时，杨广又勾结和杨勇不和的越国公杨素，在文帝和独孤皇后面前极力中伤杨勇，诬陷杨勇在文帝生病期间，说他盼望父皇快死。文帝听后逮捕了杨勇，于公元 600 年把他废为庶人，改立杨广为太子。

杨广是怎样登上皇位的？

隋炀帝，名杨广（569 ~ 618 年），隋文帝次子，他杀死文帝及兄长杨勇后继位。

公元 604 年 7 月，文帝病重卧床，已为太子的杨广认为登上皇位的时机已到，迫不及待地写信给杨素，请教怎样处理将要到来的文帝后事。不料送信人误将杨素的回信送给了文帝。文帝读后大怒，马上宣召杨广入宫。

此时，宣华夫人衣衫不整地跑进来，哭诉杨广乘她换衣时无耻地调戏她。文帝追悔莫及，急忙命在旁的大臣柳述、元岩草拟诏书，废黜杨广，重立杨勇为太子。杨广得到爪牙密报，忙与大臣杨素商量后，带兵包围了皇宫，逮捕了柳述、元岩，谋杀了文帝。杨广又派人假传文帝遗嘱，要杨勇自尽，杨勇还没有做出回答，派去的人就将杨勇拖出杀死。就这样，杨广以弑父杀兄的手段夺取了皇位。

什么原因促成了杨素的死？

杨素（544 ~ 606 年），字处道，是隋朝的开国功臣，更是炀帝杨广的贴身重臣。

隋文帝即位，他被封为上柱国，官至御史大夫。杨素受文帝宠爱越来越深，甚至没有立下任何功劳的儿子们都位至柱国、刺史。家里更是僮仆数千人，后宅的妻妾歌伎数以千计。朝臣有违逆他的，杨素暗中中伤他们。杨素贪图财货，大肆营求产业，东西两京的住宅宏丽奢华，形制有如皇宫，可他还是不知足，有时候往往早晨刚刚建好，晚上又拆掉重造，营建修理没有停止的时候。当时舆论都因此而鄙视他。

杨素的妻子郑氏性情褊狭凶悍，杨素对此十分愤怒，说："我如果做了皇帝，你一定没资格做皇后。"郑氏一怒之下，将他的话报告给了文帝，文帝非常恼怒和震惊，就把杨素免职了。此后因献伐南朝陈之策而东山再起，并愈加受到宠信。后来，因受炀帝的猜忌，杨素忧虑而死。

率军平定陈国的大将是谁？

韩擒虎（538 ~ 592 年），原名擒豹，字子通，河南东垣（今河南新安县东）人，隋朝名将。

隋朝开皇初年，隋文帝杨坚私下里有吞并江南陈朝的打算，因为韩擒虎文武双全，于是升他为庐州总部管，委任他以平定陈朝的重任。韩擒虎率领五百士兵夜渡长江，迅速袭占采石（今安徽马鞍山市西南），半日攻下姑孰（今安徽当涂），接着进驻新林（今南京西南）。陈朝皇帝陈叔宝派领军蔡征守朱雀门，可当兵士们听说韩擒虎即将来攻时，都四散溃逃。就这样，韩擒虎带五百名精锐骑兵，直接冲入朱雀门。陈朝军队打算抵抗，陈军将领任蛮奴挥挥手说："老夫尚且投降，诸君何必再抵抗。"于是大家都一哄而散，韩擒虎遂平定了金陵，擒获了陈主陈叔宝。隋文帝随即下诏书褒扬韩擒虎，拜韩擒虎为上柱国。

隋炀帝为什么要修大运河？

隋炀帝杨广即位后，为了加强对全国政治上的控制，同时也为了使江南地区的物资能够更方便地运到北方来，加之他个人追求享乐，于是便下令开一条贯通南北的大运河。

公元605年，隋炀帝下令征发河南、淮北各地百姓100多万人，从洛阳西苑到淮水南岸的山阳（今江苏淮安），开通一条运河，叫"通济渠"；又征发淮南百姓10多万人，从山阳到江都（今江苏扬州），把春秋时期吴王夫差开的一条"邗沟"疏通。以后5年里，隋炀帝又两次征发民工，开通运河，一条是从洛阳的黄河北岸到涿郡，叫"永济渠"；一条是从江都对江的京口（今江苏镇江）到余杭（今浙江杭州），叫"江南河"。最后，把4条运河连接起来，就成了一条贯通南北、全长四千里的大运河。

这条大运河是我国历史上伟大工程之一。它对我国经济、文化的发展和祖国的统一，起着积极的作用，是我国成千上万劳动人民勤劳智慧的结晶。

隋炀帝为何要营建东都洛阳？

杨广登上皇帝宝座后，因原洛阳城破败，不堪为都，故决定另选新址建城。有关古文献记载说，隋炀帝站在北邙山上，向南遥望伊阙，但见两山对峙，伊水中流，气象非凡，遂说道："此非龙门耶？自古何故不建都于此？"大臣苏威答道："自古非不知，以俟陛下。"

公元605年三月，杨广诏尚书令杨素、纳言杨达、将作大匠宇文恺营建东京。将近一年，至大业二年（606年）春正月完工。新修的东京城，"自故洛城西移十八里"，位置在今洛阳城区及近郊。该城规模宏大，"周围六十九里三百二十步"，洛水横贯城中。由宫城、皇城、郭城构成，正南门分别为则天门、端门、建国门；宫城在郭城西北隅，皇城围绕在宫城东、南、西三面。皇城西垣有两门，靠南一座叫丽景门，此为"丽景门"称谓之始。

隋炀帝巡游江都导致了什么后果？

隋炀帝生性好动，喜欢享乐游玩。即位的第一年，即大业元年（605年）就坐船去游江都，第二年四月才回到洛阳。大业三年（607年）又北巡榆林，至突厥启民可汗帐。大业四年（608年），又到五原，出长城巡行塞外。大业五年（609年），西行到张掖，接见许多西域的使者。大业六年（610年），再游江都。大业七年到十年（611～614年），三次亲征高句丽。大业十一年（615年），又北巡长城，被突厥始毕可汗围困于雁门。解围回来的第二年，又三游江都，直至灭亡。

大业元年（605年）秋，炀帝率20万人从通济渠去风景秀丽的江都（今江苏扬州）巡幸。巡游队伍所过之处，像蝗虫一样，把沿途百姓刮得精光，许多郡县甚至强迫农民预交几年的租调，以致多有百姓倾家荡产。三次游江都时，由于杨玄感起兵，将龙舟水殿全部烧毁，这时各地的农民起义已风起云涌，这个暴君仍下令重造，而且规模更加庞大。炀帝的游幸，给人民带来了无尽的灾难和负担。

杨玄感为什么要造反？

杨素因杨广猜忌，忧郁而死之后，其子杨玄感便立誓要为父报仇。

大业九年（613年），隋炀帝杨广第二

285

次率大军去辽东征讨高句丽，命礼部尚书杨玄感去黎阳督运粮食。

当时隋末农民起义已在各地展开。杨玄感岂能放过这个绝好的机会，他当即同自己的几个弟弟和好友李密商议起兵，得到赞同。为了让那些士兵和运粮农夫死心塌地地同他一起叛乱，他就谎称运粮是限期运粮，违期则斩，而这在规定期限是根本不可能完成的。后来，就有人喊："杨将军，反正我们也是一死，不如跟你一起造反，或许还有一条活路。"众人一听此话有理，便都高喊造反。杨玄感见状，便开始整编队伍。不久，他正式走上了造反的道路。

史家对杨玄感造反有何评价？

对杨玄感造反的评价可分两类：

一类是旧正统的，以《隋书·杨玄感传论》为代表，认为他身为宰相之子，对于荒暴之君，也只该鞠躬尽瘁，死而后已。玄感提出废昏立明，就是企图篡位，想当王莽、董卓，所以天怒人怨，顷刻而败。

一类是新正统的，他们认为大贵族杨玄感是个凡庸的野心家，并不是真正想到民众的痛苦，只是认为有机可乘，起兵一试，夺取洛阳，称些时皇帝，就算满足了。

中国旧正统历史学家习惯于"以成败论人"。如果杨玄感兵变成功，大焉者奉之如唐宗、宋祖，小焉者颂之为伊尹、霍光。既然失败了，不是莽、卓也是莽、卓。其实，杨玄感发动兵变，对独夫民贼杨广震动最大，对社会各阶层影响最广，论首义之功，决不在陈胜、吴广之下。只因他身为朝廷重臣却举兵造反，而且，又没成功，便遭到新旧正统历史学家的双重否定。要说杨玄感演的是悲剧，其可悲处正在于此。

隋炀帝葬于何处？

大业十四年（618 年）三月，炀帝见天下大乱，无法挽回，命修治丹阳宫（今南京），准备迁居到那里。从驾的都是关中卫士，他

们怀念家乡，纷纷逃归。这时，虎贲郎将元礼等，与直阁裴虔通共谋，利用卫士们思念家乡的怨恨情绪，推宇文述的儿子宇文化及为首，发动兵变，宇文化及逼缢隋炀帝。这个皇帝，最后连个像样的棺材也没有用上，由萧后和宫人拆床板做了一个小棺材，偷偷地葬在江都宫的流珠堂下。唐朝平定江南后，于贞观五年（631 年），以帝礼改葬于雷塘（今扬州市北 15 公里雷塘南平冈上，南距吴公台 5 公里）。

隋炀帝为何三征高句丽？

隋时高句丽人占据辽东大部，高句丽主世袭爵为辽东郡公。高句丽是辽东的霸主，是实力强大的政权。辽东及朝鲜半岛除高句丽外，还有百济、新罗、靺鞨等政权，它们多臣服于大隋。高句丽虽也臣服于隋朝，但时常拉拢、讨伐其他政权并时常侵扰辽西。高句丽无疑破坏着辽东及朝鲜半岛的秩序，也挑战着隋朝在辽东的威望。如果高句丽把百济、新罗、靺鞨都灭了，一统辽东及朝鲜半岛，高句丽的实力与威望无疑倍增，也将对隋朝构成严重的威胁。所以，高句丽成为隋朝最大的隐患，是隋朝未来最大的敌人。

因此，隋炀帝心中早有攻打高句丽的想法，遂以高句丽王不肯入朝为名前后三次征讨，但最终并未达到目的。

赵州桥是谁主持修建的？

赵州桥是李春主持修建的。李春（生卒年不详），隋代造桥匠师。今河北邢台临城人士。隋开皇十五年至大业初（595 ~ 605 年）建造赵州桥（安济桥）。唐中书令张嘉贞著《安济桥铭》中记有："赵州蛟河石桥，隋匠李春之迹也，制造奇特，人不知其所以为。"但赵州桥存世 1000 多年，堪称中国建筑史上的奇迹之一。

赵州桥是一座单孔圆弧形石拱桥。全桥长 50.82 米，宽 9.60 米，南北向，由 20 道独

赵州桥桥石雕刻

立石拱纵向并列砌筑，净跨度长 37.37 米。跨径大而弧形平，至今仍是我国跨径最大的石拱桥之一，在世界上也是跨径最大的石拱桥。赵州桥不仅以跨径大著称，奇特之处是桥的拱肩敞开，在大大石拱的两端，各建两个小拱。这一精巧的设计，减轻了大桥的载重量，在遇到大洪水时，小拱也可以过水，减少了水流对大桥的冲击力。这种奇妙的构思，在世界桥梁史上，也是一项极其伟大的成就。

"退笔冢"和"铁门限"因何而来？

智永，陈、隋间僧人，名法极，姓王，会稽人，善书法，尤工草书。为王羲之七世孙，王羲之第五子王徽之之后。山阴（今浙江绍兴）永欣寺僧，人称"永禅师"。常居永欣寺阁，临池学书。闭门习书 30 年。

智永练习书法极为刻苦。他在永欣寺时，就曾盖一座小楼专供练字，发誓"书不成，不下此楼"。在那里，他如痴如醉地练字，毛笔用了一支又一支，他常把用坏了的毛笔扔进大瓮，天长日久，就积了好几瓮。智永后来把这些毛笔集中埋在一个地方，自撰铭词以葬之，时称"退笔冢"。

经过二三十年的努力，智永的书法果然大有进步。他的名气也越来越大，求其真迹者很多，智永穷于应付。登门求教的也极多，以致他户外之屦常满，连门限也被踩坏了，智永又只好用铁皮来加固门限，时人称之为"铁门限"。

这"退笔冢"与"铁门限"便成为书坛佳话，与汉张芝（张颠）洗笔洗砚的"池水尽墨"交相辉映，同为千古美谈。

算学是如何演变发展的？

算学始建于隋文帝时期（589～604年），是中国古代培养数学人才的专科大学，也是中国最早的学习研究自然科学的专门学校，隶属国子寺，后停办。

贞观二年（628年）重建算学，二年后又废置，将其博士下隶太史局。龙朔二年（662年）再置算学，并改隶秘书局。学习期限9年。学生毕业后，可参加科举。唐代科举设算学科，其考试内容针对算学课程而定。

宋徽宗崇宁三年（1104年），设置算学，隶太史局。较唐代规模大，教学内容与唐制无多大变化，以《九章》《周髀》及假设疑数为算问，仍兼《孙子》《五曹》《张丘建》《夏侯阳》算法，并历算、三式、天文书等为本科。

隋炀帝为何厚葬侯夫人？

侯夫人大约16岁进宫，24岁左右自杀，存诗13首，为初唐四杰先声。

隋炀帝在位期间广造高楼，并网罗天下美女数千名纳于迷楼中幽闭，侯夫人就是这几千名中一辈子都没有见过隋炀帝的宫女之一，最后自缢而死。侯夫人死后颜面艳若桃花，美貌异常，臂系锦囊，中藏宫怨诗，引发杨广无限悲伤，令选美失职渎职的宦官自尽，又命人备衣衾棺椁，安葬侯夫人。炀帝又差人择高原之地，卜吉厚葬，又敕郡县官厚恤她家父母。侯夫人是历史上少见的死后才得到帝王无限宠爱并且美名、才名俱满天下的美女。

"罄竹难书"源自何处？

"罄竹难书"由"罄南山之竹，书罪未穷"缩略而来，人们常用它来形容某些人罪大恶极，所犯的罪行多得写不完。出自瓦岗军将领之一的李密之口。

隋朝末年，隋炀帝骄奢淫逸，挥霍无度，好大喜功，人民不堪重负，农民起义此起彼伏。杨玄感起兵反抗失败后，其手下的部将李密投奔了瓦岗起义军，游说起义军首领翟让联合全国各地起义军共同反抗隋炀帝。后来李密取得了全军领导权，被称为魏公。

李密为了进一步联合各路起义军，便在进攻隋都洛阳的时候，发布了一篇讨伐隋炀帝的檄文，号召大家共同推翻隋朝的统治。檄文在历数隋炀帝的残暴统治、祸国殃民的十大罪状之后写道："罄南山之竹，书罪未穷；决东海之波，流毒难尽。"意思就是把终南山所有的竹子砍来制成竹简，也写不完杨广的罪过；用尽东海的滔滔大水，也冲洗不清他的罪恶。

什么是三省六部制？

三省六部制，是中国古代封建社会一套组织严密的中央官制。它确立于隋朝，此后一直到清末，六部制基本沿袭未改。对于三省制，其中尚书省形成于东汉（时称尚书台）；中书省和门下省形成于三国时，目的在于分割和限制尚书省的权力。在发展过程中，组织形式和权力各有演变，至隋，才整齐划一为三省六部，主要掌管中央政令和政策的制定、审核与贯彻执行。各不同时期的统治者做过一些有利于加强中央集权的调整和补充。

❀ 唐 朝 ❀

李世民是如何让李渊下定决心反隋的？

李渊本是隋将，公元616年，隋炀帝任命李渊为太原留守的同时，又对他不信任，另派心腹监视他的行动。李渊的四个儿子中李世民最有远见卓识。晋阳宫监裴寂和李渊的交情很深。李世民说想趁局势动荡之际干一番自己的事业，怕他父亲不同意，于是裴寂帮他想出了一个办法。

裴寂不久前给李渊送去了晋阳宫的两个宫女。一天，他请李渊喝酒，两人喝得醉眼蒙胧的时候，裴寂就说："都是我害了您，我送您两个宫女的事，怕要传出去了……"李渊大吃一惊，吓得酒醒了一半。私留宫女，灭门之罪。裴寂赶忙说："二公子世民怕事情败露，招来大祸，正在招兵买马。我看先下手为强，起兵反隋，也许成功。"李渊想了想，无可奈何地说："事到如今，也只好如此了。"

不久，朝廷命令李渊出兵去镇压农民起义军。李世民趁机劝李渊说："父亲，平不了盗贼，是您的罪过，平了盗贼，也不会得到信任。还是快作主张吧。"李渊走投无路，遂下定决心，起兵反隋。

虎牢之战发生于何时？结果如何？

虎牢之战是唐朝武德三年（620年）七月至四年（621年）五月之间，秦王李世民率军在洛阳、虎牢（今河南荥阳汜水镇西北）各个击破王世充、窦建德军的一次重要作战。

李世民率步骑5万进军慈涧（今河南新安东），经过8个月的作战，唐军攻克回洛城，并占领虎牢，河南50余州相继归降。李世民率军进逼洛阳，将其包围。王世充困守孤城，缺乏粮草，民心颓废，几次派使者向窦建德求救。窦建德于是率兵10余万西进，进到虎牢的东面。李世民的部将多主张退避。他力排众议，决定分兵围困洛阳，占据虎牢要地，阻止窦军向西进军。由于虎牢地形险阻，窦军驻扎了1个多月，多次作战不利，士气低落，将卒思乡。李世民探知敌情，就引诱对方出战。窦军果然全部出动，李世民下令士兵直冲入窦军，前后夹击，阵势大乱。后唐军俘获5万多人，窦建德受伤被俘。李世民率军进逼军洛阳，王世充投降。

此战之后，唐王朝的统一事业基本完成。

唐朝是如何统一全国的？

在隋末天下大乱之际，许多隋朝的官吏也纷纷造反，拥兵自立，其中李渊父子于太原起兵最终建立了唐朝。

当时割据一方的群雄彼此相互攻伐，人人都想君临全国，主要割据势力有：薛举、李轨、刘武周、梁师都、王世充、萧铣、林士弘、窦建德、杜伏威等。李渊为了统一全国，采取了先固关中，后攻中原，再平江南的方略。关中是全国政治、经济、军事中心，又有关河之险，可攻可守。李渊一面采取措施争取民心，一面派兵扩大领地，先后攻占南阳、安陆、荆襄等地。李渊在关中站稳脚跟后，首先对威胁关中的薛举、李轨和刘武周采取武力征讨与分化瓦解相结合的方法，进行各个击破。唐高祖以世民为帅，领兵次第削平群雄。到太宗贞观二年（628年），铲除了割据朔方的梁师都，全国复归统一。

唐帝国是怎样一个局面？

唐朝建立之后，基本上继承了隋朝的政策，建立三省六部的中央政权机构，推行科举制度和均田制度。唐朝初年，政府征收的赋税也比较轻。经过"贞观之治"和"开元盛世"，唐王朝进入了极盛时期，社会稳定，经济繁荣，中国边疆和少数民族地区逐步得到开发，边防巩固。

唐朝前期 100 多年，是经济不断上升的治世。当时经济繁荣，文化先进，在国际上有很高的声誉。亚、非地区的许多国家纷纷派使臣、学者前来学习。唐朝政府设置鸿胪寺，专门接待各国的使臣和来宾，还在广州设置市舶使，在不少地方建立商馆，进行对外贸易活动。唐朝政府也不断派出使臣访问各国。强盛的唐朝成了亚、非各国的经济和文化交流中心。

唐高祖李渊是个怎样的人？

李渊（566～635 年），唐朝开国皇帝，字叔德。先世本为赵郡（今河北赵县）李氏。李渊曾深受隋炀帝的重用，大业十三年（617 年），李渊拜太原留守。当时，隋末农民起义遍布全国。李渊便与次子李世民在大业十三年五月起事。此时瓦岗军在李密领导下与困守洛阳的王世充激战方酣，李渊乘隙进取关中。十一月攻取长安，在关中站稳了脚跟。次年（618 年）五月，李渊称帝，改国号唐，定都长安。此后唐统一了全国。

李渊在位时期，依据隋文帝旧制，重新建立中央及地方行政制度，又修定律令格式，颁布均田制及租庸调制，重建府兵制，为唐代的职官、刑律、兵制、土地及课役等制度奠定了基础。武德年间，秦王李世民与太子李建成展开了激烈的争夺皇位继承权的斗争。武德九年（626 年）六月初四爆发了玄武门之变。李世民杀李建成和李元吉，逼李渊立自己为太子。不久，李渊退位为太上皇，在度过一段闲散失意生活后，死于太安宫，庙号高祖，葬于献陵。

李世民为什么会发动玄武门之变？

唐朝统一全国后，李世民因为军功显赫，在朝中势力无人可比，而太子李建成嫉妒心很强，他怕自己的太子地位不保，于是开始处处对付李世民。

李建成使劲地巴结李渊身边得宠的贵妃们，由她们在李渊耳旁吹风，中伤秦王李世民，使李渊、李世民父子发生嫌隙。之后，他便想制造事端暗害李世民。李建成甚至在请李世民喝酒时，在酒里下了毒，幸好李世民及时回西宫医治，才死里逃生。后来李建成向李渊建议，要把尉迟敬德等一批秦王部下调到李元吉麾下，以图把李世民及其亲信一网打尽。李世民听到这个消息还在犹豫，尉迟敬德可忍不住了，他和长孙无忌等人向李世民明确表示，要么先动手杀了李建成、李元吉，要么让他们离开长安。到这时，李世民已经无法再退一步了，只得下决心除去两位亲兄弟。于是，李世民发动了玄武门之变，后登基为王。

最善于纳谏的皇帝是谁？

臣民规劝或批评君王，叫作"谏"。君王接受规劝或批评，叫作"纳谏"。我国历史上最善于纳谏的皇帝是唐太宗李世民。李世民（627～649 年在位）是唐高祖李渊的次子，公元 626 年他发动"玄武门之变"，当了皇帝，年号贞观。

唐太宗即位后的不长时间内，社会经济便得到了恢复和发展。出现了政治比较清明，社会秩序相对稳定，国家逐步强盛的局面，使贞观时期成为中国封建历史上的盛世。唐太宗能够取得这样大的政绩，其中一个重要原因，就是他在贞观前期和中期善于纳谏。唐太宗李世民从维护自己的统治利益出发，在比较长的时间内，对臣下的意见能够认真听取，择善而从，甚至有时抑制住皇帝的虚骄心，不计较言辞的冒犯而纳谏，这在中国历代的封建皇帝中是无人可比的。

为什么说唐太宗知人善任？

"知人善任"是作为政治家所不能缺少的条件，而唐太宗李世民则具备了这项长处。

秦叔宝，名琼，原来是隋将张须陀的一名部下，后归属了瓦岗军首领李密，之后又被王世充封为龙骧大将军。秦叔宝三次离开旧主，李世民对他并不起疑心，依然放心派用，最终使秦叔宝死心塌地地报效他，屡创战功，成为开国功臣。

尉迟敬德，名恭，原先是刘武周部下的大将，曾经多次与唐军交战，李世民曾经亲自与他打过仗。直至在他困守介休城之时，还顽抗不肯投降。后在李世民劝诱下，归属了唐军。

之后李世民带领唐军攻打王世充。尉迟敬德随李世民率五百骑兵出外探哨，王世充带着一万多军兵围住了李世民。此时尉迟敬德大显神威，力战当初瓦岗军中有名的"飞将"单雄信，庇护着李世民杀出重围。而他们之所以为李世民赴汤蹈火，全力以赴，都是因为李世民不计前嫌，对他们善加重用。

为什么唐太宗把魏徵比作一面镜子？

魏徵是唐朝时的大臣，在唐太宗时曾任谏议大夫、宰相等职，他敢于向皇帝犯颜直谏，前后共劝谏唐太宗200余次，为唐初社会经济繁荣局面的出现，做出了重要贡献。

有一次，唐太宗问魏徵："为什么历史上的君王，有的明智，有的昏庸呢？"魏徵说："多听取各方面的意见就明智，只听一面之词就昏庸。"他还列举了历史上尧、舜等贤君和秦二世、隋炀帝等昏君的例子，说："治理天下的君王，如果能够采纳来自下面的意见，那下情就能上达，君王就不会受蒙蔽了。"后来，他觉得唐太宗不像早先那样节俭朴素、体恤百姓、勤于治国了，就写了一份意见书给唐太宗。唐太宗看后，觉得他提得很对，就把他的意见书贴在墙上，时时观看，以便

提醒自己不要松劲。

后来魏徵病死了，唐太宗非常难过，他流着泪对身边的人说："一个人用铜做镜子，可以照见自己的衣帽是否穿戴整齐了；用历史做镜子，可以明白国家兴亡的原因；用人做镜子，就可以发现自己身上的缺点。魏徵就是我的一面镜子，他总是告诉我哪儿做错了。现在他死了，我从此失去了一面镜子。"

唐太宗因何英年早逝？

李世民（599～649年），唐朝第二位皇帝，他名字的意思是"济世安民"。陇西成纪人，祖籍赵郡隆庆（今邢台市隆尧县），政治家、军事家、书法家、诗人。继位为帝后，积极听取群臣的意见，努力学习文治天下，成功转型为中国史上最出名的政治家与明君之一。唐太宗开创了历史上的"贞观之治"，经过主动消灭各地割据势力，虚心纳谏，在国内厉行节约，使百姓休养生息，终于使得社会出现了国泰民安的局面。但在贞观二十一年（647年），李世民却迷恋上了方士们炼制的金石丹药，希望自己长生不老。

贞观二十二年（648年），大臣王玄策献给李世民一名印度僧人，名叫那罗迩娑婆。这个印度僧人吹嘘自己有二百岁高龄，专门研究长生不老之术，李世民就命令他研制长生药。贞观二十三年（649年）四月，那罗迩娑婆声称长生不老药配制好了，李世民非常高兴，毫不迟疑地将药全吃了下去，顿时感到特别难受，他急召长孙无忌和褚遂良，当着太子的面，嘱咐他俩竭力辅佐太子。话毕，突然七窍流血，中毒暴亡，时年51岁，是中国历史上被"长生不老药"毒死的第一个皇帝。曾经嘲笑过秦始皇、汉武帝求长生药的一代明君李世民，仍然没有做到慎终如始，自己也被"长生不老药"毒死，荒唐可悲地过早离开了人世。

什么是贞观之治？

贞观之治，是指中国唐太宗在位期间的

清明政治。由于唐太宗能任人廉能，知人善用，广开言路，尊重生命，自我克制，虚心纳谏，重用魏徵等诤臣，并采取了以农为本，厉行节约，休养生息，文教复兴，完善科举制度等政策，使得社会出现了安定的局面。他大力平定边患，并尊重少数民族风俗，稳固边疆。他在位时年号为"贞观"（627～649年），故史称"贞观之治"。这是唐朝的第一个治世，同时为后来的开元之治奠定了厚实的基础。

最重视精简官僚机构的皇帝是谁？

官僚机构庞大臃肿、人浮于事，对社会有严重的弊端。我国历史上比较有作为的皇帝，一般都重视精简官僚机构，而在他们当中，唐太宗李世民则是最突出的。

李世民即位之初，就决心革除当时冗官过多的弊病，精简国家机构和政府官员。贞观初年，唐太宗命宰相房玄龄精简中央机构。为了长期贯彻精简官僚机构的方针，唐太宗将简政省官作为一项制度固定下来。对精简后继续任职的官员，唐太宗还通过各种形式，择优汰劣，力求为官者人人称职。他制定了专门的考核制度，每年都对各级各类官员进行考核，以此决定升迁降免。唐太宗李世民采取一系列措施简政省官，精简了机构，整饬了吏治，大大提高了国家各级机构的效能，相应地减轻了人民负担。

什么叫"房谋杜断"？

唐朝初年，唐太宗善于任用能人为之服务，经常听从大臣的意见。一次他与房玄龄商量事情，房玄龄感慨地说："非如晦莫能筹之。"等到杜如晦来到时，杜如晦立即分析房玄龄的计谋做出决断。

房玄龄（579～648年），唐代初年名相。名乔，字玄龄（一说名玄龄，字乔）。齐州临淄（今山东淄博东北）人，乃秦王最得力的谋士之一。

杜如晦（585～630年），凌烟阁二十四功臣之一，中国唐初名相，字克明。

京兆杜陵（今陕西西安东南）人，秦王谋士。

秦王登基后，知人善任，房玄龄与杜如晦皆为重臣。房玄龄善于谋略，杜如晦善于决断，两人配合默契，同心辅佐太宗。后世论唐代良相，首推房、杜，史称"房谋杜断"。

房玄龄是怎样成为一代良相的？

唐朝著名的大臣房玄龄，自幼就很聪明，博览经史，工于草书隶书，善写文章。

房玄龄在秦王府十余年，每当撰写奏章时，都是倚马可待，行文简洁，道理充分，不打任何草稿。贞观元年（627年），房玄龄代替萧瑀任中书令。太宗论功行赏以房玄龄、长孙无忌、杜如晦、尉迟敬德、侯君集五人为第一。房玄龄晋爵邗国公。

贞观三年（629年），房玄龄被任命为代理太子詹事，兼礼部尚书。后又代替长孙无忌任尚书左仆射，改封爵为魏国公，并监修国史。房玄龄既已总管百官事务，就虔诚恭谨、日夜操劳，尽量做到事事处理恰当，听到别人的长处，就像自己有长处那样高兴。他精通吏事，审定法令意在宽平，用人不求全责备，从不以自己的长处来衡量别人，随才录用，不拘贵贱，被当时人称为良相。

为什么窦建德被称为草莽英雄？

窦建德（573～621年），隋贝州漳南（今山东武城漳南镇）人。本是农民出身，只因全家无辜被杀，才不得已落草为盗。

大业十二年（616年），隋遣杨义臣击破张金称、高士达。窦建德招集散亡复起，于次年正月称长乐王于河间乐寿县（今河北献县），又大败隋将薛世雄，攻克河间。大业十四年（618年）定都乐寿，国号大夏。至武德二年（619年），大夏政权已拥有黄河以北大部分地区，南与洛阳的王世充抗衡，西与关中的唐李渊鼎立对峙。武德四年（621年）三月，唐军进攻王世充，建德率军十余万援世充，与唐李世民军相遇于虎牢（今河南荥阳汜水镇西北）一带。五月，夏军溃败，窦建德被俘，七月，窦建德在长安被杀。

从史实来看，窦建德慷慨重义，无狡诈之行；克己爱人，无腐化之行；善待降俘，无残暴之行。可以说，窦建德比起以拥戴幼主为名，而行篡弑之实的李渊、王世充等朴实得多。如果不以成败论人，谥之为"草莽英雄"似不为过。

历史上真有罗成其人吗？

《说唐全传》中有"枪挑罗成"一段，但其实隋唐之际并无罗成其人，却有个罗士信。罗士信在两《唐书》均有传，《资治通鉴》也有记载。罗成事迹，与罗士信有许多相同之处：

第一，二人都和秦叔宝有关系，罗士信是秦叔宝的小同乡，罗成是秦叔宝的姑表弟。

第二，二人都以枪为兵器，罗成的罗家枪尤其驰名。

第三，二人都武勇绝伦。

第四，二人都死于武德五年（622年）征讨刘黑闼之役。

第五，二人都早熟而短命。

二人最大的不同点是罗士信幼孤，罗成却是罗艺的儿子。罗艺在两《唐书》亦均有传。由此可知，罗艺与秦叔宝同辈，与罗士信同官同事。罗艺既没有儿子罗成，当然也没有孙子罗通。说书人误以为让假人物攀上历史真人物，就可以弄假成真。殊不知考史时，只有以真证假，决不许以假乱真。

"红拂夜奔"是怎么回事？

唐末五代杜光庭所撰《虬髯客传》，有一段红拂夜奔的故事。

隋朝时，三原有一位文武兼通的才子名叫李靖，他决定前往长安，以求报国之路。在长安，他先投到杨素门下，但杨素年老体弱，不再有远大的理想，李靖非常失望。二人谈论之时，府中侍女红拂就立在旁边，她见李靖器宇非常，心中暗暗倾慕，于是派门人跟踪李靖，得知他的住处，自己深夜前往。夜晚，李靖独坐灯前，忽听敲门之声，开门一看，竟然是白天在司空府见到的侍女。红拂开门见山地表明自己的心意：愿意投奔李靖，伴随其闯荡天下。李靖喜出望外，于是红拂与李靖二人扮成商人离开长安。

李渊父子起兵后，李靖显示了他的军事才能，帮李渊父子平定江南，建立了大唐。

李靖是如何大破突厥军的？

唐太宗贞观三年（629年），唐太宗命兵部尚书李靖为定襄道行军总管，与其他各路兵马一起，分头出击突厥。

李靖受命之后，他率领三千骁骑，直扑恶阳岭。突厥颉利可汗的牙帐就建在这里。在这天寒地冻的冬夜里，突厥人无论如何也没想到会有唐军来突袭。刚从暖衾中钻出来的突厥兵还没来得及抄起武器，便成为刀下之鬼。颉利可汗为了等候时机东山再起，他施了一个缓兵之计，说是请求举国归附唐朝。因为只要再拖延一段时间，待春草繁茂，战马复壮，就可以越过大漠，跑到唐军追击不到之处。

然而，李靖与徐世勣的大军却直捣颉利的巢穴，大军一拥而上，纵马劈杀，突厥兵

此之謂矣。可滅也。將欲取之必固與之不復設備，然後養威伺釁一舉得所欲，理當自退，志意驕惰故卷甲韜戈，啗以金帛，彼既懼而脩備，則吾未可以得志矣。虜戰，所損甚多，虜結怨既深百姓未富且當靜以撫之。一與吾接位日淺，國家未安，……资治通鉴 卷一百九十一

《资治通鉴》中有关唐军灭突厥的记载

彻底溃散了，一万多士卒被砍了脑袋，十几万男女成了俘虏，颉利也被俘，被押送到长安。

唐朝的科举制度是怎样的？

唐朝的科举考试科目很多，其中进士科和明经科最受重视。明经科主要考贴经，就是把经书上的文字用纸贴上几个，让考生把它写出来，如同现在学校的填空试题一样。进士科主要考诗赋。写诗作赋比较自由，也便于表现考生的才能，所以当时的读书人都愿意考进士科。

考中进士，就取得了做官的资格，但是真正得到官职还要经过吏部（中央的人事部门）的考试。这个考试叫"选试"。选试合格的，呈请皇帝授给官职。选试的内容有四项：一是"身"，相貌外表要端正；二是"言"，口齿要清楚，言谈得宜；三是"书"，字要写得端正美观；四是"制"，要具有审订文字、通晓国家制度律令的能力。由于进士很难考，为了达到考取的目的，应考的举子就在考前和考试期间想出种种办法进行活动。有的跑到官僚的车马前跪献文章，表示自己的诚意，这叫作"求知己"。有的把自己的文章工工整整地写成卷轴，献给达官贵人或者名流学者，请他们把自己推荐给主考官，这叫"行卷"。

唐朝的科举制度在选官上发挥了很大的作用，是读书人进入官场的很重要的途径。

李靖是用什么计谋取得江陵的？

高祖武德四年（621年）正月，高祖下令由赵郡王李孝恭全权负责进攻割据江陵的萧铣。李孝恭为荆湘道行军总管，李靖代理行军长史。

当月，李孝恭从夔州出发时正赶上长江涨水，众将领纷纷请求等水落之后再进军。但李靖说："兵贵神速。如果趁长江涨水，一下来到萧铣的城下，趁他没有防备突然袭击，这样肯定能活捉萧铣。如果等江水落了再发兵，就失去了进兵的良机。"李孝恭就下令继续进兵。

果然大败敌军，萧铣见唐军势不可当，只好闭门死守，等援军前来解围。

李孝恭便问李靖该如何破敌，李靖说："现在我们应该做的，就是把所获战船全都放弃，让它们顺江漂走。"李孝恭和众将都大惑不解，李靖笑着解释说："我们孤军深入，如果攻不下江陵，敌人援军从四面八方赶去接应，我军腹背受敌，进退都很难。现在放弃战船让它们顺流而下，敌方援军见了，必定会认为江陵城已被攻陷，就不敢轻易进军。我军就争取了时间。"李孝恭等人听了，个个拍手称绝。

萧铣的援军见到自己一方的空船沿江乱漂，果然以为江陵已被唐军占领，不敢贸然而进。李孝恭带兵包围江陵，萧铣内无粮草、外无救兵，只好下令开城投降。自此，李靖英名传遍大江南北。

长孙无忌是怎样陷害吴王李恪的？

吴王李恪为唐太宗第三子，文武全才。唐太宗生前很喜欢李恪，一度打算立其为太子。但遭到长孙无忌反对，因为李恪非长孙皇后所生。太宗死后，长孙无忌深恐李恪有意于皇位，等高宗一即位，立即利用"房遗爱谋反"事件，诬陷吴王李恪参与谋反。

"房遗爱谋反"事件指房遗爱（房玄龄次子）和妻子高阳公主（太宗第十八女）阴谋发动的宫廷政变，企图废掉高宗，拥立荆王李元景（高祖第七子）为帝，但是事不机密，计划被泄露，一干人都被逮捕。高宗派长孙无忌审理此案，长孙无忌借此机会将吴王李恪也牵连进来，李元景、李恪、房遗爱、高阳公主、薛万彻、柴令武、巴陵公主等全部被杀。吴王李恪临死前大骂长孙无忌"窃弄威权，构害良善"。

"庸人自扰"是谁说的？

唐睿宗时，有个叫陆象先的人，为人宽容，才学很高，办事干练，素有威名。有一年，陆象先出任益州剑南道按察使。到任后，对百姓十分宽厚仁慈。即使对犯罪的人，也不轻易动刑，而是讲道理以德服人。

有一次，一个小吏犯了错，陆象先只是批评了他一顿，劝他以后不要重犯。而一个属下认为处理太轻，应该用棍子重重责打那个小吏一顿。陆象先严肃地对他说："人情都是相通的。我责备了他，他难道会不理解我的话吗？他是你的手下，他犯了罪你也有责任，如果一定要用刑的话，是不是应该先从你开始呀？"听了陆象先的话，那个属下满脸羞惭地退了下去。陆象先曾多次说："天下本自无事，只是庸人扰之，始为繁耳。"意思是说，天下本来没有什么难事，只是由于一些平庸无能之辈不会处理，结果才把事情弄复杂、搞麻烦了。

后来人们就用"庸人自扰"泛指本来没有问题而自己瞎着急或自找麻烦。

李义府是个什么样的人？

李义府（614～666年），瀛州饶阳人。太宗时，任监察御史，诏侍晋王。高宗时，累官吏部尚书。李义府外貌温和恭顺，内心阴险狡诈，人们都说他是"笑里藏刀"。后李义府因为支持唐高宗立武则天为皇后而得到赏识，被任命为宰相，执掌朝政。

李义府由于受高宗宠信，他的孩子甚至有的还在怀抱中就被授予显贵的官职。而李义府贪得无厌，母亲、妻子、儿子、女婿都通过卖官和枉法受贿，他家门庭若市，到处拉帮结伙，朝野为之震动。高宗龙朔三年（663年），李义府主管选拔官吏，他乘机专以卖官发财，选官授爵完全没有标准，只要谁给他的腰包里塞上银子，谁就能得到官做，天下为此怨声载道。

当时有个叫杜元纪的来求见李义府，自称可以望云来预测吉凶，每逢初一、十五，李义府总是与杜元纪出城，登上高处，观望云气。有人就向高宗报告说李义府暗中窥测天象，图谋不轨。高宗勃然大怒，把李义府逮捕入狱，并下诏将李义府削除名籍，流放崔州。李义府最后忧郁而死。

唐前期的基本兵制是怎样的？

唐代的武功强盛，府兵制是重要的因素，唐代衰微之时，其原因亦是府兵制度的松弛。

府兵制度，乃指西魏、北周、隋、唐的一种兵制，在隋代灭亡时，府兵组织也随之解体。李渊、李世民据太原一带时，虽然控制部分地区的军府，但起兵时就临时招募1万人，进军途中又招降和收编不少军队，共达20万。李渊得国后，初置十二军，乃承袭隋制。《资治通鉴》卷一百八十七《唐纪三》载高祖武德二年云：秋七月，初置十二军，分关内道诸府以隶焉。皆取天星为名，以车骑府统之。每军将、副各一人，取威名素重者为之，督以耕战之务。由是士马精强，所向无敌。

十二军是唐代最基本的军队，也是唐室基本禁卫的部队。及至唐太宗登位，需要进一步巩固中央集权，政权的巩固有赖于强大的军事力量，使府兵制进入全盛时期。

"初唐四杰"指哪几人？

"初唐四杰"是指我国唐代初期四位文学家王勃、杨炯、卢照邻、骆宾王的合称，简称"王杨卢骆"。四杰是初唐文坛上新旧过渡时期的人物。

四杰齐名，原指其诗文，尤其是骈文和赋。四杰的诗文虽未脱齐梁以来绮丽余习，但已初步扭转文学风气。王勃明确反对当时"上官体"，"思革其弊"，得到卢照邻等人的支持（杨炯《王勃集序》）。他们的诗歌，从宫廷走向社会，题材较为广泛，风格也较清俊。卢、骆的七言歌行趋向辞赋化，气势稍壮；王、杨的五言律绝开始规范化，音调铿锵。骈文也在词采赡富中寓有灵活生动之气。

什么是"遣唐使"？

公元618年，唐朝灭隋，建都长安（今西安）。唐帝国经济文化空前繁荣发达，成为东亚最强大的帝国，声威远扬，对日本和亚洲各国都有巨大吸引力。为了实现更加直接有效地学习唐朝先进制度和文化的目的，日本政府决定组织大型遣唐使团，派遣优秀人物为使臣，并携带留学生、留学僧来中国。

公元 630 年，舒明天皇终于派出了第一次遣唐使，从公元 630 年至 895 年的 260 多年间，从公元 7 世纪初至 9 世纪末约两个半世纪里，日本为了学习中国文化，先后向唐朝派出十几次遣唐使团。遣唐使对推动日本社会的发展和促进中日友好交流做出了巨大贡献，结出了丰硕的果实，成为中日文化交流的第一次高潮。

是谁促进了汉藏文化的交流？

松赞干布（617～650 年），是吐蕃赞普（赞普是吐蕃对君主的称呼）朗日伦赞的独生子。松赞干布不但结束了藏族各部落分散落后的局面，促进了西藏经济文化的发展，而且对加强汉藏两族的联系，做出了很大的贡献。

唐贞观八年（634 年），松赞干布首次派遣贡使到长安，与唐朝正式建立了友好关系。唐太宗把很有才能的宗室女文成公主许嫁给松赞干布。文成公主带去了丰盛的嫁妆，还有书籍和蔬菜、粮食种子，并带去了善于纺织、刺绣的宫女和一些能工巧匠。从此，藏族群众在汉人的帮助下，逐步掌握了冶金、农具制造、纺织、建筑、酿酒、造纸等各种技术，使西藏经济文化得到了发展。松赞干布也派吐蕃贵族弟子到长安求学，并聘请唐文人到吐蕃掌管文书。松赞干布推行与唐和好政策，和唐太宗共举"和同为一家"的旗帜，积极倡导藏族人民学习汉族先进文化，促进了西藏各方面的发展。

唐朝的和亲政策源于鲜卑、突厥、吐蕃族势力不断增强，自太宗始至宪宗曾多次将公主嫁与外番以求缓和边疆矛盾，巩固国家政权，其中最为著名的便是唐太宗将文成公主嫁与吐蕃国王。和亲政策不仅缓和了各民族间的矛盾，巩固了边防，实现了国内的政治稳定，而且因公主们的随行人员很多，他

们也把中原先进的文明及种植等各项技术带给了这些民族，促进了各族人民之间的团结与进步，实现了汉族与少数民族的融合与和谐共处。

谁被唐太宗封为"药王"？

孙思邈（581～682 年），世称孙真人，被唐太宗封为"药王"，唐京兆华原（今陕西耀州区）孙家塬人。

由于孙思邈在医学上的杰出成就及其崇高的医德医风，使之深受我国历代人民的爱戴，其影响历代相传，经久不衰。早在唐朝后期就在城东药王山为他立祠。此后宋、金、元、明、清各代在那里陆续增建了药王庙，并建有碑亭、石刻等。现在明朝建的药王庙仍保存完好，庙内有"孙真人"居住过的石室太玄洞，洞外亭内有明刻《千金宝要》《海上方》石碑。相传当年孙思邈洗药用的洗药池和他亲手种植的柏树还完好无损。这些中华文化的宝贵遗产深受海内外炎黄子孙的珍爱。

唐僧的人物原型是谁？

唐僧在历史上确有其人。贞观年间，僧人玄奘为了弄清佛经教义，历时 17 年只身前往天竺（今印度）取经，走了几万里路，取回六百多部梵文佛经书回到长安，后来玄奘的门徒辨机将玄奘西行见闻编著成《大唐西域记》，介绍西域各国佛教遗迹、人文风情；再后来慧立、彦悰又写了《大唐大慈恩寺三藏法师传》，着重描述玄奘西域取经的详细经历。

但《西域记》和《三藏法师传》都不是《西游记》的蓝本，真正的蓝本应该是南宋《大唐三藏取经诗话》，其中已经出现了猴行者、深沙神等神人护送玄奘取经的情节，这个猴行者和深沙神就是我们今天熟知的孙行者和沙悟净的前身。后来民间对唐僧取经有了很多种不同的故事，逐渐将这个真实历史人物神话，并且将沿途的艰难困险引申为妖魔鬼怪。到了明代中叶，吴承恩收集了民间关于

玄奘取经的各种故事、话本，创作出了明代五大文学著作之一的《西游记》，经久不衰，流行至今。

唐玄奘取经时真的是偷渡出境吗？

唐朝法律规定，凡需越渡关塞要津出国者，须向官府申请并取得"过所"后方可通行。"过所"类似于现今的签证，在唐太宗执政早期办个去印度的"过所"非常难，唐玄奘等了3年都批不下来，最后他决定孤身一人偷渡出国。

在凉州一带，玄奘遭官府访牒缉拿，于是东躲西藏，昼伏夜行，来到瓜州城外的大唐边关玉门关（现已淹没于甘肃安西县双塔水库水面之下）。唐代玉门关凭河而建，匏河（今疏勒河）下广上狭，湍急难渡，可又非渡不可。正当玄奘一筹莫展的时候，当地一个胡人石陀出现了。这位弟子砍树铺草，垫沙搭桥，让玄奘过了匏河，又凭借经验带师傅绕过玉门关关口。经此番折腾，玄奘才最终得以踏上通往自己取经的理想国度——天竺之途。

"三藏"的法号是唐太宗起的吗？

按史书记载，玄奘法师的尊称"三藏"，并非是唐太宗李世民所赐，而是他在到达天竺后，在那烂陀寺内得到的这一尊称。寺院主持是年已100多岁的戒贤法师。

玄奘到达那烂陀寺后，受到了戒贤法师的盛情款待。当时在天竺也有三藏之说，但只有懂得50部经、律、论的人才能配得上三藏的称号。在那烂陀寺内，能解经论20部的有1000余人，能解30部的有500余人，能解50部的连玄奘法师在内只有10人，也就是说在玄奘到来之前，那烂陀寺内能达到三藏尊称的只有9人，按照当时的规定，寺内必须要有10名三藏法师，但苦苦等待了多年也没有找到符合条件的第十人，当玄奘法师在寺内研习佛学后，才补上了这个空缺，正式成为一名三藏法师。所以说，三藏的称谓

并非是唐太宗李世民所赐，而是玄奘在天竺参修佛法时所得。

杨贵妃为何没能成为皇后？

根据《旧唐书》《新唐书》《资治通鉴》等史书记载，杨玉环原为唐玄宗的儿子寿王李瑁的王妃，唐玄宗见其貌美，便想办法立为贵妃。然而唐玄宗虽然极其宠爱杨贵妃，甚至于民间产生了"不重生男重生女"的风气，但却一直不肯加封她为皇后。这是为什么呢？想来其中缘由有三：一是从儿子手中抢来的贵妃毕竟有违伦理。二是如果封杨玉环为皇后，势必激怒寿王李瑁，有可能发生政变。三是杨贵妃亲戚已经发展成一股庞大的政治力量，如果再封她为皇后，必将引起大臣的反对和权力的倾斜，这对维护稳定是很不利的。另外，还有一个重要的原因，这就是杨贵妃跟随唐玄宗后一直没有子嗣。如果强立杨贵妃为皇后，很可能引发宫廷政变。综上所述，唐玄宗断然不会去冒这个险。

李隆基为什么要赐死杨贵妃？

公元756年初夏，安禄山大军逼近长安，唐玄宗携杨贵妃、宰相杨国忠、太子李亨等逃往四川。

行走第三天到了马嵬驿（在今陕西兴平市西），随行的将士又饿又疲劳，他们越想越气，好好的长安待不住，弄得到处流亡，受尽辛苦。他们认为，这一切都是奸相杨国忠造成的，于是几个士兵就把杨国忠杀死了。

之后，兵士们把唐玄宗住的驿馆包围了起来，不肯散去。陈玄礼就对唐玄宗说："杨国忠谋反，贵妃也不能留下来了。"唐玄宗当然不舍得杀死杨贵妃，高力士就劝道："贵妃是没有罪；但是将士们不会心安。希望陛下为了安全，慎重考虑。"唐玄宗为了保自己的命，只好狠了狠心，叫高力士把杨贵妃用带子勒死了。将士们这才撤围回营，一场兵变至此平息。

法门寺地宫埋藏着什么秘密？

法门寺位于中国西北部的陕西省扶风县城北 10 公里处的法门镇，1981 年 8 月 24 日，考古人员进入了法门寺地宫。

地宫前室尽头，一座大约有 80 厘米高、四面有精美的彩绘浮雕的汉白玉石塔静静伫立，塔盖、塔刹、塔身、塔座均保存完好，后来，这座塔被人们称为阿育王塔。地宫的中室中央放了一个白玉灵帐，灵帐里面放置了一枚玉制仿制舍利。这是一件国宝级的文物。

地宫的后室里，考古人员发现一个密龛。密龛第七重出现了镶满珍珠的金质宝函，宝函里是一座宝珠顶小金塔。第八重是个纯金塔，塔里面是玉制仿制佛指骨舍利。最后一层铁函里出现了一枚佛骨舍利。这是一枚真正的佛骨舍利。世间至高无上的圣物、唯一仅存的佛祖真身指骨舍利。相传释迦牟尼遗体焚化后，在灰烬中发现了 4 颗牙齿，以及指骨、头盖骨、毛发等物，就是舍利。法门寺中的佛指舍利共有 4 枚，3 枚影骨和 1 枚灵骨。

"梁祝"是浪漫故事还是史实？

据有关资料记载，梁山伯是明代人，祝英台是南北朝人，两者相隔千年。祝英台本是侠女，劫富济贫，曾三去马太守家盗银，最后中马之子马文才埋伏死于乱刀之下。百姓将其厚葬，年久墓碑下沉于地下。梁为浙江宁波府鄞县县官，清正廉洁，中年丧妻，无子，死后入葬时刨出祝之墓碑，众惋惜之余又不忍拆除祝墓，而为梁择地而葬又似不妥，故合葬立碑。据查证，此记载最初版本为 1982 年报刊《山海经》搜集的浙东民间百姓口头故事，并非历史资料记载。而事实上根据晋代谢安有感于梁祝故事上报朝廷，封祝英台墓为"义妇冢"的历史事实，以及早在唐、宋、元三朝均有史籍明文记载两人姓名及生平事迹，且梁祝传说早已于唐宋年间传入高句丽，宋朝高句丽史籍中明文记录两人姓名及生平故事的情况看来，此"两朝说"

为民间百姓的主观臆想，可信度有待商榷，"梁祝"应为史实。

最早称帝的女性是谁？

武则天虽然是中国历史上唯一的女皇帝，但是，在她即帝位 30 多年前，唐初的农民起义女领袖陈硕贞，就已经称帝了。贞观后期，阶级矛盾日益加深。李世民死后，其子李治即位，是为唐高宗。随着唐王朝统治力量的加强，对农民的剥削压迫也越来越重，阶级矛盾进一步激化。

睦州（今浙江建德）妇女陈硕贞（？～653 年），决心反抗唐朝的统治，她"撞钟焚香"，利用宗教宣传鼓动农民起来推翻唐朝政权。公元 653 年十月，也就是唐高宗即位后第四年，陈硕贞正式领导农民起义。她自称"文佳皇帝"，以自己的妹夫章叔胤为仆射（仆射相当丞相），以勇猛善战的童文宝为大将。公元 653 年十一月，陈硕贞被俘，惨遭杀害。

陈硕贞面对强大的唐朝政权，不仅毫无畏惧地进行斗争，还敢于蔑视"神圣"的封建皇权，自称皇帝。她是我国历史上最早称帝的女性。虽然陈硕贞没能建立稳固的政权，实行有效的统治，因而不能算是正式皇帝，但这种敢于斗争，敢于冲破封建宗法樊篱的反抗精神，在中国农民革命史上永放光芒！

中国历史上唯一的女皇帝是谁？

武则天（624～705 年），汉族。中国历史上唯一一个正统的女皇帝，也是继位年龄最大的皇帝（67 岁即位），又是寿命最长的皇帝之一（终年 82 岁）。唐高宗时为皇后（655～683 年），唐中宗和唐睿宗时为皇太后（683～690 年），后自立为武周皇帝（690～705 年），改国号"唐"为"周"，定都洛阳，并号其为"神都"，史称"武周"或"南周"，公元 705 年退位。武则天也是一位女诗人和政治家。

武则天 14 岁时，被唐太宗李世民召入宫为才人。太宗死后，武则天入感业寺为尼。唐高宗即位，复召入宫，拜昭仪，晋号宸妃，与王皇后、萧淑妃争宠，互相谗毁。永徽六年（655年）高宗立武氏为皇后。王皇后被废不久，即与萧淑妃同被武则天害死。

武则天素来足智多谋，又通晓文史，从显庆末年起，因为高宗体弱多病，武则天遂掌握朝政大权，威势渐重。上元元年（674年），高宗称"天皇"，武后称"天后"，宫中称为"二圣"。弘道元年（683年）高宗去世，中宗李显即位，武则天临朝称制。嗣圣元年（684年）二月，武则天废中宗为庐陵王，立睿宗李旦为帝，继续临朝称制。武则天于天授元年（690年）称帝，国号周。废睿宗为皇嗣，改东都洛阳为神都。

武则天17个年号是怎么起的？

武则天于天授元年（690年）称帝，国号周。她在位时频繁更换自己的年号，统治期间共用了17个年号。分别为：

第一个年号：光宅。这是武则天临朝称制第一年起的第一个年号。"光宅"一词，意思就是自己上台后，一定会给苍生社稷带来福祉。

第二个年号：垂拱。"垂拱"一词，显然出自《管子·任法》篇，以它作为年号，不言而喻是取其"垂拱而天下治"之意。

第三个年号：永昌。这个年号，本意当然是祝福美好、祈愿昌吉的意思。

第四个年号：载初。这个年号有一明一暗两个意思。明的意思是载初元年一月，武则天下诏改用周历，这件大事足以载入史册。暗的意思是武则天对登基早已胸有成竹，这也会载入史册。

第五个年号：天授。用"天授"一词作为年号，不啻一种舆论导向，宣传皇权天授，以巩固自己的统治。

第六个年号：如意。大周国建国伊始，百业俱兴，想必武则天很是志得意满，一切如意。所以，很自然地就改用了这个年号。

第七个年号：长寿。用"长寿"一词作为年号，当是祝福武则天万寿无疆的意思，至少初衷是这个意思。

第八个年号：延载。这个年号含义无非是大周江山永固，皇恩泽被万世的意思。

第九个年号：证圣。这个年号出自佛教语，似乎最能见武则天的追求：证入圣果。

第十、十一、十二个年号：天册万岁、万岁登封、万岁通天。从这些年号的变化中，可以看出，武则天的自我意识越来越突出，个人崇拜之风也越来越浓。

第十三个年号：神功。这个年号是为纪念平定契丹叛乱而改的。

最后四个年号：圣历、久视、大足、长安。武则天用"圣历"这个年号同样是源于她追求"证成圣果"的心。用"久视"这个年号，是因为武则天得眼病被治愈而改。"大足"就是一切全满了，从这个年号里，不难想象此时的武则天对自己一生的"政绩"，还是颇为自得的。武则天用的最后一个年号"长安"，是为了纪念武则天的长安之行，歌颂皇恩浩荡。可谁能想到武则天真的就长久地安眠在她最后的这个年号里了。

狄仁杰为何受到武则天器重？

狄仁杰（630~700年），字怀英，汉族，唐代并州太原（今山西太原南郊区）人。唐（武周）时杰出的政治家，武则天当政时期宰相。举明经，历官并州都督府法曹、大理丞、侍御史、宁州、豫州刺史，武则天即位，任地官侍郎、同凤阁鸾台平章事，后为来俊臣诬害下狱，贬彭泽令，转魏州刺史，神功初复相，后入为内史，封燕国公。在武则天当政时，以不畏权贵著称。狄仁杰出身名门，祖父和父亲都担任过唐朝的高官，但他生性淳厚，从不以出身骄人，为人处事总能从大局出发，从不计个人恩怨。

他第一次拜相后，武则天以她行之有效的驭下之道，对狄仁杰说有人说他的坏话。但狄仁杰的一番话令武则天由衷地赞叹狄仁杰的厚道，狄仁杰说："陛下如果以为微臣有什么过错，微臣请求陛下给微臣改过自新的机会，假如陛下知道微臣没做错事，则微臣万幸，他人的谗言又何足道哉。所以微臣不想知道此人是谁。"

狄仁杰做官，一直非常重视人才，尤其是担任宰相后，他更是利用自己的特殊地位向朝廷大力举荐人才，使很多才俊之士脱颖而出。也许是确实被狄仁杰的耿耿忠心所感动，对臣下一贯非常苛刻的武则天对狄仁杰却十分敬重。

上官婉儿为何不记武则天灭族之仇？

上官婉儿又称上官昭容（664～710年），唐代女官、女诗人、唐中宗昭容。陕州陕县（今属河南）人。上官仪孙女。上官仪被杀，上官婉儿随母郑氏配入内庭。年十四，即为武则天掌文诰。唐中宗时，被封为昭容。曾建议扩大书馆，增设学士。代朝廷品评天下诗文，一时词臣多集其门。临淄王（即唐玄宗）起兵，其与韦后同时被杀。

上官婉儿的祖父上官仪反对高宗立武则天为后，被武则天杀害，其家被武则天抄没。但上官婉儿为何就不记武则天的灭族之恨呢？

上官婉儿长大后，博古通今，她的才名很快传到了武后的耳中并被召见。当场面试时，上官婉儿写了一首七言诗，尽管诗的字里行间不时透出对武则天的愤恨之情，可武则天并不计较，随后，她命上官婉儿到她身边来当秘书。上官婉儿接到诏命，心情非常复杂，憎恨、感激、恐惧各种滋味涌上心头。但是一个月以后，她就成了武后最信任的贴身女官。武后讨厌批阅表奏，起草诏命，便把这些事都交给上官婉儿处理。朝廷大臣们也竞相奔走其下。从此，上官婉儿对武则天由仇视慢慢转为拥护。到中宗李显即位，上官婉儿更是大被信任。中宗被上官婉儿的才貌所迷，便将上官婉儿召幸，册封为昭容，封其母郑氏为沛国夫人。

武则天为何杀死自己的女儿？

唐太宗死了以后，武则天和一些宫女都被送到感业寺去做尼姑。几年以后，唐高宗把她召回宫来，封为"昭仪"。唐高宗和武则天如胶似漆，渐渐地疏远了王皇后。武则天十分得意，想进一步夺取皇后的位子。但是，尽管唐高宗当时宠爱武则天，可还没有要废掉王皇后的意思。于是，武则天千方百计陷害王皇后。

不久，武则天生了个女儿。王皇后因为自己没有孩子，常常逗这个女婴玩。一天，王皇后刚刚离开，武则天就偷偷地把女婴掐死，然后又照样盖好被子。唐高宗进来，掀开被子一看，发现女婴已经死了。武则天先是装出吃惊的样子，然后大哭起来。唐高宗问刚才谁来过，左右的人都说："只有皇后来过。"唐高宗气愤地说："皇后杀死了我的女儿。"武则天乘机说了皇后一大堆坏话。从这以后，唐高宗就起了废王皇后、立武则天为皇后的念头。永徽六年（655年）冬天，唐高宗下诏废了王皇后，立武则天当了皇后。

武则天为什么要杀长孙无忌？

高宗朝最大的政治事件，当属废立皇后之争，这不是单纯的妻妾之斗、后宫争宠，而是有着深刻政治背景的。长孙无忌是这一事件的主要参与者，这场斗争的结果，使他及其家族的命运发生了彻底的转变。

永徽元年（650年），王皇后利用武氏离间唐高宗对萧淑妃之宠。不久，武氏便备受宠幸，王皇后与萧淑妃同时失宠。武则天为当皇后，不惜掐死自己刚生下的女儿，以嫁祸于王皇后。高宗要废王立武，在朝中引起轩然大波。以长孙无忌、褚遂良为代表的元老重臣们极力反对，以许敬宗、李义府为代表的一批臣僚则全力拥护，在元老重臣中只有李勣一人称病不表态，经高宗再次询问，则以"此陛下家事，何必更问外人"的回答，给了实际上的支持。开始，武则天幻想争取长孙无忌的同意和支持，但使尽种种伎俩拉拢，均遭严词拒绝，武则天当上皇后之后就把长孙无忌除掉了。

"请君入瓮"这个词是怎么来的？

唐代酷吏周兴（？～691年），雍州长安（陕西西安）人，少习法律，为尚书省都事，累迁司刑少卿、秋官侍郎、尚书中丞。自从垂拱元年（685年）武则天重用告密者及酷吏以来，周兴屡屡滥杀无辜竟达数千人，创造多种刑法，用刑残酷。

天授二年（691年），有人告周兴与左金吾大将军丘神勣、来子珣谋反，武则天令另一酷吏来俊臣审问周兴。来俊臣问周兴："囚多不服罪，奈何？"周兴当时不知自己已成被告，顺口说道："装囚入大瓮，四周烧炭炙之，必服。"于是，来俊臣命人取来大瓮，在四周用炭烧，对周兴说："请君入瓮。"周兴叩头服罪。武则天因其在帮助自己铲除唐宗室、大臣等政敌中对自己很忠心、卖力，于是从轻发落，流配岭南。天授二年（691年）正月，周兴在赴岭南的道上被仇家所杀。这就是"请君入瓮"的由来。

武则天的墓碑上为什么无字？

武则天为什么在自己的墓碑上不刻一字？历代学者为此争执不休，众说纷纭。纵观诸说，大致有以下

无字碑

现存陕西乾县乾陵陵园，碑额刻八条螭首尾相交，两侧线雕龙云纹，初立时，未刻一字。一种观点认为，这表示帝王功高德大，无法用文字表述，取《论语》"民无德而称焉"之意。

几种说法：

第一，武则天自知自己执政中，篡权改制，滥杀无辜，荒淫无道，罪孽深重，无功可记，无德可载，与其贻笑后世，不如一字不镌。

第二，武则天自认为她在位时，扶植寒弱，打击豪门，发展科举，奖励农桑，继贞观之治，启开元全盛，政绩斐然，彪炳史册，远非一块碑文所能容纳，留下空碑一座，取《论语》"民无德而称焉"之意。以示自己功盖过世。

第三，武则天一生聪颖机警，常做惊人之举，立无字之碑，意在千秋功罪，让后人评说。

太子李重俊为何要发动兵变？

唐中宗和韦后最宠爱的女儿安乐公主李裹儿（武三思的儿媳）骄横跋扈，她竟然异想天开地想做"皇太女"，这样将来就能继承皇位做女皇帝。然而，中宗历来对女儿百依百顺，却唯独不肯答应她这个离奇的要求，还是坚持立李重俊为太子。

安乐公主对庶出的哥哥李重俊很看不起，她和丈夫武崇训经常辱骂太子，背后都称其为"奴"。李重俊听说后，怒火中烧，加之武氏与韦后擅权，于是太子决心也像当年他的先祖李世民发动玄武门之变一样，诛灭武三思，逼中宗退位。他经过仔细分析，觉得满朝文武中唯有辽阳郡王李多祚（即杀武则天内宠张昌宗、张易之的人）忠诚爽直，值得信赖，便去向李多祚寻求帮助。李多祚为皇室宗族，对武三思的擅权也很愤慨，决定帮助太子起事。李多祚还联络了部将李思冲、李承况、独孤祎之等人协助太子发动了兵变。

谁起兵诛杀了武三思？

神龙三年（707年）七月，太子重俊受武氏凌辱多时，忍无可忍，后起兵诛杀武三思父子。

当初，韦后因为太子不是自己亲生，非常讨厌他。安乐公主和驸马武崇训也常常羞辱太子。武三思尤其嫉恨太子，与太子的矛盾越

来越大。七月六日，太子与左羽林大将军李多祚、将军李思冲假传诏书，带领羽林军三百余人，闯入武三思府、崇训府邸，连同其党羽十多人一起杀死。之后安排左金吾大将军成王李千里及其子天水王李禧分兵守住各城门，太子与李多祚带兵进入宫内搜寻上官婉儿。因为怕惊动圣驾，所以按兵不动，中宗在栏杆前对下面的将兵们说："你们都是我的宿卫兵，为什么要跟从多祚造反？如果谁能把多祚斩首，我一定对他加以重用。"于是李多祚手下的士兵就将其杀死，其他人都散去了。太子带领百余人逃向终南山，后被手下人杀死。

唐宦官是如何掌握军政大权的？

唐玄宗时，宠信宦官高力士，四方所上表奏，都先经他看过，再转呈玄宗，小事就由他处理，大事才由玄宗裁断。玄宗还派宦官出使或监军，甚至率兵出征。至于唐代宦官专权是从唐中期开始的。安史之乱后，宦官因拥立有功而权力增大。后来又直接掌握了兵权，宦官开始有恃无恐地干政，连皇帝也任其摆布。

宦官能够专权的首要原因是他们掌管禁军。其次是宦官执掌机要。肃宗时，就曾让宦官李辅国宣传诏命，掌管四方文奏。代宗时，又设立执掌机要的枢密使，规定由宦官担任。于是宦官正式参与国家政事。两枢密使和掌管禁军的两中尉合称"四贵"，是最有权势的宦官，掌握了中央政府的军政大权。甚至皇帝的生杀废立，也由宦官决定。

唐节度使是怎样产生的？

节度使，官名。唐代开始设立的地方军政长官。因受职之时，朝廷赐以旌节，故称。唐初沿北周及隋朝旧制，重要地区置总管统兵，旋改称都督，唯朔方仍称总管，边州别置经略使，有屯田州置营田使。景云元年（710年），唐睿宗命薛讷为幽州镇守、经略、节度大使。景云二年（711年），唐睿宗以贺拔延嗣为凉州都督、河西节度使。天宝元年（742年），唐玄宗置十道节度使。

设节度使有什么弊端？

唐代后期节度使例兼所在道的观察使。节度使的僚属，都由节度使辟举，然后上报朝廷批准。所统州县长吏虽由中央任命，而实际则听命于节镇。地方财政收入分为上供、送使、留州三部分，送使部分常占最大份额，对朝廷保持独立状态之河北三镇，甚至全无上供。内地节度使辖区虽是藩卫朝廷的军镇，但实际上往往对朝廷保持不同程度的离心状态。

唐末农民战争爆发后，朝廷进一步失去对地方的控制，节度使林立，他们拥兵自雄，互相兼并。其中武力最强，在唐亡后建号称帝者，先后有五代；其余割据一方，立国改元（也有未改元者）自传子孙者为十国。而五代十国境内之节度使亦多桀骜跋扈，节度使部下更多悍将骄卒，逐帅杀使之军变事件不断发生。

谁开凿了乐山大佛？

乐山大佛开凿于唐玄宗开元初年（713年），是海通和尚为减杀水势、普度众生而发起，招集人力、物力修凿的。海通死后，海通的弟子接手修筑。直至唐德宗贞元十九年（803年）完工，历时90年，被诗人誉为"山是一尊佛，佛是一座山"。乐山大佛的两耳和头颅后面，具有一套设计巧妙、隐而不见的排水系统，对保护大佛起到了重要的作用。

唐军是如何大败吐蕃的？

开元二年（714年）八月，吐蕃大将坌达延、乞力徐等率众10万，军兰州，寇临洮，至于渭源，掠取牧马。

十月，吐蕃复寇渭源，玄宗欲下诏亲征，发兵10余万人，马4万匹。当时王晙率所部2000人与薛讷会击吐蕃。坌达延将吐蕃兵10万屯大来谷。王晙选勇士700人，穿胡服，夜袭之。多置鼓角于敌后5里，前军遇敌大呼，后军鸣鼓角以应之。吐蕃兵以为官军大至，自相杀伤，死者万计。薛讷军屯武街，去大来谷 20 里，将吐蕃军前后夹击。王晙又夜袭之，吐蕃军大溃，薛讷与王晙会和，追击吐蕃军至洮水，复战于长城堡，前后杀获数万人。当时吐蕃以黄河为境，遂逾河筑城，置独山、九曲两军。又在离积山 300 里处河上造桥，以利军运。薛讷等在打败吐蕃之后，遵姚崇等人之议，毁其桥城。

此战，唐王晙深谙"兵不厌诈"，两出奇兵，化装夜袭，以少胜多，保卫了唐王朝边疆的安全与稳定。此战的胜利有利于唐的繁荣发展，同时也显示了唐朝国力强盛的一面。

世界上第一个测量子午线的人是谁？

僧一行（683~727 年），唐代著名天文学家、高僧。本名张遂，一行是他的法名。唐玄宗时礼迎他至长安，向他求教治国之道。公元 721 年，玄宗下诏让他修订历法。公元724 年至 725 年，他组织了全国 13 个点的天文大地测量。这次测量以天文学家南宫说等人在河南的工作最为重要。僧一行从南宫说等人测量的数据中，得出了北极高度相差1°，南北距离就相差三百五十一里八十步（合现代 131.3 公里）的结论。这个数据就是地球子午线一度的弧长。这与现在计算北纬 34° 5′ 的地方子午线一度弧长 110.6 公里，仅差 20.7 公里。唐朝测出子午线的长度，在当时世界上还是第一次。一行从公元 725年开始编订历法，至逝世前完成草稿，即《大衍历》，公元 728 年颁行。

《大衍历》结构严谨，演算合乎逻辑，在日食的计算上，首次考虑到全国不同地点的见食情况。《大衍历》比以往的历法更为精密，为后世历法学习。

为什么说唐玄宗时期唐朝最繁荣？

唐玄宗开元年间，经济繁荣，社会相当安定，文化昌盛，国力强大，从而达到了唐朝繁荣的高峰。社会生产经过由唐高祖、唐太宗到唐玄宗 100 年的恢复发展，最终达到了新的高峰。在生产恢复发展的基础上，开元年间物价十分低廉而且平稳。唐朝户口也快速增长。开元年间，一大批文学家、史学家、艺术家、科学家都先后涌现出来了。

另外，开元五年（717 年），唐朝从契丹手中收复了辽西二十一州，并且重置营州都督府，漠北拔也古、回纥等全部重新归顺唐朝。在西北，唐朝收复了碎叶城；并且打败了吐蕃、小勃律，通往中亚的道路又重新被打开了，唐朝对西域的主权恢复了，唐朝的声威也远播西亚。日本以及朝鲜半岛与唐朝的联系频繁。史学家称这段时期为"开元盛世"。"开元盛世"是唐朝百余年社会经济发展的结果，也是广大劳动人民辛勤劳动的成果。

唐代的藩镇割据是怎么回事？

唐玄宗在位（712 ~ 756 年）时期，为了防止周边各族的进犯，大力扩充防戍军镇，设立节度使，赋予军事统领、财政支配及监察管内州县的权力，一共设立了九个节度使和一个经略使。

藩镇并非都是割据者，在今陕西、四川以及江淮以南的藩镇绝大多数服从朝廷指挥，贡赋输纳中央，官职任免出于朝命。但是在今河北地区一直存在着名义上仍归属于中央而实际割据一方、不受朝命、不输贡赋的"河北三镇"；在今山东、河南、湖北、山西也曾在很长一段时期内存在类似河北三镇的藩镇；还有一些倚仗自己实力对中央跋扈不驯，甚至兴行叛乱的短期割据者。后代史家把这种局面统名为"藩镇割据"。藩镇最终转入相互兼并演变为五代十国。

为什么把戏曲艺人称为"梨园子弟"？

《新唐书·礼乐志》载："玄宗既知音律，又酷爱法曲，选坐部伎子弟三百，教于梨园。声有误者，帝必觉而正之，号皇帝梨园弟子。"由此可知梨园为玄宗时宫廷所设。

梨园，原是唐代都城长安的一个地名，因唐玄宗（唐明皇）李隆基在此地教演艺人，后来就与戏曲艺术联系在一起，成为艺术组织和艺人的代名词。梨园的主要职责是训练乐器演奏人员，与专司礼乐的太常寺和充任串演歌舞散乐的内外教坊鼎足而三。后世遂将戏曲界习称为梨园界或梨园行，戏曲演员称为梨园弟子。

唐玄宗时期（712～756 年），也就是所谓的"开元盛世"，封建经济和文化的发展，达到了前所未有的高度。不仅造就了一批中外闻名的文学家和诗人，在舞蹈和音乐等艺术领域里也取得了杰出的成就。而在中国戏曲史上占有重要地位的"梨园"，也产生在唐代这块沃土之中。

为什么人们称姚崇为"灭蝗宰相"？

姚崇（650～721 年）本名元崇，字元之，避唐玄宗"开元"年号讳，改名姚崇。父姚懿，曾任硖石县令，祖籍江苏吴兴，因先辈世代在陕州为官，遂定居陕州硖石（今属陕县硖石乡）。姚崇出身于官僚家庭。年轻时喜好逸乐，年长以后，才刻苦读书，大器晚成。历任武则天、唐睿宗、唐玄宗三朝宰相，有"救时宰相"之称。姚崇任宰相时整顿朝政，采取了一些有利于经济发展的措施，使唐王朝出现了兴盛的景象。

有一年，河南、山东等地区发生了特大蝗灾。那时候的人非常迷信，认为蝗灾是天在惩罚人们，所以只是烧香拜佛求神保佑，反而更加重了蝗灾。姚崇认为蝗虫不过是一种害虫，于是征得唐玄宗的批准，下令百姓扑杀蝗虫。他派出许多使者，分头到灾区发动老百姓动手灭蝗。他还教老百姓扑杀蝗虫的办法：利用蝗虫喜欢火的特征，要百姓在夜里点火，在火堆边挖了大坑。等蝗虫看到火光飞下来时，就边打边烧边埋。各地的老百姓按这个方法一试，果然见效。但朝廷里的一些官员认为姚崇不应该扑杀蝗虫，说蝗灾是人力无法抗拒的天灾，唐玄宗也有点没

主意了，但在姚崇的坚持下同意继续灭蝗。由于姚崇坚决灭蝗毫不动摇，减轻了各地的灾情，过了不久蝗灾渐渐平息了。因为姚崇为民着想，坚持灭蝗，所以也被人们称为"灭蝗宰相"。

为什么说李林甫是唐代大奸臣？

李林甫（683～752 年），唐宗室，小字哥奴。善音律，会机变，善钻营。开元中，迁御史中丞、吏部侍郎，深结唐玄宗宠妃武惠妃及宦官等，僭伺帝意，故奏对皆称旨。开元二十二年（734 年）五月，拜相，为礼部尚书、同中书门下三品。开元二十四年（736 年）底，代张九龄为中书令，大权独握。

有个叫李适之的人曾与他一同做宰相，李林甫总怕他跟自己争权，于是设了个圈套。一天，李林甫告诉李适之说华山有金矿。李适之耿直爽快，回家后就写了奏书，请求玄宗批准开采华山金矿，以使国家富足。等皇上找来李林甫商量时，他却说华山有帝王之气，要是在那儿开采，就会破坏了王气，动摇了皇家的根本。玄宗因此觉得李适之对自己不忠。李适之这才明白吃了哑巴亏，他怕遭李林甫进一步陷害，就自动辞职了。第二年，李林甫派亲信到各地去杀害他的仇人。李适之不愿受侮辱，服毒自杀。而李林甫还要斩草除根，把李适之的儿子活活打死了。

李林甫还常利用别人的矛盾，从中挑拨，以致让别人互相残杀，从而达到剪除异己的目的。就这样，李林甫一边靠阿谀奉承博得皇帝的宠信，一边极力掩饰他的阴险、狡诈、毒辣。表面上，他装得十分厚道、和善，对人说话时满嘴的甜言蜜语，让人感到他是个大好人。实际上他无时无刻不在暗算着别人，设计着一个又一个圈套。所以人们称李林甫是"口有蜜，腹有剑"，杀人不见血的唐代大奸臣。

张九龄为什么被罢相？

唐玄宗当政时李瑛为太子。李瑛因生

母赵丽妃曾受武惠妃的气，不免愤恨，背地发几句牢骚怨言。李林甫听到后，立即去报告武惠妃。武惠妃就向玄宗哭诉说太子阴结党羽。

唐玄宗不问青红皂白，立即提出想废黜太子及两个王子鄂王李瑶和光王李琚。宰相张九龄极力劝阻。武惠妃知道后，深恨张九龄，与李林甫串通一气，设法向玄宗进谗，大力排挤张九龄。唐玄宗本来很赏识张九龄的文才，但禁不住武、李二人的内外夹击，加上张九龄经常直言进谏，为玄宗所不喜，便日益对张九龄冷淡起来。过了一段时间，李林甫终于找到了机会，促使玄宗贬张九龄为荆州长史。张九龄罢相后，李林甫坐上了宰相的位子。

韦后为何要毒死唐中宗？

唐中宗李显（656～710年），汉族，谥号大和大圣大昭孝皇帝（初谥孝和皇帝），原名李哲，唐高宗李治第七子、武则天第三子（684～684年、705～710年在位）。唐中宗前后两次当政，共在位7年，公元710年猝死，终年55岁，葬于定陵（在今陕西富平县西北15里的凤凰山）。

唐中宗的儿子们中，只有10岁的重茂在身边，于是中宗很想立重茂为皇太子，但遭到韦后的反对，她想让安乐公主当上皇太女。韦后与安乐公主的野心使中宗开始产生了警惕。这引起韦后恐慌。母女二人担心地位会发生动摇，于是竟然定出了一条恶毒的计谋——杀死中宗，由韦后登位做皇帝，立安乐公主为"皇太女"。

中宗很喜欢吃饼。一天，韦后亲手为他做了一笼饼，命宫女送去。中宗取来便吃，过了一会儿，他忽然发出一声惨叫，不久就痛苦地死去。韦后非常冷静，她假传中宗命令，让韦氏子弟掌握的禁军分兵把守长安各城门，另派一支军队前往均州，阻止被贬的中宗次子李重福入长安。一切布置停当后，她才发出丧报，立中宗幼子李重茂为皇帝，尊韦后为太后，临朝称制。

宋璟为唐朝做了哪些贡献？

宋璟（663～737年），字广平，今河北邢台市南和县阎里乡宋台人。其祖于北魏、北齐皆为名宦。宋璟少年博学多才，擅长文学。弱冠中进士，官历上党尉、凤阁舍人、御史台中丞、吏部侍郎、吏部尚书、刑部尚书等职。唐开元十七年（729年）拜尚书右丞相。授府仪同三司，晋爵广平郡开国公，经武、中宗、睿宗、殇帝、玄宗五帝，在任52年。

宋璟年轻时脾气耿直，有气节，博学多才，工于诗词文章。他为官清正廉明，武则天很重用他。早在睿宗时，外戚及安乐公主干预朝政排斥太子，使得奸邪之徒都因贿赂得到了官职。那时，宋璟与侍郎李义、卢从愿等精心打理朝政，罢掉了不少不称职的官吏。最后，安乐公主等掌管的"斜封官"制度也被罢黜。

宋璟任宰相时知人善任，量才使用。宋璟还特别注重考察现任官吏的政绩，遇到不合格的就加以降职贬谪。宋璟对那些因袭父母爵位官职的官员考核得更为审慎严格，从不轻易提拔。宋璟选官不徇私情，就是亲戚朋友也不例外。宋璟通过严格的考核选拔，为朝廷选拔了许多品行优良、认真称职的官吏，受到皇上和群臣的赞叹。

宋璟一生为振兴大唐励精图治，终于与姚崇同心协力，把一个充满内忧外患的唐朝，改变为政治、经济、文化、军事处于世界领先地位的大唐帝国，史称"开元盛世"。

杜有邻案为何牵连了太子李亨？

天宝五载（746年）年底，太子李亨的姬妾杜良娣（良娣是地位低于太子妃的姬妾，秩正三品）的父亲杜有邻惹上了官司，酝酿成一起大案。杜有邻有一女（杜良娣的姐姐）嫁给左骁卫兵曹柳勣。柳勣生性狂疏，不拘小节，与淄川太守裴敦复、北海太守李邕等皆结为好友。丈人杜有邻和女婿柳勣性情大不相同，时间长了，二人积怨越来越深。

有一天，为了一件小事二人又争吵起来。曹柳劭一气之下就写了一篇诬告状，诉状刚好落到李林甫的手里。

曹柳劭状告杜有邻的罪名是"亡称图谶，交构东宫，指斥乘舆"。这项罪名很重，曹柳劭此举不过是挟怨报复，谁知事情被李林甫揪住不放，将李邕、王曾等一批人都牵扯进去，最后太子李亨也被牵连进去。玄宗因曹柳劭、杜有邻等与皇室有亲戚关系，特予免死，判杖决，贬往岭南。在李林甫授意下，杜有邻、曹柳劭均在重杖之下丧命。由于牵连出李邕，李林甫特命人奉敕往北海将其杖死。太子李亨虽然非常喜爱杜良娣，但为了表明自己的清白无私，即派人去宣布他与杜良娣离婚的决定，杜良娣被迁出东宫，废为庶人。

安禄山是如何密谋造反的？

安禄山当了节度使以后，就尽量搜罗奇禽异兽、珍珠宝贝，经常送到宫廷讨好唐玄宗。唐玄宗认为安禄山对他一片忠心，又封安禄山为郡王。就这样安禄山骗取了唐玄宗和李林甫的信任，除了范阳、平卢两镇外，又兼了河东（治所在今山西太原）节度使，控制了北方边境的大部地区。他秘密扩充兵力，囤积粮草，磨砺武器。只等唐玄宗一死，他就准备叛乱。

李林甫病死后，杨贵妃的同族哥哥杨国忠接任了宰相。杨国忠与安禄山彼此都瞧不起对方，矛盾日深。杨国忠几次三番在唐玄宗面前说安禄山要谋反，但是唐玄宗根本不信。公元 755 年十月，安禄山决定发动叛乱。安禄山假造了一份唐玄宗从长安发来的诏书，召集将士宣布说："接到皇上密令，要我立即带兵进京讨伐杨国忠。"将士们虽然都觉得很突然，但没有人怀疑圣旨。公元 756 年初夏，安禄山大军逼近长安。

什么是安史之乱？

安史之乱，是唐朝由盛而衰的转折点，中国历史上一次重要的事件。安，指安禄山（也指安庆绪），史，指史思明（也指史朝义），安史之乱是指他们起兵反对唐王朝的一次叛乱。安史之乱自唐玄宗天宝十四载（755 年）开始，至唐代宗宝应元年（762 年）结束，前后达 8 年之久。这次历史事件，是当时社会各种矛盾所促成的，对唐朝后期的影响尤其巨大。

唐朝天宝十四载十一月初九（755 年 12 月 16 日），身兼范阳、平卢、河东三节度使的安禄山趁唐朝内部空虚腐败，联合同罗、奚、契丹、室韦、突厥等民族组成共 15 万士兵，号称 20 万，以"忧国之危"，奉密诏讨伐杨国忠为借口在范阳起兵。当时国家承平日久，民不知战，河北州县立即望风瓦解，当地县令或逃或降。天宝十五载占领长安、洛阳，进入安史之乱的最高峰。

张巡是如何巧施连环计的？

叛军安禄山进潼关之前，派唐朝的降将令狐潮去进攻雍丘（今河南杞县）。雍丘附近有个真源县，县令张巡招募了一千多个壮士，占领了雍丘。令狐潮带了四万叛军来进攻。张巡和雍丘将士坚守 60 多天，令狐潮最后不得不退兵。

第二次，令狐潮又集合人马来攻城。张巡组织兵士在城头上射乱箭把叛军逼回去。但是，时间久了，城里的箭用完了。该如何解决箭的问题呢？

一天夜里，雍丘城头上黑魆魆一片，隐隐约约有成百上千个穿着黑衣服的兵士，沿着绳索爬下墙来。令狐潮听到部下报告后，断定是张巡派兵偷袭，就命令兵士向城头放箭，一直放到天色发白，等天亮一看，才看清楚城墙上挂的全是草人。那些草人身上密密麻麻插满了箭。兵士们粗粗一点，竟有几十万支。如此一来，就不用再为箭发愁了。

又过了几日，还是像那天夜里一样，城墙上又出现了"草人"。令狐潮认为张巡又来骗他们的箭了，于是没有理会。但这次并不是草人，而是张巡派出的五百名勇士。这五百名勇士乘叛军不防备，向令狐潮的大营发起突然袭击。几万叛军四散奔逃，完全溃败。

李光弼是怎样打败史思明的？

唐王朝收复两京以后，安庆绪逃到河北，唐肃宗决定派大军进剿安庆绪。郭子仪失败后，唐肃宗派李光弼接替他的职务，继续剿杀叛军。同时，史思明又举兵反唐，从范阳带兵救援安庆绪。

李光弼是个久经沙场的老将，他知道眼前的兵力不如叛军，想要取胜，只能智取。他听说史思明从河北带来一千多匹战马，每天放在河边沙洲洗澡吃草，就命令部下把母马集中起来，又把小马拴在马厩里，等叛军的战马一到沙洲，就把母马放出来和敌人的战马混在一起。没过多久，那些母马听到小马的嘶叫声，就奔了回来，于是就把敌人的战马也带了回来。

史思明十分气愤，立刻命令部下从水路进攻。前面用一条火船开路，准备把唐军的浮桥烧掉。李光弼就让士兵准备好几百枝粗大的长竹竿，用铁甲裹扎竿头。等叛军火船驶来，几百名兵士站在浮桥上，用竹竿顶住火船不让其前进。火船很快被烧得樯倒舸裂，沉没了。唐军又在浮桥上发射石头炮向敌人的战船攻击，把船上的敌兵打得头破血流。史思明几次三番派部将进攻河阳，都被李光弼用计打退。

太子李亨是怎样即位的？

安史之乱爆发后，唐玄宗从马嵬驿出发，决定先到扶风避难，但当地百姓请求唐玄宗留下，李隆基便命令太子李亨留下安抚这些百姓，他自己还是上路了。当地父老们对李亨说愿意跟随他讨伐叛军，收复长安。

之后有人把这一情况告诉了唐玄宗李隆基，于是，他从后军中分出两千人留给李亨，并对这些留下的将士说："太子仁孝，一定能够继承大唐的帝业，希望你们好好辅佐他。"李隆基又派人告谕李亨说："你要好自为之，不要为我担心，我待西北各部胡人一向不薄，你一定用得上他们。"李亨听罢，面向南方号啕大哭。李隆基又派人传来旨意，要把帝位传给李亨。李亨坚决不接。裴冕等人纷纷劝说道："殿下率领的将士都是关中人，他们希望能够跟随殿下建功立业，辅佐殿下登基做皇帝。希望殿下顺应军心，为江山社稷做长远打算。"七月十二日，李亨在灵武城南楼即位称帝，奉李隆基为上皇天帝，改年号为"至德"，并大赦天下。

"郭子仪单骑退回纥"说的是什么？

郭子仪是唐朝著名的大将，他69岁那年单骑退回纥的故事，千百年来一直广为流传。具体的情况是这样的：

唐朝有个官员背叛朝廷，引诱回纥、吐蕃的军队来进攻唐朝，一直打到了国都附近，而这是郭子仪驻守的地方。郭子仪派去和回纥谈判的人回来告诉他说："回纥人不相信我是您派出的，他们要亲眼见到您本人才行。"

郭子仪便决定亲自去跟回纥首领谈判，于是一个人前往回纥军营。回纥首领看到郭子仪，急忙下马行礼。郭子仪握着首领的手，语重心长地说："我们曾经一起联合平息安禄山的叛乱，还有友好的约定，难道你们忘了吗？现在，竟然还和吐蕃一起来攻打我朝！今天我是一个人来的，你们扣留我也好，杀了我也好，我已经不计较这些了。不过我的部下早已做好准备，一旦打起仗来，他们会跟你们血战到底！"

回纥首领连忙解释说："我们受骗了！是你们朝中的一个官员告诉我们，说唐朝的皇上去世了，还说将军您也不在人世。现在我知道了事情的真相，哪里还敢跟您交战呢？"说完，立刻传令准备撤兵。回纥退兵的消息很快传到吐蕃那里，他们当天夜里就赶紧撤回兵马逃走了。

"打金枝"是怎么回事？

著名戏曲《打金枝》，讲的就是郭子仪第六子郭暧的故事。郭子仪平定安史之乱，扶助李家夺回江山，被封汾阳王，位极人臣。郭暧被代宗招为驸马，娶代宗女升平公主为妻。一天，郭子仪做寿，郭暧兄嫂因升平公主不来拜寿，嘲笑郭暧惧内。郭暧气愤之下，赶回家打了公主，还斥责道："你不就是仗着你父亲是皇帝吗？我父亲还看不上皇帝的位子呢。"

升平公主气得回宫去找代宗告状，代宗听了却说："事情本来就是这样啊。如果郭子仪真的想要做皇帝，天下早就不是我家的了。"郭子仪知道儿子不但打了"金枝"，还说了那样大逆不道的话，立即绑了郭暧，去向代宗请罪。代宗反而对郭子仪说："不痴不聋，不做家翁，怎么能把孩子们拌嘴的事情太当真呢？"郭子仪谢过皇恩，回家后把儿子痛打一顿。经历此事，郭暧和升平公主感情反而好了。

奸臣卢杞如何玩弄权谋？

卢杞（？～约785年），出生在一个官宦家庭。卢杞当上宰相后，干的第一件事情就是把另一宰相、两税法的开创者杨炎设计害死了。他为了达到独霸朝纲的目的，又把魔爪伸向了其他一些朝廷重臣。

颜真卿是平定安史之乱的功臣，且秉性

争座位帖 唐 颜真卿

耿直，对专权的卢杞来说，自然是眼中钉，所以很快也被迁出京都。卢杞大肆陷害忠良，激起了天下人民的公愤。唐德宗在奉天受到叛将朱泚的包围，李怀光从魏县带兵赶去救驾，途中他对手下人说："卢杞之辈是天下大乱的根源，等我见到皇帝后，一定请求杀掉他们。"消息传到卢杞耳中，他急忙建议德宗不要即刻召见李怀光，德宗应允。李怀光接到德宗诏书后，破口大骂卢杞排挤自己。德宗为了安慰李怀光，下令将卢杞贬为新州司马。

贞元元年（785年），卢杞死在澧州，得到了他应有的下场。

大宦官李辅国为何被代宗处死？

宝应元年（762年），肃宗病危。张皇后欲谋立越王李系，而废太子李豫。李辅国闻后，与另一个大宦官程元振决定支持太子李豫即刻登基，令禁军将张皇后、越王李系及亲信等人抓住，投入狱中。

太子李豫即位为代宗后，李辅国因拥戴之功晋为尚父、司空兼中书令，从此居功自傲，狂妄跋扈。代宗刚开始还能容忍李辅国的胡作非为，到后来，李辅国甚至对代宗说："陛下只要在宫里待着就行，不管什么事情都有我处理着呢。"代宗对此很愤怒，但他没有大张旗鼓地对李辅国治罪，而是利用另一宦官程元振和李辅国之间的矛盾，挑拨二人相斗，然后趁机免去了李辅国的职务。在程元振的怂恿下，代宗默许程元振派杀手悄悄将李辅国杀死。然后，代宗又出面痛悼，追赠李辅国为太傅。因此，后世有史学家说代宗是阴鸷之主。

程元振是死在皇帝的手上吗？

代宗杀死李辅国后，宦官程元振得势。

广德元年（763年），吐蕃向中原进攻，十月，到达奉天（今陕西乾县）、武功，京师大震。代宗下诏以雍王李适为关内元帅，郭子仪为副元帅，出镇咸阳抵抗。因兵力悬殊甚大，郭子仪派人回长安请求救兵，可程元振不仅不让代宗召见，还百般阻止。结果，吐蕃攻进长安，代宗被迫出逃。幸亏郭子仪凭疑兵之计退敌。事后，朝中大臣群起上书，要求惩治程元振。代宗也觉得程元振非常过分，于是将程元振削官为民，放归田里。到江陵时，程元振被一伙不明身份的人杀死。因为他得罪的人极多，其中包括不少手握重兵的节度使，世人也无法揣测到底是仇家杀了他，还是皇帝派人杀了他。

代宗是怎样除掉鱼朝恩的？

程元振倒台后，宦官鱼朝恩成为代宗的心腹。朝廷政事稍不如他的意，他就发怒道："天下事还能有离得了我的吗？"代宗听说后相当不悦。这时又发生了紫衣事件。鱼朝恩因其养子令徽赐绿服，班次居下，受人欺负，而公然向代宗要紫衣（官职稍高）。此后，代宗对鱼朝恩产生了强烈的厌恶之情。宰相元载窥见代宗对鱼朝恩心生恶感，便奏请将其除掉。

元载先用重金收买鱼朝恩的心腹射生将周皓。大历五年（770年）三月初十，是传统的寒食节。按照惯例，代宗置酒设宴与亲贵近臣欢度节日。宴席结束后，代宗要鱼朝恩留下议事。鱼朝恩也没多想，便坐车去见代宗（鱼朝恩是个大胖子，行动不便，每次上朝都坐四轮小车）。鱼朝恩一进殿，代宗劈头就问他为什么大胆图谋不轨。鱼朝恩大出意外，但很快冷静下来，为自己辩白，态度十分强硬，根本没有把代宗放在眼里。这时早被元载收买的周皓与左右一拥而上，当即擒获了鱼朝恩，并当场将其勒死在地。

唐朝为什么无法解决藩镇割据？

安史之乱虽然平定，参与叛乱的大批将领、军士依然存在。这批安史叛将很快摇身一变成了唐朝的节度使，实际上成了新的割据者和潜在的叛乱者。各藩镇在自己统治的地区做独裁者，为了巩固地位，不得不豢养大量兵士，尤其是直接保卫其本人的"牙兵"（亦称"衙兵"）。藩镇统帅有了他们支持，就敢于藐视、对抗朝廷。由于藩镇割据的发展，唐德宗即位之初即有"四王二帝"——藩镇四人称王、二人称帝的事发生，而德宗则被藩镇撵得几次弃京出逃。

藩镇割据实已成为唐政权肌体上的巨痛毒瘤。从安史之乱起，平叛战争固然暂时起到稳定唐朝统治的作用，但战争不但消耗国力，而且同时又培育出一批又一批新的军阀、新的藩镇。平叛战争反而成为更多更大藩镇出现的温床和催化剂。而唐朝290年的统治，最后也就结束在一个当时最强有力的藩镇将领朱温手中。

中宗复辟倚仗何人？

长安四年（704年），武后患病，移居长生殿疗养。这时武后已年逾八十，体力衰弱，连宰相都不能相见，只有张易之、张昌宗兄弟随侍左右。当狄仁杰在世时，武后曾让其推荐人才，狄仁杰便推举了姚元之、张柬之、桓彦范、敬晖等。这些人和狄仁杰一样，表面上是接受武周的官位，内心却仍忠于唐室，当武后卧病之时，这些心怀唐室的朝臣便密谋政变。

神龙元年（705年）正月，政变开始，宰相张柬之、崔玄暐等率左右羽林军五百余人，控制玄武门，拥太子（中宗），斩张易之、张昌宗兄弟，武后见事势如此，于是正令传位太子，中宗复位。这一次唐中宗复辟的政变是以张柬之等五个人为中心，所以又称为"五人之谋"。

鉴真东渡日本有着怎样的经历？

鉴真（688~763年），中国唐朝僧人，律宗南山宗传人，日本佛教律宗开山祖师，著名医学家。日本人民称鉴真为"天平之甍"，意为他的成就足以代表天平时代文化的屋脊（意为高峰）。鉴真俗姓淳于，扬州江阳县（今江苏扬州）人。日本僧人荣睿、普照来华学佛留学，并敦请鉴真赴日传佛。鉴真欣然应允，并克服种种困难，先后6次始获成功。

第一次东渡日本，鉴真和弟子祥彦等 21 人从扬州出发，因受到官厅干涉而失败。

第二次东渡他买了军船，采办了不少佛像、佛具等，随行的弟子和技术人员达 85 人之多。可是船刚出长江口，就受风击破损，不得不返航修理。

第三次出海，航行到舟山海面又因触礁而告失败。

公元 744 年，鉴真准备由福州出海，可是在前往温州途中被官厅追及，强制回扬州，第四次东渡又没有成功。

公元 748 年 6 月 27 日，鉴真进行第五次东渡，他从扬州出发，在舟山群岛停泊三个月后横渡东海时又遇到台风，在海上漂流了 14 天后，到了海南岛南端的崖县。在辗转返回扬州途中，弟子祥彦和日本学僧荣睿相继去世，鉴真本人也因长途跋涉，暑热染病，双目失明。

鉴真未因失明而灰心丧志，又过了 5 年，66 岁高龄的失明老人，毅然决定再度出航。公元 753 年十月十九日，他离开扬州龙兴寺，十一月十六日乘第二艘遣唐使船从沙洲的黄泗浦出发，直驶日本。十二月二十日中午，这位夙志不变、决心东渡弘法的盲僧，终于踏上了日本的土地，在鹿儿岛县川边郡坊津町的秋目浦登陆。40 多天后，鉴真一行到达当时的京都奈良，受到天皇为首的举国上下的盛大欢迎，轰动日本全国。他在日本生活了 10 年，于公元 763 年五月初六日在日本圆寂，终年 76 岁。鉴真在传播佛教与盛唐文化上，有很大的历史功绩。

为发展中日友好贡献最突出的人是谁？

中日两国是一衣带水的邻国，两国人民的友好关系源远流长。在我国历史上，许多人都为发展中日友好关系做出过贡献，其中，最突出的则是鉴真。

中国和日本早在汉朝就有了往来，到了唐朝，两国的友好往来和文化交流日益频繁。那时，日本社会正处于奴隶制瓦解、封建制确立的阶段，日本天皇对繁荣昌盛的唐朝十分仰慕，要学习和借鉴唐的政治、经济和文化科学等方面的成就，因此不断向唐朝派"遣唐使"、留学生和学问僧。玄宗天宝元年（742 年），日本学问僧荣睿和普照请鉴真派弟子到日本传播佛教，鉴真欣然应允。公元 763 年五月初六日，为中日友好和文化交流辛勤劳碌了 20 年的鉴真在日本逝世，终年 76 岁。

鉴真受到日本人民的深深崇敬和怀念，被尊称为"过海大师""日本文化的恩人""日本律宗大祖""日本医术之祖""圣僧"，等等。鉴真作为古代对发展中日友好关系贡献最突出的人，一千多年来，也一直受到中国人民的爱戴和怀念。

奉天之难是怎么回事？

"奉天之难"是四镇之乱及泾原之叛的合称。是中国唐代唐德宗因藩镇叛乱，被迫逃往奉天（今陕西乾县）的事件。

唐德宗即位后，力图削藩。建中二年（781 年）正月，成德节度使李宝臣死，子李惟岳向朝廷请求袭其父位，魏博节度使田悦亦代为之请。德宗断然拒绝。李、田遂联合淄青节度使李正己、山南东道节度使梁崇义等起兵反唐。七月李正己死，八月子李纳亦请袭父位，德宗不允，李纳遂反。

建中四年（783 年）正月，割据淮西（今河南汝南）的节度使李希烈叛，攻襄城（今属河南）。德宗派哥舒曜讨伐，未有结果。德宗又派泾原兵去解围。时泾原节度使朱泚因其弟朱滔谋反而被软禁于京城。泾原兵路过长安时，因赏赐不周，挟持节度使姚令言哗变。德宗被迫逃往奉天。叛军推举朱泚为首领，史称泾原之变。又因在这次战争中，有四人称王，两人称帝：朱滔称冀王，王武俊称赵王，田悦称魏王，李纳称齐王，朱泚称秦帝，李希烈称楚帝，故又称二帝四王之乱。兴元元年（784 年）五月，唐将领李晟等攻克长安，德宗于七月返回。朱泚被部下所杀。朱滔病死。李怀光兵败自缢。

颜真卿因何被害？

颜真卿（709～784年，一说709～785年），字清臣，汉族，唐京兆万年（今陕西西安）人，祖籍唐琅琊临沂（今山东临沂），唐代中期杰出书法家。他与赵孟頫、柳公权、欧阳询并称"楷书四大家"。和柳公权并称"颜筋柳骨"。

天宝十四载（755年），平卢、范阳、河东三镇节度使安禄山发动叛乱，颜真卿联络从兄颜杲卿起兵抵抗，附近十七郡响应，被推为盟主，合兵20万，使安禄山不敢急攻潼关。德宗兴元元年（784年），淮西节度使李希烈叛乱，奸相卢杞趁机借李希烈之手杀害他，派其前往劝谕，被李希烈缢死。闻听颜真卿遇害，三军将士纷纷痛哭失声。半年后，叛将李希烈被自己手下人所杀，叛乱平定。颜真卿的灵柩才得以护送回京，厚葬于京兆万年颜氏祖茔。德宗皇帝痛诏废朝八日，举国悼念。

什么是元和中兴？

从贞元二年（786年）淮西之乱结束，到宪宗即位（805年），唐中央政权与藩镇间没有发生大规模的战争。在这20年中，富庶的江淮地区始终在中央控制之下，起着主要输血管作用的大运河基本上保持了通航，因而中央政权蓄积了一定的经济力量。

宪宗即位后，更积极整顿财政，把税收分成三部分：一份上缴中央，一份归各道节度使或观察使，一份留给本州。这样，既保证了中央财政收入，也缓和了中央与地方的矛盾。在初步具备了削平藩镇的物质条件后，更重要的是在人民渴望重新实现统一的要求下，宪宗有效地推行了裁抑藩镇的政策。他们对跋扈的藩镇采取了各个击破、先弱后强的办法。在宪宗在位的元和年间（806～820年），出现了一个暂时统一的局面，在唐史上称"元和中兴"。

"牛李党争"是怎么回事？

在宦官专权的日子里，唐朝朝廷的官员

朋党之争图

唐代党争既有传统士族与庶族斗争的一面，又混杂了大官僚地主阶级之间的斗争。争斗中两派又援引宦官做靠山，得势后便大力排挤政敌，从而演变成为掌权而进行的互相倾轧，结果进一步加深了统治危机。

中反对宦官的大都遭到排挤打击。依附宦官的又分为两派——以牛僧孺为首领的牛党和以李德裕为首领的李党，这两派官员互相倾轧，争吵不休，从唐宪宗时期开始，到唐宣宗时期才结束，闹了将近40年，历史上把这次朋党之争称为"牛李党争"。

从表面看，牛李党争似乎是庶族官僚与士族官僚之间的斗争，实际上两党在政治上也有深刻的分歧。两党分歧的焦点主要有两个：一是通过什么途径来选拔官僚；二是如何对待藩镇。两党除了政治上的分歧外，还牵扯进个人的恩怨。这场统治阶级内部的宗派斗争，加深了唐朝后期的统治危机。

"二王八司马事件"是怎么回事？

"二王八司马事件"指的是唐顺宗在位

期间由王叔文、王伾等人所领导的一次政治革新运动。二王八司马中的"二王"指王伾、王叔文，"八司马"指韦执谊、韩泰、陈谏、柳宗元、刘禹锡、韩晔、凌准、程异，他们在改革失败后，俱被贬为州司马，故名。"二王八司马事件"其内容主要为"收夺宦官兵权，制裁藩镇跋扈，打击贪官污吏，废除宫市、五坊小儿及进奉等弊政，免除民间欠税和各种杂税，选拔德才兼备的人为官等"。

贞元二十一年（805年）在顺宗的支持下，王叔文集团掌权，以韦执谊为宰相，颁布一系列明赏罚、停苛征、除弊害的政令。不久，唐顺宗中风，而王叔文因为母亲死了要回家守丧，王伾也突然患了中风，革新派失去了中坚力量。宦官俱文珍、刘光琦等迫使顺宗禅位于太子李淳（后改名纯），次年正月，顺宗李诵病逝。因顺宗在位期间的年号为"永贞"，故又称这次政治革新运动为"永贞革新"，前后共146天。

什么是"甘露之变"？

"甘露之变"是唐文宗大和九年（835年）谋诛宦官而失败的一次事变。被宦官所掌握的皇帝中，并非所有的皇帝都任由宦官胡作非为。他们中还是有人想铲除宦官势力，重振当年祖上的荣光，其中最著名的就是文宗所发动的甘露之变。

大和九年（835年）十一月二十一日，27岁的唐文宗在大明宫紫宸殿和李训等人密议，试图诛灭宦官，夺回皇帝丧失的权力。遂以观露为名，将仇士良骗至禁卫军的后院欲行刺，后与以仇士良为代表的宦官集团发生了激烈冲突，结果李训、王涯、舒元舆、王璠、郭行余、罗立言、李孝本、韩约等朝廷重要官员被宦官杀死，其家人也受到牵连而被灭门，株连甚众。史称"甘露之变"。

白马驿之祸是怎么回事？

白马驿之祸又称白马之祸，是唐朝末期朱温诛杀朝官的一次事件。

天祐二年（905年），朱温在亲信李振鼓动下，于滑州白马驿（今河南滑县境），一夜间把左仆射裴枢、新除清海军节度使独孤损、右仆射崔远、吏部尚书陆扆、工部尚书王溥、守太保致仕赵崇、兵部侍郎王赞等"衣冠清流"30余人尽数杀死，并把尸体扔到河里，史称"白马之祸"。李振在"咸通""乾符"年间屡次参加科举不中，由此非常痛恨士大夫，对朱温说："这些人自认为是清流，现在把他们扔到黄河，使他们永为浊流。"朱温笑着答应了。白马之祸后，唐朝政府的势力基本被扫除。两年以后（907年），朱温废唐哀帝自立为皇帝，改国号"梁"，史称后梁，朱温即梁太祖，唐朝正式灭亡。

唐哀帝禅位给了何人？

唐哀帝李柷（892～908年），原名祚。唐昭宗第九子，唐朝末代皇帝（第二十代，除武则天以外，904～907年在位），在位3年，被废。次年死，时年17岁，葬于温陵。

唐哀帝即位时，不过是藩镇手中的一个傀儡皇帝。唐天祐二年（905年），掌握实际权力的梁王朱全忠（即朱温）见废帝灭唐时机已到，便先将唐朝朝臣全部杀光，接着在天祐四年（907年）又逼李柷禅位，降为济阴王，自己做皇帝，改名朱晃，是为后梁太祖，建国号"大梁"，史称"后梁"，改元"升平"。至此，立国总计290年、传21帝的唐王朝灭亡，中国进入自魏晋南北朝以来又一次大分裂时期——五代十国时期。

唐都城长安布局是怎样的？

唐代都城为长安、洛阳，合称"两京"。公元618年，李渊建唐，定都长安，唐太宗李世民时，下令修葺洛阳城，号称洛阳宫。唐朝时期，东京西京并重，洛阳与长安都是世界上的名都。

长安城由郭城、宫城、皇城三部分构成。宫城位于郭城北部中央，有金碧辉煌的宫殿。

皇城接宫城之南，设有中央衙署及附属机构。郭城内有南北向大街 14 条，东西向大街 11 条。明德门至皇城正门朱雀门的朱雀大街位于全城中轴线上，宽达 150 余公尺，是今北京东西长安街宽的两倍。其他通城门的大街也多宽在百米以上。垂直交错的大街将郭城划分为 108 个封闭式的里坊，坊内有民居、官衙、寺观等。

唐贞观后对长安宫室进行增建，贞观八年（634 年）于太极宫东北的龙首原高地上建永安宫，次年更名大明宫。玄宗时又于藩邸兴庆坊建兴庆宫。唐长安城是中国古代里坊制都城最完善的形态。它采用中轴对称布局，规划严谨，街坊整齐，其布局对东亚一些国家的都城产生过重大影响。当时这一带为中西贸易与文化交流的中心。

唐朝的著名城市有哪些？

唐王朝的稳定发展，孕育了很多著名的城市。其中最著名的城市首推长安，其次洛阳，再次扬州，再次广州，再次泉州、益州，最后越州。还有苏州、定州、润州、邢州、杭州、定州。

长安，即今西安。长安、洛阳是两个都邑，都是因为作为政治中心而发达起来。越州，现在的宁波一带。越州的丝织品、瓷器出名。杭州，那时候叫作钱塘。苏州，叫作吴县、姑苏。润州，今天的常州一带。润州的漆器出名。定州，今河北定州一带。定州的丝织品和瓷器出名。邢州，今河北邢台。邢州的瓷器出名。益州，今成都。

唐代之所以能够出现许多地方城、商业和手工业城，是因为经过 100 多年的精心治国，经济繁荣，国力富强。

《周髀算经》何时成为教科书？

《周髀算经》，原名《周髀》，唐初规定它为国子监明算科的教材之一，故改名《周髀算经》。它是中国流传至今的一部最早的数学著作，约成书于公元前 1 世纪，也是我国最古老的天文学著作，主要阐明当时的盖天说和四分历法。《周髀算经》在数学上的主要成就是介绍了勾股定理及其在测量上的应用以及怎样将其引用到天文计算。

贡院产生于何时？

贡院是古代会试的考场，即开科取士的地方。"贡"的意思是通过考试选拔人才贡献给皇帝或国家。贡院最早始于唐朝。比较有名的贡院有江南贡院，又称南京贡院、建康贡院。位于江苏南京城南秦淮河边，毗邻夫子庙，东接桃叶渡，南抵秦淮河，西邻状元境，北对建康路，为古之"风水宝地"，是中国古代最大的科举考场。唐伯虎、郑板桥、文天祥、吴敬梓、袁枚、林则徐、施耐庵、方苞、邓廷桢、曾国藩、左宗棠、李鸿章等众多历史名人均为江南贡院的考生或考官。

唐朝的手工业有何发展？

唐朝的手工业有官营、私营两种。官营手工业，有国家设立的专门机构管理，生产出来的产品，专供宫廷、皇家和官府享用，规模比较大，技术也比较高一些。私营手工业，即是广大的民间手工业，一般规模较小，资金少，技术也一般，多为单家独户。

手工业门类很多，首先从纺织业看，官府设有织染署。在民间，纺织是发展最广泛的手工业，而且在全国各地，都有各自的特色。其次，陶瓷制品业在唐代也是很发达的。如越州窑出青瓷，类玉类冰；邢州窑出白瓷，类银类雪，这是南北两大有名的瓷窑。著名的唐三彩，是在白地陶胎上施以黄、绿青等色釉经焙烧后，呈现出斑驳瑰丽的色彩，是陶器中的珍品。再次，金银器制造业的技术，在唐代也发展到了很高的程度。

唐诗是怎样"发表"的？

诗歌发展到唐代可以说达到鼎盛时期。唐诗成为中国历史文化中一颗耀眼的明珠。在唐朝，唐诗的发表有这样几种方式：

呈示寄赠是诗人采用的最为普遍的方式。

如杜甫《奉赠韦左丞丈二十二韵》、李白的《赠汪伦》等。

许多举子文人为了获得名声，攀附高师，就把自己的得意之作献给当时的名流，即所谓的"投谒名流"方式，如朱庆余《闺意献张水郎》诗是献给当时著名诗人张籍的。

即席赋咏也是唐诗发表的一种方式。李商隐的《初食笋呈座中》《七月二十九日崇让宅宴作》都是即席赋咏之作。还有墙壁题诗，驿站、驿亭、名胜、寺观等公众场所的墙、柱成为诗人咏诗抒怀的"媒体"。还有为画题诗，诗随画传，在画的流传中诗也发表出来了。如杜甫的《房兵曹胡马》《画鹰》，韦庄的《金陵图》等，都是诗人为画家的画作题的诗。此外，还有诗人自编诗集后，送与亲朋好友，被流传或部分流传开来的。

"诗仙"是谁？

李白（701~762 年），字太白，自号"青莲居士"，人称"谪仙人"，晚年自称"酒仙翁"，并有"诗仙""醉圣"之称。他生活在开元、天宝盛世，大部分时间是在玄宗时期度过的。

李白的一生，是"济苍生""安社稷"、报效国家的一生，又是酷爱祖国大好河山，不知疲倦、永不止步地寻求大自然之美的一生。他"五岳寻仙不辞远，一生好入名山游"。因此，在李白漫长的旅游和游仙访道的生活中，他的诗歌，随着他旅行的足迹和他终身离不开的酒，飘逸着一种潇洒的"仙风道骨"的"仙"气，洒遍了天下名山大川。所以"斗酒诗百篇"的李白，是集"诗仙""酒仙""游仙"于一身的奇才。李白是五位一体的：诗人、儒士、道士、剑客和旅行家。

谁是"诗圣"？

杜甫（712 ~ 770 年），人称杜子美，汉族，字子美，自号少陵野老，又称杜少陵、杜工部等，盛唐现实主义诗人，代表作"三吏"（《新安吏》《石壕吏》《潼关吏》）、"三别"（《新婚别》《垂老别》《无家别》）。原籍今湖北襄阳，生于今河南巩义市，初唐诗人杜审言之孙。

杜甫与李白合称"李杜"，为了与另两位诗人李商隐与杜牧即"小李杜"区别，杜甫与李白又合称"大李杜"，杜甫也常被称为"老杜"。唐肃宗时，官任左拾遗。后入蜀，友人严武推荐他做剑南节度府参谋，加检校工部员外郎。故后世又称他杜拾遗、杜工部。他忧国忧民，人格高尚，一生写诗 1500 多首，诗艺精湛，被后世尊称为"诗圣"。

杜甫在中国古典诗歌中的影响非常深远，他的诗也被称为"诗史"。

"牛鬼蛇神"一词是怎么来的？

"牛鬼蛇神"一词，最早见于唐代诗人杜牧的《李贺诗序》："牛鬼蛇神，不足为其虚幻荒诞也。"李贺也是唐代著名诗人，才华横溢，他的诗别具一格，常写神仙鬼怪，号称鬼才。杜牧给李贺的诗集作序，为了形象地说明李贺诗的这一特色，便用"牛鬼蛇神"作为比较，指出即使是长着牛头的鬼和有着蛇身的神，也比不上李贺描绘的虚幻荒诞境界。

在我国古代，牛和蛇在人们心中一向地位是很高的。牛象征着勤劳坚韧的精神，蛇则是华夏民族早期崇拜的图腾标志，后来则号之为"小龙"或"地龙"。牛头之鬼和蛇身之神，都是正面形象，人们是把它们当作偶像加以顶礼膜拜的。正因为如此，我国古代传说中的不少部族领袖和英雄人物，如伏羲、女娲、大禹等，都被人们描述成牛首人身或人首蛇身的形象加以颂扬。唐代大文学家韩愈说："昔之圣者，其首有若牛者，其形有若蛇者。"指的就是这种情形。

为什么用"豆蔻"比喻少女？

"豆蔻"是一种多年生常绿草本植物的名称，亦称白豆蔻、圆豆蔻、含胎花。而用"豆蔻年华"来指代十三四岁女孩子，这种称法源于唐代大诗人杜牧在离开扬州的时候写的一首七言绝句《赠别》诗，其中写道："娉娉袅袅十三余，豆蔻梢头二月初。春风十里扬州路，卷上珠帘总不如。"诗中形容一位柔弱美丽的少女13岁左右，好像是二月初刚发芽的豆蔻嫩芽，含苞待放。

诗人之所以用豆蔻花来比喻少女，大概是因为豆蔻的两个特点：一是它的花蕊中央有两瓣相并，形似"同心"（尤其以红豆蔻花为最美），被古人视为爱情的象征；二是它的花蕊重而下垂，花未开时就显得非常丰满，因此还有"含胎花"之称，与少女的形象有相似之处。

白居易的诗有什么特点？

白居易（772～846年）字乐天，号香山居士。少年时期家境贫寒，过着颠沛流离的生活。他的《赋得古原草送别》曾得到当时大诗人顾况的好评，从此进入仕途。社会现实和个人闻见，使诗人立志要"为民请命"。他针对当时社会存在的问题，写成《策休》75篇，向朝廷提出了改革意见，同时又利用诗歌的特点来配合斗争。这些诗像弩箭射向黑暗的现实，刺痛了权贵们的心。

白居易一生留下了诗作近3000篇，还提出了一整套诗歌理论。主张诗歌创作必须来源于现实生活，反映社会，批判现实，大胆揭发封建政治的黑暗现象。所作《秦中吟》《新乐府》等谴责宦官和藩镇相互勾结，危害人民和国家的罪行；所作《观刈麦》《卖炭翁》《红线毯》等表达了作者对劳动人民疾苦的深切同情。所作长篇叙事诗《长恨歌》《琵琶行》是流传千古的名作。白居易的诗歌一直以平易通俗著称，诗歌大都深入浅出，表现形式上采用直言其事的方法，叙事完整，情节生动，刻画人物神态惟妙惟肖，连一些不识字的老人、儿童都能听懂。

你了解唐三彩吗？

唐三彩是一种盛行于唐代的陶器，以黄、白、绿为基本釉色，后来人们习惯地把这类

三彩宫女俑 唐
宫女俑直立于长方形平面板座上，侧首而视，秀目高鼻小口，环发下垂梳一长髻，垂于额上。着绿色窄袖襦衣，外披翻领蓝色短大衣，下着黄色长裙，足穿黑色翘尖鞋。面容丰腴，身体匀称，姿态优美，表情生动，是三彩中的精品。

陶器称为"唐三彩"。唐代是中国封建社会的鼎盛时期，经济上繁荣兴盛，文化艺术上群芳争艳。三彩釉陶始于南北朝盛于唐，它以造型生动逼真、色泽艳丽和富有生活气息而著称，因为常用三种基本色，又在唐代形成特点，所以被后人称为"唐三彩"。唐三彩的诞生已有1300多年的历史了，它吸取了中国国画、雕塑等工艺美术的特点，采用堆贴、刻画等形式的装饰图案，线条粗犷有力。

唐三彩是一种低温铅釉陶器，在色釉中加入不同的金属氧化物，经过焙烧，便形成浅黄、赭黄、浅绿、深绿、天蓝、褐红、茄紫等多种色彩，但多以黄、白、绿三色为主。唐三彩在色彩的相互辉映中，显出堂皇富丽的艺术魅力。唐三彩用于随葬，作为冥器，因为它的胎质松脆，防水性能差，实用性远不如当时已经出现的青瓷和白瓷。

《历代帝王图》的作者是谁？

《历代帝王图》，又称《古帝王图》，是唐代画家阎立本人物画代表作。阎立本（约601～673年），中国唐代画家兼工程学家。汉族，雍州万年（今陕西省西安市临潼区）人，出身贵族。其父阎毗北周时为驸马，因为他擅长工艺，多巧思，工篆隶书，对绘画、建筑都很擅长，隋文帝和隋炀帝均爱其才艺。入隋后官至朝散大夫、将作少监。兄阎立德亦长书画、工艺及建筑工程。父子三人并以工艺、绘画驰名隋唐之际。

《历代帝王图》绢本，设色，纵51.3厘米，横531厘米。现藏美国波士顿美术馆，全卷共画有自汉至隋13位帝王的画像，从画像来看，虽仍有程式化的倾向，但在人物个性刻画上表现出很大的进步，不落俗套，而显得个性分明；画中按等级森严的封建伦理观念，处理人物的大小。《历代帝王图》用重色设色和晕染衣纹的方法，有佛教艺术的影响。

《历代帝王图》画了13位帝王形象：前汉昭帝刘弗陵、汉光武帝刘秀、魏文帝曹丕、吴主孙权、蜀主刘备、晋武帝司马炎、陈废帝陈伯宗、陈宣帝陈顼、陈后主陈叔宝、北周武帝宇文邕、隋文帝杨坚、隋炀帝杨广，加上侍人共46人。帝王均有榜书，有的还记述其在位年代及对佛道的态度。画家既注意到刻画作为封建统治者的共同特性和气质仪容，而又根据每个帝王的政治作为、不同的境遇命运，成功地塑造了个性突出的典型历史人物形象，体现了作者对这些帝王的评价。

阎立本的人物画有何特色？

阎立本特别擅长刻画人物神貌，笔法圆劲，气韵生动，从他的画中可以看出人物的性格特点。阎立本代表作《历代帝王图卷》，就是他企图表现人物性格特点的重要作品。

这一画卷共包含了13个帝王的肖像，阎立本成功地刻画了帝王们的个人性格。阎立本从拥护统一、赞美稳固的政权的立场出发描写这些帝王。他对于曹丕、司马炎、宇文邕、杨坚等统一了天下，或促成了统一的趋势的帝王，除了表现出他们的个人特点外，也表现了他们共有的一种庄严气概。而陈叔宝是所谓亡国之君，阎立本则处理成以手掩口的猥琐之态以表示对他的蔑视。阎立本对他们的描绘联系着他们在政治上的作为，也就是通过了个人的性格刻画而企图实现概括广阔生活的目的，这样的创作是从人物肖像画的最高要求出发的。《历代帝王图卷》的这一些艺术成就代表了初唐人物画的新水平，在古代绘画史的发展上有着重要地位。

"白蛇传"的传说从何而来？

"白蛇传"是中国古代四大传说之一，在民间广为流传。

近年来，文学界对"白蛇传"的起源有了比较一致的说法，他们认为白蛇形象可以从远古民族"人首蛇身"的图腾崇拜中窥见影子。《山海经》《帝王世纪》《竹书纪年》等古籍记录了大量人蛇合体的"人物"形象。

最早的传说雏形见于唐人谷神子的《博物志》。文中描写的是唐宪宗元和二年（807年），陕西李黄在长安市东遇见一个身穿白色孝服的少妇，李黄接受少妇邀请，在她家里"一住三日，饮乐无所不至"。第四天回家，李黄身子逐渐销蚀，最后只剩下一股血水。李黄家人来到少妇家，只见一座空园和一棵皂荚树。听邻居说，树中常有大白蛇盘踞。此时，李家人才知道少妇为蛇妖所变。

唐宋时期，市井间流传的白蛇故事内容均极其相似。明朝天启年间，冯梦龙编的《警世通言》中的《白娘子永镇雷峰塔》有了质的变化。文中讲述的是南宋绍兴年间，南廊阁子库官员李仁内弟许宣做一药铺主管，一日祭祖回来，在雨中渡船上遇到一自称为白三班白殿直之妹及张氏遗孀的妇人。经过了借伞还伞后，此女要与许宣结为夫妇，又叫丫鬟小青赠银十两。殊不知，此银为官府库银，被发现后，许宣被发配苏州。在苏州与白娘子相遇而结婚，后又因白娘子盗物累及许宣，再次发配至镇江。许宣又与其镇江相遇复合，而法海作梗，扣留许宣，使白娘子索夫不成。许宣得知白娘子为蛇妖后，惊恐万分，要法海收他做徒弟。许宣修炼成功后，修塔镇住白娘子，留警世之言后坐化。可以说，日后的白蛇传说都可以看作对《白娘子永镇雷峰塔》的补充，大致的情节并没有变化。

吴道子为什么被称为"画圣"？

吴道子（约680～759年），画史尊称吴生，汉族，阳翟（今河南禹州）人。少孤，相传曾学书于张旭、贺知章，未成，乃改习绘画。吴道子后被玄宗赐名道玄。他是中国唐代第一大画家，被后世尊称为"画圣"，被民间画工尊为祖师。

据载他曾于长安、洛阳两地寺观中绘制壁画多达300余堵，奇踪怪状，无有雷同，其中尤以《地狱变相》闻名于世。吴道子的绘画具有独特风格。其山水画有变革之功，所画人物衣褶飘举，线条遒劲，具有天衣飞扬、满壁风动的效果，被誉为"吴带当风"。他还于焦墨线条中，略施淡彩，世称"吴装"。作画线条简练，"笔才一二，象已应焉"，有疏体之称。吴道子的绘画对后世影响极大。

唐代的工艺学校是什么样的学校？

唐代的工艺专科学校附设于专管手工业制造的少府监，由技艺最高的巧手任师傅来教授学徒。各种技艺难易不一，训练期限也不同，制造的器物刻上工匠姓名，作为鉴定考核的根据。

"金龟婿"一词有何来由？

现在人们常把经济等各方面条件比较好的女婿叫作"金龟婿"，这个说法是怎么来的呢？

乌龟和恐龙同样是史前动物，恐龙已经灭绝了，乌龟却生存了下来，而且个体寿命很长，所以古时的人们就把龟作为长寿的代表。而龟与"贵"谐音，所以，渐渐也成了富贵和权力的象征，而"金龟婿"的称呼与唐代官员的佩饰有关。

唐武则天年间，内外官五品以上，皆佩龟符、龟袋，以"明贵"应召命，并规定三品以上龟袋用金饰，四品用银饰，五品用铜饰。由此可见，金龟既可指用金制成的龟符，还可指以金作饰的龟袋，而佩戴者必须是亲王或三品以上的官员。金龟的尊贵之意不言而喻，人们就以金龟婿来代指身份高贵的女婿。到了后世，金龟婿中"尊贵"的含义逐渐减弱，

而"富有"的含义却日渐增强。

为什么人们尊称陆羽为"茶圣"？

陆羽（733～804年），字鸿渐，一名疾，字季疵，号竟陵子、桑苎翁、东冈子，唐复州竟陵（今湖北天门）人，一生嗜茶，精于茶道，以著世界第一部茶叶专著——《茶经》闻名于世，对中国茶业和世界茶业发展做出了卓越贡献，被誉为"茶仙"，尊为"茶圣"，祀为"茶神"。他也很善于写诗，但其诗作目前世上存留的并不多。

唐上元元年（760年），陆羽从栖霞山麓来到苕溪（今浙江吴兴），隐居山间，闭门著述《茶经》。陆羽的《茶经》，是唐代和唐以前有关茶叶的科学知识和实践经验的系统总结；是陆羽躬身实践，笃行不倦，取得茶叶生产和制作的第一手资料，又遍稽群书，广采博收茶家采制经验的结晶。《茶经》一问世，即为历代人所珍爱，盛赞他为茶业的开创之功。

唐朝的"书圣"是谁？

褚遂良（596～658年），字登善。唐代著名的政治家和书法家，博涉文史，尤工书法，被誉为唐朝的"书圣"。

褚遂良隋末为薛举通事舍人，后入李世民秦王府铠曹参军。唐太宗贞观中，任起居郎。他博涉文史，工隶、楷。少学虞世南，后祖述王羲之，其书颇得其媚趣。太宗博购王羲之故贴，无人能辨真伪。独褚遂良能够鉴定，无假冒者。褚遂良迁谏议大夫，兼知起居事，以直言敢谏著称。他为后世留下了许多雄健、俊秀的书法作品。传世碑刻有《伊阙佛龛碑》《孟法师碑》《圣教序》等，墨迹有《倪宽赞》。

唐朝女性为什么特别爱"吃醋"？

唐代社会开放氛围十分浓厚，唐代女性参政人数之多在史上可以说是旷古未有。上

至皇室成员，下至地方官眷属和平民百姓的妻女都积极投身社会生活之中，大有巾帼不让须眉的气势。唐代文风也开放，女性的生活相对宽松。这个时代的女性，自尊自贵，颇为活跃。于是，爱吃醋的"妒妇"便成群地出现了。其中以唐贞观时"桂阳令"阮嵩的老婆阎氏最为有名。

　　阎氏容貌姣好，但妒心极强。一日，阮嵩家中来了几位贵客。招待贵客，自少不了找几个歌伎舞伎助兴。谁料，这可惹恼了醋坛子阎氏。当大家酒意正酣时，阎氏却披头散发、光着脚、露着半个肩膀、手中拎着一把刀杀气腾腾地冲进前厅。客人吓得四散奔逃，刺史崔邈也在宾客当中。他当时非常恼火，就地把陆嵩免了职，理由是连个女人都管不住，还如何能整肃百姓。这虽为一则逸事，但也是唐朝风气开放、女性地位较前有所提高的一个例证。

宫中乐舞俑　唐
这组乐舞俑均跪坐或盘坐，手中分别持篳篥、拍板、横笛、排笙、琵琶、箫等乐器，作演奏状。唐代宫廷的表演艺术融汇了中外许多民族的乐舞，新编乐舞极为活跃。

唐朝的宫伎、官伎、家伎因何存在？

　　倡伎的存在，可以说是男权社会必然的，但又是畸形的现象。中国古代的倡，往往又是优（即艺人）。唐朝有一套相当完备的倡伎制度，倡伎的种类和等级多而且严。

　　皇家的太常寺、太乐署以及内教坊，虽然名称不同，职司有异，但性质却都是管理宫中乐伎俳优的衙署。唐玄宗时设立的梨园、宜春院，实即皇家蓄伎之所。无论皇帝梨园弟子，还是宜春内人，都与太乐署所管的乐户、音声博士、文武舞郎、散乐、音声人等一样，都是皇家的倡伎优伶，也可统称为宫伎。既然皇帝享有上万人的宫伎（《新唐书·百官志·太乐署》等），那么诸王、节度使、州郡长官、各大藩镇又怎能不模仿效法？

　　官伎，即属于州郡官府的倡伎；营伎，即属于节度军营的倡伎。当官府军营有宴会应酬时，长官便会通知乐营——管理这种倡伎的部门，由该部门长官乐营使调遣配备演出人员应差。从制度而言，官伎、营伎均有乐籍，不是散倡，不能随便流动，也不属长官私有。但实际上，各藩镇与州郡长官对她们拥有极大的支配权，也常将其中最出色的占为己有。当他们本人移镇或调动时，往往就把这些伎女带走，有的甚至将其变为家伎或收为偏房，成为自己的妾侍。

　　家伎，顾名思义，这是一种蓄养于家中，归私人所有的倡伎。在唐朝，只要条件允许，无论王公贵臣还是士子商人都可以蓄伎，就像搜集财物珍宝和艺术品一样，至于这些女子的个人权益和需求，则很少有人考虑。

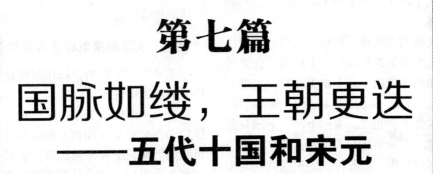

第七篇

国脉如缕，王朝更迭
——五代十国和宋元

五代十国和宋

五代十国是指哪段历史时期？

五代十国是指介于唐宋之间的一个特殊历史时期。

五代指的是后梁、后唐、后晋、后汉、后周五个次第更迭的政权。十国指五代之外同时或相继出现的十几个割据政权，主要有前蜀、后蜀、吴、南唐、吴越、闽、楚、南汉、南平（荆南）、北汉，统称十国。十国只是称其大者，实际上还有不少割据政权。关于五代十国的年限，一般传统的说法为：北宋建立于公元 960 年，因此五代十国存在于公元 907 年至公元 960 年期间；另一说法为：北宋灭亡北汉时是公元 979 年，所以五代十国的历史时期为公元 907 年到 979 年。

朱温是如何称帝的？

唐僖宗乾符年间，黄巢聚众起义，朱温跻身黄巢麾下，因屡战屡捷，被提拔为大将。后起义军形势转危，朱温便倒戈降唐。唐僖宗诏封朱温为左金吾卫大将军，河中行营副招讨使，赐名"全忠"。

公元 888 年，唐僖宗死，其弟李晔继位，是为昭宗。此时的唐王朝已是风烛残年，气息奄奄。朝官头目崔胤先发制人，紧急致书朱温，约他西进长安诛君侧之恶，以兵车迎驾昭宗前往东都，正中朱温下怀。于是，朱温引兵直奔京师。

之后，朱温劫持昭宗"迁都洛阳"，并强制士民随迁东行。后来朱温杀死昭宗，矫诏立年仅 13 岁的辉王李祚为皇太子，监理国事。继之又矫皇后令，要太子于昭宗灵前即位，是为昭宣帝（又名哀帝），改元天祐。天祐

四年，朱温彻底撕下"全忠"的面纱，更名为晃，身披衮冕，在金祥殿即皇帝位。国号大梁，史称后梁。

"铁枪"王彦章是怎样成为后梁名将的？

王彦章，字贤明，以作战勇猛著称，是后梁的著名将领。

公元 923 年，李存勖即皇帝位，建立了后唐。当时后梁在郓州（今山东东平）的守将叛归后唐，李存勖乘机攻占了郓州。得知郓州失守以后，后梁皇帝非常生气，任命王彦章为北面招讨使，并问他几日内能攻破唐军，王彦章说只需要三天。皇帝左右的人都笑他太自大。

两天之后，王彦章率兵到了滑州（今属河南）。他表面让人大摆酒宴，暗地里却让六百多人持着斧子，载着炭火等东西顺黄河而下。王彦章吃酒吃到一半时假装要去厕所，然后悄悄率领几千精兵，沿黄河到了德胜，用斧子砍断了沟桥。之后，王彦章又引兵攻击南城，大破之，连夺了好几个城寨，时间上正好三天。此后王彦章名声大振，成为后梁的名将。

后梁是怎样灭亡的？

公元 923 年，晋王李存勖登上魏州牙城南面的祭坛，祭告上天即位称帝，国号定为大唐。接着李存勖听从枢密使郭崇韬的建议，趁其后方空虚，直接袭击后梁。

当时后梁末帝朱友贞慌成一团，急忙召集大臣询问对策，结果大臣们没有一人能够抗敌。

过了几天，有人报告说后唐军已经过了曹州。朱友贞听说后更加恐慌，便对侍臣皇

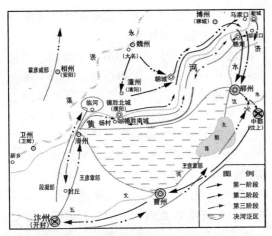

后唐灭后梁之战示意图

甫麟说："李家与我家世代为仇，从情理上说决不能投降他们，也不能等着被他们杀死。我又下不了手自杀，你可以把我的头砍下来。"于是皇甫麟先杀了朱友贞，随后自杀。

第二天，李存勖的军队攻陷了后梁都城汴，有人就拿着朱友贞的脑袋献给了李存勖。

朱友贞原本为人温和，谦恭简朴，只是后来宠信奸臣，疏远敬翔等忠臣，才最终导致了后梁的灭亡。

后唐李存勖为何宠信伶人？

俳优是古代宫廷中的一个群体，亦即后世的戏曲演员。他们社会地位低贱，但是才智聪敏。陪伴帝王娱乐，并对朝政予以讽谏，是他们的主要职责。

后唐皇帝李存勖，酷爱戏曲。为了便于在宫中和俳优们票戏，他还给自己起了一个艺名叫"李天下"。他票戏成癖，有时竟然达到走火入魔的地步。一次，他模仿长于讽谏的俳优，专为娇妻刘皇后表演了一出《刘山人省女》，传为笑谈。

由于个人爱好，在李存勖一朝，俳优地位极高。

李存勖是怎样丧失人心的？

李存勖灭了后梁，报了父亲的仇之后，志满意得，认为中原安定、天下无忧了，就

开始贪图享受。李存勖喜欢演戏，他终日与伶人混在一起，穿着戏装，登台表演，把国家大事丢在一边。那些伶人们受到李存勖的宠幸后，有的当了官，有的仗势欺人，有的则进谗言诛杀功臣，闹得朝中大臣敢怒不敢言、人心惶惶。不出几年，后唐朝廷内部先乱了起来。先是大将郭崇韬被害，接着灭后梁的功臣李嗣源也受到猜忌，差点送了性命。

公元 926 年，魏博指挥使杨仁政的部下皇甫晖发动叛乱，李存勖派成德节度使李嗣源率领军队讨伐。由于李嗣源不满李存勖宠信伶人、诛杀功臣的行为，于是乘机起兵，决定推翻李存勖。后来，李嗣源接替了李存勖做了后唐皇帝，是为后唐明宗。

石敬瑭为什么遭受千古唾骂？

石敬瑭原是沙陀部平民后裔，史佚姓氏。石敬瑭谋反后，后唐末帝李从珂下诏大力围剿。石敬瑭深感势单力薄，难以抵抗，急忙派使者向辽国求救。他向耶律德光称臣称子，乞求只要辽朝借兵相助，事成之后定割让卢龙一道和雁门关以北各州（今河北北部、山西北部至长城地区）。石敬瑭认贼作父、割地求荣的可耻行径，连他的幕僚都感到汗颜。

辽太宗耶律德光为石敬瑭解了晋阳之围以后，封石敬瑭为"大晋皇帝"，于是，45岁的石敬瑭便在 34 岁的"父皇帝"耶律德光的羽翼之下，登上了"儿皇帝"的宝座，开了历史上认敌作父、开门揖盗的先例。正是由于石敬瑭的推波助澜，自后晋开始，历史又一次形成了辽与后汉、后周、北宋，金与南宋的长期对峙。

耶律德光的黄粱梦是怎么破灭的？

晋高祖石敬瑭死后，契丹与后晋关系恶化。会同六年（943 年）底，契丹发动了与晋争夺中原的战争。经过三年的征伐，晋降，出帝石重贵自焚不果。耶律德光终于实现了自其父以来占有黄河以北地区的愿望。贪得无厌的耶律德光入主中原之后，愈加骄横跋

扈。他除了广受四方的朝贺贡献以外，还放纵辽之骑兵以牧马为名四出剽掠，谓之"打草谷"；又分遣特使到京师和各州"括借"钱帛，上至将相下到士民无一能免；为了防止藩镇起兵，更下诏将各州节度使和刺史集中到京城软禁，另派契丹族官员赴任。

这些倒行逆施的行径导致兵民怨愤，从而使其揭竿举义，袭击官府。一些不堪忍受辽之将帅欺侮的后晋官兵也奋起抗争。耶律德光深感退路断绝，他在汴梁宫中坐卧不安，不断惊叹："吾做梦也没想到中原人竟是如此难管制！"耶律德光鉴于中原局势危若累卵，便以北归省亲为名仓促撤离汴梁。然而，未及回到本土，耶律德光就因惊悸惶恐病死途中，结束了这场为时不久的黄粱梦。

后汉刘知远为什么要清除后唐余脉？

公元 947 年正月，契丹灭亡后晋，契丹皇帝耶律德光入主大梁。二月十五日，当时担任河东节度使、中书令的北平王刘知远在太原称帝，建立了后汉王朝。三月十七日，耶律德光从大梁返回契丹，途中病逝。刘知远决定抓住这个机会，出兵占领河南，入主中原。

契丹留守汴州的节度使萧翰听说刘知远率军南下，便想及早返回契丹，可他又担心中原无主，势必大乱，从而使他无法从容北归，于是他就把后唐明宗李嗣源的儿子李从益立为皇帝，并设置文武大臣，这才返回契丹。

刘知远的大军一路南下，在六月初三抵达洛阳，大梁文武百官前来迎接。为了杜绝后唐子嗣再次称帝，刘知远派郑州防御使郭从义先进大梁，清理内宫，并秘密杀死李从益和王淑妃等后唐余脉，解除了自己的后顾之忧。

郭威是怎样平息三镇叛乱的？

后汉高祖乾祐元年（948 年）三月，以河中护国节度使李守贞为首，长安牙将赵思绾、凤翔左卫大将军王景崇三人同时反叛。

八月，后汉隐帝刘承祐任命枢密使郭威统率各路大军平息三镇叛乱。

郭威到达河中之后并不急于攻城，而是指挥士兵挖沟筑墙，严密巡逻，把河中城围了个水泄不通，使李守贞等陷入天罗地网之中。李守贞屡次出兵，都被击溃。河中城被围困已近一年，守城的将士不断出城投降。郭威见时机成熟，就督率各路军队从四面八方向河中城发起了总攻。后汉隐帝乾祐二年（949 年）七月二十一日，郭威率军攻入河中城，李守贞自焚而亡。不久，凤翔的王景崇也全家自杀。长安的赵思绾投降以后，被郭从义斩杀。至此，三镇叛乱全部平息。

郭威是怎么建立后周的？

后汉隐帝刘承祐 18 岁继承皇位。枢密使杨邠、枢密使兼侍中郭威、侍卫亲军都指挥使史弘肇、三司使王章辅佐朝政。刘承祐渐渐长大，权力欲望日益膨胀，他对杨邠等人总揽朝政十分不满，内心积怨与日俱增。左右宠臣乘机挑拨煽动，刘承祐头脑发热，竟将杨邠、史弘肇、王章杀死。当时，郭威正领兵驻守邺都，听到其他三名辅佐大臣被害，毅然率军南下，直捣京都大梁。很快，刘承祐兵败。郭威进入大梁后，率领百官请求让刘知远的养子刘赟继位，太后同意。

但郭威手下的将士们却叩拜郭威说："我们已经和刘氏结下仇怨，绝不能再让刘氏当皇帝，皇帝必须由侍中您来做。"众人百般恳求，郭威一再推辞。这时，有人撕下黄旗披在郭威身上，众人趁势欢呼万岁。太后无奈，只好发布命令，废黜刘赟为湘阴公，授予郭威传国玉玺，郭威登基称帝，建立了后周王朝。

李煜佞佛的后果是什么？

南唐后主李煜（937 ~ 978 年），自幼崇佛，登基之后，对佛门愈加虔信。尤其是经过北宋潜伏的暗探小长老的蛊惑，他更是由崇变佞。小长老奏请李煜慷慨施舍，多建寺院，广度僧尼。李煜不知其险恶用心在于耗费南唐财力物力,便听信其言诏令国中实施。

李煜为了虔敬礼佛,又自取法号莲峰居士,偕同娇妻小周后头戴僧伽帽,身披红袈裟,帝后二人双双跪在佛前,举手加额,膜拜诵经。因为李煜佞佛,南唐文武百官便投其所好,莫不以吃斋奉佛为荣。中书舍人张泊,每见李煜必谈佛法;兵部尚书韩熙载长于翰墨,便专替僧侣撰写碑铭;就连惯于金戈铁马生活的潭州节度使边镐,在征战中也热衷佛事,被时人称作"边和尚""边菩萨"。上行下效,南唐朝野士庶佞佛成风,亡国之日自然不远。

李煜为何要始创缠足？

李煜是徐州人,才华横溢,风流倜傥。在南唐的后宫中,最负盛名的美人便是一个叫作窅娘的年轻女子。

为了让窅娘跳舞时显现婀娜多姿的风韵体态,李煜便派人在宫中建起了一朵六尺高的大莲花。李煜还命人将窅娘的双足用布带缠裹起来,使足尖像月牙一般,然后让窅娘在莲花上凌波高歌,飞旋起舞。窅娘也不负众望,每每在莲花上歌舞时,都引得众人驻足观看,叫好之声不绝于耳。这使李煜对窅娘更是呵护有加,一时宠冠后宫。自此以后,后宫之人纷纷仿而效之,"缠足"一下子便风行了起来,渐渐地由宫中传遍整个京师,后来又风行于南唐全国。

李煜在艺术上有什么造诣？

在历代帝王中,李煜在艺术上的造诣尤为精湛,其精书法,善绘画,通音律,诗和文均有一定造诣,尤以词的成就为高。

他能书善画。对其书法,陶谷《清异录》曾云:"后主善书,作颤笔樛曲之状,遒劲如寒松霜竹,谓之'金错刀'。作大字不事笔,卷帛书之,皆能如意,世谓'撮襟书'。"对其画,宋代郭若虚的《图画见闻志》曰:"江南后主李煜,才识清赡,书画兼精。尝观所画林石、飞鸟,远过常流,高出意外。"惜无书画传世于后。

李煜词摆脱了《花间集》的浮靡,不假雕饰,语言明快,形象生动,性格鲜明,用情真挚,亡国后作更是题材广阔、含意深沉,超过晚唐五代的词,成为宋初婉约派词的开山,千古杰作。其《虞美人》《浪淘沙》《乌夜啼》等名篇流传千古,李煜也被称为"千古词帝"。

李煜是怎样亡国的？

当李煜沉溺声色、专心佛事、诛杀忠良之时,北宋的军队早已做好了攻打南唐的一切准备。

宋太祖建隆元年(960年),太祖赵匡胤发动"陈桥兵变",夺去了后唐政权,建立了大宋王朝。公元974年,宋太祖屡次遣人诏李煜北上,他均辞不去。同年十月,宋兵南下攻金陵。公元975年,宋军攻破南唐都城金陵(今江苏南京),李煜率几位大臣肉袒出降。公元976年,宋军将李煜押到汴京,宋太祖封李煜为"违命侯"。不久太祖去世,其弟太宗赵光义即位,封李煜为"陇西郡公"。

太平兴国三年(978年)七月初七,宋太宗恨他有"故国不堪回首月明中"之词,命人在宴会上下药将他毒死。时年42岁,赠太师,追封吴王,葬于洛阳北邙山。

五代时期到底有几个花蕊夫人？

五代十国时期,有两位别具美色的夫人。人们以美艳花朵中的美蕊相比,称她俩为花蕊夫人:一个姓徐,一个姓费。徐花蕊是前蜀主王建宠爱的妃子,费花蕊是后蜀主孟昶的夫人。

徐花蕊是成都人,父亲名徐耕。王建占有蜀地以后,慕徐氏二女美名,纳两姐妹入宫。徐氏两姐妹,姐姐宠冠后宫,封为贤妃,不久怀孕生下儿子王衍,晋封贵妃,她便是徐花蕊。王衍封郑王,立皇太子,王建死后即皇帝位。

费花蕊是蜀地青城人,自小就以秀美闻

名乡里，后因才、色并重，被选入后蜀深宫。孟昶见费氏有惊艳姿色，才艺出众，大加宠幸，称她为花蕊夫人。孟昶日夜陶醉在花蕊夫人的美色之中，纵情享乐，不能自拔。公元 965 年，宋军大举南下，孟昶走投无路，投降宋军，后蜀灭亡。

高平之战是怎么回事？

河东节度使刘旻是后汉隐帝刘承祐的叔叔，自从后周太祖郭威夺取后汉政权以后，刘旻便在晋阳建立了东汉王朝（即北汉，宋朝人称为东汉），与后周抗衡。后周太祖显德元年（954 年）正月，后周太祖郭威去世，晋王柴荣继位，刘旻得知后周易主，不禁大喜过望，马上联合契丹，向后周进攻。

后周世宗柴荣意气风发，不甘示弱，决定率军亲征，抵抗东汉入侵。三月十九日，柴荣随后周前锋在高平与东汉军队遭遇。柴荣带领亲兵冒着流箭飞石，不顾一切指挥士兵阻击东汉军队。

禁军将领赵匡胤振臂高呼："主上不顾危险，我们能不拼死吗？"在赵匡胤的感召下，后周将士热血沸腾，勇气倍增，紧随赵匡胤杀入东汉阵地，很快东汉军队彻底瓦解。高平一战，后周军队大获全胜，也为柴荣后来的文治武功奠定了坚实的基础。

冯道为什么被称为"乱世不倒翁"？

冯道，字可道，自号长乐老，瀛州景城（今河北沧州西北）人。曾经在刘守光手下做军事顾问。刘守光失败后，便开始追随宦官张承业。张承业认为冯道很有才学，于是把他推荐给晋王。庄宗即位后，任命冯道为户部侍郎，又兼任翰林学士职位，成为皇帝最亲近的顾问兼秘书官。

明宗即位后，授予冯道端明殿学士，升迁做管理军队事务的兵部侍郎，一年后又授予他中书侍郎，同中书门下平章事，职权如同宰相一般。明宗死后，冯道又做愍帝的宰相。潞王在凤翔反叛，冯道率百官迎接潞王入朝，

是为废帝，冯道又做了废帝宰相。

后晋灭后唐，冯道又侍后晋，高祖授任冯道做司空、同中书门下平章事。石敬瑭死，冯道又任宰相，加授太尉衔职，并且又被封为燕国公。契丹灭后晋，冯道又为契丹效力，做太傅，掌管训导事务。后汉高祖继位，冯道又归附后汉王朝，并以太师身份入朝参政。后周灭后汉后，冯道又侍奉后周，周太祖任命冯道为太师，掌管训导事务。

冯道历事五朝，为 10 个国君效力，无论贤明愚笨都仰奉冯道为元老，都乐于称赞他的为人之道。公元 954 年，冯道去世，终年 73 岁，谥号文懿，被追封为瀛王。

喻皓为什么被喻为鲁班传人？

北宋初年，喻皓被太宗赵光（匡）义命为掌管设计、施工的都料匠，参与主持修造开宝寺木塔。这座八角形的木塔共 13 层，自下而上逐层缩小，在京师鹤立鸡群，是当时所有的塔中最高、最精的。塔建成之后，人们惊异地发现塔身朝西北方向微微倾斜，便纷纷向喻皓提出质疑。喻皓成竹在胸，令人信服地解释说："京师地平无山，又常年刮西北风。建塔时我有意让塔身略向西北方向倾斜，是为了抗风，以免日久天长塔身朝着相反的方向倾斜。这样，大约在百年左右塔身便会被风扶正。"可惜，这件木结构建筑艺术的珍品，不幸在仁宗庆历年间（1041～1048 年）的一次火灾中被毁。

喻皓晚年结合自己一生的切身体会，编写成中国历史上第一部房屋建筑法专书，名为《木经》。喻皓逝世百年以后，在宫廷将作监中供职的李诫，奉旨编修建筑宝典《营造法式》，该书中有关测量技术"取正""定平"以及木构架"举折"等部分内容，就是参考当时还在流传的《木经》写成的。由于喻皓在建筑及木工方面的卓越贡献，后世人把他称作"鲁班传人"。

陈桥兵变是赵匡胤主动挑起的吗？

周世宗柴荣死后，7岁的儿子柴宗训继位。殿前都点检赵匡胤掌握兵权。后周显德六年（960年）春天，河北镇州和定州的守将突然派人到开封告急，说北汉的刘承钧和辽国联合，正挥兵南下。宰相范质立即决定派赵匡胤带兵前往河北。

赵匡胤带着禁军夜宿开封东北边一个叫陈桥驿的地方。当晚赵匡胤宴请部下，酒后将士们聚在一起议论朝政，有人主张拥立赵匡胤为皇帝，此提议立即得到全军将士的积极响应。

第二天黎明，赵匡胤刚从帐中出来，将士们立即一拥而上，把一件黄色皇袍披到他身上，一齐下拜，齐声喊起"万岁"来。可见，"陈桥兵变"当时并不是赵匡胤的本意。但赵匡胤最终还是在部下的拥戴下，建立了北宋王朝。

宋太祖是如何巩固统治的？

宋太祖为加强皇权，巩固统治所采取的首个措施就是杯酒释兵权。其后在军事制度方面的改革主要有：第一，建立不同于前朝的枢密院制度，长官为枢密使和枢密副使，主管调动全国军队，分掌军政大权。第二，内外相维政策。第三，兵将分离政策。

地方藩镇采取措施：第一，削夺其权。第二，制其钱谷。第三，收其精兵。

在官僚制度方面，则侧重削弱宰相权力。在军、财、民三权分立中，枢密使与宰相"对掌大政"，中书门下（又称"政事堂"，是宰相的官署）和枢密院（枢密使、副使的官署）号为二府。宋初不仅以三权分立的办法削弱相权，而且设置参知政事、枢密副使和三司副使，作为宰相、枢密使和三司使的副手，与各部门长官发生制约，以削弱各部门长官的权力。此外，宋初还在设官分职、科举制度等方面，也进行了有利于加强皇权的政策。宋初的一系列改革措施，大大加强了

宋专制主义中央集权制，造成了统一的政治局面，为经济、文化的高度发展，创造了良好条件。

北宋的都城在哪里？

北宋的都城是汴京，又称汴梁或汴州，位于今河南省开封市，是我国七大古都之一，有2700多年的历史，更有"汴梁富丽天下无"的美誉。

北宋的汴京，是人口超过百万的大都会，汴京商业繁荣，市肆极为发达，城中店铺达6400多家。北宋著名画家张择端的《清明上河图》流传至今，为了解当时汴京市肆的繁荣情况提供了有力而形象的证据。

谁用"半部《论语》治天下"？

赵普（922～992年），字则平，北宋政治家。乾德二年（964年），任门下侍郎、平章事、集贤殿大学士，负宰相责任。乾德五年（967年）春，赵普加职右仆射兼门下侍郎、同中书门下平章事、昭文馆大学士，成为名副其实的宰相。

赵匡胤是在马上得天下的，也深知不能以马上治天下的道理，便以身作则，带头读书，并一再批评老谋士赵普不读书，意味深长地警告赵普"宰相需用读书人"。宋初君臣急于在儒家经典中寻找治世良方，至圣先师孔子的言论集《论语》最终成为宰相的急救章。之后，日理万机的宰相赵普每天下朝后便把自己关在房间攻读语录，坚持不懈，到晚年终有所得，不但上朝理政，事必决于《论语》，而且将助皇帝制御群臣也都归结于孔夫子的教诲，故有"半部《论语》治天下"之说流传。

赵匡胤为什么要"杯酒释兵权"？

宋太祖赵匡胤当上皇帝后，不断有节度使起来反叛，虽然都被赵匡胤镇压平定了，但消耗了大量人力物力。国家局势不稳定，成了他的心病。有一次，赵匡胤向他的宰相

赵普说出他的心事，赵普说："国家混乱，政权不稳定，原因在于藩镇权力太大。如果把兵权集中到朝廷，天下自然太平无事。"赵匡胤听后，心中有了办法。

有一天，宋太祖请石守信等几个兵权在握的老将喝酒，喝到高兴处告诉他们当皇帝并不踏实，怕将来有一天这些老将也会被手下人黄袍加身而谋反，也就是暗示要解除这些老将的兵权。老将们虽然心里不情愿，但表面上只能感激宋太祖为他们考虑周到。于是石守信等老将都托言有病，乞求解除兵权，宋太祖一一恩准，让他们以散官的身份回家养老，并给予了丰厚的赏赐。

赵匡胤为什么要罢免赵普？

从宋太祖取得政权开始，到平定南方，赵普是主要的谋士，立了不少大功。宋太祖拜赵普为宰相，事无巨细，都跟赵普商量。赵普做了 10 年宰相，权力极大，难免会有人想走他的门路，不时给他送礼物来。

有一次，吴越王钱俶派使者送信给赵普，还捎带了 10 坛"海产"。赵普把 10 坛"海产"放在堂前，还没来得及拆信，恰好宋太祖到了。

宋太祖看到这 10 只坛，就问赵普里面装的是什么。赵普回答说："是吴越送来的海产。"

宋太祖于是命赵普打开看看是什么样的海产。等到打开坛盖，所有的人都惊了，原来坛里放的竟是一块块金子。宋太祖向来担心官员接受贿赂，滥用权力，赵普吓出一身冷汗，惶恐地向宋太祖请罪，说他自己没有看信，实在不知道里面是什么东西。

自此以后，宋太祖对赵普就有了猜疑；不久，又有官员告发赵普违反禁令，贩运木料。原来，当时朝廷禁止私运秦陇一带的大木，赵普曾经到那里运木料为自己造住宅。而他的部下趁此机会冒用赵普名义，私运一批大木到东京贩卖。这件事牵连到了赵普。宋太祖大怒，要治赵普的罪，后因其他大臣的求情，便只撤了赵普的宰相职位。

市舶司是做什么的？

市舶司，官署名，负责管理海外贸易的法令、征税等事务。宋代在广州、泉州、明州、杭州、温州、苏州、华亭县、江阴军等地，设市舶司，又称市舶务，由州郡官兼任。元丰后设提举市舶司专掌其事。明代由内官提举司负责，嘉靖中仅存广东市舶。清末再设。

市舶司作为中国古代的外贸机关，见证了中国宋、元、明三朝的海上贸易之繁荣。如今，昔日的古港雄风已经不在，但是在现存的市舶司遗址上，我们还是窥见了中国历经千余年的外贸史。

宋代赋税有多少？

宋代的赋税名目繁多，其中杂税的种类有：板账钱、枯骨税、河渡钱、上供钱、钞旁帖钱等。徭役的名目有：差役、职役、衙前、免行钱、助役钱、宽剩钱、免夫钱、义役等。

另外还有：田宅契税，亦称"田房契税"；曲引钱，中国旧时酒税的一种；义仓税，宋朝为设置义仓而征收的一种税；行户祗应，唐宋城市工商行业供应官府物料人工的差科负担。

商税的收取图

由于北宋商品经济的繁荣，商品交易扩大。宋朝制定了商税细则，在全国各地设置场、务等机构，征收商税。交子出现后，政府在益州设立交子务，交子发行权由是收归政府。

为什么宋朝官员戴长翅帽？

长翅帽，帽后配挂两根又平又长的翅，这种帽子学名叫展角（平角）幞头，是由赵匡胤发明的。赵匡胤为何要发明这么一顶奇怪的帽子呢？

原来，赵匡胤登基后，很不放心当年一起闯天下的同僚，尤其讨厌文武大臣在朝堂中交头接耳，评论朝政，唯恐他们交流过多而抱团甚至产生异心。于是，赵匡胤传旨属官在幞头纱帽后面分别加上长翅。一顶帽子两边铁翅各穿出一尺多（以后越来越长）。如此一来，官员只能面对面交谈，要并排坐着谈就困难了。

瓦桥关之战的经过是怎样的？

乾亨二年（980年）十月，辽景宗耶律贤愤于满城（今满城北）、雁门（今山西代县）两次攻宋失利，于是亲率重兵于固安（今属河北）集结，再举攻宋。宋太宗赵光义获知，增兵关南（今高阳东）、镇州（今正定）、定州（今属河北），命诸军严密设防，阻截辽军南下。宋太宗自率京师大军趋瓦桥关反击。

但辽耶律休哥前锋军进展迅速，二十九日即将南易水北岸的重镇瓦桥关包围。十一月初一，宋镇、定、关南诸军为解瓦桥关之围，夜涉南易水袭击辽营，被辽将萧翰干等击退。初三，宋军再次救援，被辽军阻于瓦桥关东，守将张师率军向东突围，遭耶律休哥截击，张师战死。初九，关南宋军于南易水南列阵，与辽军夹河而峙，企图待京师军赶至再行决战。将要开战之际，辽景宗为隐蔽主力，令耶律休哥将独有的黄色的马和甲换成了白色，率精骑渡河进击，宋军败逃。十七日，辽军班师。此战，宋太宗所率京师军行动迟缓，致使关南诸军以弱对强，陷入被动而败。

历史上到底有没有"金匮之盟"？

宋太祖赵匡胤驾崩后，皇位由其弟赵匡义继承，正史认为赵匡义乃合法继位，是奉太后"金匮遗诏"之命行事。但后来有人对"金匮之盟"一事提出质疑，使得这一事件变得扑朔迷离。

20世纪40年代初张荫麟曾作《宋太宗继统考实》，认为"金匮之盟"是赵普伪造的，其理由是，建隆二年（961年）杜太后病重时，宋太祖只有34岁，赵匡义才23岁，而太祖长子德昭也已经14岁。当时太祖身体健康，没有短寿夭折之象，即使太祖只能再活20年，那时，长子德昭已30多岁，怎么会有幼主之说？杜太后凭什么猜测太祖早死、幼子继位，而宋朝重蹈五代的覆辙呢？即使真有遗诏，太祖临终前应该命人打开金匮，就算是突然死亡，皇后也应该知道此事，掌管金匮的宫人同样也知道此事，为什么要等到太祖死后6年才由赵普揭露出来呢？

但对"金匮之盟"持肯定观点的学者们则认为，杜太后亲身经历过五代，五代君主13人，在位超过10年者绝无仅有，有7人死于非命，杜太后凭什么否认宋太祖可以摆脱"宿命"，执政其国而终呢？假如真的发生了，10多岁的德昭显然是不足以应付，而拥有丰富政治经验的赵匡义，就是理想的继承人。

"金匮之盟"疑案属于皇家禁宫疑案，否定也好、肯定也罢，都是根据当时历史事实、政治背景所做出的判断。比较双方的观点，其资料和解释、推断均偏向于对己方所持观点有利的一边，因此越争论疑点越多。

谁第一个提出了"均贫富"的口号？

北宋初年，因官府以"榷茶法"与"博买务"垄断茶叶等农副产品的专卖权，使许多茶农度日艰难，最后直至破产。当时以贩茶为生的四川青城（今四川都江堰市西南）的小茶农兼茶贩王小波，认为只有反抗才是唯一活路，于是在北宋淳化四年（993年）的二月，率先在家乡青城县率百余人发动了起义，同时提出了"吾疾贫富不均，今为汝均之"（《宋史·樊知古传》）的口号。起义军得到广大群众的拥护和支持，队伍迅速扩展到上万人。当年的十二月，王小波在攻打江原县的时候，不幸被乱箭射伤，医治无效牺牲。

这次起义，时间虽然不是很长，却在我国农民起义的战争史上首次提出了"均贫富"的口号，对中国历史发展及此后的农民战争产生了非常深远的影响。

真有太祖对士大夫的盟约吗？

宋太祖对士大夫的盟约、誓碑是否真有其事，近年来多有争论。誓碑实物及拓片均不存世，宋人的有关记述又多是转录曹勋及《秘史》的文字，缺乏其他渠道的证明材料，要弄清其真实性是颇为不易的。但是盟约、誓碑中的多数内容，确与宋朝统治者有别于其他朝代的做法是大体契合的。宋朝不杀大臣、士大夫，在中国古代历史上确是很具特色、非同寻常的。

不杀大臣。两宋宰执大臣被诛杀者，似只有北宋南宋之交的王黼、蔡攸、张邦昌等，都是在非常时期，且这些人误国害民罪恶极大。此外，再也未见有宰执大臣被诛杀。

不杀士大夫。宋朝文官所犯罪过，除了谋反之外，处罚最重的莫过于贪赃了。自太宗末年始，对犯贪赃罪者无论罪行怎样严重，一般都不判死刑。不但不判死刑，甚至连黥刺、打板子也极为罕见。当然，根据学者研究，不对犯赃罪的文官打板子、刺字、杀头，决不等于说对他们完全放纵。相反，宋朝对赃官有一套整治的"软"办法，如堵绝升迁之路，令其名誉蒙羞等。

宋真宗为什么迷信"天书降瑞"？

宋真宗获得帝位后，本想干点大事以立威信、巩固皇位，然而咸平三年（1000年），亲自征辽无功而回。景德元年（1004年）再次亲征，却与辽国订立屈辱的城下之盟。在屡屡事与愿违的情况下，大臣王钦若就给真宗想了一个办法，建议他举行一次盛大的封禅礼，以此镇服海内，威慑外夷。于是一场

天书降、圣祖临的闹剧由此拉开了序幕。

大中祥符元年（1008年）年初，真宗召见宰相王旦以及王钦若，对他们说他曾在梦里见到一位神仙，要赐予他大中祥符天书三篇。第二日就接到皇城司的奏报，讲左承天门的屋角上发现有一束黄帛，其上还系着一件物品。随后真宗令执政大臣陈尧叟开启天书，只见上书："赵受命，兴于宋，付于恒（真宗名字）。居其器，守于正。世七百，九九定。"这是第一次天书降瑞，后来这一天被命名为天庆节。

谁是"溜须宰相"？

北宋年间，真宗赵恒在位，大臣丁谓靠献媚邀宠，官运亨通，一直升到了参知政事，相当于副宰相，但仍然位列宰相寇准之下。所以，他对寇准还是毕恭毕敬，看其眼色行事。

有一次，丁谓和寇准一块儿在内阁吃饭。丁谓看到寇准的胡须上沾了一些饭粒，便赶忙上去为寇准溜须拂拭，并盛赞寇准的胡须好。寇准又好笑又好气，便随口说道："参政是国之大臣，难道还有为首长溜须的宰相吗？"当时羞得丁谓面红耳赤，无言以对。此事一经传开，人们便称丁谓为"溜须宰相"。"丁谓拂须"也就成了一个典故。

"澶渊之盟"是怎么回事？

辽军至定州，便与宋军出现相峙局面。没过多久，辽军攻克德清（今河南清丰），三面包围澶州（今河南濮阳），宋将李继隆死守澶州城门。

辽朝统军萧挞凛恃勇，率数十轻骑在澶州城下巡视。宋军大将张环（一说周文质）在澶州前线以伏弩射杀辽南京统军使萧挞凛，其头部中箭坠马，辽军士气受挫，萧太后等人闻萧挞凛死，痛哭不已，为之"辍朝五日"。《辽史》载："将与宋战，（萧）挞凛中弩，我兵（辽兵）失倚，和议始定。或者天厌其乱，使南北之民休息者耶！"于是宋真宗一行抵澶州，与辽签订了和约，就是历史上的"澶

渊之盟"。澶渊之盟对宋而言，是丧权辱国的和约，不仅燕云十六州的失地未能收回，而且要输金纳绢以求辽国不再南侵。

丁谓是怎样陷害寇准的？

宋真宗赵恒因中风在后宫休养，于是朝廷的大事多由刘皇后来决定。寇准便上奏赵恒说可以让太子监国，选择端方正直的大臣辅佐，丁谓、钱惟演等人都是奸佞之徒，要让这些人远离太子。但不幸的是，这些话被丁谓知道了。于是丁谓一再在赵恒面前诬告寇准，赵恒病中糊里糊涂竟将寇准罢了相，任命他为太子太傅。

在此之前，赵恒还跟左骐骥使周怀政商议过让太子监国之事。寇准被罢相后，周怀政就准备尊奉赵恒为太上皇，立太子赵祯为皇帝，杀死丁谓，仍迎寇准为相。但不幸的是，这件事泄露了风声，丁谓利用这件事情大做文章，在赵恒面前说此事是寇准和周怀政共同策划的。赵恒听完大怒，下诏将周怀政处死，罢免了寇准的太子太傅之职，并将他流放到一个小州。

丁谓在起草皇帝诏约时私自篡改了赵恒的话，多加了一个"远"字，于是成了"给他一个远小州"，将寇准贬至相州任知州，不久又贬到道州。最后，寇准于宋仁宗天圣元年（1023 年）闰九月死于贬所。

狄青为什么郁郁而终？

狄青（1008～1057 年），字汉臣，北宋汾州西河（今山西汾阳）人。宋仁宗时期名将。仁宗宝元元年（1038 年），官为延州指挥使，因勇而善谋，屡立战功，后官至枢密使，掌握兵权。

宋惩唐末五代武人专政、兵变频仍之弊，因此自开国以来，极力压低武将地位，以绝其觊觎之心。因此，狄青便不可避免地受到朝廷的猜忌。臣僚百官纷纷向仁宗进言，称恐狄青有祸乱之心。仁宗不信，说他乃忠臣，然文彦博却反驳说："太祖岂非周世宗忠

臣？"最终，狄青被贬，出判陈州。

到陈州之后，朝廷仍不放心，每半月便派人监察。此时的狄青已被谣言中伤搞得惶惶不安，不到半年，这位曾驰骋沙场、浴血奋战、为宋王朝立下汗马功劳的一代名将，便在猜忌、排斥中发病郁郁而死，年仅 49 岁。

晏殊为何能得到真宗、仁宗的器重？

晏殊（991～1055 年），字同叔，江西临川人。自幼聪明，后官至集贤殿学士、同平章事兼枢密使，谥元献，世称晏元献。晏殊是一个公认的诚实人。他 14 岁参加宋真宗赵恒主持的复试时，发觉试题是自己温习过的，就要求另出试题。赵恒很吃惊，再出题，晏殊仍得高分。赵恒大喜，赐同进士出身，擢秘书省正字，秘阁读书，后又破格提升为东宫官。

后晏殊身为仁宗朝的宰相，喜欢奖掖人才，范仲淹、孔道辅等都出其门下，韩琦、富弼、欧阳修、宋祁等人均被重用，以致有人在晏府庭前贴上一副对联："门前桃李重欧苏，堂上芝莩推富范。"

因为晏殊的诚实不欺，自尊自重，对人才善加利用与提拔，他成为两朝皇帝信任的重臣，一直得到器重。

范纯仁为何被称为"布衣宰相"？

范纯仁，字尧夫，苏州吴县（今江苏苏州）人，范仲淹之子。宋仁宗皇祐元年（1049 年）中进士，后官至尚书右仆射兼中书侍郎（实即宰相）。在范仲淹的严格管教下，范家始终保持着俭朴的门风，范纯仁深受父亲的影响。

有一次，范纯仁留同僚晁端在家中吃饭。晁端回去之后逢人便说丞相家的家风败坏了，旁人忙问为何，晁端说："平时丞相家吃饭，菜不过是咸菜、咸豆腐之类。而留我吃饭，居然在咸菜、咸豆腐上面放了两小簇肉，这岂不是家风败坏了吗？""布衣宰相"的称号从此传开。

郑侠为何向神宗进献《流民图》？

宋神宗任用王安石变法后，保守派群起反对。巧合的是，当时全国气候反常，灾害不断，古人迷信，便认为这些异象是上天对变法的警告。

熙宁七年（1074 年），监安上门、光州司法参军郑侠上书宋神宗，认为新法引起天怒，请求废除新法。他还将民间老百姓卖儿卖女、典当妻子、拆毁房屋、砍伐桑柘等悲惨的景象画成了一幅《流民图》。结果，这幅真实生动的《流民图》给宋神宗极大的震动。第二天，宋神宗就下令暂时罢免青苗、募役、方田、保甲等 18 项法令。熙宁七年（1074 年）四月，王安石第一次罢相，出任江宁（今江苏南京）知府。

宣德门下马案是怎么发生的？

北宋时期，汴京有观灯习俗。熙宁六年（1073 年）二月，宰相王安石应宋神宗之邀，到皇宫观灯。按照惯例，百官须在宣德门前下马，然而，王安石却直接骑马进入了宣德门。守卫宣德门的宫廷卫士当即上前拦阻，不但出声叱骂当朝宰相王安石，还出手打伤了王安石的坐骑。很显然，这些卫士是有意针对王安石。

王安石怒不可遏，找到宋神宗控诉，要求将这些卫士送到开封府治罪。宋神宗答应了王安石的要求。开封府判官梁彦明、推官陈忱负责审讯宣德门一案，二人认为皇帝都同意将卫士逮捕送交开封府，自然是表明支持王安石的态度，于是为了迎合皇帝和宰相，判处卫士杖刑。这就是宣德门下马案的来龙去脉。

宋神宗为何派沈括出使辽？

沈括（1031 ~ 1095 年），杭州钱塘人，他不但办事认真细致，而且精通地理。

1075 年，辽朝派大臣萧禧到东京，要求划定边界。萧禧坚持说黄嵬山（在今山西原平西南）一带三十里地方应该属于辽朝。面对辽朝的无理要求，宋神宗派沈括去谈判。沈括到枢密院，从档案资料中把过去议定边界的文件都查清楚了，证明那块土地应该是属于宋朝的。后来沈括还画成地图送给萧禧看，萧禧才没话说。

为了明确边界问题，宋神宗又派沈括出使上京（辽朝的京城，今内蒙古巴林左旗南）。辽朝派宰相杨益戒跟沈括谈判，辽方提出的问题，沈括和官员们对答如流，有凭有据。杨益戒一看没有空子好钻，只好放弃了他们的无理要求。

神宗年间新党、旧党的分歧在哪里？

北宋神宗年间，以王安石为首的"新党"和以司马光等为首的"旧党"，在对宋朝的治理上，存在着严重的分歧。新党想以变法的手段改变王朝"积贫积弱"的局面；旧党则以"扰民""生事""与民争利"为理由反对变法。

一般来说，新党代表士大夫积极有为的精神，但旧党也不能简单地视为"反动"。旧党认为，现有政治体制及种种政策本身并无问题，问题出在官员们不能正确执行；而且与其像新法那样向民众取财，不如从皇帝及朝廷的节约做起。新党则更多从"应当如何"方面去思考问题。王安石变法一时间起到一定作用，有的措施还被证明行之有效，并且变法本身确实体现了宋代士大夫以天下为己任的积极进取精神。

哲宗为什么与太后嫌隙很深？

神宗在位时，蔡确通过各种阴谋诡计独掌了朝廷大权。神宗病重后，蔡确以为太后会让神宗弟弟继承皇位，就图谋当"策立元勋"，在新皇帝身上再捞点实惠。邢恕本是正牌的旧党官员，与蔡确成为密友，为他出谋划策。

可不久之后，蔡确与邢恕便得知宣仁太后准备让神宗幼子继承皇位，不禁大失所望。但事后他们还是私下里散布说，宣仁太后、王珪原本有废立之谋，是蔡确据理力争才为哲宗保住皇位的。哲宗与宣仁太后的嫌隙就此产生。

因为哲宗年幼，宣仁太后垂帘听政。其间，旧党大臣对哲宗颇有不尊重之处，哲宗行为稍有越轨，旧党大臣就怂恿宣仁太后教训他一番，哲宗对宣仁太后更为不满。

绍圣四年（1097年），邢恕出任御史中丞，乘机提出王珪（开始尚不敢直指宣仁太后）有谋立雍（岐）王主张的老话，并迫使高太后堂弟高士京上书做证，于是王珪被贬官。

邢恕又找出文彦博儿子文及甫元祐年间写给邢恕的一封信，断章取义，将矛头直指太后和名相司马光。哲宗听信了他们的谎言，更加仇视旧党大臣和宣仁太后，于是便令人写了废宣仁太后为庶人的诏书。后幸亏其母向太后闻知极力反对，才没有将诏书颁发。

苏轼是怎么惹上"乌台诗案"的？

1079年，苏轼由徐州知州改任湖州知州。到达湖州任职后不久，监察御史何正臣首先向他发难，弹劾苏轼给宋神宗赵顼的谢恩表是"愚弄朝廷，妄自尊大"。没过几天，另一个御史舒亶又从苏轼所写的诗文中摘出几句话，诬陷他诽谤朝廷、大逆不道。

苏轼在外任官期间，目睹了新法推行过程中出现的许多扰民害民问题，于是就写了一些诗来讽刺这些事，意在希望朝廷重视这些事。其中有一首《王复秀才所居双桧》，写道：

凛然相对敢相欺，直干凌空未要奇。

根到九泉无曲处，世间唯有蛰龙知。

这首诗主要是描写两株桧树"凛然相对"，"直干凌空"，树根深入九泉，挺拔无曲的雄姿，借以抒发自己耿直不屈的性情，却被随意曲解，说皇帝是飞龙在天，而苏轼却向地下的蛰龙寻求相知，有对皇帝不恭之意。于是朝廷派人前往湖州逮捕苏轼，押赴京都，关入御史台监狱。御史台又称乌台，因此这个案子被称为"乌台诗案"。

哪位皇帝为"教主道君皇帝"？

宋徽宗是一个颇有才学的皇帝，他琴棋书画无所不通，诗词歌赋颇有建树。但是，他也像历史上的许多帝王一样，仰慕神仙，渴求长生，崇奉道教。他对道教的崇奉，可以说是付出了一片真心。在位期间，他赐封三十代天师张继先为虚静先生，向全国道观颁发《金篆灵宝道场仪范》，派道士赴高句丽宣道并向天下征求道教仙经等。1117年，宋徽宗自称为"教主道君皇帝"。

"花石纲"与方腊起义有什么关系？

北宋"花石纲"把东南一带闹得昏天黑地。官员朱勔（1075～1126年），宋苏州（今属江苏）人，设立应奉局，为宋徽宗搜刮奇珍异宝。睦州青溪（今浙江淳县）处所，出产各种花石竹木，朱勔常常派差人到那里，搜取花石。当地有个人叫方腊，家里有个漆园。方腊平时靠这个园里的出产，日子勉强过得去。自从朱勔办了花石纲以后，方腊家也遭到勒索。方腊恨透那些官府差役，就举起"杀朱勔"的旗帜，动员起义。方腊当起义军的统帅，自称"圣公"。将士们戴着各色头巾，作为标记。恼怒的起义将士，杀死那里的官吏，焚烧他们的住宅。

宋徽宗派童贯去镇压起义，童贯知道花石纲引起的民愤太大，立刻用宋徽宗的名义下了一道诏书，承认过错，并且撤销了专办花石纲的"应奉局"，把朱勔免职，从而平息了方腊起义。

为什么王彦的部下要在面孔上刺字？

在皮肤上刺字或是花纹，被叫作文身，是我国古老的文化风俗。

通常人文身，大致有三种情形：一种是为了好看。另外一种是被迫在面上刺的字。像宋朝犯人流放，都要在脸上刺明发配的军州，称作"金印"。还有一种，表示信仰和志愿，比如岳母刺字。

就在岳母刺字的同一时期，有一名抗金将领王彦，竟然同他率领的全军战士一起，在面颊上刻了"赤心报国，誓杀金贼"八个小字，表示他们同金人势不两立的战斗决心。

因此这支军队又称"八字军"。

哪位抗金名将临终连呼"渡河"？

宗泽（1060～1128年），字汝霖，婺州义乌（今浙江义乌市）人。中国北宋年间著名军事家、政治家，抗金名将。

南宋建炎元年（1127年）七月至南宋建炎二年（1128年）五月，在不到一年的时间里，宗泽接连上了24封《乞回銮疏》，这就是历史上著名的"乞回銮二十四疏"，要求北伐抗金。宋高宗赵构不但不采纳，反而"信而见疑，忠而见谤"，派侍卫马军都指挥使郭荀为东京副留守，就近监视宗泽，阻止进兵渡河抗金计划的实施。南宋建炎二年（1128年）七月十二日，宗泽在弥留之际，念念不忘北伐，最后连呼三声"渡河！渡河！渡河！"后去世。墓前石牌刻"大宋濒危撑一柱，英雄垂死尚三呼"是宗泽的一生写照。

什么叫"靖康之变"？

"靖康之变"发生于北宋皇帝宋钦宗靖康年间（1126~1127年）。

1120年，宋金结成海上之盟，协议金攻辽中京，而宋攻辽燕京，事成之后，燕云十六州归宋，其余国土归金。但宋军两次进攻辽燕京皆未果，最终由金军攻下燕京。后来金兵攻破辽中京，天祚帝被俘，辽灭亡。宋廷要求金人履行盟约，金人反指宋人没有履行攻打燕京的盟约。宋廷则用岁币将燕云十六州买回。1123年七月，前辽将领、金平州（今河北卢龙）留守张觉以平州降宋，金人以私纳叛金降将为由攻宋。

靖康二年（1127年）四月，金军攻破东京（今河南开封），在城内搜刮数日，掳徽宗、钦宗二帝和后妃、皇子、宗室、贵卿等数千人后北撤，东京城中公私积蓄为之一空，北宋灭亡。这就是"靖康之变"的始末。

宋徽宗是如何惨死的？

宋徽宗与宋钦宗被劫持到北方以后，金人举行了献俘仪式，命令二帝及其后妃、宗室、诸王、驸马、公主都穿上金的百姓穿的服装，头缠帕头，身披羊裘，袒露上体，到金朝阿骨打庙去行"牵羊礼"。金人还为两位皇帝起了侮辱性封号，称徽宗为"昏德公"，称钦宗为"重昏侯"。

两位皇帝先被关押在五国城。因为受不了金人的折磨，一日徽宗将衣服剪成条，结成绳准备悬梁自尽，被钦宗抱下来，父子俩抱头痛哭。后金人又将二帝移往均州，此时徽宗已病入膏肓，很快就死了。之后，徽宗的尸体被架到一个石坑上焚烧，烧到半焦烂时，用水浇灭火，将尸体扔到坑中。据说，这样做可以使坑里的水做灯油。钦宗悲伤至极，也要跳入坑中，但被金兵拉住，说活人跳入坑中后坑中的水就不能做灯油用了。所以，不准钦宗跳入坑中。徽宗死时54岁。徽宗死后，钦宗继续遭受折磨，最后也惨死在北方。

金太宗立谁为大齐皇帝？

天会六年（1128年）冬天，金朝大将挞懒率大军包围了济南城。宋济南城知府刘豫大开城门迎接挞懒进城，作为回报，金太宗任命刘豫为淮南安抚使、东平府知府兼诸路马步军都总管，封刘豫的大儿子刘麟为济南知府。

金太宗为收买中原人心，天会五年（1127年）曾立宋降臣张邦昌为大楚皇帝作为金的"儿皇帝"。不久，张邦昌就被赵构派人杀死了。天会八年（1130年），金太宗召集群臣计议，准备再立一个汉人傀儡皇帝。刘豫打听到金太宗欲立傀儡皇帝的消息后，赶紧派大儿子刘麟带上金银珠宝去贿赂挞懒、粘罕，要他们推荐自己做傀儡皇帝。挞懒、粘罕也想拉拢刘豫，就在金太宗面前极力举荐刘豫做皇帝，金太宗同意了，就下诏立刘豫为大齐皇帝。

韩世忠在什么地方大败金军？

韩世忠（1089～1151年），字良臣，陕西延安人，是南宋与岳飞齐名的抗金英雄。

建炎三年（1129年），宋、金两军在江上会战多次。每次会战，金军虽死命攻打，但始终无法通过宋军的江上封锁线。兀术派使者表示将掠夺财物全部奉还，请求假道过江。又想把名马献给韩世忠，买条生路，都被韩世忠严词拒绝。

兀术无计可施，急率残兵败将退驻黄天荡（在今江苏江宁县东北80里），并要求与韩世忠直接对话，请求借道。韩世忠回答道："只要肯把掳去的徽、钦二帝送回，同时归还侵占大宋的全部土地，我就可以放你一条生路。"两军开战，金军大败，兀术用火箭烧宋军战船，才得以北逃。黄天荡之战，韩世忠因有功拜检校少师、武成感德节度使和神武左军都统制。

岳飞是怎样抗金的？

绍兴十年（1140年）七月初八，金兀术率部在郾城与岳家军对阵，岳飞令其子岳云率轻骑攻入敌阵。金军出动重铠骑兵"铁浮屠"做正面进攻，另以骑兵为左右翼，号称"拐子马"配合作战。岳飞遣背嵬亲军和游奕军迎战，并派步兵持麻扎刀、大斧等，上砍敌兵，下砍马足，杀伤大量金兵，使其重骑兵不能发挥所长。双方从下午激战到天黑，金军大败。郾城之战是宋金双方精锐部队之间的一次大决战，宋军以少胜多，给金军以沉重打击。

这时黄河南北许多坚持斗争的义兵，都打着岳家军的旗号响应岳飞的北伐，其他各路宋兵也转入局部反击。抗金斗争呈现一派蓬勃发展的大好形势，当时，岳飞喜极，对其部下说："直抵黄龙府，与诸君痛饮尔！"金军中流传有"撼山易，撼岳家军难"的话。

岳飞抗金为什么会失败？

岳飞根据中原战场的大好形势，向高宗上书提出宋军全线进攻金军、渡河以光复失地的要求，然而宋高宗所求的只是抵挡住金军的进一步南侵，能保住半壁江山，成为金的属国就已心满意足了。所以不仅不同意岳

飞的要求，反而急忙下令各路宋军班师，使岳家军处于孤军无援的状况，接着又连发12道金牌，强令岳飞退兵，岳飞悲愤惋惜地说"十年之功，废于一旦"，最后无可奈何地下令班师。班师路上，民遮马痛哭，哭声震野。岳飞北伐的巨大成果，就这样让宋高宗、秦桧拱手送给了金朝。

召回岳飞的12道金牌是什么东西？

南宋抗金英雄岳飞在抗金节节胜利之际，宋高宗于绍兴十一年（1141年）在秦桧的挑唆下，一日内连发12道金牌，将在前线作战的岳飞召回临安。

一直以来，很多人认为这"十二道金牌"是朝廷调兵遣将的将令，是奸臣杀害岳飞的传令牌！其实不然。这种"金牌"是一种以最快速度传递邮件的特殊标志，是宋代多种通信证件的一种。该金牌制度始于宋元丰六年（1083年），金牌是用木头做成条状，长约一尺，周身涂满朱红油漆，上面篆刻着"御前文字，不得入铺"八个黄金"警"字。这里的"御前文字"，是指从朝廷皇帝身边传来的公文、信件；"不得入铺"是指传递邮件时，驿吏不得在驿站内交接，而只能在马背上依次传递。可见，这种"金牌"与我们现在用的"特快专递"标志差不多。

《满江红》是否为岳飞的托名之作？

一直以来，人们都认为《满江红》这首词的作者是宋代的抗金将领岳飞，很少有人对此表示怀疑。

但据著名词学家夏承焘考证，《满江红》词的作者是明朝的王越。因为这首词刻在杭州岳庙中的时候正是明朝打败鞑靼五六年之后，而这次战争的指挥者是王越，王越是进士及第，能作诗填词，颇富文采。也只有明朝王越统兵打仗之时，才有争夺贺兰山之事。夏承焘指出，《满江红》这首词是王越激于爱明朝之热情而托名岳飞之作，在历史上起过积极的作用，不能与一般的伪诗文等量齐

观。孙述宇说得好："即使不是岳飞所作，《满江红》也仍值得流传下去。"而其所以托名岳飞，正显得岳飞声名之隆，欲使词以人传也。

宋高宗为什么一定要置岳飞于死地？

宋朝自太祖赵匡胤开国以来，素有不轻易杀戮大臣的传统，传位到宋高宗赵构，尽管他懦弱，但也基本上继承了开国祖先的这一优良传统，所以在解除诸将兵权后，宋高宗并没有实行"鸟尽弓藏，卸磨杀驴"的政策，而是高官厚禄地将许多有功之臣"束之高阁"。可是，为什么对立下汗马功劳、为朝廷建功立业的名将岳飞，却毫不手软地要置于死地呢？其根本原因还是由于岳飞的实力实在太强大了，已经成了高宗最为猜忌和防范的"重点人物"。与其整日提心吊胆地防着，还不如杀之以解心中的担忧，于是宋高宗对岳飞痛下杀手。

"绍兴和议"的具体内容是什么？

"绍兴和议"是南宋与金订立的和约。绍兴十一年（1141 年）十月，宋高宗派魏良臣为禀议使赴金。十一月，金以萧毅、邢具瞻为审议使，提出和议条件。

和约内容是：第一，宋向金称臣，"世世子孙，谨守臣节"，金册宋康王赵构为皇帝。第二，划定疆界，东以淮河中流为界，西以大散关（陕西宝鸡西南）为界，以南属宋，以北属金。宋割唐（今河南唐河）、邓（今河南邓州市）二州及商（今陕西商县）、秦（今甘肃天水）二州之大半予金。第三，宋每年向金纳贡银、绢各二十五万两、匹，自绍兴十二年（1142 年）开始，每年春季搬送至泗州交纳。

完颜亮渡江南侵的计划为什么会破产？

绍兴三十一年（1161 年）四月，完颜亮发动非正义的侵宋战争，遭到金统治区各族人民的强烈反对。金宗室完颜雍乘机夺取政权，是为金世宗。完颜亮得知这一消息之后，加速了南侵的步伐，并决定于十一月初八日从采石（今安徽当涂北）渡江。

中书舍人虞允文任参谋军事，他召集诸将会议，说以忠义，鼓舞士气，决心一战。两军交战后，宋水军多踏车海鳅船，大而灵活，而金军船只底平面积小，极不稳便，宋船乘势冲击，金兵大败。完颜亮见渡江失败，只得退回和州，接着逃往扬州。其他几路金军也被宋军打退，完颜亮不禁大怒，于是命令金军 3 天内全部渡江南侵，否则处死，这就促使其内部矛盾激化。十一月下旬，完颜元宜率军杀死完颜亮。

钓鱼城之战有何重要影响？

宋理宗嘉熙四年（1240 年），四川制置副使彭大雅为了抗击蒙古军，派甘闰于合州（今重庆合川）东十里钓鱼山上筑寨。宝祐二年（1254 年）王坚任合州守将，大规模修城设防，钓鱼城成为十数万人的军事重镇。

六年，蒙哥汗率主力入四川，攻占许多地方，钓鱼城却巍然屹立，成为阻击蒙古军的坚强堡垒。开庆元年（1259 年）二月，蒙哥进驻石子山，亲自督阵攻城，但均被击退。接着，蒙哥被击伤，七月二十一日死于军中，蒙古军被迫撤围。

蒙哥汗在钓鱼城下的败亡，其影响是十分巨大的。首先，它导致蒙古帝国这场灭宋战争的全面瓦解，使宋祚得以延续 20 年之久。其次，它使蒙古帝国的第三次西征行动停滞下来，缓解了蒙古帝国对欧、亚、非等国的威胁。其三，它为忽必烈执掌蒙古政权提供了契机，对中国历史发展产生了重大影响。总之，钓鱼城作为山城防御体系的典型代表，在冷兵器时代，充分显示了其防御作用，成为蒙古军队难以攻克的堡垒。

历史上真实的杨家将有多厉害？

杨家将所处的时代是一个战争频繁，多灾多难的时代。在那个历史时期，杨家几代英勇奋战，保卫了宋王朝的安全，使"契丹畏之，望见业旌旗即引去"。因此杨家将成为历代人民传颂的英雄。

第一代，老令公杨业。

杨业原是北汉名将，北汉灭亡以后，他归降北宋。宋太宗素知其威名，授予他左领军大将军、郑州防御使，命他防范辽。

雍熙三年（986年），宋太宗派出三路大军征讨辽，其中潘美为西路军主将，杨业为副将。起初各路进展顺利，杨业一路夺取了辽的寰、朔、云、应四州，但主力军中路曹彬失利。宋太宗命令各路人马班师，后又命潘美等率领大军将收复四州的民众迁移到内地。当时，杨业和潘美做了约定，让潘美在要道陈家谷部署步兵强弩接应。杨业力战数日，转战到陈家谷，没有看到接应的人马，再率领部下力战。杨业身受几十处伤，最后为辽军生擒。杨业的长子杨延玉，以及部将王贵、贺怀浦全都力战而死。杨业被擒不屈，绝食三日而死。

第二代，杨六郎。

杨家将第二代的代表人物是杨业的儿子杨延昭。杨延昭本名杨延郎，后改名杨延昭。

宋代武士图

景德元年（1004年），宋真宗将杨延昭的兵马增加到上万人，如辽进犯，就屯驻静戎军之东，并许他见机行事，不听都部署王超的指挥。澶州之役，杨延昭是反对议和的。他自己率领人马进入辽境内，攻破古城，取得不小的战果。杨延昭因为守边的功劳，屡次升迁。景德二年（1005年），杨延昭被授予高阳关副都部署。杨延昭在大中祥符七年（1014年），卒于任上，终年57岁。宋真宗听到这个消息，极为悲痛，派使者护灵而归，河朔百姓，多望枢而泣，为之落泪。杨延昭镇守边防二十几年，辽对他非常敬畏，称他为杨六郎。

第三代，杨文广。

杨文广是杨延昭的第三个儿子。杨文广曾与安抚陕西的范仲淹相遇，范仲淹发现杨文广很有才能，就把他带在身边。狄青南征，杨文广随军从征。治平年间，选拔宿卫将领，宋英宗以为杨文广是名将之后，提拔杨文广为成州团练使。他由此参加了对西夏的防御作战。杨文广在战役中斩获很多西夏兵，皇帝下诏嘉奖，并任命他知泾州镇戎军、定州路副总管，迁步军都虞候。辽与宋朝在代州的边界划分上发生争执，杨文广向朝廷献上阵图以及攻取幽燕的策略，还没有等到朝廷上的回音，杨文广就死于任上，北宋朝廷追赠他同州观察使。

谢枋得为何绝食而死？

元朝统治者在消灭南宋主要的抵抗力量以后，开始改变政策，用笼络、收买的手段，征召南宋的旧臣为己所用。当时在元朝政府里担任集贤学士的程钜夫，向朝廷举荐了22个人，谢枋得被列为第一名。谢枋得知道以后，坚决地拒绝了。

魏天佑下令绑架了谢枋得，派人押送到大都去，想以此来为自己邀功。到了大都以后，谢枋得被安置在悯忠寺休养。悯忠寺是一所纪念历代忠臣义士的寺院，墙上镶嵌着许多石碑。谢枋得住的那间屋子里，墙上镶有一块纪念曹娥的碑。曹娥是东汉时候的一个孝女，她为了搭救划龙船失足落水的父亲，自己也淹死在江里。谢枋得看了这块碑以后，痛哭流涕地说："一个年轻的女子尚能为父尽孝，我怎能不为国殉难呢？"从此，他开始绝食。

5 天以后，谢枋得终于以死殉宋，时年64 岁。

宋代的海上贸易为何发达？

宋代海上贸易同唐、明二代相比，显著的不同之处是有官方的支持鼓励。宋朝海上贸易范围较前代扩大，大概与指南针的应用有关，此外与阿拉伯人对南欧、北非一些地区的征服也有重要联系。

宋朝人把阿拉伯帝国称为大食国，蒲寿庚，就是大食人的后裔。在宋朝末年，蒲氏父子协助政府剿灭海盗立了大功，蒲寿晟曾被授予知州的官。蒲寿庚也做了官，后来被任命为泉州招抚使、提举泉州市舶司。宋朝灭亡以后，一些宋朝臣民不甘亡国，陆秀夫、张世杰等立景炎帝，坚持抗元。后来张世杰要扩编军队，不分青红皂白地把泉州的大批海船强征为军舰，并强取泉州财货以充军费。此举大大损害了蒲氏家族的利益，蒲寿庚于是叛变，杀死忠于宋朝的人，不久之后正式投降元朝。

以茶易马是怎么回事？

从宋朝的战争史能发现宋军在装备上存在着一个很大的欠缺，便是战马过少。这是因为马性喜寒恶热，宋朝统治区内大抵不产马，少数地区所产的马又不适合军用。无奈之下，只好向境外买。辽夏金蒙古元同宋处于敌对状态，自然不会卖好马给宋朝。宋朝只好打西部少数民族的主意。于是在西部边境地带设置了买马机构，召诱西蕃、回纥、大理等国的人前来卖马。

买这么多马匹，就要支付巨额的费用。政府不愿铜钱外流，而西部少数民族似乎也不乐意要铜钱，于是双方议定，宋以茶、锦（包括小量其他种类丝织品）、盐和白银支偿马价。四者中以茶、锦为大宗，故此因马而起的贸易史称"茶马贸易"。

宋代妇女的地位是历朝中最低的吗？

谈到古代制度对中国妇女的摧残，人们往往想到"饿死事小，失节事大""人道莫大于三纲，而夫妇为之首"等说教，这些说教的制造者都是宋朝的理学家。妇女的缠足，萌生于五代，推广于两宋。由此人们便推想，宋代的妇女地位，必定是中国历史上各朝代中最低下的。然而实际情况并非如此。

人们对宋代妇女社会地位的新认识，来源于宋代史料中对当时妇女改嫁现象的大量记述。例如范仲淹的母亲谢氏、杜衍（仁宗时宰相）的母亲、王安石的儿媳庞氏、神宗朱皇后的母亲等都曾改嫁，并且最早提出"饿死事极小，失节事极大"的程颢，当他的亲侄媳妇王氏和他的外甥女丧夫后，先后改嫁，他都未加反对。显然，尽管宋代有理学家们大肆提倡女子的贞节，但并未被整个社会所接受。由此可以说明，宋代男女两性的社会地位虽然仍存在着不平等，但妇女的地位并非是历朝中最低的。

什么是"占城稻"？

占城稻又称早禾或占禾，属于早籼稻。占城稻是出产于中南半岛的高产、早熟、耐旱的稻种，占城稻以其原产地位于今越南中南部的占城为名，北宋初年首先传入我国福建地区。根据我国古书记载，占城稻有很多特点。一是耐旱。二是适应性强，不择地而生。三是生长期短，自种至收仅五十余日。1011年，宋真宗因江淮、两浙地区遇旱少水，遣使到福建取占城稻，多达三万斛，分别在长江、淮河以及两浙地区推广。

景德镇是怎样得名的？

在宋代之前，景德镇曾有过好几个名称：新平镇、昌南镇和陶阳镇。

到宋代，南北名窑林立，突出的有汝、官、哥、钧、定五大名窑。当时景德镇瓷业生产也进入一个崭新时期，这里的瓷器"土白壤而填，质薄腻，色滋润"。

真宗时期景德年间（1004～1007年），皇帝赵恒派人到景德镇，为皇家制造御用瓷器，底书"景德年制"四字。由于"其器光致茂美，当时则效著行海内，于是天下咸称景德镇瓷器，而昌南之名遂微"。从此以后，这里因此得名"景德镇"，名称沿用至今，已千余年。

怎样看待宋朝的太学生上书？

宋朝前期太学生干预政事较少，因为太学生数量少，又分散。宋神宗时扩大太学规模，行三舍制，太学生人数由数百激增至二千四百，太学生干政便有了基础。最早见于记载的是大臣苏颂的儿子太学生苏嘉借策问之机抨击新法，此事引起王安石的极大不安。

北宋末年著名学生领袖陈东领导了一次规模空前的上书活动。北宋末年，金兵入侵，钦宗即位后，陈东率太学生数百人上书要求惩治奸臣蔡京等人。不久，宋钦宗为讨好金军竟罢了抗战派大臣李纲的宰相职务。陈东连夜写好书状，又率太学生伏阙请愿。百姓、士兵纷纷加入请愿队伍，竟达10万人以上。钦宗被迫重新起用李纲。

南宋太学生干政比北宋更加经常化，几乎每次大的政治风波都有太学生介入其间，卷入者的人数也颇可观。当然，太学生干政，并不是只有利没有弊，只有功没有过的。宋人罗大经就讲过，太学生们要做"无官御史台"，必须首先生活上较为清苦，这样才敢能"言侍从之所不敢言，攻台谏之所不敢攻"，表现出高风亮节。不过就当时太学生的构成而言，富贵人家子弟占有相当比例，热衷于高官厚禄者为数颇多，太学生队伍中个别受人贿赂褒贬不公者有之，见风使舵者更是屡见不鲜。

有些执政大臣也看出太学生的弱点，学会了利用太学生左右舆论，最突出的是两个

奸相秦桧和贾似道。但太学生被奸臣引入歧路，毕竟只是支流。纵观两宋太学生干政，总还是功多于过的。

钱镠为什么被誉为"不睡龙"？

钱镠是吴越国的缔造者。因其立国之后，励精图治，宵衣旰食，亲政勤政，四十年如一日苦心经营两浙（即浙东、浙西，包括今无锡以东的江苏南部、上海市和浙江全部），而被时人誉为"不睡龙"。

钱镠自知吴越国力薄弱，称王之后从不敢高枕无忧，总是想方设法发愤图强。他自从吴越国建立之日起，夜间就很少更衣大睡，如果实在困倦，则先整理好衣甲，然后头枕圆木或大铃小憩，一旦睡熟圆木或大铃移动，便会自觉醒来。他特别欣赏自己的这种发明，故将圆木或大铃命名"警枕"。他又命令身边侍女，每晚按照更次轮流值班，遇有臣下奏报，及时振铃送达。为了防范侍卫夜间贪睡失职，钱镠还常向楼墙之外发射弹丸，以期他们提高警惕。

钱镠治国严格依法，赏罚分明。平日，钱镠生活节俭自励，宫人为他缝制衣服衾被，只准用麻布为面料，严禁动用丝绸；除了因公设宴，食具均用瓷器、漆器。

钱镠执政期间，还注意礼贤下士，笼络民心。他曾把自己勤政的处所命名为"握发殿"，旨在仿效周公"一沐三握发，一饭三吐哺"，指为招贤而忙碌之意。又设置"择能院"，专司选贤任能之事。钱镠在位期间，始终热心兴修水利，劝课农桑，为两浙的安定繁荣做出了积极的贡献。最为人们称道的是，他主持修筑了捍海石塘，惠及乡园，流芳百世。

什么是绍熙内禅？

绍熙内禅，也称宋光宗内禅，是指宋光宗赵惇在绍熙五年（1194年）被迫禅位给儿子赵扩的一起历史事件。

宋光宗在淳熙十六年（1189年）二月即位，第二年改元绍熙。光宗患病，无法主持

朝政，李皇后擅政，搬弄是非，使光宗与其父太上皇（宋孝宗）长期失和。绍熙五年（1194年）六月九日，太上皇卒，光宗始终未去重华宫问疾，也不执丧，朝中骚动。赵汝愚通过知阁门事韩侂胄将内禅之意向太皇太后请示。次日，赵汝愚请立嘉王为太子，并且说到光宗批有"念欲退闲"，于是太皇太后应允。七月五日，太皇太后命赵汝愚以旨谕嘉王赵扩即位，是为宋宁宗。

为什么会爆发"庆元党禁"？

庆元元年（1195年）二月，韩侂胄使谏官奏赵汝愚以宗室居相位不利于社稷，赵扩就贬赵汝愚至永州（今属湖南），后赵汝愚死于贬所。韩侂胄当政，凡与他意见不合者都被称为"道学之人"，后又斥道学为"伪学"，禁毁理学家的《语录》一类书籍。

科举考试中，凡涉义理之学者，一律不予录取。《六经》《论语》《孟子》《中庸》《大学》之书为大禁。不久赵扩下诏，订立伪学逆党籍。名列党籍者都受到了不同程度的处罚，凡与他们有关系的人，也都不许担任官职或参加科举考试。从这年开始的所谓禁伪学前后历时6年之久，史称"庆元党禁"。

谁发动了"开禧北伐"？

宋宁宗时，韩侂胄掌大权，力主抗金，得到著名的抗战派辛弃疾、陆游、叶适等人的支持。宋宁宗对南宋的屈辱地位不满，也支持韩侂胄的抗金政策。

开禧二年（1206年），身任平章军国事的韩侂胄未做充分准备，便贸然发动北伐。宋军纷纷出击，山东京东招抚使郭倪派兵攻宿州（今属安徽），建康府（今江苏南京）都统制李爽率部攻寿州（今安徽凤台）等。然金军方面早有准备，故上述宋军进攻皆以失败告终。四川宣抚使吴曦叛宋降金，割让关外四郡，金封吴曦为蜀王。面临这种不利局势，韩侂胄只好向金朝求和，但因金人提出要斩韩侂胄等人而未果。

南宋最后一位皇帝是怎么死的？

赵昺（1272～1279年），是南宋最后一位皇帝，在位2年，享年8岁。

赵昺是宋端宗幼子，曾被封为信国公、广王、卫王等。1278年，端宗因落水而染疾去世，赵昺继位做了皇帝，改元祥兴。他在位时，以崖山（今广东新会崖门）为据点，拜张世杰、陆秀夫为左右宰相，并起用张世杰抗元，陆秀夫整顿内政。但南宋最终还是于1279年3月在崖山海战中被元军大败，全军覆灭。陆秀夫遂背时年8岁的赵昺跳海而死，张世杰、杨太妃等人也相继投水而亡。南宋最后一位皇帝死去，宋王朝灭亡。

歼灭金军主力的是宋朝军队吗？

历史界传统的观点认为，三峰山之战后，金的主力已经不复存在，事实究竟是不是这样呢？武仙率领的10万金军虽然在其后与蒙古军的作战中也受了一些挫折，但实力并没有受损，直到"金天兴二年正月，仙阅兵，选锋尚十万"。

真正全部歼灭在三峰山之战中漏网的10万金军的是什么部队呢？答案就是宋将孟珙的部队。史载孟珙曾多次击败武仙，迫使武仙"易服而遁"。孟珙最后"降其众七万人，获甲兵无算"，7万人只是投降的数目，并不包括歼灭的人数在内。由此可知，武仙部在孟珙的打击下已经全军覆灭了，这是发生在宋朝绍定六年（1233年）的事。

宋代的五大名窑是什么？

原始瓷器起源于3000多年前，至宋代时，名瓷名窑已遍及大半个中国，是瓷业最为繁荣的时期。当时的汝窑、官窑、哥窑、钧窑和定窑并称为宋代五大名窑。

定窑：定窑为宋代"五大名窑"之一，为民窑。窑址分布于今河北曲阳县磁涧、燕川以及灵山诸村镇，这里唐代属定州，故称为定窑。

钧窑：钧窑分官钧窑、民钧窑。钧窑广泛分布于今河南禹县（时称钧州），故名钧窑，以县城内的八卦洞窑和钧合窑最有名，烧制各种皇室用瓷。

官窑：官窑是宋徽宗政和年间在京师汴梁建造的，窑址至今没有发现。

哥窑：哥窑是宋代南方五大名窑之一，确切窑场至今尚没有发现。

汝窑：汝窑是北宋后期的宋徽宗年间建立的官窑，前后不足 20 年。窑址在河南汝州（一说在河南宝丰清凉寺），因此而得名。

民间医生为何被称为铃医？

铃医古代已有，宋元时盛行。铃医，亦称"走乡医""串医"或"走乡药郎"，指游走江湖的民间医生。他们有的肩挑药囊，悬挂葫芦；有的肩背药箱，手摇铜铃、串铃或弹拍竹鼓；有的铃医还慢步呼喊治病用药，介绍药物用法及疗效。铃医奔走于乡间，栖宿于寺庙，医治民众疴疾，始终恪守着"扬仁义之德，怀济世之志"之教诲，求取薄利，屡化沉疴恶疾，深受群众信赖。

扁鹊、华佗等名医都是铃医。

唐宋八大家是指哪几人？

在唐贞元、元和时期，韩柳崛起，掀起古文运动，使得唐代的散文发展到极盛，一时古文作家如雨后春笋般涌现，形成了"辞人咳唾，皆成珠玉"的高潮局势。韩愈、柳宗元是唐代古文运动的领袖，欧阳修是宋代古文运动的领袖，三苏等五人是宋代古文运动的核心人物。他们先后掀起的古文革新浪潮，将古代散文史的水面搅了个天翻地覆，使得散文发展的陈旧面貌焕然一新，史称八人为"唐宋八大家"。

韩愈（768～824年），唐代文学家、哲学家。字退之。河南河阳（今孟州市）人，祖籍昌黎，世称韩昌黎，谥号"文"，又称韩文公，北魏贵族后裔，父仲卿，为小官僚。

柳宗元（773～819年），唐代文学家、哲学家。字子厚。河东（今山西永济）人。世称柳河东。因官终柳州刺史，又称柳柳州，与韩愈同为唐代古文运动的倡导者。

欧阳修（1007～1072年），北宋文学家、史学家。字永叔，号醉翁、六一居士，吉州吉水（今属江西）人。

苏洵（1009～1066年），北宋散文家。与其子苏轼、苏辙合称三苏，均被列入唐宋八大家。字明允，号老泉。眉州眉山（今属四川）人。

苏轼（1037～1101年），北宋文学家、书画家。字子瞻，号东坡居士，眉州眉山（今属四川）人。

苏辙（1039～1112年），北宋时眉山（今四川省眉山市，位成都市西南）人。字子由，号颍滨遗老。

曾巩（1019～1083年），宋代散文家。字子固，建昌军南丰（今属江西）人。世称南丰先生。

王安石（1021～1086年），字介甫，晚年号半山，小字獾郎，封荆国公，世人又称王荆公。北宋临川人（今江西省抚州市东乡区上池村），汉族。北宋杰出的政治家、思想家、文学家和改革家。

辽 代

什么是契丹八部？

《契丹国志》中记载了一则传说，契丹人的祖先是一位骑白马的男子和一位乘小车驾灰色牛的妇人，这两个人在木叶山面对河水结为夫妇，生了八个儿子，就是后来的八个部落。

从《魏书·契丹传》的记载中可以得知，契丹八部最早的名称是：悉万丹部、何大何部、伏弗郁部、羽陵部、日连部、匹黎尔部、吐六于部、羽真侯部。这八个部族曾分别向北魏王朝贡献名马和兽皮，以求在边境地区换取其他的生活必需品。人们逐水草而居，繁衍人口，虽谈不上锦绣绫罗，倒也丰衣足食，怡然自乐。后来，遥辇氏的阻午可汗改组了原有的契丹八部，分为新的八部，称为迭剌部、乙室部、品部、楮特部、乌隗部、突吕不部、涅剌部、突举部。

契丹族是怎样建立辽的？

五代时，耶律阿保机被选为部落联盟首领，统一了契丹各部。他控制了邻近的女真、室韦等部族，使势力日益拓展。公元916年，阿保机仿汉人之王朝体制，称帝建国，建立年号。他的国号就叫契丹（916～947年），首都定于皇都（今内蒙古巴林左旗南波罗城），后改称上京。公元947年，耶律德光把契丹的国号改为辽（947～1125年，983～1066年间曾一度重称为契丹），是为辽太宗（927～947年在位），其京城仍定在上京。

耶律阿保机采取了哪些新举措？

建国后，耶律阿保机着手制定新制度。

第一，参照汉族的政治模式，建立起新的国家机构。

第二，彻底废除部落世选制，确立皇位世袭。

第三，健全法制，制定契丹第一部法典《决狱法》。

第四，组织人力创制契丹文字。本着"因俗而治，得其宜"的原则，制定民族政策。

第五，中央官制分南北，"（北面）以国制治契丹，（南面）以汉制待汉人"。

第六，大力吸收汉文化，仿唐代长安，修建皇都，即后来的辽上京；兴建孔庙、佛寺、道观等。

耶律阿保机通汉语，任用韩知古、韩延徽、康默记等有才学的汉人为谋士，并采纳韩延徽的建策，置州县，立城郭，定赋税，模仿汉地的制度来管理在战争中俘掠的大量汉人。从此，契丹在奴隶制成分仍占重要比重的情况下，封建制成分得以迅速发展。

耶律休哥为什么被称为辽的"于越"？

耶律休哥（938～998年），字逊宁，契丹人，辽名将。

乾亨二年（980年）冬，辽景宗耶律贤亲自出征，包围了瓦桥关（在今河北雄县）。宋军前来援救，瓦桥关守将张师率兵突围，耶律贤亲自督战，休哥斩杀了张师，余下的宋兵又逃回关里。宋军在河水南面摆开阵势。休哥率领精锐骑兵渡河，一举击败了宋军，一直追到莫州。战斗中，尸首堆满了道路，箭也用光了，休哥还生擒了宋军几员战将进献耶律贤。耶律贤十分高兴，并慰劳他说："你的勇猛超过了你的名声，假若人人都像你一样，还担忧攻无不克吗？"于是回师后，便授予他"于越"的称号。什么是"于越"呢？

这是辽代位高权重的官职，礼绝百僚，为群臣之首，辽代九帝210年也只有10位功盖天下的名臣受封为"于越"。

正史中的萧太后是个怎样的人？

萧太后（953～1009年），名绰，小字燕燕。是辽景宗耶律贤的皇后，被称为"承天太后"，辽史上著名的女政治家、军事家。历史上的萧太后是一个清正贤良、深明大义，为辽的发展做出了重大贡献的女功臣。

乾亨四年（982年）九月，辽圣宗即位，萧燕燕被尊为皇太后，摄政。萧燕燕虚心诚恳，用人不疑。她执法严明，毫不软弱，甚至"亲御戎车，指挥三军，赏罚信明，将士用命"。把北宋部队杀得尸横遍野，生擒名将杨业，几年后又和宋真宗确立"澶渊之盟"，开创了宋辽和平发展时期。萧燕燕在摄政期间，励精图治，选用汉人，开科取士，消除番汉不平等待遇，劝农桑，薄赋徭，内政修明，军备严整，纲纪确立，经济文化高度发展，使辽达到鼎盛。

为什么说耶律曷鲁功列第一？

耶律曷鲁（872～918年），字控温，又字洪稳，是辽太祖耶律阿保机的族兄弟，在阿保机的功臣中位列第一。耶律曷鲁不但有谋略，也很有军事指挥才能，他曾经率领几名骑兵说服小黄室韦部落来归附，壮大了自己部落的力量，在对外征战乌古等部落时，耶律曷鲁屡建战功。

公元903年，契丹族的于越被反对派杀死，阿保机的处境也很危险，耶律曷鲁便不离左右地保护他，以防意外。公元907年，痕德堇可汗病故，阿保机的部下们都一致推举他做联盟的可汗，耶律曷鲁便是这些人的中坚，最为积极。他想尽各种办法，终于让阿保机当上了可汗。在阿保机四处征战和称帝建国的过程中，耶律曷鲁的作用是其他人难以代替的。

为什么说述律后权欲熏心？

述律氏（879～953年），汉字名平，小字月里朵，属归附契丹的回鹘人。述律氏当上皇后之后，几次想把持朝政，是个权欲熏心的女人。

公元916年阿保机登坛祭天称帝，加尊号为大圣大明天皇帝，述律氏被立为应天大明地皇后，长子耶律倍被立为皇太子。辽太祖死后，述律后欲立耶律德光为帝，但一些契丹贵族认为帝位宜立嫡长子，主张立皇太子耶律倍。述律后遂决定借辽太祖驾崩杀戮政敌，排斥异己，于公元927年十一月立二皇子耶律德光为帝，是为辽太宗，十二月份辽太宗尊述律后为应天皇太后。

太宗死后，太祖大皇子即太子耶律倍之子永康王耶律阮在众臣推举下即位，为辽世宗。

述律后心怀不满，密谋政变，辽世宗发觉后幽禁述律后。被禁后的述律后心情抑郁，于公元953年病逝，享年七十五岁。

耶律倍为什么投后唐？

辽太宗耶律德光是在母后主持之下取代其兄皇太子耶律倍继承皇位的，所以太宗继位后，仍然担心兄长会和自己争夺帝位，于是在即位后便开始着手巩固自己的地位。天显三年（928年），太宗将兄长耶律倍迁到南京居住，实际上是把他软禁起来。

天显五年（930年），太宗册封弟弟耶律李胡为皇太弟，即选定弟弟为继承人，如此一来，耶律倍就更加不可能当上皇帝了。耶律倍回到东丹封国之后，太宗更加强了对兄长的监控。

后唐明宗李嗣源听说了耶律倍的遭遇，便秘密派使节请耶律倍去后唐。耶律倍就对左右侍从说："我把天下让给主上（指二弟辽太宗），如今反而遭受怀疑，不如投奔他国，以成就像吴太伯一样的贤名。"临走时，耶律倍在海边树立一块木牌，上面刻了一首诗："小山压大山，大山全无力。羞见故乡人，从此投外国。"之后，耶律倍逃向后唐。

为什么辽穆宗被称为"睡王"？

辽穆宗在平定叛乱稳定政权之后，觉得帝位已无后顾之忧，于是开始放纵。晚上喝酒作乐，直到第二天早晨，然后白天就大睡其觉，政事全部放在了脑后。因此得了个"睡王"的称号。

穆宗喝了酒之后，动不动就找碴杀人，视人命如草芥。左右侍从稍有过错，就被他亲手杀死，弄得侍从们整天提心吊胆。公元969年2月，辽穆宗来到黑山游猎，半夜时醒来向左右要食物吃，结果没人答应，穆宗大怒，于是要杀做饭的人。这些人很害怕，就连夜起来反抗，共6个人，有近侍，有做饭的厨子，以送饭为掩护，持刀进入穆宗的营帐，杀死了穆宗。穆宗的残暴，对近侍的残忍终于有了恶报。

辽景宗的功绩有哪些？

辽景宗耶律贤（948～982年），字贤宁，公元969年，辽穆宗逝世，耶律贤被推举为帝，尊号天赞皇帝，改元为保宁，是为辽景宗。辽景宗继位后，对辽政进行了大刀阔斧的改革。

第一，汉族官员被辽大量重用主要开始于景宗时期。

景宗即位后，先将拥立他即帝位的汉族官员高勋封为南枢密院使，又加封为秦王。由于对汉官的重用，极大地促进了政权机构的进步和提高了工作效率，也促进了契丹的封建化。从此，辽进入了中兴时期，开始向圣宗的全盛期迈进。

第二，整顿吏治。

为了彻底改变穆宗时期的混乱局面，景宗对吏治进行了改革。在实施过程中，景宗赏罚分明，大胆地用人，即"任人不疑"。这使得百官恪尽职守，丝毫不敢懈怠。穆宗时期的许多弊端很快被清除掉。在君臣的共同努力下，政治开始显现出一派清明气象，国力也随之上升。

什么是辽代五京？

公元917年，游牧于潢水（今内蒙古赤峰市西拉木伦河畔）之滨的契丹民族建立了契丹国。耶律德光继帝位后改国号为"辽"。为巩固疆土，加强统治，辽相继修建了上京临潢府（今赤峰市林东镇）、东京辽阳府（今辽宁辽阳市）、南京析津府（今北京）、中京大定府（今内蒙古宁城县）、西京大同府（今山西大同市），谓之辽代五京。辽代五京，并不是辽代的五个京城，事实上除了上京之外，其他的四个"京"只是陪都，它们的行政地位大致相当于今天的"省会"，所管辖的区域相当于今天的"省"。

什么是辽女"佛妆"？

契丹妇女的化妆与中原大不一样，她们面涂深黄，红眉黑唇，称为"佛妆"或"物妆"。据说其法是冬天用栝萎涂面，然后整个冬天只补妆而不卸妆，直到春暖方才洗去，因久不受风日侵蚀，故卸妆后肤色洁白如玉。所谓栝萎是一种藤生植物，果实又叫黄瓜。这种化妆法看来是一种护肤的美容法，颇似现代的面膜。

投下州是用来干什么的？

投下也作"头下"，是辽的诸王、公主、外戚、大臣以征伐所得俘虏和奴隶建立的"私城"。诸王、公主、国舅可创立州城，其余则为军、县或堡。

投下户主要是战争中俘虏的汉人、奚人和渤海人。后期对外攻伐减少，公主所建投

狩猎图 辽
描绘契丹人在草原上狩猎的情景。

下州多以陪嫁的媵户设置。初期，辽太祖采纳韩延徽的建议，"树城郭，分市里，以居汉人之降者。又为定配偶，教垦艺，以生养之。以故逃亡者少"。这是契丹统治者安抚俘虏和降人的方式，也是投下制产生的背景。它对安抚汉人、渤海人，发展辽的农业、手工业起了很好的作用。

辽朝的"因俗而治"政策是怎样的？

辽太宗的"因俗而治"政策就是"以国制治契丹，以汉制待汉人"。即在契丹人和北方诸族居住地实行他们原有的奴隶制，在南方渤海人和燕云十六州的汉人居住地实行较高形式的封建制度。

为了适应"因俗而治"政策，辽的官制和法律也做出了相应的修改：

第一，辽在中枢官制分为北面官制和南面官制两大系统。北面官制用来管理契丹政事，最高的军政机构一般为北枢密院；南面官制管理汉人事务，最高军政机构一般为南枢密院。

第二，在地方官制上，北面官制采用与奴隶制相适应的部族制。而南面官制则沿袭后唐官制。设州，县。州最高长官称刺史，县称县令。

同样，法律上也是一分为二，对契丹人实行契丹法，对汉人实行原有的汉法。

察割政变是怎么回事？

察割政变是发生在辽前期宫廷内部争夺皇权的军事政变。

应历元年（951年），辽世宗耶律阮亲统辽军南下中原攻周。九月，辽世宗行至归化州（今河北宣化）的祥古山驻跸。担任宿卫的耶律察割（辽太祖弟耶律安端之子）乘机发动政变，与耶律盆都等人攻入辽世宗大帐，杀死辽世宗，自立为帝。右皮室军详稳耶律屋质领兵杀耶律察割，拥立寿安王耶律璟（辽太宗子）即位，是为穆宗。参与政变的耶律盆都等人均被处死。在政变中被耶律察割所杀的还有太后、皇后等人。察割曾执百官家属为人质，以胁迫百官从叛，不果。

契丹族因何消失了？

据记载，大辽和北宋对峙长达160多年，最终灭掉大辽的却是曾经归附于契丹的女真人。女真首领完颜阿骨打在大辽的疆域内攻城略地，并于1115年建立金朝。10年后，完全取代了盛极一时的契丹王朝。一部分幸存的契丹人在皇室成员耶律大石带领下被迫向西迁移，在今天的中国新疆和中亚地区建立了西辽，又称哈剌契丹国。今云南有其后裔。

西 夏

元昊为什么在河湟地区败于吐蕃？

景祐二年（1035 年），唃厮啰内部发生叛乱，元昊乘机出兵进攻宗哥带星岭诸城寨，进围青唐城。经过了几个月的艰苦战斗，安子罗兵渐渐不能支持；元昊军队也因粮草不继、士兵饥饿而死者越来越多只好撤军。大军行至宗哥河，船方半渡河中，安子罗暗使人决水淹元昊军，士卒溺死不计其数。

宗哥河之败使元昊十分恼怒。同年十二月，又亲率大军进至河湟。元昊主动进攻，渡河时，在河水浅的地方插标识为记，作为返军渡河之处。唃厮啰派细作前去侦探，暗中使人把渡河标识移至河水深险处。元昊对唃厮啰的进攻被击败，士兵狼狈争相逃命，到达河边，寻找标识抢先涉水而过，不断误入深水，士兵溺水而死者十有八九，仅留得残兵剩卒保护元昊逃回。

元昊为什么要死命争夺河西走廊？

在黄河以西，祁连山与北山山脉之间，有一条宽百公里或仅数公里的天然长廊，蜿蜒一千多公里，称为河西走廊。它是古代中原王朝西北边防的重地。

早在公元 9 世纪中叶，漠北回鹘汗国灭亡后，一部分回鹘人迁入河西地区，同原来居住在这个地区的回鹘部族建立了回鹘政权，成为河西走廊一股重要的统治势力。夏州党项政权兴起，特别是元昊祖父李继迁都西平之后，党项政权即处于甘州回鹘、吐蕃和宋、辽之间。河西走廊地逼西平，直接威胁着党项政权后方的安全。河西走廊优越的地理位置和自然条件也成为党项政权发展的必争之

地。因此，元昊必然要死命争夺河西走廊。

什么是党项八部？

从南北朝末期到隋代的一段时间里，党项羌也分为八个部族，只是这八部通常仅称为"氏"：细封氏、费听氏、往利氏、颇超氏、野利氏、房当氏、米擒氏、拓跋氏。

党项八部最初居住在今青海东南一带，过着游牧的生活，从隋代开始，逐渐向中原靠拢，到了唐代中期，就已有迁徙到今陕西北部的了。

历史上唯一的状元皇帝是谁？

夏神宗李遵顼是历史上唯一通过科举应试擢为状元的皇帝。李遵顼（1162～1225 年），西夏都城兴庆府（今宁夏银川）人，宗室齐王彦宗子。其祖上原为拓跋氏，唐赐姓李，宋赐姓赵，即帝位后用赵姓，庙号神宗。

李遵顼年少力学，博通群书。桓宗天庆十年（1203 年），廷试第一，之后袭封齐王。李遵顼中状元后，仕途一路顺畅。西夏皇建二年（1211 年），发动宫廷政变，自立为帝，时年 49 岁，改元光定。西夏乾定三年（1225 年）二月，李遵顼病逝，享年 64 岁，谥号英文皇帝。

曹玮为什么称赞元昊"真英物也"？

宋朝边疆设有将领驻守，边帅曹玮驻守陕西沿边，早想一睹元昊风采，派人四处打探他的行踪。后来派人暗中偷画了元昊的图影，曹玮见其状貌不由惊叹："真英物也！"并且预见到他日后必为宋朝边患。

这种预见是有一定道理的。元昊长大后，

对父亲的和宋政策，特别是向宋称臣日益不满，多次规劝父亲不要再臣服宋朝。他对父亲李德明说："吾部落实繁，财用不足。苟失众，何以守邦？不若以所得俸赐，招养番族，习练弓矢。小则四行征讨，大则侵夺封疆，上下丰盈，于计为得。"李德明对元昊的意见也很赞同，只是时机还未成熟。李德明不正面作答，只以言相激："吾久用兵疲矣，吾族三十年衣锦绮，此宋恩也，不可负！"元昊驳斥父亲道："衣皮毛，事畜牧，番性所便，英雄之生，当王霸耳，何锦绮为？""英雄之生，当王霸耳"显示出青年元昊的英雄气概！

没藏讹庞是什么人？

没藏讹庞（？ ~ 1061 年），夏景宗元昊宠妃没藏氏之兄，西夏权臣之一。

没藏讹庞以阴谋手段谋害元昊，杀死太子宁令哥，又策划立谅祚为帝。元昊临终时本有遗命立其从弟委哥宁令继承帝位。大臣诺移赏都等都主张遵从元昊遗命。没藏讹庞反对，他说："夏自祖考以来，父死子及，国人乃服。今没藏后有子，乃先王嫡嗣，立以为主，谁敢不服！"众大臣唯唯称是，遂奉谅祚为帝，尊没藏氏为宣穆惠文皇太后。谅祚年幼，太后摄政。没藏讹庞以诺移赏都等三大将分掌兵权，分掌国事，自任国相，总揽朝政。没藏讹庞因在没藏大族中为长，朝中贵为国相，权倾朝野，出入仪卫可以和皇帝相比。

毅宗执政后采取了哪些汉化措施？

1048 年三月，西夏第二代皇帝毅宗即位，1061 年毅宗在大将漫咩等的支持下执杀没藏讹庞及其家族，又杀妻没藏氏，立梁氏为后，结束了没藏氏专权的局面。他以弟梁乙埋为国相，引用汉族士人景询等任职。

毅宗废行番礼，改从汉仪，并向宋朝请求恢复姓李，但遭到宋朝的拒绝。

毅宗调整监军司，加强军备，并控制军权，

使文武互相制约。又增设汉、番官职，充实行政机构。拱化五年（1067 年），诱杀保安军（今陕西志丹）宋将。又企图征服河湟吐蕃，乘唃厮啰与辽失和，率兵直攻青唐城（今青海西宁）。先后收降了吐蕃首领禹臧花麻及木征等，巩固了西夏的南疆。

"东方金字塔"指的是什么？

西夏王陵位于宁夏银川市西约 30 公里的贺兰山东麓，是西夏王朝的皇家陵寝。在方圆 53 平方公里的陵区内，分布着 9 座帝陵，253 座陪葬墓。西夏王陵不仅吸收了秦汉以来，特别是唐宋皇陵之所长，同时又受到佛教建筑的影响，使汉族文化、佛教文化与党项民族文化有机地结合在一起，构成了我国陵园建筑中别具一格的形式。西夏陵规模宏伟，布局严整，每座帝陵由阙台、神墙、碑亭、角楼、月城、内城、献殿、灵台等部分组成。

西夏王朝的皇家陵寝是中国现存规模最大、地面遗址最完整的帝王陵园之一。1988 年被国务院公布为全国重点文物保护单位、国家重点风景名胜区。被世人誉为"神秘的奇迹""东方金字塔"。

梁太后是如何专政的？

梁太后（？ ~ 1085 年），西夏惠宗秉常生母。西夏毅宗李谅祚死后，惠宗 7 岁嗣位，梁太后摄政，任弟梁乙埋为国相。大安二年（1076 年），惠宗亲政。汉人李清建议联宋，以削弱梁氏势力。梁太后与其亲信定计杀李清，并禁惠宗于兴庆府（今宁夏银川）西皇陵所在的水砦。拥帝势力拥兵自卫，西夏统治集团面临分裂。

宋神宗赵顼发兵来攻，梁氏家族领兵抵御，尽皆溃败，形势危急。梁太后改行坚壁清野、引敌深入、抄绝饷道、聚兵歼灭的战略，击退宋军。次年，西夏又出兵攻陷了宋朝新筑的永乐城（今陕西米脂西），但西夏亦因连年战争陷于疲弊，内部日益不和。梁太后命明惠帝复帝位，但仍掌握实权。大安十一

345

年（1085 年），梁太后病死。

任得敬分国是怎么回事？

任得敬原为北宋降臣，以献女给夏崇宗而被擢为静州防御使。后因平定萧合达叛乱和镇压部民起事，被封西平公。天盛二年（1150年），任得敬为国相，弟任得聪为殿前太尉，任得恭为兴庆府尹，任氏兄弟遂擅夏政。随后，任氏势力不断膨胀。任得敬晋封为楚王，出入仪从与皇帝相仿。天盛十七年（1165 年），任得敬于西平府（今宁夏灵武）兴建宫殿，企图将西平府、夏州作为其领地。乾祐元年（1170 年），任得敬胁迫仁宗分国土之半归其统治。夏仁宗被迫答允，分西南路及西平府、灵州罗庞岭（今甘肃武威境）等地归楚国。任得敬又迫使仁宗上表金国，要求对楚国予以承认，被金世宗拒绝。任得敬与金结怨，转通南宋，约夹攻金国。后阴谋败露，夏仁宗得金国支持，捕杀任氏兄弟。任得敬分国失败。

永乐之战谁失败了？

北宋元丰五年（1082 年）初，宋神宗命令给事中徐禧主持修筑永乐城。永乐城主体城堡位于今横山区（陕西省榆林市）党岔乡与榆林市鱼河堡紧邻石峁村的龙家寨山上，在其周边还依山势建成 12 个寨堡。同年 9 月，西夏派大将叶悖麻率 20 万兵向刚刚竣工的永乐城发起进攻，这就是永乐之战。攻破后，徐禧、高永能、李舜举等 200 多名将校战死，士兵和役夫损失 20 多万人。永乐城及所有堡寨被西夏占领。消息传到京师，宋神宗面西痛哭。

敦煌藏经洞是怎么被发现的？

宋咸平初年，当时归曹氏统治的瓜、沙归义军政权发生了一次夺权斗争。

曹宗寿上台后，把所属瓜、沙二州各处佛教寺院中收藏的佛教经典，佛家度谍，寺院契约、账目，善男信女施主朝拜佛事的状、

疏、发愿文、写经、佛画、档案文书，以及各类书籍统统收集起来（约四五万件），运送到莫高窟，找了一个可容纳这些文书的不大不小的洞窟（今编号 17 窟）封存起来，又在封闭的洞口墙壁上绘制了壁画。从此这个被封闭的洞窟便不为世人所知。

从元昊占领瓜州，西夏占领瓜、沙近200 年，至元、明、清历 900 余年，直到清末的光绪二十六年（1900 年），一个偶然的机会，被一个无知的道士无意中发现了，埋藏在洞窟中近千年的数万件珍贵文书才重见天日。

西夏是怎样灭亡的？

1226 年，成吉思汗分兵东西两路，向西夏都城中兴府（今宁夏银川）进逼。西夏国王德旺惊慌而死。西夏新国王派老将嵬名令公率 10 万军队迎战，于是爆发了空前激烈的灵州大战。灵州一战，西夏的精兵被歼灭了，蒙古军队的损失也很惨重。

第二年年初，成吉思汗占领了西夏都城的外围。夏天，中兴府发生强烈地震，西夏到了山穷水尽的地步，于是向成吉思汗投降，说："为了准备贡品，迁移民户，请放宽一个月，到时候亲自来拜见。"成吉思汗同意了。但不久成吉思汗染上了斑疹伤寒，临死时他

西夏王陵

西夏王陵是西夏历代帝王和达官贵戚的埋葬地。陵园内有九座西夏帝王陵墓，近二百座陪葬墓似众星拱月布列其周围。西夏王陵糅合了汉族传统风格与本族特色，气势宏伟，号称塞外戈壁的"金字塔"。

嘱咐左右诸将，死后要严密封锁消息，西夏国王来朝拜的时候，把西夏国王杀掉，再把西夏都城的居民全都杀光。西夏就此灭亡。

中国古代北方民族是怎样与汉族交融的？

以游牧为业的塞外人一生都离不开马的陪伴。马的形象、马的性格，一直是塞北民族精神的一个重要组成部分。

辽、夏、金早期的战争大都纯粹以掠夺为目的，每当攻陷一座城镇，胜利者总是要在大肆烧杀之后，掠走城中大量的金银、牛羊和人口。他们认为只有财宝、牲畜和奴隶才是真正的财富，至于占据别人的领土，似乎对他们并不重要。

在南下掳掠的过程中，游牧民族与中原农耕民族的交往增多。渐渐地，游牧民族中间的一些人开始尝试着离开马背，接受中原汉文化的洗礼。

最初，塞北王朝的统治者总是大力提倡本民族的文化，尽力抵制中原文明的影响。这是因为塞北民族需要利用本民族文化来作为自己摆脱中原王朝控制，建立独立王国的号角。等到新的王朝稳固下来，统治者便开始主动参照中原政权模式来改革自己的政治制度，甚至连服饰和礼仪也效法汉人了。从公元947年辽朝建立，到1234年金朝灭亡，前后共经历了300多个春秋。这段时间在人类的历史上只是短暂的一瞬，但在中国北方民族的交流和发展中却占有难以估量的重要地位。塞北的民族精神融合在中华民族的血液中，作为伟大的中华文化的一部分而永驻人间。

金 朝

谁统一了女真各部？

早期女真族分为几十个不相统属的部落，完颜氏在女真诸部中地位并不突出。至乌古乃任完颜部长时，完颜氏发展成为强大的部落，并征服和联合十几个部族组成部落联盟。乌古乃成为部落联盟长，并被辽授予节度使称号。乌古乃利用辽朝的支持，加紧进行统一女真各部的活动。乌古乃死后，其子劾里钵继任联盟长。劾里钵与其弟盈歌又战胜活剌浑水的纥石烈部，巩固了部落联盟，这时的部落联盟已扩大到 30 个部落了。而且内部的阶级分化日趋明显，一个奴隶制国家的雏形已形成。

金兀术的真面目是怎样的？

兀术天生勇力过人，在女真反抗辽统治的斗争中立过战功。灭辽之后，金统治者随即发动了对宋的攻击，而兀术也随着他的部队从起义者转变为侵略者。

纵观兀术一生的战绩，可以说是败多胜少，经他指挥而葬送的金兵至少有四五十万。他每到一处，无不纵容士兵烧杀抢掠，撤军时，又总是带着大量不义之财，甚至在战前动员令中，也常常以"所得妇女玉帛悉听自留"为号召。这种野蛮的强盗行径不但给中原人民带来了巨大的灾难，也把无数的女真民众推入了深渊。战场上兀术的角色虽不甚光彩，但他在政治上却颇有建树，为金一代名相，辅佐金熙宗完成了改革大业。金世宗论金代名臣时说："宗翰（粘罕）之后，唯宗弼（兀术）一人。"

"头鱼宴"上的阿骨打有何表现？

1112 年的春天，辽天祚帝耶律延禧到东北春州（在今吉林省）巡游。

按照当地风俗，在每年春季最早捉到的鱼，要先给死去的祖先上供，并且摆酒宴庆祝。这一年，辽天祚帝在春州举行了头鱼宴，请酋长们喝酒。辽天祚帝几杯酒下肚之后，叫酋长们给他跳舞。那些酋长虽然不愿意，但是不敢违抗命令，就挨个儿离开座位，跳起民族舞蹈来。当轮到一个青年人时，他神情冷漠，一动也不动。这个青年就是女真族完颜部酋长乌雅束的儿子，名叫阿骨打。辽天祚帝见阿骨打居然敢当着大家的面违抗命令，很不高兴，一些酋长怕他得罪天祚帝，也从旁劝他。可是阿骨打拿定主意就是不跳，这场头鱼宴闹得不欢而散。

金熙宗改制方面有哪些措施？

金熙宗即位后，金朝对女真旧制进行了一系列的改革。

废除勃极烈制度，改行辽、宋的汉官制度，设三师（太师、太傅、太保）、三省（尚书、中书、门下）。天眷元年（1138 年），正式颁行官制及换官格（即将原女真、辽和宋的官职依照新制统一换授），并确定封国制度，规定百官的仪制与服色，号为"天眷新制"，同时任命卢彦伦营建宫室。当年还正式颁布女真小字，较女真大字笔画简省，皇统五年（1145 年）正式行用。

为了加强对中原地区的统治，熙宗置屯田军，将契丹、女真人自东北徙入中原地区，与汉人杂处。按户授予官田，使业耕种，春秋给衣物、马匹，以资接济；若遇出军，发给钱米。皇统五年（1145 年），又颁行皇统新律，共千余条，大抵皆依仿大宋。所有这些措施，对于加速金朝的封建化和接受汉文化都起了积极的推动作用。

"明昌之治"期间的皇帝是谁？

"明昌之治"是指金章宗（1189～1208年）在位期间国力鼎盛，史称"明昌之治"。

完颜璟（1168～1208年）小字麻达葛，金世宗孙，完颜允恭子。大定二十五年（1185年）父死，封原王。次年拜尚书右丞相，立为皇太孙。二十九年（1189年）世宗卒，即帝位。第二年改年号为明昌。在位19年，年41岁卒。庙号章宗，谥号天光运仁文义武神圣英孝皇帝。

章宗即位后，大兴郡学，提倡儒术，进一步采用汉族礼仪服饰，提倡女真族和汉族通婚，促进了民族融合。

何谓"宣宗南迁"？

"宣宗南迁"是中国金代宣宗迁都汴京的历史事件，又称贞祐南迁。

金朝自卫绍王允济即位，国势日趋衰弱。成吉思汗统率蒙古军发动对金朝的战争。同时，金朝统治阶级内部矛盾激化，贞祐元年（1213年）八月，驻守中都城北的金右副元帅纥石烈执中弑卫绍王，自彰德迎接世宗孙完颜珣入中都，即帝位（金宣宗）。二年三月，金宣宗遣使向蒙古军求和。金朝元帅左都监完颜弼、参知政事耿瑞义等建议金迁都南京（今河南开封）。左丞相徒单镒及宗室霍王完颜从彝等反对。宣宗以金中都缺粮，不能应变为由，决意迁都。五月，宣宗下诏南迁。次年，中都被蒙古军攻陷。宣宗南迁，各地人民纷纷起义反金，蒙古军不断南侵，金朝走向衰亡。

宋金是怎样确立以淮河为界的？

金太宗死后，熙宗继帝位。金兀术也就是完颜宗弼取得了军队大权，他背弃和约，分兵四路，向宋进军。不过这次出兵，是在宋金力量基本平衡条件下发动的，并且遇到了岳飞和韩世忠的顽强抵抗，只是宋高宗听了投降派秦桧的谗言，强迫岳飞和韩世忠退兵，金兵得以在绍兴十年（1140年）重占了河南。

宗弼挥师向南，过了淮河，他给宋高宗赵构下书一封，对他大加谴责。赵构赶忙回书请求原谅。宗弼表示两国只有以淮河为界，才可以答应宋朝的要求。于是，宋高宗马上就递上《誓表》一份：同意以淮河为两国边界，还答应把唐州、邓州等割给金，"世世谨守臣节"，永远当金的顺臣，每年金皇帝过生日的时候，奉送银25万两，绢25万匹。因此，宋金两国确立了以淮河为界。

海陵王的三大志向是什么？

1149年，海陵王完颜亮弑金熙宗自立，次年改元天德。他在篡位之前，曾向他的亲信私下谈起自己的志向，说："我平生有三个志向：国事都由我做主，这是其一；率军攻伐别国，捉住其国君向他问罪，这是其二；得天下绝色美人做妻子，这是其三。"他自立后，第一个愿望已经实现；又选了良家美女130人充入后宫，第三个愿望也大体落实，唯有第二个愿望还没有实现。所以，完颜亮于金正隆六年、宋绍兴三十一年（1161年），征女真、契丹、奚诸族壮丁24万，又强征汉族壮丁入伍，编为三十二军，另征水手3万充水军，共计50余万，号称百万，水陆并进开始攻宋。但最后因治军严酷，激起兵变，被部下杀死。

历史上在位时间最短的皇帝是谁？

金朝的金末帝完颜承麟应该算是中国历史上在位时间最短的一位皇帝。

1234年，曾经威震天下的大金国在蒙古铁骑的扫荡之下，只剩下了蔡州一座孤城。城中的金哀宗完颜守绪见大势已去，便招集群臣，表示自己不愿做亡国之君，要将帝位传与宗室贵族完颜承麟。正月初九，传位仪式举行。仪式尚未结束，南面城墙已被宋军所破，于是仪式草草完毕。金哀宗悬梁自尽，刚登上帝位的完颜承麟率众展开巷战，但很快就全军覆没，完颜承麟战死于乱军之中，金朝就此灭亡。完颜承麟的皇帝桂冠戴了多说有半天光景，少则一两个小时，因此，他应该是中国历史上在位时间最短的皇帝。

猛安谋克制是怎么回事？

猛安谋克原是女真人在氏族社会末期的部落组织，是以血缘为纽带建立起来的，其组织按什伍进位编制，因有伍长（击柝）、什长（执旗）、谋克（百夫长）、猛安（千夫长）。最初是单纯的出猎组织，后来变成平时出猎、战时作战的组织。

随着女真族社会私有制的出现、阶级的分化，原来的猛安谋克已不适应新的形势。完颜阿骨打称帝前，顺应女真族历史发展的趋势，于 1114 年改造原有的组织，突破了血缘关系，规定以户为计算单位，以三百户为一谋克，设百夫长为首领。十谋克为一猛安，设千夫长为首领，由此实行了"壮者皆兵"即兵民合一制度。猛安谋克既是军事组织，又是地方行政组织（称为猛安谋克户），它是女真族的基本社会组织。

辽金时期的北京城是怎样的？

公元 916 年，耶律阿保机在临潢府建立了契丹政权，并于公元 936 年进占古幽州。为了便于管理汉人聚居的"燕云十六州"，契丹人决定把这里建为陪都，当时定名"南京"。辽南京位于现代北京城西南的广安门一带，仍然是唐代的幽州旧地。据《辽史·地理志》记载，这座陪都方圆三十六里，设有八个城门，城内分为二十六坊。

1122 年，金朝的军队进占了辽南京，几年之后，便乘胜攻破汴梁，灭亡了北宋王朝。这时，女真人的活动区域已扩展到了整个华北平原，急需在华北地区建立一个统治中心，于是在 1151 年春，金主海陵王完颜亮命丞相张浩等在辽城的基础上扩建南京，并在两年

之后正式把金朝的都城从会宁府迁到这里，定名为"中都"。北京城的历史就此翻开了崭新的一页。

历史上的王重阳与全真教是怎样的？

全真教的始祖名叫王喆，自号"重阳子"，在终南山悟道后，游山东，建庵传道，又收了 7 个弟子，即丹阳子马钰、长真子谭处端、长生子刘处玄、长春子邱处机、玉阳子王处一、广宁子郝大通和清净散人孙不二。全真教宣扬道、儒、释三家合一，兼而修之，故号全真。

1169 年，王喆去世了，此后他的七位弟子为全真教在中国北方打下了足够的社会基础，并以此引起了金朝统治者的注意。金章宗召七真人中的王处一、刘处玄、丘处机入京传教，赐以道观。金末元初，全真教及时投效蒙古统治集团，获得了比其他教派以及佛教、儒家等更优越的地位，以至在三四十年内在北方维持"设教者独全真家"的局面。

元好问为什么号称"一代诗宗"？

元好问（1190～1257 年），字裕之，号遗山，世称遗山先生。鲜卑后裔，太原秀容（今山西忻州）人。他是我国金末元初最有成就的作家和历史学家，文坛盟主，是宋金对峙时期北方文学的主要代表，又是金元之际在文学上承前启后的桥梁。其诗、文、词、曲，各体皆工。诗作成就最高，"丧乱诗"尤为有名；其词为金代一朝之冠，可与两宋名家媲美；其散曲虽传世不多，但当时影响很大，有倡导之功。

元好问不愿意效法齐梁时代绮靡纤巧的诗风，他主张要亲自走向民间，表现人民的疾苦。真正把元好问推向人民中间的，是席卷中国北方的蒙古铁骑。

金亡前后，元好问屡次与平民百姓一道身陷重围，又一道颠沛流离。侵略者的暴行、人民的血泪，铸成了他千古不朽的诗篇。也许，伟大的作家只有在剧烈动荡的社会中才能产生，伟大的作品也往往是"圣贤发奋之所为"，

所以，蒙古军队推翻了金的君主，同时也造就了金诗的帝王。他大量的诗篇已不再是表现作者个人的悲愤，而是哭诉着整个受难群体的命运。元好问诗歌创作最辉煌的时期虽然仅仅是金亡前后的那一段，但这时期留下的诗歌却传诵千古，被后人奉为现实主义诗作的典范，也使他获得了"一代诗宗"的美名。

谁享有"小尧舜"的美誉？

在我国的金朝，曾出现过一个像古代尧、舜那样的帝王典范。在他执政60余年间，经济发展，社会安定，群臣守职，上下相安，官吏不敢随意加重或减轻对人犯的处罚，形成了"刑部岁断死罪，或十七人，或二十人"的法制清平局面。这个有"小尧舜"美誉的封建皇帝，叫完颜雍（1123～1189年），女真名乌禄，即位后更名雍，女真族人，金太祖孙，完颜宗辅之子。正隆六年（1161年）十月，完颜雍在辽阳称帝，改元大定，成为金朝的第五代皇帝，史称金世宗。

金代用什么方法防止考场舞弊？

金朝时候，朝廷对考场纪律十分严苛，为了防止考场上作弊，考生进入考场前必须经过严格的搜身检查，甚至打开发结，脱去衣服进行检查。

金朝世宗皇帝完颜雍，觉得对考生进行搜身这种方式很不礼貌，有辱斯文。因此，他多方征求意见，终于想出一种绝妙的方法来：朝廷每逢开科取士前，让考生脱去自己的衣服进入浴

文官坐像　金

池沐浴，浴毕则让考生换上统一的考生礼服，然后由贡院差役带领进入考场，参加考试。这样，既防止了考生将预先打好的草稿或做过暗记的书本带入考场作弊，又给考场带来高度文明，且朝廷这种做法又不致对考生失礼。

太医院始设于何时？

太医院始设于金代，隶属于宣徽院，是古代医疗机构名称，是专为上层封建统治阶级服务的医政及医疗保健组织。太医院的最高长官是提点（正五品），下设使、副使判官等，"掌诸医药，总判院事"。

元代太医院掌管一切医药事务，官员品秩普遍高于任何朝代。明代也设有太医院，其长官初始称为令，后改称院使。明代在北京和南京各设一个太医院，但是北京设置的太医院是最高医药管理机关。清代只设一个太医院，院使正五品，总揽医药行政及医疗大权。清初，御药房也划归太医院管理，全国医官统一由太医院差派、考核、升降，从而加强了统一领导。从金至清，太医院作为全国性医政兼医疗的中枢机构延续了700多年。

金朝为什么招纳地主武装？

在宣宗南迁前后，河北地主武装纷纷结社自保，官吏、地主武装纷纷叛金助蒙古，在相当大程度上削弱了金朝在中原的统治基础。在南宋招降李全夫妇的启发下，金朝就有大臣提议，借助实际上已经裂土拥兵的地主武装来为金朝守地保民。

兴定四年（1220年），宣宗听从御史中丞完颜伯嘉的建议，对山东、河北、山西等地九个实力最大的地主武装首领分封九公，让他们各自统辖自己的势力范围。地主武装的向背，在金、蒙古力量消长中，起了不可低估的作用。

❀ 元 朝 ❀

蒙古族是怎样壮大起来的?

4世纪中叶,鲜卑人的一支,自号"契丹",生活在潢水和老哈河流域一带。居于兴安岭以西(今呼伦贝尔地区)的鲜卑人的一支,称为"室韦"。12世纪时,这部分人子孙繁衍,氏族支出,渐分布于今鄂嫩河、克鲁伦河、土拉河三河上源和肯特山以东一带,组成部落集团。其中较著名的有乞颜、札答兰、泰赤乌、弘吉剌、兀良哈等部落。

1206年,铁木真在斡难河畔举行的忽里勒台(大聚会)上被推举为蒙古大汗,号成吉思汗,建立了大蒙古国。从此,中国北方地区第一次出现了统一各个部落而成的强大、稳定和不断发展的民族——蒙古族。

为什么尊称铁木真为成吉思汗?

1189年,蒙古孛儿只斤部首领铁木真在长期的作战中不断壮大,东征西讨,最后统一了各大部落,并于1206年建立蒙古国。由于铁木真得到众多蒙古贵族的拥戴,被推举为"成吉思汗"。"成吉思汗"是尊称,"汗"即"可汗"。中国古代的鲜卑、突厥、回纥、蒙古等族的最高统治者均称之为"可汗"。"成吉思"即"海洋"或"强大"之义,"成吉思汗"即"海洋般的大汗",简称"大汗"。

成吉思汗发动了哪些战争?

在建立大蒙古国后,铁木真消除了各部族之间的界限,形成了统一的蒙古族,帝国的社会经济得到了长足发展。随着实力的不断增长,新兴的蒙古贵族领土扩张和占有财富的欲望不断膨胀,铁木真顺应了贵族们的

需要,发动了旷日持久的对外战争。

1205年、1207年和1209年成吉思汗三次大举攻打西夏。1211年,铁木真率领大军南下攻打金。1218年,蒙古灭西辽。1219年,铁木真统兵20万发动了对花剌子模的战争。1226年,成吉思汗出征西夏。1227年,西夏亡。

1227年夏历七月十二日,成吉思汗病逝。

为什么说速不台是"四獒"之首?

速不台(1176～1248年),著名的蒙古帝国大将,成吉思汗的开国功勋四勇将军之一。兀良哈部人,蒙古族。早年辅佐成吉思汗统一蒙古诸部,誉称"四獒"(即"四先锋")之一。大金正大八年(1231年),随拖雷率军绕道宋境迂回攻金,并献疲敌之计,以少击众,歼灭金军主力于三峰山(今河南禹县西南)地区。随后,率军进攻金国的南京(今开封),又参加攻破蔡州(今河南汝南)之战,为灭金立下战功。1235年,以先锋随拔都西征,灭钦察,攻克今莫斯科、布达佩斯、基辅等许多城池。1241年,率军攻入马札儿(今匈牙利),进抵马茶城(今布达佩斯),1243年还师蒙古,终年73岁。

"箭簇"是指谁?

哲别(?～1224年),蒙古帝国大将,开国功臣。别速部人,原名只儿豁阿歹。初臣服蒙古泰赤乌部,后投降成吉思汗。1201年铁木真与札木合所率十一部联军会战于阔亦田地方,哲别射伤了铁木真的白嘴黄马。在这次战役中,铁木真拼死获胜,泰赤乌部势衰,哲别终于投奔铁木真。铁木真问射伤

自己爱马的人是谁，哲别一口承认，并且愿意为铁木真赴汤蹈火。铁木真认为他很坦诚，可以交朋友，将他改名为哲别（意为箭镞），要他"就像我跟前的'哲别'似的保护我"。从此，哲别成为铁木真麾下的一员大将。

"东方的马可·波罗"是指谁？

汪大渊（1311～？），元朝时期的民间航海家，字焕章，南昌人。至顺元年（1330年），年仅20岁的汪大渊首次从泉州搭乘商船出海远航，历经今海南岛、越南南部、马六甲、爪哇、苏门答腊、缅甸、印度、伊朗、阿拉伯半岛、埃及，横渡地中海到摩洛哥，再回到埃及，出红海到索马里、莫桑比克，横渡印度洋回到斯里兰卡、苏门答腊、爪哇，经大洋洲到加里曼丹、菲律宾返回泉州，前后历时5年。至元三年（1337年），汪大渊再次从泉州出航，历经南洋群岛、波斯湾、红海、地中海、非洲的莫桑比克海峡及大洋洲各地，至元五年（1339年）返回泉州。

汪大渊第二次出海回来后，写出《岛夷志略》。此书对研究元代中西交通和海道诸国历史、地理有重要参考价值，西方学者称他为"东方的马可·波罗"。

成吉思汗为何千里召见丘处机？

成吉思汗异军突起，他开始利用自己强大的军事力量实施他的大一统计划。俗话说"打天下容易治理天下难"，成吉思汗也意识到了这一点，所以他决定选招贤能之人治理天下。

当他得知丘处机博古通今、才能超群之后，就想招其为国师，帮助自己安国治天下。成吉思汗两次遣使召见丘处机，可是丘处机隐居山林，深居简出，避而不见。成吉思汗求贤若渴，不肯放弃。于1219年第三次派遣近侍臣刘仲禄备轻骑素车、携带手诏请丘处机出山，演绎了自三国以来又一个帝王虔诚躬迎、礼贤下士的故事。成吉思汗不远千里三派朝臣请丘处机出山，丘处机终于被成吉思汗的诚意所打动。1220年，丘处机决定西行拜见成吉思汗。

成吉思汗为什么信任耶律楚材？

耶律楚材（1190～1244年），契丹族，杰出政治家，蒙古帝国时期大臣。1215年，成吉思汗率蒙古大军攻占燕京时，听说他才华横溢、满腹经纶，遂向他询问治国大计。他的到来，对成吉思汗及其子孙产生了深远影响，他采取的各种措施为元朝的建立奠定基础。耶律楚材扈从西征的任务有二：掌汉文书记和看星相占卜。当成吉思汗遇有困难时，就求助于占卜，而耶律楚材在特殊的场合下发挥了他的特殊作用。

据说成吉思汗西征祭旗，时值盛夏，突然"是日雪深三尺"，成吉思汗心里很不痛快，耶律楚材就对他说："盛夏见肃杀之气，乃是克敌之象。"成吉思汗转忧为喜。第二年，忽然冬天打雷，成吉思汗问这是怎么回事。耶律楚材说，这意味着花剌子模国王摩诃末"当死中野"。后来摩诃末病死在宽田吉思海中的一个小岛上，也算被耶律楚材说中。1222年，"长星见西方"，耶律楚材说："金国要换皇帝了。"次年，果然金宣宗完颜珣死了。成吉思汗对耶律楚材愈加信任。耶律楚材能准确预见未来，当是因为他博学广闻、经验丰富，把握了事物的发展规律，故而可以做出正确的判断。

成吉思汗是怎样立储的？

因为成吉思汗一直担心儿子们内讧而毁掉他辛苦建立起来的蒙古帝国，所以常向他们讲一个多头蛇和一头蛇的故事：在一个寒冷的夜晚，有一条多头蛇想钻进岩洞御寒，可是因为蛇的每个头都要先进洞，结果这条蛇冻死在洞外。而长着一个头的蛇，很顺利地钻进洞里。

1227年，成吉思汗病重，他对所有的儿子说："我将不久于世，你们需有人保卫国威和帝位，如果你们都想当大汗而互相争斗，

成吉思汗统一漠北图

岂不成了我讲的故事中的多头蛇？"

诸子跪在地上说："我们听从父汗。"成吉思汗接着说："如果你们想过安乐和幸福的日子，就应如我以前所说，让窝阔台继我登位。因为他有雄才大略，足智多谋，我要让他统帅军队和百姓，保卫帝国的疆城。我的儿子们，对我的想法有何意见？"

"谁有权力反对您的话！"儿子们都顺从地回答。

"既然这样，"成吉思汗说，"你们要立下文书：在我死后承认窝阔台的大汗地位。不许更改今天当面决定的事。"窝阔台的兄弟们便遵照成吉思汗的圣训，立下由窝阔台继承大汗的文书。

伯颜真的仁义不杀吗？

伯颜在攻宋之前，有《奉使收江南》一诗，道是：剑指青山山欲裂，马饮长江江欲竭。精兵百万下江南，干戈不染生灵血。平宋归来，他又有《过金陵梅岭冈留题》一诗，云：马首经从岭岛归，王师到处悉平夷。担头不带江南物，只插梅花三两枝。

那么，伯颜真的仁义不杀吗？从有关他的史料来看，这两首诗确非夸大之词。

至元十一年（1276 年），元世祖忽必烈拜伯颜为中书左丞相，遣军南下。世祖对伯颜说："过去宋太祖赵匡胤的大将曹彬，奉命攻取南唐，以不喜多杀而平定江南。你要做我的曹彬。"这次出征，伯颜真正地做到了不嗜杀掠。攻下建康时，江东地面流行瘟疫，居民无食。伯颜下令开仓赈饥，发药救人。居民都非常高兴，说："真是仁义之师啊！"伯颜率军兵临杭州，宋恭帝赵㬎在太皇太后谢道清的操纵下，上表求降。伯颜下令封存府库，登记钱谷；将士不得入城，敢于暴掠者，军法从事，以致杭州"九衢之市肆不惊，一代之繁华如故"。

由此可见，伯颜体会到忽必烈的用心，志在建立一个大一统的帝国。

忽必烈是怎样建立元朝的？

蒙哥于 1259 年去世后，其弟忽必烈与阿里不哥开始争夺汗位。

1260 年三月，阿里不哥在宗王阿速台等大多数蒙古正统派的支持下于大蒙古国首都哈拉和林通过"忽里勒台"大会即大汗位。与此同时，忽必烈与南宋议和后返回开平（今内蒙古多伦），在中原儒臣及部分蒙古宗王的支持下集会自称大汗。忽必烈与阿里不哥随即展开了 4 年的内战，直到 1264 年阿里不哥兵败投降。忽必烈定为一尊。至元八年（1271 年），忽必烈公布《建国号诏》，取《易经》

中"大哉乾元"之意，正式建国号为"元"。至元九年（1272年），在刘秉忠规划下，建都于中原的大都（今北京）。

元朝的交通运输有什么新发展？

元朝交通运输的成就主要体现在水路上。元朝在隋朝的基础上，对京杭大运河进行进一步的修建和拓展。其开凿的重点段一是山东境内泗水至卫河段，一是大都至通州段。至元三十年（1293年）元代大运河全线通航，漕船可由杭州直达大都，成为今京杭运河的前身。主要河段由原来的四条增加为七条，尤其是改善了今北京地区的漕运状况，应该说元朝的内河航运能力和价值比隋朝上了一个台阶。

此外，元朝的海上交通较为发达。得益于前朝发达的造船技术和繁荣的商业贸易，再加上自身广阔的疆域和强大的国力，元朝的海运水平一直不亚于唐宋，海上贸易极其昌盛并且拥有泉州这样世界顶级的贸易港口。

忽必烈是怎样治理中原的？

1251年，蒙哥即大汗位，遂令忽必烈主管漠南汉地军国庶事。从此，一些儒生和地方军阀的门客陆续来到了忽必烈的帐下。大约10年间，在他周围形成了一个幕僚集团。忽必烈通过幕僚集团争取到了汉人地主、士大夫的支持。

忽必烈总领漠南汉地后，继续采取拉拢和利用地方势力的方针。蒙古统治者进军中原，灭了金朝。长期的战祸，使人民伤亡惨重。如何能使流散的人民安顿下来、恢复生产，是刻不容缓的大事。忽必烈采取了招抚流亡、禁止妄杀、屯田积粮、整顿财政等一系列措施，初步扭转了危机局面。忽必烈对中原的治理，为他以后夺取政权奠定了经济基础，同时也博得了汉人地主儒生的广泛支持。

锐意改革的元英宗为何惨死？

英宗登极后任用拜住为中书左丞相，拜住好儒学，通汉族传统礼仪，是蒙古贵族中

积极主张"行汉法"的代表人物。君臣遂着手改革，推行新政。起用儒士，访求人才；罢徽政院及冗官冗职；行助役法，减轻徭役。这些措施显然触犯了大批蒙古、色目人的特权，引起他们群起对抗新政。

元朝皇帝的惯例，每年四月离大都往上都避暑。这年八月五日，英宗回銮至上都西南三十里的南坡店宿营。铁失纠集知枢密院事也先帖木儿、大司农失秃儿等共16人，发动了政变。他们冲进大汗行帐，先杀死左丞相拜住，然后杀英宗于韦帐之中。这就是史称的"南坡之变"。就这样，一代企图改革积弊、刷新政治的明君贤相惨死在铁失这帮守旧的逆臣手里。

一代名臣脱脱最终的归宿是什么？

脱脱（1314～1355年），字大用，蒙古族人。至正元年（1341年），脱脱任中书右丞相，一反伯颜旧政，史称"脱脱更化"。恢复科举取士，纠正伯颜擅权时"变乱祖宗成宪"的倒行逆施，缓解了社会的危机。当时，"中外翕然称为贤相"。

至正十四年（1354年），张士诚起兵占据高邮。元顺帝命脱脱总制诸王诸省军马，前往镇压。脱脱全力进攻高邮，城中已经支持不住，张士诚准备投降，又恐罪在不赦，只好硬撑。正在这时，元顺帝下诏书，削去脱脱官爵并令其交出兵权。至正十五年（1355年），在朝的小人，认为对脱脱的处分还轻，又鼓动顺帝将其发配到云南大理宣慰司的镇西路。十二月，哈麻令人将其鸩杀于贬所，脱脱时仅42岁。一代名臣，竟死于谗奸小人之手。

元代有没有宦官之祸？

朴不花，高丽人，是顺帝第二皇后奇氏的同乡。由于奇氏的缘故，朴不花很快地当上荣禄大夫、资正院使，专门管理皇后的个人财产。后来，顺帝日日淫乐，不理国事，当时天下大乱，四方警报，全部被朴不花扣留，不让顺帝知道。他和奸相搠思监气焰嚣张，内

外官员大都趋附他们。大元帝国的皇帝、皇后、太子，已经是夫妇、父子异心，再加上他在其中挑拨离间、枉法擅权，不亡就是怪事了。

后来，孛罗帖木儿遣秃坚帖木儿向京城进军，声言"清君侧"。元顺帝害怕了，派出国师达达和秃坚帖木儿谈判。秃坚帖木儿一定要元顺帝交出搠思监和朴不花才肯退兵。元顺帝无奈，只好把朴不花、搠思监绑送给秃坚帖木儿。二人随被孛罗帖木儿杀死。

什么是"怯薛制度"？

在蒙古帝国时期，怯薛主要是一种大汗周围常备的护卫军组织，但同时也是国家行政机构的雏形。蒙古帝国汗庭的行政机关只是怯薛组织职能的一部分。随着元朝的建立，其行政职能，已由依仿汉制所建立的中书省官僚机构所取代。军事护卫也由逐步扩大的诸侍卫亲军来担承。怯薛在军事上的作用，只是轮番宿值禁廷，而极少直接使用于征战。

因此，元以后的怯薛组织，与其把它视为军事组织，不如说它是一个朝廷上层人物的特权集团。

元代科举制度有什么特点？

元仁宗即位后，皇庆二年（1313 年）末，元廷以行科举诏颁天下。每三年举行一次，分为乡试、会试、殿试三道。

元代地方一级考试沿用金朝"乡试"之名，于八月举行。其科目，蒙古、色目人试二场。第一场经问五条；第二场策一道。至正时改经问五条为三条，另增本经义一道。汉、南人试三场。第一场明经；第二场古赋、诏诰、章表内科一道。至正时改古赋外于诏诰、章表内又科一道；第三场策问一道。答题时《四书》《诗经》采朱熹注，《周易》主程颐、朱熹之说，《尚书》用朱熹门人蔡沈之说，《春秋》用程颐、弘淑、胡安国做的传。

这样，除《礼记》尚用古注疏，《春秋》许用左传、公羊、谷梁三传外，其他儒家经典一律以程朱理学的学术观点为本。

什么是"驱口"？

"驱口"，原意为"被俘获驱使之人"，即战争中被俘强逼为奴、供人驱使的人。"驱口"一词始见于金代。"驱口"主要被用于家内服役，部分人从事农业、牧业和手工业生产。他们在元代社会地位最低，是所有者的私有财产，其子女仍归主人所有。

元代有明确的良民和贱民之分，"驱口"是贱民的一种。"驱口"的来源有三：第一，蒙古贵族和色目地主在战争中掳掠来的中原人以及战俘，甚至在"承平盛世"掳掠中原人为"驱口"的事也时有发生。第二，统治阶级内部，因贫富分化加剧，使得许多小生产者（包括蒙古族平民）因偿还不了债务而沦为"驱口"。第三，用货币购买而来，尤其在灾荒年代，被逼无奈卖身为"驱口"的现象十分严重。

为什么元朝要开凿京杭大运河？

至元二十八年（1291 年），元新建大都（今北京）。为了完成漕粮北运的任务，元朝除积极发展海运外，还先后用了十几年时间，进一步疏通了南北大运河，使维系统治者生命的粮赋可以源源不断地水运至通州。然而，通州至大都，每年几百万石漕粮的转运任务仍十分艰巨。通州至大都的北线运河运力不足。

所以，为解决大都水源运力不足的问题，开发通惠河工程的宏伟规划便应运而生，并经过二年施工，于至元三十年（1293 年）的秋天竣工。一支满载江南漕粮的船队浩浩荡荡驶入大都城内的积水潭，元世祖忽必烈兴高采烈地给这段通州至大都的运河赐名为"通惠河"。负责这段运河规划、设计、施工的"总工程师"就是中国元代最著名的科学家、水利专家郭守敬。

谁被称为"鲁班天子"？

元顺帝是元朝最后一位皇帝，本名叫妥欢帖睦尔，死后被臣下上庙号为"惠宗"。

元顺帝最大的兴趣是木工。他荒废政事，却在宫廷内苑亲自设计并打造出一艘首尾长达一百二十尺的大龙舟。龙身设五殿，涂五彩金妆。船上设计各种机关，船行驶时，龙的头、尾和口、眼都能随行晃动，龙爪能自动拨水，使整艘龙舟张牙舞爪，活灵活现。他还苦思冥想设计出一个高约六尺、宽约四尺的计时仪器"宫漏"。其设置之精巧绝伦，达到当时"宫漏"制作的最高水平。他还经常亲自削木为大臣制作各种房屋模型，如不满意可以毁掉重新设计，处处体现出其"鲁班天子"的不凡造诣。

元代的三大农书是什么？

元朝统一以后，元世祖重视发展农业，使北方因战乱频繁而遭到破坏的农业经济得到了恢复和发展。从元代的三大农书中，可以看到元代农业科学技术发展的情况。

《农桑辑要》是我国现存最早的官修农书，体系完备，规模较大，用典繁多，注重实用。本书由元代主管农桑和水利的司农司编纂，大约在至元二十三年（1286 年）刊刻并颁发给各行中书省的"劝农官"，开始流传和推行。

王祯的《农书》也是一部大型综合性农书，它弥补了《农桑辑要》的不足，书中介绍从耕作到收获的农业生产方法和过程，畜牧、养蚕等副业，蔬菜、瓜果、竹木的栽培，农业器械、运输和纺织工具等，应有尽有。

元朝农学家鲁明善，著有《农桑衣食撮要》一书。这部书按月记述全年各个时节的农业生产活动，总结了江淮地区的农业生产经验，是一部比较优秀的农学著作。

马可·波罗到底有没有来过中国？

关于马可·波罗是否来过中国，很多人持怀疑态度。

有史学专家认为，中国自古每个朝代都有史官，假设马可·波罗真的来过中国并在这里住了 17 年，为什么各种史书上都找不到一点记载？其次，如果他真的在中国居住了 17 年，《马可·波罗游记》中应该有很多关于中国古代特有的时代烙印。但是《马可·波罗游记》中只字未提。

也有史学专家持反对意见，杨志玖教授在《永乐大典·站赤》里发现了一篇十分重要的元代公文，其中提到的波斯使臣的名字和返回时间与《马可·波罗游记》中马可·波罗所记录的完全一致。至于《马可·波罗游记》中没有中国古代特有的时代烙印，因为马可·波罗很少接触汉人，不识汉字，所以对这方面比较淡漠，书中不提汉字书法和印刷术也是说得通的。

两种说法听起来都很有道理，那么马可·波罗到底有没有来过中国，还有待进一步的考证。

黄道婆对纺织业有何贡献？

黄道婆，又称黄婆，生于南宋末年淳祐年间，松江府乌泥泾镇（今上海徐汇区东湾村）人。黄道婆出身贫苦，十二三岁就被卖做童养媳。不堪忍受这种非人折磨的她，决心逃出去另寻生路。后来黄道婆随船到了海南岛的崖州。淳朴热情的黎族同胞把他们的纺织技术毫无保留地传授给了黄道婆，她在黎族地区生活了将近 30 年。

在元朝元贞年间，黄道婆返回故乡。她致力于改革家乡落后的棉纺织生产工具，在纺纱工艺上黄道婆更创造了新式纺车。黄道婆还把从黎族人民那里学来的织造技术，结合自己的实践经验，总结成一套比较先进的"错纱、配色、综线、挈花"等织造技术热心向人们传授。一时"乌泥泾被"不胫而走，很快淞江一带就成为全国的棉织业中心。

"元曲四大家"是哪四家？

元曲四大家，指关汉卿、白朴、马致远、郑光祖四位元代杂剧作家。明代何良俊在《四友斋丛说》中说："元人乐府称马东篱、郑德辉、关汉卿、白仁甫为四大家。"在此以前，元代周德清在《中原音韵》序中说:"乐府之盛之备之难,莫如今时,其备则自关、郑、白、马,一新制作。"但是,周德清虽以四人并称,却并未命以"四大家"之名,另外,明初贾仲明为马致远作的悼词中又有"共庾、白、关老齐眉"的说法,庾指庾吉甫。这些说法表明,元曲四大家的概念是逐渐形成的。

关汉卿为什么要创作《窦娥冤》?

《窦娥冤》是关汉卿的代表作,也是我国古代悲剧的代表作。它的故事渊源于《列女传》中的《东海孝妇》。但关汉卿并没有局限在这个传统故事里,去歌颂为东海孝妇平反冤狱的于公的阴德,而是紧紧扣住当时的社会现实,用这段故事,真实而深刻地反映了元统治下中国社会极端黑暗、极端残酷、极端混乱的悲剧时代。它成功地塑造了"窦娥"这个悲剧主人公形象,使其成为元代被压迫、被剥削、被损害的妇女的代表,成为元代社会底层善良、坚强而走向反抗的妇女的典型。

元杂剧何以衰亡?

随着繁盛一世元王朝的逐渐没落,元杂剧也慢慢衰亡,艺术的发展消亡跟社会经济体制的变革有着密切的联系。导致元代杂剧衰亡的原因,学界大致有以下几种观点:

第一,许多文章认为,造成元代杂剧衰亡的原因是其创作的倾向和所反映的内容发生了逆转。

第二,有学者指出,元代末期社会经济的衰退最终导致了元杂剧的衰落,这就像元代城镇经济的相对繁荣是元杂剧兴盛的基础一样。

第三,元杂剧的衰落主要和它的演唱体制有关。

第四,元杂剧本身的音乐体制与剧本结构的种种弊端,才是导致其衰亡的最主要的原因。

总之,造成元杂剧衰亡的原因是多方面的,既有反映内容、创作倾向变化,经济衰退的因素,也有演唱体制不合理、剧本结构弊端等的因素。在分析和研究元杂剧衰亡的原因时,不能任意扩大其中的一个因素,而应该综合各种因素来考察。

画坛"元四家"应是哪四人?

"元四家"是元代山水画的 4 位代表画家的合称。主要有二说:一是指赵孟頫、吴镇、黄公望、王蒙四人,见明代王世贞《艺苑卮言·附录》。二是指黄公望、王蒙、倪瓒、吴镇四人,见明代董其昌《容台别集·画旨》。其中第二说流行较广。也有将赵孟頫、高克恭、黄公望、吴镇、倪瓒、王蒙合称为"元六家"的说法。他们的画风虽各有特点,但主要都从五代董源、北宋巨然的基础上发展而来,重笔墨,尚意趣,并结合书法诗文,是元代山水画的主流,对明清两代影响很大。

郭守敬修的历法叫什么?

元世祖灭南宋以后,为了发展农业生产,决定统一制定一个新历法。他下令成立了一个编订历法的机构,名叫太史局(后来叫太史院)。负责太史局的是郭守敬的同学王恂。郭守敬因为精通天文、历法,也被朝廷从水利部门调到太史局,和王恂一起主办改历工作。

王恂与郭守敬等一起研究,在全国各地设立了 27 个测点。各地的观测点把得到的数据全部汇总到太史局。郭守敬根据大量数据,花了两年的时间,编出了一部新的历法,叫《授时历》。这种新历法,比旧历法精确得多。它算出一年有 365.2425 天,同地球绕太阳一周的时间,只相差 26 秒。这部历法同现在通行的格里历(即公历)一年的周期相同。

第八篇
日月云烟，落日余晖
——明、清帝国

明

朱元璋是谁?

明太祖朱元璋（1328～1398年），大明王朝的开国皇帝。汉族，原名朱重八，后取名朱兴宗，字国瑞。生于濠州钟离（今安徽凤阳东北），祖籍古泗州城（今盱眙县城淮河对岸），少时穷苦，一度入皇觉寺当和尚。25岁时参加郭子兴领导的红巾军反抗元暴政，郭子兴死后统率郭部。接着以战功连续升迁，龙凤七年（1361年）受封吴国公，十年自称吴王。元至正二十八年（1368年），在基本击破各路农民起义军和扫平元的残余势力后，于南京称帝，国号大明，年号洪武，在位三十一年（1368～1398年），建立了全国统一的封建政权。

朱元璋为什么要"缓称王"?

起义军称王，如果不在实力、威望达到适当程度时进行，反会失败。时机不成熟时，必须实行以退为进，从而积蓄力量，等待时机。朱元璋于1356年攻占南京后，采纳了谋士朱升的韬晦战略"高筑墙，广积粮，缓称王"，即在减少了敌人、发展了势力、时机成熟后，进而称王，必将稳稳当当。朱元璋依计行事，终成大业。

朱元璋是怎样自学成才的?

朱元璋小时候是个放牛娃，因为家里穷，从来就没上私塾接受正规的学堂教育，他完全是自学成才。

第一，做和尚云游三年，全方位的综合素质训练。

这是朱元璋从社会这所超级大学接受综合素质训练和全方位教育的过程，比如独立、坚韧、勇敢、果断、大胆、抗争等心理行为素质以及为人处世的道理等。

第二，为期四年的有意识的刻苦的文化学习。

1348年，朱元璋回到了皇觉寺。他开始注重书本知识的学习，不但从佛学书籍中学习、领悟有关知识，还想方设法寻来一切可以找到、借到的书籍阅读并思考。

第三，军旅生涯书不离身，终日与饱学之士为伍。

朱元璋在行军打仗过程中，总是书不离身，经常在军务间隙的军营之夜看书，特别是历史类、兵法类书籍，日积月累，朱元璋的学问大有长进。

建国后当了皇帝的朱元璋，更是在日理万机中迷上了读书这件事。

《大明律》是一部什么样的法典?

《大明律》是明代的主要刑法法典。正式颁行于明太祖洪武三十年（1397年），共30卷，460条。朱元璋非常重视封建法制建设，他总结历代封建王朝的统治经验，把"明礼以导民，定律以绳顽"作为制定明律的指导思想。鉴于元末"条格烦冗""其害不胜"的历史教训，他提出了"法贵简当""当适时宜""当计远患"等一系列立法原则，并根据明初的历史条件和统治经验，吸取唐律及宋、元各朝律中有利于加强封建专制的内容，百般斟酌，制定了这部《大明律》。

朱元璋在改革政治体制方面有哪些举措?

朱元璋建国后，在改革政治体制方面的举措有：

第一，废除行省制。1376年，朱元璋宣布废除行中书省，设立承宣布政使司、都指挥使司和提刑按察使司，分别担负行中书省的职责，三者分立又互相牵制，防止了地方权力过重。

第二，在军事上，朱元璋废除了管理全国军事的大都督府，将其分为五军都督府，并和兵部互相牵制。兵部有权颁发命令，但是不直接统帅军队，都督府掌管军队的管理和训练，但是没有调遣军队的权力。这样，军权便集于皇帝之手。

第三，在中央机构改革的重点是废除丞相制。明初中书省负责处理天下政务，地位最高。其长官为左、右丞相，位高权重，丞相极易与皇帝发生矛盾，明太祖借胡惟庸案废除了丞相，进一步加强了皇权。

高启为何拒官？

高启（1336～1373年），元末明初诗人，字季迪，长洲（今江苏苏州）人。高启出身富家，童年时父母双亡，生性警敏。高启为人孤高耿介，思想以儒家为本，兼受释、道影响。他厌倦朝政，不羡功名利禄。因此，洪武三年（1370年）秋，朱元璋拟委任他为户部右侍郎，他固辞不受，被赐金放还，后返青丘，以教书治田自给。

苏州知府魏观修复府治旧基，高启为此撰写了《上梁文》，因府治旧基原为张士诚宫址，有人诬告魏观有反心，魏被诛；高启也受株连，最终被处以腰斩而亡。

为什么朱元璋要大杀功臣？

对于朱元璋这个权势欲极强，又有政治手腕的皇帝而言，最不能接受的就是大权旁落，而那些文臣武将们以为开国有功，趾高气扬，飞扬跋扈，如果不加以制服，那么他的子孙继位之后，势必会出现相权与将权分割皇权的现象，到时候局面将不可收拾。所以，朱元璋便"大开杀戒"。

首先，朱元璋抓住两个有把柄的实权人物——左丞相胡惟庸和大将军蓝玉——开刀，然后蔓延株连，把那些威胁、削弱皇权的开国元勋，甚至那些并不威胁、削弱皇权的开国元勋，不分青红皂白地统统处死，从而巩固了皇权。

明代科举制度共分哪几级考试？

明代正式科举考试分为乡试、会试、殿试三级。

乡试是由南、北直隶和各布政使司举行的地方考试。地点在南、北京府和布政使司驻地。每三年一次，逢子、午、卯、酉年举行，又叫乡闱。考试的试场称为贡院。考期在秋季八月，故又称秋闱。乡试考中的称举人，俗称孝廉，第一名称解元。

会试是由礼部主持的全国考试，又称礼闱。于乡试的第二年即逢辰、戌、未年举行。全国举人在京师会试，考期在春季二月，故称春闱。考中的称贡士，俗称出贡，别称明经，第一名称会元。

殿试在会试后当年举行，时间为三月十五。应试者为贡士。录取分三甲：一甲三名，赐进士及第，第一名称状元、鼎元，二名榜眼，三名探花，合称三鼎甲。二、三甲第一名皆称传胪。一、二、三甲通称进士。

"八股文"是种什么样的文体？

"八股文"，明清科举考试的一种文体，也称制艺、制义、时艺、时文、八比文。其体源于宋元的经义，而成于明成化以后，至清光绪末年废除。文章就四书取题。开始先揭示题旨，为"破题"。接着承上文而加以阐发，叫"承题"。然后开始议论，称"起讲"。再后为"入手"，为起讲后的入手之处。以下再分"起股""中股""后股"和"束股"四个段落，而每个段落中，都有两股排比对偶的文字，合共八股，故称八股文。其所论内容，都要根据宋朱熹《四书集注》等书"代圣人立说"，不许作者自由发挥。

"八股文"是封建统治者束缚人民思想、

维护封建统治的工具。

"靖难之役"的经过是怎样的？

明太祖朱元璋死后，由长孙朱允炆即位，为明惠帝。为巩固帝位，朱允炆听取大臣建议，意欲削藩，而朱棣是藩王中势力最大的。建文元年（1399年），燕王朱棣以"靖难"为借口，举兵南下，发动了与侄子朱允炆夺取皇位的战争，史称靖难之役。

建文二年（1400年）六月八日，朱棣兵临济南城下。守城将领铁铉督众，矢志固守，致使朱棣久攻不下。和尚道衍劝朱棣，说师老兵疲，应回北平再图后举。燕军遂于九月四日解围退去。1402年，燕军进入山东，绕过守卫严密的济南破东阿、汶上、邹县，直至沛县、徐州，在灵壁大败南军后，又突破淮河防线，最终攻占金陵。惠帝下落不明，朱棣自立为帝，改年号永乐。

明朝为什么迁都北京？

明朝迁都北京，有两个原因。

第一，北方虏患不绝，建都在北京，便于就近制御。到了明朝，西北的少数民族如突厥、回纥等都已势微，而东北地区的契丹、女真、蒙古各部仍存在着骚扰中原的能力，对付北方的"虏患"，北京显然比南京更具有地理优势。

第二，由于"靖难之役"，朱棣在南京杀人太多，因此结怨于江南。再继续待在南京做皇帝，已经失去执政基础。因此他从取得皇位的那一天起，就有了迁都的打算。

从永乐七年（1409年）开始，朱棣让太子留在南京监国，自己跑到北京住下来。早在永乐四年，朱棣就开始了北京的建都工作。故宫始建于明永乐四年（1406年），1420年基本竣工。

为什么要设立奴儿干都指挥使司？

永乐朝，明迁都北京以后，除了征抚蒙古族人外，更加强了对女真地区的经营。

早在永乐元年（1403年），朝廷就派遣邢枢等人"往谕奴儿干至古列迷诸部落招抚之"。永乐二年（1404年），又派遣辽东千户王可仁前往豆满江等地，安抚建州女真。明王朝采取安抚政策，收到很好效果，明朝政府在这里"因其地分设卫、所"。于是设置奴儿干卫，以把剌答哈、阿剌孙等四人为指挥同知，古胪寺等为千户所镇抚，随后设立了100多个卫所。永乐七年（1409年），奴儿干卫地方官员忽剌冬奴等人来朝，奏称奴儿干"其地冲要，宜立元帅府"。明廷接受了这个建议，设置"奴儿干都指挥使司"，任命内地官员康旺为都指挥同知，王肇舟为都指挥佥事。

朱棣是怎样残害建文旧臣的？

据说朱棣从惠帝手中夺取了皇位之后，有一天御史大夫景清怀揣一把刀，穿着红色的衣服上朝。负责观察星象的太史向朱棣禀报，说一颗红色的星侵犯帝座星，说明有人要谋害皇帝。等到上朝时，朝臣中只有景清穿红衣，便引起朱棣的怀疑。于是朱棣派人搜查景清的身体。当朱棣审问景清为什么怀揣刀上朝时，景清大声回答说："我想为先帝报仇！"朱棣听完大怒，就以磔刑处死了景清，并灭了他的族。

曾经打败朱棣的济南守城将领铁铉遇害后，其父母被发配到海南，妻子和女儿被送到教坊司充当军妓，长子充军，次子为官奴，后被虐待而死。建文朝力主削藩和对燕王朱棣用兵的齐泰、黄子澄，家中女眷也被送到教坊司。其他建文旧臣的妻女们有多少如此下场的，不得而知。

方孝孺是怎样被朱棣灭十族的？

方孝孺是建文帝的老师，耿介有气节，名气很大。

南京失陷后，朱棣打算让方孝孺草拟即位诏书，召至宫廷。只见方孝孺披麻戴孝而来，号啕大哭。朱棣说："先生不必自己难为自己，我只不过想要效法周公辅佐成王罢了。"

方孝孺当即反讥道："成王安在？"答："他自己放火烧死了。"又问："怎么不立成王的儿子？"又答："国事纷纭，需要一个年龄大的君主。"再问："为什么不立成王的弟弟？"朱棣有点不耐烦地说："这是我们的家事。"朱棣强请方孝孺草诏时，方孝孺说："死就死罢了，诏是不能写的。"

朱棣问道："你难道就不怕祸灭九族吗？"方孝孺道："便诛十族，又奈我何。"结果，果然祸及十族——九族之外，连学生和朋友也株连进去了，被杀者达873人。

永乐帝夺权后怎样巩固中央集权？

明成祖朱棣在巩固专制主义中央集权政治方面进行了一些重大的改革：

第一，继续执行了削藩的政策，军政大权再度集中于皇帝。

第二，对中央行政机构做了进一步的调整，正式设立了内阁。内阁的成员由皇帝亲自从官僚中选拔，在皇帝的指挥下协助办理政事。

明成祖又重用司礼监宦官，宦官与内阁的权势相抗衡，重大政务最后取决于皇帝，皇权进一步巩固了。洪武十五年（1382年），明朝政府在南京设立了锦衣卫。永乐十八年（1420年），又设立了"东厂"。厂、卫是极端专制主义中央集权政治的产物，它的出现，也标志着君主专制统治的加强。

第三，永乐十九年（1421年），明成祖把都城从南京迁到北京。

通过这些措施，永乐帝进一步巩固与加强了中央集权。

发展对外关系最成功的皇帝是谁？

从发展对外关系取得的成就来说，明成祖朱棣（1402～1424年在位）超过了历代封建皇帝。明成祖刚登基3个月，就派使臣出访安南（今越南）、苏门答腊（今属印度尼西亚）等国家和地区；之后，又派使臣出访爪哇（今属印度尼西亚）、满剌加（今属马来西亚）、柯枝（今属印度）等国家和地区。举世著称的郑和七下西洋（今南洋群岛和印度洋一带），访问了亚非30多个国家，这在当时是规模最大的外交活动。

永乐年间，对外活动的规模之大，取得的成就之突出，在中国封建社会里可以说是空前绝后的。明成祖朱棣大力发展对外关系，客观上加强了中国同亚非各国政治、经济、文化的交流，增进了中国人民同亚非人民的友谊，写下了中外关系史上的重要篇章。

《永乐大典》是一部什么书？

《永乐大典》是一部类书，它编纂于明朝永乐年间，历时6年（1403～1408年）编修完成。它保存了14世纪以前中国历史地理、文学艺术、哲学宗教和其他百科文献，堪称世界文化遗产的珍品，也是中国最著名的一部大型古代典籍。《永乐大典》共计有22877卷，目录60卷，分装成10095册，全书字数约3.7亿字。《永乐大典》的规模远远超过了前代编纂的所有类书，即使是清代编纂的规模最大的类书《古今图书集成》也只有1万卷、1.6亿字，不到《永乐大典》的一半。《永乐大典》的规模更是西方同时代的典籍所望尘莫及的。

《永乐大典》书影
初名《文献大成》。全书按韵目分列单字，依次辑入用该字起名的文史资料，宋元以来的佚文秘典收集颇多。正本藏于文渊阁，副本藏于皇史城。

解缙是怎样失宠的？

解缙（1369～1415年），字大绅，江西吉水人。朱棣做了皇帝后，解缙出任内阁。

一次，明成祖要讨伐南方一个小国，解缙劝其不要出兵，结果很快取胜，明成祖由此开始不信任解缙。皇长子虽被立为太子，但汉王朱高煦越来越受到朱棣的宠信。这时候解缙便对成祖说："汉王要争皇位，不可以啊！"但明成祖听了十分生气，说："你这是调拨离间太子与汉王的兄弟之情。"从此便更加不信任解缙了。此后，汉王又多次在皇帝面前说解缙坏话，最终使得解缙被贬到广西，做了一个小小的地方官。

1410年，解缙因为有事到首都南京，恰巧明成祖带兵北征不在，解缙去拜见了皇太子后就回广西了。汉王就对明成祖说："解缙私自拜见皇太子，而不请示皇上，居心险恶而且没有做臣子的礼节。"明成祖于是随便找了个借口，将解缙抓入监牢。

中国资本主义萌芽的产生与世界市场有关吗？

资本主义萌芽的出现，是明清社会经济发展中的新现象。

明朝中后期，资本主义萌芽首先在手工业生产部门出现。到清朝中期，资本主义萌芽得到发展。这期间经历了曲折的道路，发展十分缓慢。所谓的资本主义萌芽是指"处在萌芽状态的雇佣关系"，它的发展方向是资本主义。

资本主义萌芽在中国和西欧几乎是同时出现的。可见，中国资本主义萌芽的产生与世界市场没有关系。

王振的垮台起因于什么？

王振是明朝第一个专权的太监。他本来是一个极为失败的教书先生，却自阉进宫，得到了明英宗的宠幸，开始和邹东来擅权，干涉朝政，揭开了太监弄权的序幕。

王振利用手中权力，一面结党营私，大力提拔那些溜须拍马、谄媚逢迎之徒；一面大打出手，残酷地镇压那些反对自己专权和对自己不恭不敬之人。同时，王振遍受贿赂，又大肆贪污，家中财富越来越多。王振控制朝政以后，不仅对内党同伐异，大耍淫威，对外也投机取巧，破坏边防，终于招致了瓦剌贵族的进犯，而这也是导致王振垮台的起因。后来王振败绩，籍没其家产时，仅金银就有60余库，玉盘100多个，珊瑚树高六七尺者20余株，其他珍玩则不计其数，足见其贪污受贿的程度。

郑和的原籍和寄籍在哪里？

郑和（1371～1433年），小名三宝。郑和本姓马，云南昆阳州（今昆明市晋宁区）宝山乡和代村人，生于明代洪武四年（1371年）。

郑和的先世是西域布哈拉人，元王朝部队于1253年，攻占了位于云南地区的大理国，征服了当地各民族，并于1276年设置云南行省，派郑和的先世——赛典赤·赡思丁·乌马尔统治云南。郑和的曾祖父拜颜的父亲（高祖）是赛典赤·赡思丁·乌马尔第五子的长子。后来，郑和的祖父从母姓，改姓马。郑和入宫后因犯了马皇后姓氏的忌讳，便被赐姓"郑"，改名郑和。

郑和下西洋的使命是什么？

1405～1433年期间，郑和不辞辛劳，出没于风浪，屡下西洋，究竟负有何种神秘的使命？

《明史·郑和传》载："成祖疑惠帝亡海外，欲踪迹之，且欲耀兵异域，示中国富强。"由此看来，到海外跟踪寻查惠帝，是郑和出使的主要目的。沿途展示国力，则是附带的行为。

韩振华的《论郑和下西洋的性质》、陈得芝的《试论郑和下西洋的双重任务》、翦伯赞的《中国史纲要》等著述则以为，郑和下西洋，有政治与经济双重目的。燕王遣使出洋宣武异域，使万国来朝，自然不失为提高国际威望和巩固统治的积极措施；另一方面还可以打开一条通往西洋诸国的海上航道，扩大明朝官方的对外贸易市场。

以上各家之言，无不持之有据。众说纷纭，莫衷一是，哪一种说法才符合历史的真相呢？读者自斟酌之。

为什么说郑和下西洋是一个壮举？

从 1405 年至 1433 年间的 28 年中，郑和七下西洋，先后到达东南亚、南亚、伊朗、阿拉伯等地，最远到达非洲东海岸和红海沿岸共 30 多个国家和地区。

无论是在航线上还是航行经验上，郑和船队都有历史性的突破，流传下来的《郑和航海图》及 4 幅附图（《过洋牵星图》）对世界航海史和地理学都有重要影响。郑和七下西洋肯定是中外交流史上的一件大事，以"协和万邦"的身份"和番"——扩大和搞好与海外各国的友好关系，同时，维护海道安宁，为各国调解矛盾纠纷。从前，中西方的交流，主要是通过陆地丝绸之路，自郑和以后，中外交往的路径依赖就从陆地转变到海洋。作为一种双向交流，15 世纪末，葡萄牙人航海东来。这是一次前所未有的东西方海上会合。

"土木之变"是怎么回事？

明英宗正统十四年（1449 年），明朝北方的边界上崛起了一支强大的蒙古人部族，号称瓦剌。也先继承瓦剌王位后，由于贸易方面的摩擦，激化了与明朝本就不协调的关系，战争终于爆发了。

也先发兵攻打山西大同。大权独揽的王振想趁这个机会，到家乡人面前抖威风，顺便建立奇功，巩固自己的地位，便竭力劝明英宗御驾亲征。他告诉英宗瓦剌不堪一击，英宗信以为真，下令立即出征。朝中官员请求英宗收回成命，可是，英宗只信王振，根本不管大臣们的建议。

七月十七日，明英宗和王振带着 50 万临时拼凑的队伍出发了。出发时也不管敌情如何，也不商量作战方略，连后勤保障都没安排好。结果英宗在土木堡被俘，王振被部将锤杀，这就是"土木之变"。

也先为什么放回了明英宗？

土木之变，也先俘获了英宗。他主要想把英宗当作人质从明朝取得领土和赔款。

但也先没有想到英宗毫无价值，于是便想杀了他，但一位大臣劝说道："明英宗现在毫无价值，杀了他也没有意义。明朝既然已经有新皇帝登基，我们倒不如把明英宗放了。这样一国有两位国君，必然会产生矛盾，朝中一定会起内乱，到时候，我们可以乘机攻打明朝领土，夺取他们的江山，那岂不更好！"

也先听后，非常高兴，便对明英宗说道："你带大军伐我瓦剌，我们也是不得已而为之，还望你多多谅解，不要因此事而伤了我们的关系，为了表示我的诚意，你可以写一封信，我派使者给你们朝廷送去，让他们亲自来接你回皇宫。"也先就这样放回了明英宗。

"夺门之变"是怎么回事？

夺门之变是中国明代将领石亨、太监曹吉祥等于景泰八年（1457 年）拥明英宗朱祁镇复位的政变，又名南宫复辟。石亨等攻破南宫门，奉英宗升奉天殿复辟，故名。

正统十四年（1449 年）八月，明英宗在土木之变中被俘，英宗弟郕王朱祁钰为帝（即明代宗景泰景帝），遥尊英宗为太上皇。次年，英宗被释归，为景帝幽禁于南宫。

景泰八年（1457 年）正月，景帝病重，石亨见帝疾甚，即与都督张轨、太监曹吉祥等密谋发动政变，拥英宗复辟。当月十六日夜，徐有贞、石亨等引军千余潜入长安门，急奔南宫，掖英宗登辇，自东华门入宫，升奉天殿，并开宫门告知百官太上皇已复位。英宗复位后，废景帝仍为郕王，迁于西内。

保卫北京的于谦为什么被杀？

于谦（1398～1457 年），明朝大臣。

字廷益，号节庵，钱塘人（今浙江杭州）。

景泰元年（1450 年），也先乞和，请归还英宗。八月，迎还英宗，安置南宫，称上皇。当时闽浙有叶宗留、邓茂七起义，广东有黄萧养起义，湖广、广西、贵州等地均有少数民族反抗，都被于谦镇压。景泰八年（1457 年），英宗复位后，石亨和曹吉祥等诬陷于谦制造不轨言论，要另立太子，唆使科道官上奏。都御史萧维祯审判定罪，坐以谋反，判处死刑。英宗以于谦实有功，不忍杀之，徐有贞奏道："不杀于谦等，今日之事有何名誉可言？"英宗遂以"意欲"谋逆罪将于谦处死，其子于冕充军，发戍山西龙门，其妻张氏发戍山海关。

为什么明代会出现严重的宦官专权局面？

《明史》撰修者认为，宦官专权乱法首先是因为"太祖之制，成祖违之，贻子孙之患"。其次是由于"太祖罢相"，废相之后，内阁建立，可当内阁有了丞相之实的时候，又不能为皇帝所容，于是相权落到了司礼监手中，使宦官专权有了政治上的资本。

总的来看，明代宦官专权具有不同于前代的两个特点：

第一个特点是皇帝对传统的皇权派生物——官僚制度不信任。

皇帝集立法、司法、行政、财政、军事、人事各种权力于一身，个人无法运用所有的权力，可又不愿分权于臣僚，就只好依靠宦官了。

第二个特点是中国几千年以礼教代替法律治理国家的"礼治"精神在明代发展到了巅峰，种种弊端也有了淋漓尽致的体现。在传统的制度和规范都已不可靠的情况下，皇帝选择了以宦官为执行者的特殊手段来维护权威和满足私欲。

宦官刘瑾是怎么被除掉的？

武宗在位时，宦官刘瑾一手遮天，坏事做绝。但武宗十分信任他，刘瑾又控制了东厂、

西厂，朝中还有一大批官员是他的势力。所以，要扳倒刘瑾，极其不易。

1510 年，安化王朱寘鐇以反对刘瑾为名，发兵谋反。明武宗派杨一清起兵讨伐朱寘鐇，派宦官张永监军。杨一清平定叛乱之后，俘虏了朱寘鐇，将其押解到北京。杨一清早就想除掉刘瑾，他得知宦官张永跟刘瑾也有矛盾，就决心拉拢张永共同扳倒刘瑾。

到北京后，张永按杨一清的计策，当夜在武宗面前揭发刘瑾谋反。明武宗命令张永带领禁军捉拿刘瑾并抄了他的家，抄出黄金二十四万锭，银元宝五百万锭，珠玉宝器不计其数；还抄出了龙袍玉带，盔甲武器。明武宗这才大吃一惊，随即将刘瑾判处死刑。

"弘治中兴"是怎么回事？

明孝宗朱祐樘的"弘治中兴"是一个短暂的"治世"。成化二十三年（1487 年）春，太子朱祐樘于九月壬寅日继位。第二年改年号为"弘治"，是为明孝宗。

孝宗即位之初，就着手改革弊政。弘治元年（1488 年），他采纳大臣的建议，开设大小经筵。大经筵，每月逢二、十二、廿二日举行，主要是一种礼仪；小经筵又称日讲，君臣之间不拘礼节，从容问答，是重要的辅政方式。孝宗开始坚持日讲，同时，又在早朝之外，另设午朝，每天两次视朝，接受百官面陈国事。由于孝宗锐意求治，朝廷上下，文武百官纷纷上言，或痛陈时弊，或广进方略。尽管存在诸多弊政，但是明孝宗宽厚仁和的政治品行、弘治朝君子众多、君臣关系融洽等政治特色却为这一朝带来了"弘治中兴"的美誉。

王守仁是如何平定宁王叛乱的？

正德十四年（1519 年），宁王朱宸濠叛乱。江西地区，只有都御史王守仁一个人立即站起来，坚决反对宁王叛逆。

宁王攻下九江等地之后，自以为后方巩固，遂倾巢而出，南昌反而十分空虚。于是，王守仁分兵三路，同时冲击南昌各城门。留

守南昌的叛军没多久便纷纷开门投降，南昌城被打下。宁王听说南昌失守，不听部下劝阻，回兵跟王守仁决战。双方在黄家渡相遇。第一天，王守仁派知府伍文定设下伏兵，一战歼敌两千，顶住了宁王的反扑。第二天，宁王把战船结成方阵，准备全力对付王守仁的进攻。王守仁却利用小股部队，发动了火攻，霎时间，宁王的船阵着了火，船只又一时无法散开，火势迅速蔓延，连宁王的座船也着了火，叛军终于大败，宁王本人也成了阶下囚。

葡萄牙殖民者是如何占领澳门的？

1553 年，一队葡萄牙商船借口在海上遇到风浪，请求到濠镜（即今日澳门）晾晒"水湿贡物"，广东官员接受贿银五百两，允之。葡萄牙人得以上岸，自此入住、盘踞澳门。

葡萄牙人以保护其安全和贸易为由，不断扩大在澳军事力量，驻扎大批军队。这种动向引起明政府的警觉，明政府加强了对澳门的管理，除向居住澳门的葡萄牙人征税、收租、设关三项措施外，还陆续采取了其他行政、立法、司法方面的措施。

第一次鸦片战争后，中国开始沦为西方列强的半殖民地，葡萄牙当局一反在澳 300 多年基本"恭顺"的姿态，不断扩占、蚕食澳门附近领土。

第二次鸦片战争后，葡萄牙殖民者诱逼清政府于 1887 年签订了不平等的中葡《和好通商条约》，将澳门置于葡萄牙的"永居、管理"之下。

什么是"一条鞭法"？

一条鞭法是明代中期赋役方面的一项重要改革。初名条编，又名类编法、明编法、总编法等。后"编"又作"鞭"，间或用"边"。

主要是总括一县之赋役，悉并为一条，即先将赋和役分别合并；再通将一省丁银均一省徭役，每粮一石编银若干，每丁审银若干；最后将役银与赋银合并征收。代表了 16 世纪明代管理者试图获得一种理想状态的各种努

力：徭役完全取消；里甲体系不管在形式上还是实质含义上都不再存在；任何残留的人头税都将并入田赋之中，而纳税人可以通过分期支付单一的、固定的白银来履行对国家的义务。

张居正是怎样整顿吏治的？

张居正（1525 ~ 1582 年），汉族，湖广江陵（今属湖北）人。字叔大，少名张白圭，又称张江陵，号太岳，谥号"文忠"。明代政治家，改革家。

明代中期，吏治腐败达到极点。针对这种混乱局面，张居正以推行考成法为中心，信赏必罚，刷新吏治，给腐朽的官场吹进了一股改革的清风。

第一，依据立限考成的三本账，张居正严格地控制着从中央到地方的各级官员。把整顿吏治和惠及小民有机地联系起来，既稳定了统治秩序，又提高了行政效率。

第二，对各级官员凭借职权滥用驿站现象，也进行了整顿。

第三，对宦官势力的干扰，也进行了坚决抵制。经过整顿，在张居正当政期间，宦官势力受到抑制

第四，张居正针对法纪废弛、君令无威的状况，把执法与尊君联系起来，以伸张法纪为中心进行整顿。

什么是"夺情"风波？

万历五年（1577 年）九月二十六日，张居正父亲病死。按照封建礼教，父母死亡，在外做官的儿子必须离任回乡服丧 3 年，等到服丧期满后才可回任办事，否则，即是"忘亲""夺情"。当时张居正权势正如日中天，而且他的改革也刚步入正轨，生怕一旦离去，他人谋其位，前期改革成果付诸东流，改革也就此中断，因此不想回老家江陵奔丧守孝。于是他暗中指使大宦官冯保出面挽留。冯保命吏部尚书张瀚奉诏留张居正。张居正本人也一再要张瀚以吏部尚书的身份出面留他。然而，这张瀚却始终不为张居正所动。张瀚

的下级户部侍郎李幼滋想要讨好张居正，"首倡夺情"之议。

万历五年（1577 年）十月十八日，翰林院编修吴中行上疏弹劾，说张居正夺情是违背"万古纲常"。第二天，检讨赵用贤上书，认为不能援前朝故事为张居正夺情制造根据。十月二十日，刑部员外郎艾穆、主事沈思孝联名上书，弹劾张居正夺情是"贪位忘亲"。张居正大怒，十月二十二日廷杖吴中行、赵用贤各六十，艾穆、沈思孝各八十。

吴中行等人因为上书反对张居正夺情而被廷杖时，邹元标不过是一小官，默默无闻，见状立即厚赂太监，并马上上一疏反对夺情，言辞十分尖锐，批评张居正素来以"非常之人"自居，而他"以奔丧为常事而不屑为"，说明他实际上与禽兽无异。张居正大怒，下令廷杖邹元标一百六十。邹元标因为之前贿赂过太监，虽然挨的板子比别人多，反倒挺过来了。

朝臣们相继上书为被廷杖的五人求情。张居正不听，将吴中行、赵用贤革职除名，艾穆、沈思孝、邹元标分别发配充军。吴中行、赵用贤为隆庆五年张居正所取进士，与张居正有师生之谊，而艾穆为张居正的同乡，他们从维护封建伦理纲常出发，不讲私恩，不避权势，上书指责张居正夺情，"直声震天下"，时称五人为"五直臣"。

最后还是明神宗朱翊钧出面，说张居正"亲承先帝付托，辅朕冲幼"，"朕切倚赖，岂可一日离朕"，命张居正在官守制，"夺情"风波才算平息了下来。张居正虽成功"夺情"，仍旧独执大权，但这件事也成为他死后被论罪抄家的祸根。

为什么张居正死后蒙冤？

张居正在《明史》中记载得很简单，书中承认他有才干，但是一个权臣。什么叫权臣呢？就是把不该属于自己的权力使用了，称之为权臣。

《明史》修纂是在康熙年间，总编纂官张廷玉，桐城人，大学士。因为康熙皇帝十

几岁继承王位的时候，摄政王是鳌拜。鳌拜非常地专权，让康熙感到自己当了"儿皇帝"，想办法把鳌拜除掉以后，康熙才感到自己真正当上了皇帝，因此，康熙痛恨权臣。张廷玉作为总编纂官，又是皇帝身边的大学士，他不能够不顾及这样的现实，去歌颂跟鳌拜摄政方式同样的张居正。由于《明史》这样的一个评价，所以让张居正蒙冤了很多年。

怎样看待张居正的千秋功过？

张居正是一个十足的铁腕人物。有人说他"奸"，一方面可能是因为他的政令威胁甚至触及了这些人的利益，另一方面也可能是因为他们无法容忍他的不择手段。

然而，张居正毕竟是卓有成效的政治家。他为政，"以尊主权、课吏职、信赏罚、一号令为主。虽万里外，朝下而夕奉行"。他用人，"核驿递，省冗官，清庠序，多所澄汰"，以李成梁、戚继光戍边，以潘季驯治水，世称知人。他尤其致力于在全国清丈土地，推行一条鞭法，使赋役合并，限制了官僚地主利用国家征税之机中饱私囊，更使疲弊日久的明代朝政为之一振。张居正当政的 10 年，是明朝历史中一段少有的平静而祥和的时期。

戚继光为什么能打败倭寇？

戚继光（1528 ～ 1588 年），字元敬，号南塘，晚号孟诸，汉族，山东登州人。明代著名抗倭将领、军事家，与俞大猷齐名。率军于浙、闽、粤沿海诸地抗击来犯倭寇，历 10 余年，大小 80 余战，终于扫平倭寇之患，

抗倭图卷（局部）
此图描绘倭寇船侵入浙江沿海，登陆、探察地形、掠夺放火，百姓避难，明军出战、获胜的全过程。这部分是明军与倭寇激战的情况。

被誉为民族英雄，卒谥武毅。

戚继光在多年的战争实践中，深深地对战争离不开良将，也更离不开精兵这一点有了切身的体验，所以他决心建立一支自己的军队。

戚继光认为，军队"不患其不强，而患其不驯；不患其不胜，而患其骄"。戚继光在军中立威，依靠的是三个法宝：军法、恩德、信义。在军队训练方面，他主要从武器与阵式上精心考虑。不但精求火器，而且还发明了一种"狼筅"，同时又附之以短刃，二者迭用，遂使"继光一军特精"。另外，他又以"南方多数泽，不利驰逐"，而根据地形创制了"鸳鸯阵""三才阵"等。这些阵式和武器的重新安排与研制，目的只有一个：保全自己，消灭敌人。

嘉靖四十年（1561 年），在台州，他大败倭寇，使敌人闻风丧胆，"戚家军"声震天下。

自"戚家军"成立起，大小数百战未尝败绩。比较有名的大战有：嘉靖四十年台州之役，斩杀倭寇三千余人。福建之役，斩倭寇五千余级，其中横屿之战是一场精彩的步炮协同作战，先以火炮击沉倭寇战船并轰击倭寇大营，再以突击队强行登陆突破倭寇本阵，斩杀倭寇头领。嘉靖四十二年（1563 年）平海卫、仙游、王仓坪、蔡丕岭四战，共斩杀真倭两万余。自嘉靖三十八年戚家军成军到万历十一年（1583 年）戚继光去职，戚家军击败的敌军总数超过十五万余，这在日久承平的万历中兴时期是辉煌的战绩。

明朝哪个皇帝喜欢做木匠活？

明朝有一个喜欢做木匠活的皇帝，他就是明朝倒数第二个皇帝——明熹宗天启皇帝。

天启皇帝生性好玩，心灵手巧，尤其喜欢做木匠活。他经常在皇宫里，拿着斧子、锯子，亲自动手，制造一些家具。他的手艺很好，做出来的家具非常精致好看，还常常让小太监拿到市场上去卖钱。

当时的明朝，外有金兵侵扰，内有明末起义，正是国难当头、内忧外患的时期。熹宗却不务正业，不听先贤教诲去"祖法尧舜，宪章文武"，而是对木匠活有着浓厚的兴趣，整天与斧子、锯子、刨子打交道，只知道制作木器，盖小宫殿，将国家大事抛在脑后，成了名副其实的"木匠皇帝"，这也是明朝江河日下的一个重要原因。

袁崇焕为什么能取得宁远大捷？

袁崇焕（1584～1630 年），字元素（一说字自如），汉族。祖籍广东东莞，出生于广西布政使司梧州府藤县北门街（一说袁崇焕出生于广东东莞，年十四随祖袁世祥、父袁子鹏迁至广西藤县）。万历四十七年（1619 年）袁崇焕中三甲第四十名，赐同进士出身，授福建邵武知县。宁远之战是明朝自有辽以来，明军对后金军的第一个大胜仗，明人称之为"宁远大捷"。

袁崇焕驻守孤城宁远，城中士卒不满 2 万人。但城中兵民，"死中求生，必生无死"，誓与城共存亡。他采纳诸将的议请，做了如下守城准备：

第一，制定兵略，凭城固守。袁崇焕守卫宁远的要略是：孤守、死守、固守。

第二，激励士气，画地分守。

第三，修台护铳，布设大炮。这 11 门西洋大炮架设在宁远城上，成为袁崇焕凭城用炮退敌的最新式的强大武器。

第四，坚壁清野，严防奸细。

第五，兵民联防，送食运弹。

第六，整肃军纪，以静待动。

第七，重金赏勇，鼓励士气。

第八，防止逃兵，预先布置。

面对后金兵锋强盛、宁远孤城无援的态势，袁崇焕做了上述的充分准备，最后取得"宁远大捷"。

皇太极是怎么除掉袁崇焕的？

1629 年十月，皇太极率领几十万后金军，避开防守严密的宁远、锦州，直扑明朝京都北京。袁崇焕随即出兵，赶走了皇太极。

没过几天，有一个被金兵俘虏去的太监从金营逃了回来，向崇祯帝密告，说袁崇焕和皇太极已经订下密约，要出卖北京。原来，明朝有两个太监被后金军俘虏以后，一个太监有天晚上半夜醒来，听见两个金兵在外面轻声地谈话。

一个金兵说："今天咱们临阵退兵，完全是皇上（指皇太极）的意思，你可知道？"

另一个说："我当然知道，因为我看到皇上一个人骑着马朝着明营走，明营里也有两个人骑马过来，跟皇上谈了好半天话才回去。听说那两人就是袁将军派来的，他已经跟皇上有密约，眼看大事就要成功啦。"崇祯帝听了太监的话，立刻喝令锦衣卫把袁崇焕捆绑起来，押进大牢。到了第二年，崇祯帝下令把袁崇焕杀害。

吴三桂为何向清兵献关？

李自成占领了北京之后，下令抄没明朝三品以上官员的家产，其他官员，分等级捐银助饷。此时，吴三桂从宁远出发，很快就进了山海关。李自成派人招降吴三桂，但吴三桂下不了投降的决心。他派出细作，到北京城去打探。但是，细作带回了令吴三桂十分不快的消息：其父吴襄被刘宗敏抓进了兵营，全家被抄；吴三桂留在北京的爱妾陈圆圆也被刘宗敏抓了去，据说当了刘宗敏的侍妾。

吴三桂对农民起义军的深刻仇恨占了上风，他立即回兵山海关，穿起白衣白袍，宣布替崇祯皇帝戴孝，要跟李自成誓不两立，报"国恨家仇"。吴三桂知道自己的军队绝不是李自成的对手，马上派人出关，到锦州联络清兵，请多尔衮跟自己合兵一处，攻打李自成的农民起义军。于是，吴三桂给清军打开了山海关。

谁建立了大西政权？

大西政权，明末农民起义领袖张献忠建立的农民政权。1643 年在武昌初建。1644 年张献忠占领成都后称帝，正式建立政权，年号大顺。辖有四川的大部分。1646 年清军攻入四川，张献忠牺牲，政权瓦解。

明末谁率众起义并自称闯王？

李自成（1606~1645 年），明末农民起义领袖，原名鸿基。世居陕西米脂李继迁寨。

崇祯二年（1629 年）起义，八年（1635 年）荥阳大会时，李自成提出分兵定向、四路攻战的方案，受到各部首领的赞同，声望日高。李岩提出"均田免赋"等口号，获得广大人民的欢迎，散布"迎闯王，不纳粮"的歌谣。部队发展到百万之众，成为农民战争中的主力军。

崇祯十七年（1644 年）正月，李自成建立大顺政权，年号永昌。不久攻克北京，推翻明王朝。由于起义军领袖犯了胜利时骄傲的错误，迫害吴三桂的家属，逼反吴三桂。吴三桂引清军入关，联合进攻农民军。永昌二年（1645 年）在湖北通山九宫山考察地形，李自成神秘失踪。

李自成为何撤离北京？

1644 年四月二十一日，吴三桂与李自成起义军开始交战。

四月二十二日，吴三桂与起义军决战。李自成发现战场上多出了一支生力军。当敌兵冲近时，李自成才发觉那支凶猛的部队竟是留着辫子的清兵。他无论如何也没想到吴三桂会引狼入室，清兵这么快就进了关，只得命令起义军且战且往北京退。

直退到永平，李自成才扎下营来，李自成感到，再留在北京已经不行了。这里不但离清兵的大本营太近，而且目前起义军绝不是清兵的对手；并且明王朝的势力也很强大，再加上跟清兵勾结在一起。于是他决定放弃已经夺得的北京，回到起义军的发祥地陕西西安去。

在撤走之前，李自成举行了登基称帝仪式。结束之后，全军便离开了北京，往西安而去。

李自成为何要杀谋士李岩？

在李自成的起义队伍中，有一位著名的谋士叫李岩，他提出"迎闯王，不纳粮"的口号，为起义部队赢得了民心。

对李岩的结局，《绥寇纪略》中做了记载：定州失败后，有人说河南全境都向明朝军队投降了。李自成大惊失色，同部下商议对策。李岩主动请缨，愿意亲率两万精兵，赶到中州，附近的郡县一定不敢再轻举妄动，就是有敢暴乱者，也能及早收拾它。另一谋士牛金星要闯王答应李岩的请求，闯王当时没有回答。不久，闯王恐怕李岩另有所图，这时牛金星向闯王进言，要寻找机会除掉李岩，得到闯王首肯。第二天，牛金星以李自成的名义召李岩到军营中饮酒，安排伏兵在营中隐蔽处，李岩和他的弟弟李年同时被擒杀。

李自成为什么要杀罗汝才？

罗汝才（？～1642年），陕西延安人，明末农民起义军首领之一，为人狡诈多谋，反复无常，别号曹操。崇祯初率众起义，后为农民军三十六营主要首领。楚十五家之一。崇祯十一年（1638年）诈降于部督熊文灿。在郧阳、均州一带武装割据，与谷城诈降的张献忠遥为声援。次年，与张献忠重举义旗，转战于四川、湖广、河南等地。十四年（1641年），与张献忠不合，北上。会师于李自成，取得了中原会战的一系列胜利。

李自成刻苦简朴，史载"不好酒色，脱粟粗粝，与其下共甘苦"。但罗汝才贪财好色，妻妾成群。她们打扮得花枝招展，穿着绫罗绸缎，随侍军中。他还在部队里养了戏班和舞女，供其娱乐。罗汝才的行径招致了李自成的反感。后黄州生员陈生在二人之间挑拨离间，李自成设计杀了罗汝才。

李自成兵败后下落之谜是怎样的？

关于李自成兵败后下落之谜，大致有两种说法："九宫山说"和"夹山说"。

对于李自成在九宫山上死亡的记录见于阿济格向清廷的奏报和南明兵部尚书何腾蛟给唐王的奏报。阿济格在奏报中写道："反兵逃窜至九宫山中，我军随后搜遍全山，不

见李自成，李自成身边的随从共二十人，被困，自缢而死。派遣一见过李自成者，前往辨认，但尸体已腐烂，不能够看清，是生是死，继续追查。"而何腾蛟所写的奏报说："在九宫山已将李自成斩首，首级不慎丢失。"

而一些出土的文物成为"夹山说"最具权威性的证据。在澧州发现建有奉天玉和尚的墓地并有骨灰坛出土，同时还发掘到"永昌通宝"铜币（永昌是李自成大顺政权的年号），刻有"永昌元年"字样的竹制扇骨、铜制熏炉等。据史学家称，奉天玉和尚墓出土的符碑上面，刻有四句四言偈语，十分接近于李自成的家乡米脂的传统随葬符碑，其中有三句和在米脂地区出土的一块符碑上的三句完全相同。

随着学术界对李自成结局研究的深入，或许会发现更有说服力的证据，向世人揭示这一谜案的真相。

浑河之战有什么样的结果？

明万历十三年（1585年）四月，努尔哈赤率步骑500人，征讨哲陈部。当时洪水泛滥，行军困难，努尔哈赤只带绵甲50人、铁甲30人继续北进。托木河、章佳、巴尔达、萨尔浒、界凡5寨合兵800人，共同阻击。努尔哈赤所派侦察兵未能及时报告敌情，致使两军在浑河、界凡至南山一带相遇。虽然敌众我寡，但努尔哈赤亲执大旗率先应战。之后，他下马率其弟穆尔哈齐等4人直入重围，当即射死20多人。联兵虽众，但没有统一的指挥者，见努尔哈赤来势凶猛，阵营大乱，纷纷渡河逃命。努尔哈赤最后取得胜利。浑河之战，八旗军死伤甚多，为了稳定军心，努尔哈赤下令祭奠亡魂。

"天高皇帝远"中的皇帝是哪位皇帝？

"天高皇帝远"是一句流传甚广的民间口语，出自明朝人黄溥编纂的《闲中今古录摘抄》，原文为"天高皇帝远，民少相公多。一日三遍打，不反待如何"。显然，这是一次封建社会官逼民反的武力抗争。那么，"天

高皇帝远"中的"皇帝"指的是谁呢?

黄溥是明朝人,其《闲中今古录摘抄》是以杨讷的《元代农民战争史料》为蓝本的。《元代农民战争史料》记载,元朝至正八年(1348 年),浙江台州、温州百姓树起"天高皇帝远,民少相公多。一日三遍打,不反待如何"的反抗旗帜,首义反元。从这首《台温处树旗谣》产生的时间来看,"天高皇帝远"中的皇帝应该专指元顺帝。

明朝为什么要建立特务机关?

锦衣卫印

明代封建专制主义加强在行政体制上的一个突出表现,是锦衣卫和东、西厂的设置。

锦衣卫设于洪武十五年(1382 年),本是负责皇帝出行礼仪及护卫,渐得皇帝信任,并获得兼管刑狱、巡捕侦察的权力。明成祖时设东厂,为宦官机构司礼监的属下,是专司侦伺缉捕的特务机构,对所谓大奸、大恶、谋反、妖言等严密追查,上到百官府,下至民间,都有他们的踪迹,皇帝从中还可得到许多秘密消息。明宪宗时又设西厂,权力更大,活动范围遍及京师和全国,累兴大狱,官民不宁,引起普遍不满。

锦衣卫源于皇帝的近侍,东、西厂为宦官掌控,他们权力的获得与地位的尊显,及其行为的残暴,完全是皇帝为了加强个人专制的产物,也是皇权对国家正常行政体制及其运作的粗暴干预。

"东厂"是一个什么性质的机构?

东厂,官署名。即东缉事厂,中国明代的特权监察机构、特务机关和秘密警察机关。

明成祖于永乐十八年(1420 年)设立东缉事厂(简称东厂),由亲信宦官担任首领。东厂是世界历史上最早设立的国家特务情报机

关,其分支机构远达朝鲜半岛。中枢机构设于京师(今北京)东安门之北(一说东华门旁)。东厂只对皇帝负责,不经司法机关批准,可随意监督缉拿臣民,从而开明朝宦官干政之先河。

司礼监是个什么机构?

司礼监,官署名。明置,明朝内廷管理宦官与宫内事务的"十二监"之一,有提督、掌印、秉笔、随堂等太监。提督太监掌督理皇城内一切礼仪、刑名及管理当差、听事各役。

司礼监是明朝内廷特有的建置,居内务府十二监之首,二十四衙门之一。司礼监由太监掌管,在明初并没有太大的权力,而且受到限制。明中叶以后,皇帝多深居后宫,荒嬉享乐,不理国政,常常由司礼监秉笔太监代行"批红"大权。"批红"就其权力性质而言,属于最高决策权,是实行皇权的一种方式。

"明宫三案"是哪三案?

"明宫三案"影响到国务运作、朋党之争、辽东战局和以后袁崇焕的命运。具体言之,所谓"明宫三案"就是"梃击案""红丸案"和"移宫案"。

"明宫三案"牵涉到万历、泰昌、天启三代皇帝,但都以朱常洛为轴心人物。"梃击案"梃击的就是太子朱常洛,"红丸案"吃了红丸的也是朱常洛,"移宫案"则是朱常洛的宠妃李选侍居占乾清宫,在朝臣压力下被迫移至哕鸾宫。

谁创立了复社?

复社,明末文社。崇祯二年(1629 年)成立于吴江(今属江苏),系由云间几社、浙西闻社、江北南社、江西则社、历亭席社、阳社、云簪社、吴门羽朋社、吴门匡社、武林读书社、山左大社、中州端社、莱阳邑社、浙东超社、浙西庄社、黄州质社与江南应社等十几个社团联合而成。主要领导人为张溥、张采,他们都是太仓人,又曾同窗共读,"形影相依,声息相接,乐善规过,互推畏友"(张

采《祭天如兄文》），时人称为"娄东二张"。

明代的家具为什么又叫"苏式家具"？

我国的家具在明代时，尚无流派可言。当时的家具制作，主要集中在以江苏省为中心的长江下游一带。随着时间的推移，江苏省的苏州、扬州和松江一带的家具制作名望越来越高，这时候不论是皇宫里用的家具，还是官邸私宅用的家具，都是从这里源源不断地流向四面八方，人们冠以"苏式"的称谓。所谓"苏式"，就是在明代出现的，是明式家具的发源地，所以也可以说是"明式"。换句话说，名扬中外的明式家具，即以苏式家具为主。

明朝为什么要大修长城？

元至正二十八年即明洪武元年（1368年），朱元璋的军队很顺利地攻克元大都（今北京），元顺帝被迫退回塞北。元王朝虽被推翻，但其军事实力仍然很强。元顺帝以辽东和陕甘为左、右翼，居中调度，时刻都想收复失地，重主中原。

明王朝是在推翻蒙古贵族的元王朝后建立起来的，这就决定了其相互的敌对的关系，为了加强对北方的防御，明朝大修了长城。长城用于军事防御的目的，是修长城的一方想凭借长城保持与敌方的抗衡。

明朝的江南四才子是哪几个人？

明朝的江南四才子是指祝允明、文徵明、唐寅和徐祯卿。

祝允明(1460～1526年)，是明代书法家，字希哲，号枝山，因右手多生一指，又自号枝指生。江苏长洲（今苏州）人，出生于七代为官的魁儒家庭。

文徵明（1470～1559年），初名壁，字徵明，后更字征仲，号停云，别号衡山居士，人称文衡山，长洲（今苏州）人。

唐寅（1470～1523年），字伯虎，又字子畏，别号六如居士、桃花庵主、鲁国唐生、逃禅仙史等，有"江南第一风流才子"之美称，苏州人。明代著名书画家、文学家。

徐祯卿（1479～1511年），字昌谷，又字昌国。常熟梅李镇人，后迁居吴县（今苏州）。明代文学家。

徐、祝、唐、文活跃在前七子模拟、复古之风大盛之时，能够不依傍门户，卓然自立，为诗以抒写性情为第一义，在当时来说，确属难能可贵。徐祯卿虽在前七子之列，但其诗多佳作，诗论也有许多独到之处，论者以为非李梦阳、何景明可比。

"十三陵"是怎么来的？

"十三陵"，是明朝十三个皇帝的陵墓。明朝历经十六帝，但为什么叫十三陵呢？

明朝开国皇帝朱元璋，建都于南京，死后葬于南京钟山之阳称"明孝陵"。第二帝朱允炆（建文帝）因其叔父朱棣以"靖难"（为皇帝解除危难之意）为名发兵打到南京，建文帝后不知所终，所以没有陵墓。第七帝朱祁钰，因其兄英宗皇帝被瓦剌所俘，在太后和大臣的旨意下即了帝位，后英宗被放回，在心腹党羽的策划下，搞了一场"夺门之变"，英宗复辟，朱祁钰被害死，英宗不承认他是皇帝，以"王"的身份将他葬于北京西郊玉泉山。

这样，明朝十六帝有两位葬在别处，一位下落不明，其余十三位都葬在天寿山，所以称"明十三陵"。

明十三陵为何十二陵都无碑文？

明朝在北京的十三陵中，只有明成祖朱棣的长陵石碑上有碑文，其余十二陵的石碑上都没有碑文，成为无字碑。既然十三陵中第一陵有碑文，为何接下来的却又无碑文呢？

有一种说法是明太祖朱元璋曾有圣谕，说皇陵碑记，都是一些儒臣粉饰之词，不足以为后世子孙敬戒。所以，明朝的官吏无人为皇帝撰写碑文，这责任便落到了继位的皇帝身上。

据史料记载，明十三陵从第二陵开始后的六陵，开始都没立碑，补立的六块碑是嘉靖年间用 6 年时间做成的。做成之后，按祖训应由当朝皇帝为其撰写，但当时嘉靖皇帝沉溺于声色，对此根本不感兴趣，直到他去世也没写出一篇来，所以这六块碑一直没有碑文。以后的皇帝看到祖宗碑上没有碑文，再立碑时也就空下来不写了。

《徐霞客游记》是一部什么样的书？

徐霞客（1587～1641 年），名弘祖，字振之，号霞客，汉族，明南直隶江阴（今江苏江阴市）人。伟大的地理学家、旅行家和探险家。

《徐霞客游记》是以日记体为主的中国地理名著。徐霞客经 34 年旅行，写有天台山、雁荡山、黄山、庐山等名山游记 17 篇和《浙游日记》《江右游日记》《楚游日记》《粤西游日记》《黔游日记》《滇游日记》等著作，除佚散者外，遗有 60 余万字游记资料。死后由他人整理成《徐霞客游记》。世传本有 10 卷、12 卷、20 卷等数种。主要按日记述作者 1613 年至 1639 年间旅行观察所得，对地理、水文、地质、植物等现象，均做详细记录，在地理学和文学上影响巨大。

为什么明代的漆器遍布世界各地？

明代是漆器生产的一个繁盛时期，其主要原因是社会需求量的猛增。明代的建筑、造船、佛像制作和宫廷用具都广泛地使用了漆器和漆。特别是漆器工艺著作《髹饰录》的出现，代表着明代漆器工艺在实践与理论上的完善。

明代漆器大批地进入欧洲，给欧洲工艺美术带来了很大影响。18 世纪英国杰出的家具大师齐本德尔，在他那风行一时的著作《家具大全》中还专门介绍了明代的髹漆家具，这深刻地影响了西方工艺美术设计家的思路。英国伦敦维多利亚亚伯特博物馆到目前为止还藏有明代描金加彩髹漆床式椅。

世界上最早的推理小说叫什么？

世界上最早的推理小说是我国明代的《包公案》。它的全名是《增像包龙图判百家公案》，简称《包公案》。小说记录了宋朝年间河南开封的"铁面包公"100 多个断案的故事。包公断案如神，不畏强权，从不徇私枉法，所以百姓亲切地叫他"包青天"。他的身边还有七侠五义，在七侠五义的帮助下，包公惩治了一个又一个恶霸，一次又一次使真相大白于天下。后来经过清朝艺人的说唱，在社会上影响越来越大，其中许多故事都是小说《七侠五义》的蓝本。

章回体小说是如何出现的？

章回体小说即分章回叙事的长篇小说。章回体小说由宋元时期"讲史"话本发展而来。由于"讲史"很难一两次把一段历史兴亡争战故事讲完，"说话人"就分次连续讲述，每次"说话"前用题目向听众提示本次主要内容，这就成了章回小说回目的起源。

经宋元两代长期的积淀，元末明初出现了一批较为成熟的章回体小说，如《三国志通俗演义》《水浒传》等。到明代中期，章回体小说更趋成熟，出现了《西游记》《金瓶梅》等作品。清代，《红楼梦》的创作达到了章回体小说的高峰。

谁是《金瓶梅》的真正作者？

究竟谁是《金瓶梅》的真正作者？书上所署笔名"兰陵笑笑生"究竟是何方人士？最近，浙江学者陈明达撰文指出，《金瓶梅》作者为明朝黄岩人氏蔡荣名。

陈明达从八个方面进行了考证：

第一，书中大量独特的黄岩方言证实只有黄岩人才能写得出来。第二，蔡荣名的出身、经历和秉性符合写作《金瓶梅》的身份。第三，王世贞鼎力相助蔡荣名完成写作《金瓶梅》。王世贞诗"袖携天台石，吐作弇山云"。"两年两扣先生门，沾沾所见怆所闻"及蔡荣名《弇山行》证实，《金瓶梅》初稿是蔡荣名的，也是蔡荣名在弇山园两年最后定稿的。第四，王世贞"袖携天台石"；欣欣子序"吾友笑笑生为此，爰馨平日所蕴者，著斯传"；《金瓶梅》36回955页，蔡状元道："学生蔡蕴，贱号一泉。""泉"，水源也，黄岩话"水、书"同音，意思就是蔡蕴书源也。三者均指《金瓶梅》书稿出处，证实笑笑生就是蔡荣名。第五，"兰陵笑笑生"出自王世贞诗"吾怜蔡去疾，不去陶陶酒人疾"中的"陶陶酒人"，兰陵指代酒。"欣欣子"的"欣欣"出自王世贞诗"沾沾所见怆所闻"中的"沾沾"。第六，"欣欣子书于明贤里之轩"。"欣欣"的第二个含义是"欣欣向荣"，所以，整个署名隐含"荣名闲里书之于轩"。第七，《金瓶梅》跋中的"钜公"指张居正。王世贞与张居正是同年，要影射张居正，必须让作者隐姓埋名，所以托名"兰陵笑笑生"。第八，历来许多学者不解的疑惑在蔡荣名身上都能找到答案。如"三七""凤城""芙蓉亭"等的出处。

中国"药神"是指谁？

李时珍（1518～1593年），字东璧，晚年自号濒湖山人，湖北蕲州（今湖北黄冈市蕲春县蕲州镇）人，汉族。中国古代伟大的医学家、药物学家，被后人称为"药神"。

其父李言闻是当地名医，李时珍继承家学，尤其重视本草，并富有实践精神，肯向劳动人民群众学习。李时珍曾参考历代有关医药及其学术书籍800余种，结合自身经验和调查研究，历时27年编成《本草纲目》一书，是我国明朝时代药物学的总结性巨著。在国内外均有很高的评价，另著有《濒湖脉学》。

景德镇瓷器何以名扬海外？

中国的英文"China"，其小写"china"就是"瓷器"的意思。"china"的英文发音源自景德镇的历史名称"昌南"，并以此突出景德镇瓷器在世界上的影响和地位。

自明永乐三年（1405年）开始，郑和七次下西洋，携带了大量瓷器，特别是景德镇瓷器，促进了中国陶瓷远销海外，扩大了中国陶瓷的声誉，也极大地推动了景德镇的陶瓷国际贸易。

❧ 清 ❧

为什么说努尔哈赤是清朝的鼻祖?

明万历十一年（1583年），努尔哈赤被明廷任命为建州左卫（今辽宁新宾境）都指挥使。同年，起兵对建州女真各部展开了兼并战争。他采取"恩威并行""顺者以德服，逆者以兵临"的方针，历时10年，统一了建州各部。其后，经过20余年征伐，统一了松花江流域和长白山以北的诸部女真。在统一战争中，将女真各部迁至浑河流域。为适应当时政治、经济需要，建立了军政合一的八旗制度。设议政王大臣，与八旗旗主共议朝政，形成政治、军事的中枢决策机构。命人以蒙古族文字与女真族语音结合，创制满族文字。

万历四十四年（1616年），努尔哈赤于赫图阿拉（今辽宁新宾西南）建立"大金"国（后金），自立为汗，建元天命，设官建署。

努尔哈赤为什么要创立八旗制度?

努尔哈赤在统一女真各部的战争中不断取胜。随着势力扩大，人口增多，他于明万历二十九年（1601年）建立黄、白、红、蓝四旗，称为正黄、正白、正红、正蓝，旗皆纯色。四十三年（1615年），努尔哈赤为适应满族社会发展的需要，在原有牛录制的基础上，创建了八旗制度，即在原有的四旗之外，增编镶黄、镶白、镶红、镶蓝四旗（镶，俗写亦作厢）。

旗的组织具有军事、行政和生产等多方面职能。入关前，八旗兵丁平时从事生产劳动，战时从征，军械粮草自备。入关以后，为了巩固满族贵族的统治，加强对全国各族人民的控制，同时为了解除八旗官兵的后顾

努尔哈赤像

之忧，更好地为清王朝效命，建立了八旗常备兵制和兵饷制度，与绿营共同构成清朝统治全国的强有力的军事工具，八旗兵从而成了职业兵。

萨尔浒之战的结局如何?

万历四十六年（1618年），明朝任命兵部左侍郎杨镐为辽东经略，调集军队，筹措兵饷，准备进军赫图阿拉，消灭努尔哈赤。

万历四十七年（1619年）二月，经略杨镐坐镇沈阳，命兵分四路围剿后金，会师赫图阿拉。

面对明军四路围攻，努尔哈赤采取了李

永芳的"凭你几路来，我只一路去"的作战方针，集中八旗兵力，打歼灭战。首先，以八旗精锐迎击欲立首功的明军主力杜松部。不久，勇而无谋、刚愎自用的杜松战死。接着，其他三路军同样惨败于后金。努尔哈赤用了5天时间打了一场漂亮的歼灭战，明军文武将吏死者310多人，士兵身亡者45800余人，亡失马驼甲仗无数。历史上著名的"萨尔浒之战"以明军的溃败而告终。

大清国都最初定于哪里？

大清国都最初定于盛京（明朝时称沈阳）。

1626年雄踞东北的后金努尔哈赤，率领大军攻打宁远（今辽宁兴城），明朝守将袁崇焕顽强守御，用西洋运来的火炮轰击后金军队。努尔哈赤被炮弹炸伤，八月庚戌日，因伤势恶化，殁于途中的瑷鸡堡（今沈阳市南）。

第二天（1626年八月辛亥日），皇太极在诸贝勒和大臣的推举下称汗。第二年，改年号为"天聪"。1636年，皇太极在盛京（明朝时称沈阳）称帝，改国号为"清"，年号为"崇德"。

皇太极变更了哪些旧制？

皇太极继位之初，为了加强中央集权，推进封建化的改革，采取了各个击破的手段，打击、削弱分权势力，提高汗权。另外，皇太极仿照明制，逐步建立和完善国家统治机构，以取代八旗制度所行使的国家权力。天聪五年（1631年），设立吏、户、礼、兵、刑、工六部，分掌国家行政事务。十年（1636年），又将"文馆"扩为内国史院、内秘书院、内弘文院，统称"内三院"。稍后，又建立了都察院，改蒙古衙门为理藩院。崇德六年（1641年），皇太极废除了与三大贝勒俱南面坐、共理政务的旧制，改成自己南面独坐，取得了汗的独尊地位。皇太极通过这套政权机构，把权力集中到自己的手中。

皇太极是如何调和满汉矛盾的？

皇太极在调和满汉矛盾上分三个步骤：

其一，对待汉民。皇太极继承汗位以后，立即下令：凡是以前被强制迁移的汉民现在可以到后金有关部门领取补助金，然后返回故里买上一间房屋和几亩良田自己种植农作物。

其二，对待汉官。皇太极将所有投降以及俘虏过来的高级将领和文官们都分配一些重要的工作，其中范文程就是一个最好的例子。

其三，对待汉儒。皇太极继承皇位以后，他就立即下令所有贝勒家凡是有文化的奴隶统统参加科举考试，考试得中后可以在朝为官，从而使一些在满族贝勒家里当奴隶的人一下子就变成了后金的高级官员及将领。

范文程对清定鼎中原有何贡献？

闯王李自成攻破明都北京后，顺治帝召范文程商议对策。范文程说："李自成是必讨的贼寇。因为他兴兵乱国，逼死明思宗，杀害侮辱朝廷官员，他的军队奸人妇女，引起民恨。只要与他一次开战就能打败他。"接着，他又说："好生是上天的恩德。皇上如果要统一天下，非安定百姓不可。"于是顺治帝命范文程起草了告谕明朝官吏、百姓的檄书。檄书里说："我们只是替你们报杀君之仇，并非杀你们百姓。我们要诛杀的人只是李自成。凡官吏来归顺的，可恢复官位；百姓来归顺的，可恢复家业。我们大军军纪严明，决不危害你们。"

清军入关后，顺治又采纳范文程的建议，为明思宗朱由检发丧，安抚幸存的百姓，举用被明朝贬斥的官吏，寻求隐逸的人才，甄考文献，更定律令，广开言路，使局势逐渐安定下来。

什么是清朝开国史上的三块里程碑？

萨尔浒大战、沈辽大战、松锦大战是清

朝开国史上的三块里程碑,反映了清朝建立之初上三次重大的历史转折。明朝与后金、清自万历四十六年即天命三年(1618年)抚顺第一次交锋,至崇祯十七年即顺治元年(1644年)清军入关前,在近30年间,曾发生大大小小百余次争战,但对明清兴亡产生极其深远影响的主要是上述这三大战役。

萨尔浒大战是明清重大军事冲突的开端,明辽军由进攻转为防御,后金军由防御转为进攻——标志着双方军事态势的转化;沈辽大战是明清激烈军事冲突的高潮,明朝在辽东统治的终结,后金在辽东统治的确立——标志着双方政治形势的转化;松锦大战是明清辽东军事冲突的结束,明军顿失关外的军事凭借,清军转入新的战略进攻——标志着双方辽西军事僵局的打破,为清军破山海关、定鼎燕京、入主中原奠下基础。

谁被顺治帝尊为皇父摄政王?

崇德八年(1643年)皇太极去世,顺治帝即位。第二年,清朝迁都北京,封多尔衮为叔父摄政王。顺治五年(1648年)十一月,尊多尔衮为皇父摄政王,"加皇叔父摄政王为皇父摄政王,凡进呈本章旨意,俱书皇父摄政王"(蒋良骐《东华录》卷六)。

清朝为什么推行"剃发令"?

山海关战役后,多尔衮曾下令沿途各州县官民剃头留辫。大顺政权和弘光政权相继被摧毁后,多尔衮认为天下大定了,六月悍然下令全国男性官民一律剃发。

《孝经》开篇里就说:身体发肤,受之父母,不敢毁伤,孝之始也。这句话从古至今不知害了多少人,把头发和忠孝节义联系起来是中国独有的现象。满族贵族正是想从这点上把剃过头的汉人从心理上彻底征服。

在王朝更迭之后,新任统治者莫不如此,首先在形式上改朝换代。一般情况下都是在衣冠饰物上动动脑筋,从没有在头发上进行革命的。清入关,开了这个先河。后来这条军令被简化为十个字:留头不留发,留发不留头。

顺治皇帝出家了吗?

董鄂妃死后,顺治帝也于次年正月初八突然辞世,时年24岁。

于是有人说,这是因为悼亡心哀,无限怀念董鄂妃而致。但也有人说,顺治帝于爱妃亡后,看破红尘,就到五台山当了和尚,削发披缁,皈依净土。清人吴伟业有《清凉山赞佛诗》四首,其中有"可怜千里草,萎落无颜色"的吟咏。"千里草"暗示"董"字。诗中又有"王母携双成,缘盖云中来"的诗句,双成是传说中的神话人物西王母的侍女,姓董。顺治出家似乎有了无可辩驳的证据。

但顺治帝的暴死,是因为出痘。据当时的一名小官张宸《青碉集》所记,有"传谕民间毋炒豆,毋燃灯,毋泼水,始知上(指顺治帝)疾为出痘"。看来,顺治帝因出痘暴亡,想出家也没有机会了。

顺治的顾命大臣为什么要任命四个?

顺治皇帝进关建都北京之时,他只有六七岁,大权全部落在摄政王多尔衮手里。多尔衮先当叔父摄政王,后来当皇父摄政王,把福临压得喘不出气来。7年之后,多尔衮死了,14岁的顺治才得亲政。顺治掌权以后,撤了压制自己这么多年的多尔衮的爵位,抄了他的家,平了他的墓,把他的亲信——撤职查办,这才建立起自己的皇帝权威。

无独有偶,顺治皇帝年纪轻轻的也死了,他指定的继承人玄烨才8岁。顺治只怕再出第二个多尔衮,于是临终前指定了四位"顾命大臣",要他们共同辅佐年幼的康熙皇帝,其中也有让四位大臣互相牵制的意思。

皇太后下嫁多尔衮了吗?

太后下嫁多尔衮到底有无其事?史学界尚有争论。

著名明清史专家孟森就持否定说。他认

为孝庄后既无下嫁事，与多尔衮也没有暧昧关系。"皇父"之称乃"由报功而来，非由渎伦而来"，又据《朝鲜李朝实录》，并无清太后下嫁之诏书，更证明其事必无。持肯定论者则认为顺治八年清世祖所下《罢摄政王庙享诏》有"（多尔衮）又亲到皇宫内院"之语，可证其帷薄不修；孝庄后死后，梓宫未与清太宗皇太极合葬。

从深受孔孟思想熏陶的汉人角度考察此事，似乎太后下嫁就是一大丑事，是违背纲常的渎伦行为；但专制时代，宫廷丑事甚多，太后即使真的下嫁摄政王，也绝非"中冓之言，不可道也"。

清代服饰是怎样推广的？

清王朝时，以暴力手段推行剃发易服，按满族习俗统一男子服饰。

清朝是以满族统治者为主的政权，满族八旗服饰随朝代的变更冲进关内。旗人的风俗习惯影响着广大的中原地区。清初统治者把是否接受满族服饰看成是否接受其统治的标志，强令汉民剃发易服。

顺治九年（1652年），钦定《服色肩舆条例》颁行，从此废除了浓厚汉民族色彩的冠冕衣裳。明代男子一律蓄发挽髻，着宽松衣，穿长筒袜、浅面鞋；清时则剃发留辫，辫垂脑后，穿瘦削的马蹄袖箭衣、紧袜、深统靴。但官民服饰依律泾渭分明。

清代御门听政是怎样进行的？

清朝康熙起御门听政在内廷正门乾清门举行。凡是每天各衙门递进的本章，其中未经皇上批阅的，先转送内阁，积累若干件，传旨于某日御门办事。黎明，皇帝升座后，来奏事的官员列队在门前广场等候，部院官按预先编好的次序，分部门顺序陆续登东阶向皇上汇报，而不是集体一起上前，这样做也体现了工作的专业性并防止了不必要的信息扩散。

一般来说，政治行政信息大都通过邸报在朝廷上公开，官员个人意见可以通过奏章形式向皇上表达。不具备直接递折权的四品以下官员，可以通过本部门长官代转。邸报又称邸抄或宫门抄，类似政府政治行政新闻报纸。向地方上传送的方式，一般由各省在北京专门设立的"提塘"官负责，或由总督巡抚的折差顺道带回。

谁制造了"十八先生之狱"？

顺治九年（南明永历六年，1652年）冬，孙可望派人把永历皇帝朱由榔接到他自己的势力范围，达到挟天子以令诸侯之目的。孙可望在这里设立了内阁六部，建立太庙和社稷，制订朝仪。顺治十一年（永历八年，1654年）初，永历皇帝慑于孙可望的威逼，在大学士吴贞毓等人的支持下，秘密写信给出征在外的李定国，请求回来护驾。这个消息被宦官马吉祥报告给孙可望，他在盛怒之下，严刑拷掠诸臣，并胁迫永历帝下诏处死吴贞毓以及刑部给事中张镌、中军左都督郑允元等18位大臣。这就是骇人听闻的"十八先生之狱"。

顺天科场案是怎么回事？

咸丰八年（1858年），戊午科场案，因发生在北京顺天科场，所以也叫作顺天科场案。

有一个人叫平龄，考中举人，这个人是优伶。当时的规定是优伶不能参加科举考试，并且，即使让优伶参加科举，也不可能得中举人。这里边必然有内幕。调查之后，最后把责任追到大学士柏俊，抓了柏俊的家人关到狱里，严刑拷打致死，最后死无对证。当时是端华、肃顺主政，奏到咸丰那儿，咸丰虽然觉得证据不足，但是因为柏俊和肃顺不和，咸丰含泪杀了大学士柏俊。

这是中国有史以来第一次因为科举考试作弊，而导致一品官员大学士死亡的事件。

四大臣辅政是怎么回事？

康熙初年，内大臣索尼、苏克萨哈、遏必隆、鳌拜受顾命奉幼帝玄烨嗣承大统，为辅政大臣，史称"四辅政时期"。至康熙八年（1669 年）五月，玄烨正式亲政，共八年零五个月。清廷汲取顺治初年多尔衮摄政时给统治阶级带来混乱的教训，不复以亲贵辅政，而以索尼等异姓勋戚功臣辅政。

四大臣执政初始，尚能齐心合力。大规模的征服战争结束之后，四辅臣面对百废待兴的局势，大力恢复和发展生产，安插流民，奖励垦荒，施行赈济蠲免政策，以苏民生。同时，他们依世祖遗诏精神，将顺治年间改设的内阁和翰林院撤销，重新恢复内三院名称，并加强对官吏的管理，裁汰了十三衙门，扩建了内务府，并注重督抚的楷模作用。几年间，经济发展，年谷屡登，社会秩序趋向安定。

郑成功是怎样收复台湾的？

郑成功（1624～1662 年），明代永历皇帝封他为延平郡王。17 世纪初，荷兰殖民主义者侵占了我国宝岛台湾。1646 年南明隆武政权灭亡后，郑成功决定收复台湾。1661 年，经过充分准备，留下儿子郑经守金门、厦门，郑成功亲率战舰 350 艘、将士 2 万多人，渡台湾海峡，出奇兵取道鹿耳门，在禾寮港胜利登陆，在台湾人民的积极支持下，经过 9 个多月的战斗，荷军死伤惨重，其总督写信给郑成功，表示如郑放弃台湾，愿送 10 万两白银，遭郑拒绝。次年二月一日荷兰侵略者投降，被荷兰侵略者占据 38 年的台湾重新回到祖国的怀抱。

江南为什么会发生奏销案？

江南地主拖欠钱粮，左右官府，自晚明以来已成惯例。

顺治十八年（1661 年）正月廿九日四大臣即谕吏部："钱粮系军国急需，经营大小各官，须加督催，按期完解，乃为称职。近览章奏，见直隶各省钱粮拖欠甚多，完解甚少，或系前官积逋，贻累后官；或系官役侵挪，借口民欠。向来拖欠钱粮，有司则参罚停升，知府以上，虽有拖欠钱粮未完，仍得升转，

以致上官不肯尽力督催，有司怠于惩比，支吾推诿，完解愆期……如限内拖欠钱粮不完，或应革职，或应降级处分，确议具奏。如将经管钱粮未完之官升转者，拖欠官并该部俱治以作弊之罪。"这道上谕，称为"新令"，发展为所谓"奏销案"。苏州、松江、常州、镇江四府，官员、绅士、士子因欠完田赋，或黜革，或逮捕，或刑责，达一万数千人之多。

最有作为的青少年皇帝是谁？

1661 年，8 岁的康熙即位。康熙八年（1669 年），16 岁的康熙擒鳌拜。康熙十二年（1673 年），20 岁的康熙力排众议，果断地下了撤藩令。直至康熙二十年（1681 年），历时 8 年之久的三藩之乱终于被平息下去，这一年，康熙 28 岁。接着，康熙开展了统一台湾的斗争。康熙二十二年（1683 年），台湾郑氏投降，清政府在台湾设一府三县，隶福建省。这一年，康熙 30 岁。

康熙在 16 岁至 30 岁期间，擒鳌拜，平三藩，定台湾，清明了政治，廓清了内乱，完成了祖国统一的大业，为以后出现的清朝强盛局面奠定了坚实的基础。在青少年时代，康熙就对我国统一的多民族国家的发展和巩固做出了重大贡献。超人的胆识和谋略，非凡的治国治军才能，在历史上同龄的皇帝中，找不出第二人。

年少的康熙帝是怎样生擒鳌拜的？

《清朝野史大观》记载，大臣鳌拜辅政时气焰嚣张，排斥异己，更因康熙年幼而凌驾于皇帝之上。康熙稍年长后，挑选了一批身强力壮的小太监，每日令他们习布库（相斗赌力）以作为游戏，因此不为鳌拜所戒。一日，鳌拜大摇大摆地进宫，康熙见时机已到，便令"布库"擒之。

《清朝野史大观》中还有一种记载，即"弈棋谋除鳌拜"。鳌拜称病不朝，康熙决定要探问清楚，便亲往问疾。待康熙"幸其宅，入其寝"，御前侍卫突然见鳌拜脸色大变，便急趋至榻前

揭席,见席下藏着一把刀。康熙灵机一动,笑曰:"刀不离身,满洲故俗,不足异也。"回宫后,康熙忽然想出一计,他以弈棋为名,召相国索额图进宫出谋划策。数日后,鳌拜进宫见驾,皇上召羽林士即擒杀之。

秘密立储始于哪位皇帝?

康熙五十二年(1713年)二月及五十六年(1717年)十一月两个谕旨构成了新的建储计划。与嫡长子皇位继承制度相比较,新建储计划的具体方略中有一些不同,如皇帝全权决定储君人选,"有德者即登大位""择贤而立"的择储标准,对储君人选以及建储的有关问题的保密原则,等等。因这些方略都比较新颖,而且秘密色彩浓厚,因而可称之为秘密建储计划。

为了解决复杂、尖锐的储位之争,康熙只能总结经验,吸取教训,博采众长,另辟蹊径。不过对于他来说,这种做法只是一种权宜之计,他并未意识到自己正在开拓一条新的建储道路,更无将此立为定制,世代遵行之意。虽然玄烨是秘密建储的开创者,但直到雍正、乾隆二帝才把它的不足加以改进,并作为一种制度最终确立下来。

康熙帝的执政纲领是什么?

康熙帝亲政后,于1670年十月,诏谕礼部,"朕惟至治之世,不以法令为亟,而以教化为先","今欲法古帝王,尚德缓刑,化民成俗",举出16件大事,令文武官员督率实行:第一,敦孝悌以重人伦;第二,笃宗族以昭雍睦;第三,和乡党以息争讼;第四,重农桑以足民食;第五,尚节俭以惜财用;第六,隆学校以端士习;第七,黜异端以崇正学(道学);第八,讲法律以儆愚顽;第九,明礼让以厚风俗;第十,务本业以定民志;第十一,训子弟以禁非为;第十二,息诬告以全良善;第十三,诫窝逃以免株连;第十四,完钱粮以省催科;第十五,联保甲以弭盗贼;第十六,解仇忿以重身命。

贯穿于十六条的中心思想则是维护封建制的儒家学说,主要是程朱道学。十六条的颁布,无异宣布了康熙帝的执政纲领。

康熙是历史上有作为的皇帝吗?

康熙执政期间,撤除吴三桂等三藩势力(1673年),统一台湾(1684年),平定准噶尔部噶尔丹叛乱(1688~1697年),并抵抗了当时沙俄对我国东北地区的侵略,签订了中俄《尼布楚条约》,维持了150多年东北边境的边界和平。

康熙文武双全,既精通传统文化,又涉猎西方科学;既能上马左右开弓,又能治国安邦善于管理。康熙有着过人的政治眼光和手腕。康熙创立"多伦会盟"取代战争,联络蒙古各部;康熙还特别重视教育,包括自己的子女,奠定了持续100多年的"康乾盛世"。

康熙时期人口最众多,经济最富裕,文化最繁荣,国力最为强盛。康熙时期清朝的疆域,东起大海,西到葱岭,南至曾母暗沙,北跨外兴安岭,西北到巴尔喀什湖,东北到库页岛,总的面积大约有1300万平方公里。所以说,康熙获得"历史上最有作为"之赞誉当之无愧。

谁被康熙称为"天下清官第一"?

张伯行(1651~1725年),字孝先,晚号敬庵,河南仪封(今兰考)人。康熙二十四年(1685年)进士,累官礼部尚书。历官20余年,以清廉刚直著称。其政绩在福建及江苏尤为著。学宗程、朱及门受学者数千人。谥清恪。康熙称他为"天下清官第一"。

做官为民是张伯行始终坚持的原则。康熙四十二年(1703年),张伯行授任山东济宁道,当时正值灾荒,人民流离失所。他就让人从家中运粮食救济灾民,又捐出几船钱帛分发给百姓。到任后立即开仓赈济,帮助百姓渡过难关。为此,他被指控擅动仓谷,应该革职问罪。张伯行认为"仓谷为轻,民命为重",据理力争,最终使上司免去了给他的处分。张伯行任官始终忠于职守，克勤克俭，因而声名闻于天下，不但康熙皇帝对他多次表彰、擢升，百姓也称赞他是"天下第一清官"。

在位时间最长的皇帝是谁？

在位时间最长的皇帝是清圣祖康熙。

康熙，名爱新觉罗·玄烨（1654～1722年），清朝皇帝，通称康熙皇帝。顺治十一年三月十八日（1654年5月4日）生于北京紫禁城景仁宫，佟妃之子。康熙六十一年十一月十三日（1722年12月20日）卒于北京畅春园清溪书屋。终年69岁。在位61年（1661～1722年），是中国历史上在位时间最长的皇帝。康熙在位时期清朝政治清明，国家繁荣昌盛，为后来的康乾盛世奠定了基础，是中国历史上很有作为的一位明君。

康熙像

为什么清朝官员特别看重花翎？

花翎是清代官员的冠饰，用孔雀翎毛饰于冠帽后，以翎眼多者为贵。清朝的花翎如同古代的珥貂一样，应随官职高低戴翎。

清代的官员，五品以上皆冠戴孔雀花翎，六品以下者只能戴鹖羽蓝翎。清代勋臣中，功勋卓著或恩宠有加者，才能得到皇上赏赐的双眼花翎，比如贤相傅恒、权相和珅等。外任武臣中，非军功卓著不可蒙赐花翎。康熙时，福建提督施琅统一台湾，诏封靖海侯，子孙世袭，而施琅却辞侯，恩请皇上赐花翎，康熙于是特旨赐施琅戴花翎。可见在当时文武臣僚心目中，赏赐花翎比封侯还要荣耀。正因为此，后来的清代文官对奖戴花翎特别重视。

什么叫作"文字狱"？

"文字狱"，是指旧时统治者迫害知识分子的一种冤狱。

皇帝和他周围的人故意从作者的诗文中摘取字句，罗织成罪，严重者会因此引来杀身之祸，以至于所有家人和亲戚都受到牵连，所谓"诛灭九族"。文字狱历朝皆有，但清朝最多，据记载，仅庄廷钺《明史》一案，"所诛不下千余人"。从康熙到乾隆，就有10多起较大的文字狱，被杀人数之多可想而知。

清代军机处在行政上有什么特点？

清朝的军机处在行政上是一个纯粹的秘书机构，军机大臣只是提出建议、执行皇帝的决策，决策权都在皇帝。军机处最初在编制上只是一个临时机构，而非一个正式机构，其成员无品级，组成完全由皇帝任意安排。内阁大学士，还可以勉强称为国家大臣，而军机大臣则只算是皇帝的私人秘书。但随着后来的发展，成为事实上的正式机构。

清初为什么设立南书房？

南书房是清代翰林在内廷侍候皇帝读书和做机要工作的地方。南书房是康熙皇帝为加强皇权、巩固清朝统治而设置的宫廷御用机要秘书机构，又是他读书学习的书房，也是以他为首的清王朝笼络汉族士人的"木天储才之要地"。

关于南书房创设的目的，据史书记载，康熙皇帝打算设置南书房时说："朕不时观书写字，近侍内并无博学善书者，以致讲论不能应对。今欲于翰林内选择二员，常侍左右，讲究文义。"《东华录》载，康熙十六年（1677年）十月"始设南书房，简侍讲学士张英、中书高士奇等入值，以备顾问"。实际上，康熙帝设置南书房，并非只是为了"讲究文义"，而是把"特颁诏旨"的起草之权交给了南书房。

吴三桂是怎样发动叛乱的？

吴三桂（1612～1678年），字长伯。汉族，明末清初辽东锦州人，祖籍江苏高邮市界首镇六安村，武举出身，锦州总兵吴襄之子，以战功及父荫授都指挥。明天启末年曾带20余名家丁救其父于四万满洲人之中，孝勇之举遍闻天下，有"勇冠三军、孝闻九边"的美誉。

吴三桂长期镇守云、贵，封藩割据，拥兵自重。清康熙十二年（1673年）七月，吴三桂假装请求撤销自己的藩号，没料到朝廷准其请求。表面上他对朝廷十分恭顺，暗地里已经开始密谋叛乱。这年十一月二十一日，吴三桂杀死云南巡抚朱国治，带领自己的部属谋反。吴三桂自称"天下都招讨兵马大元帅"，国号"周"，所有兵将都穿白色衣服，举着白色旗帜。云南提督张国柱、贵州提督李本深等皆跟随吴三桂兵变。吴三桂同时写信给平南王尚可喜、靖南王耿精忠，及黔、楚、川、陕等地故旧将吏，邀约他们响应自己。

靳辅是怎样治理黄河的？

康熙十六年（1677年），靳辅出任河道总督。

靳辅来到黄河南北两岸，视察了康熙元年（1662年）河南黄河大决口遗迹，认真聆听所到之处绅士官民以至参加治河的工匠、杂役人等的意见。经过实地调查，强化了他制订的治河规划，主要是：疏下流，治上流，修堤岸，堵决口，筑坦坡，划经费，裁冗员，设河兵。当时黄河出海口淤塞，河水倒灌，冲决堤岸，淹没农田、村镇。靳辅采用了堵塞决口，加固、加高堤岸，使河水按原路流

向倾入大海；靳辅还在河道中筑减水坝，在决口处开凿引河分流，然后合拢决口。数年后，黄河下游决口被堵，黄河重走老路。

一口通商的目的到底是什么？

"一口通商"是指经中国政府特许在广州一个口岸经营对外贸易。

明嘉靖二年（1523年），因"争贡之役"，严申海禁，废罢泉州、宁波二市舶司，只存广东司，广州便成为全国对外贸易的唯一口岸，至1566年共43年。清初为防范台湾郑氏反清势力，在东南沿海"围海迁界"，实行海禁，广州又成为唯一的外贸口岸，时断时续直至1842年。

内阁三殿满汉大学士四人因何被革职？

康熙朝明珠一党中，汉官余国柱是仅次于明珠的要员，还有满族大学士勒德洪，历任工、刑、户部尚书佛伦，汉人吏部尚书、文华殿大学士李之芳，云贵总督蔡毓荣、湖广巡抚张汧等。

康熙二十七年（1688年）正月，郭琇疏上书弹劾明珠、余国柱"植党类以树私，窃威福以惑众"。列举罪行八款，并说"汉人之总揽者，则余国柱，结为死党，寄以腹心"。二月，康熙帝召集内阁大臣，说朝中大臣，三五成群，互相交结，徇庇同党，作弊营私。"廷议如此，国是何凭？"将勒德洪、明珠革去大学士一职，李之芳遣返回籍。余国柱革职，佛伦等解任。内阁三殿满汉大学士当时共有5人，勒、明、李、余四人同时被革，是清朝中枢一次重大的变动。

雅克萨之役的经过如何？

康熙二十二年（1683年）九月，清勒令盘踞在雅克萨等地的沙俄侵略军撤离清领土。侵略军不予理睬，为了彻底消除沙俄侵略，康熙命都统彭春赴瑷珲，负责收复雅克萨。

康熙二十四年（1685年）五月二十二日，清军约3000人在彭春统率下抵达雅克萨城

下，二十五日黎明，清军发炮轰击，侵略军伤亡甚重，托尔布津乞降。当年秋，莫斯科派兵 600 名增援尼布楚，侵略军头目托尔布津率大批沙俄侵略军再次窜到雅克萨。

七月二十四日，清军围困雅克萨城。八月，清军攻城，托尔布津中弹身亡。八月二十五日，清军在雅克萨城的南、北、东三面掘壕围困，在城西河上派战舰巡逻，切断守敌外援。侵略军被围困，士兵战死病死很多，雅克萨城危在旦夕，俄国摄政王索菲亚急忙向清请求撤围，遣使议定边界。清答应所请，准许侵略军残部撤往尼布楚。

为什么《尼布楚条约》是平等条约？

《中俄尼布楚条约》是清王朝和俄国之间签订的第一份边界条约。

清顺治九年（1652 年），俄国人东入黑龙江，"驻防宁古塔（今黑龙江宁安市）章京海色率所部击之，战于乌扎拉村"。这是中俄之间第一场战斗。1685 年，康熙派将军彭春等五月二十二日分水陆两路围攻雅克萨。在凌厉的攻势面前，侵略军被迫投降，并派戈洛文为大使，前来中国举行边界谈判。康熙二十八年七月十四日（1689 年 9 月 7 日），《尼布楚条约》正式签字，《尼布楚条约》是中俄双方在平等基础上签订的一个条约。

《中俄尼布楚条约》肯定了黑龙江和乌苏里江流域包括库页岛在内的广大地区都是中国的领土，它遏止了俄国向东方的侵略扩张。该条约是两个主权国家的正常边界条约，是平等条约，维护了中国领土和主权的完整，在历史上有显著贡献。

清军在乌兰布通与谁交战？

康熙时期，清政府在乌兰布通与准噶尔贵族进行了三次规模较大的战争。

准噶尔部首领噶尔丹为实现统治蒙古诸部、割据西北的政治野心，在俄国政府的怂恿支持下，于康熙二十七年（1688 年）进攻喀尔喀蒙古，并借口追击土谢图汗部余众，进军内

蒙古乌朱穆沁，与清政府发生直接军事冲突。康熙帝（即清圣祖玄烨）为确保京师安全和边疆安定，曾三次率军亲征漠北。二十九年（1690 年）七月，他命裕亲王福全、恭亲王常宁分兵左右两路出古北口、喜峰口，并于七月二十四日亲自进驻博洛河屯（今河北隆化）节制全军。

为什么清朝不修长城？

长城是中原政权为阻止游牧民族入侵而修建的一个军事防线。在明代，正是对付北元和后金（清的前身）的入侵。清军入关后，东北和漠北仍是他们的根，他们的祖籍地，八旗军队的主要基地，清朝前期的几个帝王陵寝也都设在关外。

清朝皇帝（还有元朝皇帝）如果要修长城，就如同在自家的院子里修一道墙，除了挡路之外，毫无用处。而更远的地方，则是西伯利亚和沙漠，古时称漠北，是人迹罕至的地方，天寒地冻，荒无人烟。以当时的技术能力和人力，要在更远的地方修筑一条长城式防线，不现实，也没有必要。

现存规模最大的古典园林是什么？

我国现存规模最大的古典园林是颐和园。颐和园，原名清漪园，始建于清乾隆帝十五年（1750 年），历时 15 年竣工，是为清代北京著名的"三山五园"中最后建成的一座。咸丰十年（1860 年）在第二次鸦片战争中英法联军火烧圆明园时同遭严重破坏。

光绪十二年（1886 年）开始重建，光绪十四年（1888 年）慈禧挪用海军军费（以海军军费的名义筹集经费）修复此园，改名为"颐和园"，其名为"颐养太和"之意。光绪二十一年（1895 年）工程结束。光绪二十六年（1900 年），颐和园又遭八国联军洗劫，翌年，慈禧从西安回到北京后，再次动用巨款修复此园。

颐和园位于北京西北郊海淀区，是利用昆明湖、万寿山为基址，以杭州西湖风景为蓝本，汲取江南园林的某些设计手法和意境

而建成的一座大型天然山水园，也是保存得最完整的一座皇家行宫御苑，占地约 290 公顷，被誉为"皇家园林博物馆"。

为什么圆明园被称作"万园之园"？

圆明园坐落在北京西郊海淀，与颐和园紧相毗邻。它始建于康熙四十六年（1707 年），由圆明、长春、绮春三园组成。占地 350 公顷（5200 余亩），其中水面面积约 140 公顷（2100 亩），有园林风景百余处，建筑面积逾 16 万平方米，是清朝帝王在 150 余年间创建和经营的一座大型皇家宫苑。圆明园继承了中国 3000 多年的优秀造园传统，既有宫廷建筑的雍容华贵，又有江南水乡园林的委婉多姿，同时，又吸取了欧洲的园林建筑形式，把不同风格的园林建筑融为一体，在整体布局上使人感到和谐完美。因此圆明园被称作"万园之园"。

康熙时绘制的中国地图叫什么？

1689 年，清廷与俄国签订《中俄尼布楚条约》，划定了北方边界。康熙萌生了一个念头：要看看自己的国土究竟有多大，状况又如何。1708 年，康熙皇帝决心把绘制地图的计划付诸实施，他把这件事情交给了来自法国科学院的院士白晋。同年 6 月 4 日，白晋院士等人登上了中国长城。经过 1 年零 4 个月的时间，他们才返回北京，完成了中国的长城地理图。看到测绘工程如此巨大，康熙就加派人手去帮助测绘。就这样，到测绘工作全部完成，已经是 1717 年 1 月 1 日。整整进行了 9 年！

最后，白晋院士绘成全国地图一张，分省地图各一张，于 1718 年呈给康熙。康熙大喜，当即挥毫，奋笔直书，命名地图为《皇舆全览图》。

"清四王"是指哪些人？

"清四王"指清朝初期的四位著名画家：王时敏、王鉴、王原祁和王翚。他们在艺术思想上的共同特点是仿古，把宋元名家的笔法视为最高标准，这种思想因受到皇帝的认可和提倡，因此被尊为"正宗"。"四王"以山水画为主，各自画风略有区别，又以师承关系，分为"娄东"与"虞山"两派，影响了后代 300 余年。

王时敏（1592 ~ 1680 年），字逊之，号烟客、西庐老人等。江苏太仓人。

王鉴（1598 ~ 1677 年），字玄照，江苏太仓人，性耿介。父王瑊为吴县尹。

王原祁（1642 ~ 1715 年）字茂京，号麓台、石师道人，江苏太仓人，王时敏孙。

王翚（1632 ~ 1717 年），字石谷，号耕烟散人、剑门樵客、乌目山人、清晖老人等。江苏常熟人。被称为清初画圣。

清代为什么有那么多帮会？

帮会是在封建社会濒临解体的历史条件下产生的游民结社。清初的圈地运动，乾隆时人口激增，土地兼并严重，社会政治的腐败，战争和社会经济的不安定所带来的人民破产和失业，是帮会兴盛不衰的社会根源。数量多、人口众、蔓延广、名目反复是清代帮会的特点。

中国秘密帮会组织，产生于清前期的康、雍、乾盛世。早期的帮会组织，作为底层社会中新生的群体，尽管组织状况还很不完备，但它不仅符合广大基层民众的社会心理需求，而且采取与民俗信仰一致的歃血誓盟的结拜形式，具有逐步适应秘密活动的组织特点，所以很快即被寻求沟通、渴望互助的人群所接受，至乾嘉时期，迅速发展成为新的社会集团势力。秘密会党最初作为一种互济互助、抗暴自卫的民间结社组织，以保障会内成员的生存权利与经济利益为己任。同时，作为清初民族矛盾、社会矛盾等各种矛盾交织冲突的产物，它又必然带有较强的反抗性。由于外国侵略者的入侵，中国社会固有的诸多矛盾发生了重大变化，在新的社会氛围下，秘密帮会组织迅速发展并不断演化。至清末，帮会组织已成为一股公开的势力并发展到顶峰。

清代的秘密帮会名目繁多，大致又分为两大类：一类为会党，如天地会、哥老会；另一类为教门，如白莲教及闻香教、八卦教、在理教等分系。会党与教门之间也可能互相渗透融合。一般情况是，会党盛行于南方，教门则盛行于北方。故有"北教南会"之说。

哪次赋役制度的改革废除了人头税？

1669 年，康熙帝实行"更名田"，把一部分明代藩王所占有的田地给予"原种之人，令其耕种"，永为世业。第二年，又下令更名田内"着与民田一例输粮，免其纳租"。1712 年，清政府宣布"添丁不加银"，这就为"摊丁入亩"的实施提供了政策保证。

到雍正时，进一步实行了"摊丁入亩"，把康熙五十年（1711 年）固定下来的丁银摊入田赋银中，一并征收，称为"地丁制"。这是"一条鞭法"的继续和发展，它进一步简化了税收手续，按土地单一标准收税，使中国历史上自汉唐以来几千年的人头税基本上被废除，减轻了农民负担，使封建国家对农民的人身控制松弛，促进了工商业和商品经济的发展。

河南赋役全书

《赋役全书》是清政府编定的全国赋役总册，是征收赋税和摊派徭役的依据。雍正时"摊丁入亩"彻底取消了人口税，只留下田赋一项及附加税，且把附加税中的"火耗"归公。

《南山集》案是怎么回事？

戴名世（1653 ~ 1712 年），字田有，安徽桐城人，是清代的著名散文家，世居桐城南山，后人称其为南山先生。康熙四十八年（1709 年），戴名世已经 57 岁，授任翰林院编修。

两年后，戴名世的门人尤云鹗将戴名世的著作《南山集》刻板印刷。书中有一篇《与余生书》，用的是明朝末年南明政权三个皇帝的年号，又引用了方孝标《滇黔纪闻》禁书中的话。都御史赵申乔上奏弹劾《南山集》中有犯上作乱的语言，于是戴名世被朝廷逮捕下狱。那时方孝标早已去世，而方苞与方孝标同宗族，又给《南山集》作过序，也因此受到连累，被关入大牢达两年之久。朝廷九卿再次上书，给戴名世、尤云鹗定了死罪，康熙皇帝却给以宽大处理，免其死罪。又因为大学士李光地上书求情，康熙赦免了方苞与方氏全族。

西方画法何时进入中国宫廷？

郎世宁（1688 ~ 1766 年），意大利人，原名朱塞佩·伽斯底里奥内，生于米兰，清康熙帝五十四年（1715 年）作为天主教耶稣会的修道士来中国传教，随即入宫进入如意馆，成为宫廷画家，曾参加圆明园西洋楼的设计工作，历仕康、雍、乾三朝，在中国从事绘画达 50 多年。由于郎世宁带来了西洋绘画技法，向皇帝和其他宫廷画家展示了欧洲明暗画法的魅力，他先后受到了康熙帝、雍正帝、乾隆帝的重用。

焦点透视画是产生于欧洲的一个画种，它运用几何学、物理学、光学等，为的是在平面的画幅上更真实地表现出自然界立体状貌。这种与中国传统技法迥异的绘画方法也随欧洲传教士进入了清朝内廷，郎世宁对于这一绘画方法的传播起了极为主要的作用。

《康熙字典》是本什么样的书？

《康熙字典》是由张玉书、陈廷敬等 30 多位著名学者奉康熙圣旨编纂的一部具有深远影响的汉字辞书。该书的编纂工作始于康熙四十九年（1710 年），成书于康熙五十五年（1716 年），历时 6 年，因此书名叫《康熙字典》。由总纂官张玉书、陈廷敬主持，修纂官凌绍霄、史夔、周起渭、陈世儒等合力完成。

字典采用部首分类法，按笔画排列单字，

字典全书分为十二集，以十二地支标识，每集又分为上、中、下三卷，并按韵母、声调以及音节分类排列韵母表及其对应汉字，共收录汉字47035个，为汉字研究的主要参考文献之一。《康熙字典》入选中国世界纪录协会中国收录汉字最多的古代字典。

雍正皇帝是怎样登上帝位的？

雍正的继位问题，学术界历来有两种意见，一种认为他受康熙遗诏继位，是合法继承；一种认为雍正是矫诏夺位。

康熙晚年，康熙任命皇十四子为抚远大将军，给以大权。当康熙猝然去世，雍正与时任步军统领、掌管京师兵权的隆科多勾结密谋，夺取了帝位，雍正后来所讲康熙弥留前遗命传位雍正的情形，矛盾甚多。因此，是否存在这一临终传位的事实，实属疑问。

由于雍正夺位篡立，激起了皇族内部的集体抗争，连康熙身边一位照料皇帝起居的内务府官员赵昌，在康熙死后也立即被杀。这大概是赵昌了解康熙去世和传位的真相，因而得祸。康熙生前长住畅春园，死后葬在东陵，而雍正长住圆明园，别建西陵，似乎要远远躲开父亲。须知雍正的迷信思想很浓厚，如果做了对不起父亲的事，就会有这类悖于常理的举止。

由于雍正篡改了历史，销毁了档案，现在已找不到他矫诏夺位的确凿证据，所以雍正继位问题已成千古的疑案。

谁是雍正朝因文字之故被杀的第一人？

年羹尧是雍正朝因文字之故而被杀的第一人。

胤禛继位后，年羹尧备受宠信，累授川陕总督、太保、抚远大将军，爵封一等公。年羹尧又因妹妹是雍正的妃子，开始居功自傲，胤禛早就想杀一儆百，只是苦于没有借口。雍正三年（1724年）二月，出现"日月合璧，五星连珠"的天文奇观，臣僚上表称贺，胤禛特别注意年羹尧的奏表，并找到了"毛病"，一是字体潦草，二是将成语"朝乾夕惕"写

成了"夕惕朝乾"，此语意为终日勤慎，就是写倒了意思也不变。雍正可不管这些，认为年羹尧居功骄上、心怀不轨，那些对年羹尧有怨怼的人也群起而攻之，于是年羹尧被劾成92条大罪。胤禛令年羹尧自裁，亲族、同党或斩首或流放或贬谪，凡是与他有一丝牵连的人统统受到处罚。

《御制朋党论》是哪位皇帝写的？

戒除朋党是雍正帝整饬风纪的主要目标，他即位之初就以《御制朋党论》颁示臣僚，要诸臣"洗心涤虑，详玩熟体"。《御制朋党论》驳斥欧阳修《朋党论》"君子以同道为朋"的说法，认为"君子无朋，惟小人则有之"。雍正帝把宋代以后的朋党之风归咎于欧阳修的"邪说"。经过雍正帝的严厉整饬，顺治、康熙以来的朋党现象大为减少，文字狱从中起了一定的作用。

弘皙政变为何破产？

乾隆四年（1739年）十月初，宗人府议奏，康熙帝十六子庄亲王允禄与其子辈弘皙、弘升、弘昌等人"结党营弘，往来诡秘"，议请分别予以惩处。于是乾隆帝决定，允禄免革亲王，但革去亲王双俸及议政大臣等职；弘皙革去亲王，仍准于郑家庄居住，不许出城。

不久，从事邪术活动的巫师安泰在受审中供出，弘皙曾向他问询"准噶尔能否到京，天下太平与否，皇上寿算如何，将来我还升腾与否等语"，乾隆帝据此认为他"心怀异志"，又发现弘皙曾"仿照国制"，在府中擅自设立内务府下属机构会议、掌仪等司。这种做法俨然含有以己为圣尊，与朝廷相抗之意，以致乾隆帝对弘皙的惩处进一步加重：圈禁地由原郑家庄府邸改于毗邻皇宫的景山东果园内；除宗籍，改名为四十六。

宁古塔是个什么地方？

在反映清史的影视中，经常会听到皇帝动怒时的一句经典台词：将某某发往宁古塔，

永世不得入关。那么，何为宁古塔？宁古塔又在何处？

其实，宁古塔不是"塔"，而是一个城市名，是清朝时期关外一个流放罪犯的场所。旧城在今黑龙江省安宁县（现安宁市）西海林河南岸旧街镇。宁古塔属边远地区，旧时，这里环境恶劣，气候异常，很适合罪犯改造。

既然不是塔，为何又称为"塔"呢？相传，清皇族的远祖兄弟六个，曾居住于此。满族语谓六为"宁古"，个为塔，古称"宁古塔"。把罪犯流放到宁古塔，有两层含义：一是惩恶与扬善，让犯了罪的人背井离乡受尽磨难，到关外去自首、自思、自悔，接受风沙洗涤；二是为清皇族的老家"增砖添瓦"。宁古塔是满族的发源地，是清皇族的老家。罪犯来到这里不仅要开荒种地，修桥筑路，改变清皇族老家的面貌，而且还要忍饥挨饿，为当地官员、满族人当牛做马，沦为家奴。

根据《清史稿》等史书记载，发遣到宁古塔的罪犯，既有平民百姓和旗人，也有朝廷大臣。如顺治十二年（1655年），吏科副给事官彭长庚、一等子爵许尔安因上书称颂睿亲王多尔衮，并要求为多尔衮平反昭雪，恢复爵号。顺治帝将此事交给大臣们密议，密议结果，判处二人死刑。但皇上念其二人曾有功于朝廷，便下诏免死，流放到宁古塔。

乾嘉年间学风兴盛的原因是什么？

中国古代学术主要以经学为主，经学又有汉学和宋学之分。汉学即指汉儒治经的方法，他们注重训诂文字，讲求考订名物制度，重实证而轻议论。宋学又称理学、性理学或道学，宋儒治经多附会经义而阐发天人性命之理，属哲学范畴。乾隆、嘉庆时代，经学昌明隆盛，形成乾嘉学派，一代学风终于形成。乾嘉学派治经凡立一义，必凭证据，讲求归纳，崇尚朴实文风，倡导实事求是。

乾嘉学风的产生与清代康熙以后经济的发展、社会的相对稳定有关，没有物质的基础，没有安定的环境，学者专心于考据校勘、

训诂声韵之学是难以想象的。如果说，康雍间经济的增长是乾嘉学风兴起的基础的话，那么，文字狱的阴影笼罩就是其潜在的心理要素。清代乾嘉时期，士人因文字狱的恐怖，不敢涉及近世之学，只好到汉人故纸堆中讨生活，远离时务的需要，反映了士大夫清高孤傲、自我陶醉的内敛一面。

乾嘉学风兴盛还有一个不可或缺的外在因素，就是康雍以后的闭关自守，阻隔了西学东渐的途径，使学者得以专心在封闭社会中充耳不闻外事的情况下做学问。而当帝国主义列强的炮舰在中国沿海游弋之时，龚自珍、魏源等人又倡今文学派的公羊学，把它作为"古为今用"的武器，迎接社会变革的大潮。至此，乾嘉学派已失去它普遍存在的基础，仅成为一种研究方法彪炳后世了。

乾嘉学派，其治学内容是远离现实的（当然也是一笔丰厚的遗产），其治学方法是近代科学的，其学风的形成浸染，却又是清代现实的需要。这也正是乾嘉学派之历史评价难以一言蔽之的原因。

乞丐武训为什么一心办学？

武训，是清末山东省堂邑（今聊城西北）的一名乞丐。因其排行第七，人们都叫他武七。武七很小便死了父亲，家里十分贫穷，跟随母亲在街上讨饭度日。他恨自己不识字，发誓要积攒钱财办义学。他将乞讨、帮工得来的钱放在富裕之家生利息，这样积攒了30年，共买得土地二百三十多亩，但他依然乞讨度日。

数年之后，他在柳林庄开设了一所私塾进行义务教育。学校分为两级，一是蒙学，学生接受启蒙教育；一是经学，学生攻读经书。开学那天，武七先拜见私塾教师，再一个一个地拜见学生。他安排了丰盛的酒席招待教师，自己则躲在门外，等到酒宴完了，他才进去吃那些残菜剩饭。他说自己是一个乞丐，不能和老师们平起平坐。地方政府为了表彰他勤谨的办学精神，给他取了个名字叫武训。

后来，他来到馆陶地区，知道这里的了澄和尚在雅庄办私塾，但资金不足，武训就资助他将学校办了起来。之后他又在临清办起了义务学校，并以他的名字命名。光绪二十二年（1896年），武训死在他所开办的临清义务学堂的屋檐下，终年59岁。县里的百姓都被他这种义务办学的精神所感动，自发为他雕刻了石像，并让出四十亩地，让他的侄子奉灵祭祀。山东巡抚张曜、袁树勋先后上书朝廷请求表彰他的事迹，并将他的神位供奉在孝义祠里。

《大义觉迷录》是本什么书？

雍正年间，湖南靖州有个诸生叫曾静，他指派门生张熙改名换姓，投书给川陕总督岳钟琪，规劝岳钟琪应当像当年岳飞抗金一样，反抗清朝。岳钟琪读后，大吃一惊，马上审讯张熙，但张熙却不肯说出实情。

为了问起实情，岳钟琪故意把张熙安置在密室里，然后单独去见他。见面后岳钟琪假装对反抗清朝这件事情有想法，骗取了张熙的信任。很快，被哄得晕头转向的张熙不仅说出了自己的真名实姓，而且把一切都和盘托出。接着，岳钟琪立即派人将此事奏报给朝廷。

雍正皇帝派刑部侍郎杭奕禄、副都统觉罗海兰奔赴湖南，会同巡抚王国栋逮捕曾静，严加审讯。后来，曾静供认，他是读了学者吕留良的书稿才起心策动岳钟琪造反的。当时曾静被抓时，吕留良已死去多年。受曾静一案牵连，雍正帝下令挖了他的坟，逮捕了他的儿子吕毅中和他的两个学生，并连同曾静一起押送京师受审。

曾静在朝廷会审时，自认迂妄，为吕留良所误，亲手写下供词，供词中盛赞雍正的恩德。接着，雍正帝让他编写了《大义觉迷录》，并令他到江宁、杭州、苏州等地宣讲。因为这一点，他和张熙都被赦免。但乾隆帝即位后，曾静策动岳钟琪造反一案又被重新提起，没过多久曾静和张熙就被处死。

木兰秋狝始于何时？

木兰秋狝，清代皇帝每年秋天到木兰围场（在今河北围场县境）巡视习武，行围狩猎。这是清代帝王演练骑射的一种方式。从康熙四十二年（1703年）始，在承德修建避暑山庄，乾隆五十五年（1790年）建成。以后，清代帝王每年夏季都到承德避暑山庄避暑并处理朝政，直到秋狝之后再返回北京。

清代帝王秋狝木兰时，往往还要会聚蒙古各部王公，以笼络蒙古族上层贵族。木兰围场在承德避暑山庄北，林深菁密，水草茂盛，是极好的狩猎之地。避暑山庄，又名热河行宫、承德离宫，位于承德市区北部，是中国现存最大的离宫别苑。

乾隆皇帝为何要六下江南？

乾隆南巡江浙前后共有6次。在南巡中他不止一次地宣称，他巡幸江浙是为了"行庆施惠"。意思就是说，他要利用雄厚的财政实力与士民同庆大清皇朝的鼎盛局面，并尽量给他们一些恩惠。

据历史记载，乾隆中期前后，清朝的经济、财政实力已相当雄厚。"行庆"之外，乾隆帝还察吏安民，指导修治河工，笼络士绅和读书人，实行"施惠"。还有一点，那就是乾隆帝常常带一些少数民族首领或重要人物巡幸，或在中途接见朝觐者。既是为了增进各少数民族尤其是蒙古族的感情，表明在统一的大家庭内不分民族、内外，一视同仁；同时也是要通过对江南富庶之地的游览观赏，使这些头领人物看到中国的地大物博，国力强盛，使其心存敬畏，不敢有反抗之心。

制台、抚台、藩台、道台、臬台各是什么官？

清朝的地方行政机构一般可分为省、府（州、厅）、县三级。

省一级的最高军政长官为总督、巡抚。总督又可称为"制军""制台"。总督一般管辖两省至三省，但四川总督就只管四川一省。总督例兼兵部尚书和都察院右都御史衔，这就使他掌握了数省的行政、军事、监察大权。

巡抚为一省的最高军政长官，例兼兵部侍郎、都察院右副都御史衔，这样便有权统管全省的行政、军事、监察等大权了。巡抚又可称为"抚军""抚台"。

督、抚之下设布政使，掌管一省的财赋、民政。布政使又可简称"藩台""藩司"。

督、抚之下又设按察使，掌管一省的司法、监察以及驿传事务。按察使又可简称"臬台""臬司"。

"道台"是老百姓对道员的尊称。清初，布政使下设左右参政、参议，驻守在某一地方，称为守道；又按察使下设副使、佥事等，可去分巡某一地方，称为"巡道"。乾隆时裁撤上述参政、副使等官，专设分守道、分巡道，带兵备衔，管辖府州，成为省和府州之间一级机构，叫作"道员"。

土尔扈特为什么要回归祖国？

渥巴锡是我国历史上的民族英雄。渥巴锡（1743～1775 年），清代卫拉特蒙古土尔扈特部首领。阿玉奇汗曾孙。乾隆二十六年（1761 年）继汗位。土尔扈特部摆脱沙俄压迫，万里回归，表现了各族人民对祖国的热爱和向往，也表现了中华民族强大的凝聚力。

土尔扈特部回归祖国，为多民族国家的巩固和发展谱写了光辉的篇章。同时，也说明中华民族是一个民族大家庭，各族人民都热爱自己的祖国，不愿忍受外国的压迫。

万法归一图 清
1771 年 1 月，土尔扈特部首领渥巴锡率部起义，反抗沙俄，八个月后回到伊犁。此图描绘了乾隆帝在万法归一殿大宴群臣及土部贵族，欢庆土尔扈特部重回祖国怀抱。

改土归流是什么意思？

改土归流是指改土司制为流官制。土司即原民族的首领，流官由中央政府委派。清朝雍正年间在西南一些少数民族地区废除土司制，实行流官制的政治改革。改土归流有利于消除土司制度的落后性，同时加强中央对西南地区的统治。

元朝开始实行的土司制度，弊病很多，土司对内残暴统治属民，对中央叛服不常，骚扰与之接壤的汉民，土司之间也不断发生战争。为了解决日久相沿的土司割据的积弊，明清两朝的统治者大多主张实行改土归流政策。即在条件成熟的地方，取消土司世袭制度，设立府、厅、州、县，派遣有一定任期的流官进行管理。

什么是"康乾盛世"？

"康乾盛世"，又称"康雍乾盛世"，是我国封建社会清王朝前期统治下的繁盛社会。起于康熙二十年（1681 年）平三藩之乱，止于嘉庆元年（1796 年）川陕楚白莲教起义爆发，持续时间长达 115 年。

康熙时代，康熙平定三藩，统一台湾，抗击沙俄侵略，三征噶尔丹，建立起多民族的统一国家，使疆域空前扩大。雍正时代广泛实行"摊丁入亩"税制，使经济、人口迅速发展；还有改土归流，加强了国家对边疆地区的管理，促进了当地少数民族经济文化的发展。乾隆时代继续改进和完善各项制度，使人丁繁多，国家富庶起来，而且开辟新疆，这时清朝的疆域仅次于元朝，但实际有效控制区域超过了中国历史上的任何时期。

为什么说康乾盛世是"落日的辉煌"？

"康乾盛世"是一个不完美的盛世、平庸的盛世。

首先，从中国历史的纵向看，其盛世规模只有量的增加而没有质的改变。

其次，从世界的横向看，康乾盛世时期的中国的政治制度、经济（当时的经济生产总量仍高于西方，但是生产技术却相对落后）、文化和科技已经落后于西方。

盛世下的清朝有很多弊端：第一，清政府采取"重农抑商"政策，使得资本主义萌芽受到抑止；第二，大兴文字狱，残害大量文人学士，严重禁锢了人民的思想，科技发展停滞。

康雍乾三位皇帝凭借自己的才能延缓了封建社会衰败的进程，但是却改变不了其衰败的命运，"康乾盛世"的繁荣可以说是中国封建社会的回光返照、落日余晖。

施琅在统一台湾的过程中是如何取胜的？

康熙二十二年六月十四日（1683 年 7 月 8 日），施琅率领水兵 2 万余人、大型战船 300 余艘、中小战船 230 余艘，从福建铜山（今东山）海域扬帆起程，一路乘风破浪，锋芒直指台湾的战略前哨澎湖列岛。施琅出兵台湾选择了一个最恰当的时机：郑经死后，郑氏家族内部纷争不断；由于农历六月间是台湾海峡飓风盛行之时，因此，台军主将刘国轩断定清军不会在此时冒险渡海，对清军的进攻毫无防备。

1683 年七月九日，清军到达澎湖八罩岛（今望安岛）后向台军发起攻击。施琅一战定澎湖，歼灭了台军精锐部队，打开了台湾岛的门户。施琅获胜后在澎湖"抚绥地方，人民乐业，鸡犬不惊"。八月十三日，刘国轩等带领文武官员军迎接施琅，台湾终于实现了统一。

乾隆是汉人的后代吗？

据说康熙年间，皇四子胤禛即与陈氏交好，正好两家各诞一子，月、日、时都相同。胤禛万分高兴，就将陈子抱入宫中，以示庆贺。但送出宫时，陈子已被调包，并且易男为女。胤禛继位以后即雍正帝，特提拔陈氏多人，而雍正之子弘历继位，即乾隆皇帝，对待陈氏更是优礼有加。乾隆帝几次南巡，都到海宁陈氏家，垂询家世甚详。于是有人传言，

当时胤禛生子并非男孩，其妃偷偷将女儿换过，连胤禛也不知道。乾隆继位以后，对自己身世怀疑，因而就到陈家亲自访查。

然而传言终究是传言，乾隆出生时胤禛并非皇储，所以不会有换子之举。况且宗室生子一定要报宗人府立档，宫禁也不能随便抱子出入，可知与陈氏换子之事必无。乾隆帝六次南巡，后四次皆到海宁，实是关心防海患之塘工工程。因此乾隆当不是汉人的后代。

乾隆帝为何宠信贪官和珅？

和珅（1750 ~ 1799 年），原名善保，字致斋，钮祜禄氏，满洲正红旗二甲喇人。曾兼任多职，封一等忠襄公，任首席大学士、领班军机大臣，兼管吏部、户部、刑部、理藩院、户部三库，还兼任翰林院掌院学士、《四库全书》总裁官、领侍卫内大臣、步军统领等要职，为皇上宠信之极，官阶之高，管事之广，兼职之多，权势之大，清朝罕有。他还是皇上的亲家翁，其子丰绅殷德被指定为皇上最宠爱的十公主之额驸。乾隆帝宠信贪官和珅的原因有以下几点：

其一，和珅的确有才，有一次乾隆用论语中一句话"虎兕出于匣"来下旨，当时在场大臣都不明白什么意思，和珅启示说是皇帝要追究看守人的责任，被乾隆赏识。

其二，和珅擅长拍马屁，在乾隆日益昏聩的老年，自诩"十全老人"，认为自己能够及得上祖父康熙、父亲雍正，而和珅就用此来麻醉乾隆。

其三，和珅被乾隆重用初期，确实做过几件令乾隆高兴的事情，比如审判李侍尧，在乾隆心中留下了清正廉洁的印象。而且和珅在官学内苦读，掌握了汉族、满族、藏族、蒙古族语，在关键时刻总能发挥作用。

其四，和珅的敛财技巧炉火纯青，能为老年乾隆的无限制挥霍提供财源。

总之，和珅之所以深得皇帝的宠信，最重要的一条是揣测上意，能够时刻替皇帝赴汤蹈火，把皇帝的事情当成自己的事情办。

乾隆帝封谁为安南国王？

乾隆帝认为，百余年来，黎氏王朝朝贡不绝，清朝有"兴灭继绝"的义务，遂派两广总督孙士毅率兵并纠集黎氏王朝残余势力镇压安南农民起义。

在清军进入北宁时，阮文惠率领部队北上，反攻清军。沿途农民纷纷参军，并配备大象一百头。阮文惠指挥军队进攻清军，英勇的农民起义军战士冲锋陷阵，大象载炮投入战斗。清军惊慌失措，自相践踏。孙士毅在亲兵掩护下，慌忙撤退，渡过富良江后，便拆断浮桥逃命。阮文惠领导安南农民打退了清朝军队，保卫了农民起义的胜利果实。但他并不愿继续与清朝为敌，因而派侄阮光显"赍表入贡"，并于乾隆五十五年（1790 年）亲自到北京祝贺乾隆帝的八十寿辰，乾隆帝封他为安南国王。

年龄最大的皇帝是谁？

我国历史上年龄最大的皇帝是清高宗乾隆。

清朝的乾隆皇帝，一直到 85 岁才把金銮殿的宝座让给自己的儿子，从而成为年龄最大的皇帝。乾隆是清世宗雍正皇帝的第四个儿子，名爱新觉罗·弘历。雍正十三年（1735 年）雍正死，25 岁的弘历继承皇位，次年改年号为"乾隆"，在位共 60 年（1735 ~ 1795 年）。乾隆统治前期，励精图治，社会经济得到进一步发展，清王朝达到了强盛的极点。乾隆六十年（1795 年），85 岁的乾隆在做了 60 年皇帝后，为了表示孝心，不使自己在位的年数超过其祖父康熙（在位 61 年），把皇位让给儿子颙琰，这就是嘉庆皇帝。3 年后，乾隆便在西南地区农民大起义的声浪中死去了。

哪次起义是清王朝由盛到衰的转折点？

康乾盛世，农民斗争转入地下，出现了秘密结社的情况。乾隆以后，随着阶级矛盾的激化，各地农民往往披着宗教的外衣进行起义，出现了白莲教、天理教、天地会、三合会等起义。在这些起义中，发生在北方地区的白莲教起义影响最大。

白莲教起义历时 9 年，蔓延五省。这次起义以破产的农民、手工业者和流民为主体，牵引了清廷从 16 个省调来的兵力，先后打死清军高级将领 20 余人，使清廷耗饷 2 亿之巨，沉重地打击了清朝的统治。至此，清朝便不可避免地一步步滑向衰落。

白莲教首领王聪儿是怎么死的？

王聪儿（1777 ~ 1798 年），湖北襄阳（今湖北襄樊）人，江湖艺人出身。参加白莲教起义后，她曾任起义军总指挥，也就是八路义军统帅，是一个貌美如花、德行高尚、武艺高强、有勇有谋的女英雄。

嘉庆帝严厉督促各地将军集中兵力，围剿王聪儿起义军。清军将领明亮向嘉庆帝献了一条恶毒的计策，要各地地主组织武装民团，修筑碉堡。起义军一来，就把百姓赶到碉堡里去，叫起义军找不到群众帮助，得不到粮草供应。这种做法，叫作"坚壁清野"。嘉庆帝下令各地采用这种计策，起义军的活动果然越来越困难。

清军在川北一带围攻王聪儿。王聪儿摆脱清军围攻，亲自带领 2 万人马攻打西安，不料在西安遭到官军阻击，打了败仗。起义军后面有官军，前面又有地主武装民团的拦截，终于在郧西（在今湖北省）的三岔河地方，陷进敌人的包围圈。王聪儿临危不惧，她与她的部下都不愿当俘虏，便退到山顶，与其部下纵身从陡峭的悬崖上跳下来，英勇牺牲，时年仅 22 岁。

乾隆帝为什么要编修《四库全书》？

清朝康、雍、乾时代文字狱连续发生，甚至一句"清风不识字，何故乱翻书"也被视为反清的理由而导致作者遭到捕杀。至于大的文字狱，死者被剖棺戮尸，子女、学生、家属发配边疆为奴。三代中一代比一代厉害，

《四库全书》及楠木匣 清

《四库全书》是中国最大的丛书。为编好这部皇皇巨著，乾隆时特设"四库馆"网罗学者360多人，历十余年时间完成。共3万多册，近8万卷，存目6千余种。

有的还牵连到参校人、买书人、卖书人、刻字人和某些地方官员。一次次的杀戮，康、雍、乾诸帝还感觉达不到严酷文化统治的目的，于是又禁书、毁书、编书，用以禁锢人们的思想，编修《四库全书》就是其中手段之一。乾隆在自述编修此书的宗旨时就明确说：为天地立心，为生民立命，为往圣继绝学，为万世开太平，胥于是乎系。

中国历史上写诗最多的人是谁？

许多人都认为陆游是中国历史上写诗最多的人，他活了85岁写诗近万首，平均每三天写诗一首。然而事实上，中国写诗最多的人是清代的乾隆皇帝。据《四库全书简明目录》介绍，乾隆御制诗共有四集，初集凡4150余首，二集凡8490首，三集凡11620首，四集凡9900首，四集总数为34160余首。这是被收入诗集的，他还有一些诗没被收入其御制诗集。

所以说，乾隆皇帝是当之无愧的写诗高产冠军，《全唐诗》里所有诗人的诗加起来，也没有乾隆皇帝一个人写得多。如此惊人的产量，使乾隆不仅是中国历史上写诗最多的人，而且是全世界古往今来写诗最多的人。

乾隆帝为什么自称"十全老人"？

清高宗乾隆帝（1711～1799年）自雍正十三年（1735年）八月即位至嘉庆元年

（1796年）正月退为太上皇，在中国历代皇帝中享寿最高（89岁），实际统治时间最长（包括以太上皇掌大权的3年多时间共63年半），是一位雄才大略、多才多艺、成就辉煌的杰出历史人物。他继承康熙、雍正的事业，平定叛乱，抗击外敌，团结各族，巩固统一，奉贤任能，建章立制，力行改革，勤政务实，使当时的中国成为罕有的特大封建帝国。

乾隆在位60年间竟有50余年为平叛乱、反侵略战争日夜操劳、呕心沥血，所领导的10次大规模战争全都取胜，他对此自然感到欣慰自豪，因而亲撰《十全记》，总结"十全武功"并自称"十全老人"。

为什么说和珅是清代大奸臣？

和珅靠着他在朝廷中所特有的关系，以那种善于揣摩、逢迎的心机，逐渐受到皇上的宠爱。他利用手中的权力大肆横征暴敛，坑害百姓，给人民群体带来极大的灾难。当他攀到宰相的位子时，他在民众中臭名昭著也到了极点。

从乾隆四十五年到五十九年（1780～1794年）的15年时间里，乾隆皇帝因为游玩所挥霍的钱财不计其数，造成经济上的巨大损失。因此，皇上特别希望能有人想办法弥补这样的损失。和珅便替皇帝制定了一系列的收银制度，到处敲诈勒索，搜刮银两。至于收到的银两，除去上缴朝廷的一部分外，大部分都流入了和珅的腰包里。嘉庆四年（1799年）的正月初三，随着乾隆皇帝一命呜呼，和珅的黄粱美梦也做到了尽头。正月初九，继位的嘉庆皇帝，恨透了和珅的专横与奢侈，下旨赐和珅死罪。

"和珅跌倒，嘉庆吃饱"是什么意思？

乾隆去世后第二天，嘉庆就命和珅和户部尚书福长安昼夜守直殡殿，不得擅自出入，借机剥夺了和珅的军机大臣、九门提督之衔。接着嘉庆下令将和珅革职，逮捕入狱，宣布和珅二十大罪状，赐令和珅狱中自尽，并将没收的和珅家产分给皇室成员，如将和珅的住宅赏给了庆郡王永璘，花园赏给了成亲王永理，赐给各公主的物件竟累日携运不尽。

据史料记载，当时清朝政府的年财政总收入折合白银约 7000 万两，和珅被抄家时，却抄出黄金 3 万多两，白银 200 余万两，地产 1266 顷，房产 1000 余间，各处当铺银号以及各种珠宝、饰物等，总家产折合白银，有的说约 1000 万两，有的说 2000 万两，也有的说达到了 8 亿两。和珅可谓"富可敌国"，故民间流传谚语说"和珅跌倒，嘉庆吃饱"。

中国历史上的十大奸臣都有谁？

中国古代王朝中，有很多王朝的衰亡都跟奸臣霸权有着密切的关系。其中最臭名昭著的当属下列十大奸臣。

庆父：春秋时期鲁国贵族，鲁庄公的弟弟。他惯于挑拨离间，先后杀了两个国君，后来自缢身亡。成语"庆父不死，鲁难未已"，就源于此。

赵高：秦朝宦官，原为赵国贵族，他与李斯逼秦始皇长子扶苏自杀，立少子胡亥为二世皇帝。不久又杀死李斯，自任丞相，后又谋害胡亥，立子婴为帝，后被子婴诛杀。

梁冀：东汉大臣，两个妹妹分别为顺帝、桓帝皇后，顺帝死后，与梁太后合谋，先后立冲、质、桓三帝，专横朝政 20 年。公元前 159 年，桓帝诛杀梁氏一家，梁冀自杀身亡。

董卓：初为凉州豪强，汉灵帝时任州牧，凶残异常。公元 189 年，率兵入洛阳，毒杀少帝，另立献帝，自立太师，"挟天子以令诸侯"，后被王允、吕布杀掉。

来俊臣：唐朝武则天时酷吏，因告密受宠，任中丞，后因得罪武氏诸王和太平公主，被武则天处死。成语"请君入瓮"讲的就是他和右丞周兴之事。

李林甫：唐朝权臣，玄宗时任礼部尚书兼中书令。他有"口有蜜、腹有剑"之称。在任 19 年中，唐王政事败坏，终于酿成"安史之乱"。

秦桧：北宋历任御史中丞等职。靖康二年（1127 年），被金军掠至北方，不久遭归，充当内奸。他勾结党羽，专横权势，力主投降，以"莫须有"的罪名杀害岳飞及其子岳云等抗金名将，为后人唾弃。

严嵩：明朝大臣，嘉靖中任吏部尚书，官至太子太师，以其子严世蕃等为爪牙，操纵国事，在任时大半军饷被他侵吞。

魏忠贤：明代宦官，万历年入宫。公元 1620 年，他被任为司礼秉笔太监并监管东厂，网罗死党，杀害东林党人杨涟、左光斗等正直官吏。

和珅：原在清廷銮仪卫当差，因逢迎献媚，为乾隆所宠，官至文华殿大学士。被抄家后，家产约值 8 亿两白银，等于朝廷 10 年收入。

道光为何能当皇帝？

道光皇帝（1782～1850 年），名旻宁，是嘉庆的第二子。嘉庆十八年（1813 年），旻宁随皇父巡狩木兰，因阴雨绵绵，无法围猎，奉命先期回到京师。当林清率领天理教徒攻入紫禁城冲向养心殿时，旻宁正在上书房读书，闻变后表现镇定，"急命进撒袋、鸟铳、腰刀，饬太监登垣以望"。这时，有的教民手举白旗，攀墙登殿，靠近养心门，旻宁"发鸟铳殪（打死）之，再发再殪"。

旻宁在事件中，还"飞章上闻"，向皇父奏报；"严命禁城四门"，到储秀宫安抚皇母；亲自率领侍卫到西长街一带访查。旻宁在这一事变中的表现，使他在内廷上下威望大增。嘉庆帝初闻讯极为震惊，当得知儿子已率众平息了暴动，深为感动，当即封旻宁为"和硕智亲王"，并下决心确定旻宁为皇位继承人。

北京公主坟埋的是哪位公主？

公主坟葬有清仁宗嘉庆皇帝的两位公主，两位公主分别葬东西两边。

东边葬的是庄敬和硕公主，她为嘉庆第

三女，为和裕皇贵妃所生，生于乾隆四十六年（1781年）十二月。她于嘉庆六年（1801年）十一月，下嫁蒙古亲王索特纳木多布济。嘉庆十六年（1811年）三月卒，年31岁。西边葬的是庄静固伦公主，为嘉庆四女，为孝淑睿皇后所生，生于乾隆四十九年（1784年）。她于嘉庆七年（1802年）下嫁蒙古族土默特部的玛尼巴达喇郡王。嘉庆十六年（1793年）五月卒，年28岁。

因清朝的祖制，公主下嫁，死后不得入皇陵，也不能进公婆墓地，必须另建坟茔，故北京郊区有很多公主坟。因和硕公主和固伦公主是同年而亡，仅隔两个月，所以埋葬在一处。

哪个教派率军攻打紫禁城？

天理教，主要首领为河南滑县人李文成、冯克善和京畿大兴县（现大兴区）人林清等。

天理教冲破了八卦教世袭传教家族敛钱自富的传统，提出了入教者缴纳根基钱（或称"种福钱"）、起事之后给予地亩官职的主张，具有发动武装起义、推翻清王朝统治的政治目的。嘉庆十八年（1813年），天理教曾组织发动京师、河南、山东等地教徒起义，京师的一支曾攻入紫禁城，后在清军镇压下先后失败。

清政府为什么实行闭关政策？

"闭关政策"是清朝统治者民族狭隘性的表现。由于清朝贵族与人民群众之间存在着尖锐的矛盾与斗争，清朝统治者便企图通过"闭关"的办法将国内的汉人与外界隔绝，以防止外国人支持汉人形成反清力量。同时，明朝中期以后，日本倭寇侵扰我国东南沿海和西方殖民者向东方的殖民扩张，也是明清统治者实行"闭关政策"的客观原因。

"闭关政策"是落后的、闭塞的、自给自足的封建自然经济的产物。封建统治者自我满足并昏睡在这种自然的庄园中，他们既昧于世界大势，又盲目排斥外国的一切东西。最终，这一政策直接导致了清王朝的败落与灭亡。

"板桥体"是怎么来的？

郑板桥（1693～1765年），又名郑燮，号板桥。汉族，江苏兴化人。清代著名画家、书法家。乾隆时进士，曾任潍县县令。郑板桥是中国历史上杰出的艺术名人，"扬州八怪"的主要代表，以三绝"诗、书、画"闻名于世的书画家、文学家。他的一生可以分为读书、教书，卖画扬州，中举人、进士及宦游、作吏山东和再次卖画扬州五个阶段。

板桥体是指郑板桥书写的一种书法字体，他用隶书参以行楷，非隶非楷，非古非今，俗称"板桥体"。他自己则戏称为"六分半书"，并且解释说："板桥既无涪翁之劲拔，又鄙松雪之滑熟，徒矜奇异，创为真隶相参之法，而杂之以行草。"所谓"真隶相参之法"，实际上就是将隶书参入到行楷之中，同时又用写行草的运笔之势来写。

可见，郑板桥对于书法，是决意要背叛传统，进行大胆地自我创新的。这种创新，主要表现在两个打破上：一是打破篆、隶、正、行、草等各种书体的界限，而将文字的点画和结构随意安排；二是打破书画的界限，将画竹画兰之法融入书法之中。他对学书的这种独到见解，加上他对诗、画都有很高的造诣，生活中又饱经沧桑，所以，将思想的旷达与天性的幽默一齐融汇于笔端，自然就形成了这种"奇而不诡正"的书法特征。

《古文观止》书名是什么意思？

《古文观止》一书是清代吴楚材、吴调侯于康熙三十三年（1693年）编选的。所选文章语言凝练、短小精悍，乃千古传诵之佳作，从中不难看出编者细致和周到的眼光。

"观止"二字出于《左传》：吴国季札在鲁国观乐中称赞说："观止矣！若有他乐！吾不敢请已。"意思是说，这些音乐舞蹈妙极了，其他的就不要再听再看了。后人以"观止"称赞所见事物尽善尽美，无以复加。

《古文观止》收文上起东周，下至明末，

共选辑文章 222 篇；选材广泛，能照顾到各种文章体裁的多方面的艺术风格。所以，命名为"观止"意在力图选编达到尽善尽美，无以超越。作者认为，他所选辑的文章是最好的，其他文章不会超出这本书的水平。

清朝有一部写"鬼"的书叫什么？

蒲松龄（1640～1715 年），字留仙，一字剑臣，号柳泉居士，世称聊斋先生，自称异史氏，现山东省淄博市淄川区洪山镇蒲家庄人，汉族。出生于一个逐渐败落的中小地主兼商人家庭。19 岁应童子试，接连考取县、府、道三个第一，名震一时。补博士弟子员。以后屡试不第，直至 71 岁时才成岁贡生。1715 年正月病逝，享年 76 岁。创作出著名的文言文短篇小说集《聊斋志异》。

《聊斋志异》，简称《聊斋》，俗名《鬼狐传》，是蒲松龄的代表作，在他 40 岁左右时基本完成，此后不断有所增补和修改。"聊斋"是他的书屋名，"志"是记述的意思，"异"指奇异的故事，指在聊斋中记述奇异的故事。全书共 491 篇，内容十分广泛，多数作品通过谈狐说鬼的手法，对当时社会的腐败、黑暗进行了有力批判，在一定程度上揭露了社会矛盾，表达了人民的愿望，但其中也夹杂着一些封建伦理观念和因果报应的宿命论思想。学史上，它是一部著名短篇小说集。

清代考据学兴盛的主要原因是什么？

考据学又称考证学或朴学，主要的工作是对古籍加以整理、校勘、注疏、辑佚等。学者曾以为清代考据学之兴盛源于清初的文字狱政策。

清朝的高压政策对于推动考据学之兴盛起着一定的作用。满族人以少数民族身份入主中原，清政府为了镇压文人学士反清的言论，因此便有文字狱的出现。其中著名的康熙朝"庄氏史狱"，死者达 221 人。当时著名学者潘柽章、吴炎均在其内，的确是惨绝人寰。以后的学者为了逃避灾祸，因而埋首

转移到学术的研究中去。因为士子所讲的都是古人之论，所以便不会触及当今朝廷了。这就是认为考据学源于文字狱的主要依据。

"扬州八怪"指的是哪些人？

扬州八怪是中国清代中期活动于扬州地区一批风格相近的书画家总称，或称扬州画派。"扬州八怪"之说，由来已久。但八人的名字，其说互有出入。据李玉棻《瓯钵罗室书画过目考》中的"八怪"为罗聘、李方膺、李鱓、金农、黄慎、郑燮、高翔和汪士慎。此外，各书列名"八怪"的，尚有高凤翰、华嵒、闵贞、边寿民等，说法很不统一，今人取"八"之数，多从李玉棻说。文艺理论家最后把"扬州八怪"归纳为 15 人。在扬州当地有纪念馆，就立着 15 人的雕像。

由于扬州八怪的艺术风格不被当时所谓的正统画派所认同，而且他们追求的就是自然，就是真实、现实，把一些生活化、平民化的东西都搬到他们的书画作品之中，甚至把社会的阴暗面揭露出来。这种行为使得统治者的利益受损，说他们都是画坛上不入流的"丑八怪"，扬州八怪因此而得名。

清朝哪些人才可以穿黄马褂？

黄马褂是清代的一种官服。凡领侍卫内大臣、护军统领等，皆服黄马褂，后也赐予有军功的臣下。因为黄色是皇帝的专用颜色，只有皇帝近身的侍卫，或者获皇帝特别赏赐才可以穿着。在清朝，能被赐穿黄马褂就代表着得到皇帝的宠信，是一种个人的荣耀。根据清廷规定，有四类人可以穿着淡黄色的黄马褂：

第一类是皇帝出行时，各内大臣、御前大臣、御前侍卫等随从，必须穿着黄色的马褂以壮行色。

第二类黄马褂是皇帝狩猎校射时所赏赐的。这种黄马褂称之为"行围褂子"，按规定只有在跟随皇帝狩猎时才可以穿着。平时无故穿上属于犯禁，是可以被治罪的。

第三类黄马褂是因特殊功勋而得到奖赏。

这种赏赐又称"武功褂子"，得赏者可以在任何隆重的场合穿着，意义上才属于一般人平时所说的"赐穿黄马褂"。

第四类是特使、宣慰中外的官员。通常情况下，皇上特赐某官员黄马褂的诏曰宣读后，被特赐黄马褂的官员须骑马绕紫禁城一周，这种威武而又庄严的仪式，在咸丰年间最为盛行。

清代皇位继承制度经历了哪四个阶段？

同历代封建王朝皇位继承制度相比较，清朝皇位继承制度所具有的特点，主要体现在皇位继承形态的复杂性、多样性。

清朝皇位继承形态曾先后出现汗位推选制、嫡长子皇位继承制、秘密建储制、懿旨确立嗣君等四种模式。清以前历代封建王朝恪守嫡长子皇位继承制，无论在实施中出现何种情况，这一制度本身并未发生变化，其发展轨迹具有静态特征。与此不同，清朝皇位继承制度呈现出不断改革调整，以便更加适合客观形势需要的演变轨迹，具有动态的发展特征。这种制度化与灵活性相结合，不拘泥于已有模式的限制，而是根据实际情况的变化，对原有制度及时做出更改、修订，甚至废弃的特点，反映了满族统治者的创新、务实精神。

清宫四大奇案是哪四件？

所谓"清宫四大奇案"是指"太后下嫁""顺治出家""雍正被刺"和"偷龙转凤"。

"太后下嫁"就是说太后下嫁摄政王。太后指清太宗皇太极之妃博尔济吉特氏，谥号为孝庄文皇后；摄政王是指睿亲王多尔衮。

"顺治出家"，顺治十七年（1660年）八月十九日，皇贵妃董鄂氏妃死。世祖终日闷闷不乐，不数月，遂弃皇帝不为，遁入山西五台山，削发出家。

"雍正被刺"，世宗杀死排满复明的吕留良，吕留良有一个幸存的孙女，名叫吕四娘，她立志要为亲人报仇。后来她潜入宫内刺死了世宗，并把世宗的脑袋割下，提着逃走了。

"偷龙换凤"，指的是清世宗胤禛与海宁陈氏换子的传说。

因为这四件案子没有明确的史料记载，人们对其真实性各有说辞，因此被称为"四大奇案"。

清代七大藏书阁指哪些？

清代七大藏书阁是指北京的文渊阁和北京圆明园的文源阁、承德避暑山庄的文津阁、沈阳的文溯阁、镇江金山寺内的文宗阁、扬州的文汇阁和杭州的文澜阁，是珍藏《四库全书》的书库。目前，文渊阁、文津阁、文溯阁、文澜阁尚存，而文源阁于1900年八国联军抢掠圆明园时，被付之一炬。文宗阁和文汇阁在19世纪中叶毁于大火。七大藏书阁，皆以文为首，第二个字多从水旁，象征中华文化源远流长，同时也是希望藏书阁免遭火灾。

清朝时中国有"世界首富"吗？

清朝时，一位曾在广州十三行居住了20多年的美国商人亨特，他在《广州番鬼录》一书中说："伍浩官（伍秉鉴）究竟有多少钱，是大家常常辩论的题目。""1834年，有一次，浩官对他的各种田产、房屋、店铺、银号及运往英美的货物等财产估计了一下，共约2600万元。"而在当时的美国，最富有的人资产也不过700万元。美国学者马士说，"在当时，伍氏的资产是一笔世界上最大的商业资财"。在西方人的眼中，伍氏商人就是当时世界上最富有的商业巨头。2001年，伍秉鉴与洛克菲勒、比尔·盖茨以及成吉思汗、和珅、宋子文等人一起，被美国《亚洲华尔街日报》评为上一千年世界上最富有的50个人。

谁被誉为"天下廉吏第一"？

于成龙（1617～1684年），字北溟，号于山，清山西永宁州（今离石）人。卒时享年67岁，谥"清端"，赠太子太保。于成龙于清顺治十八年（1661年）出仕，历任知县、知州、知府、道员、按察使、布政使、巡抚和总督、大学士等职。在 20 余年的宦海生涯中，三次被举"卓异"，因政绩卓著和廉洁刻苦，深得百姓爱戴，以"天下廉吏第一"蜚声古今。

清代是怎样处置犯人的？

在清代，监狱的犯人非正常死亡是非常严重的，当时这叫作"庾毙"，即在监狱里病死了。清代的文学家方苞曾因文字狱入牢，狱中禁卒为所欲为、鱼肉在押人员的丑恶现象给方苞留下深刻印象。方苞发现这刑部大牢内外，寄生着一个由刑部某些人员组成的利益集团。他们视监狱为财源，抓犯人很积极，哪怕是稍有牵连的人，也是先抓起来再说，然后，禁卒就来找囚犯威胁：你是想继续待在这监牢，还是交笔钱出来，换个牢房？你看着办。

囚犯除了被关押，还要受审受刑。即使是那些死囚犯，竟也难逃被狱吏敲骨吸髓的命运。比如，对于被判凌迟处死的人，行刑人就告诉他："给钱就先刺心脏，让你死个痛快；不给，就千刀万剐，让你活受罪。"

清代是怎样为皇帝举行葬礼的？

在清代，皇帝的丧礼被称为"凶礼"，由礼部、銮仪卫和内务司共同办理。

据有关史料记载，皇帝在生前就要选择好陵墓地址，在位时就营建自己的"地下宫殿"。皇帝咽气之后（称晏驾或驾崩），要择吉时良辰入殓。在德胜门还要演杠 10 天，杠夫按正式出殡的规模和要求，先抬着一块和棺木重量相同的独龙木，上面放一碗水，要练到走时水洒不出来为止。

出灵那天，先用 72 人将棺木抬出东华门。走在最前面的是 64 位引幡人，高举万民旗伞；接着是皇帝的卤薄仪仗队，有 1628 人之多，他们举着各种兵器、幡旗和各式各样的纸扎或绸缎制作的"烧活"。抬棺木的扛夫，身穿孝服，每班有 128 人，分三班轮流抬送。在棺木后面是全副武装的八旗兵勇。然后是文武百官，皇亲国戚和宗室的队伍。在送葬行列中，还夹有大批的僧侣、道士、僧尼、道姑，不断地吹奏、诵经。整个送葬队伍长达十几里，从北京到陵地，沿途几百里，等段距离还要搭设芦殿，供停灵和送葬队伍休息。

林则徐为什么要禁烟？

林则徐禁烟是因为鸦片带来的危害：白银大量外流，直接威胁到清政府的财政；许多贵族、官僚、地主吸食鸦片以后，更加腐败；一些士兵也吸鸦片，军队的战斗力更加削弱了；抽大烟如果上了瘾，每天几次不能间断，不然就涕泪齐下，浑身瘫软；吸食时间一长，满脸烟容，最后骨瘦如柴，直至死去。鸦片烟很贵，一个小康之家如有一人上瘾，要不了多久就会倾家荡产。鸦片的输入，给中华民族带来了深重的灾难。

虎门销烟是怎么一回事？

道光十九年二月十六日（1839 年 4 月 10 日），林则徐、邓廷桢及广东海关监督豫坤乘船到达虎门，会同广东水师提督关天培验收鸦片。

三月十九日（1839 年 5 月 12 日），民

虎门销烟旧址

间缴烟完毕，收缴烟膏 46 万多两、烟枪 4 万多杆、烟锅 212 口。四月初六（1839 年 5 月 18 日），烟贩缴烟完毕，共将近 2 万箱。

林则徐决定于虎门公开销烟，采用"海水浸化法"。海水浸化法的办法是在海边挑挖两池，池底铺石，为防鸦片渗漏，四周钉板，再挖一水沟。将盐水倒入水沟，流入池中。接着把烟土割成四瓣，掉入盐水，泡浸半日，再投入石灰，石灰遇水便沸，烟土溶解。士兵拿木耙不停地在池中搅拌，务求烟土完全溶入水中。待退潮时，把池水送出大洋，并用清水洗刷池底。

为什么会爆发"鸦片战争"？

1839 年 7 月，九龙尖沙咀村发生林维喜案。英国水兵在村内醉酒闹事，打死村民林维喜。1839 年 8 月初，中国禁烟消息传至英国，英国国会在女皇维多利亚的影响下，最终以 271 票对 262 票通过军事行动。1840 年 2 月，英国政府任命懿律和义律为正、副全权代表，懿律为侵华英军总司令。4 月，英国议会正式通过发动战争的决议案，派兵侵略中国。同年 6 月，懿律率领的英国舰船 40 余艘及士兵 4000 人到达中国海面，标志着第一次鸦片战争正式开始。

也可以说，林则徐的禁烟运动是鸦片战争爆发的直接原因。根本原因是工业革命后，英国为夺取原料产地和消费市场，推行殖民扩张政策，决意用武力打开中国大门。

为什么关天培寄给家人数枚牙齿？

关天培是江苏山阳（淮安县）人，他在 1834 年出任广东水师提督时，非常惦念家人，就派人给母亲寄去一只坚固密封的木匣。匣中是关天培因年老落下的几枚牙齿，为什么关天培要寄给家人堕齿数枚？

原来关天培上任之前，广东沿海防务松懈，广东水师缺乏战斗力。关天培一上任，立即添铸大炮、改建工事，增添了巡洋兵船和巡防兵丁，还亲自率领水师到各炮台督阵操练。花甲之年的老将，日夜操劳，牙齿也一颗颗脱落了。他把这些牙齿收进了木匣。

1841 年 1 月 7 日，英军派了炮舰 20 余艘，突然袭击虎门第一道防线沙角、大角炮台。两炮台只有 600 余人防守，寡不敌众，将领琦善不许增兵支援，结果守军全部阵亡。关天培觉得海疆长城岌岌可危，便立下了以身许国的誓言，把打胜仗时的衣服脱下，把它装进了那只木匣，连同数枚堕齿，寄给了家人。

香港是如何被英国殖民者占据的？

东印度公司于康熙五十年（1711 年）在广州成立了一个贸易站。因英国需在中国大量采购茶叶，而中国向英国购货数量远远小于英方，故导致英国严重贸易逆差。后来英国人向中国倾销鸦片，平衡两国贸易，但此举使中国出现贸易逆差，白银大量外流。

两国的贸易摩擦终导致第一次鸦片战争（1840～1842 年）。1841 年清朝被英国打败，英国海军的查理·义律与清朝大臣琦善谈判后签订《穿鼻草约》，将香港岛割让给英国。但清政府认为琦善无权割地而不承认《穿鼻草约》，并将琦善革职。英国政府亦对条约中无提及开放通商而大为不满。之后战事扩大，英军先后攻占厦门、宁波、上海、镇江，抵达南京下关。清政府被迫命耆英于 1842 年 8 月签订《南京条约》，正式将香港岛割让给英国。此后 1860 年第二次鸦片战争后中英《北京条约》又向英国割让了九龙司地方一区。1898 年中英双方又签订了《展拓香港界址专条》，将新界租与英国，租期为 99 年，租期内租借地归英国管辖。自此香港成为英国殖民地。

中国近代史上第一个不平等条约是什么？

1842 年，英国侵略军先后攻占吴淞、上海、镇江后，于 8 月初将军舰开到南京江面，并把炮口对准南京城。腐败的清政府向侵略者屈膝投降。道光皇帝派耆英为钦差大臣和伊里布同去浙江前线，就关于结束鸦片战争问题向英国侵略者试谈投降的条件，但耆英没有经过一次正式谈判，就全部承认了侵略者提出的"议和条件"。1842 年 8 月 29 日，在英国军舰"汉华丽"号上，耆英、伊里布代表清政府签订了中国近代史上第一个不平等条约《江宁条约》。江宁就是现在的南京，所以《江宁条约》也称《南京条约》。

谁首倡"师夷之长技以制夷"？

"师夷之长技以制夷"这句话出自魏源写的《海国图志》。对于如何抵抗外国的侵略，有力地打击侵略者，魏源提出了这句名言："师夷之长技以制夷。"这是晚清向西方学习器物的代表口号，也是晚清洋务运动的口号。

师：就是拜师，学习的意思。夷：当时清朝还自认为是天朝大国把西方国家称之为蛮夷。长技：是指他们的特长，就是指西方列强的先进工业、武器，等等。制：控制，对付，制约，等等，所以全句的意思就是学习使用和制造洋人先进的技术（武器）来打击、制约洋人。

谁创立了拜上帝会？

洪秀全（1814～1864 年），原名洪仁坤，小名火秀，原籍广东嘉应州，清嘉庆十八年十二月初十（1814 年 1 月 11 日）生于广东花县（今广州花都区）福源水村。

1843 年洪秀全科场失败归家，阅读基督教会散发的《劝世良言》，他取其中的平等思想及一些宗教仪式，加以改造，1847 年 7 月 21 日（清道光二十七年六月初十日）正式创立拜上帝会。

洪秀全自称天父耶和华之子，基督之弟，下凡拯救世人。洪秀全认为世人均为上帝的子女，平等的兄弟。入会者须遵守 10 条天款：第一，崇拜皇上帝；第二，不好拜邪神；第三，不好妄题皇上帝之名；第四，七日礼拜颂赞皇上帝恩德；第五，孝顺父母；第六，不好杀人害人；第七，不好奸邪淫乱；第八，不好偷窃劫抢；第九，不好讲谎话；第十，不好起贪心。这 10 条天款平时作为会员生活守

则，战时则为军事纪律，起了重要的组织作用。

天津教案是怎么回事？

1870 年 5 月，天津地区发生疫病，法国天主教育婴堂所收养的婴儿大批死亡，百姓认为是神父和修女经常派人用蒙汗药拐了孩子去挖眼剖心。5 月 21 日，一个名叫武兰珍的在用迷药行骗时被群众当场抓住。经审讯，武兰珍供出是受教民、天主堂华人司事王三指使。

于是，通商大臣崇厚拜会法国领事丰大业，要求王三与武兰珍对质。二人对质后，证明教堂无挖眼剖心之事。哪知当王三回教堂时，百姓大骂王三，并用砖石掷他。丰大业两次派人要崇厚派兵镇压，后见崇厚不肯应命捕人，便到衙门找崇厚算账。他接连两次向崇厚开枪，幸被推开，没有伤人。但民情激愤，众人将丰大业打死，又烧毁教堂，杀死神父和修女。这次事件中先后打死外国人 20 名。这便是天津教案的始末。

中国历史上第一个租界在什么地方？

中国历史上第一个租界在上海。1845 年 11 月 29 日，中英双方共同公布了《上海租地章程》，确定了第一块租界的范围，即南至洋泾浜（今延安东路），北至李家场（今北京东路），东至黄浦江，西至界路（今河南中路，1846 年确定），面积约八百三十亩，每亩年租金一千五百文。章程的出台标志着中国近代史上第一个租界——英租界的出现。

中国近代第一个留学海外的人是谁？

1847 年，19 岁的广东青年容闳赴美求学，并于 3 年后考入耶鲁大学学习法律。1854 年，容闳从耶鲁大学毕业并获得学士学位，成为中国首位留美学生。回国以后，容闳前后组织了 4 批共 120 名幼童赴美留学，开创了中国官费留学的先河。在这些留美幼童中，涌现出"中国铁路之父"詹天佑、"中华民国"第一任国务总理唐绍仪、中国第一位大学校

长蔡绍基等历史名人。

2004年8月3日，美国耶鲁大学在北京钓鱼台国宾馆举行发布会，纪念中国首位留美学生容闳自该校毕业150周年。可以说容闳是中国近代史上出国留学的开拓者，也是官派留学的首倡者。

洪秀全在哪里称王建制？

洪秀全在永安城称王建制。1851年9月太平军攻克广西永安（今蒙山）后，相继建立各项制度。永安城为州治所在，是一座繁华坚固的中型城市。洪秀全攻克这座城市后，于10月1日进驻原知州衙门。在永安城里，太平天国建立起了自己的一整套制度，被称之为"永安建制"。洪秀全确定官制，封杨秀清为东王、萧朝贵为西王、冯云山为南王、韦昌辉为北王、石达开为翼王；颁行天历，废除清朝纪年；严禁私藏金银财物；令人民蓄发；刊行官方文书。太平天国初具建国规模。城中一些富豪人家被抄家，抄家所得被纳入"圣库"，以资军用。

《天朝田亩制度》反映了什么思想？

《天朝田亩制度》颁布于1853年洪秀全定都天京之时。它是以解决土地问题为中心，包括社会组织、军事、文化教育诸方面的太平天国的纲领性文献。关于其反映的思想，史学界就曾展开过一场讨论。

一种意见认为，《天朝田亩制度》表现了农民的农业社会主义思想，即以小农经济为基础的平均主义思想。这种思想在一定的历史条件下，一方面有巨大的革命性；另一方面在实质上又带有反动性。

另一种意见认为，其实质在于它的反封建地主土地所有制的彻底性。它的平均主义主张，在当时历史条件下是革命的，而不是反动的，至于其所包含的错误和空想只是外壳而并非实质。

由此看来在这个问题上，见仁见智，仍各有分歧，看来还有必要进行更加深入的探讨。

"天京事变"是怎么回事？

"天京事变"发生于1856年，是一次太平天国领导层的严重内讧，地点在首都天京（今南京），东王杨秀清、北王韦昌辉及燕王秦日纲在此事件中被杀。

1856年6月，陈承瑢向天王告密，说东王杨秀清有弑君篡位之企图，于是天王密诏北王、翼王及燕王铲除东王。9月1日，北王韦昌辉当夜在城外与燕王秦日纲会合，众军在凌晨突袭东王府，东王被杀，东王府内数千男女同被杀尽。其后北王以搜捕"东党"为名，大杀异己。翼王石达开到天京后，责备滥杀之事，恐自己受株连，连夜逃出城外。北王未能捉拿翼王，尽杀其家属及王府部属。翼王便从安庆起兵讨伐北王，求天王杀北王以谢天下。后北王在势急下攻打天王府，但最终败于天王，北王韦昌辉被杀，燕王秦日纲及陈承瑢不久亦被处死，"天京事变"告一段落。

石达开为什么从天京出走？

"天京事变"后，为了安定人心，洪秀全召回翼王石达开主持朝政，但洪秀全同时封自己的大哥洪仁发为安王，封他的二哥洪仁达为福王，以牵制石达开。如果安王、福王确实能协助石达开搞好朝政，那倒也罢了。可是，洪秀全这两位哥哥不仅无才无能，还倚仗天王的权势，作威作福，倒行逆施。石达开对天国忠心耿耿，但是却受到洪氏兄弟的迫害，他在咸丰七年（1857年）五月，愤然带了自己十数万部属，从天京出走。他的出走，大大削弱了太平天国的力量。

中国历史上唯一的女状元是谁？

太平天国七年，洪宣娇建议其兄洪秀全开科取士，并设立女子科举制。

天王十分赞赏她的独特见地，委任洪宣娇为女科主事。洪宣娇为了抨击男尊女卑，以经义题《唯女子与小人难养也》，考才女的胆识和学识。应试300多名女子中，唯金陵妙龄才女傅善祥才思敏捷，引古论今，列举历代巾帼英雄的丰功伟绩，有力地批驳了"女子难养"的谬论。这份卓有见识的试卷，博得洪氏兄妹的称赞。经评议，傅善祥成为太平天国，也是中国历史上唯一一位女状元。

《资政新篇》的内容有哪些？

《资政新篇》是太平天国已未九年（1859年）洪仁玕到天京担任军师时上奏天王洪秀全陈述他向西方学习草拟的建国方案。《资政新篇》是一篇施政纲领，倡导向西方学习，进行经济、政治和文化改革。

其内容主要有：政治方面，主张统一政令，以法治国；各省设新闻官，听取社会舆论，设投票箱，由公众选举官吏。

经济方面，主张学习西方，发展工商业，奖励技术发明，兴办保险事业等。

文教方面，反对迷信，提倡兴办学校、医院和慈善机构；严禁买卖人口和吸食鸦片。

外交方面，主张同外国自由通商，交流文化，平等往来，但不准外国干涉中国内政。

李秀成投降书是真是假？

李秀成投降书也就是指《李秀成自述》，自1864年《李秀成自述》的曾国藩刻本问世以来，人们就对其真实性提出了种种怀疑。

英国人吟唎在《太平天国革命亲历记》中质疑："1852年，在太平军占领南京以前，清官方即已捏造了一篇名为《天德供状》的文件，伪托是叛军领袖的供状，谎称他们俘获了这个领袖。《李秀成自述》很可能也是同样靠不住的。这篇文件或为某个著名的俘虏所伪造（他可能因此而得赦免），或为两江总督曾国藩的幕僚所伪造。"

但在1944年，罗尔纲根据广西通志馆从湖南湘乡曾国藩后人家中抄录来的《李秀成自述》原稿的抄本，从内容笔迹、语汇、用语、语气等方面进行仔细的鉴定，则认定确是李秀成亲笔。

《李秀成自述》是真是假，在学术界已经历了很长时间的讨论，如能证据确凿地做出一个考证，当对学术界有一个极大的贡献。

李秀成是怎样被捕的？

1864年7月天京沦陷，李秀成保护幼天王冲出城外，匆忙中在南面的方山一带迷了路。这时，有8个樵夫经过这里，便问他是不是忠王，李秀成知道隐瞒不住自己的身份，就点了点头。这些樵夫便决心帮助他脱离险境。等到傍晚，他们小心翼翼地掩护李秀成来到他们的住处涧西村隐藏起来。

谁知樵夫中有个姓陶的心地很坏，他想把李秀成献给清政府，邀功请赏。在告密途中，陶某经过驻军萧孚泗部附近，他认识萧军中的一个伙夫，于是想到那里混点饭吃，然后继续赶路。陶某在与伙夫谈话中，把李秀成一事讲了出来。伙夫不敢怠慢，就赶紧把此事告诉了萧孚泗。老奸巨猾的萧孚泗闻报大喜，一面派人以款待为名扣留了陶某，一面亲率骑兵转往涧西村，李秀成随即被捕。

什么是领事裁判权？

领事裁判权，是一国通过驻外领事等对处于另一国领土内的本国国民根据其本国法律行使司法管辖权的制度。这是一种治外法权。它的存在，形成对国家属地优越权的例外或侵犯。

最初是在公元11～13世纪以后，西方国家开始在东方国家推行这种制度。在中世纪的欧洲国家，如荷兰、英国、丹麦、瑞典、挪威等国，也存在过外国领事对其本国籍商人行使民事和刑事管辖权的实践。19世纪，西方资本主义国家通过不平等条约，把领事裁判权制度强加于亚非国家（中国、日本、暹罗即今泰国、波斯即今伊朗、埃及等），使这些国家的领土主权受到严重损害。第二次世界大战后，这一与国家主权原则根本不相容的特权制度在全世界废除。

清政府为何设立总理衙门？

鸦片战争前，外国使臣由理藩院接待。鸦片战争后，由两广总督专办与欧美国家的交涉，称"五口通商大臣"。《天津条约》和《北京条约》相继签订后，各国在华设使馆、驻使节。他们为控制清政府，不愿意以"蛮夷"的身份同带有封建社会衙门习气的清政府的外交机构"理藩院"打交道，同时认为地方总督无权处理涉外事务，多次要求建立专门机构。

1861 年 1 月，奕䜣上奏《统筹洋务全局酌拟章程六条》，请求建立总理各国事务衙门，以有效地办理洋务和外交事务。奏折指出："近年各路军机络绎，外国事务，头绪纷繁，驻京以后，若不悉心经理，专一其事，必致办理延缓，未能悉协机宜。"1861 年 1 月 20 日得到咸丰帝批准。

中国第一个提出创办近代邮政的人是谁？

李圭是中国第一个提出创办近代邮政的人。

李圭（1842～1903 年），字小池，江苏江宁（今南京）人，23 岁受聘任宁波海关副税务司霍搏逊的文牍（现时的秘书），系中国近代邮政倡导者之一。1876 年，赫德委派他前往美国费城参加美国建国 100 周年博览会，李圭回国后将其在美期间的考察、见闻写出《环游地球新录》一书，书中对美国邮政做了详尽的记述，并建议开办中国邮政。他的见解得到了李鸿章的赞许。

小刀会是怎么占领上海的？

小刀会是成立于厦门的民间秘密团体，属天地会支派，1851 年传到上海。天地会，清代民间秘密结社之一。以拜天为父、拜地为母得名，又名洪门，俗称洪帮。其成员最初多为农民或由破产农民转化而成的小手工业者、小商贩、水陆交通沿线的运输工人及其他没有固定职业的江湖流浪者。

上海小刀会成员主要为上海的福建籍劳动人民和部分工商业主。1852 年，天地会成员周立春在青浦领导发动抗粮斗争，南汇、华亭（今松江）、上海等县继之而起。

1853 年 9 月 5 日，周立春、徐耀等在青浦首举起义旗攻占嘉定。七日，刘丽川和原小刀会福建帮首领陈阿林等在上海起义，占领县城。随即，从上海、嘉定分别出发，接连攻占宝山、南汇、川沙、青浦四县，成立小刀会政权。初用"大明国"国号，旋即改称太平天国，由刘丽川上书太平天国天王洪秀全，表示接受领导。

什么是华尔洋枪队？

华尔洋枪队，又称常胜军，是 19 世纪60 年代清朝地方官员为镇压太平天国等农民起义，雇募外籍官兵及部分中国人组成的、装备洋枪洋炮的雇佣性武装。

华尔（1813～1862 年），美国纽约人，殖民主义者，长期从事海上冒险活动。1859年，流浪到上海，当时正值太平军攻克苏州之际，英、美等国为了阻止太平军攻占上海，由清朝苏州道台吴熙出面，委派华尔招募外国籍亡命徒及军人组成雇佣军，任领队。

1861 年 8 月，华尔在松江改组洋枪队，任用欧美人当军官，招骗中国人充当兵士，组成中外混合军。1862 年初，当太平军进军上海的时候，洋枪队配合英法在上海的正规军、清军进行抵抗。

美国流浪汉为何成了清朝的三品大员？

华尔出生于马萨诸塞州勒姆城，16 岁进入佛蒙特州的挪利友大学（原名美国文理军事学院），未及毕业即退学，流浪国外，先后曾在墨西哥、法国投军。受过基础军事训练，长期在海上及中美洲从事冒险活动。

27 岁到上海，开始在清军水师炮船"孔夫子"号当大副，后受清苏松太道吴煦委派，招募外国人组成洋枪队，任队长，帮助中外反动派镇压太平军。1862年初，洋枪队配合英法在上海的正规军、清军抵抗太平军进军上海，在中外联合势力的合击下，太平军未能取胜。清政府称洋枪队为"常胜军"，并赐给华尔官衔，由此一个美国流浪汉成了清朝的三品大员。

慈禧是怎样掌握清朝大权的？

慈禧太后（1835～1908年），即孝钦显皇后，满族，又称"西太后""老佛爷"，咸丰帝的妃子，同治帝生母。同治帝病逝后，慈禧立她的侄子兼外甥、4岁的载湉为帝，改年号为"光绪"。

咸丰十一年（1861年8月），咸丰病死，6岁的载淳即位。慈禧太后为了掌握大权，与恭亲王奕䜣串通在北京发动政变。

十一月二日，奕䜣手捧盖有玉玺和先帝两枚印章的圣旨，宣布解除了肃顺等八大辅臣的职务，当场逮捕了载垣、端华；八日，慈禧发布上谕，否认咸丰遗诏，下令将肃顺斩首；让载垣、端华自尽；另外五大臣则被革职或充军。十一日，宣布废除八大臣原拟的祺祥年号，改明年（1862年）为同治元年，东、西二太后垂帘听政。加封恭亲王奕䜣为议政王大臣，军机大臣领班。这一年是农历辛酉年，故又称"辛酉政变"。发生此事的地点因在北京，故又称"北京政变"。从此，慈禧作为中外反动势力勾结的产物和他们的代表，在半殖民地的中国进行了47年的罪恶统治。

东太后慈安是怎么死的？

孝贞显皇后（1837～1881年），钮祜禄氏，满洲镶黄旗人，广西右江道三等承恩公穆扬阿之女。咸丰二年（1852年）二月封贞妃，五月二十五（7月12日）晋贞贵妃，六月初八（7月24日）册为皇后。十一年（1861年）七月，文宗崩，穆宗即位，尊为皇太后。同治元年（1862年）四月上徽号：慈安皇太后。1881年4月8日，年仅45岁、比慈禧还小

两岁的慈安太后突然暴毙宫中。关于慈安之死有几种不同的说法：

第一类：清朝官方的正常病死说。

《德宗实录》载："（光绪七年三月）初九日偶染微疴，初十日病势陡重，延至戌时，神思渐散，遂至弥留。"这一记载见于慈安的《遗诰》。但《遗诰》完全是在慈安死后，按照慈禧的指示所作，因此人们有理由怀疑它的真实性，怀疑慈禧有可能为了掩盖某种阴谋而肆意编造死因。

第二类：慈禧逼死或毒死说。

第一，慈禧逼死。

《清稗类钞》记载：慈安与慈禧共同垂帘听政。慈禧权欲极重，慈安却倦怠少闻外事，并不与之争权，因此倒也相安无事。光绪七年初，慈禧患血崩剧疾，不能视事。慈安有一段时间独视朝政，致使慈禧大为不悦，"诬以贿卖嘱托，干预朝政，语颇激"，以致慈安气愤异常，又木讷不能与之辩，恼恨之下，"吞鼻烟壶自尽"。

第二，慈禧毒死。

《崇陵传信录》载，当年咸丰帝临终时，曾秘密留下一份遗诏给慈安，要她监督慈禧，若慈禧"安分守己则已，否则汝可出此诏，命廷臣传遗命除之"。但老实的慈安却将此事告诉慈禧并当着慈禧的面，将此遗诏烧掉。阴险毒辣的慈禧表面对慈安感激不已，实际上已起杀机，遂借向慈安进献点心之机，暗下毒药，加以谋杀。

无论是慈安死于疾病，还是殁于自尽，抑或中毒身亡，要解开这死亡内幕，还需要我们的专家学者下一番功夫。

同治帝是怎么死的？

同治之死，传说颇多，主要有死于天花、死于梅毒、死于天花和梅毒三说。

主同治死于天花说，主要是根据历史档案和翁同龢日记。翁的日记记载：同治于十月"二十一日，西苑着凉，今日（三十）

发疹"。经学者研究清宫历史医案《万岁爷进药用药底簿》后认为，同治帝系患天花而死。近年专家们发现了御医给同治看病的《脉案》，医学史专家对相关档案进行了认真分析，结论是：同治皇帝死于天花。

主同治死于梅毒说，也主要是根据历史档案和翁同龢日记，云：十一月二十三日，"晤太医李竹轩、庄某于内务府坐处，据云：脉息皆弱而无力，腰间肿处，两孔皆流脓，亦流腥水，而根盘甚大，渐流向背，外溃则口甚大，内溃则不可言，意甚为难。"同治重修圆明园计划遭百官反对而失败后，百般无聊，便在太监引导下，微服出宫，寻欢取乐。

主同治死于天花梅毒说，也主要是根据历史档案与文献资料推断。御医诊断同治的症状是：湿毒乘虚流聚，腰间红肿溃破，漫流脓水，腿痛盘挛，头颈、胳膊、膝上发出痘痈肿痛。这种看法是：同治或先患天花未愈而又染上梅毒，或先患梅毒而又染上天花，两种疾病并发，医治无效而死。

民间对于同治皇帝死因有种种说法，清朝官方则保持沉默，不予申辩。因此，同治到底是死于什么病，成了一个历史疑案。

为什么英法联军要火烧圆明园？

火烧圆明园的罪魁祸首是英国额尔金伯爵。1860年9月，英国公使巴夏礼和额尔金的私人秘书洛奇打着停战的白旗到通县（今通州区）和清政府谈判，被清政府逮捕。

清朝皇帝一直把巴夏礼当成英法联军的

被抢劫与焚毁后的圆明园大水法遗址

最高统帅，根据"擒贼先擒王"的传统计谋，他们以为巴夏礼就擒之后，英法联军群龙无首，必定自乱，然后乘机大举进剿，就能稳操胜券。监禁期间，这些人被百般拷打，肆意凌辱。39名囚犯中，有20人在监禁中死去。

额尔金得知清政府的暴行以后，决意报复。额尔金本准备烧毁紫禁城，但额尔金认为紫禁城是中国政府所在地（当时英法正与清政府方谈判《北京条约》），而圆明园是皇家园林，为中国皇帝私有，于是他选择了圆明园为报复行动的目标。

额尔金想通过烧毁圆明园传递这样一个信息：应该为逮捕公使和虐待俘虏等暴行负责的是中国皇帝和他的走卒，而不是中国老百姓。报复行动开始之前，额尔金命令在北京全城张贴公告，宣示英法联军火烧圆明园的目的："任何人，哪怕地位再高，犯下欺诈和暴行以后，都不能逃脱责任和惩罚；圆明园将于（1860年10月）18日被烧毁，作为对中国皇帝背信弃义的惩罚；只有清帝国政府应该对此负责，与暴行无关的百姓不必担心受到伤害。"无论英法联军火烧圆明园的原因如何，其行为本身对中国文化遗产造成的损失是无法估量的，也是中国文化遭遇的一次巨大劫难。

为什么慈禧又叫"老佛爷"？

1861年11月慈禧太后发动宫廷政变，实行垂帘听政以后，宫廷中便以"老佛爷"相称。慈禧为何要人称她为老佛爷呢？

事实上，"老佛爷"不是慈禧太后专用的称号，清朝历届皇帝的特称都是"老佛爷"。那么清代帝王为什么自称是"老佛爷"呢？这是因为女真族首领最早被称为"满柱"。"满柱"是佛号"曼珠"的转音，有"佛爷""吉祥"的意思。不但女真首领被称为"满柱"，女真显赫家族的首领，名字就叫"满柱"。所以，清朝皇帝将满族语"满柱"汉译为"佛爷"，成为自己的特称。慈禧让别人也称她为"老佛爷"，是企图把自己比作皇帝，显示出不同寻常的政治欲望。

什么是洋务运动？

洋务运动，又称自强运动，是指 1861 年至 1894 年，清朝政府内的洋务派在全国各地掀起的"师夷之长技以制夷"的改良运动。所谓"洋务"，是指诸如外事交涉、订条约、派遣留学生、购买洋枪洋炮以及有按照"洋法"操练军队、学习外洋科学、使用机器、开矿办厂等对外关系与外洋有关的一切事情。

洋务运动旧称"同光新政"。1860 年后，在中外反动派联合镇压太平天国革命的过程中，清朝封建集团中逐渐形成了一批具有买办性的官僚军阀，就是当时清政府内当权的洋务派。他们认为清政府与外国侵略者的矛盾可以调解和妥协，"借洋助剿"，镇压国内人民的反抗，而且还可以采用一些资本主义生产技术，以达到维护摇摇欲坠的封建统治的目的。

中国第一所外国语学校何时创办？

第二次鸦片战争以后，由于通商口岸的不断增多和外国公使纷纷驻京，清朝的外事活动日益频繁，于是翻译和洋务人才的需求也不断增多。为适应这一新形势的需要，经恭亲王奕䜣奏请，1862 年清朝在北京设立了同文馆，这就是中国历史上第一所外国语学校，附属于总理各国事务衙门。

同文馆开始时仅设英、法、俄文三班，招收十三四岁以下的八旗子弟入馆学习，后来又设德文、日文班，招生对象扩大到 15 岁以上，25 岁以下的满族、汉族学员。教师除汉文以外，其他各课大都为外籍教师。1902年，该馆并入京师大学堂。

张之洞在洋务运动中有何贡献？

张之洞（1837 ~ 1909 年），字孝达，号香涛、香岩，又号壹公、无竞居士，晚年自号抱冰。汉族，清代直隶南皮（今河北南皮）人，洋务派代表人物之一，其提出的"中学为体，西学为用"，是对洋务派和早期改良派基本纲领的一个总结和概括。

1892 年，张之洞任湖广总督。当时海军衙门奏请修筑京通铁路，张之洞建议道："修路之利，应以运输土产、重视民生为最重要，征兵、运饷次之。现在应当从京城外的卢沟桥开始，经河南到达湖北汉口镇。这是干线枢纽，中国大利聚集之地。一旦河北铁路建成，则三晋之路接于井陉，关陇车马交于洛口；自黄河以南，则东引淮、吴，南通湘、蜀，万里声息，刻期可通。"

朝廷接受了他的建议。张之洞了解到大冶地区盛产铁，江西萍乡多产煤，就奏请朝廷在汉阳大别山下设炼铁厂，为修路提供资金，同时开设枪炮、钢、药专厂。由于荆襄大地适宜种植桑、棉、麻，且皮革制品丰富，便设立织布、纺纱、缫丝、制麻革等局，与此对应的是兴修堤坝，发展货币政策，使其可以顺利发展。

洋务运动的成功之处是什么？

洋务运动延缓了中国半殖民地化的进程。洋务派搞洋务，发展资本主义，讲求富强之术，改良军备，从长远观点来看，实在是抵抗外国侵略的有效方法、根本方法。

第一，政治上洋务运动是中国近代化的开端。

第二，经济上在一定程度上促进了民族工业的发展。

第三，军事上兴办军事工业，创建了北洋水师，提高了国防力量。

第四，思想文化上提出了"师夷长技以自强"，开始学习西方的先进技术。

洋务运动虽然没有使中国走上富强道路，但对外国资本主义的经济侵略起了一定的抵制作用，为中国民族资本主义的产生起了诱导作用，是中国从传统手工生产发展到大机器生产的转折点，发展了中国近代的军事和教育，在整体上促进了中国民主革命和近代化的进程。

为什么说洋务运动不能救中国？

洋务运动的指导思想是"中学为体，西

学为用"，就是在封建主义思想的指导下，在维持封建上层建筑、经济基础的条件下发展一些近代企业。为维护清王朝的统治，洋务派企图以吸取西方近代生产技术为手段，来达到维护和巩固中国封建统治的目的，这就决定了它必然失败的命运。他们既要发展近代企业，却又采取垄断经营、侵吞商股等手段压制民族资本；既想培养洋务人才又不愿改变科举制度。

因为新的生产力是同封建主义的生产关系及其上层建筑不相容的，是不可能在封建主义桎梏下充分地发展起来的。所以说仅仅依靠洋务运动是不可能救中国的。

中法战争究竟是谁获胜了？

1885年2月，法军进攻谅山，广西巡抚潘鼎新不战而退。10天以后，法军侵占镇南关（今友谊关），因兵力不足、补给困难，退至文渊（今越南同登）、谅山，伺机再犯。当时老将冯子材驰赴镇南关整顿部队，部署战守。得悉法军将犯镇南关，在隘口抢筑了一条横跨东西两岭高七尺、长三里、底宽一丈的长墙，墙外深掘堑壕，筑成了较完整的防御阵地。

3月23日，盘踞谅山的法军倾巢出动，扑向镇南关，冯子材率士卒冲出墙外，激励将士猛烈搏斗，终将法军击退，遏阻了法军对中国边境的窥伺。清军乘胜追击，连破文渊、谅山，将法军逐至郎甲以南，重伤东部法军统帅尼格里。法军陷入困境。镇南关大捷使清军在中法战争中转败为胜。

李莲英到底是怎么死的？

关于李莲英死亡，正统上记载是宣统三年（1911年）农历二月初四病死在南花园里，时年64岁。但是当李莲英的坟墓被打开后，却发现棺内除了一颗骷髅头和一条辫子以外，全身一块骨头都没有。这一发现引起了对于李莲英死亡之谜的探究，大致有三种说法：

一说李莲英在南花园是被人杀死的，许多贪财之徒想夺取李莲英的巨大财产而对其图财害命。

二说寿终正寝。虽然棺内只有头颅，但并非是横死，李莲英的亲人认为家里出了个阉人，是有辱没祖宗容颜的事情，有人猜测也许是他的家人在其死后舍去了他那残缺的身体。据李莲英的孙女李乐正讲："我祖父是善终，享年64岁，因得急性痢疾医治无效而病故。"

三是暗杀说。辛亥革命爆发前，为了摧毁封建统治，李莲英或许成了革命党人的暗杀对象。北京南郊的一位老人曾为李莲英守墓，但对其死亡讳莫如深，至今，李莲英的暴死仍是一个谜。

甲午海战是怎么爆发的？

1894年春，朝鲜爆发东学党农民起义，朝鲜政府请求清政府派兵协助镇压。日本政府为自己出兵朝鲜制造借口，也诱使清政府派兵。于是清政府派直隶提督叶志超带兵屯驻牙山，日本则占据汉城（今首尔）。

当中日两国向朝鲜出兵时，朝鲜内战实际上已经停止，于是中国要求日本同时撤兵。但日本不仅拒绝撤兵，反而继续向朝鲜增派军队。不久，日军攻占朝鲜王宫，成立以大院君李昰应为首的傀儡政府。7月25日，日驻朝公使大鸟指令大院君宣布废除中朝两国间的一切商约。当天，日本不宣而战，在丰岛海面对中国海军发动突然袭击，击沉中国运兵船"高升"号；同时日本陆军向驻牙山中国军队发起进攻，终于挑起了侵略战争。8月1日（七月初一），中日政府同时宣战，甲午战争开始。

北洋水师是怎么覆没的？

威海卫之战是保卫北洋海军根据地的防御战，也是北洋舰队对日的最后一战。其时，威海卫港内尚有北洋海军各种舰艇26艘。

1895年2月3日，日军占领威海卫城。丁汝昌坐镇指挥的刘公岛成为孤岛，日本联合舰队司令伊东佑亨曾致书丁汝昌劝降，遭丁汝昌拒绝。11日，丁汝昌在洋员和威海营务处提调牛昶晒等主降将领的胁迫下，拒降自杀。12 日，由美籍洋员浩威起草投降书，伪托丁汝昌的名义，派广丙管带程璧光送至日本旗舰。14 日牛昶晒与伊东佑亨签订《威海降约》，规定将威海卫港内舰只、刘公岛炮台及岛上所有军械物资，悉数交给日军。17 日，日军在刘公岛登陆，威海卫海军基地陷落，北洋舰队全军覆没。

强学会的宗旨是什么？

1895 年 11 月，上海强学会成立，拟定章程，说明"专为中国自强而立"，以通声气，聚图书，讲专门，成人才，成"圣教"。1896 年 1 月 12 日刊《强学报》以孔子纪年，"托古以改今制"，倡导维新变法，提出开议院的政治主张。列名会籍的有康有为、梁鼎芬、汪康年、张謇、黄遵宪等。康有为特为强学会作序，痛陈中国处于"俄北瞰，英西窥，法南瞬，日东眈"的危迫局面，若不及时挽救，有亡国之危；又阐述成立学会的宗旨在于广联人才，创开风气，以挽救时局。

什么叫公车上书？

公车，即汉代官署名，后也代指举人进京应试。公车上书原指入京请愿或上书言事，也特指入京会试的人上书言事。出处《史记·东方朔传》："朔初入长安，至公车上书，凡用三千奏牍。"《汉书·张敞传》："天子思敞攻效，使使者即家所在召敞。敞……即装随使者诣公车上书。"

历史上所说的公车上书，是指清光绪二十一年（1895 年），康有为率同梁启超等数千名举人联名上书清光绪皇帝，反对在甲午战争中败于日本的清政府签订丧权辱国的《马关条约》，被认为是维新派登上历史舞台的标志，也被认为是中国群众政治运动的开端。

为什么《马关条约》是中国奇耻大辱？

《马关条约》（又称《春帆楼条约》）共 11 款，并附有"另约"和"议订专条"。

主要内容有：第一，中国废绝中朝宗藩关系。第二，中国割让辽东半岛、台湾及澎湖列岛给日本。第三，赔偿日本军费银 2 亿两。第四，开放重庆、沙市、苏州和杭州为商埠。第五，日本可以在中国通商口岸开设工厂。

《马关条约》是 1860 年中英、中法等《北京条约》以来外国侵略者加给中国的一个最刻毒的不平等条约，它使日本得到巨大的利益，也达成了帝国主义各国向中国输出资本的愿望。条约签订后，由于俄、德、法三国的干涉，日本将辽东半岛退还给中国，中国付给日本"酬报"3000 万银两。

中日甲午战争结局如何？

中日甲午战争是 1894 年 7 月末至 1895 年 4 月日本侵略中国和朝鲜的战争。光绪二十年（1894 年）爆发。按中国干支纪年，时年为甲午年，故称甲午战争。丰岛海战是战争爆发的标志，结局是大清政府迫于日本军国主义的军事压力，签订了继《南京条约》后，又一个丧权辱国的《马关条约》。又一次把中华民族带入了灾难的深渊。

最早为新闻事业献身的人是谁？

近百年来，有不少新闻界人士为了报道事实真相，揭穿反动派的嘴脸而英勇牺牲了。沈荩是最早的一个。

沈荩（1872～1903 年），生于湖南长沙，原名克诚，字愚溪。戊戌变法期间，沈荩与维新派谭嗣同、唐才常等人交往甚密。变法失败后，他到日本进行革命活动。1900 年，沈荩返回上海，与唐才常等人创立正气会（后改名自立会），并组织自立军，准备举行武装起义。自立军失败后，沈荩由上海潜往北京。他在京津两地，以日本某报采访记者的公开身份为掩护，从事反清活动。他从内部侦知了出卖中国东北利益的《中俄密约》并将这个消息在天津的《新闻西报》上予以揭露，各报随即转载，日本新闻界还为此出了号外。

密约一经披露，国内群情激愤，国内外舆论大哗，清廷陷入非常难堪的狼狈境地。

不料，沈荩揭露密约一事，竟被他的两个所谓"朋友"告密，1903 年 7 月 19 日，沈荩在北京被捕入狱，恼羞成怒的慈禧太后下令于 7 月 31 日将他"杖毙"。沈荩为新闻事业献身的事迹，在当时震动了全国，影响达于国外，进一步暴露了清廷反动凶残的面目，更加激励了革命人民为推翻清王朝而进行英勇斗争。

"为共和而牺牲的第一人"是谁？

陆皓东，原名中桂，字献香，号皓东。近代民主革命者，9 岁成为孤儿。为人聪明沉勇、真挚、诚恳，能书善画。19 岁在上海学电报，23 岁毕业，任芜湖电报局领班旋又返粤居，常与孙中山谈论倾覆朝廷事，意甚洽。

1895 年，他协助孙中山在香港成立兴中会总部，并决定武装起义袭取广州为革命根据地。他亲手绘制青天白日旗，作为起义旗帜，为掩护革命党人不幸被捕。在狱中遭受严刑逼供，宁死不屈，当庭奋笔疾书，痛斥清政府腐败、投降卖国："今事虽不成，此心甚慰，但一我可杀，而继我而起者，不可尽杀！"1895 年 11 月 7 日英勇就义。孙中山后来称誉他是"中国有史以来，为共和革命而牺牲第一人"。

"戊戌变法"是怎么回事？

戊戌变法指 1898 年（农历戊戌年）以康有为为首的改良主义者通过光绪皇帝所进行的资产阶级政治改革，是中国清朝光绪年间（1898 年）的一项政治改革运动。

主要内容是：学习西方，提倡科学文化，改革政治、教育制度，发展农、工、商业等。这次运动遭到以慈禧太后为首的守旧派的强烈反对。这年九月，慈禧太后等发动政变，光绪被囚，维新派康有为、梁启超分别逃往法国和日本，谭嗣同等六人（戊戌六君子）

被杀害，历时仅 103 天的变法终于失败。因此戊戌变法也叫百日维新。

最早牺牲的资产阶级女革命家是谁？

清末，在不断高涨的资产阶级民主革命运动中，无数爱国志士为了推翻反动腐朽的清王朝，抛头颅、洒热血，义无反顾，秋瑾就是最早牺牲的资产阶级女革命家。

秋瑾（1875 ~ 1907 年），字璇卿，号竞雄，又称鉴湖女侠。生于福建厦门，祖籍浙江绍兴，其祖父和父亲做过州县官。光绪三十年（1904 年），秋瑾冲破封建家庭的束缚，毅然离开子女，只身去日本留学，从此踏上了革命征程。光绪三十三年（1907 年）春，秋瑾与在安徽安庆的光复会骨干徐锡麟约定，在浙、皖两地定期举事。她以大通学堂为基地，将浙江地方的会党组成"光复军"，积极进行起义的筹备工作。不料，绍兴会党过早暴露了目标；徐锡麟也因起义计划先期泄露，提前于 7 月 6 日在安庆仓促起事，失败后被捕牺牲。由于歹徒告密，7 月 13 日清兵包围了大通学堂，秋瑾命令一部分战友撤退，自己和少数师生持枪抵抗，终因寡不敌众被捕。7 月 15 日凌晨，秋瑾从容就义于绍兴轩亭口，时年仅 32 岁。秋瑾成为中国近代资产阶级革命中最早牺牲的女英雄。1913 年，孙中山曾到她的墓前祭奠，并题赠了"巾帼英雄"的匾额。

中国近代第一所国立大学叫什么？

北京大学，其前身为"京师大学堂"，创建于 1898 年，是中国近代第一所国立大学，被公认为中国的最高学府，也是亚洲和世界最重要的大学之一。在中国现代史上，北京大学是中国"新文化运动"与"五四运动"等进步运动的发祥地，也是多种政治思潮和社会理想在中国的最早传播地，有"中国政治晴雨表"之称，享有极高的声誉和重要的地位。

为什么梁启超要倡导"诗界革命"？

明清时期，诗歌呈现衰落趋势，有识者早已表示不满，并力图改变，诗界革命的早期倡导者是夏曾佑、谭嗣同、梁启超三人。

戊戌维新运动失败后，梁启超逃亡国外，以主要精力从事文化宣传，推进文学改良，"诗界革命"成为其中一个重要方面。他在《清议报》《新民丛报》《新小说》等刊物上开辟专栏，发表谭嗣同、唐才常、康有为、黄遵宪、夏曾佑等人的作品，又自撰《饮冰室诗话》，阐发理论观点，大力表扬黄遵宪等新派诗人，诗界革命于是形成了一定的规模和声势。

什么是"门户开放"政策？

"门户开放"政策是 19 世纪末美国国务卿海约翰提出的侵略中国的政策。

在中日甲午战争后出现的瓜分中国狂潮中，西方列强竞相在中国租借土地，划分势力范围。海约翰于 1899 年 9 月照会英、德、俄、日、意、法各国，提出对中国实行"门户开放"政策，即承认各国在中国的"势力范围"、租借地和既得利益，各国所属口岸和铁路对一切船只货物通用现行中国约定关税率，并按同一标准收取路费。1900 年 7 月 3 日，海约翰再次照会各国，主张保持中国领土和行政的完整，维护各国在中国各地平等公正贸易的原则。这是把最初的开放"势力范围"和租借地的政策应用到整个中国，形成"门户开放"政策。

第一个华人牧师叫什么？

牧师，是基督教（新教）的一种神职人员。在鸦片战争以前，随着西洋牧师进入我国，中国才有了本土的职业牧师，第一个华人牧师是梁发。

梁发（1789～1855 年），又名梁亚发、阿发，号学善者，别号善学居士，广东高明（今高鹤）人，嘉庆九年（1804 年）到广州当雕

版印刷工。他从 1810 年起，受雇于来华的英国传教士马礼逊，刻印《圣经》的中译本。1815 年又被英国传教士米怜所雇，前往马六甲印书，次年受洗入基督教。马礼逊和米怜在马六甲主办第一份近代中文报刊《察世俗每月统记传》，梁发担任刻印和发行工作，而且以"学业"的笔名为该报撰文。1819 年他回到家乡，编写《救世录撮要略解》，鼓动中国人崇信基督教。道光三年（1823 年）底，梁发在澳门被马礼逊派任为华人牧师。1827 年，梁发又当上了传教士，先在高明、广州等地传教，后又在新加坡、马六甲和华侨中进行传教活动，著有许多宣传小册子，借广州举行府试机会散发给考生。

义和团运动是怎样爆发的？

义和团，又称义和拳，清政府贬称其为"拳匪"。义和团运动又称"庚子事变"，或被贬称为"拳乱""庚子拳乱"等，是 19 世纪末中国发生的一场以"扶清灭洋"为口号，针对西方在华人士包括在华传教士及中国基督徒所进行的大规模群众暴力运动。

义和拳活动主要集中在中国华北的山东和河北，正是教案频发的地区，义和拳运动与教案有着密不可分的关系。教案一般指清朝末年中国境内牵涉基督宗教教会的社会事件（常引起争讼、暴力甚或演变为外交事件）。

1897 年 11 月，山东发生"曹州教案"，两名德国传教士能方济及理加略被冲入教堂的村民打死（起因不明）。德国立即做出了反应，乘机出兵占据了胶州湾和胶澳（今青岛）。外国的进占，激发起山东各地的排外情绪。1899 年，毓贤出任山东巡抚，对义和拳采用安抚的办法，将其招安纳入民团。于是义和拳成了"义和团"，而口号亦由"反清复明"改成"扶

义和团团旗 清

清灭洋"。义和团四处烧教会、杀教士；抵制所有外国事物和之前失败的"洋务运动"。

义和团运动为什么失败了？

1901 年 10 月以后，在清王朝和八国联军的共同打击下，义和团运动失败。其失败的原因有：

第一，自发的群众性运动，缺乏组织性，没有形成坚强的领导核心，更没有先进阶级的政党领导，没有科学理论的指导。

第二，行动具有盲目性，缺乏明确的目的，没有严密的组织形式，只凭传单一出、千人立聚，利用迷信，具有浓厚的封建落后性，对清政府不警觉。义和团具有盲目排外性。

第三，客观上中国反动势力联合力量强大。清政府的叛变和中外反动势力的联合。慈禧太后在西逃途中颁布剿匪上谕，命令清军对义和团进行残酷镇压，在中外反动势力的联合绞杀下，义和团运动失败。

我国最早中文版的外国文学名著是什么？

我国最早翻译出版的外国文学名著是由林琴南（林纾）翻译的《茶花女》。

光绪二十三年（1897 年），林纾与精通法文的王寿昌合译法国小仲马的《巴黎茶花女遗事》，二十五年（1899 年）一月在福州由畏庐刊行。这是中国介绍西洋小说的第一部，当时叫《巴黎茶花女遗事》，是用文言文写作的翻译小说，而林琴南可以说是中国最早的文学翻译家。

八国联军是怎样侵占北京的？

1900 年 8 月 14 日凌晨，八国联军对北京发动总攻。俄军攻东直门，日军攻朝阳门，美军攻东便门。上午 11 时东便门被攻破，部分美军最先攻入外城。英军中午始达北京，攻广渠门，至下午 2 时许攻入。晚 9 时，俄、日军各自由东直门、朝阳门破门而入。

15 日，八国联军向北京内城及紫禁城进攻。清军在各街道与联军巷战，日、俄、英

各军渐渐驱逐清兵退至西北两方。美军则带炮兵进攻皇城南门。16 日晚间，八国联军占领北京全城。联军洗劫了紫禁城、三海、皇史宬和颐和园等。

《辛丑条约》是怎样签订的？

《辛丑条约》即《辛丑议定书》或《辛丑各国和约》。

19 世纪末帝国主义列强激烈争夺和瓜分中国，造成中国空前严重的民族危机。这种危机感促成了人们的觉醒，救亡图存成了当时最紧迫的要求。1898 年资产阶级改良派的维新运动失败了，1900 年又爆发了以农民为主体的轰轰烈烈的反帝爱国的义和团运动。义和团运动引起帝国主义列强的恐慌。英、美、日、俄、法、德、意、奥八国组织联军侵入中国，8 月攻入北京。慈禧太后携带光绪皇帝及亲信臣从仓皇出逃西安。清王朝被迫向帝国主义求和。1901 年，清政府被迫与八国联军签订不平等条约。因为这一年是中国旧历的辛丑年，所以这个条约被称为《辛丑条约》。

大致内容是：

第一，赔款。中国赔款白银 4.5 亿两，分 39 年还清，本息合计 9.8 亿两。

第二，划定使馆区。将北京东交民巷划定为使馆区，成为"国中之国"。

第三，拆炮台、驻军队。拆除大沽及有碍北京至海通道的所有炮台，帝国主义列强可在自山海关至北京沿铁路的 12 个地方驻扎军队。

第四，胁迫清政府承诺镇压反帝斗争。

第五，对德、日"谢罪"。

第六，惩治附和过义和团的官员。从中央到地方被监禁、流放、处死的官员共 100 多人。

第七，设立外务部。

日俄战争为什么会在中国领土上进行？

日俄战争是两个帝国主义国家之间的战争，却是在中国的领土上爆发和展开的，这是为什么呢？原来在 20 世纪初期，清政府软

弱无能，帝国主义列强纷纷在中国瓜分势力范围，并常常因为分赃不均而兵戎相见。日、俄两军都把中国东北视为自己的地盘，日俄战争就是因为日本想用武力把俄军驱逐自己独占中国东北而展开的。

1904 年 2 月 8 日，是俄国的"圣玛利亚节"，又是俄国太平洋舰队司令夫人的命名日。俄舰队司令下令所有军舰停泊在旅顺外港，撤掉防雷网，并举办盛大的舞会，只留下少数士兵值勤。日军便趁着俄军防备松懈而进行偷袭。2 月 9 日和 10 日，俄国和日本分别宣战，经过长期孕育的日俄战争在中国的领土上正式开始了。此次战争最后以沙皇俄国的失败而告终。

科举制度为什么会消亡？

19 世纪 80 年代后，随着西学的传播和洋务运动的发展，科举制度发生改变。1888 年，清政府准设算学科取士，首次将自然科学纳入考试内容。1898 年，加设经济特科，荐举经时济变之才。戊戌变法失败后，慈禧下令所有考试悉照旧制。

1901 年 9 月清廷实行"新政"后，各地封疆大吏纷纷上奏，重提改革科举，恢复经济特科。1904 年，清廷颁布《奏定学堂章程》，此时，科举考试已改八股为策论，但尚未废除。因科举为利禄所在，人们趋之若鹜，新式学校难以发展，1905 年袁世凯、张之洞奏请立停科举，以便推广学堂。清廷诏准袁世凯、张之洞所奏，1906 年起正式废除科举制，将育人、取才合于学校一途。至此，在中国历史上延续了 1300 多年的科举制度最终被废除，科举取士与学校教育实现了彻底分离。